Wertorientierte Steuerplanung und Unternehmensführung in der globalen Wirtschaft

von

Prof. Dr. Michael von Wuntsch

Dr. Stefan Bach

2., überarbeitete und erweiterte Auflage

Oldenbourg Verlag München

Bibliografische Information der Deutschen Nationalbibliothek

Die Deutsche Nationalbibliothek verzeichnet diese Publikation in der Deutschen Nationalbibliografie; detaillierte bibliografische Daten sind im Internet über http://dnb.d-nb.de abrufbar.

Rosenheimer Straße 145, D-81671 München
Telefon: (089) 45051-0
www.oldenbourg-verlag.de

Lektorat: Thomas Ammon
Herstellung: Constanze Müller
Titelbild: thinkstockphotos.de
Einbandgestaltung: hauser lacour
Gesamtherstellung: Grafik & Druck GmbH, München

Dieses Papier ist alterungsbeständig nach DIN/ISO 9706.

ISBN 978-3-486-59743-1
eISBN 978-3-486-71510-1

Vorwort zur zweiten Auflage

Der Einfluss der Finanzmärkte auf die multinational tätigen Unternehmen im Bereich der Realwirtschaft hat sich in den letzten Jahren weiter verstärkt. Investitionsentscheidungen werden vor diesem Hintergrund immer mehr aus der Perspektive der wertorientierten Unternehmensführung beurteilt und bewertet. In diesen Kontext ist auch die internationale Steuerplanung einzuordnen. Denn die Vergrößerung des Wertpotentials ist das strategische Ziel betrieblicher Gestaltungsstrategien. Dieser Gedanke bildet weiterhin den Leitfaden des Buches.

Um die Verknüpfung der betrieblichen Steuergestaltung mit der wertorientierten Unternehmensführung zu verdeutlichen, haben wir uns in dieser zweiten Auflage dazu entschieden, die Darstellung auf diese beiden Themenkomplexe zu konzentrieren. Aus diesem Grund haben wir den in der ersten Auflage noch enthaltenen Teil „Multinationale Unternehmen und Globalisierung“ fallen lassen und den Buchtitel modifiziert. Dies hat uns mehr Raum eröffnet für die Eingrenzung bedeutsamer Aspekte zur internationalen Steuerplanung. So haben wir insbesondere grenzüberschreitende Gestaltungen hinsichtlich der Fremdfinanzierung und der Verrechnungspreise näher erläutert und aktualisiert. Da sich die multinationalen Unternehmen immer mehr mit steuerlichen Abwehrgesetzen auseinanderzusetzen haben, wurden auch Überlegungen zum steuerlichen Risikomanagement eingefügt.

Das Konzept der wertorientierten Unternehmensführung ist von uns in kritischer Sicht dargestellt worden. Die Kritik bezieht sich nicht auf den zugrunde liegenden Begriff des Ertragswerts sondern auf die Gleichsetzung des jeweils gegebenen Aktienkurses mit dem Unternehmenswert. Erst diese begriffliche Vereinseitigung vernachlässigt die Interpretation des Unternehmenswerts im Sinne des nachhaltig vorhandenen Wertpotentials. Dies wird im Rahmen der Hinterfragung der Hypothese effizienter Märkte ausgeführt.

Die Kapitel 2 „Steuerliche Wettbewerbsbedingungen in Europa und der OECD“ und 5 „Steuerwettbewerb oder Steuerharmonisierung“ im Teil II sind erneut von meinem Schreibpartner, Herrn Stefan Bach, verfasst worden. Er ist seit Jahren im Rahmen von Forschungsprojekten des Public Economics Department beim Deutschen Institut für Wirtschaftsforschung in Berlin mit internationalen Steuerthemen befasst. Das Kapitel 6 „Exkurs: Internationale Rechnungslegungsstandards und Unternehmensbewertung“ am Ende des Teils I ist von Herrn Andreas Krimpmann (Certified Public Accountant) für diese zweite Auflage neu erstellt worden.

Für die technische Hilfe bei der Erstellung und Korrektur des Manuskriptes danke ich Herrn Peter Heinroth und Frau Anne Steinbach.

Im Internet finden Sie unter www.oldenbourg.de eine Fallsammlung mit Lösungen zu diesem Buch.

Berlin, August 2011 Michael von Wuntsch

Vorwort zur ersten Auflage

Die Interpretation des internationalen Steuerstandortwettbewerbs aus der Perspektive des Wertmanagements erschien uns von Anfang an als fruchtbarer Ansatz. Denn mit der wachsenden Bedeutung der Finanzmärkte haben sich innerhalb der letzten zwei bis drei Jahrzehnte neue Konzepte zur Beurteilung bzw. Bewertung von Investitionen verbreitet, die insbesondere den multinationalen Unternehmen verschärfte Wettbewerbsbedingungen aufzwingen. Die aktionärsorientierte Erwartung der Wertsteigerung gemäß dem Maßstab des Wertmanagements konzentriert den Blick auf attraktive Steuerstandorte und grenzüberschreitende Gestaltungen von Unternehmenskooperationen. Dies ist der Leitfaden, welcher die drei großen Teile des Textes verbindet. Unsere Betrachtungen basieren auf Lehr- und Forschungserfahrungen, die wir in den letzten Jahren gesammelt haben. Dies bezieht sich zum einen auf ein mit der University of Limerick durchgeführtes Projekt zur Erforschung von Standortbedingungen in Irland sowie Mittel- und Osteuropa, an dem ich von deutscher Seite aus beteiligt war. Zum anderen sind die Herausforderungen und Auswirkungen der Globalisierung von den Mitautoren Stefan Bach und Harald Trabold seit Jahren im Rahmen von Forschungsprojekten des Deutschen Instituts für Wirtschaftsforschung untersucht worden. Die Verknüpfung von Sichtweisen hat sich im Hinblick auf die Bewältigung der Problemstellung als sehr anregend und produktiv erwiesen.

Natürlich bedarf es bei solch einem Schreibprojekt immer vieler Helfer. Der Dank gilt daher Frau Mariola Just, die hinsichtlich der Übersichten und Formeln wertvolle Dienste geleistet hat. Außerdem ist der Einsatz von Herrn David Niles hervorzuheben, der im Anschluss an das Masterprogramm International Business einen Fall zur Unternehmensbewertung angeregt und im kritischen Dialog begleitet hat. Gedankt sei schließlich auch den Studenten, welche die Diskussion von Fällen zum internationalen Steuerrecht durch ihre Ideen und Fachkenntnisse bereichert haben.

Berlin, Juni 2006 Michael von Wuntsch

Prolog: Erläuterung der Darstellungsstruktur und Leitfaden

Die Perspektive des vorliegenden Buches mag unüblich sein. Sie erlaubt aber einen klaren Blick auf den betrieblichen Handlungsrahmen, der die globale Steuerplanung eingrenzt und zugleich auf bestimmte Ziele konzentriert. Wir gehen davon aus, dass die sich in den letzten fünfundzwanzig Jahren auch in Deutschland ausbreitende Logik der wertorientierten Unternehmensführung ein wesentliches Verbindungsglied zwischen den makroökonomischen Rahmenbedingungen, den betrieblichen Führungsstrategien und den Leitlinien der betrieblichen Steuerplanung darstellt.

Die Problemstellung des Buches liegt in der Nähe zur Internationalen Betriebswirtschaftlichen Steuerlehre. Diese noch relativ junge betriebswirtschaftliche Teildisziplin verknüpft Themen der Internationalen Betriebswirtschaftslehre mit denen der Betriebswirtschaftlichen Steuerlehre. Im Sinne einer problemorientierten Betrachtung kann folgende Hauptaufgabe herausgestellt werden:

> „Aufgabe der Internationalen betriebswirtschaftlichen Steuerlehre ist es, auf der Grundlage der Darstellung der verschiedenen nationalen Steuersysteme den Einfluss der Besteuerung auf die betriebliche Außenwirtschaftstätigkeit zu erforschen und ihre steuerlich zweckmäßige Gestaltung aufzuzeigen" (Kleineidam 1970: 113).

Die Verknüpfung von Teilbereichen einzelner betriebwirtschaftlicher Teildisziplinen erscheint dabei als sinnvoller Schritt zur Erklärung von betrieblichen Zusammenhängen und besonderen Problemfeldern. In der Fachliteratur stehen die Erklärungs- und Gestaltungsaufgabe im Mittelpunkt der theoretischen Überlegungen. In diesem Sinne wird von der Steuerwirkungs- und Steuergestaltungslehre gesprochen. Zwar lassen sich noch weitere Aufgaben und Funktionen der Internationalen Betriebswirtschaftlichen Steuerlehre umreißen, doch wird davon ausgegangen, dass aus Komplexitätsgründen nicht alle Teilbereiche in einem Lehrbuch abgedeckt werden können. Auffallend ist aber, dass sich viele Darstellungen auf den Teilaspekt der Systematik von Steuernormen konzentrieren. So hebt auch Breithecker hervor, dass in der Literatur Lehrbücher zum Internationalen Steuerrecht überwiegen (Breithecker 2002, 13f.). Bei den Autoren handelt es sich in vielen Fällen um Juristen (Schaumburg 1998; Wilke 2002). Die Bedeutung dieser Literatur soll hier keineswegs geschmälert werden. Das System der Steuernormen muss geklärt sein, bevor steuerliche Probleme im Rahmen übergreifender betriebswirtschaftlicher Fragestellungen analysiert werden können. Doch ist es ebenso wichtig, dass daneben andere Darstellungsansätze verfolgt werden.

Wichtige Bezugspunkte stellen für uns die Lehrbücher von Jacobs (Jacobs 2002) und Breithecker (Breithecker 2002) dar. Hier handelt es sich um sehr umfangreiche Darstellungen im Bereich der Internationalen Betriebswirtschaftlichen Steuerlehre, die sich von den Grundlagen des Internationalen Steuerrechts bis hin zur Internationalen Steuerplanung erstrecken.

Dieser Themenumfang und die ausschließliche Ausrichtung auf steuerliche Aspekte sind in unserer Darstellung nicht beabsichtigt.

In unserer Darstellung wird der betriebswirtschaftliche Problembezug in den Mittelpunkt gestellt. Der Ansatz orientiert von vornherein auf die Verknüpfung verschiedener betrieblicher Problemfelder und Teildisziplinen, wobei finanzierungsorientierte sowie steuerliche Aspekte aufgegriffen und miteinander in Beziehung gesetzt werden. Insofern weist die hier verfolgte Darstellung über den üblichen Standard der Betriebswirtschaftlichen Steuerlehre hinaus. Der Ansatz liegt eher im Schnittfeld folgender betriebswirtschaftlicher Teildisziplinen:

- Investition und Finanzierung,
- Internationale Betriebswirtschaftliche Steuerlehre,
- Internationales Management.

Die Darstellung folgt der Struktur des Handlungsrahmens für grenzüberschreitend tätige Unternehmen. Insofern werden folgende Problemebenen aufgegriffen:

- die globalen Rahmenbedingungen für internationale Direktinvestitionen;
- die gegenwärtig sich abzeichnenden Umwälzungen auf der Ebene der Unternehmensführung;
- die Besteuerung von Gewinnen vor dem Hintergrund der internationalen Steuerstandortkonkurrenz.

Die These lautet, dass sich die Problemebenen aus der Perspektive der wertorientierten Unternehmensführung miteinander verknüpfen lassen. Wir halten daher einen integrativen Ansatz für fruchtbar. Die These soll im Folgenden näher erläutert werden.

Wie auch immer der Begriff „Globalisierung der Märkte“ eingeschätzt wird, lassen sich aus Unternehmensperspektive bestimmte Entwicklungslinien relativ klar markieren.

Aufgrund der sich im rasanten Tempo entwickelnden technischen Möglichkeiten der Telekommunikation, lassen sich Datenmengen an nahezu jeden Ort und zu immer niedrigeren Kosten übermitteln. Der sich beschleunigende Informationsaustausch rückt die internationalen Märkte enger aneinander. Die einzelnen Regionen und Länder können ihre jeweiligen Stärken unmittelbar als Wettbewerbsfaktor einbringen, was die internationale Konkurrenz verschärft.

In der Konsequenz führt dies in den Unternehmen zu Investitionsstrategien, welche die unterschiedlichen Marktbedingungen in den verschiedenen Ländern, die Stärken und Schwächen im internationalen Angebot von vornherein reflektieren. Es erscheint uns daher wichtig, im ersten Schritt die Rahmenbedingungen für multinationale Unternehmen, die wachsende Bedeutung der Finanzmärkte und die Herausbildung globaler Unternehmenskooperationen bzw. Netzwerke zu umreißen.

Vor diesem Hintergrund zeichnen sich Umwälzungen auch auf betrieblicher Ebene ab. Die Handlungsfelder und Aufgaben des Managements werden neu gemischt. Auf der einen Seite beeinflussen die Akteure am Finanzmarkt über fremdfinanzierte Unternehmenskäufe und feindliche Übernahmen immer stärker das operative Geschäft. Auf der anderen Seite müssen sich die Vorstände der Unternehmen auf den Finanzmärkten behaupten, wenn sie z.B. Fusionen und Übernahmen, Aktienrückkäufe und Umstrukturierungen in effektiver Weise bewältigen wollen. Bedingt durch die wachsende Bedeutung der Finanzmärkte rückt die Unternehmensfinanzierung in den Vordergrund und verknüpft sich mit den strategischen Orientierungen der

Unternehmensführung. Dies kommt in den neuen betrieblichen Handlungskonzepten zum Ausdruck, die unter dem Begriff „Wertorientiertes Management" zusammengefasst werden. Im Mittelpunkt steht dabei das Ziel der Steigerung des Unternehmenswerts.

Der in diesem Zusammenhang implizit unterliegende Wertbegriff leitet sich aus der modernen Investitionstheorie ab. Danach bestimmt sich der Wert eines Vermögensgegenstandes relativ, d.h. im Vergleich zu einer Alternativanlage. Im Sinne eines zweckrationalen Handelns wird unterstellt, dass der Käufer maximal den Preis zu zahlen bereit ist, der bei alternativer Mittelanlage mit den gleichen Ertragsaussichten gilt. Dies wird am Ertragswert als Summe der abgezinsten Zukunftserfolge festgemacht. Es waren vor allem v. Böhm-Bawerk und Fisher, welche die Grundlagen der betriebswirtschaftlichen Investitionstheorie gelegt haben. Während v. Böhm-Bawerk noch von einem unabhängig vom Kapitalmarkt bestehenden Zinssatz ausgegangen ist, zog Fisher am Markt verzinste Anlagen als Maßstab für Investitionen heran (Löhr 1993: 30).

Im Anschluss an die Gedanken Rappaports „Create Value for the Shareholders" (Rappaport 1998: 5) hat sich die Logik der wertorientierten Unternehmensführung seit den neunziger Jahren vor allem in den angelsächsischen Ländern verbreitet und sie verändert zurzeit die Unternehmenslandschaft in Europa. Demgegenüber hinterfragen wir die Einengung der Unternehmensführung auf das Aktionärsinteresse und verweisen auf die Kritik an der Hypothese effizienter Märkte. Wir betonen, dass nur das nachhaltige Wachstum Wert generiert. Die Logik der wertorientierten Unternehmensführung ist im Kern mit der Fundamentalanalyse und dem Konzept des Ertragswerts verknüpft. Denn die zentrale Aufgabe besteht darin, alle fundamentalen Daten, die den Ertragswert beeinflussen, einzubeziehen. Dies zielt auf die Summe aller abgezinsten Zukunftserfolge, die als Free Cash Flows bestimmt werden. Die Ermittlung der Rückflüsse ist in dieser Perspektive auf einen langen Planungshorizont zu beziehen. Kurzfristige Renditeziele bewirken keine Erhöhung des Wertpotentials.

Der sich hieran anschließende Handlungsrahmen für unternehmerische Investitions- und Finanzierungsentscheidungen wird im Teil I eingegrenzt und die Methoden der wertorientierten Unternehmensführung werden detailliert erläutert. Die Darstellung dieses Teils erstreckt sich bis hin zu dem Versuch, Investitionen aus der Perspektive der wertorientierten Unternehmensführung zu beurteilen. Internationale Direktinvestitionen stehen im Mittelpunkt unserer Betrachtung grenzüberschreitender Wirtschaftsaktivitäten. Was ist darunter zu verstehen? Geht man von den Definitionen der Deutschen Bundesbank und der Organisation for Economic Cooperation and Development (OECD 1996: 10) aus, liegt eine internationale Direktinvestition vor, wenn ein Investor bzw. ein Unternehmen oder eine Unternehmensgruppe einen unmittelbaren Einfluss auf die Geschäftspolitik eines anderen, ausländischen Unternehmens ausüben kann. Der Standardfall erfasst die Beziehung von inländischer Muttergesellschaft und ausländischer Tochtergesellschaft, wobei es sich meist um Unternehmen mit eigener Rechtspersönlichkeit handelt. Der Begriff bezieht aber auch natürliche Personen, öffentliche oder private Unternehmen ohne eigene Rechtspersönlichkeit sowie Unternehmensgruppen als Investoren ein.

Hinsichtlich der Direktinvestition im Ausland (Direktinvestitionsunternehmen) lassen sich nach der Eingrenzung der OECD wiederum drei Fallvarianten unterscheiden:

- Tochtergesellschaft mit eigener Rechtspersönlichkeit („Subsidiary"): Die Beteiligung umfasst mindestens 50 Prozent der Stimmrechte.

- Verbundenes Unternehmen („Associate"): Die Höhe der Beteiligung beträgt 10 bis 50 Prozent;
- Zweigunternehmen ohne eigene Rechtspersönlichkeit („Branch"): Es handelt sich um eine Betriebsstätte oder Filiale, Personengesellschaft oder Immobilie mit einer 100prozentigen Beteiligung.

Im Unterschied zu einer Portfolioinvestition wird also bei einer Direktinvestition eine langfristige Investition unterstellt, die es dem Investor erlaubt, einen unmittelbaren Einfluss auf das Direktinvestitionsunternehmen auszuüben. Im Regelfall muss das Beteiligungsverhältnis bei der Tochtergesellschaft oder dem verbundenen Unternehmen mindestens 10 Prozent betragen.

Dieses Problemfeld leitet über zu den Eckpunkten der betrieblichen Steuerplanung im globalen Kontext. Wird von dem international relevanten Fall ausgegangen, dass es sich beim inländischen Investor um eine Muttergesellschaft mit eigener Rechtspersönlichkeit („Parent") handelt, kommt es in der Perspektive der wertorientierten Unternehmensführung darauf an, den Wert der Muttergesellschaft unter Einbeziehung der ausländischen Gewinne oder Cash-Flows zu maximieren. Bei der Beurteilung der Vorteilhaftigkeit der Investition im Ausland tritt das Problemfeld der internationalen Unternehmensbesteuerung in den Vordergrund. Denn das mit der wertorientierten Unternehmensführung verknüpfte Teilziel der Minderung des Kostenblocks bezieht auch das jeweilige Niveau der Unternehmensbesteuerung in den Ländern in das Investitionskalkül ein. Je nach Abhängigkeit von der Art der wirtschaftlichen Tätigkeit und Leistungserstellung ergibt sich eine besondere Kostenstruktur für das international agierende Unternehmen. Häufig finden im Ländervergleich die Fertigungs- bzw. Lohnkosten und die Höhe des Steueraufwandes eine besondere Beachtung. Es verwundert daher nicht, wenn der Senkung dieses Kostenblocks bei der Entwicklung des Unternehmenswertes ein großer Stellenwert beigemessen wird.

In der globalen Perspektive der wertorientierten Unternehmensführung rücken Standortvergleiche in den Mittelpunkt der Entscheidung. An dieser Stelle soll nicht übersehen werden, dass die Diskussion über Standortqualitäten heikel ist. Zum einen bereitet die Messung erhebliche methodische Schwierigkeiten. Zum anderen werden Einschätzungen im starken Maße von den jeweils zugrunde liegenden Interessen und Werturteilen beeinflusst. Dies betrifft gerade den Bereich der Arbeitskosten und der Steuerbelastungen. Es lässt sich nachweisen, dass die Diskussion über Standorte häufig eindimensional preis- und kostenorientiert geführt wird und andere Faktoren vernachlässigt (Müller, Kornmeier 2000: 201 f.).

Wir wollen in diesem Buch herausarbeiten, welche Chancen und Risiken auf steuerlichem Gebiet mit diesen Veränderungen verknüpft sind. Zum einen potenzieren sich die Möglichkeiten für die zentrale betriebliche Steuerplanung im Unternehmensverbund. Die Unterschiedlichkeit der steuerlichen Rahmenbedingungen in den Ländern beeinflusst direkt die Standortwahl und Aufgliederung des Unternehmensverbundes in verschiedene operative Teilgesellschaften und Zentren der Unternehmensleitung. Sogar die rechtlichen, finanziellen und operativen Hauptquartiere des Top-Managements werden auf verschiedene Standorte aufgeteilt[1]. Internationale Steuerplanung zielt vor diesem Hintergrund vor allem auf Maßnahmen zur Optimierung der effektiven Steuerbelastung und Gewährleistung eines stabilen

---

1 Dies betrifft Weltfirmen wie bei IBM und HSBC: "HSBC announced that its CEO, Michael Geoghegan, would move to Hong Kong in order to be closer to the bank's fatest-growing markets" (Mitchell 2010: 9).

Cash Flows im transnationalen Unternehmensverbund[2]. Risiken der Steuerplanung und Gefahren der mangelnden steuerlichen Transparenz wurden dabei in der Vergangenheit selten eingegrenzt[3]. Das steuerliche Risikomanagement erhält erst in jüngster Zeit die gebührende Aufmerksamkeit. Transnationale Unternehmen sind hier die Vorreiter.

Auch wenn bei der betrieblichen Standortentscheidung in erster Linie strategische Ziele wie die Öffnung neuer Märkte, die Produktion in der Nähe der Wachstumsmärkte und die Verbesserung der Kundenbindung festzulegen sind, bewirkt der kapitalmarktorientierte Druck zur Steigerung des Unternehmenswertes eine strikte Betonung der Kosteneffizienz (Andreosso-O'Callaghan, Wei, von Wuntsch 2005: 17). Welchen Stellenwert in der Standortentscheidung die steuerlichen Bedingungen im Detail auch spielen, es zeichnet sich ab, dass die Länder im Rahmen der wachsenden Steuerstandortkonkurrenz versuchen, attraktive Bedingungen für die Ansiedlung von Kapital zu setzen. Vor diesem Hintergrund muss die internationale Steuerplanung als integrierter Bestandteil der global orientierten Investitionsstrategien und der wertorientierten Unternehmensführung verstanden werden. Das Ziel der Minimierung der Steuerbelastung führt dazu, dass die grenzüberschreitend tätigen Unternehmen die jeweiligen steuerlichen Bedingungen in den Ländern vergleichen und die Anreize zur Gewinnverlagerung ausschöpfen. Hier zeichnen sich verschiedene Entwicklungen ab. Spektakulär sind zurzeit folgende Pfade.

Erstens verlagern Unternehmen ihr Produktionskapazitäten in Gebiete mit einer niedrigen Besteuerung. Studien (Devereux, Griffith 1998; Devereux, Griffith, Klemm 2002a, 2003) kann entnommen werden, dass tarifliche Steuersätze eine zentrale Rolle im Rahmen der Standortentscheidung spielen. Handelt es sich um Investitionen in ausgesprochenen Niedrigsteuergebieten, kann dies allerdings mit dem Nachteil verbunden sein, dass geringe Steuern einer schlechten Infrastruktur und gering qualifizierter Arbeit gegenüberstehen (Müller, Kornmeier 2000: 183). Im Hinblick auf Investitionen in den neuen mittel- und osteuropäischen Mitgliedsstaaten der Europäischen Union ergeben sich aber steuerlich durchaus interessante Perspektiven, da hier von einem gut qualifizierten Arbeitsangebot und neuen Märkten ausgegangen werden kann. Die hier angebotenen Steuersätze Stellen für Länder wie Deutschland und Frankreich eine große Herausforderung dar.

Zweitens verfolgen multinationale Unternehmen Strategien, die auf die Ausschöpfung von Vorteilen gerichtet sind, die sich aus der Verbundstruktur ergeben. Wird von den Fallvarianten ausgegangen, welche die Definition der Internationalen Direktinvestition umfassen, besteht die Möglichkeit, Gewinne zum niedrig besteuerten, ausländischen Verbundunternehmen (Tochtergesellschaft, verbundenes Unternehmen) oder zur ausländischen Betriebsstätte zu transferieren. Die Mittel erstrecken sich zum einen auf die verstärkte Fremdfinanzierung im Inland und den Export von Eigenkapital zur Finanzierung von Auslandsinvestitionen. Dass deutsche Unternehmen Gewinne in das niedrig besteuernde Ausland im beträchtlichen Umfang transferieren, ist vom BMF auf 65 Mrd. € geschätzt[4] worden. Ökonometrische Studien zur Reaktion von Unternehmen auf „Thin-Capitalization Rules" weisen in eine ähnliche Richtung. Wir erörtern dies im Rahmen der Regelungen zur Zinsschranke. Zum anderen hat

2 So auch Paul Morton, Head of Group Tax at Reed Elsevier: "First, I would think about the effective tax rate that the company has and then I would look at the management of risk" (Ernst & Young 2010: 22).

3 Vgl. Jim Marshall, former Tax Director of Cadbury: "Tax risk management is vitally important. It has tended to be a neglected part of a company's tax agenda in the past" (Ernst & Young 2010: 20).

4 Der Grobschätzung des BMF liegt ein Vergleich der in der Volkswirtschaftlichen Gesamtrechnung ausgewiesenen Gewinne mit den steuerlich erfassten Gewinnen zu Grunde (FAZ v. 15.08.2006).

sich die Gestaltung von Transferpreisen für Lieferungen und Leistungen zwischen den Unternehmenseinheiten im transnationalen Verbund in den letzten zwanzig Jahren als weiterer Knotenpunkt der internationalen Steuerplanung erwiesen.

Die Strategie ist klar. Die Wertschöpfungskette wird in der Weise strukturiert, dass die Unternehmen in einem Niedrigsteuergebiet angesiedelt werden, welche hohe Gewinne erwirtschaften. Dieser Effekt wird begleitet oder verschärft durch die Gestaltung der konzerninternen Verrechnungspreise. Vorleistungen aus einem Niedrigsteuergebiet werden tendenziell mit einem hohen Preis angesetzt. Das importierende Hochsteuerland hingegen nimmt hohe Kosten in Kauf und mindert damit den steuerlichen Gewinn und die dortige Steuerbelastung. Die Erträge sammeln sich so im Niedrigsteuerland, was für die Steuerbelastung des Unternehmensverbundes von Vorteil ist. Dies gilt entsprechend im Hinblick auf die Übertragung von Patenten und Lizenzen auf ausländische Tochtergesellschaften und die Zahlung von Lizenzgebühren in Deutschland. Führt man sich vor Augen, dass der Handel zwischen verbundenen Unternehmen bzw. Konzernunternehmen einen großen und wachsenden Teil am gesamten Welthandel ausmacht, stellte die betriebliche Gestaltung von Verrechnungspreisen in den letzten fünfzehn Jahren für die Steuerverwaltungen insbesondere in den Hochsteuerländern ein riesiges Problem dar (Bartelsman, Beetsma 2003). Die Staaten haben in den letzten Jahren aber massiv mit Abwehrmaßnahmen auf diese Problematik reagiert. Wir versuchen, den verbliebenen Gestaltungsrahmen einzugrenzen.

Drittens lassen sich im Rahmen von Holdingstrukturen günstige steuerliche Effekte erzielen, die sich aus der Verrechenbarkeit von Verlusten im Rahmen der Gruppenbesteuerung oder der Besteuerung von eigenständigen Koordinations- oder Finanzierungsgesellschaften ergeben. Die grenzüberschreitende Verlustverrechnung ist nicht erst seit der Entscheidung vom 13. 12. 2005 zur Rechtssache „Marks & Spencer“ in den Mittelpunkt der Steuerdiskussion gerückt. Einige Länder wie z.B. Dänemark und Österreich haben entsprechende Konzepte bereits realisiert und sind damit zu interessanten Holdingstandorten aufgerückt.

Die steuerliche Begünstigung von Koordinations- und Finanzierungsgesellschaften hat bislang eine bedeutende Rolle in Ländern wie Belgien und Irland gespielt. Erwähnt werden können hier z.B. die belgischen Coordination Centres (BCC), für welche die Begünstigungen bis zum 31.12.1010 ausgelaufen sind. Der hier entstehende steuerbare Gewinn wurde vom belgischen Fiskus bislang mittels eines festen Prozentsatzes der Betriebskosten ermittelt. Nach Einwendungen der Europäischen Kommission sollen die erfassten Kosten nun um die Personal- und Finanzaufwendungen erweitert werden. Der Prozentsatz ist im Rahmen eines individuellen Rulings (Steuervorentscheidung) anzufragen und zu bestimmen. Im Verbund lassen sich Mehrfachvorteile erzielen. Während die Gewinne aus den Finanzierungsgeschäften in Belgien anfallen, fallen die Kosten der Darlehen bei den höher besteuerten Verbundunternehmen an und senken dort die Steuerbelastung. Auch Irland ist auf diesen Zug aufgesprungen und hat 1987 günstige steuerliche Bedingungen für das International Financial Services Center in den ehemaligen Custom House Docks in Dublin geschaffen, die bis zum 31.12.2005 galten. Der nun allgemein geltende Steuersatz von 12,5 Prozent ist aber für Verbundunternehmen nach wie vor sehr attraktiv. Für den Wettbewerb um beste steuerliche Konditionen ist kein Ende absehbar.

Die Steuervermeidungstechniken reagieren sensibel auf die Höhe der tariflichen Körperschaftsteuersätze. Dabei wird häufig übersehen, dass die effektive Steuerbelastung eines Unternehmens nicht nur durch den Steuersatz sondern auch durch den Umfang der steuerlichen Bemessungsgrundlage beeinflusst wird. Dies ist im Rahmen vieler Studien herausgearbeitet worden (Müller, Kornmeier 2000: 173; Bundesministerium der Finanzen 1999; Seidel, Franzmeyer, Volz, Teichmann 1989). Dennoch wird dieser komplexe Zusammenhang häufig vernachlässigt und die Höhe des jeweiligen Körperschaftsteuersatzes als greifbarer, vermeintlich klar die Unterschiede zum Ausdruck bringender Faktor bewertet. Je höher die Steuersätze sind, desto anfälliger ist ein Land im internationalen Steuerwettbewerb. Die Steuersätze und Steuersysteme in den Ländern, die an sich zum Urbestand nationaler Politikgestaltung zählen, geraten stark unter Druck. Es verwundert daher nicht, wenn die Länder gerade hier ansetzen, um die Attraktivität des eigenen Wirtschaftsstandortes zu erhöhen.

Dabei lässt sich zeigen, dass zwar alle Industrieländer seit dem Ende der achtziger Jahre ihre Steuersätze gesenkt haben, aber kleinere Länder systematisch niedrigere Steuersätze aufweisen als größere (Ganghof 2004: 46). Hierin drücken sich unterschiedliche Niveaus hinsichtlich der Infrastrukturen und eine unterschiedliche Gliederung des Steueraufkommens (Verhältnis der Einnahmen aus direkten und indirekten Steuern) aus. Die Senkung der Steuersätze führte in den Staaten meist zum Resultat sinkender Steuereinnahmen. Denn kein OECD-Land kann es sich auf die Dauer leisten, die Steuersätze zu senken und Haushaltsausfälle hinzunehmen. Die Lösung war in der Vergangenheit vielfach, Steuersatzsenkungen durch die Verbreiterung der Bemessungsgrundlage zu finanzieren. Durch die Streichung steuerlicher Subventionen wie Sonderabschreibungen oder einiger Steuerbefreiungen versuchten Staaten wie Australien, Dänemark, Kanada und auch Deutschland ihre Handlungsmöglichkeiten im Rahmen der Steuerstandortkonkurrenz auszuschöpfen[5].

Wir konzentrieren uns in diesem Buch auf die Steuern des Unternehmens. Es kann im Hinblick auf die Vermögensverwaltung nur am Rande darauf hingewiesen werden, dass in den letzten fünf Jahren die Industriestaaten zum Kampf gegen Steuerhinterziehung aufgerufen und Staaten, die sich der steuerlichen Kooperation entziehen, auf eine „graue Liste"[6] gesetzt haben. Die Schweiz ist im Jahr 2009 in zähen Verhandlungen zur Revision der Doppelbesteuerungsabkommen bewegt worden. Entsprechend dem Standard des Artikels 26 des OECD-Musterabkommens sollen nun auch bei einfacher Steuerhinterziehung auf begründetes Gesuch hin im Einzelfall Informationen (auch Bankinformationen) zwischen den beteiligten Staaten ausgetauscht werden. Weitergehende Vereinbarungen zur Legalisierung von Schwarzgeld werden mit der Schweiz vereinbart, wobei eine pauschale Steuer zwischen 19% und 34% ab dem Jahr 2013 fällig werden soll. Nach Schätzungen des deutschen Fiskus liegen rund 132 Mrd. € Schwarzgeld deutscher Kunden bei Schweizer Banken. Zunehmende Regulierungen in Nordamerika und Europa werden auf der anderen Seite offenbar begleitet durch einen Kapitaltransfer in Richtung Hongkong und Singapur. Abwanderungen von Kapital werden auch aus der Schweiz gemeldet. In den letzten Jahren lässt sich ein Anwachsen des Vermögens von Hedge-Fonds in Singapur beobachten. Das sichere politische Umfeld und steuerliche Anreize motivieren Fondsverwaltungen sich dort anzusiedeln[7]. Zur Bekämpfung von Steueroasen sind in den nächsten Jahren weitere Schritte zu erwarten. Dazu dürfte auf Seiten der Industriestaaten aber ein langer Atem notwendig sein.

---

5 Großen Einfluss auf die Steuerstandortkonkurrenz hatte die Steuerreform in den USA im Jahr 1986. Im Gefolge mussten viele Staaten ihre Steuersätze senken (Ganghof 2004: 48).

6 Im Jahre 2009 wurde von der OECD eine Liste der Staaten veröffentlicht, die sich verpflichtet haben den OECD Standard umzusetzen, dies bis dahin aber noch nicht getan haben. Die Schweiz wurde von dieser Liste erst nach einigen Verhandlungen gestrichen. Nach dem Stand 2011 sind nur noch wenige Staaten übrig geblieben, die sich bislang noch nicht zur Umsetzung des OECD Standards verpflichtet haben.

7 Vgl. FAZ v. 19.03.2010.

Die wertorientierte Unternehmensführung und die Unternehmensbesteuerung beeinflussen sich wechselseitig. Erstens kann das Ziel der Wertsteigerung über die Erhöhung der Kosteneffizienz bis zum Teilziel der Senkung der betrieblichen Steuerbelastung nachvollzogen werden. Die international orientierte Steuerplanung wird vor diesem Hintergrund bedeutsamer und ist als wichtiges Element des global orientierten Finanzmanagements zu bezeichnen. Einige wichtige Auswirkungen sind bereits skizziert worden. Auf Basis der neuen Kommunikationstechnologien können Unternehmensfunktionen bzw. -bereiche problemlos ausgelagert, im Rahmen von Konzernstrukturen international aufgegliedert und in die Länder verlagert werden, welche die günstigsten Besteuerungsbedingungen aufweisen. Die Auswirkungen auf die Steuerpolitik in den Ländern ist wiederum vielschichtig. Erkennbar sind zwei Entwicklungslinien. Zum einen werden die Einkünfte der mobilen und immobilen Produktionsfaktoren unterschiedlich besteuert, um die Attraktivität gegenüber den internationalen Investoren zu erhöhen. Abweichend vom alten Gedanken der Gleichbehandlung aller Einkunftsarten einer Person werden Kapitalerträge gesondert behandelt und einem immer geringeren Steuersatz unterworfen. Der Trend hin zur „dualen Besteuerung" ist vom IWF-Experten Vito Tanzi (Tanzi 1995: 40) dargestellt worden. Zum anderen wird der Steuerstandortwettbewerb forciert. Dies gilt auch für die Europäische Union. Die Kommission hat zwar die Macht, um den Rat in Verhandlungen um den Abbau von Steuergrenzen und die Angleichung von Besteuerungsunterschieden zu verwickeln, aber doch zu wenig Macht, um zwischenstaatliche Konflikte zu entschärfen. Die Kommission kann den Mitgliedsstaaten keine substantiellen Anreize zur Revision ihrer steuerpolitischen Interessen bieten (Genschel 2002, 283).

Zweitens beeinflussen die steuerlichen Regeln in den Ländern die betrieblichen Entscheidungen auf der Ebene der wertorientierten Unternehmensführung. Bezogen auf internationale Direktinvestitionen betrifft dies im Kern die Frage, ob und in welcher Weise die in den ausländischen Verbundunternehmen erzielten Gewinne und Cash-Flows zur Wertentwicklung bei der Muttergesellschaft bzw. im Stammunternehmen beitragen. Die Klärung der günstigsten Standorte für die Subsidiaries, Associates und Branches hängt im starken Maße von ihrem Wertsteigerungspotential ab. In dieser Perspektive sind die Investitions- und Finanzierungsentscheidungen abzuklären. Dies ist unabhängig davon, ob die Höhe der Steuersätze in den Ländern entscheidungsrelevant ist oder nicht. Denn bei grenzüberschreitend tätigen Unternehmen stellt sich generell die Frage nach etwaigen steuerlichen Mehrfachbelastungen. Da die Staaten ihre Besteuerungsansprüche in der Regel nach dem Sitzprinzip abgrenzen, kann die Distribution bzw. Ausschüttung von Gewinnen im Kreis der Verbundunternehmen über die Ländergrenzen hinweg dazu führen, dass transferierte Einkommensteile von mehreren Staaten besteuert werden. Inwieweit es zu steuerlichen Mehrfachbelastungen kommt, hängt wesentlich von den bilateralen Doppelbesteuerungsabkommen ab. In unserer Darstellung des steuerlichen Einflusses auf grenzüberschreitende Direktinvestitionen spielt die Erläuterung der Struktur und der Anwendung dieser völkerrechtlich verbindlichen Abkommen eine große Rolle. Außerdem wird auf ausgewählte Vorschriften des deutschen Außensteuerrechtes eingegangen, die im Hinblick auf günstige steuerliche Gestaltungen im Ausland bedeutsam sind.

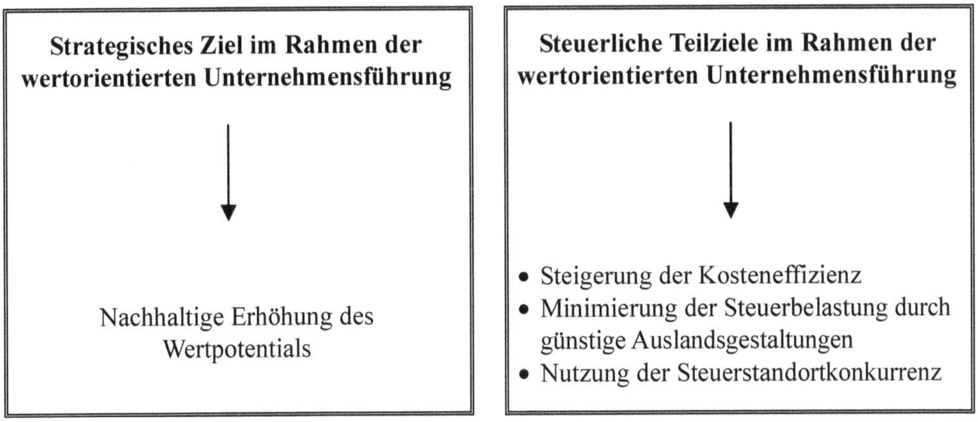

Abb. 1: Ziele im Rahmen der wertorientierten Unternehmensführung

Die einleitend erläuterten Themen und die Verbindungslinien kommen in der Gesamtstruktur der Darstellung zum Ausdruck. Das Buch gliedert sich in zwei Teile.

Teil I: Wertorientierte Unternehmensführung und Unternehmensbewertung

Es schließen Ausführungen zur Theorie und Methodik der wertorientierten Unternehmensführung sowie zum hieran anschließenden Handlungsrahmen im Hinblick auf internationale Direktinvestitionen an.

Teil II: Internationale Steuerplanung

Der Bezug auf die wertorientierte Unternehmensführung konzentriert den Blick auf den steuerlichen Vergleich zwischen den Ländern und wichtige steuerliche Regelungsbereiche auf nationaler und internationaler Ebene sowie auf grenzüberschreitende Gestaltungen, die einen positiven Wertbeitrag im Rahmen von Verbundunternehmen ermöglichen. Dieser Kontext wird als wertorientierte Steuerplanung bezeichnet.

Inhaltsverzeichnis

Abbildungsverzeichnis

Tabellenverzeichnis

Abkürzungsverzeichnis

ABl.	Amtsblatt der Europäischen Gemeinschaften
Abs.	Absatz
AG	Aktiengesellschaft
Anm.	Anmerkung
AO	Abgabenordnung
a.F.	alte Fassung
AR	Aufsichtsrat
Art.	Artikel
AStG	Außensteuergesetz
BFH	Bundesfinanzhof
BilMoG	Bilanzrechtsmodernisierungsgesetz
BMF	Bundesministerium der Finanzen
BS	Betriebsstätte
BStBl	Bundessteuerblatt
BVerfG	Bundesverfassungsgericht
bzw.	beziehungsweise
DCF	Discounted Cash-Flow
DBA	Doppelbesteuerungsabkommen
d.h.	das heißt
ebd.	ebenda
EGV	EG-Vertrag
EK	Eigenkapital
ESt	Einkommensteuer
EStG	Einkommensteuergesetz
EStR	Einkommensteuerrichtlinien
etc.	et cetera
EuGH	Europäischer Gerichtshof
EuGHE	Entscheidungssammlung des Europäischen Gerichtshofes
€	Euro
EVA	Economic Value Added
EW	Ertragswert
FASB	Financial Accounting Standards Board
F&E	Forschung und Entwicklung
FK	Fremdkapital
FRL	Fusionsrichtlinie
gem.	gemäß
GK	Gesamtkapital
GmbH	Gesellschaft mit beschränkter Haftung
GewSt	Gewerbesteuer

GewStG	Gewerbesteuergesetz
H	Hinweis (in Richtlinie)
HGB	Handelsgesetzbuch
Hrsg.	Herausgeber
IASB	International Accounting Standards Board
IDW	Institut der Wirtschaftsprüfer
IFRS	International Financial Reporting Standards
i. H. v.	in Höhe von
i.d.R.	in der Regel
inkl.	inclusive
i.S. / i.S.v.	im Sinne / im Sinne von
i.V.m.	in Verbindung mit
IWB	Internationale Wirtschaftsbriefe
KapESt	Kapitalertragsteuer
KG	Kommanditgesellschaft
KSt	Körperschaftsteuer
KStG	Körperschaftsteuergesetz
OECD-MA	OECD-Musterabkommen zur Vermeidung von Doppelbesteuerung
SolZ	Solidaritätszuschlag
T€	Tausend Euro
Tz	Textziffer
u.a.	unter anderem, unter anderen
US-GAAP	United States Generally Accepted Accounting Principles
usw.	und so weiter
u.U.	unter Umständen
UmwG	Umwandlungsgesetz
UmwStG	Umwandlungssteuergesetz
v.	vom
vGA	verdeckte Gewinnausschüttung
vgl.	vergleiche
VZ	Veranlagungszeitraum
WE	Währungseinheit
z.B.	zum Beispiel
ZfB	Zeitschrift für Betriebswirtschaft
zvE	zu versteuerndes Einkommen

Teil I:

Wertorientierte Unternehmensführung und Unternehmensbewertung

1 Leitfaden

Im ersten Schritt sollen zentrale strategische Orientierungen dargestellt werden, die das Entscheidungsfeld des transnational agierenden Unternehmens bestimmen. Es ist nicht zu übersehen, dass betriebliche Investitionsentscheidungen in den letzten Jahren immer stärker aus der Sicht des wertorientierten Managements betrachtet werden. Die früher getrennten betrieblichen Handlungsfelder „Finanzwirtschaft" und „Unternehmensstrategie" werden verknüpft. Darin kommt zum Ausdruck, dass sich die Akteure am Finanzmarkt zum Beispiel über fremdfinanzierte Unternehmenszukäufe und feindliche Übernahmen zunehmend am operativen Geschäft beteiligen, während die Unternehmensvorstände durch Fusionen und Übernahmen (Mergers & Acquisitions), Umstrukturierungen und Aktienrückkäufe als aktive Teilnehmer an den Finanzmärkten in Erscheinung treten (Copeland, Koller, Murrin 2002: 20).

Nach dieser Logik sind Investitionsprojekte in erster Linie unter dem Aspekt des Wertsteigerungspotentials zu beurteilen. Wie wir in Teil II weiter zeigen werden, lässt sich aus diesem Handlungsrahmen im internationalen Maßstab auch ein verschärfter Wettbewerb um beste Standortbedingungen ableiten. Bedingt durch die wertorientierte Steigerung der Kosteneffizienz erfahren in diesem Zusammenhang auch die steuerlichen Standortvorteile eine stärkere Beachtung. In diesem Sinne kann die anwachsende Steuerstandortkonkurrenz als Konsequenz der wertorientierten Unternehmensführung gekennzeichnet werden.

Wir zielen in diesem Abschnitt nicht auf den detaillierten Vergleich der verschiedenen Bewertungsmethoden. Wir greifen den Discounted-Cash-Flow-Ansatz vielmehr als international vorherrschendes Konzept zur Bewertung von Investitionen und zur Ermittlung des Marktwertes von Unternehmen bzw. Unternehmensteilen auf, um folgende Zusammenhänge aufzuzeigen:

- den wertorientierten Entscheidungsrahmen für Manager im Hinblick auf internationale Direktinvestitionen (Teil I) und
- die Relevanz steuerlicher Einflussfaktoren im internationalen Wettbewerb um günstigste Standorte (Teil II).

Der Leitfaden des Buches wird detailliert im Prolog erläutert.

2 Unternehmensführung im Wandel

2.1 Dominanz der Finanzmärkte

Die Entwicklung transnationaler Unternehmensstrukturen geht einher mit der Herausbildung globaler Finanzmärkte. Es lässt sich beobachten, dass sich die finanzielle Globalisierung seit dem Ende der achtziger Jahre des 20. Jahrhunderts beschleunigt hat. Dies ist wiederum im entscheidenden Maße Ausdruck der Deregulierung der heimischen Wertpapier- und Kapitalmärkte, der Liberalisierung der grenzüberschreitenden Finanzgeschäfte und der neuen Technologien (Castells 2001: S. 69 ff.). Auf dieser Grundlage sind die wirtschaftlichen Aktivitäten global, indem sie sich nahezu ohne jeglichen Zeitwiderstand im planetarischen Maßstab entfalten können.

Unternehmen sind heute in vielfältiger Weise mit den Finanzmärkten verknüpft. Wir haben im einleitenden Leitfaden bereits darauf hingewiesen, dass die Akteure auf den Finanzmärkten und Unternehmensmanager des nicht-monetären Sektors (Realwirtschaft) wechselseitig aufeinander reagieren. Ihre Konturen überlappen sich immer stärker. Während einerseits Beteiligungsgesellschaften oder Hedgefonds[8] Unternehmen direkt mit dem Ziel der Umgestaltung aufkaufen, handeln die Unternehmen andererseits selbst als Akteure auf den Finanzmärkten. Denn Fusionen, Übernahmen und Umstrukturierungen sind geschickt in die Wege zu leiten und effektiv zu finanzieren. Unternehmensmanager, die eine feindliche Übernahme verhindern wollen, können sich nur durch eine gute Bewertung des eigenen Unternehmens wirksam schützen. In diesem Sinne betont der Vorstandsvorsitzende des Baudienstleisters Bilfinger Berger, Herbert Bodner, dass deutsche Unternehmen anfällig für feindliche Attacken seien, da ihr Wert gegenüber den ausländischen Konkurrenten oft unterbewertet sei. Dies leitet er ab aus der in Deutschland vorhandenen Geringschätzung der Aktie als Anlageform. Er ergänzt, dass das deutsche Übernahmerecht reformbedürftig sei. Denn die Anteilsschwelle von 30%, ab der ein Angreifer den Aktionären ein Übernahmegebot abzugeben habe, sei letztlich wirkungslos[9].

Das wechselseitige Engagement der Akteure auf den Finanz- und Realmärkten hat auch in Deutschland interessante Blüten hervorgebracht:

- Der Porsche Holding SE ist vorgeworfen[10] worden, in den Jahren 2008/2009 durch Abschluss von Geschäften zur Aktienkurssicherung existenzgefährdende Risiken für das

---

[8] Hedgefonds legen in der Regel Mittel langfristig an und nehmen kurzfristige Einlagen von privaten und institutionellen Anlegern sowie Anleihen mit kurzen Laufzeiten auf (Roubini, Mihm 2010:129).

[9] Nach Meinung von Bodner müsse ein Unternehmen nur warten, bis Aktien günstig angeboten werden (FAZ v. 15.01.2011: 14).

[10] Der Verdacht der Marktmanipulation durch falsche Informationen und den Aufbau einer beherrschenden Stellung am Aktienmarkt ist von der deutschen Strafjustiz erhoben worden. Daneben waren Klagen von Hedgefonds vor dem Bundesgericht in New York zu verzeichnen, die durch das Pokerspiel viel Geld verloren hatten (FAZ 30.06.2010: 16). Aus dem Porsche-Geschäftsbericht 2007/2008 geht hervor, dass unterschiedliche Derivatestrategien verfolgt wurden. Einerseits wurden Kaufoptionen auf einen Basiswert (nicht die VW-Aktie)

eigene Unternehmen eingegangen zu sein. So wurde im März 2008 bekanntgegeben, dass Porsche die Aufstockung auf 50% der Stammaktion der Volkswagen AG durch Optionen abgesichert hatte[11]. Da weitere Optionsgeschäfte mit dem Ziel der Aufstockung auf 75% der VW-Aktien von Porsche dementiert worden waren, hatte sich ein Verkaufsdruck bei den Eignern der fundamental überbewerteten VW-Stammaktien ergeben, der wiederum von Porsche zur Erweiterung der Optionsposition genutzt wurde. Daraus hatte sich schließlich im gleichen Jahr ein erhebliches Porsche-Kreditrisiko in Höhe von 9 Milliarden Euro (Nettoschulden) ergeben. Der spätere Abbau der Schulden durch eine Kapitalerhöhung der Porsche Automobil Holding SE im Jahr 2011 war schließlich eine Bedingung der Eingliederung von Porsche in den Volkswagen-Konzern.

- Im Gefolge des Scheiterns einer Mehrheitsübernahme der Continental AG durch die Schaeffler GmbH und die dahinter stehende Schaeffler Familie im Jahr 2008 wurde Schaeffler von Banken eine Investorenvereinbarung mit Continental aufgedrängt. Denn eine harte Übernahmeschlacht hatte schließlich zu einem Anteil von 75% an Continental geführt, was wiederum unter dem Einfluss der Finanzkrise in eine gefährlich hohe Verschuldung von Schaeffler mündete. Der Kauf von Aktien durch Schaeffler im Rahmen des damaligen Übernahmeangebots von 75 € je Aktie hatte einen Schuldenberg in Höhe von 7,4 Milliarden € hinterlassen. Die beteiligten Banken drängten auf eine Refinanzierung mit dem Ziel, Aktien an institutionelle Investoren zu verkaufen und so die Schuldenlast zu mindern. Unter der Federführung der U.S.-Investmentbank Goldman Sachs sind auf diesem Weg im März 2011 Mittel in Höhe von 1,8 Milliarden € erwirtschaftet worden. Der Anteil der Schaeffler GmbH an der Continental AG beträgt seitdem 49,9%. Die Privatbanken M.M.Warburg und Bankhaus Metzler halten jeweils 5,2% der Anteile und der Rest befindet sich im Streubesitz. Durch die Refinanzierung hat sich der Streubesitz von 24,9% auf 39,7% erhöht[12].

Die strategische Wachstumsoption kann ohne Engagement auf den Finanzmärkten nicht realisiert werden. Alle Akteure auf den Finanzmärkten sind somit Erwartungshaltungen ausgesetzt, die sich in gleicher Weise auf die verschiedenen Anlageformen beziehen. In diesem Handlungsrahmen orientiert sich die Unternehmensführung immer stärker an einer Logik, die sich als „wertorientierte Unternehmensführung" bezeichnen lässt. Wir werden im Teil I des Buches aufzeigen, was unter diesem Begriff zu verstehen ist. Bevor wir die Begriffe der wertorientierten Unternehmensführung in Teil I Kapitel 3 erläutern, soll der starke Einfluss der Finanzmärkte auf die Unternehmen der Realwirtschaft näher skizziert werden.

Das Wachstum der Finanzmärkte in den letzten fünfundzwanzig Jahren weist gigantische Züge auf. Diese Märkte sind mittlerweile hochdifferenziert und lassen sich grob in fünf Segmente untergliedern:

1. Kreditmarkt
2. Primärmarkt für Wertpapierfinanzierung (Ausgabe von Aktien, Auflage von Unternehmens- und Staatsanleihen)

---

gleichzeitig gekauft und verkauft. Andererseits wurden gleichzeitig Kaufoptionen auf VW-Stammaktien erworben und Verkaufsoptionen verkauft.

11 Vgl. die Ausführungen von Christian Breitsprecher, Analyst bei der Luxemburger Privatbank Sal. Oppenheim (FAZ 28.05.2009: 19). Seiner Meinung nach hat Porsche auf die Anhebung der Sperrminorität von 20% auf 25% gesetzt. Damit hätte es gelingen können, einen Beherrschungs- und Gewinnabführungsvertrag durchzusetzen und auf die Nettoliquidität von Volkswagen zuzugreifen.

12 Zur Darstellung des Schaeffler-Continental-Geflechts vgl. FAZ (29.03.2011: 15).

3. Sekundärmarkt für den Wertpapierhandel
4. Markt für Währungen
5. Markt für abgeleitete Finanzinstrumente (Derivate).

Zwar ist im Durchschnitt der relative Anteil der Eigenfinanzierung aus Gewinnen an der gesamten Unternehmensfinanzierung in den letzten beiden Jahrzehnten angewachsen, doch hat der Umfang vor allem der Märkte für den Handel mit Aktien, Devisen und Derivaten dramatische Größenordnungen erreicht[13]. Während im Jahr 1980 der Umfang des Handels mit Aktien an den Weltbörsen einem Anteil von 10% der Kurswerte aller börsenregistrierten Aktiengesellschaften entsprach, lag das jährliche Handelsvolumen von Aktien bereits bei einem Anteil von 62,5% im Jahr 1990. Dies entspricht einer Verweildauer von 19 Monaten. Im Jahr 1998 wuchs das Handelsvolumen der Aktien weiter auf 110% an. Die Verweildauer hat sich damit zu Beginn des 21. Jahrhunderts bereits auf 11 Monate reduziert.

Der Börsenhandel konzentriert sich dabei stark auf eine relativ kleine Zahl an Unternehmen. An der New York Stock Exchange (NYSE), der größten Aktienbörse der Welt, bezieht sich die Hälfte des gesamten Aktienhandels auf die größten 5% der Unternehmen (gemessen am Kurswert). Der Konzentrationsgrad lässt sich auch an den Aktienbörsen in London, Paris und Frankfurt beobachten. Die Bedeutung des Aktienhandels ist dabei offensichtlich in den USA am größten. Im Jahr 1997 entsprach der Kurswert aller an der NYSE gehandelten Aktiengesellschaften (CEPS 1998 : 83) dem 1,3fachen des Bruttoinlandsproduktes. In der Europäischen Union lag dies Verhältnis bei lediglich 0,7, in Japan bei 0,5 und in Deutschland bei 0,4.

Die internationalen Kapitalströme haben insgesamt an Bedeutung gewonnen. Sie dienen nur zum geringen Teil der Abwicklung des Warenverkehrs. Nach einer Einschätzung des Bundesverbandes Deutscher Investmentbanken sind davon mehr als 95 Prozent reine Finanztransfers (BVI 1998: 41). Es handelt sich dabei um Kapital, das auf der Suche nach kurz- und langfristigen Anlagemöglichkeiten ist. Dies Kapital wird im wachsenden Maße von institutionellen Anlegern verwaltet. Der Kreis der institutionellen Anleger setzt sich gemäß der Definition der OECD (OECD 1997: 15) zusammen aus Kapitalanlagegesellschaften (Investmentfonds), Pensionsfonds und Versicherungen. Diese Institutionen fungieren als Kapitalsammelstellen, deren Aufgabe es ist, das Vermögen von Individuen, Unternehmen und öffentlichen Haushalten im Rahmen von Investmentfonds zu sammeln und effizient zu verwalten. Die vermittelnden Akteure sind hier professionelle Portfoliomanager, welche die Wiederanlage des Kapitals differenziert nach Risikogruppen im Interesse der vielen Anleger wesentlich beeinflussen.

In den neunziger Jahren des zwanzigsten Jahrhunderts ist das Volumen der Investmentfonds[14] durchschnittlich um mehr als 20 Prozent jährlich gestiegen. Die regionalen Ausprägungen sind dabei unterschiedlich. Während in den USA mehr als die Hälfte des gesamten Vermögens des Finanzsektors von institutionellen Anlegern verwaltet wird, liegt dieser Anteil in Ländern wie Frankreich, Japan und Deutschland nur bei rund einem Fünftel. Die Tendenz ist

[13] Der Anteil der Kreditfinanzierung an der Unternehmensfinanzierung ist seit den 70er Jahren relativ konstant bei knapp 20% geblieben. Die Kapitalaufnahme durch die Ausgabe neuer Aktien verläuft stetig, wobei die Mittelaufnahme von 175 Mrd. $ im Jahr 1990 auf 472 Mrd. $ im Jahr 1998 angestiegen ist. Bezogen auf den Zeitraum 1991-95 entspricht dies einem Anteil von 7,6% an der gesamten Unternehmensfinanzierung. Die Aufnahme von Anteilen entspricht im selben Zeitraum einem Anteil von 2,6% (Huffschmid 1999: S. 18 ff.).

[14] Dies Vermögen lässt sich in verschiedene Fondstypen untergliedern. Im Jahr 2003 entfallen in der Europäischen Union 34 Prozent des Vermögens der Publikumsfonds auf Aktienfonds, 30 Prozent auf Rentenfonds, 20 Prozent auf Geldmarktfonds und 14 Prozent auf gemischte Fonds.

aber im letzten Jahrzehnt klar: Private Haushalte halten einen steigenden Teil ihrer Ersparnisse bei institutionellen Anlegern und einen sinkenden Teil auf Bankkonten, direkt in Aktien oder Anleihen (BIZ 2003: 147).

Die Entwicklung der Finanzmärkte in den letzten Jahren unterliegt dabei großen Schwankungen, die dem Muster Überbewertung und anschließender Absturz der Kurse folgen. Bereits im Zeitraum 2000 bis 2003 sind an den Aktienmärkten weltweit rund 13 Billionen Dollar an Marktkapitalisierung vernichtet worden (BIZ 2003: 114). Zwar führte das Platzen der Dot.com-Blase zu einem Vertrauensverlust bei den Anlegern, doch ist der Umfang des Fondsvermögens hoch geblieben. Das gesamte Fondsvolumen in der Europäischen Union (einschließlich Tschechien, Ungarn, Polen, Liechtenstein, Norwegen und der Schweiz) hat sich ausgehend vom Jahr 1993 mit 1,3 Billionen Euro auf fast 4,8 Billionen Euro im Jahr 2003 nahezu vervierfacht. Auf Europa entfielen damit rund 33 Prozent und auf die USA 54 Prozent des weltweiten Fondsvermögens (BVI 2004: 82).

Abb.2: Ohne Bezug zur Realwirtschaft

Bis zum Ausbruch der Weltfinanzkrise 2007/2008 hatten die Aktienindices erneut Spitzenwerte erreicht. Als im September 2008 die Insolvenz der U.S.-Investmentbank Lehman Brothers bekannt gegeben wurde, wurden die globalen Finanzmärkte durch eine Schockwelle erschüttert. Der Markt für Derivate[15] war in den Jahren vor der Weltfinanzkrise 2007/2008

[15] Derivate sind Finanzinstrumente, deren Preis von künftigen Werten bzw. Kursen anderer Waren, Finanzwerten oder anderen marktbezogenen Referenzgrößen abhängt (Basiswert). Es handelt sich um einen Sammelbegriff für verschiedenartige Termingeschäfte (Optionen, Forwards, Swaps etc.). Finanzderivate werden börslich und außerbörslich gehandelt. Derivate werden auch zur Absicherung von künftigen Preisschwankungen des Basis-

rasant verlaufen. Das Handelsvolumen übertraf das Weltsozialprodukt im Jahr 2007 um das 50-fache. Der Beschleunigungsfaktor ist eindrucksvoll, wenn bedacht wird, dass der Markt vor dreißig Jahren kaum existiert hat. Der Umsatz im Jahr 1998 hatte sich allein gegenüber dem Jahr 1990 verdreifacht. Ende 1998 betrug der Umfang nahezu 65 Billionen U.S.-Dollar (BIZ 1999: 148). Das Umfeld hoher Marktliquidität und niedriger Renditen, das nach den Rückgängen am Aktienmarkt im Jahr 2000 entstanden war, kam den Hedge-Fonds sehr entgegen. Die Werbung für flexible Investmentstrategien, die auch in einer Baisse potenziell positive Renditen erzielen können, verschaffte dem Sektor Kapitalzuflüsse in Rekordhöhe. Als Nebeneffekt der Zunahme der verwalteten Vermögenswerte verschwanden profitable Anlagemöglichkeiten an den traditionelleren Märkten für Hedge-Fonds-Geschäfte wie z.B. Aktien- und Staatsanleihemärkte. Fondsmanager nahmen dies zum Anlass in neue, weniger gehandelte Anlagekategorien wie z.B. Unternehmensanleihen, Kreditderivate und strukturierte Finanzierungen vorzudringen (BIZ 2005: 144 f.).

Abb. 3: Entwicklung der CDS Marktwerte 2005–2009 (Halbjahreswerte)
Quelle: BIS

Im Gefolge des Zusammenbruchs von Lehman Brothers brach im Herbst 2008 der Handel mit Derivaten ein[16]. Diesmal spielten hypothekenbesicherte Wertpapiere und andere hoch-

werts genutzt. Kreditderivate wurden auch zur Spekulation gegen den Euro während der Griechenlandkrise genutzt.

16 Mehrere Banken sind im Laufe der Jahre 2007/2008 in Turbulenzen geraten. Wie sich zeigt, waren sie alle in das Geschäft mit Kreditderivaten eingebunden. Im Juni 2007 sind zwei Hedgefonds der U.S.-Investmentbank Bear Stearns in eine Notlage gekommen, die mehrere Milliarden U.S.-Dollar im U.S.-Immobilienmarkt investiert hatten. Da dort die Hauspreise seit dem Winter 2006/2007 sanken, verloren auch die hypothekenbasierten Wertpapiere an Wert. Im Juli 2007 brach die deutsche IKB zusammen. Im August 2007 breitete sich Mißtrauen auf dem Interbankenmarkt aus. Dies hatte zur Folge, dass die Zentralbanken in Europa und den USA Mittel in den Markt pumpten. Im März 2008 musste die U.S.-Regierung Bear Stearns vor dem Konkurs geret-

komplexe, mit Krediten oder Forderungen besicherte Wertpapier (Collateralized Debt Obligations) eine große Rolle. Diese strukturierten Finanztransaktionen leiten sich ursprünglich aus den Asset Backed Securities ab. Dabei handelt es sich um durch Vermögenswerte besicherte Wertpapiere. Darauf aufbauend wurden nun Kredite primär von Investmentbanken gebündelt und als verbriefte Wertpapiere weiterveräußert. Die Banken gründeten dafür Zweckgesellschaften, die nicht in der Bilanz ausgewiesen werden müssen. Hierfür wurden zwei Sorten von Zweckgesellschaften gegründet. Zunächst wurden die gesammelten Hypotheken und andere Forderungen auf Refinanzierungsgesellschaften (Conduits) übertragen, dort umgeformt zu Collateralized Debt Obligations (CDOs) und dann auf dem Markt gegen Geld in Form von kurz- und mittelfristigen Schuldverschreibungen getauscht. Die aufgekauften Wertpapiere wurden wiederum außerhalb der Bilanz in Structured Investment Vehicles (SIVs) abgelegt. Die starke Diversifizierung bzw. Investition in diverse Kredite oder dritte Wertpapiere hat die CDOs zugleich intransparent gemacht. Es stellte sich das Problem der Marktpreisfindung in einer Situation mangelnder Marktpreise. Die modellmäßige Bewertung („mark to model") stellte eine entscheidende Schwachstelle dar[17].

Die Kredite wurden mit diesen Instrumenten in den Büchern der veräußernden Bank getilgt. Der Transfer des Kreditrisikos erwies sich in dem Maße als bloßer Schein, wie dies zur Schwächung der Prüfung der Kreditwürdigkeit führte. Die Ratingagenturen Standard & Poor's, Moody's und Fitch vergaben dafür noch kurz vor dem Ausbruch der Krise AAA-Ratings. Die Ratingagenturen wurden dabei von den Banken gezahlt, welche die komplex strukturierten Finanzderivate entwickelt haben. Die Tatsache, dass in dieser Zeit mehr als die Hälfte der Einnahmen der Ratingagenturen aus diesen Bewertungen stammte, mag ein Anlass für die guten Ratings gewesen sein. Schließlich wurden riskante BBB-Schrotthypotheken in mehrere Tranchen (Risikoklassen) aufgeteilt und neu zusammengesetzt. So wurde ein Teil der Schrottpapiere in eine Senior-Trache mit einem AAA-Rating verwandelt (Roubini, Mihm 2010: 93 ff.).

In kurzer Zeit explodierten auch die Preise für Credit Default Swaps (CDS). Sie sind im Jahr 1994 von Mitgliedern der U.S.-Investmentbank J.P.Morgan entwickelt worden. Das Vertragsverhältnis kommt einer Kreditversicherung nahe. Der Sicherungsnehmer zahlt eine Prämie an den Sicherungsgeber dafür, dass der Sicherungsgeber eine Ausfallschuld übernimmt[18]. Einerseits verschaffen sich Banken und Finanzinvestoren mit diesem Derivat eine Absicherung vor Zahlungsunfähigkeit des Schuldners. Andererseits können CDS unabhängig von real bestehenden Kreditbeziehungen gehandelt werden und dienen so der Spekulation[19].

---

tet werden. Die Zahlungsnot vieler Banken brach auch dem Versicherungsriesen AIG, der stark in das Geschäft mit CDS verwickelt war, das Genick und führte zur Verstaatlichung des Versicherers. Im September 2008 war Lehman Brothers pleite. Die Investmentbank zählte zu den fünf größten Investmentbanken. Im Gefolge wurde in den USA ein Rettungspaket im Umfang von 700 Milliarden Euro plus Steuererleichterungen im Umfang von weiteren 150 Milliarden Dollar beschlossen.

17 Im Anschluss an die Subprimekrise sind die Wertbestände in den SIVs zusammengeschmolzen. Der Wertverlust erhöht die Schwierigkeit den Marktpreis zu fixieren. Ende 2010 sollen in den SIVs noch geschätzte 289 Milliarden Euro an CDOs gesteckt haben (Handelsblatt 30.06.2011). Zu den Problemen der modellmäßigen Bewertung des IASB vgl. Baetge, Brembt, Brüggemann 2008.

18 Beispiel: Bank A besitzt Anleihen eines Staates C in Höhe von einer Million Euro, die sie gegen einen Ausfall versichern will. Bank A kauft daher von Bank B einen fünfjährigen CDS gegen eine jährliche Prämie in Höhe von 40.000 Euro. Bank B verpflichtet sich im Gegenzug eine Million Euro zu erstatten, falls Staat C die Rückzahlung der Anleihe einstellt.

19 Die Wege der Spekulation sind vielfältig. So werden CDS auch von Finanzinstituten gekauft, die gar keine Staatsanleihen besitzen und sie daher auch nicht absichern müssen. Sie spekulieren auf eine Preissteigerung

Der Markt ist bislang nicht reguliert. Die Preissetzung kann sich in Abhängigkeit von der erwarteten Wertentwicklung des versicherten Objekts beständig ändern. Die Schwierigkeit der Bestimmung des Marktpreises tritt bei diesem Instrument verschärft auf. Denn die Bewertung ist mit der Frage der Ausfallwahrscheinlichkeit der zu Grunde liegenden Schuld direkt verknüpft[20].

Im Krisenjahr 2007 hatte sich das CDS-Bruttovolumen auf die unvorstellbare Zahl von fast 60.000 Milliarden U.S.-Dollar erhöht, um sich bis zum Jahr 2010 wieder auf 30.000 U.S.-Dollar zu halbieren[21]. In einer Kettenreaktion drohte Banken die Zahlungsunfähigkeit, was wiederum den Geldmarkt beeinflusste. So verdoppelte sich der Zinssatz für Kredite zwischen Banken (London Interbank Offer Rate) von 3,11% auf 6,44%. Die Banken reagierten nun nicht nur mit größter Vorsicht untereinander, sondern beschränkten auch die Kreditfinanzierung im Bereich der nicht-monetären Sektoren. Dies wurde nun für die Realwirtschaft bedrohlich, sodass die Finanzkrise in eine handfeste Wirtschaftskrise umschlug[22].

Die Wirtschaftskrise 2007/2008 äußerte sich in einer Kreditklemme, die nach Akerlof/Shiller (2009: 131 ff.) drei Gründe hatte:

- Der hochkomplexe Finanzierungsmodus war zusammengebrochen. Das Geschäft der Kreditverbriefung und der Verteilung des Kreditrisikos funktionierte auf Basis des allgemeinen Misstrauens nicht mehr.
- Die Investmentbanken, welche Hypotheken hielten oder vergeben hatten, waren selbst im großen Stil Käufer der Finanzderivate. Da diese Investitionen mit hohem Fremdkapitalanteil (Leverage) finanziert wurden, vergrößerte sich die Schuldenlast mit dem Preissturz der Wertpapiere. Insoweit Banken Geld mit kurzen Fristen aufnahmen, um es langfristig zu verleihen, potenzierte sich die Schuldenproblematik noch.
- Die in guten Zeiten vereinbarten Kreditlinien wurden auch in der Phase der Kreditklemme ausgeschöpft.

Diese These wird auch gestützt durch die Studie von Caballero und Kurlat (2009: 16). Sie haben gezeigt, dass die Wertverluste der Banken zwischen 2007 und 2009 die Verluste aus Immobilienkrediten in den USA bei Weitem übersteigen. Dies verweise auf mangelndes Management von Risiken im Finanzsystem. Die Kombination aus Wertverlusten auf der Aktivseite der Bankbilanz und eines hohen Anteils an Fremdkapital auf der Passivseite[23] habe das Finanzsystem an den Rand des Abgrunds gebracht.

---

mit dem Ziel, CDS mit Gewinn zu verkaufen. Einige Investmentbanken sollen in Erwartung der Finanzkrise rechtzeitig zu niedrigen Zinsen CDS (Kreditausfallversicherungen) gekauft haben, um anschließend nach Zeichnung von Hochzinsanleihen die Zinsdifferenz zu vereinnahmen. Vor diesem Hintergrund ist von der Europäischen Kommission das Verbot von Leerverkäufen am CDS-Markt erörtert, aber wegen der Befürchtung von Liquiditätsengpässen doch abgelehnt worden (FAZ 17.12.2010: 23). Bei Leerverkäufen leihen sich vor allem Hedgefonds von Banken Wertpapiere, um sie an der Börse in der Hoffnung zu verkaufen, sie später zu einem geringeren Preis zurückkaufen zu können. Es wird daher auf einen Kursrückgang spekuliert.

20 In den Bewertungsmodellen der Investmentbanken war die Möglichkeit einer globalen Finanzkrise nicht vorgesehen (FAZ 20.02.2010: 21).

21 Dies entspricht etwa dem zweiten Halbjahreswert von 2006 (Bloomberg 2010).

22 In den USA und Europa haben die Regierungen mehrere hundert Milliarden U.S. Dollar in das Finanzsystem gesteckt, um ein Massensterben der großen Banken zu verhindern. Dies belastet zusätzlich die nationalen Haushalte. Der Umschlag in eine allgemeine Wirtschaftskrise erfasst schließlich Staaten in verschiedenen Regionen.

23 "... highly leveraged institutions were bearing more aggegate risk than would have been thought from simply observing the ratings of their assets. Having the highly leveraged financial sector of the economy holding the risk with respect to an aggregate surprise proved to be a recipe for a disaster" (Caballero, Kurlat 2009: 17).

Die Auswirkung von Spekulationsphasen auf den Verlauf des Kredits ist von verschiedenen Autoren analysiert worden. So hat bereits Minsky im Anschluss an Keynes' Erörterung der Instabilität des Finanzsystems (1963: 169) das Phänomen der Schneeballfinanzierung beschrieben. Nach seiner Theorie nimmt in einer Boomphase der Anteil der spekulativen und Schneeballfinanzierung[24] zu und die abgesicherte Finanzierung ab. Denn in der Spekulationsphase steigt der Preis einer begehrten Anlage mit der Folge, dass alle Kreditnehmer mehr Kredit aufnehmen und die nicht getilgten Schulden erhöhen (Minsky 1982: 105 ff.). Im Anschluss an die Finanzkrise 2007/2008 ist die Entkopplung von Geld und Kredit detailliert heraus gearbeitet worden. Das typische Muster für eine Boomphase besteht nach Darstellung von Schularick und Taylor (2010: 11 ff.) darin, dass der Anteil der nicht durch Einlagen finanzierten Kredite an den gesamten Verbindlichkeiten insbesondere von Banken immer stärker anwächst. Insbesondere Investmentbanken schöpfen in dieser Phase durch Ausgabe eigener Wertpapiere beständig neues Geld. Dies sei eine Folge der Deregulierung von Finanzmärkten und führe zur Entkopplung von Geld und Kredit. Die gegenüber der Gütermenge überproportionale Ausdehnung ist wiederum ein Nährboden für inflationäre Tendenzen.

Die These der Effizienz der Finanzmärkte ist auch von Vertretern der Behavioral Finance hinterfragt worden (Akerlof/Shiller 2009: 190). Die Logik spekulativer Märkte wird hierbei als psychologische Reaktion auf das allgemeine Marktverhalten erklärt. Preis-Preis-Rückkopplungen führen demnach zur Verstärkung der Kursentwicklung nach oben und unten. Die Hypothese effizienter Märkte hat nicht nur die neoklassische Finanztheorie sondern auch die Gedankenwelt der Finanzanalysten und Fondsmanager wesentlich beeinflusst. Sie diente der Geldpolitik auch als theoretisches Fundament, der Beeinflussung von Preisaufblähungen mit Skepsis zu begegnen. Wir kommen auf die Problematik der Effizienzhypothese in Teil I Kapitel 3.1 zurück.

Die verminderte Bereitschaft zur Kreditvergabe erweist sich auch für die Realwirtschaft als schwere Bürde und verdeutlicht die dominante Stellung der Finanzmärkte. Erstens: Vor dem Hintergrund der geforderten Verpflichtung der Banken zur Abtrennung des Investmentbanking und zur zunehmenden Unterlegung ihrer Risikoaktiva mit Eigenkapital (Basel III)[25] werden Unternehmenskredite künftig auch für die nicht-monetären Sektoren teurer[26]. Insbesondere für den Mittelstand wird die Kreditfinanzierung schwieriger. Dies bedeutet, dass Unternehmen Fremdkapital direkt am Kapitalmarkt aufnehmen müssen. Unternehmensanleihen[27] und Beteiligungskapital von Seiten der Fonds und Private-Equity-Gesellschaften wer-

---

24 Er teilte die Kreditnehmer in drei Kategorien ein. Bei der abgesicherten Finanzierung können die Zins- und Tilgungszahlungen aus dem Cash-Flow erfolgen. Im Fall der spekulativen Finanzierung reicht der Cash-Flow nur zur Zahlung der Zinsen und bei Schneeballfinanzierung können aus dem Cash-Flow auch nicht die Zinsen bedient werden. Daraus leitet sich seine „Financial Instability Hypothesis“ ab (Minsky 1982: 90).

25 Nach den Empfehlungen des Basler Ausschusses für Bankenaufsicht bei der Bank für Internationalen Zahlungsausgleich vom September 2010 (Basel III) sind erhöhte Eigenkapitalanforderungen für Banken zugrunde zu legen, um das Finanzsystem zu stabilisieren und das Vermögen abzusichern. Die Untergrenze für das harte Kernkapital wird von ehemals 2% auf 7% erhöht. Dies ist um „weiches“ Kernkapital und Ergänzungskapital zu erweitern, sodass die Eigenkapitalforderungen insgesamt 10,5 Prozent betragen. Diese neue Norm wird Krisen nicht verhindern können. Lehman hatte vor dem Kollaps eine Kernkapitalquote von 12%. In der Schweiz wird bis 2018 für Großbanken eine Kernkapitalquote von 19% gefordert.

26 So hat Klaus Diederichs, Europa Chairman der Investmentbank J.P.Morgan darauf hingewiesen worden, dass die goldenen Zeiten für Unternehmenskredite vorbei seien (FAZ 07.04.2011: 18).

27 Während das langfristige Kreditrating der USA im Jahr 2011 herabgestuft wurde, verfügten viele globale Unternehmen in den USA und außerhalb über erstklassige Bonitätsnoten. AAA-Ratings mit stabilem Ausblick erhielten z.B. der Ölkonzern Exxon Mobil, das Gesundheitsunternehmen Johnson & Johnson und Microsoft.

den eine größere Rolle spielen. Dies wird die Abhängigkeit von den Finanzmärkten künftig noch bestärken. Zweitens: Die Schuldenkrise hat sich im Gefolge der Finanzkrise auf ein Maß verschärft, das die fiskalischen Handlungsmöglichkeiten der Staaten einschränkt[28] und die Nachfrage auf den Märkten im Bereich der Realwirtschaft dämpft. Die Kreditwürdigkeit der Staaten hat sich seitdem zu einem Kernthema entwickelt. Abstufungen der Bonitätsnoten einzelner Staaten im Rahmen der Ratings engen die fiskalischen Spielräume weiter ein.

International Debt Securities Issuance (in Mrd. US $)

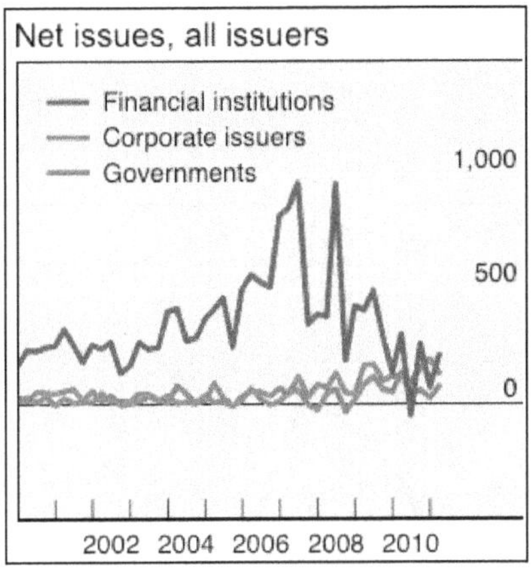

Abb. 4: International Debt Securities Issuance
Quelle: Dealogic; Euroclear; Thomson Reuters; Xtrakter Ltd; BIS

2.2 Wachsende Aktionärsorientierung

Der kräftigen Ausweitung der Finanzmärkte im Laufe der letzten Jahrzehnte entspricht das Anwachsen des Marktes für Fusionen und Übernahmen (Mergers & Aquisitions). Zwar hat mit der Finanz- und Wirtschaftskrise 2007/2008 auch dieser Markt gelitten, doch verweist die Entwicklung bereits wieder nach oben. Das Beratungsgeschäft bei Fusionen und Übernahmen wird vor allem von Investmentbanken wie z.B. JP Morgan, Goldman Sachs, Morgan Stanley und Deutsche Bank profitabel organisiert. Im letzten Jahrzehnt sind steigende Umsätze beim Investment Banking vor allem hinsichtlich der Emission von Wertpapieren und dem Beratungsgeschäft zu verzeichnen.

28 In dieser Situation ist die Einführung einer allgemeinen Finanztransaktionssteuer auf EU-Ebene vorgeschlagen worden. Das Ziel besteht zum einen in der Reduzierung der Spekulation und zum anderen in der Beteiligung des Finanzsektors an den Kosten der Krise. Nach einer Schätzung des Österreichischen Instituts für Wirtschaftsforschung generiert ein Steuersatz von 0,1 Prozent bereits ein Steueraufkommen von mehr als 35 Milliarden Euro (Schulmeister, Schratzenstaller, Picek 2008). Länder wie Großbritannien, Schweden, Irland, Niederlande, Luxemburg und Slowakei haben dagegen aber Ende 2011 Vorbehalte angemeldet. In Anbetracht der bedrohlichen Schuldenkrise sind auch Abgaben auf hohe Privatvermögen zur Schuldentilgung sinnvoll. Den Schulden der europäischen Krisenländer steht immerhin ein doppelt so hohes Geldvermögen bei den Euromillionären gegenüber. Von Mai 2010 bis Dezember 2011 hat die Europäische Zentralbank zur Stützung der Märkte Staatsanleihen angeschlagener Länder wie Italien und Spanien im Umfang von 211 Milliarden Euro aufgekauft und damit auch zur Senkung der Zinslasten beigetragen. Die partielle Monetarisierung von Staatsschulden ist zwar umstritten, wirkt aber nicht weniger inflationär als die rein private Kreditschöpfung über Geschäftsbanken. Die Kontrolle über die Fiskalpolitik sollte nicht den Banken überlassen werden.

Die Veränderung der Regeln, nach denen Unternehmen kontrolliert und geführt werden, ist in den kontinentaleuropäischen Ländern nicht zu übersehen. So werden auch für Deutschland Leitlinien und Verhaltensmuster abgesteckt, die unter dem Begriff „Corporate Governance“ thematisiert werden. Es lässt sich beobachten, dass große deutsche Unternehmen im immer stärkeren Umfang ihr System der Unternehmenskontrolle an den Interessen der Aktionäre ausrichten. Zwar ist das Modewort „Shareholder Value“ angekratzt und seine Relevanz hinterfragt worden, doch zeichnet sich der Wandel des deutschen Modells der Unternehmensführung vor dem Hintergrund der dominanten Stellung der Finanzmärkte unverändert ab. Diese Entwicklung zielt in erster Linie auf die Steigerung des Aktienkurses bzw. Unternehmenswertes und damit auf die Finanzinteressen der Aktionäre. Wir wollen in diesem Abschnitt die Bedingungen dieses Wandels näher herausarbeiten und auf diesem Weg die Logik der wertorientierten Unternehmensführung beschreiben.

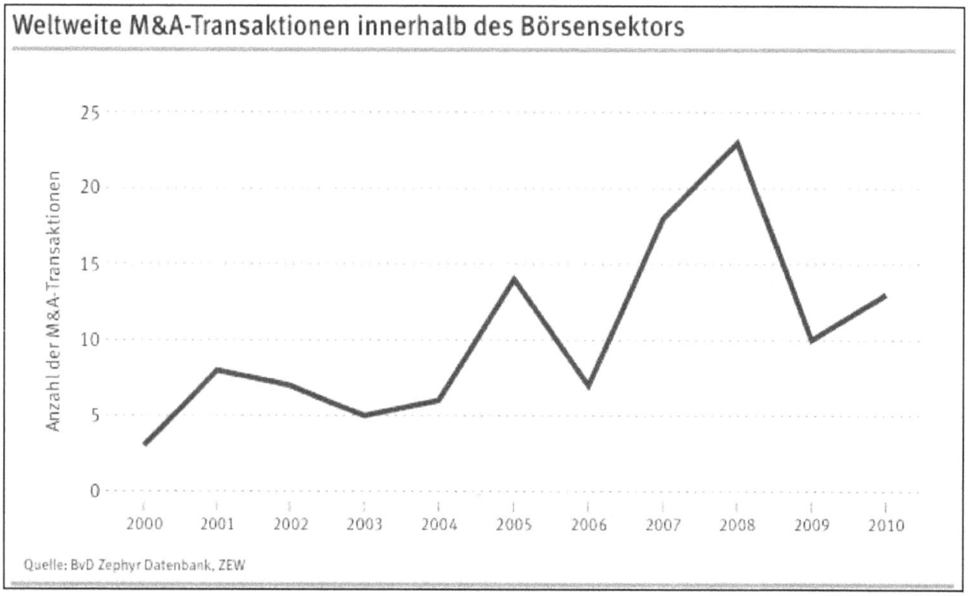

Abb. 5: Weltweite Merger & Akquisitionen innerhalb des Börsensektors

Es lassen sich verschiedene Erklärungsfaktoren für die wachsende Verbreitung der aktionärsorientierten Unternehmensführung in Deutschland aufzeigen. Dies Phänomen kann nicht auf einen einzelnen Erklärungsaspekt zurück geführt werden. Vielmehr besteht ein Bündel unterschiedlicher Ursachen, von denen wir hier die wichtigsten hervorheben. Während wir für unseren Kontext unternehmensinterne Erklärungsfaktoren, die im Wandel des Managementverhaltens begründet sind, eher vernachlässigen, betonen wir die im Bereich der Umwelt des Unternehmens liegenden Veränderungen und Einflüsse.

Dieser Zielrichtung liegt die Annahme zugrunde, dass die Interessen der Aktionäre und Manager nicht von vornherein (a priori) gleichgerichtet sind. Das Nicht-Bestehen einer Interessenkongruenz ist unter anderem von Vertretern der Principal-Agent-Ansätze[29] herausgearbeitet worden. Während die Eigentümer vorrangig im Rahmen ihres Investitionshorizontes eine

[29] Für eine ausführlichere Darstellung vgl. Eugene Fama (1980); Brealy, Myers, Allen (2006: 960).

maximale Verzinsung ihres Kapitals anstreben, können Manager daneben andere Ziele in den Vordergrund rücken. Interessendivergenzen können sich aufgrund der Trennung von Eigentum und Kontrolle ergeben und sich beziehen auf Unterschiede hinsichtlich

- der Ausprägung von Risikoaversion,
- der Verfügbarkeit an Informationen,
- der Sicherung von Herrschaftsräumen und Prestige.

Der einzelne Kapitalgeber wird bestrebt sein, sein Risiko durch die Streuung von Investitionen im Rahmen seines Portfolios zu minimieren. Die Risikoverteilung läuft hier nicht auf der Ebene der einzelnen Anlage sondern zwischen den verschiedenen Anlagen ab. Die größere Nähe zum Produktionsablauf und zu den Beschäftigten bringt es demgegenüber mit sich, dass sich das Interesse des Managements stärker auf die Erhaltung des Unternehmens richtet. Dies kann sich in einer risikoarmen Unternehmensstrategie niederschlagen. Die Minimierung des Risikos lässt sich hierbei eher durch die Diversifizierung von Investitionen erreichen. Dies kann durch ein Nebeneinander unterschiedlicher Geschäftsfelder im einzelnen Unternehmen oder in Unternehmensgruppen geschehen. Informationssymmetrien ermöglichen wiederum die Absicherung von Gestaltungsspielräumen für das Management. So ist im Rahmen von Studien[30] die Präferenz von Größenwachstum gegenüber der Steigerung des Aktionärsnutzens bei Managern festgestellt worden. Dabei gibt es Indizien dafür, dass sich die Unternehmensgröße wiederum steigernd auf die Managervergütung auswirkt[31].

Die Möglichkeit der Interessendivergenz zwischen Eigentümern und Unternehmensleitern bestätigt die Existenz unternehmensexterner Erklärungsgründe für die wachsende Aktionärsorientierung der Unternehmensführung. Im Kern lassen sich drei Ursachen hervorheben:

- Wachsende Bedeutung der institutionellen Anleger,
- Wertorientierung als Schutz vor feindlichen Übernahmen,
- Internationalisierung der Produktmärkte.

Erstens: Es ist im vorangehenden Kapitel bereits darauf hingewiesen worden, dass sich die Zusammensetzung des Streubesitzes in den neunziger Jahren verändert hat. Der Streubesitz setzt sich aus den Gruppen der institutionellen Investoren und der Privataktionäre zusammen. So lässt sich auch für Deutschland ein starkes Anwachsen der Gruppe der institutionellen Anleger feststellen (Siebert 2004: 32). Diese Entwicklung setzte in Deutschland im Laufe der 1990er Jahre ein. Neben Banken, Versicherungen und Aktienfonds lassen sich hier vor allem Hedgefonds, Private Equity Fonds, Staatsfonds und die amerikanischen Pensionsfonds mit ihrer internationalen Ausrichtung hervorheben. In Deutschland ist das Vermögen der institutionellen Investoren zwischen 1990 und 2007 von 32,8% auf 117,3% des BIP gewachsen (OECD 2008). Beispielhaft kann hier auf Siemens und Veba verwiesen werden. Bei Siemens ist der Anteil der institutionellen Investoren von 15 Prozent im Jahr 1993 auf 45 Prozent im Jahr 1999 und bei Veba von 1 Prozent im Jahr 1987 auf 71 Prozent im Jahr 1999 gestiegen (Streeck/Höpner 2003: 251).

Institutionelle Anleger sind bei ihrer Anlageentscheidung nicht an einzelne Unternehmen gebunden. Sie verfolgen vielmehr rein finanzielle Interessen, die sich an der Höhe der Verzinsung und dem Grad des Risikos ausrichten. Nach einer Umfrage der Deutschen Bundes-

---

30 Für eine ausführlichere Darstellung vgl. Blanchard, Lopez-de-Silanes, Shleifer (1994 : 337 ff.).

31 Für eine ausführlichere Darstellung vgl. Schwalbach, Graßhoff (1997: 203 ff.); Kraft, Niederprüm (1999: 17 ff.).

bank[32] beträgt der durchschnittliche Anlagehorizont dabei etwa ein Jahr. Der Wettbewerb zwischen den Investmentfonds erhöht den Druck auf die Unternehmensführungen. Die Sanktionsmittel erstrecken sich hier von der Abstrafung durch Untergewichtung, dem völligen Abzug des Kapitals, bis hin zur Belohnung durch Übergewichtung in den Portfolios. Fondsmanager achten bei ihren An- und Verkaufsentscheidungen in der Regel auch auf die Qualität der Unternehmensführung (Corporate Governance).

Zweitens: Die Gefahr feindlicher Übernahmen lässt sich durch eine an den Interessen der Aktionäre ausgerichtete Unternehmenspolitik minimieren. Alfred Rappaport bezeichnet Angebote zur Aktienübernahme, die sich direkt an die Aktionäre der Zielgesellschaft richten, als Triebkraft kapitalmarktorientierter Unternehmenspolitik (Rappaport 1998: 1). Die skizzierte Verwaltung des Streubesitzes durch institutionelle Anleger mit ihrer internationalen Anlageorientierung mündet in die größere Offenheit gegenüber dem Verkauf an feindliche Übernehmer.

Feindliche Übernahmen in das Kalkül zu ziehen, ist für Manager in Deutschland ein noch relativ junges Phänomen. Neben der wachsenden Bedeutung der institutionellen Investoren ist diese Entwicklung durch parallele Veränderungen begleitet und unterstützt worden. Hier lässt sich vor allem ein Strategiewechsel bei den deutschen Banken[33] hervorheben, der als Rückzug von der Überwachung von Industrieunternehmen und Hinwendung zum Investment Banking beschrieben werden kann. Das hierunter fallende Kerngeschäft der Beratung bei Fusionen und Übernahmen (Mergers & Acquisitions) erfordert eine stärkere Unabhängigkeit der Banken gegenüber Industrieunternehmen.

In den späten neunziger Jahren waren namhafte deutsche Unternehmen immer wieder Übernahmegerüchten ausgesetzt (Veba, Beyer, Schering, Siemens, DaimlerChrysler, Deutsche Bank etc.). Beispielhaft kann hier auf den Fall Hoechst (Eckert 2003: 169 ff.) verwiesen werden. Bei Hoechst ist der Auslandsanteil am Grundkapital von 33 Prozent im Jahr 1982 auf 50 Prozent im Jahr 1996 gestiegen. Auch der Anteil der Unternehmen und institutionellen Anleger hat sich in dem Zeitraum vergrößert. Im Jahr 1996 war der institutionelle Investor „The Capital Group“ aus den USA bereits der drittgrößte Aktionär von Hoechst. Konzentrations- und Umstrukturierungsprozesse kennzeichnen die pharmazeutische bzw. „Life-Sciences“-Industrie[34] bereits seit Ende der achtziger Jahre und haben sich in den neunziger Jahren verschärft. Dies führte zu einer Übernahmewelle mit bedrohlichen Folgen für die konglomeratartige Struktur von Hoechst. Mit der Übernahme des Vorstandsvorsitzes durch Jürgen Dormann im Jahr 1994 erfolgte eine stärkere Orientierung auf die Interessen der Aktionäre. Im Zusammenhang mit der Betonung des Wertsteigerungsmanagements galt es fortan, die ehemalige leistungsprogrammbezogene Diversifikation aufzugeben, eine Konzentration auf das Kerngeschäft anzustreben und die Ertragssituation zu verbessern. Hier deutet sich an, dass diversifizierte Unternehmen im starken Maße der Gefahr ausgesetzt sind, übernommen und unterhalb der Summe ihrer Teile gehandelt zu werden[35]. Denn mit der Unternehmensgröße steigt auch die Gefahr der Quersubventionierung von unrentablen Unternehmensteilen durch rentable. Der tatsächliche Börsenwert wird daher unterhalb der Summe der

---

[32] Für eine ausführlichere Darstellung vgl. Deutsche Bundesbank (2001, S. 46 ff.).

[33] Für eine ausführlichere Darstellung vgl. Monopolkommission (1998: 102 ff.).

[34] Der Begriff bezieht sich auf die Zusammenfassung der Geschäftsbereiche Gesundheit (Pharma) und Ernährung (Landwirtschaft, Pflanzenschutz).

[35] Die De-Diversifizierung wird in letzter Zeit allerdings auch vom Prozess der Diversifizierung begleitet. Hier kann auf die Ausbreitung der produktionsnahen Dienstleistungen verwiesen werden (vgl. DaimlerChrysler Services).

potentiellen Werte für die einzelnen Unternehmensteile vermutet (Conglomerate Discount (Amelung 1999: 27 ff.).

Drittens: Die Kapitalmarktorientierung ist dort besonders ausgeprägt, wo Sektoren dem internationalen Produktwettbewerb ausgesetzt sind (Höpner 2003: 82 ff.). Die Intensivierung dieses Wettbewerbs in den neunziger Jahren hat das Marktrisiko für deutsche Unternehmen im erheblichen Maße gesteigert. Die Zunahme der Aktionärsorientierung stellt auch eine Reaktion auf den globalen Wettbewerbsdruck dar[36].

Die wachsende Aktionärsorientierung hat sich vor diesem globalen Hintergrund auch in Deutschland entwickelt. Das Phänomen lässt sich hier seit Mitte der 1990er Jahre beobachten und führte schließlich zum Umbau der „Deutschland AG" und der Corporate-Governance-Strukturen[37]. Während vor zehn bis fünfzehn Jahren der Anteil deutscher Anleger an Dax-Konzernen noch zwei Drittel betrug, ist der Anteil im Jahr 2011 auf 44% gesunken. Ein wechselseitiges Beteiligungsgeflecht von Großunternehmen kennzeichnete damals noch die deutsche Unternehmenslandschaft[38]. Die Aktien von siebzehn der dreißig Dax-Unternehmen sind heute nur noch in der Hand einer Minderheit. Dies betrifft Global Players wie Allianz, Bayer, BASF, Daimler, Deutsche Bank, Eon und Siemens. Bei sechzehn Dax-Unternehmen gibt es bislang noch einen deutschen Ankeraktionär, der jeweils einen wesentlichen Einfluss ausüben kann[39]. Mit der wachsenden Internationalisierung der Anleger in Deutschland wird sich die Struktur deutscher Unternehmen weiter verändern.

36 In diesem Zusammenhang lässt sich beobachten, dass die Internationalisierung von Unternehmen häufig mit der Internationalisierung des Absatzes beginnt. Die Einrichtung von Betriebsstätten im Ausland oder die Akquisition eines im Zielland operierenden Unternehmens folgt daher oft den Entwicklungslinien des Güterhandels. Zwischenstufen hin zur Produktion im Ausland können z.B. Vertriebs-, Lager- oder Serviceeinrichtungen vor Ort sein.

37 Verwiesen wird in diesem Zusammenhang auf das Zweistufenmodell der Kontrolle (Aufsichtsrat und Vorstand) gegenüber dem in den USA üblichen Einstufenmodell (Bord of Directors). Das deutsche Modell kennzeichnet zusätzlich die Einbindung von Arbeitnehmern (neben den Aktionären) im Aufsichtsrat gemäß dem Mitbestimmungsgesetz (Aglietta, Rebérioux 2005: 75ff.).

38 Dies ist auch Ausdruck der geringen kapitalmarktorientierten Finanzierung der Altersvorsorge in Deutschland. Der Umbau der Deutschland AG wurde im Jahr 2000 durch die Steuerfreistellung von Gewinnen aus der Veräußerung von Beteiligungen begünstigt.

39 Die meisten deutschen Großaktionäre sind Familienmitglieder oder Unternehmensgründer (FAZ 11.5.2011: 19).

3 Grundbegriffe der wertorientierten Unternehmensführung

3.1 Kernaussagen und Hinterfragung der Hypothese effizienter Märkte

Im Anschluss an die Erläuterung wichtiger externer Ursachen für die Entstehung der zunehmenden Aktionärsorientierung soll nun der bislang aufgegriffene Begriff der wertorientierten Unternehmensführung schrittweise umrissen werden. An dieser Stelle reicht der kurze Hinweis auf einige Indikatoren für die verstärkte Berücksichtigung der Interessen der Aktionäre. In der Fachliteratur werden häufig vier Indikatoren (Höpner 2003, S. 37 ff.) herausgearbeitet:

- das Discounted-Cash-flow-Konzept,
- die Internationalität der Geschäftsberichte,
- Investor-Relations-Aktivitäten,
- die wertbezogene Managervergütung.

Wir konzentrieren uns hier auf die Erläuterung des Discounted-Cash-flow-Konzepts. Denn der hiermit umschriebene theoretische Ansatz und die damit verbundene Methodik gehören zu den Kernelementen des Wertsteigerungsmanagements. Dies erfordert auch die kritische Darstellung der Effizienzhypothese (im zweiten Teil dieses Kapitels), auf die wir im Rahmen der Darstellung der Finanzmarktentwicklungen bereits hingewiesen haben.

Die anderen Indikatoren für den sich verstärkenden Einfluss der Aktionärsinteressen stellen eher abgeleitete Elemente dar. So wird mit dem Übergang vieler Unternehmen zur Bilanzierung nach internationalen Standards eine Ausweitung der allgemeinen Informationsqualität der Geschäftsberichte hervorgehoben[40]. Seit 1998 sieht § 292a HGB vor, dass deutsche Kapitalgesellschaften ihren Jahresabschluss nach internationalen Standards bzw. US-GAAP erstellen. Aktive Investor-Relations-Anstrengungen weisen wiederum auf Transparenz und die Öffnung der Unternehmensleitung gegenüber den Kapitalmarktteilnehmern hin. Die wachsende Verknüpfung der Managervergütung mit dem finanziellen Unternehmenserfolg ist eine Konsequenz der wertorientierten Unternehmensführung. Diese Punkt erhält seine Brisanz vor dem Hintergrund der angesprochenen Interessendivergenz von Aktionären und Managern gemäß der Principal-Agent-Ansätze. So kann auch für Manager in deutschen Unternehmen eine Zunahme variabler Vergütungsbestandteile festgestellt werden[41]. Zudem sind Aktienoptionsprogramme in den späten neunziger Jahren und Bonuszahlungen an Investmentbanker[42]

---

[40] Vgl. Kirchhoff (2000), S. 44

[41] Vgl. KPMG (2000), S. 33

[42] Klaus Diederichs, Europa Chairman von J.P.Morgan geht davon aus, dass nach der Krise der Teil des Gewinns, der an Mitarbeiter als Vergütung ausgezahlt wird, von 45% auf 30-35% gekürzt wird (FAZ 07.04.2011: 18).

im Anschluss an die Finanz- und Wirtschaftskrise 2007/2008 in den Mittelpunkt der Aufmerksamkeit gerückt.

Das bereits erwähnte Buch von Rappaport „Creating Shareholder Value" stellt in der Debatte um die Aktionärsorientierung der Unternehmensführung einen wichtigen Bezugspunkt dar. Darin wird betont, dass die zentrale Verantwortung in der Marktwirtschaft darin besteht, Wert für die Unternehmenseigner zu schaffen.

> The idea that management`s primary responsibility is to increase value has gained widespread acceptance in the United States since the publication of *Creating Shareholder Value* in 1986. With the globalization of competition and capital markets and a tidal wave of privatizations, shareholder value rapidly is capturing the attention of executives in the United Kingdom, continental Europe, Australia, and even Japan. Over the next ten years shareholder value will more likely become *the* global standard for measuring business performance.
>
> *Alfred Rappaport, 1998*

Der Frage nach der adäquaten unternehmerischen Kennzahl steht dabei von Anfang an im Mittelpunkt der theoretischen Diskussion. Die buchhalterische Sichtweise steht hierbei einer neuen Logik gegenüber, die sich an der Steigerung des Unternehmenswertes orientiert. Dieser Ansatz geht in einem entscheidenden Punkt über das Ziel der Gewinnmaximierung hinaus. Der Ausweis eines Gewinnes oder Verlustes im handelsrechtlichen Jahresabschluss ist lediglich das Ergebnis der periodenbezogenen Gegenüberstellung von Erträgen und Aufwendungen. Daran anschließend sind Kennzahlen wie z.B. Return-on-Investment (ROI), Kurs-Gewinn Verhältnis (KGV) oder Marktkapitalisierung zu Umsatz in der Praxis durchaus als einfache Faustformeln beliebt. Wird die Marktkapitalisierung auf den Umsatz als Basiszahl bezogen, wird ausgedrückt, wie hoch ein Euro Umsatz an der Börse bewertet wird. Beträgt die Kennzahl 0,5, entspricht ein Umsatz in Höhe von 1 Euro einem Wert von 50 Cent.

Die vorhandenen Buchwerte im Rechnungswesen sind für ein wertorientiertes Controlling nicht geeignet. In der Bilanz werden die materiellen Bestandteile des Unternehmens im Detail aufgelistet, doch wird das Humankapital nur sehr begrenzt zum Ausdruck gebracht. Soll die Fähigkeit des Unternehmens ermittelt werden, langfristig Wert zu schaffen, sind daher alle Kennzahlen (Multiples) zu hinterfragen[43], die auf Buchwerten basieren. Gewinnbezogene Kennziffern sind nach Rappaport vor allem aus folgenden Gründen problematisch und erfassen nicht den ökonomischen Wert des Unternehmens:

(a) Die Höhe des handelsrechtlichen Gewinns ist durch etliche Ansatz- und Bewertungswahlrechte (zum Beispiel hinsichtlich der Abschreibung und der Bewertung von Vorräten) beeinflussbar;
(b) der Zeitwert des Geldes wird nicht berücksichtigt;
(c) Investitionen in das fixe Kapital und in das Working-Capital[44] werden im Rahmen der Gewinnermittlung nicht erfasst.

---

[43] Unternehmen, die ein gleich hohes Kurs-Gewinn-Verhältnis ausweisen, unterscheiden sich häufig hinsichtlich der erwarteten Kapitalrendite und des erwarteten Wachstums. Dies wird von McKinsey & Company ausgewiesen (www.corporatefinance.mckinsey.com/_downloads/knowledge/MOF/2004_no11/PE_article.pdf).

[44] Das Working Capital umfasst die Differenz von Umlaufvermögen und kurzfristigen Verbindlichkeiten. Wir kommen darauf im Zusammenhang mit der Erörterung der Discounted-Cash-Flow Verfahren zurück.

Die Aktionäre messen demgegenüber den Erfolg an der Höhe der Aktienrendite. Dabei wird davon ausgegangen, dass sich ihre Rendite zusammensetzt aus den Ausschüttungen des Unternehmens und dem Wertzuwachs der Aktie. Dieser Wertzuwachs bestimmt sich aus dem Blickwinkel der Aktionäre durch die Differenz zwischen dem Einkaufpreis und dem realisierbaren Verkaufspreis der Aktie. Die Aktienrendite ist somit Ausdruck der Verzinsung ihres eingesetzten Kapitals. Erfolgreiches Wirtschaften beginnt dabei erst in dem Moment, in dem die Verzinsung des eingesetzten Kapitals die erwartete Verzinsung des Kapitalgebers übersteigt.

Die Renditeansprüche der Unternehmenseigner bilden in der Perspektive der wertorientierten Unternehmensführung den entscheidenden Vergleichsfaktor. Diese Renditeforderung stellt gewissermaßen den Kalkulationszinssatz des Investors dar. Der Kalkulationszinssatz orientiert sich an den Kapitalkosten. Sie setzen sich wiederum aus den gewichteten Eigenkapital- und Fremdkapitalkosten zusammen („Weighted Average Cost of Capital"). Der hierbei zugrunde liegende zentrale Begriff der Eigenkapitalkosten kann erst an späterer Stelle erläutert werden. Vorläufig soll hier der Hinweis auf die drei Komponenten der Eigenkapitalkosten ausreichen: die Basisrendite (risikofreier Zinssatz), die Risikoprämie und das Marktrisiko (Betafaktor).

Die gewichteten Kapitalkosten des Unternehmens stellen den Maßstab für betriebliche Investitions- und Deinvestitionsprojekte dar. Wird aus Unternehmenssicht mehr als die geforderte Mindestverzinsung erwirtschaftet, führt dies zur Steigerung des Unternehmenswertes. Im umgekehrten Fall ergibt sich eine Wertvernichtung. Die wertorientierte Unternehmensführung führt in diesem Denkansatz zur effizienten Allokation von Kapital. Dabei kann das auf die Steigerung des Unternehmenswertes orientierte Gesamtziel in verschiedene Teilziele auseinandergelegt werden: z.B. die Steigerung des Marktanteils, das Eindringen in neue Märkte, die Kostensenkung und die Deckungsbeitragsmaximierung. Dies verweist darauf, dass die Operationalisierung des Gesamtziels im Unternehmen eine komplexe Aufgabe darstellt.

Die wertbestimmenden Faktoren werden als Werttreiber (Value Drivers) bezeichnet und beziehen sich auf die Erhöhung des operativen Ergebnisses einerseits und auf die Senkung der Kapitalkosten andererseits. Werttreiber im Hinblick auf das operative Ergebnis sind vor allem das Umsatzwachstum, die Entwicklung der operativen Kosten und die Investitionsrate. Die Senkung der Kapitalkosten kann durch eine Veränderung der Finanzierungsstruktur, eine Senkung der Ertragsteuern und eine Senkung des Marktrisikos erreicht werden.

Die Ermittlung des Unternehmenswertes oder des Wertes eines Unternehmensteils erfolgt schließlich nach dem Muster der dynamischen Investitionsrechnung. Die zukünftigen Periodenerfolge werden mit den Kapitalkosten abgezinst. Die Periodenerfolge bestimmen sich dabei durch die künftig erzielbaren Zahlungsüberschüsse oder Cash-flows des Unternehmens. Auch diese Begriffe werden später (vgl. Teil I, Kap. 5) näher erläutert. Finanzwirtschaftlich lässt sich der Unternehmenswert damit als Barwert der künftigen Cash-flows definieren. Diese Vorgehensweise wird als „Discounted-Cash-Flow"-Methode (DCF) bezeichnet. Die Bewertung ist im Anschluss an diese allgemeine begriffliche Eingrenzung an zwei Voraussetzungen gebunden:

- die Bestimmung der gewichteten Kapitalkosten des Unternehmens und
- die Planung der künftigen Cash-Flows.

Der Trend zur wertorientierten Unternehmensführung lässt sich daran erkennen, dass innerhalb der letzten zehn bis zwanzig Jahre viele Unternehmen weltweit entsprechende Handlungskonzepte umsetzen. In Deutschland sind dies u.a. die Metro, Siemens, Thyssen-Krupp und MG Technologies. Die Handlungsziele sind bereits umrissen worden:

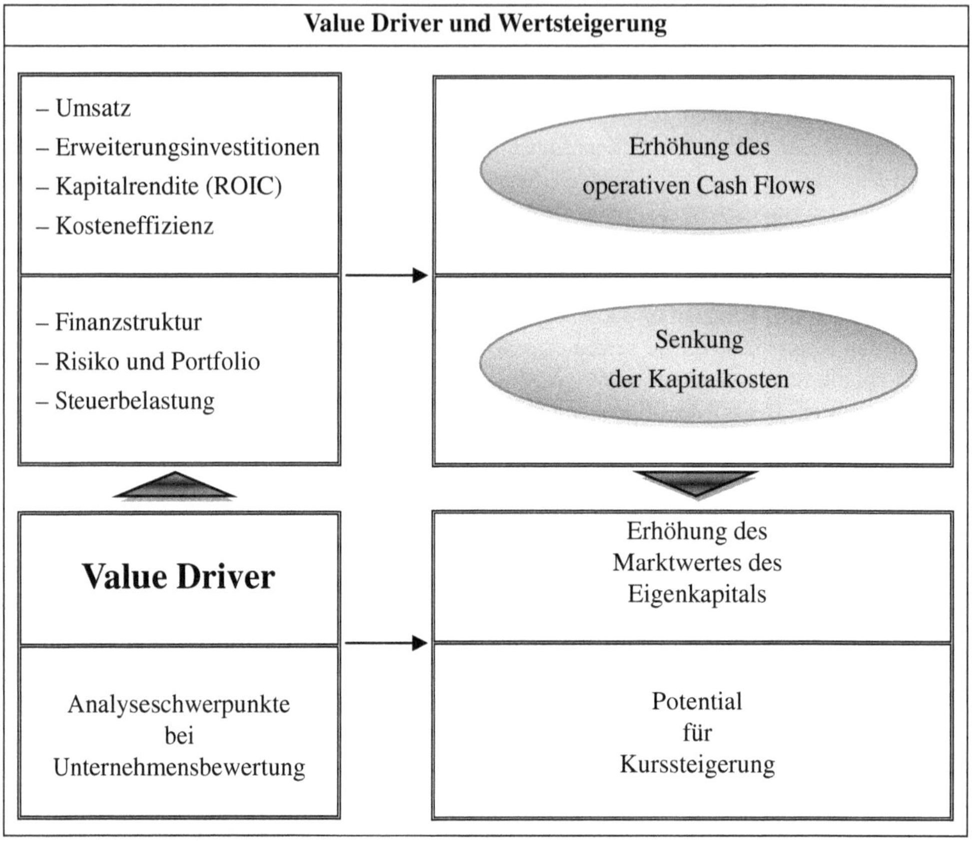

Abb. 6: Value Driver und Wertsteigerung

- Ausrichtung von Planung und Controlling auf die Steigerung des Unternehmenswertes,
- Explizite Beurteilung strategischer Investitionsentscheidungen im Hinblick auf ihren Werteffekt.

Copeland/Koller/Murrin (2002: 80) fassen die Logik der wertorientierten Unternehmensführung im Begriff des „Economic Profit“ zusammen. Im Anschluss an Rappaport lautet ihre zentrale „Botschaft”, dass eine Investition nur dann vorteilhaft ist und Wert schafft, wenn die Kapitalrendite die Kapitalkosten übersteigt.

Der Begriff „Economic Profit“ (wirtschaftlicher Gewinn) lässt sich formelmäßig darstellen:

Economic Profit = Investiertes Kapital * (ROIC – WACC)
ROIC = Return on invested capital (= Kapitalrendite) WACC = Weighted Average Cost of Capital (= gewichtete Kapitalkosten)

Dabei kann der „Economic Profit“ im Rahmen verschiedener Genauigkeitsstufen ermittelt werden. Auf der einfachsten Stufe wird bei der Berechnung des ROIC der Jahresüberschuss zugrunde gelegt. Auf einer weiterentwickelten Stufe wird statt dessen das operative Ergebnis nach Steuern und vor Zinsen erfasst. Dies hat seinen Grund darin, dass der Einfluss der Finanzierung neutralisiert werden soll. Soll das operative Ergebnis unabhängig von der Finanzierung ermittelt werden, müssen die Zinsaufwendungen zum Jahresüberschuss hinzugerechnet und die Zinserträge abgezogen werden. Der Einfluss der Finanzierung wird lediglich bei der Abzinsung berücksichtigt, indem die Kapitalkosten gemäß dem Verhältnis von Eigen- und Fremdkapital gewichtet werden.

Das folgende Bespiel verdeutlicht, wie der „Economic Profit“ im Unternehmen zu ermitteln ist.

ROIC	WACC	Differenz	Kapitaleinsatz	Economic Profit
20%	10%	10%	10.000 €	1.000 €

Der „Economic Profit“ lässt sich auch ermitteln, indem die Kapitalkosten direkt vom operativen Ergebnis nach Steuern (und vor Zinsen) abgezogen werden. Diese Formel lautet:

Economic Profit = operatives Ergebnis nach Steuern – (Investiertes Kapital * WACC)

Bezogen auf die Daten zu unserem Beispiel ergibt sich das gleiche Ergebnis:

Kapitaleinsatz	ROIC	Operatives Ergebnis	Kapitaleinsatz * WACC	Economic Profit
10.000 €	20%	2.000 €	1.000 €	1.000 €

Der periodische Wertzuwachs wird mittlerweile von vielen Unternehmen am Kapitalmarkt kommuniziert. Dabei sollte beachtet werden, dass sich die Frage nach der Schaffung oder Vernichtung von Wert nur im Zeitablauf sinnvoll beantworten lässt. Letztlich ist das Wertpotential eines Unternehmens als Resultat einer langfristigen Zukunftsbetrachtung zu ermitteln. Der Wert (Value) eines Unternehmens kann aus der Perspektive des „Economic Profit“ darstellt werden. Er ist auf zwei Komponenten zurückzuführen:

- dem investierten Kapital zum Beginn des Planungszeitraums und
- dem Gegenwartswert aller periodischen Wertbeiträge bzw. „Economic Profits“ im Planungszeitraum.

Dies leitet über zur Frage nach der Rationalität des Wertsteigerungsansatzes. Die wertorientierte Unternehmensführung führt dann zu Fehlanreizen und Abweichungen vom Pfad nachhaltigen Wachstums, wenn

- das Interesse der Aktionäre an kurzfristig orientierten Kurssteigerungen im Vordergrund steht und
- der Unternehmenswert mit dem Aktienkurs gleichgesetzt wird.

Die alleinige Aktionärsorientierung ist bislang vor allem in den USA und in Großbritannien vorherrschend. Dies ist auch Ausdruck des kapitalbasierten Pensionssystems und der starken Rolle der Finanzmärkte bei der Finanzierung der Unternehmen. In den USA wird die besondere Stellung des Aktionärs seit vielen Jahren im Rahmen der **Principal-Agent-Theory** erörtert. Sie geht von der Trennung von Eigentum und Kontrolle aus und fragt nach den „agency costs", die aus der Perspektive des Aktionärs mit der Trennung verbunden sind. Diese Kosten beziehen sich auf Überwachungskosten des Eigners (Principal) und auf Bindungskosten des Managers (Agent). Der Grundkonflikt beruht auf der Informationsasymmetrie. Es wird davon ausgegangen, dass der Manager über einen Informationsvorsprung gegenüber dem Eigner verfügt. Gemäß dieses Ansatzes können die weitreichenden Verfügungsrechte im Hinblick auf das operative Geschäft vom Manager zu seinen Gunsten ausgenutzt werden. Dies gilt auch im Verhältnis der Zentrale zum Management der ausländischen Tochtergesellschaft. Konflikte können sich auf die Finanzierung des Unternehmens, die Managementvergütung und die Erweiterung des Machteinflusses beziehen. Sie lassen sich dadurch reduzieren, dass ein Ordnungsrahmen zur effizienten Unternehmensführung (Corporate Governance) geschaffen wird.

Im Rahmen der Principal-Agent-Theory wird das Unternehmen als ein Bündel an Verträgen interpretiert (Fama, Jensen 1983: 327 ff.), das die personifizierten Produktionsfaktoren zusammenbindet. Im Zentrum des Vertragsansatzes[45] des Unternehmens steht der Gedanke, dass nur die Aktionäre unvollständige Verträge haben. Die Unvollständigkeit wird daran festgemacht, dass sich ihr Einkommen als Restgröße (residual claim) bestimmt. Da die Höhe ihres Einkommens, des Gewinns, nicht wie bei den Beschäftigten und Gläubigern ex ante vertraglich fixiert sei, sei aus diesem Moment der Kontrollanspruch und die dominante Stellung des Aktionärs abzuleiten (Fama and Jensen 1983: 327 ff.). Dieser Ansatz ist von Aglietta und Rebérioux (2005: 32 ff.) hinterfragt worden[46].

In den kontinentaleuropäischen Ländern ist der Stakeholder-Ansatz (Ackermann, Alstott 2001: 34 ff.) stärker verankert. Nach diesem Denkansatz sollen zum Wohl einer langfristigen Unternehmensentwicklung auch die Interessen der anderen Unternehmensbeteiligten bzw. „Stakeholder", wie z.B. Zulieferer, Kunden und Mitarbeiter etc. berücksichtigt werden. Für jedes Unternehmen sei es im Rahmen einer Umweltanalyse wichtig herauszufinden, welche Bedeutung die verschiedenen Interessensgruppen ausüben und in welchem Maße sie die Erreichung betrieblicher Ziele beeinflussen (Stakeholder Map). Gemäß dieser Analyse sollte der Einfluss wichtiger Stakeholder auf das Unternehmen festgelegt werden. Sehr weitreichend wird der Ansatz von Peter Ulrich (2001: 438) interpretiert. Ihm zufolge ist das Unternehmen als „quasi-öffentliche Institution" zu definieren, deren Wirkungszusammenhänge über die Privatautonomie hinausreichen und verschiedene Interessensgruppen beeinflussen[47]. Die Einflüsse dieses Denkens lassen sich bislang vor allem noch in der Mitbestimmungsge-

45 "... voting rights are universally held by shareholders, to the exclusion of creditors, managers and other employees ... The reason is that shareholders are the residual claimants to the firm's income ... As the residual claimants, shareholders have the appropriate incentives ... to make discretionary decisions." (Easterbrook, Fischel 1993: 67ff., zitiert nach Aglietta und Rebérioux (2005: 34).

46 Die Autoren stellen heraus, dass die Position des Aktionärs auf der Basis des WACC-Ansatzes eher der eines gesicherten Kapitalgebers gleichgestellt ist (Aglietta und Rebérioux 2005: 35) und plädieren für ein partnerschaftliches Unternehmensmodell, indem die verschiedenen Stakeholdergruppen miteinander zum gemeinsamen Vorteil kooperieren (2005: 42). Dafür eigne sich ein übergeordnetes Board of Directors.

47 Ulrich spricht in diesem Zusammenhang auch die Verteilung negativer externer Effekte (ökologische und soziale Kosten) an.

setzgebung und in der Ausgestaltung der institutionellen Führungsstrukturen in Deutschland (Corporate Governance) nachweisen. Unter dem Aspekt der weltweiten Mobilität und Konkurrenz des Kapitals scheint der Stakeholder-Ansatz aber in die Klemme zu geraten[48]. Denn die Renditeziele vieler Unternehmen ergeben sich immer stärker aus den eher kurzfristig orientierten Handlungsmustern und Anforderungen der globalen Finanzmärkte, die das angelsächsische Modell der einstufigen Unternehmenskontrolle bevorzugen.

Der Unternehmenswert kann in einem beliebigen Zeitpunkt vom Aktienkurs abweichen (Shiller 2000: 212). Diese Differenz begründet die Möglichkeit, aus dem Kauf unterbewerteter Aktien einen Vorteil zu erzielen. Der Wertbegriff ist im Sinne des Ertragswert[49] als Summe der abgezinsten Zukunftserfolge zu bestimmen. Dies darf als Kernbestand der Investionstheorie unterstellt werden. Die theoretischen Grundlagen haben v. Böhm-Bawerk und Fisher gelegt. Danach bestimmt sich der Wert eines Vermögensgegenstandes relativ, d.h. im Vergleich zu einer Alternativanlage. Die rationale Investitionsentscheidung geht davon aus, dass der Käufer maximal den Preis zu zahlen bereit ist, der bei alternativer Mittelanlage mit den gleichen Ertragsaussichten gilt. Lediglich der Vergleichsmaßstab hat sich im Laufe der Fachdiskussion verändert. Während v.Böhm-Bawerk noch von einem unabhängig vom Kapitalmarkt bestehenden Zinssatz ausgegangen ist, zog Fisher am Markt verzinste Anlagen als Maßstab für Investitionen heran (Löhr 1993: 30). Im Rahmen der wertorientierten Unternehmensführung dienen die Eigenkapitalkosten als Bestandteil der gewichteten Kapitalkosten der Ermittlung des Diskontierungsfaktors, der den Unternehmenswert wesentlich prägt. Wir gehen darauf im Teil I Kapitel 3.3 ein.

Die Möglichkeit der Abweichung des Aktienkurses vom Unternehmenswert hat seinen Grund darin, dass der zu einem bestimmten Zeitpunkt gegebene Aktienkurs durch kurzfristige und spekulative Bewegungen an den Börsen verzerrt worden sein kann. Nach Minsky gehören spekulative und Schneeballfinanzierungen zu den gängigen Vorgängen auf den Finanzmärkten in Boomphasen (Minsky 1982: 105 ff.). Lediglich über lange Perioden und Zyklen hinweg wird sich der Unternehmenswert an den Durchschnitt der Schwankungen des Aktienkurses bzw. des Marktpreises der Unternehmensanteile annähern. Nur in diesem Sinne macht die behauptete Identität von Wert und Preis Sinn, da sich innerhalb eines langen Intervalls Preis-Preis-Rückkopplungen tendenziell ausgleichen. Das starke Schwanken der Preise und die Gefahr der Bildung von Preisblasen an den Finanzmärkten dürfen dem gegenüber aber nicht vernachlässigt werden.

Insbesondere die Vertreter der Behavioral Finance haben die lange vorherrschende Hypothese der Effizienz der Finanzmärkte hinterfragt (Akerlof/Shiller 2009: 190). Diese Hypothese ist lange auch mit dem Konzept der wertorientierten Unternehmensführung verknüpft worden, indem von der Annahme ausgegangen wurde, dass sich die wertrelevanten Informationen eines Unternehmens direkt im Aktienkurs niederschlagen[50]. In der Variante des sogenannten Shareholder-Value-Ansatzes rückt der Aktienkurs in den Mittelpunkt des Handelns, wodurch das langfristig orientierte Wertpotenzial eines Unternehmens eher vernachlässigt wird.

---

48 Die Vertreter des Shareholder-Value-Ansatzes gehen jedenfalls davon aus, dass sich die Idee des Wertsteigerungsmanagements global durchsetzen und die erfolgreichere Konzeption sein wird (Copeland, Koller und Murrin 2002: 35 ff.).

49 Das Konzept des Ertragswerts wird erläutert in Teil I Kapitel 4.3.

50 So wurde z.B. die Korrelation zwischen dem Marktwert und dem Discounted-Cash-Flow des Unternehmens hervorgehoben (Wagner 1995: 9).

Die Effizienz-Hypothese weist zwei zentrale Eckpunkte auf:

Erstens: Es wird davon ausgegangen, dass Finanzmärkte informationseffizient sind. Der Markt kann dann als effizient bezeichnet werden, wenn die Preise zu jedem Zeitpunkt alle verfügbaren Informationen vollständig zum Ausdruck bringen. Diese Aussage gilt zumindest im Sinne der „halbstrengen Markteffizienz". Nach der Präzisierung des Begriffes „Effizienz" durch Eugene F. Fama im Jahr 1970 (Fama 1970: 383 ff.) bedeutet die „halbstrenge Markteffizienz" (semi-strong form efficiency), dass die aktuelle Preisbildung auf dem Markt alle öffentlich verfügbaren Informationen widerspiegelt. Moderne Informations- und Kommunikationstechnologie sowie perfektionierte Abrechnungssysteme gewährleisten dabei Markttransparenz und rasche Reaktionsmöglichkeiten der Marktteilnehmer, so dass im Sinne der Theorie alle relevanten Informationen gleichzeitig wahrgenommen und unverzüglich verarbeitet werden.

Zweitens: Die Marktteilnehmer handeln rational in dem Sinne, dass sie sich jeweils an dem von ihnen als „richtig" anerkannten wirtschaftlichen Erklärungsmodell orientieren. Als relevanter Ansatz zur Bewertung von Vermögenswerten gilt im Einklang mit der Efficient-Market-Hypothese die „Discounted-Cash-Flow"-Methode. Wie bereits angesprochen, ist der „Discounted-Cash-Flow" (DCF) als Summe der abgezinsten Zahlungsüberschüsse bzw. Cash-Flows definiert. Auf dieser Grundlage wird der Wert eines Vermögensgegenstandes letztlich durch dessen fundamentale Daten bestimmt. Insofern spricht man in diesem Zusammenhang auch von der Fundamentalanalyse. Indem sich rational handelnde Wirtschaftssubjekte an diesem Bewertungskonzept orientieren, gelten die Finanzmärkte als bewertungseffizient. Informationsänderungen werden damit von den Marktteilnehmern auch gleich bewertet.

Im Rahmen der Portfoliotheorie wird die Bewertung um die Risikokomponente erweitert. Rationales Verhalten orientiert sich danach am Ertrag und am Risiko der Anlage. Anlagen mit gleicher Ertragserwartung sind nach der Logik des geringsten Risikos auszuwählen. Dabei wird der durchschnittliche Anleger als risikoscheu unterstellt. Ein effizientes Portfolio mit mehreren Vermögenswerten kann wiederum zur Risikominimierung beitragen, indem der Ertrag des gesamten Portfolios verstetigt wird (efficient set).

Inwieweit die Finanzmärkte als informations- und bewertungseffizient bezeichnet werden können, ist insbesondere im Anschluss an die Finanz- und Wirtschaftskrise 2007/2008 hoch umstritten. Geht man von der Efficient-Market-Hypothese aus, stellt sich das Rückkopplungsverhalten von Kapitalanlegern (Feedback-Trading) als irrationales Verhalten (Stöttner 1998: 88) dar. Dabei erfolgt die Bewertung nicht in erster Linie aufgrund der fundamentalen Daten eines Vermögenswertes[51] sondern als Reaktion auf Markterwartungen. Eine erwartete Marktrichtung wird dadurch bestätigt und verstärkt, dass Marktteilnehmer den durchschnittlichen Erwartungen entsprechend handeln. Dies kann zu Abweichungen der Kursentwicklung vom fairen Marktwert im Sinne des DCF-Werts führen.

[51] Inwieweit Kursschwankungen die Gewinnerwartungen widerspiegeln ist ebenso strittig. So geht Robert J. Shiller davon aus, dass der inflationsbereinigte S&P-Gewinnindex 1991 unter dem Stand von 1982 lag, während der S&P-Aktienindex real um das 2,5-fache höher war (Shiller 2000: 208). Copeland, Koller und Murrin gehen hingegen davon aus, dass die Aktienrenditen und Unternehmensgewinne bei einem langfristigen Zeithorizont von mindestens 15 Jahren korrelieren (2002: 108).

Im Rahmen der Analytischen Behavioral Finance (Brealy, Myers, Allen 2006: 347) wird versucht, diese Abweichungen in das theoretische Konzept einzubeziehen[52]. Ausgehend von der Beschreibung des Aktienmarktes als soziales System werden die Akteure als eigenständige Einflussfaktoren berücksichtigt, die eben nicht generell unabhängig voneinander agieren. Nach Akerlof und Shiller (2009: 193) ist von einer wechselseitigen Beeinflussung zwischen den Asset-Preisen in der Blase und der Realwirtschaft auszugehen. Preis-Preis-Rückkopplungen tragen zur Verlängerung des Zyklus und zur Verstärkung der Preis-Preis-Effekte bei. In der Konsequenz wird von folgenden Annahmen ausgegangen:

- Der Aktienmarkt ist ein soziales Kommunikationssystem, in dem die Marktteilnehmer ihre Erwartungen austauschen. Die Markttransaktionen schlagen sich in Aktienkursen und Volumina nieder. Der Begriff des „fairen Marktwertes" erlaubt die rationale Einschätzung, ob Vermögenswerte teuer oder billig sind. Dies kann als „rationaler Pfad" der Kursbewegung bezeichnet werden.
- Menschliche Beschränkungen wie der Gebrauch vereinfachender Entscheidungsregeln und sozialpsychologische sowie emotionale Einflüsse führen jedoch zu systematischen Abweichungen von diesem Pfad. Insoweit die Informationswahrnehmung und -verarbeitung durch gruppenpsychologische Prozesse beeinflusst wird, ergeben sich Verschiebungen im Risiko-Rendite-Profil. Das Erkennen dieser Abweichungen ermöglicht wiederum den systematischen Anlageerfolg. Ein Aktienkurs spiegelt immer nur den Durchschnitt der Erwartungen wider, wohinter sich ein Spektrum unterschiedlicher Erwartungen verbirgt. Die Aufgabe eines Fondsmanagers ist es daher, aus diesem Erwartungsspektrum das wahrscheinlichste Szenario herauszufiltern und in eine Investitionsentscheidung einzubringen. In diesem Sinne mag zwar der Markt effizient sein, aber nicht die Erwartungsbildung, die zu den Kursen führt[53].

Werden Anreizsysteme für Manager allein mit der Entwicklung des Kurswertes verknüpft, verstärkt sich die Möglichkeit für wirtschaftliches Fehlverhalten. Damit ist insbesondere die Gefahr gegeben, dass sich die Unternehmensführung an kurzfristigen Zielen orientiert[54]. Wenn die Rolle der Banken als langfristige Geldgeber schwindet, verstärkt sich die Bedeutung der Eigenkapitalgeber und der Börse, die eher auf einen kurzfristigen Zeithorizont ausgerichtet ist. Dies kann auf die Vernachlässigung von Investitionen in innovative Produkte hinauslaufen. Maßnahmen konzentrieren sich dann eher auf einfache Optimierungs- und Reparaturmaßnahmen. So erscheint eine Investition im Rahmen eines kurzfristigen Anlagehorizontes nicht als werthaltig, wenn sich erst in späteren Perioden ein Überschuss über die Kapitalkosten ergibt. Basiert die Ermittlung von ROIC (Kapitalrendite) zudem auf dem modifizierten Buchgewinn (operatives Ergebnis nach Steuern), wird der „Economic Profit" von der Abschreibungsmethode beeinflusst. Bei einer degressiven Abschreibung ergibt sich zu Beginn des Planungszeitraums ein geringeres operatives Ergebnis und daher ein zu geringer Wertzuwachs[55]. Der Maßstab für Investitionen kommt im Shareholder-Value-Horizont von

---

[52] Vgl. hierzu auch die Reaktion von Fama (1998: 283 ff.).

[53] Vgl. hierzu Graham Clapp, Fondmanager von Fidelity European Growth, über die Kunst den Index zu schlagen, in: Frankfurter Allgemeine Zeitung v. 30.Jan.2004) und Dieter Schneider (Schneider 1990: 462).

[54] Die Falle des Kurzfrist-Handelns bestätigt sich, wenn führende Unternehmensberater hervorheben, dass sich der Zeithorizont der betrieblichen Planung tendenziell von ehemals fünfzehn auf fünf bis sieben Jahre verkürzt hat (vgl. Burkhard Schwenker, Sprecher von Roland Berger Strategy Consultants, in: Frankfurter Allgemeine Zeitung v. 16. Jan.2006). Vgl. hierzu auch Deutsche Bundesbank (2001, S. 46 ff.).

[55] Im Zusammenhang mit der Erfassung der Inflation wirkt sich aber auch die lineare Abschreibung wertverzerrend aus (vgl. Hesse 1996: 139 ff.).

zwei Seiten in die Klemme. Zum einen erhöht sich die Investitionsschwelle über den Break-Even hinaus, indem mindestens die Kapitalkosten erwirtschaftet werden müssen. Zum anderen wird der Investitionserfolg auf einen sinkenden, kurzen Zeithorizont bezogen.

Demgegenüber ist zu betonen, dass das Wertpotential eines Unternehmens nur auf der Grundlage einer langfristigen Handlungsperspektive erfasst werden kann. Die Sicherung der zukünftigen Entwicklung durch neue Investitionen und die Förderung von Forschung und Entwicklung spielt für die künftige Wertentwicklung eine herausragende Rolle. Nur das nachhaltige Wachstum[56] generiert in diesem Sinne Wert. Die Logik der wertorientierten Unternehmensführung ist somit im Kern mit der Fundamentalanalyse und dem Konzept des Ertragswerts[57] verknüpft. Denn die zentrale Aufgabe besteht darin, alle fundamentalen Daten, die den Ertragswert beeinflussen, einzubeziehen. Dies zielt auf die Summe aller abgezinsten Zukunftserfolge, die als Free Cash Flows bestimmt werden. Die Ermittlung der Rückflüsse ist in dieser Perspektive auf einen langen Planungshorizont zu beziehen. Wir gehen darauf im Teil I Kapitel 5.1. näher ein.

Die Abzinsung mit Hilfe der Eigenkapitalkosten gemäß dem „Capital Asset Pricing Model (CAPM)“[58] ist hingegen der Bestimmung des Ertragswerts nicht zwingend vorausgesetzt. In der Fachdiskussion ist hervorgehoben worden, dass der Kalkulationszinsfuss verschiedene Funktionen ausfüllen kann. Die Interpretation des Kalkulationszinsfusses erstreckt sich von der subjektiven Mindestrendite (Schneider 1973: 130) über die durchschnittliche Unternehmensrendite (Albach 1962: 86), dem Kapitalkostensatz alternativer Verwendungsmöglichkeiten (Moxter 1961: 186 f.), bis hin zur erwarteten Rendite der Eigenkapitalgeber (Aktionäre) im CAPM. Welche Funktion im Konzept des nachhaltigen Wachstums auszufüllen ist, sollte weiter erörtert werden. Die Renditeerwartungen der Aktionäre können sicherlich nicht den alleinigen Maßstab für die rationale Investitionsentscheidung bilden.

3.2 „Value Added“ Konzepte und modifizierte Erfolgs- und Bestandsgrößen

In den neunziger Jahren sind verschiedene wertorientierte Konzepte der Unternehmensführung entwickelt worden, die unter dem Begriff „Value Added“ Konzepte bekannt geworden sind. Sie basieren auf der Idee des Residualgewinns, bei dem in jeder Periode die Ergebnisgröße um kalkulatorische Zinsen auf das eingesetzte Kapital gemindert wird. Diese Idee ist an sich nicht neu[59], erfährt aber im Rahmen des Trends zur wertorientierten Unternehmensführung einen neuen Stellenwert.

---

56 Vertreter der Beratungspraxis betonen den Aspekt der Nachhaltigkeit. So hebt Hermann Simon von Simon-Kucher & Partners hervor, dass kurzfristige Gewinnmaximierung langfristig nachteilig ist (FAZ 2010: 12).

57 Das Konzept des Ertragswerts wird erläutert in Teil I Kapitel 4.3.

58 Dieses Modell wird in Teil I Kapitel 3.3 dargestellt.

59 So hat Lücke bereits 1955 aufgezeigt, dass bei einer Ermittlung der Periodenerfolge als Residualgewinne der Barwert dieser Residualgewinne dem Barwert der Zahlungsüberschüsse (Cash-Flows) entspricht (Lücke: 1955, 313). Auch General Electric hat bereits in den fünfziger Jahren den Maßstab des „residual income“ als Differenz zwischen „net operating profits after taxes“ und einem „charge for invested capital“ angewendet (Salomons: 1965).

Der Ansatz des Residualgewinns kann am folgenden Beispiel verdeutlicht werden:

Ein Investor setzt am Beginn des Planungshorizontes ein Kapital in Höhe von € 5.000 ein und führt am Ende der ersten und zweiten Periode jeweils neues Kapital in Höhe von € 100 zu. Der operative Gewinn nach Steuern wächst über einen Zeitraum von drei Perioden. Die Renditeforderung des Kapitalgebers beträgt pro Periode zehn Prozent. Der „Shareholder Value“ ergibt sich aus der Addition des kumulierten Gegenwartswertes[60] der Residualgewinne und des ursprünglichen Kapitaleinsatzes.

Residualgewinn (in €)			
Periode	*1*	*2*	*3*
Operativer Gewinn	*900*	*1.000*	*1.100*
Kapital (Periodenanfang)	*5.000*	*5.100*	*5.200*
Neues Kapital (Periodenende)	*100*	*100*	*0*
Renditeforderung des Kapitalgebers	*500*	*510*	*520*
Residualgewinn	*400*	*490*	*580*
Gegenwartswert (Zinssatz = 10%)	*364*	*405*	*436*
Kumulierter Gegenwartswert	*364*	*769*	*1.205*
Ursprünglicher Kapitaleinsatz			*5.000*
„Shareholder Value“			*6.205*

Die zurzeit bedeutendsten „Value Added“ Konzepte sind:

- das „Economic Profit“ Konzept von Mckinsey & Company (Copeland, Koller, Murrin 2002: 208) und
- das „Economic Value Added (EVA)“ Konzept von Stern Stewart & Company (Stewart 1991)[61].

Daneben lassen sich noch andere Varianten aufzeigen wie z.B. das „Added Value“ Konzept der Londoner Business School (Hostettler 2000: 60) und das „Cash Value Added“ sowie „Cash-Flow Return on Investment – CFROI“ Konzept der Boston Consulting Group. In diesem Zusammenhang kann auch auf das „Cash Return on Capital Invested – CROCI“ hingewiesen werden, das im Rahmen der Deutschen Bank für Finanzanalysten und Wertpapierhändler entwickelt worden ist (Costantini 2006). Dies Konzept stellt eine Verknüpfung des „Economic Profit“ Modells mit dem Ansatz der „relative valuation“ dar, bei dem Kennziffern wie das Kurs/Gewinn-Verhältnis verwendet werden.

---

60 Der Gegenwartswert ist der Kapitalwert. Die Abzinsungsfaktoren betragen für die erste Periode $1,1^1$, für die zweite Periode $1,1^2$ und für die dritte Periode $1,1^3$. Der Kapitalwert wird im Kapitel 4.3.2. näher erläutert.

61 Auch das Erfolgsmaß „Market Value Added (MVA)“ ist von Stern Stewart entwickelt und als Warenzeichen eingetragen worden (Stewart 1991: 180). Der MVA entspricht der Differenz zwischen dem aktuellen Marktwert und dem gesamten Kapitaleinsatz. Er kann ex-ante über die erwarteten diskontierten EVAs oder ex-post über die aktuelle Marktkapitalisierung errechnet werden.

Das Ziel der „Value Added“ Konzepte besteht in der Maximierung des Marktwertes des Unternehmens. Die Ausrichtung der Unternehmensführung auf dieses Ziel erfordert die laufende Bereitstellung der notwendigen Datenbasis von Seiten der internen Unternehmensrechnung. Die Bereitstellung von Informationen bezieht sich auf die Ermittlung modifizierter Erfolgs- und Bestandsgrößen sowie die Berechnung der Kapitalkosten.

Im Rahmen der Konzepte von Mckinsey & Company sowie Stern Stewart & Company werden umfangreiche Modifikationen der Gewinn- und Vermögensgrößen vorgenommen. Zwar haben Stern Stewart mehr als 164 Modifikationen aufgelistet, doch lassen sich diese unter dem Aspekt der Relevanz auf ungefähr 5 Schritte verdichten. Sie reduzieren sich im Kern auf Anpassungen, die sich aus einer wirtschaftlichen bzw. aktionärsorientierten Betrachtung des eingesetzten Kapitals und der Beseitigung finanzierungsbedingter und steuerlicher Verzerrungen ergeben.

Die primären Anpassungen lassen sich folgendermaßen eingrenzen:

- Betriebsfremde Bestandteile im Gewinn und im Kapital, die nicht notwenig zum normalen Geschäftsverlauf gehören, sind auszugrenzen (Operating Conversion).
- Der Einfluss der Finanzierung ist zu neutralisieren, indem Zinsaufwendungen zum Jahresüberschuss hinzugerechnet und Zinserträge abgezogen werden (Funding Conversion).
- Die Steuerbelastung wird an die modifizierte Ergebnisgröße angepasst (Tax Conversion).
- Bestimmte Posten, die bilanziell als Rückstellung erfasst werden, werden umqualifiziert und als Eigenkapital ausgewiesen. Zu den eigenkapitalähnlichen Positionen sind z.B. Steuer- und Pensionsrückstellungen zu zählen (Shareholder Conversion).

Die Modifikationen führen dazu, dass von einer buchhalterischen zu einer ökonomischen Betrachtung des Unternehmens übergegangen wird. Im Ergebnis erhalten wir die Größen, die zu einer Ermittlung des positiven oder negativen Wertbeitrages pro Periode notwendig sind. Es handelt sich um das operative Ergebnis nach Steuern (und vor Zinsen) sowie das investierte operative Kapital. In diesem Zusammenhang wird auch die Erfassung von Forschungs- und Entwicklungsaufwendungen (F&E) oder Marketingaufwendungen als investiertes Kapital erörtert. So weisen z.B. Unternehmen der pharmazeutischen Industrie erhebliche Aufwendungen im F&E-Bereich auf. Da sie der Entwicklung des künftigen Wachstumspotentials dienen, werden sie kapitalisiert und über eine angenommene Nutzungsdauer abgeschrieben werden (Damodaran 2005). Dennoch muss betont werden, dass mit der Ermittlung des operativen Ergebnisses nur ein Zwischenstand hin zur ökonomischen Betrachtungsweise erreicht wird. Wie noch zu zeigen ist, ergibt sich ein weiterer Schritt aus der Cash-Flow Orientierung, die erst im Rahmen der DCF-Bewertung konsequent umgesetzt wird[62].

Inwieweit sich das „Economic Value Added“ Konzept (EVA) als Grundlage für ein Vergütungsinstrument nutzen lässt, ist in der Fachliteratur umfassend diskutiert worden. Das Entlohnungssystem basiert auf einer Periodenerfolgsgröße und der Agent (Manager) wird mit einer im Zeitablauf konstanten Rate an den EVAs beteiligt. Das EVA-Bonussystem ist mit dem Konzept der Bonusbank verknüpft. Die Bonusbank hat den Effekt, dass der Zeithorizont des Agenten bzw. Managers erweitert wird. Der verdiente Bonus eines Jahres wird demnach nicht gleich voll ausgezahlt. Die Differenz verbleibt in der Bonusbank und dient als Haftungsmasse der Firma. Im Fall eines Misserfolges des Managers haftet er mit seinem persön-

---

62 Vgl. hierzu Teil I, Kapitel 5.

lichen Bonusbankguthaben. Die Haftungsmasse ist jedoch in mehrfacher Hinsicht begrenzt. Zum einen reicht das Volumen zu Beginn der Einführung des Bonusprogramms nicht aus, um große Verluste zu decken. Dies gilt erst recht für den Fall periodenübergreifender Verluste. Zum anderen ergibt sich vor dem Ausscheiden des Managers aufgrund eines Tätigkeitswechsels oder der Versetzung in den Ruhestand eine Haftungsbeschränkung, insofern der Agent Verluste nach diesem Zeitpunkt nicht mehr mittragen muss. Es ist versucht worden, die Problematik unterschiedlicher Zeitpräferenzen von Agent und Anteilseigner (Prinzipal) auf der Grundlage von Residualgewinnen zu umgehen. Die Kosten eines Investitionsprojektes werden so auf jede Periode verteilt, dass für ein Projekt mit positivem (negativem) Kapitalwert in jeder Periode ein erwarteter Gewinn von null und in mindestens einer Periode ein Gewinn (Verlust) ausgewiesen wird. Der Agent wird dann Projekte auswählen, die zum Zinssatz des Prinzipals einen positiven Kapitalwert aufweisen. Solch eine Verteilung der Kosten unterstellt aber, dass der Prinzipal schon vor Beginn des Projektes die Struktur der erwarteten Rückflüsse kennt, um die optimale Abschreibungspolitik festlegen zu können (Rogerson 1997: 790).

Die Probleme des EVA-Bonussystems sind herausgearbeitet worden. So hat Laux aufgezeigt, dass auf dieser Grundlage keine Anreizkompatibilität zwischen Managern und Anteilseignern besteht. Der Manager kann finanzielle Vorteile erzielen, indem er aus Sicht der Anteilseigner Fehlentscheidungen trifft. Beim EVA-Bonussystem bestehe insbesondere die Tendenz zur Unterinvestition. Das bedeutet, dass der Manager Vorteile erzielen kann, in dem er Investitionsprojekte unterlässt, die für den Anteilseigner vorteilhaft sind. Dies resultiere vor allem aus der Ermittlung der kalkulatorischen Zinsen mit dem risikoangepassten Zinssatz, den geforderten Modifikationen bei der Ermittlung des investierten Kapitals und des Periodenerfolgs sowie der Wahl der periodischen Erfolgsänderungen (Laux 2001: 27).

3.2.1 Operatives Ergebnis nach Steuern (NOPLAT)

Die auf das betriebliche Ergebnis bezogenen Modifikationen münden in das „Operative Ergebnis nach Steuern“. Im Englischen wird diese Größe als „Net Operating Profit Less Adjusted Taxes (NOPLAT)“ bezeichnet. Im ersten Schritt werden außerordentliche und betriebsfremde Teile des Gewinns eliminiert. Gewinne oder Verluste aus dem Bereich des nichtbetriebsnotwendigen Vermögens werden damit ausgegrenzt. Im zweiten Schritt werden die der Finanzierung zuzuordnenden Zinsaufwendungen und -erträge neutralisiert. Dies wird damit begründet, dass das Ergebnis aus der Finanzierung nicht in die Beurteilung des Ergebnisses aus dem betrieblichen Kerngeschäft einbezogen werden darf. Die Kosten einer Fremdfinanzierung sind unabhängig vom operativen Ergebnis einzugrenzen und lediglich bei der Abzinsung mit den gewichteten Kapitalkosten zu berücksichtigen. Die Finanzierungskosten sind aus diesem Grund zum Jahresüberschuss hinzuzurechnen. Mit dem in den Leasingraten enthaltenen Zinsanteil ist in entsprechender Weise zu verfahren. Im dritten Schritt werden etwaig erfolgte Abschreibungen auf den Firmenwert (Goodwill) zum Gewinn hinzugerechnet, da allein die betriebliche Leistung des Unternehmens im Mittelpunkt der Betrachtung stehen soll[63]. Im Kern wird unterstellt, dass der Firmenwert keinem Verschleiß unterliegt (Copeland, Koller und andere 2002: 221).

---

[63] Copeland, Koller, Murrin empfehlen allerdings den ROIC sowohl ohne als auch mit Goodwill zu ermitteln (Copelend, Koller und andere 2002: 220).

Im Anschluss an diese primären Modifikationen muss im letzten Schritt die Steuerbelastung an das modifizierte Ergebnis angepasst werden. Denn Ertragsteuern dürfen nur insoweit als Belastungsfaktor einbezogen werden, wie sie auf das ermittelte operative Ergebnis entfallen. Geht man zunächst von den Ertragsteuern aus, die in der Gewinn- und Verlustrechnung ausgewiesen sind, sind die auf die Finanzierungskosten entfallenden Steuern hinzuzurechnen und die Steuern auf etwaige Zinserträge abzuziehen. Betrachtet man den Anpassungsschritt bezogen auf die Finanzierungskosten näher, wird deutlich, dass sich aufgrund der Nicht-Erfassung der Zinsaufwendungen (zweiter Schritt) eine Erhöhung der Steuerbelastung ergibt. Diese steuerliche Mehrbelastung entspricht genau dem Steuervorteil, der mit der Erfassung der Zinsen verknüpft ist und der aufgrund der Modifikation des Ergebnisses entfällt.

Im Rahmen der ökonomischen Betrachtungsweise ist von den tatsächlich gezahlten Steuern auszugehen. Steuerrückstellungen werden daher als Kapital behandelt, das eine Rendite abwirft. Insofern sind die jährlichen Veränderungen der Steuerrückstellungen beim operativen Ergebnis zu berücksichtigen[64]. Darüber hinaus muss eine Minderung des ursprünglichen Steueraufwandes hinsichtlich der Steuern auf das nicht operative Ergebnis erfolgen. Jede einzelne Steueranpassung wird zum marginalen Steuersatz vollzogen. Bezogen auf eine in Deutschland ansässige Kapitalgesellschaft ist der Steuersatz unter Einbeziehung der Körperschaft- und Gewerbesteuer zu ermitteln. Im Ergebnis sollen nur die tatsächlich auf das operative Ergebnis zu zahlenden Steuern erfasst werden.

Die wichtigsten Schritte zur Ermittlung des operativen Ergebnisses nach Steuern lassen sich folgendermaßen zusammenfassen:

Ermittlung des operativen Ergebnisses vor Zinsen und nach Steuern	
	Jahresüberschuss
–	Nicht operative Erträge (inklusive Zinsen)
+	Nicht operative Aufwendungen[65] (inklusive Zinsen)
+	Steuern gem. Gewinn- und Verlustrechnung
=	Operatives Ergebnis vor Zinsen und Steuern = EBIT[66]
–	Steuern auf operatives Ergebnis (= Zeile 5 * Ertragsteuersatz)
=	**Operatives Ergebnis nach Steuern**

Das operative Ergebnis kann auch auf anderem Weg ermittelt werden:

Alternative Ermittlung des operativen Ergebnisses vor Zinsen und nach Steuern	
	Umsatzerlöse
–	Herstellungskosten

64 Im Fall einer Erhöhung passiver latenter Steuern ist der Steueraufwand gemäß der Gewinn- und Verlustrechnung entsprechend zu mindern. Eine Erhöhung des ursprünglichen Steueraufwandes ist umgekehrt im Fall einer Minderung passiver latenter Steuern vorzunehmen.

65 Hierunter fällt auch eine etwaige Zunahme von Rückstellungen (z.B. für latente Steuern).

66 EBIT = Earnings before interest and tax

–	Vertriebs- und Verwaltungskosten
–	Abschreibungen auf Sachanlagen
=	Operatives Ergebnis vor Zinsen und Steuern
–	Steuern auf operatives Ergebnis (= Zeile 5 * Ertragsteuersatz)
=	**Operatives Ergebnis nach Steuern**

Die Korrektur des Steueraufwandes lässt sich in folgender Weise skizzieren:

Anpassung des Steueraufwandes an die Modifikation des Ergebnisses	
	Steuern auf den Jahresüberschuss gem. Gewinn- und Verlustrechnung
+	Steuern auf Zinsaufwand = Steuervorteil bei Fremdfinanzierung
–	Steuern auf Zinsertrag
–	Steuern auf nicht operatives Ergebnis
=	**Steuern auf das operative Ergebnis**

3.2.2 Operatives Kapital

Zum operativen Kapital zählen alle Vermögensgegenstände, welche die eigentliche Geschäftstätigkeit des Unternehmens zum Ausdruck bringen und zur Erwirtschaftung des operativen Ergebnisses beitragen. Es markiert die Summe aus Sachanlagen, Working Capital und sonstigen Vermögensgegenständen (abzüglich der sonstigen Verbindlichkeiten) und stellt die Grundlage für die Wertermittlung dar. Das operative Working Capital kann auch als Nettoumlaufvermögen bezeichnet werden. Es umfasst das Umlaufvermögen abzüglich der nicht zinstragenden kurzfristigen Verbindlichkeiten. Zum Umlaufvermögen gehören z.B. Lagerbestände, Forderungen aus Lieferungen und Leistungen sowie die für den Betriebsablauf notwenigen liquiden Mittel[67]. Die nicht verzinslichen kurzfristigen Verbindlichkeiten bestehen vor allem aus den Verbindlichkeiten aus Lieferungen und Leistungen.

Das eingesetzte Kapital wird ausgehend von der Bilanz ermittelt, wobei die Modifikationen entsprechend der Vorgehensweise bei der Ermittlung des operativen Ergebnisses vorzunehmen sind:

Im ersten Schritt (Operating Conversion) sind auszugrenzen:

- nicht betriebsnotwendige, börsengängige Wertpapiere und
- sonstige, nicht im Rahmen des operativen Kerngeschäftes genutzte Vermögensgegenstände (z.B. vermiete Immobilien, stillgelegte Anlagen).

Vor dem Hintergrund der wirtschaftlichen Betrachtungsweise sind im zweiten Schritt Leasinggegenstände, die in der Bilanz nicht als Verbindlichkeit erfasst worden sind, zum opera-

67 Der Bestand an Barmitteln und Wertpapieren ist nur soweit zu berücksichtigen, wie er betriebsbedingt ist. Der Zielbestand kann geschätzt werden, indem bezogen auf eine Durchschnittsperiode je nach Branche von einem betriebsbedingten Umfang von 0,5 bis 2% der Umsatzerlöse ausgegangen wird (Copeland, Koller Murrin 2002: 202).

tiven Kapital zu zählen (Operating Lease)[68]. Dies gewährleistet die Einbeziehung der betriebsnotwendigen Finanzierungsmittel. Denn in der jeweiligen Leasingrate ist ein Zinsanteil enthalten, der wegen der Nicht-Berücksichtigung des Finanzierungseinflusses das operative Ergebnis erhöht. Der Leasinggegenstand kann in Höhe des Barwertes der Leasingraten[69] erfasst werden.

In dieser Perspektive macht es Sinn, Aufwendungen mit Investitionscharakter wie vor allem Forschungs- und Entwicklungsaufwendungen zu aktivieren. Dies ist auch für Marketingaufwendungen erörtert worden. Stewart schlägt vor (1991: 744), diese Aufwendungen zu aktivieren und über die voraussichtliche Nutzungsdauer abzuschreiben. Für Forschungs- und Entwicklungsaufwendungen wird von einer Nutzungsdauer von fünf Jahren ausgegangen.

Im dritten Schritt sind die kumulierten Abschreibungen auf den Firmenwert zu aktivieren. Da der Kauf eines Unternehmens oder Unternehmensanteils als langfristige, nicht einem periodischen Verschleiß unterliegende Investition angesehen wird, wird sie als Kapital einbezogen, das eine normale Rendite zu erwirtschaften hat. Diese Modifikation entspricht der Orientierung am ökonomischen Wert des Kapitals[70]. Nach dieser Logik ist nicht der Buchwert des Vermögensgegenstandes in der Bilanz maßgeblich sondern das Kapital, welches das operative Ergebnis generiert.

Auf der Passivseite der Bilanz sind entsprechende Anpassungen vorzunehmen. So sind Rückstellungen für passive latente Steuern als eigenkapitalähnliche Position zu berücksichtigen, die wie beim Firmenwert eine adäquate Rendite zu erbringen hat. Zum verzinslichen Fremdkapital zählen auch die zu passivierenden Verbindlichkeiten aus Leasingverträgen.

Vor diesem Hintergrund umfasst das investierte operative Kapital die folgenden Vermögensgegenstände bzw. Aufwendungen:

Ermittlung des operativen Kapitals (zu Beginn des Geschäftsjahres)	
1	Operative Sachanlagen (nach Abschreibung)
2	*zuzüglich:* Operatives Umlaufvermögen
5	*abzüglich:* Nichtzinstragende kurzfristige Verbindlichkeiten
6	*zuzüglich:* sonstige Vermögensgegenstände
7	*abzüglich:* sonstige nichtzinstragende Verbindlichkeiten
8	*zuzüglich:* Aufwendungen mit Investitionscharakter
9	**= investiertes operatives Kapital (vor Goodwill)**
10	*zuzüglich:* Kumulierte Abschreibungen auf den Firmenwert
11	**= investiertes operatives Kapital (nach Goodwill)**

68 Vgl. hierzu ausführlicher Hostettler 2000: 121 ff.).

69 Nach Stewart (Stewart 1991: 98) kann die Kapitalisierung mit einem Zinssatz von 10% erfolgen.

70 Auf entsprechende Modifikationen des Vorratsvermögens, die mit dem Verbrauchsfolgeverfahren zu tun haben, wird in diesem Zusammenhang nicht eingegangen.

Fügt man zum operativen Kapital die nicht operativen Vermögensgegenstände hinzu, ergibt sich das insgesamt investierte Kapital.

12	Investiertes operatives Kapital (nach Goodwill)
13	*zuzüglich:* nicht-betriebsnotwendige Vermögensgegenstände
14	= **insgesamt investiertes Kapital**

3.3 Die Kapitalkosten als Renditeforderung des Investors

3.3.1 Eigenkapitalkosten und Capital Asset Pricing Model (CAPM)

Der Kalkulationszinssatz ist bisher als Maß für die Renditeforderung der Kapitalgeber bezeichnet worden. Dies ist nun zu präzisieren. Der Wert des Unternehmens bringt die Erwartungen hinsichtlich der zukünftig erzielbaren Einzahlungsüberschüsse zum Ausdruck. Diese Erwartungen sind subjektiv und stehen im Zusammenhang mit der betrieblichen Entscheidung für eine bestimmte Mittelverwendungsalternative. Denn es ist der Unternehmenseigner, der seine Unternehmensstrategie gemäß seiner subjektiven Rendite- bzw. Risikoeinschätzung festlegt.

Bezieht man diesen Gedanken auf eine Kapitalgesellschaft mit vielen Anteilseignern bzw. Aktionären, tritt das Moment der subjektiven Entscheidung des Kapitalgebers auf Unternehmensebene naturgemäß in den Hintergrund. Einerseits führt das angestellte Management die Geschäfte eigenverantwortlich und im gewissen Rahmen unabhängig von den vielfältigen Interessen der einzelnen Kapitalgeber. Andererseits können sich die verschiedenen Rendite- und Risikopräferenzen der Anteilseigner oder Aktionäre zum Teil wechselseitig aufheben oder sich von denen des Managements unterscheiden. Die wertorientierte Unternehmensführung ist in dieser Perspektive letztlich angewiesen auf ein objektiviertes Maß für die Alternativrenditen der Kapitalgeber, das praktische Entscheidungshilfen ermöglicht.

Aus den Renditeforderungen rational handelnder Investoren werden die Eigenkapitalkosten des Unternehmens abgeleitet. Sie entsprechen der Verzinsung, die ein Investor im Rahmen einer risikoäquivalenten Anlage außerhalb seines Unternehmens erzielen könnte. Auch das Management eines Unternehmens wird sich an dieser Renditeerwartung orientieren.

Insoweit der Kalkulationszinssatz im ersten Schritt aus dem Zinssatz für eine risikolose Staatsanleihe abgeleitet wird, muss dieser risikolose Zinssatz gemäß dem Äquivalenzprinzip durch einen Risikozuschlag erweitert werden. Denn das mit einer quasi-risikolosen Finanzanlage verbundene Risiko ist in der Regel geringer als das mit einer Unternehmensinvestition verknüpfte Risiko. Bei einer Unternehmensinvestition agiert der Investor als Eigenkapitalgeber. Er unterliegt damit dem allgemeinen Unternehmerrisiko. Die Höhe der künftigen Rückflüsse ist unsicher und darüber hinaus ist er dem Haftungsrisiko in Höhe seines Eigenkapitals ausgesetzt. Bei einer alternativen Finanzanlage tritt der Investor hingegen wie ein Fremdkapitalgeber auf, wobei er mit relativ sicheren Rückflüssen rechnen kann. Ein Ausfallrisiko besteht für ihn in der Regel nicht (Moxter 1983: 146). Ein rational handelnder Investor wird daher im Fall einer Unternehmensinvestition einen Ausgleich für das höhere Risiko verlangen. Dieser Ausgleich kann in Form eines Risikoabschlages bei den Zahlungsüberschüssen oder in Form eines Risikozuschlages beim Kalkulationszinssatz ermittelt werden. Üblicherweise wird das mit der Unternehmensinvestition verbundene höhere Risiko als Risikozuschlag beim Kalkulationszins erfasst. Der Aspekt der Vergleichbarkeit beider Anlagen unter dem Aspekt des Risikos lässt es sinnvoll erscheinen, den Risikozuschlag vom Markt her zu bestimmen.

Die im Rahmen der Bewertung notwendige Messung des Risikos unterstellt die Eingrenzung des Risikobegriffes. Was ist unter dem Begriff Risiko zu verstehen? Im Unterschied zum umgangssprachlichen Gebrauch reduziert sich der Begriff im Rahmen der Bewertung nicht auf die Gefahr der Nichterfüllung von Gewinnerwartungen. In finanzwirtschaftlicher Perspektive wird der Risikobegriff um die Komponente der Übererfüllung von Erwartungen erweitert. Die Verlustgefahr und die Gewinnmöglichkeit markieren hier lediglich das Spektrum potentieller Ergebnisentwicklungen von Anlagen. Der finanzwirtschaftliche Risikobegriff erfasst die Streuung des Ergebnisses, die bei einer einzelnen Anlage erwartet wird. Im Grad des Risikos drückt sich demzufolge aus, dass eine Erwartung unsicher ist. Dies kann im Vergleich zweier Anlagen verdeutlicht werden.

Beispiel:

Ein risikoscheuer Investor muss sich für Anlagemöglichkeit A oder B entscheiden. Bei Anlagemöglichkeit A wird sich mit hoher Wahrscheinlichkeit ein Ergebnis in Höhe von 100 ergeben. Bei Anlagemöglichkeit B wird mit der gleichen Wahrscheinlichkeit ein Ergebnis von 50 oder 150 erwartet.

Anlagemöglichkeiten	Ergebniserwartungen		Streuung
	Minimales Ergebnis	Maximales Ergebnis	
A	100	100	0
B	50	150	100
C	110	110	0

Im Sinne des finanzwirtschaftlichen Risikobegriffes ist nur die Anlagemöglichkeit B risikobehaftet, weil hier die Höhe des Ergebnisses unsicher ist. Nur sie weist bei gleichem Erwartungswert eine Streuung des Ergebnisses auf. Die Anlagemöglichkeiten A und C gelten hingegen als risikolos. Der Grad des Risikos bringt die erwartete Ergebnisstreuung zum Ausdruck.

In der Fachdiskussion wird üblicherweise unterstellt, dass der Investor risikoscheu ist. Zwar sind die individuellen Risikopräferenzen der Investoren naturgemäß unterschiedlich, was zum Ausdruck bringt, dass Risiken subjektiv bewertet werden. Doch erscheint die Risikoaversion als realistische Annahme. Demzufolge wird ein risikoscheuer Investor im obigen Fall die Anlagemöglichkeit mit dem geringeren Risiko bevorzugen. Ist das Risiko gleich hoch, wird die Anlage mit dem höheren Ergebnis gewählt. Akzeptiert der Investor aber das höhere Risiko, wird er einen entsprechenden Risikozuschlag ergänzend zum Basiszinssatz verlangen.

Im Rahmen des Capital Asset Pricing Models (CAPM) ist ein objektiviertes Maß zur Bestimmung des Risikozuschlages herausgearbeitet worden. Der Ansatz basiert auf der neoklassischen Kapitalmarkttheorie und ist im Anschluss an die Portfolio Selection Theory vor ungefähr vierzig Jahren von Sharpe (Sharpe 1964: 424 ff.), Lintner (Lintner 1965: 13 ff.) und Mossin (Mossin 1966: 768 ff.) entwickelt worden[71]. Das Modell geht von folgenden Annahmen aus:

- Es bestehen gleiche Erwartungen der Investoren über die zukünftigen Renditen, die Standardabweichungen und Kovarianzen.
- Die Anleger sind in der Lage eine Vielzahl von Wertpapieren in einem Portfolio zu halten.
- Anleger können zum risikofreien Zinssatz beliebige Beträge aufnehmen oder anlegen.
- Es existieren keine Steuern oder Transaktionskosten.

Das CAPM[72] ist wegen seiner Prämissen umstritten. Primäre Einwände beziehen sich auf die Verwendung eines repräsentativen Index (Süchting 1984: 301), auf die Aussage, dass alle Handlungsmöglichkeiten mit demselben Erwartungswert und derselben Streuung gleichwertig sind (Leuthier 1988: 112) und die Voraussetzung zeitlich konstanter Kapitalmarktkosten (Schneider 1990: 434). Komplexere Modelle haben demgegenüber allerdings den Nachteil mangelnder Praktikabilität[73].

Das CAPM bestimmt die Renditeerwartung für eine einzelne Vermögensanlage $E(r_i)$ in Abhängigkeit von deren finanzwirtschaftlichem Risiko. Diese Renditeerwartung markiert die Opportunitätskosten des Eigenkapitals. Sie werden daher auch als Eigenkapitalkosten r_{EK} bezeichnet. Die Anwendung des CAPM ist nur bei langfristigen Investitionen angemessen, da sich die Komponenten der Eigenkapitalkosten nur über den gesamten Lebenszyklus einer Investition sinnvoll berechnen lassen (BIS 2009: 63).

Die vom Investor erwartete Rendite, die auf dem Kapitalmarkt als marktorientierte Mindestverzinsung angesehen werden kann, setzt sich aus mehreren Komponenten zusammen. Sie ergibt sich als Summe aus dem Zinssatz für eine risikolose Kapitalmarktanlage und einer risikoangepassten Prämie, die sich wiederum in zwei Bestandteile untergliedert. Die risikoangepasste Prämie wird bestimmt als Produkt aus dem individuellen Risikofaktor β_i und dem Marktpreis des Risikos. Der Marktpreis des Risikos stellt die Marktrisikoprämie dar und wird durch die Differenz zwischen der Rendite des Marktportfolios r_M und der risikolosen Rendite r_f ermittelt.

---

71 Ein anderer Ansatz zur Bestimmung der Eigenkapitalkosten ist das Arbitrage Pricing Model (APM) von Ross. Während beim CAPM die Schwankungen der Rendite als Funktion eines einzelnen Faktors, dem Marktindex, erklärt werden, werden beim APM viele Faktoren berücksichtigt (z.B. Inflationsrate, Zinsniveau, der Index der industriellen Produktion).

72 Vgl. hierzu ausführlich auch Kruschwitz (2005: 377 ff.).

73 So wird z.B. die Arbitrage Pricing Theory (APT) als Weiterentwicklung und Generalisierung des CAPM diskutiert. Anders als das CAPM geht die APT von der Nichtexistenz risikoloser Arbitragegewinne aus. Auch hier unterliegt aber derselbe Grundgedanke wie beim CAPM: „... every market equilibrium will be characterized by a linear relationship between each asset`s expected return and its return`s response amplitudes, or loadings, on the common factors" (Roll, Ross 1980: 1074). Zum APT vgl. Löhr (Löhr 1993: 140-157).

$$E(r_i) = r_{EK} = r_f + \beta_i * [E(r_m) - r_f]$$

r_{EK} = Eigenkapitalkosten
r_f = risikofreie Rendite
$E(r_m)$ = Erwartungswert der Rendite des Marktportfolios
$E(r_m) - r_f$ = Marktrisikoprämie
β_i = Risikofaktor einer Vermögensanlage i

Die Rendite des Marktportfolios entschädigt für das allgemeine unternehmerische Risiko. Die langfristige historische Rendite von Investitionen wird näherungsweise über den marktrepräsentativen Aktienindex bestimmt. Dabei ist ein langfristiger Zeitraum der Ermittlung zugrunde zu legen, wobei das geometrische Mittel ermittelt werden sollte[74]. Mindert man die Rendite des Marktportfolios um die risikofreie Rendite, ergibt sich die Marktrisikoprämie. Bei der Ermittlung der risikolosen Rendite muss der landesübliche Zinssatz von langfristigen festverzinslichen Wertpapieren von Schuldnern mit bester Bonität zugrunde gelegt werden. Da langfristige Anleihen von Industrieunternehmen und Banken einem Ausfallrisiko unterliegen, sind langfristige Anleihen der öffentlichen Hand mit einer Laufzeit von mindestens zehn Jahren zugrunde zu legen. Dabei kann sich ein besonderes Länderrisiko[75] ergeben, das durch einen Zuschlag zur risikofreien Rendite erfasst werden kann.

Im Durchschnitt der letzten dreißig Jahre betrugen die Umlaufrenditen von Bundesanleihen mit einer Restlaufzeit von 10 Jahren gemäß der Kapitalmarktstatistik der Deutschen Bundesbank 7,1%. Berücksichtigt werden sollten nicht nur der aktuelle Stand der Rendite sondern auch der langfristige Durchschnitt[76]. Denn gemäß der langfristigen Orientierung der Bewertung und der Beachtung des Äquivalenzkriteriums macht es Sinn, eine langfristige Bindung der alternativen Geldanlage[77] zu unterstellen. Die Marktrisikoprämie liegt für nordamerikanische Unternehmen bei 5,5% und für kontinentaleuropäische Unternehmen zwischen 4,5% und 5,5% (Damodaran 1994: 23 ff.). Für den deutschen Markt kann eine Marktrisikoprämie von ungefähr 4,84% zugrunde gelegt werden[78].

In dem Modell wird von einer linearen Beziehung zwischen dem Erwartungswert der Rendite eines einzelnen Wertpapiers $E(r_i)$ und dem marktbezogenen Risiko ausgegangen. Die Rendite eines Wertpapiers bezieht sich dabei auf die Kursentwicklung, die Dividende oder die Erlöse aus dem Bezug von Bezugsrechten. Werden $E(r_m)$ und r_f als gegeben unterstellt,

[74] Bezogen auf den Zeitraum 1950 bis 1992 ist eine Rendite des Marktportfolios für Anlagen in deutschen Wertpapieren von ungefähr 11,9% ermittelt worden (Schmalenbach-Gesellschaft 1996: 549).

[75] Das Länderrisiko ist Ausdruck der Kreditwürdigkeit bzw. Ausfallwahrscheinlichkeit eines Landes, die durch Ratingagenturen ermittelt wird. Dabei sollte berücksichtigt werden, dass in den letzten 35 Jahren kein Staat mit einem Rating oberhalb der Note „BB+" tatsächlich ausgefallen ist.

[76] Geht man z.B. von einem aktuellen Basiszinssatz von 4,6% und dem langfristigen Satz von 7,1% aus, ergibt sich schließlich ein finanzmathematisch bestimmter durchschnittlicher Zinssatz. Hierbei handelt es sich um einen Nominalwert, der eine Inflationsprämie enthält. Er liegt bei ungefähr 6%.

[77] Wir schließen uns nicht der Meinung an, dass der Kapitalisierungszinsfuß am Bewertungsstichtag vorzugswürdig sei. Vgl. zu dieser Diskussion: Baetge, Niemeyer, Krause 2001: 285 f..

[78] Die Angabe beruht auf aktualisierten Daten von Damodaran (Damodaran 2005). Gemäß einer Studie der London Business School (Dimson, Marsh, Staunton 2005) wurde für einen Zeitraum von 102 Jahren und für 16 verschiedene Länder eine durchschnittliche Marktrisikoprämie zwischen 2,5 und 4% ermittelt. Vgl. auch BIS 2009: 67.

bestimmt sich die Renditeerwartung des Investors $E(r_i)$ alleine durch den individuellen Risikofaktor β_i. Der Risikofaktor β_i wird auch als Betafaktor bezeichnet. Die Rendite einer Anlage i steigt um β_i Einheiten, wenn die Rendite des Marktportfolios um eine Einheit steigt. Im umgekehrten Fall sinkt die Anlagenrendite um β_i Einheiten, wenn die Rendite des Marktportfolios um eine Einheit sinkt. Ein β_i von 0 bringt zum Ausdruck, dass die Rendite eines Wertpapiers i nicht von Schwankungen der Rendite des Marktportfolios beeinflusst wird. Die Renditeerwartung eines Wertpapiers $E(r_i)$ entspricht dann dem risikolosen Zinssatz. Ein β_i von 1 bedeutet, dass die Entwicklung der Rendite der Anlage genau der Schwankung der Rendite des Marktportfolios entspricht (β_m). Denn für das Marktportfolio selbst beträgt der Betafaktor gleich 1. Ein β_i kleiner als 1 bringt geringere Schwankungen der Rendite der einzelnen Anlage im Vergleich zur Renditeentwicklung des Marktportfolios zum Ausdruck. Das Risiko gilt demzufolge als kleiner. Ein β_i größer als 1 ergibt sich im umgekehrten Fall größerer Renditeschwankungen der einzelnen Anlage gegenüber dem Renditeverlauf des Marktportfolios. Dies verweist nach der Definition auf ein größeres Risiko. Geht man von Erfahrungswerten aus, ist der Betafaktor nur in sehr seltenen Fällen kleiner als 0,2 und größer als 1,8.

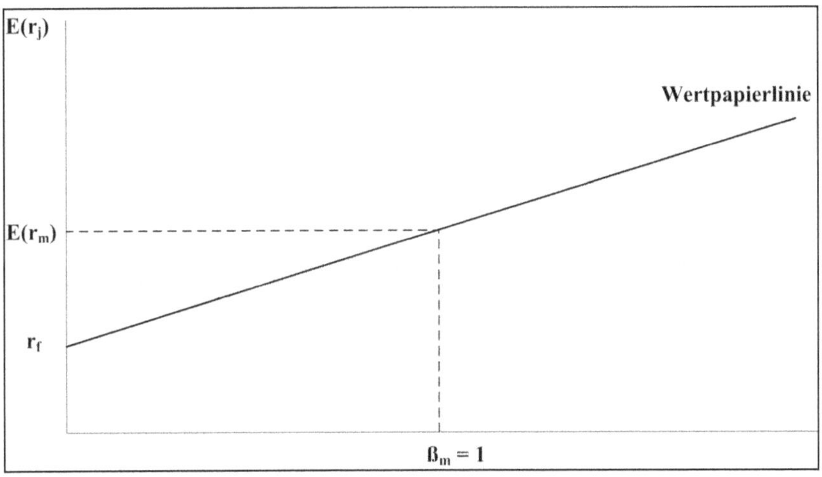

Abb. 7: Betafaktor

Der Betafaktor ist ein Maß für das systematische Risiko des Eigenkapitals. Hinter diesem Begriff verbirgt sich eine Zerlegung des Risikos in verschiedene Komponenten. Das systematische Risiko bestimmt sich allein aus dem Vergleich mit der mittleren Rendite aller am Markt gehandelten Wertpapiere. Es erfasst das Geschäfts- bzw. Investitionsrisiko und das Kapitalstrukturrisiko. Das CAPM bezieht die Portfoliotheorie in den Erklärungszusammenhang ein und ergänzt sie zugleich (Stöttner 1998: 175ff.; Baetge, Krause 1994, 437 ff.). Dies kann hier nur skizziert werden. Vom systematischen Risiko, das vom Markt her gemessen werden kann, unterscheidet sich eine andere Risikokomponente. Das unsystematische Risiko bringt die nicht-marktbeeinflussenden Faktoren zum Ausdruck. Hierbei handelt es sich um objektspezifische Renditeschwankungen, die auf die jeweils besonderen oder außerordentlichen Umstände des einzelnen Unternehmens verweisen (z.B. die Wahrscheinlichkeit der Insolvenz). Das unsystematische Risiko erfasst Faktoren wie Managementfehler und Wettbewerbsnachteile des Unternehmens, die als unabhängig vom Markt gelten.

Nach der Logik des CAPM lässt sich das unsystematische Risiko mit zunehmender Zahl von Aktien, die in einem Portfolio gehalten werden, wegdiversifizieren. Indem von einem Anleger mit breiter Anlagestreuung ausgegangen wird, wird für das diversifizierbare, unternehmensspezifische Risiko keine besondere Risikoprämie bestimmt. Es kann vernachlässigt werden. Da die spezifischen Umstände, die den Ertrag einer einzelnen Anlage determinieren, von Anlage zu Anlage keinerlei Korrelation erkennen lassen, ist der Erwartungswert aller unsystematischen Risiken null. Die positiven und negativen Renditenschwankungen, die auf Sonderfaktoren verweisen, gleichen sich in der Summe aus. Auf dieser Grundlage wird schließlich angenommen, dass der Markt lediglich das nicht-diversifizierbare, systematische Risiko vergütet. Dies wird durch den Betafaktor ausgedrückt.

Der Betafaktor bringt auch das mit der Verschuldung verknüpfte Risiko eines Unternehmens zum Ausdruck. Orientiert man sich daher am Betafaktor eines Vergleichunternehmens oder der Branche, muss der Verschuldungsgrad an das individuelle Niveau des zu bewertenden Unternehmens angepasst werden. Dafür kann folgende Formel angewendet werden (Damodaran 1994: 31):

$$Betafaktor_y = Betafaktor_u * \left[1 + (1-s) * \frac{FK}{EK}\right]$$

$Betafaktor_y$ = Systematisches Risiko eines verschuldeten Unternehmens
$Betafaktor_u$ = Systematisches Risiko eines unverschuldeten Unternehmens
s = Steuersatz des Unternehmens
FK = Fremdkapital (Marktwert)
EK = Eigenkapital (Marktwert)

Die Anpassung des Betafaktors geschieht in zwei Schritten:

- Der Betafaktor für das Vergleichsunternehmen oder für die Branche wird um das darin enthaltene Fremdkapital und die Steuerersparnis bereinigt. Es verbleibt dann das branchenbezogene Geschäftsrisiko.
- Der bereinigte Betafaktor wird anschließend umgerechnet in den Betafaktor für ein verschuldetes Unternehmen, indem der individuelle Verschuldungsgrad berücksichtigt wird.

Betas sind nur für Unternehmen verfügbar, deren Anteile an der Börse gehandelt werden. Handelt es sich um ein nicht-börsennotiertes Unternehmen, muss daher ein anderer Weg für die Risikobemessung verfolgt werden. In der Praxis erfolgt meist eine Orientierung an börsennotierten Firmen, die hinsichtlich des Geschäftsrisikos und der Finanzierungsstruktur vergleichbar sind. So ist die Nutzung von Branchenbetas beliebt[79]. Es sollte aber beachtet werden, dass sich ein Unternehmen in der Regel von dem durchschnittlichen Verschuldungsgrad der Branche unterscheidet. Die soeben erläuterte Formel sollte daher im Rahmen der skizzierten Schritte angewendet werden. Nachdem das Fremdkapital aus dem Branchenbeta herausgerechnet worden ist, muss der Betafaktor mittels Berücksichtigung der individuellen

[79] So werden auch spezielle Betas für die Immobilienbranche ausgewiesen (Von Wuntsch, Knacke, Neumann 2005: 33)

Kapitalstruktur des Unternehmens wieder hochgerechnet werden. Im Resultat erhält man das angenäherte systematische Risiko für ein verschuldetes Unternehmen[80].

Die Anpassung des Betafaktors an den Verschuldungsgrad berücksichtigt auch den Steuereinfluss. Wir weisen an dieser Stelle darauf hin, dass in der deutschen Fachdiskussion die Auswirkungen der Steuern auf den Betafaktor in einem weitergehenden Sinne thematisiert werden. Seit Jahren wird hier über die Frage gerungen, ob auch die persönlichen Steuern der Anteilseigner als Faktor in das CAPM-Modell eingefügt werden sollen. Wir gehen auf diese Diskussion im Teil I Kapitel 5.5.2 in kritischer Weise näher ein.

Das systematische Risiko des Eigenkapitals kann z.B. mit Hilfe der von Bloomberg oder Barra-International berechneten Betafaktoren bestimmt werden. Barra publiziert Betas für mehr als zehntausend Unternehmen weltweit. Dieser historische Betafaktor kann auch mit aktuellen fundamentalen Charakteristika des Unternehmens modifiziert werden (Kleeberg 1992: 474 ff.). Darüber hinaus sollte aus Plausibilitätsgründen der Betafaktor des Unternehmens mit dem Branchenbeta[81] verglichen werden.

3.3.2 Ermittlung der gewichteten Kapitalkosten (WACC)

Sowohl die Ermittlung des „Economic Profits“ als auch des Unternehmenswertes erfordern die Anwendung eines Mischzinsfusses, welcher sich aus den Kosten aller Kapitalquellen zusammensetzt. Zu bestimmen ist der gewichtete Mittelwert der Kosten des Eigenkapitals r_{EK} und des Fremdkapitals r_{FK}. Dieser Mittelwert wird als „Weighted Average Cost of Capital“ (WACC) bezeichnet.

Die Anwendung des Mischzinsfusses muss folgende Bedingungen erfüllen:

(1) Er ist ein Maß für die Renditeforderungen der Eigenkapital- und Fremdkapitalgeber.

(2) Die Gewichtung der Eigenkapital- und Fremdkapitalkosten basiert nicht auf Buchwerten sondern auf Marktwerten, da nur die Marktwerte den ökonomischen Wert der Ansprüche der Kapitalgeber zum Ausdruck bringen.

(3) Das mit der Kapitalangabe verknüpfte systematische Risiko ist zu berücksichtigen.

(4) Die Berücksichtigung der erwarteten Inflation und der Unternehmenssteuern steht im Einklang mit der Ermittlung der anderen Wertgrößen. Der Mischzinssatz und der erwartete operative Gewinn bzw. der erwartete Cash-Flow sind daher wegen des Äquivalenzerfordernisses gleichgerichtet zu erfassen. Dies bedeutet, dass einheitlich entweder nominale (Berücksichtigung der allgemeinen Preissteigerung) oder reale Größen zu zugrunde zu legen sind. Auch die Frage der Einbeziehung von Steuern muss für diese Größen in einheitlicher Weise geklärt werden (vgl. dazu Teil I Kapitel 5.5).

Die Ermittlung der Eigenkapitalkosten im Sinne des Modells ist im vorangehenden Kapitel bereits erläutert worden. Hinsichtlich der Kosten des Fremdkapitals müssen verschiedene Finanzierungsquellen einbezogen werden. Der Marktwert des einzelnen Finanzierungsinstrumentes kann in den meisten Fällen bestimmt werden, indem der jeweilige Barwert der

[80] Weist das Vergleichsunternehmen mehrere Geschäftsfelder auf, kann über die multiple Regressionsanalyse versucht werden, die sich auf ein unverschuldetes Unternehmen beziehenden Betas der Geschäftsbereiche zu bestimmen. Dies unterstellt die Zuordnung des Geschäftsrisikos zum jeweiligen Geschäftsbereich anhand der Verteilung der Aktiva des Unternehmens.

[81] Branchenbetas sind auch unter Reuters Web-Statistics erhältlich (vgl.: www.investor.reuters.com)..

Rendite eingegrenzt wird, die jeweils unter Berücksichtigung der Restlaufzeit der Zinsen und der Bonität des Titels auf dem Kapitalmarkt erzielbar wäre. Liegen nicht festverzinsliche Schuldtitel sondern hybride Finanzierungsinstrumente[82] vor, sollte hingegen der aktuelle Kurs als Anhaltspunkt zur Bestimmung des Marktwertes dienen. Dies gilt z.B. für die Bewertung von Aktienoptionen für Mitarbeiter.

Optionen, die mit Finanzierungsinstrumenten verbunden sind, lassen sich auf der Grundlage von Optionspreismethoden eingrenzen. Optionen verbriefen das Recht, Vermögensgegenstände zu einem im Voraus festgelegten Preis, dem Basispreis, innerhalb einer bestimmten Frist zu erwerben oder zu veräußern. So gewähren Wandelanleihen und bestimmte Vorzugsaktien das Recht, sie zu einem vorab bestimmten Umtauschverhältnis gegen Aktien einzutauschen. Optionsscheine wiederum berechtigen den Inhaber, Aktien zu einem vereinbarten Preis zu beziehen. Diese mit der Ausübung eines Rechtes verbundenen Möglichkeiten eröffnen Entscheidungs- bzw. Entwicklungsflexibilität, die ergänzend zum DCF-Ansatz bewertet werden kann. Der Optionswert lässt sich mit Hilfe der algebraischen Methode und der Tabellenkalkulation ermitteln[83]. Die zugrunde liegende Flexibilität kann im Sinne eines Ereignisbaumes dargestellt werden (Copeland, Koller Murrin 2002: 487).

Leasinggeschäfte ersetzen die Fremdfinanzierung und die kapitalisierten Leasingraten sind daher wie Fremdkapital zu behandeln. Dies bedeutet, dass im Hinblick auf die Bestimmung der Fremdfinanzierungskosten ein Mischzinssatz zu errechnen ist, der sich aus dem gewichteten Verhältnis des Geldmarktsatzes für Geldmarktkredite und des Leasingzinssatzes zusammensetzt. Das jeweilige Gewicht kann vereinfachend aus dem Verhältnis des bilanziellen Fremdkapitals und der kapitalisierten Leasingraten abgeleitet werden. Dieser Mischzinssatz geht dann in die Berechnung der Kapitalkosten als Fremdkapitalkostensatz ein.

Im Rahmen der Bestimmung der gewichteten Kapitalkosten (WACC) werden nicht alle Fremdkapitalpositionen berücksichtigt (z.B. Lieferantenverbindlichkeiten). Die Eingrenzung der Fremdkapitalkosten bezieht sich lediglich auf das verzinsliche Fremdkapital. Die Fremdkapitalkosten sind auf Basis der erwarteten Zusammensetzung des Fremdkapitals und unter der Berücksichtigung der damit verbundenen Steuerersparnis zu ermitteln. Sind die Fremdkapitalkosten von langfristigem Fremdkapital nicht bekannt, sind sie unter Berücksichtigung des Kredit-Ratings zu schätzen. Dies Rating wird als Zuschlag für das Ausfallrisiko (default risk)[84] über die aktuelle risikofreie Rendite ausgedrückt (Damodaran 2002: 39 f.).

---

82 Ihre Rendite ist zumindest teilweise mit dem Wert des Unternehmens verknüpft. Dazu gehören Aktienoptionen für Mitarbeiter, Optionsschuldverschreibungen, wandelbare Vorzugsaktien und Warrants. Letztere sind langfristige Optionen mit Zeiträumen von fünf bis zehn Jahren.

83 Auch der Einsatz von Eigenkapital kann als Realoption verstanden werden. Die Chance auf künftige Gewinne kann bewertet werden, indem die Umsatzentwicklung und die Zahl der Kunden als Variablen behandelt werden, die sich im Zeitablauf in einem stochastischen Prozess ändern. Die hohe Komplexität der mathematisch-statistischen Methodik lässt aber Optionspreismodelle für die Bewertung von Unternehmen nicht als praktikabel erscheinen. Kruschwitz (2005: 444) hält das Konzept der Realoptionen für einen Irrweg. Denn für die den Realoptionen unterliegenden Sachinvestitionen sind die entscheidenden Voraussetzungen des Konzeptes nicht erfüllt. Sachinvestitionen sind weder beliebig teilbar noch werden sie ununterbrochen zu Preisen, die bestimmten stochastischen Prozessen gehorchen, an den Finanzmärkten gehandelt.

84 Gemäß Standard & Poors beträgt das Ausfallrisiko (A/Stable/A-1) der Schering AG zum 23.April 2003 1,25 Basispunkte. Sie müssen zum risikofreien Zins hinzuaddiert werden. Bei einem risikofreien Zins von 3,15%, betragen die Fremdkapitalkosten vor Steuern somit 4,4%.

Folgende Formel ist für die Ermittlung des gewogenen Kapitalkostensatzes anzuwenden:

$$WACC = r_{FK} * (1 - s) * \frac{FK}{EK + FK} + r_{EK} * \frac{EK}{EK + FK}$$

WACC = Weighted Average Cost of Capital = gewogene Kapitalkosten
r_{EK} = Eigenkapitalkosten
r_{FK} = Fremdkapitalkosten
s = Ertragsteuersatz
EK = Marktwert des Eigenkapitals
FK = Marktwert des Fremdkapitals

Für die Gewichtung der Kosten des Eigenkapitals und Fremdkapitals ist es notwendig, die Kapitalstruktur des betreffenden Unternehmens zu ermitteln. Da für das Eigen- und Fremdkapital Marktwerte zugrunde zu legen sind, ergibt sich das Problem der Zirkularität (Copeland 2002: 252). Denn die vorhandenen Buchwerte sind in der Regel nicht mit den Marktwerten identisch. Eine Abweichung zwischen dem Buch- und Marktwert ergibt sich vor allem bezogen auf das Eigenkapital. Der Marktwert des Eigenkapitals ist erst als Resultat der Bewertung zu ermitteln und steht daher nicht bereits als Ausgangsgröße der Berechnung zur Verfügung. Das Problem der Zirkularität lässt sich auflösen. Zum einen kann auf Basis mathematischer Iterationen eine Annäherung an den Marktwert erfolgen[85]. Zum anderen kann eine Zielkapitalstruktur für das zu bewertende Unternehmen festgelegt werden. Dies ist der einfachste und der zugleich in der Praxis übliche Lösungsweg. Zwar wird sich die Kapitalstruktur eines Unternehmens im Zeitablauf ändern, doch kann mit der Unternehmensleitung und den Fremdkapitalgebern eine für das Unternehmen akzeptable oder ideale Kapitalstruktur eingegrenzt werden. Zur Ermittlung des Mischzinsfusses kann schließlich ein im Zeitablauf konstantes Verhältnis zwischen Eigen- und Fremdkapital auf Marktbasis zugrunde gelegt werden.

[85] Im ersten Schritt wird der Buchwert des Eigenkapitals zugrunde gelegt und als Gewichtungsgröße für die Bestimmung von WACC angewendet. Im Anschluss an die Ermittlung des Werts des Eigenkapitals wird im zweiten Schritt der Buchwert durch den Marktwert des Eigenkapitals ersetzt. Der sich nun im Resultat ergebende Wert des Eigenkapitals gilt als ausreichender Näherungswert.

4 Investitionstheoretische Grundlagen der Unternehmensbewertung

4.1 Der Unternehmenswert als Grenzpreis

Die entscheidungsorientierte Betriebswirtschaftslehre versteht den Begriff „Unternehmenswert“ als potentiellen Preis des Unternehmens, der nicht mit dem tatsächlich vereinbarten Preis übereinstimmen muss. Je nach dem besonderen Bewertungszweck tritt der Unternehmenswert in verschiedenen Grundformen auf: als Grenzpreis und als Schiedspreis. Während der Grenzpreis als minimaler Verkaufspreis für den Verkäufer bzw. maximaler Kaufpreis für den Käufer zugleich den Verhandlungsrahmen festlegt, innerhalb dessen der Effektivpreis als Verhandlungsergebnis zu bestimmen ist, stellt der Schiedspreis den fairen Einigungspreis auf Vorschlag eines „neutralen Gutachters“ dar.

Die Grenzpreiskonzeption, die im Anschluss an Münstermann, Busse von Colbe, Sieben und Moxter die Grundlage der modernen Unternehmensbewertung darstellt, beinhaltet, dass sich ein Käufer des Unternehmens an dem spezifischen Nutzen bzw. Ertrag orientiert, den ihm das zu erwerbende Unternehmen bringen wird. Denn im Sinne eines zweckrationalen Handelns wird unterstellt, dass der Käufer maximal nur den Preis zu zahlen bereit sein wird, der bei alternativer Mittelanlage mit den gleichen Ertragsaussichten gilt. Dies wird am Ertragswert als Summe der diskontierten Zukunftserfolge festgemacht. Die Kapitalisierungsformel lässt sich entsprechend auf die Eingrenzung des Verkäufer-Grenzpreises anwenden. Um sich durch den Verkauf nicht zu verschlechtern, muss der Verkäufer einen Erlös für das Unternehmen erzielen, bei dessen bestmöglicher Wiederanlage mindestens der gleiche Nutzenstrom erwartet werden kann. Danach sind Grenzpreise erstens nur relativ, d.h. durch den Preis der alternativen, günstigsten Mittelanlage ermittelbar. Zweitens ist der Unternehmenswert Resultat der individuellen Schätzung und Eignerabhängigkeit des Nutzens. In diesem Sinne beruht die ertragswertorientierte Unternehmensbewertung auf einer subjektiven Wertkonzeption. Die Eignerabhängigkeit der künftigen Einnahmen- und Ausgabenströme ergibt sich im Wesentlichen aus dem jeweils besonderen Grad an Fähigkeiten der Geschäftsführung und Qualität der strategischen Planung, der unterschiedlichen Bewertung nichtfinanzieller Vorteile und der verschiedenartigen Risikopräferenz (Moxter 1983).

Die Ertragswertorientierung der Unternehmensbewertung ist in Deutschland im Verlauf der achtziger Jahre in der Fachwelt immer mehr auf Zustimmung gestoßen. Dennoch ist immer wieder von der Renaissance des Substanzwertes ausgegangen worden. So ist versucht worden, den subjektiven Wert als Wert innerhalb objektiver Grenzen zu bestimmen, wobei die Wertuntergrenze als Liquidationswert und die Obergrenze als Nachbaukosten sämtlicher Vermögenswerte definiert wird. Zum Teil sind im Anschluss an die anfänglich scharfe Konfrontation von Substanzwert und Ertragswert Mischverfahren entwickelt worden, die als Mittelwertverfahren (Schmalenbach-Methode) bzw. Überrenditeverfahren bezeichnet werden. Diese Verfahren sind im besonderen Maße für die Bewertungspraxis im Bereich der kleinen und mittleren Unternehmen attraktiv geblieben. Lediglich für diese Unternehmen kann der Ermittlung des Substanzwertes neben dem Ertragswert die Rolle eines ergänzenden Wertelementes zukommen.

Die berufsständischen Empfehlungen des Instituts der Wirtschaftsprüfer in Deutschland (IDW) favorisieren seit der HFA-Stellungnahme 2/1983 das Ertragswertverfahren. Wird einerseits die prinzipielle Abhängigkeit des Unternehmenswertes von der subjektiven Nutzeneinschätzung des Käufers bzw. Verkäufers betont, konzentriert sich die Stellungnahme andererseits auf den „neutralen" Bewertungsschritt, der die subjektiven Bezüge gerade abzutrennen versucht. Diese Ambivalenz äußert sich im Versuch, den Wert des Unternehmens, „wie es steht und liegt" zu ermitteln. In dieser Perspektive ist vom Institut der Wirtschaftsprüfer (IDW) schließlich der Begriff „objektivierter Unternehmenswert" entwickelt worden.

Der Bewertungsstandard des IDW ist seitdem mehrfach modifiziert worden. Wir kommen darauf im Teil I, Kapitel 5.5.2. im Zusammenhang mit der Erörterung des Einbeziehung der persönlichen Steuern der Unternehmenseigner zurück Die Modifikationen des Ertragswertverfahrens sind zum Teil auch der Konfrontation mit den Discounted-Cash-Flow-Verfahren (DCF-Verfahren) geschuldet. Diese aus den angelsächsischen Ländern stammenden Bewertungsverfahren werden zunehmend angewendet und markieren insbesondere im Bereich der internationalen Akquisitionen den zentralen Maßstab. Vor diesem Hintergrund verwundert es nicht, dass die Bedeutung des Ertragswertverfahrens des IDW zugunsten einer strategischen Unternehmensbewertung relativiert worden ist (Dirrigl 1993). Bei genauer Betrachtung unterscheiden sich zwar die DCF-Verfahren vom Ertragswertverfahren, doch hinsichtlich des investitionstheoretischen Ansatzes und der Eingrenzung einzelner Bewertungsparameter heben sich die Unterschiede tendenziell auf. Differenzen zeigen sich vor allem bei der Ermittlung des Kalkulationszinsfusses und des Risikos. Wegen der starken internationalen Bedeutung und des inhaltlichen Bezuges zu den vorangehenden Ausführungen konzentrieren wir uns im folgenden Kapitel II 5 auf die DCF-Verfahren.

4.2 Unterscheidung grundlegender Bewertungssituationen

4.2.1 Herkömmliche Eingrenzungen

Der Markt für Unternehmenskäufe hat sich innerhalb der letzten zwanzig Jahre stark ausgeweitet (Copeland u.a. 2002: 147 ff.). Bei der Analyse von Fusionen und Akquisitionen (Mergers and Acquisitions) spielt die Bestimmung des fairen Marktwertes als Grundlagen für Preisverhandlungen eine zentrale Rolle. Dies gilt gleichermaßen für den potentiellen Käufer und Verkäufer. Bei einer Fusion muss zudem eingeschätzt werden, welchen Einfluss die Synergien auf den neuen, kombinierten Unternehmenswert haben. Erzielbare Kostenersparnisse sind hierbei den zusätzlichen Kosten der Umstrukturierung gegenüberzustellen. Dies gilt vor allem bei feindlichen Übernahmen. Es verwundert daher nicht, dass sich vom Portfolio Management bis hin zum Investmentbanking eine spezielle Dienstleistungsbranche etabliert hat, deren wachsende Bedeutung in den USA und Großbritannien schon länger beobachtet werden kann. Die Inanspruchnahme der hier angebotenen Dienste wird vor dem Hintergrund der komplexen Problemstruktur des Unternehmenskaufes bedeutsam. Die Problemebenen verknüpfen betriebswirtschaftliche, gesellschaftsrechtliche und steuerrechtliche

Fachgebiete miteinander und weisen in dieser Perspektive die Unternehmensbewertung als eine der anspruchsvollsten betriebswirtschaftlichen Aufgabenstellungen aus.

Die realen Prozesse verweisen darauf, dass sich auch die Bewertungsanlässe ausfächern. Neben den eher traditionellen Anlässen lässt sich immer mehr ein Bewertungsfeld hervorheben, dass unter dem Begriff „Valuation in Corporate Finance“ (Damodaran 1994) zusammengefasst werden kann. Die Maximierung des Unternehmenswertes entwickelt sich als eigenständige Managementaufgabe mit dem Ziel, die Geschäftspolitik mit den Interessen der Aktionäre in Einklang zu bringen und feindliche Übernahmen abzuwehren. Dies bewirkt intern einen permanenten Druck zur Umstrukturierung des Unternehmens. Diesen Zusammenhang haben wir in den einleitenden Kapiteln zur wertorientierten Unternehmensführung herausgearbeitet. Einerseits beeinflussen die Teilnehmer an den Finanzmärkten im wachsenden Maße die Unternehmensentscheidungen, andererseits müssen die Vorstände ihre Unternehmen so führen, dass sie selbst zu Akteuren auf den Finanzmärkten werden.

Die herkömmliche Eingrenzung der Bewertungssituationen in Deutschland bezieht sich in erster Linie auf den Akquisitionsaspekt und auf Abfindungsregelungen. Darauf bezogen sind weitere bedeutende Anlässe hervorzuheben. So deutet die Differenz hinsichtlich der „Veränderung bzw. Nicht-Veränderung der Eigentumsverhältnisse am Unternehmen“ einen weiteren Unterschied in der Bewertung an. Dies gilt auch für die weitere Aufteilung in „dominierte und nicht-dominierte Situationen“ oder in „entscheidungsabhängige und entscheidungsunabhängige Anlässe“ (Ballwieser/Leuthier 1986). Zu den „nicht-dominierten Situationen“ werden z.B. der Kauf/Verkauf, die Fusion und der Eintritt gezählt. Dies soll zum Ausdruck bringen, dass keine der betroffenen Parteien eine Eigentumsveränderung ohne Mitwirkung und gegen den erklärten Willen einer anderen Partei durchsetzen kann. Den dominierten Situationen sind hingegen Fälle zuzuordnen, bei denen eine der betroffenen Parteien eine Änderung der Eigentumsverhältnisse nicht erzwingen kann. Dazu gehören das Ausscheiden eines Gesellschafters, Ausgleichszahlungen und Abfindungen (Drukarczyk 1996: 89ff.).

Die alte Kölner Funktionenlehre (Sieben 1979) unterscheidet fünf Funktionen für Unternehmensbewertungen:

- die Beratungsfunktion
- die Vermittlungs- oder Schiedsspruchfunktion
- die Argumentationsfunktion
- die Steuerbemessungsfunktion
- die Informationsfunktion.

Nur die ersten drei Funktionen markieren Hauptfunktionen, die sich auf die typischen Bewertungsaufgaben eines Bewerters beziehen. Er kann Berater einer Partei sein, zwischen den Parteien vermitteln oder die Rolle des Argumentationshelfers gegenüber einer Partei einnehmen.

Daran anschließend wird in der Fachliteratur von unterschiedlichen Wertbegriffen gesprochen. Im Zentrum der Auseinandersetzung steht der Grenzpreis, der in der Beratungsfunktion letztlich zu bestimmen ist. Er ist der subjektive Entscheidungswert für den Käufer bzw. Verkäufer eines Unternehmens. Dieser Wert ist parteiisch. In den berufsständischen Empfehlungen des Institutes der Wirtschaftsprüfer (IDW) wird es nicht als primäre Aufgabe angesehen, Gutachten für Entscheidungswerte zu erstellen.

Aus der Vermittlungsfunktion heraus ergibt sich schließlich der faire Einigungspreis bzw. Schiedswert. Hier wird bereits von den Grenzpreisen ausgegangen. Über die Anwendung eines Mittelungsprinzips oder Typisierungsprinzips kann der Einigungspreis ermittelt werden. Das IDW hebt besonders die Funktion des neutralen Gutachters hervor, der einen „objektivierten“ Wert ermitteln soll. Dies wird als grundlegender Bewertungsschritt angesehen. Der „objektivierte“ Wert stellt einen typisierten Unternehmenswert dar, der sich bei Fortführung des Unternehmens in unverändertem Konzept ergibt. Die Bestimmung subjektiver Entscheidungswerte soll erst in einem ergänzenden Bewertungsschritt erfolgen, wobei echte Synergieeffekte der Käufer und die individuellen Finanzierungsannahmen zu berücksichtigen sind[86].

Weitergehende Typisierungen werden vom IDW seit Jahren hinsichtlich der Einbeziehung der persönlichen Einkommensteuer der Anteilseigner empfohlen. Dieser Schritt ist in der Fachdiskussion umstritten. Wir gehen darauf im Teil I Kapitel 5.5.2 näher ein. Im IDW Standard „Grundsätze zur Durchführung von Unternehmensbewertungen“ (IDW S 1 2008) ist allerdings ein teilweiser Rückzug von dieser Position zu verzeichnen. So soll sich bei marktbedingten Bewertungsanlässen wie dem Kauf und Verkauf von Unternehmen (mittelbare Typisierung) die Einbeziehung des ESt erübrigen. Der Rückzug ist Ausdruck der dominanten Stellung des Investmentbanking und der Finanzanalyse bei Fusionen und Unternehmenskäufen. Die Bewertungsperspektive ist hier vor allem auf das Unternehmen und nicht den Anteilseigner gerichtet. Dies ist die Perspektive der international gängigen DCF-Verfahren.

4.2.2 Eignerbezogenheit des Unternehmenswertes und mehrstufige Bewertung

Die Unterscheidung der verschiedenen Bewertungsanlässe und Wertbegriffe muss die Bewegungen auf dem internationalen Markt für Verfügungsrechte an Unternehmen berücksichtigen, da in den neunziger Jahren die Bedeutung der wertorientierten Unternehmensführung auch in deutschen Unternehmen stark angewachsen ist. Die Subjektabhängigkeit der Bewertung weitet sich im Rahmen dieses Prozesses um eine entscheidende Komponente aus.

Das Entscheidungsfeld wird bestimmt durch das Bewertungsobjekt und das Bewertungssubjekt. Das spezifische Verhältnis beider Ebenen wirkt sich bei der Bewertung aus. In systemtheoretischer Sicht lassen sich zwei grundlegende Situationen voneinander unterscheiden. Zum einen kann das Bewertungssubjekt den Charakter eines Elementes des Bewertungsobjektes selbst annehmen. So sind die Manager Teil des Systems „Unternehmung“, das sich selbstreferentiell[87] reproduziert. Der Betrieb wird hier von innen heraus bewertet (interne Bewertung). Zum anderen kann das Bewertungssubjekt zur Umwelt des sozialen Teilsystems „Unternehmen“ gehören. Diese Perspektive gilt z.B. für Finanzanalysten und Investmentbanker, die das betriebliche System von außen bewerten (externe Bewertung).

Die zunehmende Betonung der wertorientierten Unternehmensführung weist darauf hin, dass die interne Bewertung hinsichtlich der Konkurrenz um Kapital bedeutsamer geworden ist. Hier liegt der Zweck eher im Bereich der wertorientierten Unternehmensführung. Der Zweck ist hier nicht primär auf die Verkaufsentscheidung gerichtet. Der Verkauf ist allenfalls eine unter mehreren Optionen. Die interne Bewertung ist vielmehr bestrebt, die Attraktivität bzw.

[86] Echte Synergieeffekte beziehen sich auf alle Vorteile, die sich aus bereits erkannten oder noch realisierbaren strukturverändernden Vorhaben ergeben können. Davon sind die unechten Synergieeffekte zu unterscheiden, welche bei der Ermittlung des „objektivierten“ Unternehmenswertes zu berücksichtigen sind. Sie beziehen nur Maßnahmen ein, die bereits eingeleitet oder dokumentiert sind.

[87] Ein System ist selbstreferentiell, wenn es seine Elemente als Funktionseinheiten selbst konstituiert und die Selbstkonstitution laufend reproduziert (Luhmann 1993: 59).

Bonität des eigenen Unternehmens auf dem Kapitalmarkt zu erhöhen. Hier kann das Motiv zu Grunde liegen, eine feindliche Übernahme abzuwehren, indem der Kurs der unterbewerteten Aktien nach oben getrieben wird. Im Rahmen der externen Bewertung geht es demgegenüber vor allem um die Eingrenzung der Frage, ob und unter welchen Bedingungen der Kauf bzw. Verkauf eines Unternehmens oder von Unternehmensanteilen für den Investor vorteilhaft ist.

Die Perspektive des Bewertungssubjekts ist in zweifacher Weise bedeutsam:

- Ein Unternehmen repräsentiert jeweils ein bestimmtes Niveau an materiellen und immateriellen Vermögenswerten. Tendenziell kann formuliert werden, dass in erster Linie die in den immateriellen Werten zum Ausdruck kommenden geistigen bzw. konzeptionellen und kommunikativen Fähigkeiten und Kapazitäten den Wert eines Unternehmens bestimmen. Diese Fähigkeiten erweisen sich im weitesten Sinne in der Qualität des Organisationsgefüges und der Verknüpfung der materiellen und personellen Kapazitäten. Der internen Bewertung liegt in der Regel ein gegebenes oder geplantes Unternehmenskonzept des vorhandenen Managements und der Eigner zugrunde. Die externe Bewertung erfordert hingegen eine strategische Entscheidung des Käufers bzw. Investors über das zu wählende Unternehmenskonzept. In der Regel wird sich hier das gewählte Unternehmenskonzept vom alten unterscheiden. Bei der externen Bewertung muss allerdings der Grad der Beteiligung beachtet werden. Im Rahmen von Portfolioinvestitionen besteht keine Möglichkeit, das Unternehmenskonzept zu ändern oder zu beeinflussen. Das Wertpapiererwerbs- und Übernahmegesetz (WpÜG) macht die Möglichkeit der Kontrolle fest am Halten von mindestens 30% der Stimmrechte. Im Übernahmefall muss sich ein Großaktionär bis zur Erreichung der Anteilsschwelle von 30% an die übrigen Anteilseigner mit einem Pflichtangebot richten. Der in diesem Fall zu ermittelnde Marktpreis der Aktien orientiert sich am durchschnittlichen Börsenkurs der letzten drei Monate[88].
- Die Bewertung hängt entscheidend mit den Informationen über das Unternehmen zusammen, über die das Bewertungssubjekt verfügt. Gerade bezogen auf diesen Punkt ergibt sich die Differenz je nach der Stellung des Bewertungssubjektes zum Bewertungsobjekt. Die Bewertung von außen stößt schnell an die Grenzen des Datenmaterials. Das Ertragswertverfahren ist mit einer mittleren Informationseffizienz verknüpft (Löhr 1993: 55), die wiederum mit einem strengen Zufallspfad der Kursänderungen vereinbar ist[89]. Da die Finanzmärkte keine strenge Informationseffizienz aufweisen, geht auch Helbling davon aus, dass ein Gutachter dank seiner unbeschränkten Insiderinformation, besser in der Lage ist, den Wert zu schätzen (Helbling 1991: 118). Dies ist ein weiterer Anhaltspunkt zur Hinterfragung der Effizienz der Finanzmärkte[90]. Das Informationsproblem tritt verschärft auf, wenn für Unternehmen keine Börsenwerte notiert sind.

---

88 Auch der Angriff des spanischen Baukonzerns ACS auf die Hochtief AG musste diese Phase zunächst überschreiten, um danach ohne Pflichtangebot weitere Anteile von Minderheitsaktionären übernehmen zu können.

89 Das Modell des Zufallspfades ist gültig, „ ... as long as knowledge of the past behaviour of the series of price changes cannot be used to increase expected gains“ (Fama 1970: 391). Im vorangehenden Kapitel 3.1. wird auf das Problem der Informationseffizienz näher eingegangen.

90 Vgl. Teil I Kapitel 3.1.

Die Eignerbezogenheit der Bewertung spricht für ein modulares Bewertungskonzept. Im Mittelpunkt steht die Ermittlung eines Basiswertes[91], der sich auf die Erfassung des Werts des Unternehmens „wie es steht und liegt“ richtet. Das Prognoseproblem stellt sich hier bezogen auf das bestehende Unternehmenskonzept. Dies beinhaltet auch Änderungen, soweit sie zum Bewertungszeitpunkt in der Unternehmensplanung bereits erfasst worden oder beabsichtigt sind. Daran anschließend kann in einem weiteren Schritt die Veränderung des Unternehmenskonzeptes einbezogen werden. Insoweit das neue strategische Konzept über die bislang vorhandene Ertragskraft hinausweist, ist dieser Zusatzwert als ergänzende Komponente zu berücksichtigen. In dieser Perspektive ist insbesondere der Wert erwarteter Synergien zu erfassen. Im Teil I Kapitel 5.5.2 verweisen wir auf ein drittes mögliches Bewertungsgmodul, das sich auf steuerliche Wertaspekte bezieht. Hier kann das gesamte steuerlich relevante Einkommensgefüge des Investors in die Berechnung einbezogen werden.

Bewertungsstufen	
Basiswert	*Prognose der vorhandenen Ertragskraft*
+ geplanter Zusatzwert	*Prognose der zusätzlichen Ertragskraft bedingt durch neue strategische Entscheidungen des Managements und aufgrund von Synergien*

Vor allem die erwarteten Synergien stellen den Motor für Fusionen und Akquisitionen (M&As) dar. Sie ergeben sich aus der Kombination zweier Unternehmen und werden gewöhnlich als Kernelemente des potentiellen Zusatzwertes im Sinne der Formel: „2 + 2 = 5“ definiert. Der erwartete Zusatzwert ist die Ursache für hohe Preisaufschläge (Price Premiums) auf dem M&A-Markt, die den einfachen Marktwert des Zielunternehmens oft weit übersteigen. Im Durchschnitt liegen die Preisaufschläge bei 20%. Bei feindlichen Übernahmen wird von einem Aufschlag von 35% ausgegangen (Copeland u.a. 2002: 111)[92]. Diese Aufschläge erscheinen häufig nicht als gerechtfertigt und stellen die Hauptursache für fehlgeschlagene Fusionen dar. Der rationale Preisaufschlag lässt sich folgendermaßen darstellen:

Wert (AB) = Wert (A) + Wert (B) + Wert (S)
Wert (S) = Preisaufschlag (Price Premium)
Preisobergrenze (B) = Wert B (ohne Synergien) + Wert der Synergien
Wert (AB) = Marktwert des kombinierten Unternehmens Wert (A) = Marktwert des Unternehmens A (ohne Synergien) Wert (B) = Marktwert des Unternehmens B (ohne Synergien) Wert (S) = Marktwert der Synergien

91 Auch Dirrigl empfiehlt im Rahmen der strategischen Unternehmensbewertung die Ermittlung eines Basiswertes und die anschließende Eingrenzung von Synergiepotentialen (Dirrigl 1994: 423).

92 Statistiken der Boston Consulting Group weisen für das Jahr 2001 Preisabschläge in der Autoindustrie aus. Demgegenüber lagen die erwarteten Aufschläge für dasselbe Jahr bei Unternehmen im Bereich der industriellen Güterproduktion bei 20%. Für Unternehmen der pharmazeutischen Industrie werden Aufschläge in Höhe von 69% ausgewiesen (vgl. http://www.bcg.com/publications/files/Value_Creators_2001.pdf).

Sirower hebt das Zusammenspiel von vier Ecksteinen (Strategic Vision; Power & Culture; Operating Strategy und Systems Integration) hervor, die über Erfolg und Misserfolg entscheiden (Sirower 1997: 29). Bedeutend ist die Realisierung operationaler und finanzieller Synergien. Operationale Synergien beziehen sich auf die Kombination der operationalen Geschäftsabläufe. Funktionale Stärken können erweitert oder Marktanteile vergrößert werden. Die Steigerung der Profitabilität wird erwartet durch die Erhöhung der Kosteneffizienz und die Ausschöpfung der Economies of Scale. Damit verändert sich in der Regel auch die finanzielle Situation des neuen Unternehmens. Die Fähigkeit neues Kapital anzuziehen oder Fremdkapital zu günstigeren Konditionen aufzunehmen, steigt dann mit dem anwachsenden Cash-Flow Potential. Die Ausweitung des Verschuldungsgrades ermöglicht wiederum die Inanspruchnahme von Steuerersparnissen. Die Synergien einzugrenzen und zu bewerten, ist ein schwieriges Unterfangen. In der Praxis werden sie oft überschätzt oder unzureichend ermittelt. Für die beratenden Investmentbanken wie JP Morgan, Goldman Sachs, Morgan Stanley und Deutsche Bank sind die dabei entstehenden Beratungsgebühren in der Vergangenheit ein lohnendes Geschäft gewesen.

4.3 Der investitionstheoretische Ansatz

4.3.1 Entscheidungstheoretische Grundlagen

Investitions- und Finanzierungsprozesse stellen die beiden Seiten des betrieblichen Vermögensumwandlungsprozesses dar. Sie können aus der Perspektive eines Investors als Anpassungsprozesse begriffen werden, insofern die Höhe und die Struktur des Vermögens beständig mit den von ihm gesetzten Zielvorgaben in Übereinstimmung zu bringen sind.

Durch die Nutzung des Vermögens entsteht Einkommen, das wiederum konsumiert, gespart oder reinvestiert werden kann. Der Prozess der individuellen Vermögensoptimierung kann dabei als bestandsgrößenorientierter Portfolioansatz fixiert werden. Dies bedeutet, dass eine Vermögensumschichtung in der Regel im Zusammenhang mit einer Porteffeuille-Optimierung gemäß den Präferenzen des Investors zu erklären ist.

Die Finanzwirtschaft markiert nun den Bereich betrieblicher Aktivitäten, der alle finanziellen Maßnahmen zur Planung, Steuerung und Kontrolle der Zahlungsströme umfasst, die mit der Vorbereitung, Durchführung und Veräußerung von Unternehmensleistungen verknüpft sind. Sie lässt sich in drei Teilbereiche auseinanderlegen:

- Kapitalbeschaffung (Bereitstellung von Kapital),
- Kapitalverwendung (Einsatz des Kapitals),
- Kapitaldisposition (Planung, Steuerung, Kontrolle und Sicherung des Finanzverkehrs).

Dieser Optimierungsprozess wird in der Regel mit den Aufgaben der Unternehmensführung im Einklang stehen. Unternehmensführung sei dabei als Vorgang definiert, bei dem einerseits Ziele identifiziert und vereinbart werden und andererseits eine Zielerfüllung durch den Einsatz der verschiedenen Produktionsfaktoren angestrebt wird. Die aktive Gestaltung der finanzwirtschaftlichen Prozesse im Hinblick auf vorgegebene Ziele kann als Finanzmanagement oder Finanzpolitik bezeichnet werden. Dies unterstellt die Verfügung über ausreichende Informationen zur aktuellen und künftigen finanzwirtschaftlichen Entwicklung im Betrieb. Da das betriebliche Rechnungswesen ein vergangenheitsbezogenes Datensystem repräsentiert, muss die Informationsbeschaffung und -verarbeitung durch ein in die Zukunft gerichtetes Planungssystem ergänzt werden (Finanz- und Investitionsplanung).

Wesentlicher Bestandteil einer Finanzplanung bzw. Investitionsplanung und Kontrolle ist die Bildung und Auswertung von Entscheidungsmodellen. Was ist unter einem Entscheidungsmodell zu verstehen? Im Rahmen der modernen Betriebswirtschaftslehre wird von einem Modell erwartet, dass es im Sinne der Reduktion von Komplexität nicht nur empirische Erscheinungen eines Betriebes beschreibt (Beschreibungsmodell) oder die Ursachen betrieblicher Abläufe erklärt (Erklärungsmodell, Prognosemodell) sondern auch als Entscheidungshilfe dient. In diesem Sinne zeichnet ein Entscheidungsmodell zusätzlich aus, dass es die Bestimmung optimaler Handlungsmöglichkeiten erleichtert. Es ermöglicht die Auswahl von Mitteln zur optimalen Realisierung eines Ziels (Wöhe 1990: 40), indem die in einem Erklärungsmodell gewonnenen Erkenntnisse unter Berücksichtigung von alternativen Handlungsmöglichkeiten auf einen praktischen Anwendungsbereich übertragen werden.

Diese Begriffseingrenzung macht deutlich, dass ein Entscheidungsmodell folgende Elemente enthält:

- Ziele,
- alternative Handlungsweisen,
- Umweltzustände,
- Ergebnisfunktion.

Die Zielbezogenheit des Handelns ist Ausgangspunkt und Voraussetzung der entscheidungsorientierten Betrachtung. Ohne eine klare Eingrenzung der angestrebten finanzpolitischen Ziele kann der betriebliche Entscheidungsprozeß nicht sinnvoll strukturiert werden, da die einzusetzenden Mittel dem Zweck unterzuordnen sind. Dies gilt auch bezogen auf die alternativen Handlungsmöglichkeiten. Die finanzpolitischen Ziele bilden einen Teilbereich der unternehmenspolitischen Ziele ab. Sie lassen sich in Ziele mit materiellem Inhalt (Sachziele) und Ziele mit abstraktem Inhalt (Formalziele) untergliedern und erstrecken sich von der Festlegung des Leistungs- bzw. Absatzprogramms, der Mengen und Qualitätsstandards bis hin zu Umsatz- und Erfolgsvorgaben im Sinne der wertorientierten Unternehmensführung. Im weitesten Sinne spiegelt der Zielbildungsprozess die Interessenkonstellationen der verschiedenen Einflussgruppen (Kapitalgeber, Manager, Arbeitnehmer) und die wirtschaftlichen Machtverhältnisse im Unternehmen wider. Die definierten Ziele müssen sich im Rahmen von Präferenzrelationen beschreiben lassen und außerdem widerspruchsfrei und operational sein.

Bei den finanzpolitischen Zielen handelt es sich in der Regel um monetäre Ziele (z.B. Liquidität, Rentabilität). Sie sind quantifizierbar und unterscheiden sich daher von qualitativen Zielgrößen, die nicht kardinal gemessen werden können. Eine Einbeziehung qualitativer Zielgrößen in mathematische Entscheidungsmodelle lässt sich allerdings durch eine Transformation erreichen, bei der z.B. mit einer Nutzenfunktion Werte auf einer Präferenzskala qualitativen Sachverhalten zugewiesen werden (Götze, Blech 1993: 39).

Hinsichtlich der monetären Ziele wird davon ausgegangen, dass Individuen bestrebt sind, die Breite eines nach seiner Zeitstruktur bestimmten und für Konsumzwecke vorgesehenen Einkommensstromes zu maximieren. Insofern steht hier nicht wie beim herkömmlichen Gewinnbegriff der periodisierte Zahlungsstrom zwischen Unternehmung und Umwelt im Zentrum des Interesses, sondern der Zahlungsstrom zwischen der Unternehmung und dem Privatbereich des Eigners. In einem Unternehmen hat der Finanzmanager die Aufgabe, die Cash-Flows im Interesse der Unternehmenseigner zu erhöhen. Dies bedeutet Maximierung des jetzigen Vermögens der Eigner und Transformation dieses Vermögens in einen zeitlich strukturierten Konsumplan. Bezogen auf eine börsennotierte Kapitalgesellschaft muss sich der Finanzmanager daher vor allem auf die Aufgabe konzentrieren den Marktwert der Anteile am Unternehmen zu steigern. Denn dies schafft die Voraussetzung für die Realisierung des individuellen Konsummusters des Eigners (Brealy, Myers, Allen 2006: 23 f.).

Die moderne Investitions- und Finanzierungstheorie stellt in diesem Sinne den Konsum des Unternehmenseigners heraus und betrachtet die Unternehmung letztlich als Mittel zum Zweck der privaten Einkommenserzielung. Das Ziel der Gewinnmaximierung läuft nach dieser Konzeption darauf hinaus, die private Lebensqualität des Investors zu maximieren. Da diese allgemeine Beschreibung des konsumorientierten Gewinnziels aber im Hinblick auf die Lösung praktischer Entscheidungsprobleme als zu wenig handhabbar bezeichnet werden muss, müssen in der Investitionsrechnung einige das Verfahren vereinfachende Prämissen unterstellt werden. Erstens gilt die zeitliche Struktur der Entnahmen bzw. Ausschüttungen als fest und unveränderlich. Zweitens gilt der Planungszeitraum als begrenzt.

Auf dieser Grundlage können zwei Varianten des konsumorientierten Gewinnziels entwickelt werden: das Einkommensstreben (Entnahmemaximierung bzw. Ausschüttungsmaximierung) und das Vermögensstreben (Endwertmaximierung). Beim Einkommensstreben werden sowohl die zeitliche Struktur der Entnahmen als auch das Endvermögen vorgegeben. Das Endvermögen bezeichnet das am Ende des Planungszeitraums vorhandene Vermögen. Die Zielsetzung des Investors weist hier nur noch einen Freiheitsgrad auf: das Niveau der Entnahmen.

Beim Vermögensstreben wird hingegen neben der Zeitstruktur auch das Niveau der Entnahmen für alle Investitionsalternativen festgelegt. In diesem Fall ist der einzige Freiheitsgrad das Endvermögen des Investors am Planungshorizont. Bei beiden Varianten können innerhalb der festgelegten Zeitstrukturen gleichbleibende bzw. variable Entnahmen berücksichtigt werden. Wird bei der Endvermögensberechnung eine Unternehmung auf Zeit unterstellt, wird davon ausgegangen, dass am Ende des Planungszeitraumes alle Vermögensgegenstände liquidiert werden.

Die vorangehenden Ausführungen machen deutlich, dass der Bilanzgewinn im Rahmen finanzwissenschaftlicher Betrachtungen nicht als adäquate Zielgröße geeignet ist. Ausgehend vom konsumorientierten Gewinnziel ergibt sich vielmehr die Orientierung auf die künftigen, an die Eigner verteilbaren Einzahlungsüberschüsse bzw. Cash-Flows. Sie bestimmen letztlich auch den Marktwert der Unternehmensanteile. Diese Überschüsse ergeben sich aus der Gegenüberstellung der zeitbezogenen Einzahlungen und Auszahlungen. Von diesen zahlungsstromorientierten Größen sind die handelsrechtlich eingegrenzten Größen Aufwand und Ertrag zu unterscheiden. Jeder Vorgang, der zu einer Zunahme des Zahlungsmittelbestands führt, ist als Einzahlung zu erfassen. Ein Vorgang, der zu einer Abnahme des Zahlungsmittelbestands führt, ist eine Auszahlung. Demgegenüber markiert der handelsrechtliche Ertrag den in der Finanzbuchhaltung bewerteten und periodisch abgegrenzten Zugang. Und der handelsrechtliche Aufwand stellt den in der Finanzbuchhaltung erfassten Werteverzehr einer Abrechnungsperiode dar. Ertrags- und Aufwandsgrößen sind im Rahmen der Investitionsrechnung und der wertorientierten Unternehmensführung nicht von Bedeutung.

Im betrieblichen Entscheidungsprozeß sind die zahlungsstromorientierten Zielgrößen mit verschiedenen Handlungsalternativen zu verknüpfen. Damit sich eine eindeutige Lösung des Entscheidungsproblems ergeben kann, muss garantiert sein, dass sich die Alternativen gegenseitig ausschließen. Die Umweltzustände markieren dabei die relevanten Faktoren, welche die betriebliche Entscheidung von außen beeinflussen können. Im Grundmodell der Entscheidungstheorie wird unterstellt, dass sich die Umweltzustände und ihre Eintrittswahrscheinlichkeiten dem Einfluss des Unternehmens entziehen. In diesem Sinne können die verschiedenen Zustände auch als Risikosituationen beschrieben werden, für die sich in einem ausdifferenzierten Modell Risikofaktoren eingrenzen lassen. Im Rahmen der Ergebnisfunktion erfolgt schließlich die Wirkungsprognose hinsichtlich der Zielrealisierung bei gegebenem Mitteleinsatz (Handlungsalternative) und Zustandsraum (Götze, Bloech 1993: 40). Dies soll im folgenden anhand des Vermögensendwertmodells umrissen werden.

4.3.2 Vermögensendwertmodell und Kapitalwert als Entscheidungskriterium

Konkurrierende Investitionsprojekte lassen sich nur dann rational miteinander vergleichen, wenn es sich um echte, sich gegenseitig vollständig ausschließende Alternativen handelt. Die Investitionen müssen in allen Zeitpunkten des Planungszeitraumes die gleichen Entnahmen abwerfen, so dass sie sich lediglich hinsichtlich der Höhe des Endvermögens unterscheiden. Um dies zu erreichen, müssen die ursprünglichen Investitionen mit den Zahlungsreihen $Z = \{Z_{0, \ldots,} Z_T\}$ im Sinne eines vollständigen Finanzplanes durch Ergänzungsinvestitionen bzw. Ergänzungskredite zu echten Alternativen vervollständigt werden. Dabei wird mit vereinfachenden Annahmen gearbeitet. Sie beinhalten im Wesentlichen, dass Ergänzungsinvestitionen einen einheitlichen Haben-Zinssatz „verdienen“ und Ergänzungskredite einen einheitlichen Soll-Zinssatz „kosten“.

Die Vorteilhaftigkeit einer Investition kann nun bestimmt werden mittels der Berechnung des jeweiligen Endvermögens (C_T). Es ist davon auszugehen, dass ein bestimmtes Startvermögen (M) zur Verfügung steht und bestimmte Konsumentnahmen (f_t Y) getätigt werden. Die ursprüngliche Investition weist einen bestimmten Zahlungsstrom (Z) auf. Außerdem werden Ergänzungsinvestitionen (G_t) durchgeführt und Kredite zur Fremdfinanzierung (K_t) aufgenommen. Der Planungshorizont wird durch T markiert.

Der Investor hat zu Beginn des Planungszeitraumes (t_0) lediglich zu entscheiden, ob das Investitionsprojekt mit Hilfe eines Kredites fremdfinanziert werden soll. Diese Entscheidung ist vom Verhältnis der Zinssätze abhängig. Sind die Haben-Zinsen in der nächsten Periode (h_{t+1}) größer als die Soll-Zinsen (s_{t+1}), ist es vorteilhaft, die Ausgaben über Ergänzungskredite zu finanzieren und das Startvermögen als Ergänzungsinvestition anzulegen. Im umgekehrten Fall versucht der Investor, mit möglichst wenig Krediten auszukommen.

In den späteren Zeitpunkten des Planungszeitraumes ($t > 0$) muss weiter berücksichtigt werden, dass die in der Vorperiode aufgenommenen Kredite zu Tilgungsausgaben $\{K_{t-1} * (1 + s_t)\}$ führen und die erwirtschafteten Einnahmen aus Ergänzungs-Investitionen $\{G_{t+1} * (1 + h_t)\}$ zu verzinsen sind. Außerdem sind die Entnahmen (f_t Y) zu berücksichtigen. Bezogen auf die Höhe der zur Eigenfinanzierung verfügbaren Mittel und die Höhe der in den verschiedenen Planungszeitpunkten zu finanzierenden Ausgaben lassen sich dabei verschiedenartige Konstellationen angeben, denen wiederum spezifische Berechnungsmodi zugeordnet werden können.

Allgemein berechnet sich das Endvermögen am Ende des Planungszeitraumes $t = T$ nach der Formel (Kruschwitz 1978: 67):

$$C_T = Z_T - f_T\, Y + G_{T-1} * (1 + h_T) - K_{T-1} * (1 + s_T) \tag{1}$$

Dieser allgemeine Ansatz lässt sich spezifizieren im Hinblick auf verschiedenartige Kapitalmarktsituationen. Im Fall des unbeschränkten und vollkommenen Kapitalmarktes ergibt sich eine wesentliche Erleichterung der Endwertberechnung, die uns schließlich zum Kapitalwert einer Investition hinführt. Diese Kapitalmarktsituation beinhaltet zweierlei. Zum einen stehen dem Investor mengenmäßig unbegrenzte Finanzmittel zur Verfügung, die er als Ergänzungsinvestition anlegen oder auf die er in Form von Ergänzungskrediten zurückgreifen kann. Zum anderen ist im Gegensatz zum unvollkommenen Kapitalmarkt der Habenzinssatz (h_t) für Ergänzungsinvestitionen genauso groß wie der Sollzinssatz (s_t) für Ergänzungskredite. Dieser für den vollkommenen Kapitalmarkt charakteristische einheitliche Zinssatz heißt Kalkulationszinsfuß (r_t). Es gilt $h_t = s_t = r_t$. Die Formel zur Berechnung des Endvermögens vereinfacht sich damit folgendermaßen, wenn wir einen beliebigen Zeitpunkt $t > 0$ innerhalb des Planungszeitraumes herausgreifen:

$$C_t = Z_t - f_t Y + (G_{t-1} - K_{t-1}) * (1 + r) \tag{2}$$

Da die Differenz zwischen den Ergänzungsinvestitionen und Ergänzungskrediten der Vorperiode ($G_{t-1} - K_{t-1}$) immer so groß ist, wie das Geldvermögen des Investors in der Vorperiode (C_{t-1}), lässt sich die Formel umschreiben:

$$C_t = Z_t - f_t Y + C_{t-1} * (1 + r) \tag{3}$$

Mit Hilfe dieser Formel kann das Endvermögen unter Einbeziehung des Startvermögens (M) ermittelt werden, indem die Vermögenszunahme vom Zeitpunkt $t = 0$ ($C_0 = Z_0 + M$) über die Zeitpunkte $t_1 = 1$ ($C_1 = Z_1 - f_1 Y + C_0 * (1 + r)$ sowie $t = 2$, $T = 3$ etc. bis hin zum Zeitpunkt $t = T$ zusammengefasst wird:

$$C_T = (1+r)^T * \left\{ \sum_{t=0}^{T} \frac{Z_t}{(1+r)^t} - \sum_{t=1}^{T} \frac{f_t Y}{(1+r)^t} + M \right\} \tag{4}$$

Im Vergleich alternativer Investitionsprojekte können sich Unterschiede hier nur hinsichtlich des Ausdrucks $\{ \sum Z_t * (1 + r)^{-t} \}$ ergeben. Denn bei den konkurrierenden Projekten sind gemäß der vereinbarten Modellannahmen das Startvermögen (M), der Kalkulationszinsfuß (r), die Entnahmen (f_t Y) sowie der Planungshorizont (T) identisch. Wird dies berücksichtigt, lässt sich die obige Formel entscheidend vereinfachen. Im Investitionsvergleich ist unter der Annahme des vollkommenen Kapitalmarktes die Investition zu bevorzugen, welche die größte Summe an auf- bzw. abgezinsten Zahlungsüberschüssen erbringt, die auf die Anschaffungsausgabe folgt. Diese Größe wird als Ertragswert bezeichnet:

$$Ertragswert = \sum_{t=1}^{T} \frac{Z_t}{(1+r)^t} \tag{5}$$

Die Grundlagen für das Ertragswertverfahren sind von v.Böhm-Bawerk und Fisher gelegt worden. Während v. Böhm-Bawerk noch von einem unabhängig vom Kapitalmarkt bestehenden Zinssatz ausging, orientierte sich Fisher an der marktmäßig verzinsten Anlage als Vergleichsmaßstab für Investitionen (Löhr 1993: 30).

Im Hinblick auf die Investitionsentscheidung ist es sinnvoll, nicht alle Zahlungen aufzuaddieren. Wird die Summe der abgezinsten Zahlungsüberschüsse (Z_t) für Perioden nach der Anschaffungsausgabe ($t = 1, 2, \ldots T$) der Anschaffungsausgabe $I_0 = Z_0$ gegenübergestellt, erhält man schließlich ein zweckmäßiges Entscheidungskriterium. Der sich durch die Gegenüberstellung ergebende Wert gilt als der Kapitalwert.

Der Kapitalwert ist die Summe aller auf einen Zeitpunkt auf- bzw. abgezinsten Zahlungsüberschüsse. Bei einem einheitlichen Zinssatz entspricht der Vermögensendwert dem auf das Ende des Planungszeitraums aufgezinsten Kapitalwert. In der Regel wird der Kapitalwert jedoch auf den Beginn des Planungszeitraums bezogen. Der Kapitalwert ist dann die Summe der auf diesen Zeitpunkt abgezinsten Ein- und Auszahlungen. Die abgezinsten Zahlungsüberschüsse werden auch als Barwert bezeichnet. Er repräsentiert im Hinblick auf die Verzinsung den künftigen Geldvermögenszuwachs.

Die Kapitalwertmethode unterstellt bestimmte Prämissen, die zum großen Teil bereits erläutert worden sind:

- Der Kapitalmarkt ist vollkommen und unbeschränkt.
- Die Daten sind sicher und die Nutzungsdauer ist bekannt.
- Die Zurechenbarkeit der Zahlungen zu einzelnen Investitionsobjekten und zu bestimmten Zeitpunkten ist möglich.
- Die Ein- und Auszahlungen finden am Ende jeder Periode statt.

Die Investitionsrechenverfahren erstrecken sich von einperiodig-statischen bis hin zu den anspruchsvollen, mehrperiodig-dynamischen Verfahren. Die statischen Verfahren der Investitionsrechnung weisen zwei gravierende Mängel auf:

- Erstens bleibt die zeitliche Struktur der Zahlungsüberschüsse (Einzahlungen abzüglich Auszahlungen) während der zu betrachtenden Periode unbeachtet. In der Regel wird mit Durchschnittswerten gearbeitet, die meist auf Grundlage der ersten Periode gebildet werden.
- Zweitens wird ein unvollständiger Investitionsvergleich vorgenommen, da vor dem Hintergrund des unterschiedlichen Kapitaleinsatzes und unterschiedlicher Nutzungsdauern bei den Investitionsalternativen der Einbau von Ergänzungsinvestitionen unterbleibt.

Der zentrale Mangel der Vernachlässigung der zeitlichen Struktur der Zahlungsüberschüsse wird bei den dynamischen Verfahren dadurch aufgehoben, dass alle Zahlungen im Wege der Auf- oder Abzinsung auf einen einheitlichen Bezugspunkt bezogen und somit vergleichbar gemacht werden. Die Kapitalwertmethode (K_0) ist eine rationale und in der Praxis auch dominierende Entscheidungsgrundlage zur Auswahl von Investitions- und Finanzierungsmaßnahmen. Er stellt die Summe aller auf den Beginn der Investition mit dem Kalkulationszinsfuß abgezinsten Ein- und Auszahlungen dar. Die Kapitalwert-Formel ist verschiedenartig darstellbar. Ersetzen wir (Z_t) durch die Differenz von Einzahlungen und Auszahlungen (E_t – A_t) und stellen wir die Summe der abgezinsten Zahlungsüberschüsse für Perioden nach der Anschaffungsausgabe (t = 1, 2, ... T) der Anschaffungsausgabe $I_0 = Z_0$ gegenüber, ergibt sich folgende formale Kernstruktur der Berechnungsgrößen bei einer begrenzten Lebensdauer des Investitionsobjektes:

$$K_0 = -I_0 + \sum_{t=1}^{n} \frac{(E_t - A_t)}{(1+r)^t} \tag{6}$$

Die Formel kann erweitert werden, indem z.B. ein etwaiger Liquidationserlös (L_n) am Ende des Planungszeitraums berücksichtigt wird:

$$K_0 = -I_0 + \sum_{t=1}^{n} \frac{(E_t - A_t)}{(1+r)^t} + \frac{L_n}{(1+r)^t} \tag{7}$$

Der Kapitalwert (K_0) ohne Liquidationserlös und bei unbestimmter bzw. unbegrenzter Lebensdauer lässt sich auf folgende formale Berechnungsstruktur reduzieren:

$$K_{0\,(\text{unbegrenzte Lebensdauer})} = -I_0 + (E_t - A_t) * \frac{1}{r} \tag{8}$$

Parameter und Indices:	
Planungshorizont, letzter Zeitpunkt für Einzahlungen und Auszahlungen	T
Einzahlungen im Zeitpunkt t	E_t
Auszahlungen im Zeitpunkt t	A_t
Abzinsungsfaktor für den Zeitpunkt t	$(1 + r)^{-t}$
Kalkulationszinsfuß	r
Liquidationserlös im Zeitpunkt t = n	L_n

Die Vorteilhaftigkeit einer Investitionsentscheidung ergibt sich aus der Höhe des Kapitalwerts. Eine Investitionsalternative ist absolut vorteilhaft, wenn der Kapitalwert größer als Null ist. Im Vergleich mehrerer Alternativen ist die Investition am günstigsten, die den höchsten Kapitalwert aufweist. Insofern ergibt sich eine relative Vorteilhaftigkeit eines Investitionsobjektes, wenn sein Kapitalwert größer ist als der eines jeden anderen zur Wahl stehenden Objektes.

4.3.3 Einfluss der Besteuerung auf Investitionsentscheidungen (Standardmodell)

Im vorangehenden Kapitel konnte bereits gezeigt werden, dass im Fall des vollkommenen und unbeschränkten Kapitalmarktes das Vermögensendwertkriterium und das Kapitalwertkriterium zu gleichen Entscheidungen führen. Dies ist auch die Situation, die dem Standardmodell zugrunde liegt, das in einfacher Form die Auswirkungen steuerlich relevanter Faktoren auf den Kapitalwert aufzeigt (Schneider 1990: 266 ff.; Heinhold 1996: 43 ff.; Götze, Bloech 1993: 113 ff.). Das Standardmodell geht von folgenden vereinfachenden Annahmen aus:

(a) Der Investor hat die vollständige Kenntnis über die Zahlungsströme.
(b) Gewinnsteuern sind nicht überwälzbar, d.h. Periodenüberschüsse und Restverkaufserlöse sind unabhängig von der Höhe der Gewinnsteuern;
(c) Die Bemessungsgrundlage für Gewinnsteuerzahlungen bestimmt sich folgendermaßen:
  – Betriebsgewinn = Periodenüberschuss abzüglich der steuerlichen Abschreibungen,
  – Veräußerungsgewinn = Restverkaufserlös abzüglich Restbuchwert;
(d) Periodenverluste führen zu Steuererstattungen am Ende der jeweiligen Periode (sofortiger Verlustausgleich)
(e) Alle Steuerzahlungen erfolgen am Jahresende mit dem Zufluss der Einnahmen.
(f) Es wird für alle Unternehmen ein allgemeiner Steuersatz (s) zugrunde gelegt, der unabhängig von der Höhe des Gewinns ist. Bei einer Körperschaft gilt der KSt-Satz in Höhe von 15%. Bei einem Einzelunternehmer oder Personengesellschafter wird der Grenzsteuersatzes des Investors angewendet. Steuerliche Begünstigungen (z.B. Freibeträge) gelten als bereits ausgeschöpft.

(g) Entsprechend der Kürzung der Zahlungsüberschüsse durch die Steuerzahlungen wird auch der Kalkulationszinsfuß versteuert. Im Fall der allgemeinen Gewinnsteuer soll für den Kalkulationszinsfuss nach Steuern (r_s) gelten: $r_s = r * (1 - s)$. Dieser Schritt ist in der Literatur umstritten. Die Interpretation des Kalkulationszinsfusses erstreckt sich von der subjektiven Mindestrendite (Schneider 1973: 130) über die durchschnittliche Unternehmensrendite (Albach 1962: 86) bis hin zum Kapitalkostensatz alternativer Verwendungsmöglichkeiten (Moxter 1961: 186 f.). Die Finanzierung der alternativen Verwendung sollte aus unserer Sicht im Vordergrund stehen. Diese Alternativrendite wird durch die Besteuerung beeinflusst (Haberstock, Breithecker 2002: 131 f.).

Unter den genannten Voraussetzungen gibt folgende Formel den Kapitalwert einer einmaligen Investition nach Steuern (K_s) an:

$$K_s = -I_0 + \sum_{t=1}^{n} \left[Z_t - s\left(Z_t - AfA_t\right) \right] * \frac{1}{(1+r_s)^t} + \left[L_T - s(L_T - BW_T) \right] * \frac{1}{(1+r_s)^T}$$

Für den Kalkulationszinsfuß gilt die Transformation: $r_s = r\,(1 - s)$.

Die Symbole haben folgende Bedeutung:

I_0	=	Anschaffungsausgabe (Investition)
AfA_t	=	Abschreibung der Periode t (steuerlich)
Z_t	=	Periodischer Zahlungsüberschuss der Periode t (= periodischer Cash Flow)
r_s	=	versteuerter Kalkulationszinsfuß
L_T	=	Liquidationserlös in der Periode T
BW_T	=	Restbuchwert in der Periode T
t	=	Perioden
T	=	letzte Periode im Planungszeitraum
s	=	Allgemeiner Gewinnsteuersatz

In das Standardmodell lässt sich ein kombinierter Ertragsteuerfaktor (s) einbauen. Er erfasst den steuerlichen Einfluss differenzierter. Bei einer Kapitalgesellschaft sind demzufolge die Gewerbesteuer (GewStG) und die Körperschaftsteuer KSt) zu berücksichtigen. Bei Einzelunternehmen und Personengesellschaften sind die Gewerbesteuer und die Einkommensteuer (ESt) in die Berechnung einzubeziehen. Zusätzlich können die Kirchensteuer (KiSt) und der Solidaritätszuschlag (SolZ) erfasst werden.

In Anschluss an die Unternehmensteuerreform 2008 hat sich der kombinierte Steuerfaktor vereinfacht. Dies ist dem Umstand geschuldet, dass die Abhängigkeiten der Steuerarten untereinander reduziert worden sind. Dies gilt vor allem hinsichtlich der Gewerbesteuer (GewSt). So ist die GewSt nicht mehr als gewinnmindernde Steuer zu erfassen, womit auch die frühere Berücksichtigung der Abzugsfähigkeit der GewSt von ihrer eigenen Bemessungsgrundlage entfallen ist.

Aufgrund der Grenzbetrachtung wird unterstellt, dass alle steuerlichen Begünstigungen bereits ausgeschöpft worden sind. Bei der GewSt gilt dies hinsichtlich des Freibetrages und der gestaffelten Steuermesszahl gem. § 11 GewStG für Personengesellschaften und natürliche Personen. Außerdem werden die Hinzurechnungen und Kürzungen im Sinne der §§ 8 und 9 GewStG vernachlässigt. Der Gewerbeertrag (GE_t) entspricht daher dem gewerblichen Gewinn. Er bestimmt sich aus dem um die Abschreibung geminderten Zahlungsüberschuss bzw. Cash Flow (CF) pro Periode. Für die Ermittlung der GewSt ergibt sich danach eine vereinfachte Definition der Bemessungsgrundlage und des Steuerfaktors:

$$GE_t = CF_t - AfA_t \quad (1)$$
$$S_{GewSt} = s_{GewSt} * GE_t. \quad (2)$$

Die Steuermesszahl beträgt für natürliche und juristische Personen einheitlich 3,5%. Der Steuerfaktor s_{GewSt} steht gem. § 16 GewStG in Abhängigkeit vom jeweiligen Hebesatz (H).

$$s_{GewSt} = 3{,}5\% * H \quad (3)$$

Auch bei der Bestimmung der Bemessungsgrundlage der ESt (zvE_t) wird vom gewerblichen Gewinn ausgegangen:

$$zvE_t = CF_t - AfA_t \quad (4)$$

Bezogen auf einen ESt-Satz (s_{ESt}) beträgt die Einkommensteuer (S_{ESt}) demnach:

$$S_{ESt} = s_{ESt} * zvE_t \quad (5)$$

Wird die Steuerermäßigung gem. § 35 EStG in die Betrachtung einbezogen, ist die Formel zu erweitern. Die tarifliche Einkommensteuer ermäßigt sich bei natürlichen Personen und Personengesellschaftern um das 3,8-fache des (anteiligen) Gewerbesteuer-Messbetrags. Diesen Ermäßigungsfaktor bezeichnen wir vereinfachend als Gewerbesteueranrechnung ($GewSt_{Anrechnung}$). Die ESt kann dabei maximal auf 0 € absinken.

$$S_{ESt} = s_{ESt} * zvE_t - GewSt_{Anrechnung} * (1 + s_{SolZ}) \quad (6)$$

Die kombinierte Ertragsteuerbelastung (S_t) stellt dann die Summe aus S_{ESt}, SolZ und S_{GewSt} dar:

$$S_t = (s_{ESt} + s_{GewSt}) * (CF_t - AfA_t) - GewSt_{Anrechnung} * (1 + s_{SolZ}) \quad (7)$$

Daraus folgt schließlich der kombinierte Ertragsteuerfaktor (s_{Kombi}) für natürliche Personen und Personengesellschafter:

$$s_{Kombi,\,E} = s_{ESt} + s_{GewSt} \quad (8)$$

Bezieht man die Darstellung auf eine Körperschaft, ist der ESt-Satz (s_{ESt}) durch den KSt-Satz (s_{KSt}) zu ersetzen. Es ergibt sich:

$$s_{Kombi,\,K} = s_{KSt} + s_{GewSt} \quad (9)$$

Bei der Anwendung des kombinierten Ertragsteuersatzes kann wiederum mit einem einfachen ESt-Satz (s_{ESt}) oder mit einem erweiterten Steuersatz ($s_{E,K,S}$) gerechnet werden. Während in der einfachen Variante die KiSt (S_{Ki}) und der SolZ (S_{SolZ}) vernachlässigt werden, werden in der differenzierten Variante diese beiden Abgaben einbezogen. Die Kombination von ESt, KiSt und SolZ zur Steuerbelastung $S_{E,K,S}$ ergibt sich dann folgendermaßen:

$$S_{E,K,S} = S_{ESt} + S_{KiSt} + S_{SolZ} \quad (10)$$

Dabei ergeben sich folgende Zusammenhänge für S_{ESt}, S_{KiSt} und S_{SolZ}, wobei E das zvE vor Abzug der KiSt als Sonderausgabe darstellt:

$$S_{ESt} = s_{ESt} * (E - S_{KiSt}) \quad (11)$$
$$S_{KiSt} = s_{KiSt} * S_{ESt} \quad (12)$$
$$S_{SolZ} = s_{SolZ} * S_{ESt} \quad (13)$$

Durch Einsetzen und Umformen lässt sich daraus der erweiterte Steuersatz ($s_{E,K,S}$) ableiten (Heinhold 1996: 61 f.). Er berücksichtigt die ESt, KiSt und den SolZ und kann anstelle des einfachen ESt-Satzes (s_{ESt}) in die Formel für den kombinierten Ertragsteuersatz eingebaut werden.

$$(s_{E,K,S}) = s_{ESt} * (1 + s_{SolZ} + s_{KiSt}) / (1 + s_{KiSt} * s_{ESt}) \quad (14)$$

Abschließend ermitteln wir den kombinierten Ertragsteuersatz für Kapitalgesellschaften mit und ohne Solidaritätszuschlag auf der Basis von Formel (9). Bei der Gewerbesteuer wird ein Hebesatz in Höhe von 400% unterstellt. Dies entspricht einem GewSt-Satz von 14% (= 3,5% * 4).

Kombinierter Ertragsteuersatz für Körperschaften	
Ohne Solidaritätszuschlag	29%
Mit Solidaritätszuschlag	29,825%

Bei Anwendung der Formel (8) ergibt sich ein kombinierter Ertragsteuersatz für eine natürliche Person oder einen Personengesellschafter (mit Solidaritätszuschlag und ohne Kirchensteuer) in Höhe von 44,279%. Ohne Solidaritätszuschlag ergibt sich eine Belastung von 42,7%.

Der Einfluss der Besteuerung auf die Unternehmensbewertung ist noch genauer zu erörtern. Zu unterscheiden sind die Ertragsteuern des Unternehmens von den persönlichen Steuern der Unternehmenseigner. Dabei ist auch auf die Frage einzugehen, inwieweit die persönlichen Steuern bei der Bewertung eines Unternehmens berücksichtigt werden müssen. Insbesondere im Hinblick auf eine Kapitalgesellschaft ist dabei zu klären, ob die Cash-Flows auf der Ebene des Unternehmens oder des Anteilseigners zu bestimmen sind. Da dieses Thema in der deutschen Diskussion einen relativ großen Stellenwert einnimmt, kommen wir darauf im Teil I Kapitel 5.5 im Anschluss an die Darstellung der Discounted-Cash-Flow-Verfahren zurück.

5 Discounted-Cash-Flow Verfahren und Problemfelder bei der Bewertung transnationaler Unternehmen

5.1 Wertpotential des Unternehmens und nachhaltiges Wachstum

Bei den Discounted Cash-Flow-Verfahren (DCF) wird der Unternehmenswert durch Diskontierung zukünftiger Cash-Flows ermittelt. Diese Vorgehensweise entspricht grundsätzlich der beim Ertragswertverfahren des Instituts der Wirtschaftsprüfer (IDW) in Deutschland. Im Gegensatz zum Ertragswertverfahren[93] wird bei den DCF-Verfahren zur Bestimmung des Diskontierungssatzes auf kapitalmarkttheoretische Modelle, im Allgemeinen auf das „Capital Asset Pricing Model" (CAPM), zurückgegriffen[94]. Hierin kommt die Ausrichtung der DCF-Verfahren auf den Kapitalmarkt zum Ausdruck. Je nach Variante wird im Ergebnis der Unternehmensbewertung der Marktwert des Gesamtkapitals oder der Marktwert des Eigenkapitals ermittelt.

Die DCF-Verfahren orientieren auf die Ermittlung der Ertragskraft des Unternehmens[95]. Entscheidend ist die Eingrenzung des Wertpotentials im Sinne der verfügbaren bzw. Freien Cash-Flows. Denn dies markiert zugleich das Potential aller Nutzungsmöglichkeiten für die Anteilseigner. Die Orientierung auf den Freien Cash Flow stellt eine wichtige Erweiterung im Rahmen der Bewertung dar. Erst auf dieser Grundlage lässt sich der verzerrende Einfluss der handelsrechtlichen Buchwerte reduzieren (Rappaport 1998: 14 ff.) und die wirtschaftliche Sichtweise stärken[96]. In Abhängigkeit von der Definition des bewertungsrelevanten Cash-Flows und des anzuwendenden Diskontierungssatzes kann zwischen dem Bruttoverfahren (Entity Approach), dem Nettoverfahren (Equity Approach) und dem Barwert-Verfahren (Adjusted Present Value) unterschieden werden. Unterschiede zwischen diesen einzelnen

---

93 Das IDW schlägt seit Jahren die Ermittlung eines Risikozuschlags auf den unversteuerten Basiszinssatz vor. Diese Vorgehensweise ist umstritten (Ballwieser 1990: 172). Sie macht nur Sinn, wenn der Zuschlag auf einer einzelfallbezogenen Risikoschätzung basiert. In der Fachdiskussion sind daher andere Methoden empfohlen worden. Hervorzuheben sind vor allem die Sicherheitsäquivalent-Methode (Ballwieser 1981: 103 f.) und die Risikoprofil-Methode (Siegel 1994, 457 ff.). Die Umrechnung der erwarteten Überschüsse in Sicherheitsäquivalente sowie die Ermittlung kombinierter Wahrscheinlichkeiten sind allerdings mit einem großen Informationsbedarf verbunden., der aus der Sicht der Praxis nur schwer befriedigt werden kann.

94 Wir haben im Teil I Kapitel 3.1 darauf hingewiesen, dass das CAPM nicht zwingend mit dem Ertragswertkonzept verknüpft ist. Welche Funktion der Kalkulationszinsfuß einzunehmen hat, wird in der Fachdiskussion seit Jahren diskutiert.

95 Bei dieser Orientierung werden die Zahlungsüberschüsse zwischen Unternehmen und seiner Umwelt erfasst (Mandl, Rabel 1997: 158).

96 Im Vergleich der Bewertungskonzepte DCF und EVA kann gezeigt werden, dass der Wert nur dann identisch ist, wenn die Bruttoinvestitionen in jeder Periode der Höhe der Abschreibungen entsprechen (Hostettler 1996: 193 ff.).

Verfahren bestehen vor allem hinsichtlich der Art und des Umfangs der Einbeziehung der Fremdfinanzierung und der daraus resultierenden Steuerwirkung. Das zentrale Verbindungsglied aller wertorientierten Ansätze und Kennzahlen sind die gewichteten Kapitalkosten (WACC) und die Eigenkapitalkosten. Die Bedeutung dieser Begriffe ist im Kapitel 3.3. erläutert worden. Sie stellen auch hier den kapitalmarktorientierten Maßstab für Investitionen dar.

Beim Bruttoverfahren wird der Wert des Unternehmens (Value of the Firm) bzw. des Gesamtkapitals direkt ermittelt. Beim Nettoverfahren, das dem Ertragswertverfahren am nächsten kommt, wird demgegenüber der Wert des Eigenkapitals (Value of Equity) erfasst. Theoretisch ergibt sich der Wert des Unternehmens auch, wenn zum Wert des Eigenkapitals der Marktwert der Schulden hinzugefügt wird. Der Zusammenhang kann entsprechend anhand der Struktur des Freien Cash Flows aufgezeigt werden. Beim Bruttoverfahren umfasst der Freie Cash Flow das gesamte Wertpotential, das unter den Anspruchsberechtigten (Claimholder) verteilt werden kann (Damodaran 1994: 54). Bei einer Kapitalgesellschaft sind dies – abgesehen von etwaigen Vorzugsaktien – die Anteilseigner und die Fremdkapitalgeber. Das verdeutlicht zugleich, dass sich die DCF-Verfahren auf die Erfassung der Ertragskraft des Unternehmens „wie es steht und liegt“ konzentrieren. Wir kommen auf die Interpretation des Zuflussprinzips und die Einbeziehung der Unternehmenseigner im Rahmen der Diskussion des Einflusses der Steuern im Kapitel 5.5. zurück.

Grundlage der Prognose ist im ersten Schritt die detaillierte historische Auswertung der Jahresabschlüsse der vergangenen Jahre. Hier sollten wenigstens die letzten drei Jahre einbezogen werden. Mit dem Return-on-Investment Kennzahlensystem kann ein Analysekonzept genutzt werden, das an die Systematik der Bilanz sowie der Gewinn- und Verlustrechnung anschließt. Sein Erkenntniswert ist im Wesentlichen darin zu sehen, dass er die Gesamtkapitalrendite in seine Teilfaktoren „Umsatzrentabilität“ und „Kapitalumschlag“ aufspaltet und somit erkennen lässt, inwieweit die vergangene Renditeveränderung im operativen Bereich werthaltig ist. Das System enthält nicht nur die Kennzahlen als Indikatoren, sondern erlaubt darüber hinaus eine kausale Einbeziehung der Jahresabschlussdaten. Somit lassen sich Veränderungen der Kennzahlen unmittelbar als Stärken und Schwächen im Unternehmen interpretieren. Im zweiten Schritt müssen die künftigen Wachstumsmöglichkeiten des Unternehmens analysiert werden. Hier sind alle verfügbaren Informationen über die künftige Entwicklung der Branche, die Wettbewerbskraft des Unternehmens gegenüber Konkurrenten und das betriebliche Innovationspotential auszuwerten. Da jede Prognose mit Unsicherheiten behaftet ist, ist die Eingrenzung eines potentiellen Bereiches für die Wertermittlung sinnvoll. Dieser Bereich kann über die Gestaltung unterschiedlicher Wachstumsszenarien abgesteckt werden. Jedes Szenario kann dann mit einer bestimmten Wahrscheinlichkeit gewichtet und zu einem Gesamtwert zusammengefasst werden.

Die Berechnung kann durch Anwendung der allgemeinen Formel für den Unternehmenswert erfolgen. Dabei wird für den Fortführungszeitraum ein nachhaltiger FCF unterstellt.

$$\textbf{Wert des Unternehmens} = \sum_{t=1}^{\infty} \frac{FCF_t}{(1+r)^t}$$

FCF_t	=	Freier Cash Flow pro Periode
t	=	Laufendes Jahr
r	=	Diskontierungsrate (ergibt sich aus der jeweiligen DCF-Variante)

Es muss hervorgehoben werden, dass das Wertpotential eines Unternehmens nur auf der Grundlage einer langfristigen Handlungsperspektive erfasst werden kann. Die Sicherung der zukünftigen Entwicklung durch neue Investitionen und die Förderung von Forschung und Entwicklung spielt für die künftige Wertentwicklung eine herausragende Rolle. Nur das nachhaltige Wachstum generiert in diesem Sinne Wert. Kurzfristige Gewinnmaximierung ist langfristig nachteilig[97]. Von Bedeutung ist daher auch die Einbeziehung nachhaltiger Wachstumsindikatoren, um den „Sustainable Value“[98] einzugrenzen (Hahn, Liesen 2007: 17). Die Diskussion ist im vollen Gang und wird breit geführt. So wird seit einigen Jahren die Anwendung von „Sustainable Development Key Performance Indicators“ empfohlen (Hesse 2010: 12). In der Europäischen Union besteht solch eine Berichtspflicht seit 2003 und sogar die U.S.-Börsenaufsicht prüft, ob solche Indikatoren zum Investorenschutz eingeführt werden sollten. Branchenspezifische Kennziffern beziehen sich u.a. auf den Umweltschutz, die nachhaltige Produktentwicklung, die Arbeitsstandards, Mitarbeiterzufriedenheit und das Diversity Management. Im Jahr 2011 hat z.B. erstmals der Sportartikelhersteller Puma die Umwelteffekte der gesamten Wertschöpfungskette im Rahmen einer nachhaltigen Gewinn- und Verlustrechnung monetär bewertet. Das Konzept weist über den Nachhaltigkeitsindex für börsennotierte Unternehmen hinaus (Dow Jones Sustainability Index), indem nicht nur Anlagen mittels Kennziffern verglichen sondern die nachhaltige Entwicklung eines Unternehmens überprüft wird. Weiterreichende Ansätze beziehen sich auf die Weiterentwicklung von Modellen, welche die Messung des Wachstums grundlegend hinterfragen[99].

Die Logik der wertorientierten Unternehmensführung ist im Kern mit der Fundamentalanalyse und dem Konzept des Ertragswerts[100] verknüpft. Denn die zentrale Aufgabe besteht darin, alle fundamentalen Daten, die den Ertragswert beeinflussen, einzubeziehen. Dies zielt auf die Summe aller abgezinsten Zukunftserfolge, die als Free Cash Flows bestimmt werden. Die Ermittlung der Rückflüsse muss daher auf einen langen Planungshorizont bezogen werden. In dieser Perspektive haben wir im Teil I Kapitel 3.1 die Vereinseitigung der wertorientierten Unternehmensführung auf kurzfristig orientierte Handlungsmuster und Renditeziele in Frage gestellt. Dieses sich aus den Bedürfnissen der globalen Finanzmärkte ergebende Shareholder-Value-Denken stellt eine Variante der wertorientierten Unternehmensführung dar, die das Wertpotential des Unternehmens nur verzerrt zum Ausdruck bringen kann.

Bei allen DCF-Verfahren müssen die künftigen Freien Cash Flows ermittelt und abgezinst werden. In der Regel ist daher ein unbegrenzter Planungszeitraum zu unterstellen. Dies ist nur bei einem von vornherein begrenzten Investitionsprojekt anders. Der unbegrenzte Planungszeitraum wird in mindestens zwei Phasen aufgeteilt, da sich detaillierte Plandaten nur für wenige Jahre nach dem Bewertungsstichtag hinreichend genau bestimmen lassen. Zum einen ist von einer Detailprognosephase auszugehen, welche wenigstens fünf Jahre umfassen

---

97 Dies wird auch von gewichtigen Vertretern der Beratungspraxis hervorgehoben. Vgl. dazu Hermann Simon (FAZ 2010: 12).

98 Um Wert zu schaffen, müssen Ressourcen effizient eingesetzt werden. Der Ressourceneinsatz eines Unternehmens wird daher mit dem eines Benchmarks verglichen. Als Benchmark kann eine Volkswirtschaft, ein Branche oder eine Gruppe von Unternehmen definiert werden.

99 "Towards a Sustainable Macro-Economy ... Broadly speaking, the development of an appropriate production function emerges as one of the key tasks inherent in taking this work forward. One of the difficulties in achieving this lies in the calibration of the model. It isn't clear that we have enough econometric data, for example, to estimate productivities separately for each of the capital stocks implied ..." (Jackson 2009: 112).

100 Das Konzept des Ertragswerts wird erläutert in Teil I Kapitel 4.3.

sollte[101]. Die Detailprognose basiert auf der Erstellung von Planrechnungen zur Gewinn- und Verlustrechnung und zur Bilanz. Zum anderen wird für den Fortführungszeitraum ein Fortführungswert ermittelt. Der Fortführungswert wird meist nach der Formel zur ewigen Rente berechnet[102], wobei im Nenner eine erwartete Wachstumsrate (w) für den Fortführungszeitraum erfasst wird. Der Fortführungswert wird zunächst für das Ende des letzten Jahres der Detailprognose (T) ermittelt und ist daher noch auf den Stichtag der Bewertung abzuzinsen. Wir werden daher in den anschließenden Kapiteln die allgemeine Wertformel unter Hervorhebung des Detailprognose- und Fortführungszeitraums spezifizieren.

Der Fortführungswert nimmt in der Regel den größten Teil am Gesamtwert des Kapitals ein. In vielen Branchen liegt der Anteil zwischen ungefähr fünfzig und mehr als hundert Prozent. Er ist umso größer, je mehr das Unternehmen in Zukunftsprodukte investiert, da jetzige Investitionen erst in späteren Jahren Wachstum generieren. Dies gilt z.B. für die pharmazeutische Industrie und die Hochtechnologie. Der Fortführungswert variiert mit der Wachstumsrate im Fortführungszeitraum. Wie die Wachstumsrate zu bestimmen ist, wird in Fachkreisen diskutiert. Dies betrifft zum einen die Frage, ob das Wachstum im Hinblick auf die Risikokongruenz unter Unsicherheit oder Sicherheit zu bestimmen ist[103]. Zum anderen ist zu klären, welchen Einfluss die allgemeine Preissteigerung auf die Bewertung und die Höhe der Wachstumsrate hat. Tschöpel, Wiese, Willershausen (2010: 410) haben versucht, ein Wachstumsmodell unter Berücksichtigung von Inflation, Verschuldung und der persönlichen Besteuerung[104] zu bestimmen. Während es theoretisch richtig wäre, für alle Einzahlungs- und Auszahlungsgrößen die Geldentwertung und die Möglichkeit der Überwälzung höherer Preise auf die Kunden zu ermitteln (Baetge, Niemeyer, Kümmel 2001: 335) wird in der Praxis das Wachstum vereinfachend mit der erwarteten allgemeinen Preissteigerungsrate verknüpft. Die Inflation ist generell bei der Prognose als Einflussfaktor zu erfassen. Dies gilt für die Schätzungen bezogen auf den Detailprognose- und den Fortführungszeitraum. Die Wachstumsrate für die unendliche Fortführungsphase sollte nicht zu hoch angesetzt werden und an die Schätzung des langfristigen Branchenwachstums gekoppelt werden. Denn die Annahme ist nicht realistisch, dass das Wachstum eines einzelnen Unternehmens dauerhaft über dem Durchschnitt einer gesamten Branche oder Volkswirtschaft liegen kann.

Es muss darauf geachtet werden, dass eine Kongruenz hinsichtlich der Berechnung der Schätzgrößen entweder auf der Basis von Nominal- oder Realwerten besteht. Es ist üblich, alle Bewertungsgrößen auf der Basis von Nominalwerten zu ermitteln. Dies hat damit zu tun, dass die allgemeine Inflationsrate im risikofreien Basiszinssatz und damit in den Kapitalkosten bereits enthalten ist. Demzufolge sind auch die Cash Flows und die Wachstums-

---

[101] Bei zyklisch stark schwankenden Unternehmensdaten ist es sinnvoll einen längerfristigen Zeitraum zugrunde zu legen und normalisierte, auf Durchschnittswerten basierende Cash Flows zu bestimmen (Damodaran 1994: 176).

[102] Es kann auch die Werttreiberformel angewendet werden, in welcher der FCF durch das operative Ergebnis nach Steuern ersetzt und die Investitionsrate (IR) einbezogen wird. Die Überleitung lautet: FCF = operatives Ergebnis nach Steuern * (1 – IR). Die Investitionsrate (IR) bezieht wiederum das erwartete Wachstum des operativen Ergebnisses nach Steuern (g) auf die Rendite der Neuinvestitionen (ROIC). Die Investitionsrate (IR) ist in diesem Sinne durch den Bruch g/ROIC zu ersetzen. Die Werttreiberformel unterstellt folglich detaillierte Schätzgrößen zur erwarteten ewigen Wachstumsrate und zur erwarteten Kapitalrendite von Neuinvestitionen (Copeland u.a. 2002: 326).

[103] Entscheidungstheoretisch sei die Erfassung einer konstanten Wachstumsrate (Wachstumsabschlag) problematisch, da im Hinblick auf die Unsicherheit der Unternehmensanlage auch das Wachstum als unsicher zu berücksichtigen sei (Baetge; Niemeyer; Kümmel 2001: 333).

[104] Vgl. dazu unsere Einschätzung zur Einbeziehung der persönlichen Steuern in die Bewertungsformel in Teil I Kapitel 5.5.2.

rate auf nominaler Basis festzulegen. Beträgt die erwartete Inflation E(I), ergibt sich folgende Struktur:

(1): Nominaler Cash $Flow_t$ = Realer Cash Flow * (1 + E(I) $)^t$

(2): Nominale Wachstumsrate = { (1 + Reale Wachstumsrate) * (1 + E(I)) } – 1

5.2 Bruttoverfahren (Entity Approach)

Das Bruttoverfahren auf Basis von Freien Cash-Flows (FCF) ist das in der Praxis am weitesten verbreitete DCF-Verfahren. Dieses Verfahren wird in Anlehnung an den dabei zur Anwendung kommenden Mischzinsfuß auch als WACC-Ansatz bezeichnet. Das Bruttoverfahren auf der Basis des FCF zielt darauf ab, einen finanzierungsneutralen Cash-Flow zugrunde zu legen und die Kapitalstruktur allein über den Diskontierungssatz zu erfassen. Um dies zu erreichen sind die FCF so zu ermitteln, dass Außenfinanzierungsmaßnahmen durch Eigen- und Fremdkapitalgeber keinen Einfluss ausüben. Bei Ermittlung dieser Größe bleiben daher Zahlungsströme von und an die Eigen- und Fremdkapitalgeber sowie die damit verbundenen Ertragsteuerwirkungen auf Unternehmensebene unberücksichtigt.

Der Grundsatz der Eigenfinanzierung und die angestrebte Finanzierungsneutralität machen eine Trennung des zu bewertenden Unternehmens in einen Leistungsbereich und in einen Finanzierungsbereich notwendig. Das Ergebnis aus dem Leistungsbereich wird als operatives Ergebnis bezeichnet. Gehen wir davon aus, dass außerordentliche Aufwendungen und Erträge nicht entstehen oder vernachlässigt werden können, kann der FCF des Gesamtkapitals (FCFGK) auf zweierlei Weise bestimmt werden:

Bruttoverfahren ⇒ Wert des Gesamtkapitals	
	Gewinn nach Steuern
+	Zinsaufwendungen
+	Steuern gem. Gewinn- und Verlustrechnung
=	EBIT (=Earnings before Interest and Taxes
–	Steuern auf EBIT
=	**NOPLAT (=Net Operating Profit less Adjusted Taxes)**
+/–	Abschreibungen / Zuschreibungen
+/–	Zuführung / Auflösung von Rückstellungen
+/–	Zunahme / Abnahme passivischer RAP
–/+	Zunahme / Abnahme aktivischer RAP
–/+	Zunahme / Abnahme des Bestands an liquiden Mitteln
=	Brutto-Cash-Flow

–	Investitionen in das Anlagevermögen
–/+	Zunahme / Abnahme des Working Capital[105]
=	**Freier Cash Flow^{GK}**

Der Steueraufwand wird in zwei Schritten modifiziert. Zunächst wird die Steuer durch Hinzurechnung in Höhe des Ausweises in der Gewinn- und Verlustrechnung (GuV) neutralisiert. Und anschließend wird die Steuer an das um die Zinsen erhöhte Ergebnis angepasst und abgezogen. Die Größe „EBIT" stellt das Ergebnis vor Zinsen und Steuern dar. Die Ausgrenzung des Einflusses der Fremdfinanzierung führt im Endeffekt zur Erhöhung des angepassten Steueraufwands.

Steuern gem. GuV + Steuerersparnis auf Zinsaufwendungen = Steuern auf EBIT

Die Größe „NOPLAT" markiert den operativen Gewinn nach Steuern. „NOPLAT" wird auch erzielt, wenn statt dessen in einem einfachen Schritt der Steuervorteil abgezogen wird, der sich aus der Fremdfinanzierung ergibt. Der Steuervorteil lässt sich ermitteln, indem der marginale Steuersatz des Unternehmens auf die Zinsaufwendungen bezogen wird. Die an „NOPLAT" anschließenden Schritte zum Freien Cash Flow^{GK} sind identisch.

Bruttoverfahren ⇒ Alternative Ermittlung von NOPLAT	
	Operativer Gewinn nach Steuern
+	Zinsaufwendungen
–	Steuervorteil auf Zinsen (Tax Shield)
=	**NOPLAT**

Die besonderen FCF_{GK} werden mit einem Mischzinsfuß abgezinst, welcher sich aus den gewichteten Eigen- und Fremdkapitalkosten (WACC) errechnet. Dies bedeutet, dass der Einfluss der Finanzierung und der finanzierungsbedingten Steuerersparnis nur im Diskontierungssatz erfasst wird. Im Kapitel 3.3. haben wir den Begriff der Kapitalkosten im Anschluss an das „Capital Asset Pricing Model" (CAPM) erläutert. Die Renditeerwartung der Eigenkapitalgeber setzt sich demzufolge zusammen aus der risikolosen Rendite und dem Produkt aus Marktrisikoprämie und systematischem Risiko des Eigenkapitals. Für die Ermittlung der gewichteten Kapitalkosten gilt folgende Formel:

105 Working Capital ist definiert als Nettoumlaufvermögen und errechnet sich aus der Differenz von kurzfristigem Vermögen (Vorräte, betriebsbedingte liquide Mittel, Forderungen und sonstiges Umlaufvermögen) und kurzfristigen Verbindlichkeiten (Verbindlichkeiten aus Lieferungen und Leistungen, sonstige Verbindlichkeiten, erhaltene Anzahlungen). So kann z.B. eine Erhöhung des Working Capital das Anwachsen von Forderungen zum Ausdruck bringen. Dies kommt einer Investition gleich.

$$WACC = r_{FK} * (1 - s) * \frac{FK}{EK + FK} + r_{EK} * \frac{EK}{EK + FK}$$

WACC	=	Weighted Average Cost of Capital = gewogene Kapitalkosten
r_{EK}	=	Eigenkapitalkosten (risikoangepasste Renditeforderung der Eigenkapitalgeber)
r_{FK}	=	Fremdkapitalkosten
s	=	Ertragsteuersatz
EK	=	Marktwert des Eigenkapitals
FK	=	Marktwert des Fremdkapitals

Unter Hervorhebung des Detailprognose- und Fortführungszeitraums kann die allgemeine Wertformel spezifiziert werden. Bezogen auf die Ermittlung des Werts Unternehmens (Value of the Firm) gilt:

$$\text{Wert GK} = \sum_{t=1}^{T} \frac{FCF_t^{GK}}{(1+WACC)^t} + \frac{FW_T}{(1+WACC)^T}$$

Wert GK	=	Marktwert des Gesamtkapitals = Marktwert des Unternehmens
FCF_t^{GK}	=	Periodischer Freier Cash Flow (Bruttomethode)
FW_T	=	Fortführungswert am Ende der Periode T
T	=	Letztes Jahr des Detailprognosezeitraums
t	=	Laufendes Jahr
WACC	=	Gewichtete Kapitalkosten

Der Fortführungswert im Zeitpunkt T lässt sich nach dem Muster der ewigen Rente ermitteln[106]:

$$FW_T = \frac{FCF_{T+1}^{GK}}{WACC - w} = \frac{FCF_T^{GK} * (1+w)}{WACC - w}$$

FCF_{T+1}^{GK}	=	FCF (brutto) am Ende des ersten Jahres nach dem Detailprognosezeitraum
w	=	Erwartete Wachstumsrate des operativen Ergebnisses im Fortführungszeitraum

Der Wert des Unternehmens repräsentiert die Summe aus dem Marktwert des Eigenkapitals und dem Marktwert des Fremdkapitals. Durch Subtraktion des Marktwertes des Fremdkapitals vom Unternehmenswert ergibt sich daher der Marktwert des Eigenkapitals.

[106] Der Fortführungswert kann alternativ mit Hilfe der Werttreiberformel ermittelt werden, wenn die Wachstumsrate des operativen Ergebnisses nach Steuern (g) und ergänzend die erwartete Rendite auf Neuinvestitionen (ROIC) bekannt sind:

$$FW_T = \frac{\text{operatives Ergebnis nach Steuern}_{T+1} * (1 - \frac{g}{ROIC})}{WACC - g}$$

Marktwert des Unternehmens bzw. Gesamtkapitals
– Marktwert des verzinslichen Fremdkapitals
= Marktwert des Eigenkapitals

Diese Darstellung unterstellt ein Unternehmen, dass sich auf das operative Kerngeschäft konzentriert und nur betriebsnotwendiges Vermögen besitzt. Existiert auch nicht-betriebsnotwendiges Vermögen oder sind auch außerordentliche Zu- oder Abflüsse in einzelnen Perioden zu verzeichnen, ist der Marktwert des Unternehmens noch um den Marktwert des nicht-betriebsnotwendigen Vermögens und um den Barwert des nicht operativen FCF zu erhöhen.

5.3 Nettoverfahren (Equity Approach)

Beim Nettoverfahren wird der Marktwert des Eigenkapitals (Value of Equity) direkt ermittelt. Während der Marktwert des Gesamtkapitals (Value of the Firm) auch den Wert des Fremdkapitals umfasst, orientiert die Nettokapitalisierung auf den eigentlichen „Shareholder Value“. Das für die Eigenkapitalgeber verbleibende Wertpotential wird durch die Abzinsung der ausschüttungsfähigen Zahlungsüberschüsse ermittelt. Die Abzinsung bestimmt sich daher allein durch die risikoangepasste Renditeforderung der Unternehmenseigner. Dies kommt in den Eigenkapitalkosten zum Ausdruck, die wir im Kapitel 3.3.1 erläutert haben.

$$r_{EK} = r_f + ß_i * [E(r_m) - r_f]$$

r_{EK}	=	Eigenkapitalkosten = systematisches Risiko
r_f	=	risikofreie Rendite
$E(r_m)$	=	Erwartungswert der Rendite des Marktportfolios
$E(r_m) - r_f$	=	Marktrisikoprämie
$ß_i$	=	Risikofaktor einer Vermögensanlage i

Die beiden Bewertungsvarianten unterscheiden sich hinsichtlich der Ermittlung der Zahlungsüberschüsse in einem entscheidenden Punkt. Im Unterschied zum Bruttoverfahren werden beim Nettoverfahren die aus der Fremdfinanzierung erwarteten Zahlungsströme in die Ermittlung des Freien Cash Flows einbezogen. Die Unterscheidung zwischen dem operativen Leistungs- und dem Finanzierungsbereich entfällt daher. Für ein auch fremdfinanziertes Unternehmen bedeutet dies, dass abschließend auch der Zufluss an Fremdkapital und der periodische Abfluss an Tilgungsleistungen zu berücksichtigen sind. Neues Fremdkapital generiert neue Überschüsse und Steuerersparnisse, aus denen die Zinsaufwendungen und Tilgungen zu finanzieren sind. Die Prognose setzt eine genaue Planung der künftigen Änderungen des Bestandes an verzinslichem Fremdkapital und der daraus resultierenden Zinsen und Tilgungen voraus. Im Idealfall schließt dies auch die Ermittlung eines optimalen Verschuldungsgrades ein[107].

---

[107] “Since the firm is at its desired capital structure, principal repayments are made with proceeds from new debt issues. Capital expenditures and working capital needs are financed with the desired mix of debt and equity” (Damodaran 1994: 47ff.).

Der hier zu bestimmende Freie Cash-Flow (FCF_{EK}) ist lediglich den Eigenkapitalgebern zuzuordnen (FCF to Equity). Er ist mit dem Einzahlungsüberschuss im Sinne des Ertragswertverfahrens vergleichbar. Zunächst hebt der Übergang von der Größe „EBIT" zum Gewinn nach Steuern den Einfluss der Finanzierung hervor:

	Gewinn nach Steuern
+	Zinsaufwendungen
+	Steuern gem. GuV
=	*EBIT (Earning before Interest and Taxes)*
–	Steuern gem. GuV
–	Zinsaufwendungen
=	Gewinn nach Steuern

Werden auch der Darlehenszufluss und Rückzahlungen erfasst, ist der FCF_{EK} folgendermaßen zu ermitteln:

Nettoverfahren ⇒ Wert des Eigenkapitals	
	Gewinn nach Steuern
+/–	Abschreibungen / Zuschreibungen
+/–	Zuführung / Auflösung von Rückstellungen
+/–	Zunahme / Abnahme passivischer RAP
–/+	Zunahme / Abnahme aktivischer RAP
–/+	Zunahme / Abnahme des Bestands an liquiden Mitteln
=	Brutto-Cash-Flow
–	Investitionen in das Anlagevermögen
–/+	Zunahme / Abnahme in das Working Capital[108]
=	**Freier Cash Flow$_{EK}$ (vor Kreditaufnahme und Tilgung)**
+/–	Neue Kreditaufnahme / Tilgungsleistung
=	**Freier Cash Flow^{EK}**

108 Zur Definition des Working Capital siehe FN 105.

Auch hier spezifizieren wir die allgemeine Wertformel und heben den Detailprognose- und Fortführungszeitraum hervor. Für die Ermittlung des Marktwertes des Eigenkapitals (Value of Equity) gilt:

$$\text{Wert EK} = \sum_{t=1}^{T} \frac{\text{FCF}_t^{\text{EK}}}{(1+r_{EK})^t} + \frac{FW_T}{(1+r_{EK})^T}$$

Wert EK	=	Marktwert des Eigenkapitals
FCF_t^{EK}	=	Periodischer Freier Cash Flow (Nettomethode)
FW_T	=	Fortführungswert am Ende der Periode T
T	=	Letztes Jahr des Detailprognosezeitraums
t	=	Laufendes Jahr
r_{EK}	=	Eigenkapitalkosten (systematisches Risiko)

Der Fortführungswert im Zeitpunkt T ist folgendermaßen zu ermitteln:

$$FW_T = \frac{FCF_{T+1}^{EK}}{r_{EK} - w} = \frac{FCF_T^{EK} * (1+w)}{r_{EK} - w}$$

FCF_{T+1}^{EK}	=	FCF (netto) am Ende des ersten Jahres nach dem Detailprognosezeitraum
w	=	Erwartete Wachstumsrate des operativen Ergebnisses im Fortführungszeitraum

Aufgrund der Struktur des Marktwertes des Gesamtkapitals führen beide DCF-Varianten theoretisch zum selben Ergebnis. Es muss allerdings jeweils von den gleichen Finanzierungsprämissen ausgegangen werden. Dies bedeutet, dass eine identische Entwicklung des Fremdkapitals angenommen werden muss und finanzierungsbedingte Steuerersparnisse zu berücksichtigen sind.

5.4 Adjusted-Present-Value Verfahren

Der Versuch, den besonderen Wertbeitrag der Finanzierung und der finanzierungsbedingten Steuerersparnisse als eigene Komponente hervorzuheben, haben zur Entwicklung des angepassten Barwertes bzw. des Adjusted-Present-Value-Verfahrens (APV) geführt. Der Marktwert des Gesamtkapitals wird bei dieser Variante unter der Annahme der vollständigen Eigenfinanzierung des Unternehmens ermittelt. Dazu werden im ersten Schritt die prognostizierten FCF, die den Zahlungsüberschüssen bei vollständiger Eigenfinanzierung entsprechen, mit der Renditeforderung der Eigenkapitalgeber für das unverschuldete Unternehmen (r_{EK}) diskontiert. Die FCF sind daher auf der Basis des Bruttoansatzes zu erfassen. Auf dieser Grundlage repräsentiert der Barwert der FCF_{GK} den Marktwert des unverschuldeten Unternehmens. Existiert auch nicht betriebsnotwendiges Vermögen, ist dessen Marktwert hinzuzufügen.

Die Auswirkungen einer Fremdfinanzierung des Unternehmens werden erst in einem zweiten Schritt berücksichtigt. Dabei wird das Potential der den Fremdkapitalzinsen entsprechenden

Steuerersparnisse (Tax Shields) ermittelt. Die daraus erwachsende Erhöhung des Marktwertes des Gesamtkapitals errechnet sich als Barwert der künftigen Steuerersparnisse. Hier können auch weitere Steuerersparnisse einbezogen werden, die sich aus der Bildung von Rückstellungen (z.B. Pensionsrückstellungen) ergeben. Die Summe des Marktwerts des unverschuldeten Unternehmens und des Marktwerts der Fremdfinanzierung ergibt den Marktwert des Gesamtkapitals eines verschuldeten Unternehmens. Wird hiervon der Marktwert des Fremdkapitals abgezogen, lässt sich schließlich der Marktwert des Eigenkapitals ableiten. Folgendes Schema soll dies veranschaulichen:

Barwert des FCF bei Diskontierung mit den Eigenkapitalkosten
+ Marktwert des nicht betriebsnotwendigen Vermögens
= Marktwert des unverschuldeten Unternehmens
+ Barwert der finanzierungsbedingten Steuerersparnisse
= Marktwert des Gesamtkapitals des verschuldeten Unternehmens
– Marktwert des verzinslichen Fremdkapitals
= Marktwert des Eigenkapitals (Shareholder-Value)

5.5 Einfluss der Besteuerung auf den Unternehmenswert

5.5.1 Die Auswirkung der Ertragsteuern des Unternehmens im DCF-Modell

Beim DCF-Ansatz hängt der Wert des Unternehmens entscheidend von seiner Fähigkeit ab, langfristig Cash-Flow zu erzeugen (Copeland, Koller, Murrin 2002: 171). Diese Fähigkeit markiert das Wertpotenzial des Unternehmens und wird von den Kapitalrenditen und vom langfristigen Wachstum bestimmt, die das Unternehmen im Vergleich zu seinen Kapitalkosten erwirtschaftet. Im Mittelpunkt steht die künftige Ertragskraft des Unternehmens. Sie bestimmt letztlich dessen inneren Wert und damit den Marktwert des Unternehmens. Die künftig erwirtschafteten Cash-Flows können für zusätzliche Investitionen oder den Konsum genutzt werden. Beim Nettoverfahren ist der gesamte Free-Cash-Flow (nach Zinsen) an die Eigenkapitalgeber ausschüttungsfähig. Beim Bruttoverfahren müssen sich die Eigenkapitalgeber den Free-Cash-Flow (vor Zinsen) mit den Fremdkapitalgebern teilen.

Indem das Wertpotenzial bzw. die Ertragskraft des Unternehmens in den Mittelpunkt der Betrachtung gestellt wird, wird die Bewertungsperspektive vom Eigner bzw. Eigenkapitalgeber hin zum Unternehmen verschoben. Betrachtet wird nicht der direkte finanzielle Zufluss beim Anteilseigner, sondern indirekt die ausschüttungsfähige Ertragskraft des Unternehmens. Diese Bewertungsperspektive ist in der angelsächsischen Fachdiskussion, die im starken Maße auf das Investmentbanking und die Finanzanalyse bezogen ist, vorherrschend. Ob die Konzentration auf die Ertragskraft des Unternehmens eine nicht vertretbare Vereinfachung der Bewertungspraxis darstellt, wird in der deutschen Fachdiskussion seit Jahren heftig erörtert. Wir gehen darauf im folgenden Kapitel 5.5.2. näher ein. In diesem Kapitel konzentrieren wir uns auf die Steuern auf Unternehmensebene. Die Steuern des Unternehmens sind unstrittig in die Analyse des Wertpotenzials des Unternehmens einzubeziehen.

Der Steuereinfluss hängt vor allem mit der Finanzierungsstruktur des Unternehmens zusammen. Zunächst sei daran erinnert, dass beim Bruttoansatz der Leistungs- vom Finanzierungsbereich abgetrennt wird. Die Fremdkapitalkosten werden nicht im Free-Cash-Flow erfasst.

Die tatsächliche Finanzierungssituation des Unternehmens wird allein auf der Ebene des Diskontierungsfaktors berücksichtigt. Dabei wird der Steuervorteil, der sich aus der anteiligen Fremdfinanzierung ergibt, als „Tax Shield" bezeichnet. Würde man statt dessen die Besteuerung beim Übergang von der Eigen- zur Fremdfinanzierung vernachlässigen, würde der Verschuldungsgrad keinen Einfluss auf den Unternehmenswert ausüben. Denn in einer Modellwelt ohne Steuern ist es für einen Investor irrelevant, ob er ein verschuldetes oder unverschuldetes Unternehmen erwirbt. Dies kann am folgenden Beispiel gezeigt werden.

Die Anteilseigner einer Kapitalgesellschaft stehen vor der Alternative, das Unternehmen voll mit eigenen Mitteln oder zu fünfzig Prozent fremd zu finanzieren. Der Kapitalbedarf beträgt 1.000 GE. Im Fall A wird der Betrag voll eigenfinanziert. Im Fall B werden 500 GE eigenfinanziert und 500 GE fremdfinanziert. Das Unternehmen erzielt nachhaltig einen jährlichen operativen Free-Cash-Flow in Höhe von 100 Geldeinheiten (GE). Die Eigenkapitalkosten betragen zehn Prozent. Für das Fremdkapital sind zehn Prozent Zinsen zu zahlen. Ermittle den Wert des Unternehmens in beiden Fällen. Dabei soll im ersten Schritt die Welt der Steuern außer Acht gelassen werden.

*Der Wert des Eigenkapitals beträgt im Fall A zur Eigenfinanzierung: 100/0,1 = 1.000 GE. Bei der Fremdfinanzierung im Fall B muss der Wert des Gesamtkapitals durch Diskontierung des Free-Cash-Flows vor Zinsen ermittelt werden. Dieser Free-Cash-Flow beträgt: 100+50 = 150 GE. Der Diskontierungsfaktor ist nach der WACC-Formel zu ermitteln: (10% * 500/1.000) + 10% * 500/1.000) = 0,1. Der Wert des Gesamtkapitals beträgt dann: 150/0,1 = 1.500. Wird hiervon der Wert des Fremdkapitals abgezogen, ergibt sich der Wert des Eigenkapitals in Höhe von: 1.500-500 = 1.000 GE. Wird bei der Modellbetrachtung der Steuereinfluss vernachlässigt, wirkt sich der Verschuldungsgrad nicht auf den Unternehmenswert aus.*

*Wird die Modellannahme aufgegeben und ein Unternehmenssteuersatz von fünfzig Prozent unterstellt, ergibt sich ein anderes Resultat. Bei reiner Eigenfinanzierung im Fall A beträgt der Wert des Eigenkapitals unverändert 1.000 GE. Im Fall B zur Fremdfinanzierung ist nun der Steuerfaktor („Tax Shield") zu berücksichtigen. Die gewichteten Kapitalkosten sind nach der gängigen WACC-Formel durch den Einbau der Steuerersparnis zu ermitteln, die sich bezogen auf die Fremdkapitalkosten ergibt: 0,05 + (0,1-0,05) * 500/1.000) = 0.05 + 0,025 = 0,075. Daraus folgt der Wert des Gesamtkapitals in Höhe von 150/0,075 = 2.000 GE. Wird hiervon wiederum der Wert des Fremdkapitals abgezogen, ergibt sich der Wert des Eigenkapitals in Höhe von 2.000 – 500 = 1.500 GE. Der Wert des Eigenkapitals ist im Fall der Fremdfinanzierung um 500 GE gestiegen. Der Effekt ist Resultat des Steuervorteils, der mit der Fremdfinanzierung im Zusammenhang steht.*

Der kombinierte Ertragsteuersatz, den wir im Kapitel 4.3.3. hergeleitet haben, muss in jedem Fall die verschiedenen Einflüsse der Unternehmenssteuern berücksichtigen. Darauf gehen wir im Folgenden detaillierter ein, wobei wir uns auf das Netto- und Bruttoverfahren konzentrieren. Im ersten Schritt ist die Gewerbesteuer zu erfassen. In die Bemessungsgrundlage einzubeziehen sind die Hinzurechnungen und Kürzungen gem. der §§ 8 und 9 GewStG. Seit der Unternehmenssteuerreform 2008 betrifft dies 25% der durch die Fremdfinanzierung verursachten Zinsaufwendungen[109] gem. § 8 Nr. 1 GewStG. Die Steuermesszahl beträgt generell 3,5% und der aktuell gültige KSt-Satz 15%.

[109] Die Zinsaufwendungen sind zusammen mit den anderen Hinzurechnungen gem. § 8 Nr. 1 GewStG nur zu erfassen, soweit ihre Summe den Betrag von € 100.000 übersteigt. Dreiviertel der gesamten Zinsaufwendun-

Die Unternehmenssteuern sind auf der Ebene der Cash-Flows und des Diskontierungsfaktors zu berücksichtigen. Die Struktur der jeweiligen Cash-Flows beim Netto- und Bruttoverfahren haben wir bereits erläutert. Während beim Nettoverfahren die Unternehmenssteuern im Rahmen der Gewinn- und Verlustberechnung schon einbezogen sind, ergibt sich beim Bruttoverfahren die Notwendigkeit einer Ergänzung des Steueraufwandes. Da die Steuern nicht auf den Gewinn sondern auf das Ergebnis vor Einfluss der Finanzierung (= EBIT) zu berechnen sind, ergibt sich ein steuerlicher Mehraufwand in Höhe der Steuerersparnisse auf den Fremdfinanzierungsanteil. Dieser steuerliche Mehraufwand mindert den Free-Cash-Flow.

Beim Bruttoverfahren ist es daher bedeutsam, die durch die Fremdfinanzierung verursachten Steuerersparnisse (Tax Shields) zu ermitteln. Die „Tax Shields" beziehen sich auf die Gewerbe- und Körperschaftsteuer. Wir legen die Unternehmensteuerreform 2008 zu Grunde. Dabei sind einige grundlegende steuerliche Zusammenhänge zu beachten:

- Bei im Privatvermögen gehaltenen Beteiligungen an Kapitalgesellschaften unterliegen Ausschüttungen und Veräußerungsgewinne der Abgeltungsteuer i.H.v. 25% (zuzüglich Solidaritätszuschlag). Wenn die Anteile hingegen im Betriebsvermögen gehalten werden, gilt das Teilanrechnungsverfahren. Dies bedeutet, dass Ausschüttungen nur mit einem Anteil von 60% in die Bemessungsgrundlage der ESt einbezogen werden.
- Kapitalgesellschaften vereinnahmen Ausschüttungen von anderen Kapitalgesellschaften sowie Gewinne aus der Veräußerung von Beteiligungen an Kapitalgesellschaften gem. § 8b Abs. 1 und 2 KStG steuerfrei.
- Bei Inhabern von Personenunternehmen wird die Gewerbesteuer gem. § 35 EStG in Höhe des 3,8-fachen anteiligen Gewerbesteuermessbetrages auf die ESt-Schuld angerechnet. Im Zusammenhang mit einem Betrieb oder Mitunternehmeranteil wird der nicht entnommene Gewinn gem. § 34a Abs. 1 EStG mit einem begünstigten Thesaurierungssatz von 28,25% besteuert. Insoweit diese Gewinne in späteren Jahren entnommen werden, entsteht eine Nachversteuerung.

Die Darstellung der steuerlichen Berechnungsmodule konzentriert sich meist auf den Fall des Haltens der Beteiligungen an Kapitalgesellschaften im Privatvermögen und der unbeschränkten Steuerpflicht (Baetge, Niemeyer, Kümmel, Schulz 2009: 418 f.). Aufgrund der Neutralisierung des Finanzierungseffekts beim Bruttoansatz (Entity Approach), werden die zinsbedingten Steuerersparnisse nicht berücksichtigt und mindern daher den Freien Cash Flow. Es lassen sich folgende Steuerersparnisse (Tax Shields) im Gefolge der Unternehmensteuerreform 2008 darstellen:

(1) DCF-Bruttoverfahren → KSt-Ersparnis bei Fremdfinanzierung

$$TS_t^{KSt} = FK_{t-1}^{BW} * r_{FK} * s_{KSt,SolZ}$$

TS_t^{KSt}	=	Tax Shield (Steuerersparnis) im Rahmen der KSt pro Periode
FK_{t-1}^{BW}	=	Verzinsliches Fremdkapital (Buchwert) zu Beginn der Periode t
r_{FK}	=	Renditeforderung der Fremdkapitalgeber = Zinssatz vor persönlichen Steuern
$s_{KSt,\,SolZ}$	=	KSt-Satz 15% (inklusive Solidaritätszuschlag = 15,825%)

gen bleiben steuerfrei und werden in der Formel zur Ermittlung der Steuerersparnis (GewSt) berücksichtigt. In den folgenden Erörterungen wird die Gewerbesteuer nicht mehr als gewinnmindernde Betriebsausgabe erfasst.

Die GewSt-Ersparnis bezieht sich gem. § 8 Abs.1 GewStG nur auf 75% der gesamten Zinsaufwendungen:

(2) DCF-Bruttoverfahren → GewSt-Ersparnis bei Fremdfinanzierung $TS_t^{GewSt} = FK_{t-1} * r_{FK} * 0{,}75 * s_{GewSt}$		
TS_t^{GewSt}	=	Tax Shield im Rahmen der GewSt pro Periode
FK_{t-1}	=	Verzinsliches Fremdkapital zu Beginn der Periode t
r_{FK}	=	Renditeforderung der Fremdkapitalgeber = Zinssatz vor persönlichen Steuern
s_{GewSt}	=	Effektiver GewSt-Satz = Messzahl * Hebesatz (effektiver GewSt-Satz beim Hebesatz von 400% = 14%)

Bei der Ermittlung der GewSt und KSt ist auch die Zinsschranke in die Betrachtung einzubeziehen. Dies bedeutet, dass nichtabzugsfähige Zinsaufwendungen die jeweilige Bemessungsgrundlage bei der Ermittlung der GewSt und KSt erhöhen und somit die Steuerersparnisse vermindern. Die Zinsschranke greift nur, insoweit der Nettozinsaufwand (Zinsaufwand abzüglich Zinsertrag) mindestens 3 Millionen Euro beträgt. In diesem Fall ist der Nettozinsaufwand nur bis zur Höhe von 30% des EBITDA abziehbar. Gegenüber den Formeln (1) und (2) ergibt sich beim Überschreiten dieser steuerlichen Grenze eine Kappung der Steuerersparnis. Diese komplexe Regelung, die mit vielen Ausnahmeregelungen versehen ist, wird in einem eigenständigen Kapitel zur Steuerplanung im Detail erläutert (vgl. Teil II Kapitel 4.4). Wir erwähnen hier nur allgemein den schädlichen Einfluss der Zinsschranke auf die Steuerersparnis.

(3) DCF-Bruttoverfahren → KSt-Ersparnis[110] mit Zinsschranke $TS_t^{KSt,\,ZS} = [\ ZE_t + \min(0{,}3 * EBITDA_t; NZA_t)\ ] * s_{KSt,\,SolZ}$		
$TS_t^{KSt,\,ZS}$	=	Tax Shield im Rahmen der KSt auf Basis der Zinsschranke
$EBITDA_t$	=	Earnings before interest, tax, depreciation and amortization
NZA_t	=	Nettozinsaufwand (für $NZA_t > 3$ Mio. € und $EBITDA_t \geq 0$)
ZE_t	=	Zinserträge

Beim Bruttoverfahren sind die Freien Cash-Flows zu erfassen, welche sich unter der Annahme der reinen Eigenfinanzierung ergeben. Aufgrund dieser Annahme und der daraus folgenden steuerlichen Mehrbelastung mindern die gewerbe- und körperschaftsteuerlichen Tax Shields zunächst die Freien Cash-Flows. Der durch die tatsächliche anteilige Fremdfinanzierung bedingte positive Wertbeitrag wird anschließend auf der Ebene des Diskontierungsfaktors gesondert abgebildet. Dies wird dadurch erreicht, dass die gewogenen durchschnittlichen Kapitalkosten um die aus der Fremdfinanzierung resultierenden Steuerersparnisse gemindert werden. Vor Berücksichtigung der persönlichen Steuern ergeben sich damit folgende Kapitalkosten (Löffler 2009: 398):

[110] Die Formel gilt entsprechend für die GewSt, wobei in diesem Fall nur 75% der abzugsfähigen Zinsaufwendungen in die Bemessungsgrundlage eingehen.

(4) DCF-Bruttoverfahren → Kapitalkosten nach Steuerersparnis		
$WACC = r_{FK} * (1 - 0,75 * s_{GewSt} - s_{KSt,SolZ}) * \frac{FK}{EK+FK} + r_{EK} * \frac{EK}{EK+FK}$		
WACC	=	Gewogene durchschnittliche Kapitalkosten
r_{FK}	=	Renditeforderung der Fremdkapitalgeber = Zinssatz vor persönlichen Steuern
r_{EK}	=	Eigenkapitalkostensatz (Renditeforderung der Anteilseigner vor persönlichen Steuern
FK	=	Marktwert des Fremdkapitals
EK	=	Marktwert des Eigenkapitals

Der steuerliche Einfluss ist im Fall einer internationalen Akquisition komplexer. Darauf wird im Teil I Kapitel 5.6.2 und im Teil II näher eingegangen. Bereits hier ist aber darauf zu verweisen, dass bei der Einbeziehung ausgeschütteter ausländischer Cash-Flows die steuerlichen Doppelbelastungen durch Anwendung der Anrechnungs-, Abzugs- oder Freistellungsmethode zu beseitigen sind. Dieser Schritt erfordert eigenständige Zwischenberechnungen für die Gewerbe- und Körperschaftsteuer. Im Anschluss an die Abtrennung der ausländischen von den inländischen Einkünften sind vor allem die beiden Hauptvarianten voneinander zu unterscheiden:

(a) Im Fall der Freistellung der ausländischen Einkünfte von der Besteuerung im Inland sind gem. § 8b Abs. 5 KStG lediglich fünf Prozent der ausländischen Einkünfte im Rahmen der inländischen Bemessungsgrundlage zu erfassen. Dies gilt auch bei der Ermittlung der GewSt, insoweit das Beteiligungsverhältnis mindestens fünfzehn Prozent beträgt.

(b) Im Fall der Anwendung der Anrechnungsmethode sind die im Ausland gezahlten Steuern auf die inländischen Steuern anzurechnen. Dabei ist allerdings ein Höchstbetrag der Anrechnung zu beachten, der sich aus dem Verhältnis der ausländischen Einkünfte zur Summe der Einkünfte ergibt.

Die Ermittlung der Ertragskraft des Unternehmens unterstellt die Ausschüttungsfähigkeit (Drukarczyk 2003: 146) der prognostizierten Cash-Flows. Um die gesellschaftsrechtliche Ausschüttungsfähigkeit und die Finanzierung der Ausschüttung zu überprüfen, sind stets Nebenbedingungen zu beachten. So kann es z.B. sein, dass rechtliche Restriktionen, wie handelsrechtliche Verlustvorträge oder die Bildung gesetzlicher Rücklagen, einer Ausschüttung entgegenstehen. Wird die Ausschüttungssperre[111] vernachlässigt, werden unter Umständen finanzielle Überschüsse ermittelt, die nicht realisiert werden können. Ist der geplante Free-Cash-Flow geringer als der ausschüttungsfähige Jahresüberschuss, ergibt sich für die Ausschüttung kein Problem. Der verbleibende Betrag des Jahresüberschusses nach Ausschüttung wird dann thesauriert. Ergibt die Berechnung aber einen Free-Cash-Flow, der die Höhe des ausschüttungsfähigen Jahresüberschusses übersteigt, ist die Wertermittlung an das Niveau der ausschüttungsfähigen Überschüsse anzupassen. Insoweit Free-Cash-Flows nicht

---

[111] Die Entziehbarkeit der Überschüsse wird von Drukarczyk (2003: 164 f.) detailliert erläutert und hängt ab von der zeitlichen Struktur der erwarteten Renditen, von der Kapitalstruktur und den Finanzierungsprämissen sowie von den gesellschaftsrechtlichen und steuerlichen Begrenzungen der Ausschüttung.

ausschüttungsfähig sind, müssen sie auf Unternehmensebene einer alternativen Verwendung zugeführt werden. Darüber hinaus wird die Höhe der ausschüttbaren Zahlungsüberschüsse durch die Ausschüttungspolitik des Managements beeinflusst. Wir kommen darauf im nächsten Kapitel zurück.

Die Einbeziehung der persönlichen Steuern der Anteilseigner ist im Rahmen der international vorherrschenden DCF-Verfahren unüblich. Dies ergibt sich bereits aus der Zentrierung der Bewertungsperspektive auf das Wertpotenzial bzw. die Ertragskraft des Unternehmens. Bereits bei Rappaport werden bei der Bestimmung der „Cash Income Tax Rate" lediglich die Steuern auf den operativen Gewinn erfasst (Rappaport 1998, 36). Copeland/Koller/Murrin lassen die Ebene der persönlichen Steuern ebenso außer Acht. Damodaran (1994: 60) spricht das Thema zwar an, macht aber deutlich, dass entsprechende Modifikation der Cash Flows und des Diskontierungssatzes sich gegenseitig neutralisieren[112]. Darüber hinaus kommt er in seinen weiteren Ausführungen und Berechnungen nicht mehr auf das Thema zurück und beschränkt sich auf die Ebene der Unternehmenssteuern. In einer anderen Studie (Damodaran 2002: 249) beschäftigt sich Damodaran hinsichtlich der Einbeziehung der Steuern lediglich mit der Frage, ob der effektive oder der marginale Grenzsteuersatz des Unternehmens angewendet werden sollen. Er empfiehlt die Anwendung von Grenzsteuersätzen.

Abschließend soll auf die optimale Steuergestaltung von Unternehmenstransaktionen hingewiesen werden. Der „Share Deal" ist hierbei dem „Asset Deal" gegenüber zu stellen. Beide Formen der Transaktion haben auf Käufer- und Verkäuferseite unterschiedliche Folgen. Während beim „Share Deal" die Anteile am Unternehmen den Eigner wechseln, werden beim „Asset Deal" die einzelnen Wirtschaftsgüter unmittelbar transferiert.

(a) „**Share Deal**": Beim Erwerber der Anteile besteht der Nachteil, dass der Kaufpreis als Beteiligung erfasst wird. Er kann daher kein Abschreibungspotenzial schaffen, das steuersparend eingesetzt werden kann. Eine Ausnahme besteht nur bei späteren Teilwertabschreibungen auf Finanzanlagen. Die Sichtweise des Veräußerers zielt auf die steuerliche Begünstigung des Gewinns aus der Veräußerung. Der Veräußerungsgewinn unterliegt ab dem Jahr 2009 der Abgeltungsteuer, insoweit die Anteile im Privatvermögen gehalten werden. Bei Anteilen einer Personengesellschaft, die im Betriebsvermögen gehalten werden, gilt das Teileinkünfteverfahren. Werden die Anteile von einer Kapitalgesellschaft gehalten, werden gem. § 8b Abs. 2 und 5 KStG nur 5% des Veräußerungsgewinns besteuert.

(b) „**Asset Deal**": Der Vorteil liegt hier klar beim Erwerber, da der Kaufpreis auf die Wirtschaftsgüter zu verteilen ist. Der Kauf von Wirtschaftsgütern führt so zu einem erheblichen Abschreibungspotenzial. Kann nicht der gesamte Kaufpreis auf die übernommenen Wirtschaftsgüter übertragen werden, ist in Höhe des Unterschiedsbetrages ein Goodwill auszuweisen, der in der Regel wiederum abschreibungsfähig ist. Der Veräußerungsgewinn ist im Prinzip als laufender Gewinn voll zu versteuern. Es bestehen allerdings Begünstigungen für natürliche Personen gem. §§ 16 Abs. 4, 17 Abs. 3 und 34 Abs. 1 und 5 EStG.

---

112 Damodaran (1994: 60 f.): „Since the receipt of a cash flow from an asset can expose an investor to a tax liability, the valuation can be done on the basis of cash flows after personal taxes. The effect, however, on value is largely neutralized by the adjustment of discount rates for personal taxes." Zum einen ist diese Einschätzung vor dem Hintergrund des klassischen US-Steuerrechts zu interpretieren. Zum anderen muss die These vom neutralen Einfluss der persönlichen Steuern als vereinfachend bezeichnet werden, da sie die differenzierte Steuerwirkung nicht erfasst.

Die Interessen der Käufer und Verkäufer müssen vor diesem Hintergrund abgestimmt werden. So wird der Veräußerer einem „Asset Deal" nur dann zustimmen, wenn der auf Erwerberseite bestehende Vorteil auf den Erwerber und den Veräußerer aufgeteilt wird oder verbleibende Verlustvorträge eine Neutralisierung des Veräußerungsgewinns ermöglichen. Bei Auslandstransaktionen überwiegt der „Share Deal" (Starp 2009: 651).

5.5.2 Mehrstufiges Modell – Die Problematik der Einbeziehung der persönlichen Steuern der Anteilseigner

Die Frage, ob auch die persönlichen Steuern in die Berechnung des Unternehmenswertes einbezogen werden sollen, spielt in der deutschen Fachdiskussion seit Jahren eine relativ große Rolle. Theoretisch verständlich ist sie vor dem Hintergrund des mit dem Zuflussprinzip zusammenhängenden konsumorientierten Gewinnziels (vgl. Teil I Kapitel 4.3.1). Danach ist nicht der zwischen Unternehmen und Unternehmensumwelt fließende und periodisierte Zahlungsstrom maßgeblich, sondern der Zielstrom zwischen dem Unternehmen und dem Privat- bzw. Konsumbereich des Eigners. Nur was beim Eigner als Zufluss auftritt, ist relevanter Ertrag (Moxter 1983: 79). Denn Zufluss bedeutet, dass sich die Bedürfnisbefriedungsmöglichkeiten des Eigners erhöhen. In diesem Sinne ist schon früh geäußert worden, dass die Ausschüttung bzw. der tatsächliche Zufluss beim Eigner maßgeblich ist für die Bewertung der finanziellen Erträge.

Verlagert man die Bewertungsperspektive vom Ausschüttungspotenzial des Unternehmens auf die Zuflüsse des Eigners, müssen beim Vorteilsausgleich an sich Renditen nach Unternehmenssteuern und nach persönlicher Besteuerung ermittelt werden. Der Arbeitskreis „Finanzierung" der Schmalenbach-Gesellschaft Deutsche Gesellschaft für Betriebswirtschaft e.V. hat in diesem Zusammenhang aber betont, dass dies für Unternehmen mit einer Vielzahl von Eigenkapitalgebern aufgrund der unterschiedlichen steuerlichen Bedingungen der inländischen und ausländischen Investoren praktisch schwierig ist. Jeder Investor solle daher auf einer anschließenden Bewertungsebene seine besondere Steuersituation in die Investitionsentscheidung einbeziehen. Damit könne eine explizite Einbeziehung der persönlichen Steuern in die Vorteilsbetrachtung entfallen und die steuerlichen Aspekte könnten auf die Unternehmensebene beschränkt werden (Schmalenbach-Gesellschaft Deutsche Gesellschaft für Betriebswirtschaft 1996: 564).

Die Einbeziehung der persönlichen Ertragsteuer des Anteilseigners ist in der Fachliteratur auf Kritik gestoßen. Insbesondere der hohe Komplexitätsgrad und Anwendungsprobleme führten zur Hinterfragung dieses Schrittes bei einigen Vertretern der Bewertungspraxis (Aders 2007: 2 ff.). Dazu beigetragen haben auch die vielen Steuerreformen der letzten Jahre, die zum Teil erhebliche Modifikationen der Bewertungsformeln (nach persönlichen Steuern) verursacht haben. Steuerliche Systemwechsel waren im letzten Jahrzehnt z.B. mit der Einführung des Halbeinkünfteverfahrens im Jahr 2001 und der Abgeltungsteuer im Jahr 2009 verbunden. Der Einwand der hohen Komplexität bei steuerlichen Bewertungsschritten ist wiederum von Vertretern der Wissenschaft zurückgewiesen worden (Ballwieser u.a. 2007: 765). Die Kontroverse[113] kann nicht als abgeschlossen bezeichnet werden. Dies wird auch erkennbar an den mehrfachen Modifikationen des Bewertungsstandards des Instituts der Wirtschaftsprüfer (IDW S 1). Wir gehen in diesem Kapitel weiter unten darauf ein. Die Einbeziehung der per-

[113] Vgl. auch Ballwieser, Kruschwitz, Löffler (2007: 765 ff.).

sönlichen Einkommensteuer des Anteilseigners wird vor allem bei internationalen Unternehmensakquisitionen abgelehnt. Es bestehe das Risiko, sich mit dem IDW-Ansatz „aus dem Markt zu preisen“ (Starp 2009: 650).

Im Hinblick auf den investitionstheoretischen Ansatz der modernen Unternehmensbewertung (vgl. Teil I Kapitel 4.3.1.) muss an sich der Anteilseigner im Mittelpunkt der Wertermittlung stehen. Diese Bewertungsperspektive macht Sinn bei der Ermittlung des Marktwertes des Eigenkapitals, der beim Netto-DCF-Verfahren direkt berechnet wird. Dennoch wird beim DCF-Ansatz in der Regel das Wertpotential bzw. die künftige Ertragskraft des Unternehmens ermittelt. Gerade bei grenzüberschreitenden Akquisitionen werden Unternehmenswerte von überwiegend aus den angelsächsischen Ländern stammenden Investmentbanken durchgeführt, die sich meist am Gesamtwert des Unternehmens auf der Basis des Brutto-DCF-Verfahrens orientieren. In diesem Sinne wird der Unternehmenswert als Barwert aller über die Substanzerhaltung hinausgehenden Zahlungsüberschüsse des Unternehmens bestimmt. Soweit diese Überschüsse im Unternehmen vorhanden sind, werden sie von vornherein als an sich ausschüttbare und daher erwartungsgemäß ausgeschüttete Erfolge fixiert.

Diese Position ist ursprünglich auch vom Institut der Wirtschaftsprüfer (IDW) eingenommen worden. In der alten Stellungnahme HFA 2/1983 „Grundsätze zur Durchführung von Unternehmensbewertungen“ ergab sich die Durchbrechung des Zuflussprinzips zunächst als Resultat der Zielkonzeption, im Rahmen des neutralen Bewertungsschrittes die reale, objektivierte Ertragskraft des Unternehmens „wie es steht und liegt“ zu ermitteln. Der im ersten Schritt zu ermittelnde objektivierte Unternehmenswert markiert in dieser Sichtweise den Wert des im Rahmen des vorhandenen Unternehmenskonzeptes fortgeführten Unternehmens. Der objektivierte Wert orientiert auf die dem Unternehmen innewohnenden Möglichkeiten und Begrenzungen, die vom IDW grundsätzlich als unabhängig vom jeweiligen Eigentümer angesehen werden. Ein vom Käufer intendiertes verändertes Wertkonzept ist demzufolge auf dieser Bewertungsstufe außer Acht zu lassen.

Erst in einem zweiten Bewertungsschritt sind im Konzept des IDW die individuellen Daten und Wertkomponenten sowie die von einem Erwerber beabsichtigten neuen Fortführungsstrategien und etwaige Synergieeffekte zu erfassen. Diese Orientierung weist wesentlich über die Funktion des neutralen Gutachters hinaus. Der Bewerter nimmt nun die Rolle als Berater des Käufers oder Verkäufers ein und ermittelt nicht den objektivierten sondern den subjektiven Entscheidungswert. Die tatsächliche persönliche Einkommensteuerbelastung der Unternehmenseigner ist nach der alten Stellungnahme HFA 2/1983 erst in diesem zweiten Bewertungsschritt zu berücksichtigen.

Diese Einschätzung zur Frage der Einbeziehung der persönlichen Steuern der Anteilseigner ist schließlich im Anschluss an die in der Fachdiskussion geäußerte Kritik im Jahr 1997 vom IDW revidiert worden (Siepe 1997: 2). Die Notwendigkeit der Neuorientierung wurde vor allem mit dem Verweis auf die voneinander abweichenden Unternehmenswerte begründet, die sich vor und nach Einbeziehung der persönlichen Steuern der Unternehmenseigner ergeben. Die persönlichen Ertragsteuern werden seitdem im Konzept des IDW bereits bei der Ermittlung des objektivierten Wertes im ersten Bewertungsschritt erfasst. Diese Konsequenz ist entsprechend im IDW Standard „Grundsätze zur Durchführung von Unternehmensbewertungen (IDW S 1) vom 28. Juni 2000 (Siepe, Dörschell, Schulte 2000: 946 ff.) gezogen worden und markiert seitdem das Bewertungskonzept das IDW. Die Einbeziehung der persönlichen Steuern erfolgt allerdings nur in typisierter Weise. Um dem Objektivierungsanspruch gerecht zu werden, wurde bis zur Unternehmenssteuerreform 2008 von einem typisierten

Ertragsteuersatz von 35 Prozent ausgegangen. Seit dem Jahr 2009 wird die Abgeltungsteuer berücksichtigt. Die tatsächlichen Steuersätze der Unternehmenseigner sind nach wie vor erst im zweiten Bewertungsschritt zu erfassen. Hierfür ist es erforderlich, dass dem Bewerter die diversen steuerlichen Verhältnisse der Anteilseigner bekannt sind.

Vor dem Hintergrund des Zuflussprinzips kann unseres Erachtens die Einbeziehung typisierter steuerlicher Personenmerkmale in die Ermittlung des objektivierten Unternehmenswertes nicht überzeugen. Typisierungen basieren auf diversen Modellannahmen, deren gebündelte Effekte oft unsicher sind (Peemöller 2005: 96). Der Basiswert, der die vorhandene Ertragskraft des Unternehmens bezogen auf das existierende Unternehmenskonzept repräsentiert, sollte daher für sich ermittelt werden. Dieser Basiswert ist im Rahmen der internationalen Bewertungsverfahren vor allem von Bedeutung. Ergänzend können bei Bedarf im Sinne eines auch von uns vorgeschlagenen stufigen Bewertungsverfahrens die steuerlich beeinflussten Zahlungsflüsse zwischen dem Unternehmen und den Eignern einbezogen werden.

Zur Vereinfachung der Bewertungspraxis im Rahmen eines mehrstufigen Bewertungskonzeptes:

- Erstens wird die Typisierung des Anteilseigners im Rahmen des Ertragswertverfahrens (IDW Standard S 1) der steuerlichen Besonderheit des jeweiligen Falles nicht gerecht[114]. Die empirische Grundlage der Modellannahmen bleibt unklar.
- Zweitens kann die differenzierte Erfassung der steuerlichen Effekte auf Ebene des Anteilseigners zu rein steuerlich induzierten Verzerrungen des Unternehmenswerts führen. So bewirkte z.B. die volle Besteuerung der alternativen Finanzanlage (typisierter ESt-Satz) gegenüber der nur hälftigen Besteuerung der Dividende (Halbeinkünfteverfahren) vor der Unternehmenssteuerreform 2008 die Senkung des Diskontierungssatzes. In der Praxis[115] hat dies in einigen Fällen zur Erhöhung des Unternehmenswerts geführt.
- Drittens wirken sich diverse personenbezogene Faktoren wie individuelle Verlustvorträge und -rückträge oder der Progressionseffekt von Zusatzeinkünften des Anteilseigners auf den subjektiven Unternehmenswert aus. Die wechselnden steuerlichen Verhältnisse der Anteilseigner modifizieren diesen Wert gerade bei Publikumsgesellschaften beständig. Eine Abtrennung des Einflusses der persönlichen Steuern auf der Ebene des Basiswertes erscheint demnach als sinnvolle Vereinfachung der Bewertungspraxis.

Die Einbeziehung typisierter persönlicher Steuern auf der Ebene des objektivierten Unternehmenswertes ist bislang ein Knotenpunkt der deutschen Fachdiskussion geblieben. Im IDW Standard „Grundsätze zur Durchführung von Unternehmensbewertungen“ (IDW S 1 2008) wird in jüngster Zeit die **anlassbezogene Berücksichtigung** der Einkommensteuer des Anteilseigners empfohlen. Das IDW unterscheidet bei der Typisierung nun 2 Varianten voneinander:

114 Auch bei der Ermittlung der Eigenkapitalkosten nach Steuern (TAX-CAPM) sind Typisierungen hinsichtlich der Risikonutzenfunktionen der Marktteilnehmer notwendig.

115 So sind Bewertungen nach dem alten Standard (IDW S1) beim Zusammenschluss von Phoenix mit Continental sowie bei der Übernahme von Celanese durch Blackstone vorgenommen worden. Hier hat sich gezeigt, dass der Wert gemäß IDW S1 über dem Wert lag, der von einer Investmentbank ermittelt worden ist. Dies hat zu höheren Abfindungen von Aktionären geführt.

a) Unmittelbare Typisierung: Bei gesetzlichen und vertraglichen Bewertungsanlässen sei die persönliche Ertragsteuer des Anteilseigners sowohl auf der Ebene der Cash Flows des Bewertungsobjektes als auch auf der Ebene der Alternativinvestition zu erfassen. Dies gelte bei der Anwendung des Ertragswertverfahrens (= DCF-Nettoverfahren). Die typisierte Einbeziehung des Anteilseigners im Ertragswertverfahren hat sich in den letzten Jahren in einer hochkomplexen Methodik niedergeschlagen. Wir gehen auf das Tax-CAPM und die Kursgewinnsteuer am Ende dieses Kapitel ein.
b) Mittelbare Typisierung: Bei allen marktbedingten Bewertungsanlässen wie dem Kauf und Verkauf von Unternehmen werde vereinfachend davon ausgegangen, dass sich die persönliche Ertragsteuer auf der Ebene des Bewertungsobjektes und der Alternativinvestition in gleicher Höhe gegenüberstehen und daher neutralisieren. Die Einbeziehung der persönlichen Ertragsteuer des Anteilseigners sei deshalb überflüssig. Das Bruttoverfahren wird vom IDW der Ebene der mittelbaren Typisierung zugeordnet. Hierzu kann im Spezialfall auch die Bewertung von Beteiligungen im Rahmen des handelsrechtlichen Jahresabschlusses zählen.

Im Verzicht auf die Einbeziehung der persönlichen Einkommensteuer bei der mittelbaren Typisierung kommt die dominante Stellung des Investmentbanking und der Finanzanalyse bei Fusionen und Unternehmenskäufen zum Ausdruck. Die Bewertungsperspektive ist hier vor allem auf das Unternehmen und nicht den Anteilseigner gerichtet. Dies ist die Perspektive der international gängigen DCF-Verfahren.

Es ist klar, dass die DCF-Verfahren und das vom IDW vorgeschlagene Ertragswertverfahren nur dann zum selben Ergebnis führen, wenn gleiche Finanzierungsannahmen und identische Nettoeinnahmen der Unternehmenseigner unterstellt werden (Siepe, Dörschell, Schulte 2000: 954). Zum einen hängen die Zuflüsse davon ab, ob die persönlichen Steuern einbezogen werden. Zum anderen wirkt sich auch die tatsächliche Ausschüttungspolitik auf den Nettozufluss und damit den Unternehmenswert aus. Wenn im IDW Standard „Grundsätze zur Durchführung von Unternehmensbewertungen“ die DCF-Verfahren und das Ertragswertverfahren als gleichermaßen zulässige Verfahren anerkannt werden, impliziert diese Aussage, dass im Methodenvergleich die Identität der Nettozuflüsse besteht. Im Anschluss an den Verzicht des IDW auf die Einbeziehung der persönlichen Steuern bei der mittelbaren Typisierung kann von einer Identität der Nettozuflüsse aber nicht mehr gesprochen werden. Diese Aussage gilt entsprechend im Vergleich der internationalen DCF-Verfahren einerseits und des IDW-Ertragswertverfahrens andererseits.

Das Ertragswertverfahren erfordert im Rahmen der unmittelbaren Typisierung den Einbau steuerlicher Erweiterungsmodule, denen Annahmen über das Investitionsverhalten der Anteilseigner zu Grunde liegen. Wenn wir im Folgenden diese Erweiterungsmodule darstellen, relativiert dies nicht unsere Aussage, dass auf die Einbeziehung der persönlichen Ertragsteuern der Unternehmenseigner in der internationalen Bewertungspraxis verzichtet wird. Die Einbeziehung der persönlichen Steuerbelastung ist nur um den Preis einer erheblichen Erhöhung des Komplexitätsgrades bei der Wertermittlung möglich.

Wir skizzieren hier einige **Annahmen** zur Ermittlung des objektivierten Unternehmenswerts, die sich auf das **Ertragswertverfahren** des IDW beziehen:

- Die verfügbaren Freien Cash Flows werden nur insoweit als ausgeschüttet unterstellt, wie sich dies aus dem vorhandenen Unternehmenskonzept ergibt. Die Wertermittlung hat daher bei der Prognose der Freien Cash Flows voneinander zu unterscheidende

Wertbeiträge aus thesaurierten[116] und ausgeschütteten Gewinnen zu berücksichtigen. Diese Annahme ist im Jahr 2005 bei der Neufassung des IDW Standards „Grundsätze zur Durchführung von Unternehmensbewertungen" (IDW S 1 i.d.F. 2005) eingefügt worden und stellt eine Abkehr von der ehemals gültigen Vollausschüttungshypothese dar (Wagner, Jonas, Ballwieser, Tschöpel 2004: 895).

- Der Nettozufluss beim Anteilseigner bestimmt sich durch den Wertbeitrag aus Dividenden und den Wertbeitrag aus Thesaurierung, wobei jeweils die persönliche ESt als Abfluss zu berücksichtigen ist. Da ab dem Jahr 2009 Kursgewinne nicht mehr steuerfrei realisiert werden können[117], ist im Rahmen der Abgeltungsteuer eine Typisierung des auf dem Wertbeitrag aus Thesaurierung basierenden Zuflusses erforderlich. Der Wertbeitrag aus Thesaurierung markiert den Anteil am Nettozufluss, der in künftigen Perioden der Kursgewinnbesteuerung auf private Veräußerungsgeschäfte (Aktienverkäufe und -rückkäufe) unterliegt. Dieser Wertbeitrag ist von den Entscheidungen der Aktionäre abhängig. Bei der Ermittlung der effektiven Einkommensteuerbelastung beim Eigner sind daher weitere Einflussfaktoren und Annahmen zu berücksichtigen. Im Mehrperiodenfall werden Häufigkeit und Zeitpunkt der Kursrealisierung bedeutsam. Da sich mit wachsender Haltedauer der Anteile eine Verringerung der effektiven ESt ergibt, sind im Konzept des IDW Festlegungen hinsichtlich der typischen Haltedauer und des Kurswachstums[118] vorzunehmen. Folgende Formel zur Ermittlung des effektiven Einkommensteuersatzes auf Kursgewinne wird in der Fachliteratur empfohlen.

Effektivsteuersatz auf Kursgewinne[119]

$$s_{ESt.K.eff} = 1 - \frac{(1-s_{ESt.})\left((1+w_K)^H - 1\right) + 1^{\frac{1}{H}} - 1}{w_K}$$

$s_{ESt.K.eff}$	=	Effektivsteuersatz auf Kursgewinne
s_{ESt}	=	Anzuwendender ESt-Satz
w_K	=	Künftiges Kurswachstum
H	=	Haltedauer

Der effektive Einkommensteuersatz auf Kursgewinne wird im Anschluss an Überlegungen zur empirischen Haltedauer[120] auf 13,19% festgesetzt. Daraus folgt ein effektiver Einkom-

[116] Dies speist sich auch aus folgender Überlegung. Bei anteiliger Fremdfinanzierung müssen Mittel im Zeitablauf für die Tilgung verwendet werden, die durch Thesaurierung von Gewinnen aufzubringen sind. Thesaurierte Gewinne unterliegen der GewSt und KSt, nicht aber der ESt. Demzufolge lässt sich auf der Ebene der Eigentümer eine durch die Nichtausschüttung ersparte ESt berechnen.

[117] Die Unterscheidung verschiedener Wertbeiträge aus Dividendenzahlungen und aus Thesaurierung geht zurück auf Wagner/Ballwieser/Jonas/Tschöpel (2004: 898 ff.). Dies hat seinen Niederschlag im IDW Standard S 1 im Jahr 2005 gefunden. Im Rahmen des Halbeinkünfteverfahrens unterlag der Wertbeitrag aus Thesaurierung nicht der ESt. Der Thesaurierung lagen dabei steuerfreie Kursgewinne und Aktienrückkäufe sowie reinvestierte Dividenden aus versteuerten Gewinnen zu Grunde.

[118] Nach Wagner, Ballwieser, Jonas, Tschöpel (2004: 897) entspricht das thesaurierungsbedingte Kurswachstum der Kursrendite.

[119] In Anlehnung an Zeidler, Schöniger, Tschöpel (2008: 281).

mensteuersatz (unter Einbeziehung der ESt auf Dividenden) von 19,1%. Die Senkung der Unternehmenssteuer führt in der Konsequenz zu einer Erhöhung der ESt-Belastung.

Beispiel: *Effektive ESt unter Berücksichtigung der Besteuerung von Dividenden und Kursgewinnen*[121]	
Ergebnis vor Steuern *GewSt 14% (Hebesatz 400%)* *KSt (inklusive Solidaritätszuschlag) 15 + 0,825 = 15,825%* *Ergebnis nach Unternehmensteuern*	*–100,00* *–14,00* *–15,825* *–70,175*
Wertbeitrag aus Dividenden (Annahme: Anteil = 45%) *Abgeltungsteuer (inklusive Solidaritätszuschlag) = 26,375%*	*–31,579* *–8,32*
Wertbeitrag aus Kursgewinnen (Annahme: Anteil = 55%) *Typisierte ESt auf Kursgewinne (13,19%)*	*–38,596* *–5,09*
Effektive ESt auf Ergebnis nach Unternehmensteuern *(8,32+5,09 oder 19,1% auf 70,18)*[122]	*–13,41*
Nettozufluss beim Anteilseigner	*–56,77*

- Die Methodik der Wertermittlung unterstellt kongruente steuerliche Bedingungen bei den Zuflüssen des Unternehmens und der Alternativinvestition. Dies bedeutet, dass die persönliche Ertragsteuer des Anteilseigners auch auf der Ebene des Kalkulationszinsfußes zu erfassen ist. Beim Nettoverfahren betrifft dies die Eigenkapitalkosten im Capital Asset Pricing Model (CAPM). Das von Sharpe, Lintner und Mossin entwickelte Standard-CAPM haben wir im Teil I Kapitel 3.3.1 dargestellt. Da das CAPM in seiner ursprünglichen Version ohne Steuereinfluss konstruiert worden ist, ist dieses Kapitalmarktmodell hin zum Tax-CAPM weiter entwickelt worden. Die ursprünglich von Brennan (1970: 417 ff.) entwickelten Überlegungen sind im Rahmen der deutschen Fachdiskussion in die Überarbeitung des IDW Standards S 1 im Jahr 2005[123] eingeflossen. Die Anpassungen des Tax-CAPM an die Unternehmensteuerreform 2008 werden von Zeidler, Schöniger, Tschöpel (2008: 282 f.) erörtert. Die Autoren gehen davon aus, dass nur im Fall einer jährlichen Kursgewinnrealisierung beim Anteilseigner ein einheitlicher ESt-Satz auf Dividenden und Kursgewinne in Höhe der Abgeltungsteuer bestimmt werden kann. Da diese Annahme als „realitätsfern" eingestuft wird, empfehlen die Autoren die weitere Anwendung des Tax-CAPM. Bei der Anpassung an die Unternehmen-

---

[120] Typisierungen werden vorgenommen hinsichtlich der Haltedauer (35 Jahre), des Kurswachstums (4,8%), der Rendite nach Steuern (7%), der Ausschüttungsquote (45%) und der ESt (26,38%). Daraus ergibt sich nach den Berechnungen von Zeidler, Schöniger, Tschöpel (2008: 281) ein effektiver Einkommensteuersatz auf Kursgewinne i.H.v. 14,8%. Im Anschluss an Überlegungen zur empirischen Haltedauer auf dem amerikanischen Aktienmarkt, die auf eine Spanne von 9 bis 26 Jahren verweist, senken die Autoren die effektive Kursgewinnsteuer schließlich auf 13,19%.

[121] In Anlehnung an Zeidler, Schöniger, Tschöpel (2008: 282).

[122] Zur formelmäßigen Ermittlung des effektiven ESt-Satzes vgl. Zeidler, Schöniger, Tschöpel (2008: 282).

[123] Vgl. IDW S 1 id.F. vom 18.10.2005, Rdn. 100, 128 ff.

steuerreform 2008 ist die Auswirkung auf die Kursrendite der Alternativinvestition zu berücksichtigen. Die Eigenkapitalkosten nach persönlicher Steuerbelastung können unter Einbeziehung der Kursgewinnbesteuerung in folgender Weise ermittelt werden.

Nachsteuerrendite der Alternativinvestition[124]

$$r_{\text{EK,n.St.}} = r_{\text{f}} \cdot (1 - s_{\text{ESt}}) - \beta \cdot \left(r_{\text{m,v.St.}} - D_{\text{m}} \cdot s_{\text{ESt.}} - K_{\text{m}} \cdot s_{\text{ESt,K}} - r_{\text{f}} \cdot (1 - s_{\text{ESt.}})\right)$$

$r_{\text{EK,n.St.}}$	=	Eigenkapitalkosten nach Steuern
r_{f}	=	Risikofreier Zinssatz
$r_{\text{m,v.St.}}$	=	Rendite des Marktportfolios vor Steuern
K_{m}	=	Kursrendite des Marktportfolios vor Steuern
D_{m}	=	Dividendenrendite des Marktportfolios vor Steuern
s_{ESt}	=	Anzuwendender Einkommenssteuersatz
$s_{\text{ESt,K}}$	=	Einkommenssteuersatz auf Kursgewinne
β	=	Betafaktor

Im Tax-CAPM bestimmt sich die Rendite des Marktportfolios[125] durch die Summe aus Dividendenrendite und Kursgewinnen jeweils nach Abzug der persönlichen ESt-Belastung. Die Struktur der Marktrendite ist dabei Resultat der Marktausschüttungsquote. Die Marktrisikoprämie nach persönlicher ESt-Belastung ergibt sich schließlich aus der Differenz der Marktrendite nach ESt und dem risikofreien Zinssatz nach ESt. Ab dem Jahr 2009 sei nach Zeidler, Schöniger, Tschöpel (2008: 285) von einer Marktrisikoprämie nach Steuern in Höhe von 4,5% auszugehen.

Das Tax-CAPM geht von typisierenden Annahmen zum Ausschüttungsverhalten aus. Für die erste Prognosephase ist die Ausschüttungspolitik vom individuellen Unternehmenskonzept abzuleiten. Abweichungen können dabei zu steuerlich induzierten Verzerrungen führen. Für die zweite Prognosephase, bei der die Formel der ewigen Rente zu Grunde zu legen ist, wird von zwei Bedingungen ausgegangen:

- Es liegt eine äquivalente Ausschüttungspolitik hinsichtlich des zu bewertenden Unternehmens und der alternativen Finanzanlage vor und
- die verbleibenden thesaurierten Mittel werden wertneutral angelegt, indem sie nach Abzug der Steuern nur die Kapitalkosten verdienen.

Im Hinblick auf die geforderte Risikoäquivalenz zwischen Unternehmen und Alternativanlage ist die Eignung einer festverzinslichen Alternativanlage kritisiert und statt dessen eine Aktie bzw. ein Aktienportfolio empfohlen worden. Peemöller, Beckmann, Meitner (2005: 95) haben die Realitätsnähe der an deutsche Verhältnisse angepassten Modellwelt des Tax-CAPM in Frage gestellt, da die Gesamtwirkung der diversen Steuerkorrekturfaktoren unsicher sei.

124 In Anlehnung an Löffler (2009: 397).

125 Die Anwendung des TAX-CAPM unterstellt an sich die Kenntnis der Risikonutzenorientierungen der Marktteilnehmer. Nach Wiese (2004: 19 f.) sind solche Risikonutzenfunktionen empirisch nicht ermittelbar. Dies macht weitere Typisierungen notwendig.

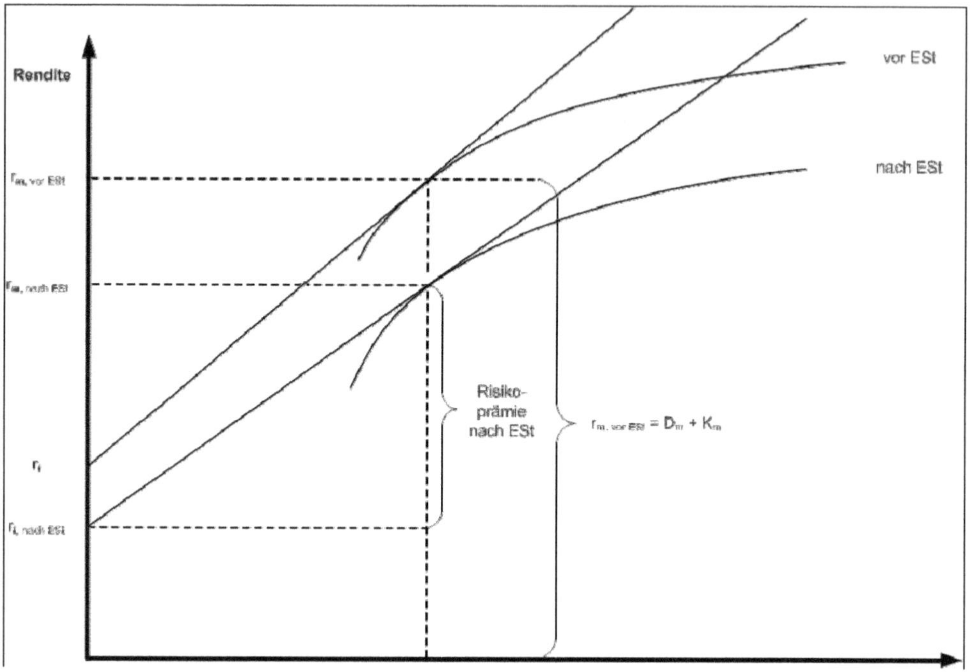

Abb. 8: TAX-CAPM

Der höhere Erklärungsgehalt des Tax-CAPM sei empirisch nicht belegt. Es bleibt abzuwarten, welche Modifikationen des IDW-Ansatzes noch folgen werden.

Die Unternehmensbewertung lässt sich sinnvoll nur als mehrstufiges Verfahren strukturieren, das sich im ersten Schritt auf das vorhandene Unternehmenskonzept des Anteilseigners konzentriert (Basiswert). Die Kernorientierung bei diesem Schritt liegt auf der Erfassung des Wertpotentials des Unternehmens. Im Rahmen weiterer Bewertungsmodule können dann strategische Veränderungen des Unternehmenskonzeptes sowie Synergieeffekte einbezogen werden, die sich durch den wirtschaftlichen Verbund zweier oder mehrerer Unternehmen ergeben. Dieser erste und grundlegende Bewertungsschritt entspricht weitgehend der mittelbaren Typisierung im neueren Ansatz des IDW (IDW S 1 2008).

Erst im Rahmen eines ergänzenden Schrittes ist dann zu klären, ob eine Ausweitung der Bewertung in Richtung der Berücksichtigung des Zuflusses beim Anteilseigner erfolgen soll. Die Bewältigung dieses Schrittes unterstellt, dass der jeweilige Eigner die Zuflüsse unter Einbeziehung aller Einflussfaktoren über mehrere Perioden hinweg plant und die persönliche Ertragsteuerbelastung einbezieht. Außerdem ist die individuelle Ausschüttungsplanung zu berücksichtigen. So kann durch eine gezielte Ausschüttungspolitik der Progressionseffekt der Einkommensteuer gemildert werden. Hier eröffnet sich das Problemfeld der optimalen Ausschüttungsverteilung (Wagner, Dirrigl 1980: 114 ff.). In dieser Perspektive kann es sinnvoll sein, das zu bewertende Unternehmen als Teilbereich des Entscheidungsfeldes des Investors zu fixieren. Dabei stellt sich die Frage, ob die erwirtschafteten Mittel im Unternehmen verbleiben oder ausgeschüttet und in andere wirtschaftliche Teilbereiche verlagert werden sollen.

5.6 Bewertungsaspekte im Rahmen von globalen Produktionsnetzwerken

5.6.1 Entstehung internationaler Produktionsnetzwerke und transnationaler Unternehmen

Bevor wir auf wichtige international orientierte Bewertungsaspekte eingehen, ist es sinnvoll, die wachsende Bedeutung transnationaler Unternehmensstrukturen aufzuzeigen. Denn dies verdeutlicht den Hintergrund unserer Darstellung und bereitet zugleich den Übergang zu grenzüberschreitenden Zahlungsströmen und damit verbundenen steuerlichen Problemstellungen vor. Wir werden dann im anschließenden Kapitel 5.6.2. vor allem die Hauptformen internationaler Direktinvestitionen erläutern und zentrale Problemfelder der Bewertung analysieren, die sich auf den transnationalen Unternehmensverbund beziehen. Da sich die Steuerbelastung der grenzüberschreitenden Cash Flows als Kernfrage erweisen wird, grenzt der Abschnitt 5.6. insgesamt die Nahtstelle zwischen der wertorientierten Unternehmensführung und der internationalen Steuerplanung ein.

Vor dem Hintergrund der „Globalisierung der Märkte“ sind die Strategien der international agierenden Unternehmen in Bewegung geraten. Bestimmte Entwicklungslinien lassen sich aus Unternehmensperspektive relativ klar markieren und sind bereits angesprochen worden. Zum einen haben sich die technischen Möglichkeiten der Telekommunikation und des Transports rasant entwickelt. Datenmengen lassen sich an nahezu jedem Ort und zu immer niedrigeren Kosten übermitteln. Der sich beschleunigende Informationsaustausch rückt die internationalen Märkte enger aneinander. Die einzelnen Regionen und Länder bringen ihre jeweiligen Stärken unmittelbar als Wettbewerbsfaktor ein, was die internationale Konkurrenz verschärft. In der Konsequenz führt dies in den Unternehmen zu Investitionsstrategien, welche die unterschiedlichen Marktbedingungen in den verschiedenen Ländern, die Stärken und Schwächen im internationalen Angebot von vornherein reflektieren.

Zum anderen haben die internationalen Finanzmärkte innerhalb der letzten zwanzig Jahre eine wachsende Bedeutung erlangt. Dies hat zu einer zunehmenden Vermischung von betrieblichen Funktionen und Handlungsebenen geführt. Während die Akteure an den Finanzmärkten im Zusammenhang mit fremdfinanzierten Unternehmenskäufen sowie freundlichen und feindlichen Übernahmen auf das operative Unternehmensgeschäft Einfluss nehmen, müssen sich die Vorstände der Unternehmen bei Fusionen, Übernahmen, Aktienrückkäufen und Umstrukturierungen auf den Finanzmärkten behaupten und deren Maßstäbe beachten. Wir haben in den vorangehenden Kapiteln versucht, diese Spur bis hin zu den neuen strategischen Orientierungen auf der Ebene der Unternehmensführung nachzuzeichnen, die unter dem Begriff „wertorientierte Unternehmensführung“ zusammengefasst werden.

Auf das zentrale Ziel der Maximierung des Unternehmenswertes ist nun im internationalen Kontext einzugehen. Dies bedeutet, dass im Rahmen der Wertermittlung des inländischen Unternehmens auch die Beteiligungserträge der ausländischen Verbundunternehmen einzubeziehen sind. Der Bewertungskreis weitet sich damit entscheidend aus und verweist auf neue Problemfelder, die wir in diesem Kapitel herausarbeiten und im Teil II detailliert erörtern. Wir werden dabei zeigen, dass sich bei der Einbeziehung ausländischer Beteiligungserträge in die Bewertung die Frage nach der Vermeidung der internationalen Doppelbesteuerung und der Minimierung der Steuerbelastung stellt. Hierbei handelt es ich um den entscheidenden Angelpunkt, der die Unternehmensbewertung mit der Ebene der internationalen Unternehmensbesteuerung verknüpft.

Bevor wir die Problemstruktur bei internationalen Direktinvestitionen und die Verknüpfung mit steuerlichen Kernfragen betrachten, wollen wir einige Entwicklungen von global tätigen Unternehmen aufgreifen. Die Relevanz der Konzentration auf Verbundunternehmen und Unternehmensnetzwerke ergibt sich aus den globalen Entwicklungslinien der letzten Jahre. Wichtige Elemente der neuen Unternehmensstrukturen im internationalen Kontext sollen im Folgenden skizziert werden.

Die neuen Herausforderungen auf dem Weltmarkt haben auch auf Unternehmensebene zu Veränderungen der Verbundstruktur geführt. Sie zwingen die Unternehmen traditionelle Managementkonzepte zu hinterfragen. Im Bereich der internationalen Unternehmensführung ist der Trend zum transnationalen Unternehmen und zum integrierten Netzwerk beschrieben worden (Bartlett, Goshall 1990). Die Überlegungen gehen zunächst von organisatorischen Grundmustern grenzüberschreitend agierender Verbundunternehmen aus. Sie bringen unterschiedliche Ausprägungen von Koordination und Kontrolle zwischen den miteinander verbundenen Unternehmen zum Ausdruck. Wir markieren dabei die Kernstruktur vereinfachend als Verhältnis von inländischer Muttergesellschaft (Parent) und ausländischen Tochtergesellschaften (Subsidiaries oder Associates) und unterstellen ein Beteiligungsverhältnis von mindestens 10 Prozent.

Die Spanne der vorfindbaren Grundmuster erstreckt sich vom stark zentral bis zum weitgehend dezentral strukturierten Unternehmensverbund. Multinationale Unternehmen weisen oft eine dezentrale Struktur von Verantwortlichkeiten und Entscheidungen auf. Das bedeutet, dass die ausländischen Verbundunternehmen aufgrund der Streuung der Ressourcen unabhängig von den Direktiven der inländischen Muttergesellschaft agieren können. Die Tochtergesellschaften erkennen und nutzen die Marktchancen eigenständig. Dies erlaubt ein hohes Maß an Marktanpassung in den jeweiligen Ländern, in denen die Tochtergesellschaften angesiedelt sind. Dem steht eine Organisation im globalen Verbund gegenüber, bei der die Entscheidungen, Kompetenzen und Ressourcen in der Zentrale bzw. der Muttergesellschaft konzentriert werden. Da die Zentrale die Strategien vorgibt, ist der Handlungsspielraum für die weltweiten Tochtergesellschaften stark eingeschränkt. Zwar können neue Produkte und Verfahren schnell und kostengünstig entwickelt werden, doch kann die Zentrale das lokale Wissen und die Kompetenzen in den Tochtergesellschaften nicht produktiv nutzen.

Nach Aussagen des früheren US-Arbeitsministers Robert B. Reich wurden die alten multinationalen amerikanischen Unternehmen zentralistisch von ihren Stammsitzen aus geführt. Die ausländischen Tochtergesellschaften wurden wie Filialen dirigiert. Eigentum und Kontrolle lagen klar in der Hand der amerikanischen Muttergesellschaft. Rohstoffe wurden gewonnen, um sie zur Verarbeitung in die USA zuschicken, in Amerika hergestellte Erzeugnisse wurden auf den Auslandsmärkten vertrieben und die Gewinne der ausländischen Tochtergesellschaften an die US-Muttergesellschaft transferiert (Reich 1993: 125).

Die zentralistische Form der Kontrolle und Führung ist aber nicht in der Lage, die Wettbewerbsvorteile im Verbundkreis voll zu erschließen. Daher kann ein Wandel in der Organisationsstruktur der transnationalen Unternehmen beobachtet werden. Im Laufe der neunziger Jahre sind zunehmend Produktionsstätten im Ausland errichtet worden, die operativ selbständig operieren können. Die Tochtergesellschaften können im stärkeren Maße eigenständig Märkte erschließen und mit lokalen Zulieferern zusammenarbeiten. Die Markterschließung und -erweiterung ist hierbei ein wichtiges Motiv. Denn eine Produktion vor Ort ist besser in der Lage, auf lokale Besonderheiten zu reagieren.

Die Errichtung globaler Netzwerke lässt aber bereits weitere Motive erkennen, die sich mit den Zielen der wertorientierten Unternehmensführung bestens vereinbaren lassen. Im transnationalen Unternehmensverbund werden die Ressourcen der Zentrale und der ausländischen Tochtergesellschaften zusammengefasst. Um weltweite Wettbewerbsvorteile zu erzielen, werden Kosten und Erträge gleichzeitig optimiert. Zentralisiert wird die Grundlagenforschung, um Kernkompetenzen zu schützen. Dies gilt entsprechend für die Finanzkontrolle. Andere Kompetenzen und Ressourcen werden nicht in der Zentrale sondern an einzelnen Standorten im Ausland konzentriert. So kann die anwendungsnahe Forschung tendenziell ausgelagert und in der Nähe der Regionalmärkte angesiedelt werden. Außerdem können in Niedriglohnländern wie China, Mexiko, Singapur oder in den mittel- und osteuropäischen Ländern Fabrikationsstätten für die weltweite Massenproduktion aufgebaut werden. An anderen Standorten wie Deutschland, USA oder Japan mag es wiederum vorteilhaft sein, Know-how zu konzentrieren und neue Technologien zu entwickeln und einzusetzen. Effizient arbeitende lokale Tochtergesellschaften werden in internationale Produktionszentren umgewandelt und innovative Entwicklungslabors in einzelnen Ländern übernehmen die Rolle weltweiter Leistungszentren für spezifische Produkt- oder Verfahrentechniken. Die „Global Factory“ schlägt sich in einem erhöhten Anteil des Interkonzernhandels am Welthandel nieder. Bei U.S.-Unternehmen ist er von 37% im Jahr 1977 auf 60% im Jahr 1993 angestiegen. Der Trend drückt sich auch im erhöhten Anteil an Vorprodukten und Halbfabrikaten aus.

Daraus resultiert eine komplexe, vernetzte Struktur von verstreuten, aber spezialisierten Kompetenzen und Vermögenswerten. Die einzelne Tochtergesellschaft kann sich an ihrem Standort auf Kernkompetenzen konzentrieren und ihre jeweiligen Stärken im Wettbewerb zur Geltung bringen. Bei der Standortentscheidung werden vor allem drei Aspekte[126] berücksichtigt, die miteinander im Gleichgewicht stehen sollten: der Marktzugang, vorhandene Kompetenzen und ein Paket aus Kosten, Steuern und Anreizen. Die Streuung der Aktivitäten macht es möglich, die Unterschiede in den Faktorkosten pro Standort zu nutzen und so die Kosten im Verbund zu senken. Gegenüber dem Fall unabhängiger Tochtergesellschaften können durch die Koordinierung und Spezialisierung von Aktivitäten strategische Vorteile erzielt werden und Verluste auf bestimmten Märkten mit Gewinnen in anderen Ländern ausgeglichen werden. Daneben können strategische Allianzen mit Unternehmen außerhalb des Verbundes von Vorteil sein. Denn die hohen Entwicklungskosten für Produkte und Verfahren forcieren auch den Transfer von Technologien und Know-how. Lizenzeinnahmen werden vor diesem Hintergrund zu einer wichtigen Einnahmequelle.

Die Internationalisierung der gesamten Wertschöpfungskette ist ein zentrales Element von internationalen Produktions-Netzwerken. Sie beziehen den Einkauf und das Zuliefersystem, die Organisation von Forschung und Entwicklung, die Anwendung neuer Technologien sowie die gesamten Abläufe der Produktion und des Vertriebs ein. Die Steuerung erfolgt über globale Telekommunikationssysteme, konzerninterne Datennetze und moderne Transportsysteme. Qualifizierte Arbeit, Rohstoffe, Halbfabrikate, Wissen und Zulieferfirmen werden dort genutzt, wo regionale Wettbewerbsvorteile optimal ausgeschöpft werden können. Dies begünstigt die funktionale Spezialisierung und die Entstehung von Clustern an bestimmten Standorten. So lässt

126 Vgl. den Chief Executive Officer des italienisch-französischen und größten europäischen Halbleiterherstellers ST Microelectronics, Pasquale Pistorio (Frankfurter Allgemeine Zeitung vom 3. 12. 2003).

sich empirisch nachweisen, dass viele deutsche Unternehmen im Inland dispositive und hochwertige Funktionen (Systemkopffunktionen) konzentrieren und solche Wertschöpfungsstufen in das Ausland verlagern, die nicht zu ihren Kernkompetenzen gehören. „Headquarter Services" werden dann ohne Zusatzkosten von Tochtergesellschaften genutzt (BDI 2008: 6).

„Value Added Activities" (UNCTAD 2002: 125) werden nach dem Muster der jeweils günstigsten Faktorkosten und Investitionsanreize auf einzelne Standorte verteilt. So liegt der Anteil der Inlandsfertigung bei der Volkswagen AG bei mittlerweile weniger als 44 Prozent. Der Trend zum „Weltprodukt" wird dabei nicht nur in der Automobilproduktion deutlich. Die verschiedenen Modelle werden auf Basis flexibler Fertigungstechnologien mit nur wenigen Grundbausteinen hergestellt. So ist bei General-Motors die Zahl der Plattformen mehr als halbiert worden, wobei Opel für einige dieser Gleichteile die Verantwortung übernommen hat. Die einzelne Tochtergesellschaft kann dabei zur zentralen Technologie-, Produktions- oder Vertriebseinheit im globalen Netzwerk aufgebaut werden. Die lokale Spezialisierung auf einzelne Funktionen und Abläufe in der globalen Wertschöpfungskette eröffnet ein großes Wertsteigerungspotential. Wird bedacht, dass es den transnationalen Unternehmen eher gelingt, Kapital auf den internationalen Finanzmärkten zu günstigsten Bedingungen zu beschaffen, wird dieses Potential noch erweitert.

Unabhängig von dieser Unternehmensentwicklung variieren die Organisationsformen der transnationalen Unternehmen gemäß ihrem technologischen Standard und den erzielbaren Wettbewerbsvorteilen. Es lassen sich drei Hauptformen unterscheiden, die internationale Produktions-Netzwerke kennzeichnen (UNCTAD 2002: 126 ff.):

Erstens lässt sich eine durch die Technologie determinierte Form eingrenzen. Im Hochtechnologiesektor muss der Aufrechterhaltung und Kontrolle der technologischen Kapazität sowie der Fähigkeit zur Innovation höchste Aufmerksamkeit gewidmet werden. Beispielhaft kann hier Intel, der größte Produzent von Mikroprozessoren, erwähnt werden. Die Verknüpfung mit der Produktion von Computersystemen wurde aufgegeben und es erfolgte eine Konzentration auf die Produktion von Mikrochips an Standorten in verschiedenen Ländern. Die hochwertige Herstellung von Mikroplatten erfolgt dabei in den USA, während die arbeitsintensivere Montage und Prüfung von Teilen in Länder mit günstiger Kostenstruktur und hohen Investitionsanreizen ausgelagert wurden. Darunter befinden sich Länder wie Malaysia, die Philippinen, Irland, Israel Costa Rica und China. Die technologische Kontrolle von Intel basiert auf einem festen System von Beteiligungsstrukturen.

Zweitens kann eine Form hervor gehoben werden, die in erster Linie auf die Erfordernisse der Produktion reagiert. In industriellen Sektoren mit mittlerem Technologieniveau wie der Automobilproduktion ist die Erzielung von Wettbewerbsvorteilen vor allem aufgrund des Mengenwachstums bedeutsam. Ist der Anteil der Produktion in den Heimatländern bislang noch relativ hoch, geht der Trend in die Richtung der Verlagerung der Produktion. So gestaltet Toyota sein internationales Produktionssystem in der Weise, dass kostengünstige Standorte in der Nähe der Hauptmärkte aufgebaut oder erweitert werden. Hervorzuheben sind hier Mexiko für den nordamerikanischen Markt, die Türkei sowie die Tschechische Republik für den Markt in Westeuropa und China. Die einzelnen Tochtergesellschaften gehören bis auf einige Ausnahmen[127] voll zu Toyota.

[127] Der japanische Konzern Toyota kooperiert mit der französischen Peugeot-Gruppe seit 2005. Im tschechischen Kolin wird ein Werk für die Herstellung von kleinen Personenwagen gemeinsam betrieben.

In diesem Zusammenhang kann auf den Verlauf der deutschen Automobilindustrie verwiesen werden. Aufgrund der hohen Produktivität konnte die Zahl der Beschäftigten in der Zeit zwischen 1994 und 2003 in Deutschland gesteigert werden. Dennoch wuchs die Produktion deutscher Hersteller im Ausland stärker als im Inland[128]. Auffallend sind neue Produktionskapazitäten in den neuen mittel- und osteuropäischen Ländern der Europäischen Union, der zweitgrößten Wachstumsregion hinter China. Gerade Standardteile lassen sich hier deutlich günstiger produzieren. Die Länder locken Investoren mit geringen Lohnkosten und Steuersätzen, wobei sie zugleich eine differenzierte Zuliefererindustrie vorweisen können. Insbesondere Standorte in Slowenien und der Slowakei zeichnen sich hier aus.

Drittens ist eine vor allem durch Marketingaspekte dominierte Organisationsstruktur erkennbar. Als ein Beispiel lässt sich die Bekleidungsindustrie erwähnen, die durch ein geringes technologisches Niveau gekennzeichnet ist. Der Wettbewerbsdruck hat hier bereits ein differenziertes System von Kooperations- und Vertragsbeziehungen hervorgebracht (limited brands). Die Unternehmen im Netzwerk müssen dabei nicht miteinander verbunden sein. Internationale Direktinvestitionen werden tendenziell seltener. Im Rahmen eines nicht auf Beteiligungsstrukturen basierten Netzwerks lässt sich eine für die Hersteller, Einzelhändler und Kunden vorteilhafte Kooperation aufbauen. So können z.B. im Rahmen der „Mast Industries“[129] Kooperationspartner identifiziert werden, die in der Lage sind zur richtigen Zeit und am richtigen Ort kostengünstig zu liefern. Das globale Netzwerk besteht aus 18 Büros in zwölf Ländern und aus vierhundert Fabriken in siebenunddreißig Ländern.

Kooperationsbeziehungen zwischen Unternehmen, die nicht auf Beteiligungen basieren, sind im wachsenden Maße zu verzeichnen. So zeigt sich eine Konzentration auf Kern-Kompetenzen auch im Telekommunikationssektor. Ericsson hat sich beispielsweise auf die Bereiche Forschung und Entwicklung sowie Produktentwicklung und Vertrieb spezialisiert. Andere Elemente der Wertschöpfungskette wie die gesamte Produktion von Mobiltelefonen wurden hingegen abgetrennt und Vertragspartnern überlassen (Outsourcing). Der Transfer von Technologie und Know-how spielt in diesem Zusammenhang eine große Rolle. Wir gehen daher im Weiteren auch auf Lizenzen ein, die neben den Gewinnausschüttungen zu einer bedeutsamen Einnahmequelle geworden sind.

5.6.2 Problemfelder bei der Bewertung ausländischer Verbundunternehmen

Analog zu unserem Leitfaden und im Anschluss an die Erläuterung des Trends hin zum transnationalen Unternehmen stellen wir internationale Direktinvestitionen in den Mittelpunkt unserer Überlegungen. Wir greifen die in der Einleitung dargestellte Eingrenzung der OECD wieder auf und unterscheiden drei Fallvarianten. Die ersten beiden Varianten gehen davon aus, dass es sich beim Zielunternehmen der internationalen Direktinvestition um ein Unternehmen mit eigener Rechtspersönlichkeit handelt. Lediglich das Beteiligungsverhältnis unterscheidet sich in folgender Weise:

Die Höhe der Beteiligung des inländischen Unternehmens am ausländischen Unternehmen mit eigener Rechtspersönlichkeit beträgt:

---

128 Vgl. Peter Fuß, Partner der Wirtschaftsprüfungsgesellschaft Ernst & Young AG, in der Frankfurter Allgemeinen Zeitung vom 4. Nov. 2004.

129 Informationen können abgerufen werden unter: www.mastindustries.com

- mindestens 50 Prozent der Stimmrechte (Tochtergesellschaft bzw. Subsidiary),
- 10 bis 50 Prozent der Stimmrechte (verbundenes Unternehmen bzw. Associate).

Bei der dritten Variante handelt es sich beim Zielunternehmen der internationalen Direktinvestition um eine Betriebsstätte, Filiale, Personengesellschaft oder Immobilie mit einer 100prozentigen Beteiligung. Wegen der wachsenden Bedeutung von verbundenen Unternehmen und Tochtergesellschaften auf dem Weltmarkt konzentrieren wir uns in diesem Kapitel auf diese beiden Hauptvarianten von internationalen Direktinvestitionen.

Wir betrachten eine inländische Kapitalgesellschaft, die zu mindestens zehn Prozent am Kapital einer ausländischen Kapitalgesellschaft beteiligt ist. Dies wird als internationale Schachtelbeteiligung bezeichnet. Wenn wir im Weiteren die Problemebenen von internationalen Investitionen analysieren, legen wir allein diese Konstellation von transnational tätigen Unternehmen zugrunde. Obwohl sich die beiden Hauptvarianten gemäß der Höhe der Beteiligung voneinander unterscheiden (Parents und Associates), bezeichnen wir das Zielunternehmen der Beteiligung in beiden Fällen vereinfachend als Tochtergesellschaft. Die Kernstruktur unserer Betrachtung reduziert sich damit auf das Verhältnis von inländischer Muttergesellschaft und ausländischer Tochtergesellschaft.

Transnationale Unternehmen klären die Frage, ob eine Akquisition vorteilhaft ist, im Rahmen der wertorientierten Unternehmensführung (von Wuntsch 2010: 171 ff.). Zum einen unterstellt dies die Gegenüberstellung von Ausgangsinvestition und erwarteten Überschüssen, wie dies im Kapitel 4.3.2. erläutert worden ist. Zum anderen interessiert das Wertsteigerungspotenzial und die Wertobergrenze im Sinne des Grenzpreises beim Unternehmenskauf. Dabei sind zwei Perspektiven voneinander zu unterscheiden. Die Bewertung muss aus der Blickrichtung der Muttergesellschaft und der Tochtergesellschaft erfolgen. Das bislang dargestellte Bewertungsinstrumentarium ist in beiden Fällen bedeutsam und grenzt den betrieblichen Handlungsspielraum ein. Dennoch sind die zu beantwortenden Fragen und Probleme nicht immer deckungsgleich.

Ausgangspunkt einer Akquisition ist immer die Investitionsentscheidung des Investors. In unserer Betrachtung legt das Management der Muttergesellschaft die Motive für die Auslandsinvestition und die strategische Zielsetzung fest, die wir hier als gegeben unterstellen. Die Klärung der Vorteilhaftigkeit einer Investition im Rahmen einer Gegenüberstellung von erwarteten Rückflüssen und Kosten muss sich aber auf das konkrete Investitionsobjekt beziehen. In diesem Sinne sollte sich die Akquisition einer ausländischen Tochtergesellschaft auf die Wertermittlung unter den Gegebenheiten des ausländischen Standortes konzentrieren. Die Bewertung hat dann die Geschäftsaktivitäten der Tochtergesellschaft zu reflektieren. Der Einfachheit halber gehen wir hier im Kern von einer Tochtergesellschaft aus, die keine Auslandsbeteiligungen hält. Darüber hinaus wird sich die Bewertungsperspektive der Muttergesellschaft von vornherein auf die Einbeziehung der ausländischen Beteiligungserträge zu richten haben. Denn die Akquisition der ausländischen Tochtergesellschaft erfolgt in der Regel mit der Absicht, den Gewinn im Stammunternehmen zu maximieren. Aus dem Zustrom ausländischer Cash-Flows resultiert eine steuerliche Problematik, die sich bei der Investitionsentscheidung als äußerst bedeutsam erweist. Wir gehen im Weiteren schrittweise auf beide Perspektiven ein.

Im Rahmen der Akquisition einer Tochtergesellschaft im Ausland sind die Risiken eines Unternehmenskaufes genau einzugrenzen und der maximale Kaufpreis zu ermitteln. Dies geschieht normalerweise auf der Grundlage einer umfassenden Prüfung der Lage des Ziel-

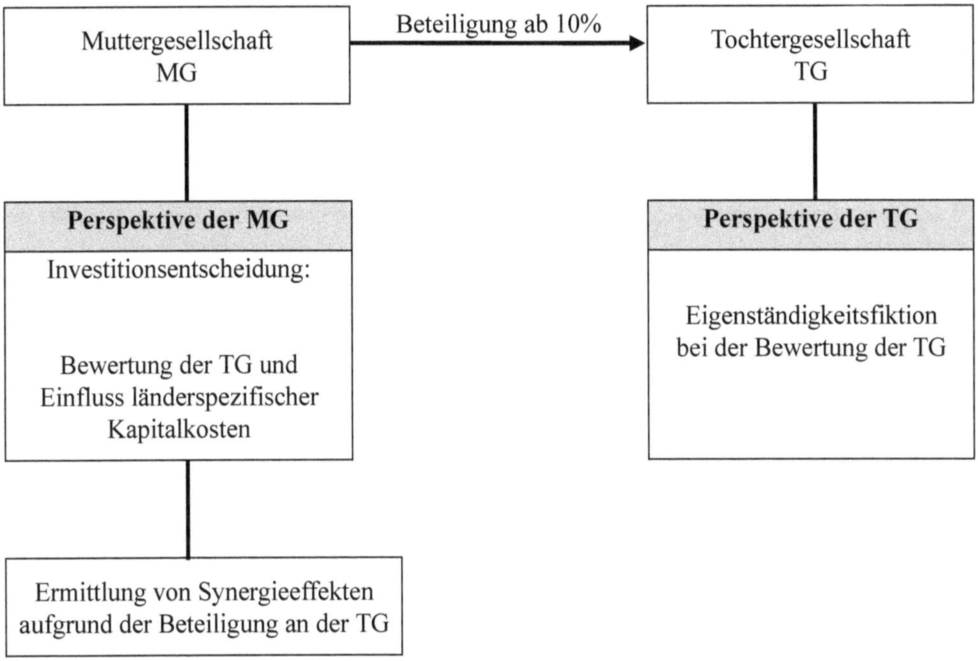

Abb. 9: Bewertungsperspektive der Mutter- und Tochtergesellschaft

unternehmens (**Due-Diligence**). Dabei ist zunächst die Perspektive des zu bewertenden Unternehmens einzunehmen. Bevor es zu einer Kaufentscheidung kommt, wird in der Regel eine „Due-Diligence-Review" erstellt, wobei der Inhalt gesetzlich nicht bestimmt ist. Folgende das Unternehmen betreffende, inhaltliche Bereiche werden üblicherweise einbezogen:

(a) Wirtschaftliches Umfeld und Allgemeines zur Geschäftstätigkeit (Economic & Business),
(b) Finanzen und Wertermittlung (Financial & Valuation),
(c) Rechtliche Situation (Legal),
(d) Steuerliche Situation (Fiscal),
(e) Unternehmensführung und Personalaspekte (Management & Human Resources),
(f) Umweltrisiken.

Diese Inhalte eines „Due-Diligence-Auftrages" sind an sich bei jeder Akquisition zu beachten, sie erhalten jedoch im transnationalen Zusammenhang eine besondere Bedeutung. Denn die als potentielle Unternehmenskäuferin agierende Muttergesellschaft muss sich vor dem Hintergrund ihrer eigenen strategischen Zielsetzungen genau mit den jeweiligen Länderbedingungen auseinandersetzen. Hervorzuheben sind länderspezifische Bedingungen und unternehmensspezifische Bedingungen.

Im Zentrum steht zunächst die Analyse der landesspezifischen Investitionsbedingungen, die sich auf folgende Punkte beziehen kann:

- Besondere wirtschaftliche Bedingungen,
- Besondere politische Bedingungen,
- Besondere steuerliche Bedingungen,
- Währungssituation,
- Lage auf dem Kapitalmarkt.

Die Klärung des wirtschaftlichen, politischen und steuerlichen Umfeldes des Zielunternehmens der internationalen Direktinvestition geht in der Regel mit einer vergleichenden Einschätzung verschiedener Standorte einher. Ist im Rahmen einer ersten Vorklärung die Entscheidung für einen bestimmten Standort gefallen, sind die Besonderheiten detailliert aufzulisten, um die künftigen Cash-Flows nach Steuern und das Wertpotential zu bestimmen. Steht die Markterschließung oder -erweiterung im Vordergrund, sind die Bedingungen für das wirtschaftliche Wachstum, die Einkommensentwicklung und die Nachfrage sowie der Einfluss von Wettbewerbern zu ermitteln. Wird die Senkung von Kosten und Steuern beabsichtigt, spielen die Höhe der Steuersätze und der Umfang der steuerlichen Bemessungsgrundlagen eine gewichtige Rolle. Die Sicherheit der politischen und rechtlichen Rahmenbedingungen und die Währungssituation sind generell bedeutsame Faktoren, die auch die Möglichkeit der Ausschüttung von Gewinnen im Land der Tochtergesellschaft und die Höhe der transferierten Rückflüsse bei der Muttergesellschaft beeinflussen. Die lokale Situation auf dem Kapitalmarkt kann sich auf die Preisbestimmung der zu erwerbenden börsennotierten Anteile auswirken.

Die Methodik zur Unternehmensbewertung ist in den vorangehenden Kapiteln bereits erläutert worden. Sie gilt im Grundsatz auch bei der Bewertung einer ausländischen Tochtergesellschaft. Im Rahmen der Investitionsentscheidung kann auf die Wertformel im Kap. 5.2 zurückgegriffen werden.

Bei der Bewertung der ausländischen Tochtergesellschaft sind vier Schritte zu beachten:

(1) Analyse der vergangenen Jahresabschlüsse und Prognose der Free Cash Flows in der Währung des Sitzstaates der Tochtergesellschaft;
(2) Ermittlung der Kapitalkosten unter Berücksichtigung der Bedingungen der Tochtergesellschaft;
(3) Ermittlung des Unternehmenswertes in der Landeswährung der Tochtergesellschaft;
(4) Umrechnung des Unternehmenswertes in die Landeswährung der Muttergesellschaft.

Bei der Ermittlung des Wertes der ausländischen Tochtergesellschaft legen wir im Rahmen unseres Falles das Bruttoverfahren (Entity Approach) zugrunde. Dabei ist klar, dass die Methodenwahl letztlich vom Investor zu entscheiden ist.

$$\text{Wert des GK} = \sum_{t=1}^{T} \frac{FCF_t}{(1+WACC)^t} + \frac{FW_T}{(1+WACC)^T}$$

GK = Gesamtkapital
FW = Fortführungswert
FCF_t = erwarteter Free Cash Flow der Tochtergesellschaft pro Periode (vor Finanzierung)
WACC = gewichtete Kapitalkosten
T = Letztes Jahr des Detailprognosezeitraums

Da wir uns zunächst auf die Bewertungsperspektive der Tochtergesellschaft beschränken, ergibt sich bislang nicht das Erfordernis, die ausschüttungsfähigen Cash Flows für jede Periode in die Währung der Muttergesellschaft umzurechnen. Sowohl die Analyse der früheren Leistungen als auch die Prognose der Free Cash Flows sind allein in der Währung des Sitzstaates der Tochtergesellschaft vorzunehmen. Währungsumrechnungen und die Prognose von Wechselkursen werden nur insoweit notwendig, wie die Tochtergesellschaft Umsätze in Ländern außerhalb ihres Sitzstaates erwirtschaftet.

Daneben ist auf den erheblichen Einfluss länderspezifischer Kapitalkosten hinzuweisen. Denn die Höhe der jeweiligen Kapitalkosten beeinflusst die Wertbestimmung direkt. Die Abzinsung der Free Cash Flows erfolgt auf der Basis des Kapitalkostensatzes der Tochtergesellschaft. Dies ist durch den Umstand bedingt, dass die ausländischen Überschüsse mit risikoangepassten Zinssätzen diskontiert werden müssen. Denn bei der Ermittlung der Eigenkapitalkosten und der gewichteten Kapitalkosten (WACC) ist der innere Zusammenhang zwischen der marktbestimmten Risikoprämie, der erwarten Inflation und der Prognose der Cash Flows eines Landes zu beachten. So können sich die Zinssätze im Ländervergleich erheblich voneinander unterscheiden. Dies gilt z.B. für die Zinssätze langfristiger Staatsanleihen in südamerikanischen und europäischen Ländern.

Darüber hinaus sollten weitergehende Risikoanpassungen auf der Ebene der Kapitalkosten vermieden werden. Die besonderen politischen Risiken, die für eine Investition in einem bestimmten Land bestehen, sind zwar zu erfassen, doch können diese adäquat im Rahmen verschiedener Szenarien berücksichtigt werden. Die Prognose der Cash Flows wird dabei mit Wahrscheinlichkeiten gewichtet, die das jeweilige spezifische politische Risiko widerspiegeln sollen. Ein anderer Punkt ist die Bestimmung der Zielkapitalstruktur der Tochtergesellschaft. Sollte die Tochtergesellschaft beispielsweise ein unangemessen niedriges Fremdkapital aufweisen, um aus steuerlichen Gründen den eigenen Gewinn zu erhöhen und den der Muttergesellschaft zu senken, so wäre die Kapitalstruktur als verzerrt zu bezeichnen und auf der Ebene der Cash Flows zu korrigieren. Denn die Zielkapitalstruktur ist unter der Annahme der Eigenständigkeit der Tochtergesellschaft zu bestimmen (dealing at arm`s length). Außerdem kann darauf hingewiesen werden, dass das Fremdwährungsrisiko bereits durch die Anwendung des Devisenkassakurses erfasst wird.

Wir skizzieren die Ermittlung des Unternehmenswertes einer als Kaufobjekt anvisierten ausländischen Tochtergesellschaft am Beispiel. Die deutsche Beyer AG ist ein mittelständischer Hersteller von pharmazeutischen Produkten und plant, sich zu 60% an der Sunyear Medicine Limited (Ltd.) mit Sitz in Shaoxing/China zu beteiligen. Das Kerngeschäft der künftigen chinesischen Tochtergesellschaft bezieht sich auf die Entwicklung, Herstellung und den Vertrieb von Medikamenten, welche auf pflanzlicher Basis hergestellt werden. Für die Jahre 2012 bis 2016 sind die Free Cash Flows und der Fortführungswert aufgrund von Planrechnungen in der chinesischen Währung „Yuan (CNY)" geschätzt worden:

Jahr	*Free Cash Flows (CNY)*	*Abzinsung: (1 + WACC)*	*Abgezinste Cash Flows (CNY)*
2012	*4.463.206*	*1,0808*	*4.129.646*
2013	*7.236.603*	*1,1681*	*6.195.360*
2014	*8.571.756*	*1,2624*	*6.789.965*
2015	*10.153.245*	*1,3644*	*7.441.638*
2016	*12.026.519*	*1,4746*	*8.155.855*
Fortführungswert	*410.368.028*	*1,4746*	*278.293.520*
Unternehmenswert 100%			*311.005.985*
Unternehmenswert 60%			*186.603.591*

Die Ermittlung der gewichteten Kapitalkosten (WACC) bezieht sich auf die Kapitalmarktbedingungen in China. Zunächst werden die Eigenkapitalkosten unter Festlegung der einzelnen Einflussfaktoren berechnet. Die Rendite von chinesischen Schatzanweisungen mit einer Laufzeit von zehn Jahren hat durchschnittlich 4,86% betragen. Wir ergänzen das landesbezogene Ausfallrisiko i.H.v. 0,9 Punkten[130]*. Der risikofreie Zinssatz beträgt daher 5,76%. Die Risikoprämie für „emerging markets" mit wird 3,78% berücksichtigt. Der Betafaktor beträgt 0,8 und entspricht dem Durchschnitt der Betas für die Pharmabranche gemäß der Börsennotierung in Shanghai und Shenzheng. Werden diese Daten zugrunde gelegt, ergeben sich Eigenkapitalkosten in Höhe von 8,78%. Geht man darüber hinaus von Fremdkapitalkosten in Höhe von 7%, einem Steuersatz von 25% und einer langfristigen Zielkapitalstruktur von 80% Eigenkapital und 20% Fremdkapital aus, lassen sich die gewichteten Kapitalkosten (WACC) mit 8,08% bestimmen (vgl. die in Teil I Kapitel 3.3.1. und 3.3.2. erläuterten Formeln).*

$$r_{EK} = r_f + ß_i * [\, E(r_m) - r_f \,] = 5{,}76\% + 0{,}8 * 3{,}78\% = 8{,}78\%$$

$$WACC = r_{FK} * (1 - s) * \frac{FK}{GK} + r_{EK} * \frac{EK}{GK} = 7\% \, (1 - 25\%) * 0{,}2 + 8{,}78\% * 0{,}8 = 8{,}08\%$$

Der Fortführungswert wird errechnet, indem von einer nachhaltigen Wachstumsrate von jährlich 5% ausgegangen wird. Im Anschluss an die Abzinsung der Free Cash Flows und des Fortführungswertes mit den Kapitalkosten (WACC) ergibt sich schließlich der Unternehmenswert der Sunyear Medicine Ltd. zum 31. 12. 2011 in Höhe von 311 Mio. CNY. Legen wir den Unternehmenswert als rationale Grundlage für die Preisverhandlung zugrunde, muss die deutsche Beyer AG, die als Investorin agiert, für den Anteil von 60% einen Marktpreis von 186,6 Mio. CNY bezahlen. Umgerechnet in die Währung der (künftigen) Muttergesellschaft ergibt dies gemäß dem Kurs[131] *zum Bewertungsstichtag einen Marktpreis von ungefähr 18,7 Mio. Euro. Dieser Preis markiert die Wertobergrenze für den Investor.*

Im letzten Schritt der Bewertung der (künftigen) Tochtergesellschaft haben wir im Beispiel den Unternehmenswert durch Anwendung des Devisenkassakurses zum Bewertungsstichtag in die Landeswährung der Muttergesellschaft umgerechnet. Damit erweitern wir die Perspektive und betrachten das Bewertungsobjekt aus dem Blickwinkel der Muttergesellschaft. Auch wenn bei der Bewertung zunächst die Eigenständigkeit der Tochtergesellschaft zu unterstellen ist, bestehen doch von vornherein enge Verbindungslinien zwischen den Verbundunternehmen. Zum einen gilt dies hinsichtlich der Investitionsentscheidung, die auf der Ebene der Muttergesellschaft angesiedelt ist und den Erwerb der Tochtergesellschaft betrifft. Wir kommen darauf in diesem Kapitel noch zurück. Zum anderen erwartet die Muttergesellschaft als Investorin laufende Zahlungen von der Tochtergesellschaft in Form von Dividenden, Lizenzgebühren und eventuell auch Zinsen. Diese zusätzlichen Cash Flows erhöhen letztlich das Wertpotential der Muttergesellschaft.

---

130 Der Ansatz basiert auf den landesbezogenen Ratings von Moody`s (www.moodys.com).

131 Der Name der chinesischen Währung lautet „Chinesischer Yuan (CNY)". Der Wechselkurs betrug am 19.12.2011 für 1 CNY = 0,12 Euro. Wir legen beispielhaft für die folgenden Jahre einen Kurs von 0,1 zugrunde.

Die Ausweitung der Untersuchungsperspektive und die Analyse der von der ausländischen Tochtergesellschaft an die Muttergesellschaft zurückfließenden Überschüsse lenken den Blick auf zwei Problemfelder:

- die Vermeidung steuerlicher Mehrfachbelastungen aufgrund der Besteuerung von Einkommensteilen im Land der Mutter- und Tochtergesellschaft sowie
- die Einbeziehung der Wechselkurse aufgrund unterschiedlicher Währungseinheiten.

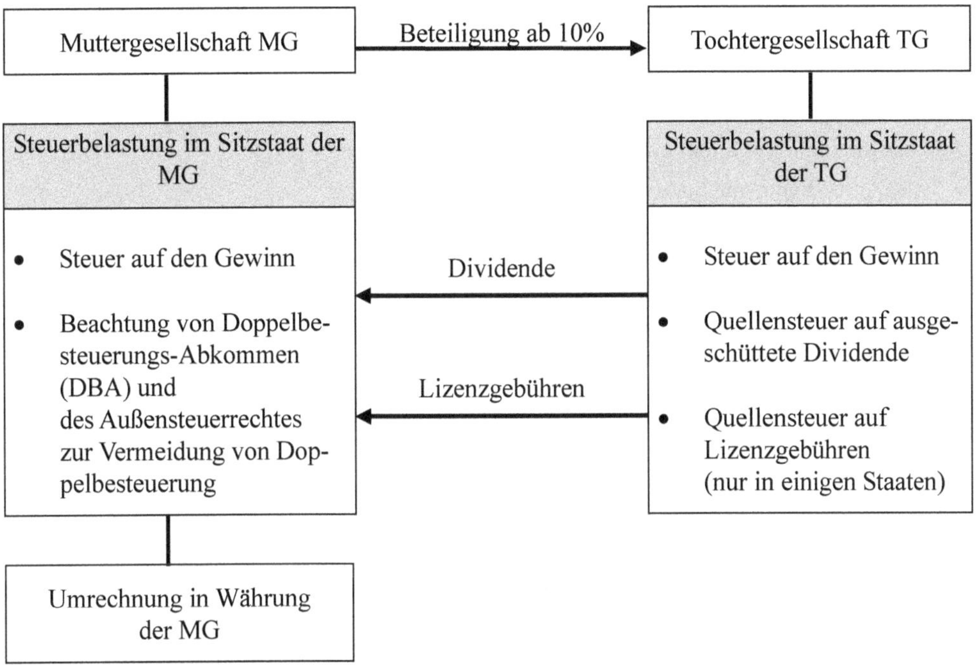

Abb. 10: Zwei Problemfelder bei der Bewertung ausländischer Unternehmen

Wir heben hier vor allem das Problem der internationalen Doppelbesteuerung hervor, da sich an dieser Nahtstelle eine wichtige Verknüpfung zwischen der wertorientierten Unternehmensführung und der internationalen Steuerplanung (vgl. Teil II) ableiten lässt. Denn ohne eine Klärung der Frage, ob durch die Besteuerung der ausschüttungsfähigen Gewinne im Land der Tochter- und Muttergesellschaft steuerliche Mehrfachbelastungen entstehen, ist eine genaue Ermittlung der an die Muttergesellschaft zurückfließenden Cash Flows gar nicht möglich. Die Eckpunkte der internationalen Unternehmensbesteuerung wirken sich daher direkt auf die Wertberechnung im Rahmen einer internationalen Akquisition aus.

Für die Auflistung der Problemstruktur hinsichtlich der Bewertung ausländischer Tochtergesellschaften gehen wir von folgenden Annahmen aus. Erstens wird der gesamte Free Cash Flow der Tochtergesellschaft als ausschüttungsfähig unterstellt. Zweitens wird bei der Berechnung der Kosten für die Verwaltung der Tochtergesellschaft von angemessenen Verrechnungspreisen ausgegangen[132]. Auf die Ausschöpfung von Vorteilen für die Muttergesellschaft durch den Ansatz überhöhter Verwaltungskosten oder unangemessener Verrechnungspreise

[132] Zur Zuordnung der Kosten und des Nutzens der Konzernzentrale vgl. Copeland, Koller und Murrin 2002: 366 f.).

für Lieferungen und Leistungen zwischen den Verbundunternehmen kann an dieser Stelle nur hingewiesen werden (vgl. hierzu Teil II Kapitel 4.3).

In diesem Kapitel soll lediglich die Verknüpfung zwischen der Ebene der Bewertung und der Ebene der Steuerplanung herausgearbeitet werden. Ob oder inwieweit aufgrund des Einflusses mehrerer Besteuerungshoheiten grenzüberschreitende Einkommenteile effektiv mehrfach belastet werden, kann an dieser Stelle nur als Frage aufgeworfen werden. Das Thema leitet über zum Teil II des Buches und kann erst nach der Erläuterung wichtiger Vorschriften zur internationalen Unternehmensbesteuerung im Detail dargestellt werden. An dieser Stelle kann aber bereits darauf hingewiesen werden, dass die bilateral vereinbarten Doppelbesteuerungsabkommen und das nationale Außensteuerrecht die Anwendung von Methoden zur Vermeidung oder Minderung der internationalen Doppelbesteuerung ermöglichen. Hervorzuheben sind hier vor allem zwei Methoden:

- die Anrechnungsmethode und
- die Freistellungsmethode.

Die Anwendungsbedingungen und die jeweilige Wirkungsweise dieser Methoden werden im Teil II Kapitel 3.4.2., 3.4.3. und 3.6. detailliert erläutert. Vorläufig reicht daher eine erste Annäherung. Ziel ist die Beseitigung bzw. Minderung der steuerlichen Mehrfachbelastung eines bestimmten Einkommensteiles einer natürlichen oder juristischen Person. Die Anrechnungsmethode beinhaltet, dass die ausländische Steuer auf die inländische Steuer angerechnet wird. Sie ist u.a. in den englischsprachigen Ländern verbreitet. Demgegenüber gilt die Freistellungsmethode z.B. in Deutschland und Frankreich. Bei der Freistellungsmethode wird das ausländische Einkommen von der Besteuerung im Inland ausgenommen, so dass nur eine Besteuerung im Ausland erfolgt. Vorerst reicht eine einfache Betrachtung. Wir werden später zeigen, dass die ausländischen Einkünfte nicht voll von der Besteuerung im Inland ausgenommen werden[133]. Außerdem vernachlässigen wir vorläufig noch die Berechnung des Höchstbetrages der Anrechnung[134]. Teilt man die periodischen Free Cash Flows (FCF_t) auf in inländische ($iFCF_t$) und ausländische ($aFCF_t$), ergibt sich unter Berücksichtigung der vereinfachenden Annahmen folgende steuerliche Struktur für $aFCF_{t,\,nS}$:

Anrechnungsmethode		
$aFCF_{t,\,nS} = aFCF_t - (\,s * aFCF_t - aS_t\,)$		
$aFCF_{t,\,nS}$	=	Ausländischer Free Cash Flow pro Periode nach in- und ausländischer Steuer
aFCF	=	Ausländischer Free Cash Flow pro Periode nach ausländischer Steuer und vor inländischer Steuer
s	=	Inländischer (kombinierter) Ertragsteuersatz
aS_t	=	Anrechenbare ausländische Steuer pro Periode (unter der Bedingung, dass $s * aFCF_t \geq aS_t$)
t	=	Periode im Planungszeitraum

[133] In Deutschland unterliegen die steuerfreien Schachteldividenden gem. § 8b Abs. 5 KStG in Höhe von fünf Prozent der Besteuerung im Inland (vgl. Teil II Kap. 3.4.3.3. und 3.5.2.4.).

[134] Die Höhe der Anrechnung der ausländischen Steuer auf die inländische Steuer ist üblicherweise begrenzt auf das inländische Belastungsniveau. Die Begrenzung wirkt sich nicht aus, solange der Steuersatz im Ausland nicht den Steuersatz im Inland übersteigt. Wir gehen darauf im Teil II Kap.3.4.2.1. ein.

Freistellungsmethode

$$aFCF_{t,\,nS} = aFCF_t - iS_t = aFCF_t$$

$aFCF_{t,\,nS}$ = Ausländischer Free Cash Flow pro Periode nach in- und ausländischer Steuer
$aFCF_t$ = Ausländischer Free Cash Flow pro Periode nach ausländischer Steuer und vor inländischer Steuer
iS_t = Inländische Steuer bezogen auf $aFCF_t = 0$[135]
t = Periode im Planungszeitraum

Anknüpfend an das vorangehende Beispiel der deutschen Muttergesellschaft Beyer AG und der chinesischen Tochtergesellschaft Sunyear Ltd. kann der Effekt der Methoden zur Vermeidung der Doppelbesteuerung vereinfachend aufgezeigt werden. Wir betrachten dabei exemplarisch den erwarteten, ausschüttungsfähigen Free Cash Flow im Jahr 2016 in Höhe von 12,03 Mio. CNY. Da die Beyer AG beabsichtigt, einen Anteil von 60% an der Sunyear Ltd. zu erwerben, könnte sie mit jährlichen Zusatzeinnahmen rechnen. Im Jahr 2016 beträgt die prognostizierte Dividende 7,21 Mio. CNY. Die Quellensteuer in China beträgt gem. Art. 10 DBA China/Deutschland 10%. Bei einem geschätzten Währungskurs von 0,1 entspricht dies einem Betrag in Höhe von ungefähr € 721.591. In der ersten Fallvariante wenden wir die international weit verbreitete Anrechnungsmethode an und unterstellen, dass im konkreten Fall die Beseitigung der steuerlichen Mehrfachbelastung der Dividende rechtlich möglich ist. Das Ergebnis der Berechnung kann dem fiktiven Fall gegenübergestellt werden, wonach die Möglichkeit der Vermeidung von Doppelbesteuerung nicht gegeben ist. Der Vergleich zeigt, dass sich der Cash Flow der Muttergesellschaft aufgrund der Anrechnung der ausländischen Steuer um T€ 72,1 vergrößert.

Einfluss der **Anrechnungsmethode**		
	Muttergesellschaft Staat A (T€)	Tochtergesellschaft Staat B (T€)
Free Cash Flow (Sunyear Ltd.)		721
Vollausschüttung (Bruttodividende) Quellensteuer auf Dividende: 10% Cash Flow (Dividendenzahlung)	 648,9	721 – 72,1 – 648,9
Bruttodividende für Steuerberechnung Steuer auf Bruttodividende: 30% Anrechnung der ausländischen Quellensteuer Steuerbelastung (nach Anrechnung)	–721 216,3 – 72,1 144,2	

[135] Die Annahme $iS_t = 0$ gilt nur bei vereinfachender Betrachtung. Bei Anwendung von § 8b Abs. 5 KStG ergibt sich: $iS_t = s * (0{,}05 * aFCF_t)$. Näheres wird in Teil II Kapitel 3.5.2.4. ausgeführt.

Cash Flow (vor Steuern)	648,9	
Steuern im Staat A (nach Anrechnung)	– 144,2	
Cash Flow (nach Steuern)	504,7	

Vergleichsfall ohne Beseitigung der steuerlichen Mehrfachbelastung:		
Cash Flow (vor inländischer Steuer)	648,9	
Steuer im Staat A	– 216,3	
Cash Flow (nach Steuern)	432,6	

Vorteil (nach Steuern):		
Cash Flow mit Steueranrechnung	– 504,7	
Cash Flow bei Doppelbelastung	– 432,6	
	72,1	

Wenden wir in der zweiten Fallvariante die Freistellungsmethode an, ergibt sich auch eine Beseitigung der steuerlichen Doppelbelastung. Das Ergebnis unterscheidet sich allerdings vom Ausgangsfall, da sich hier allein die Steuerbelastung im ausländischen Staat durchsetzt. Wir unterstellen hier vereinfachend, dass die Freistellungsmethode eine vollständige steuerliche Entlastung im Staat der Muttergesellschaft bewirkt[136]*. Außerdem wird auch hier von der Identität der Währungen ausgegangen. Der Cash Flow der Muttergesellschaft erhöht sich gegenüber dem Vergleichsfall der Doppelbelastung um T€ 288,4 und gegenüber dem Anrechnungsfall um zusätzliche T€ 72,1. Entsprechende Vorteile ergeben sich in allen Jahren der Ausschüttung.*

Einfluss der Freistellungsmethode		
	Muttergesellschaft Staat A (T€)	Tochtergesellschaft Staat B (T€)
Free Cash Flow (Sunyear Ltd.)		–721
Vollausschüttung (Bruttodividende) Quellensteuer auf Dividende: 10% Cash Flow (Dividendenzahlung)	 648,9	721 – 72,1 648,9
Bruttodividende für Steuerberechnung Freistellung von der Besteuerung Steuerbelastung	– 721 0	

136 Wir haben bereits erwähnt, dass nach deutschem Recht 5% der ausländischen Schachteldividende in Deutschland zu besteuern sind (vgl. Teil II Kapitel 3.4.3.3. und 3.5.2.4.).

Cash Flow (vor inländischer Steuer) Steuer im Staat A (nach Freistellung) Cash Flow (nach Steuern)	648,9 – 0 648,9	

Vorteil (nach Steuern): Cash Flow mit Freistellung Cash Flow bei Doppelbelastung	 648,9 – 360,5 288,4	

Da die jeweilige Methode zur Vermeidung der Doppelbesteuerung die Höhe der ausgeschütteten Cash-Flows beeinflusst, wirkt sich die internationale Besteuerung direkt auf die Höhe des Unternehmenswertes aus. Im erörterten Fall vermehrt sich der laufende Cash-Flow der Muttergesellschaft (Beyer AG) um die ausländischen Zuflüsse. Gehen wir im Ausgangsfall vereinfachend von einem im Inland erzielten, nachhaltigen Free Cash-Flow i.H.v. T€ 1.000 aus und unterstellen Kapitalkosten i.H.v. 10%, ergibt sich nach der Formel der ewigen Rente ein Unternehmenswert i.H.v. T€ 10.000. Ergänzen wir nun die ermittelten ausländischen Cash-Flows, die wir ebenso als nachhaltig erzielbare Zuflüsse unterstellen, erhöht sich der gesamte periodische Free Cash-Flow der Muttergesellschaft nach Steuern auf T€ 1.504,7 im Anrechnungsfall und auf T€ 1.648,9 im Freistellungsfall. Der Unternehmenswert der Beyer AG steigt dann nach der Akquisition auf T€ 15.047 (Anrechnungsfall) bzw. auf T€ 16.489 (Freistellungsfall). Die Ergebnisse hängen somit auch von den jeweiligen Steuersätzen in den Ländern ab.

Die Problematik der Doppelbesteuerung lässt sich am Beispiel der Dividendenbesteuerung verdeutlichen, weshalb wir uns in diesem Kapitel auf diese Hauptform von transferiertem Einkommen konzentrieren. Es kann allerdings bereits hier darauf hingewiesen werden, dass sich auch bei Lizenzgebühren, die an die Muttergesellschaft gezahlt werden, die Frage nach der Vermeidung von steuerlichen Mehrfachbelastungen stellt. Im Zusammenhang mit der Überlassung neuer technologischer Verfahren sind bei internationalen Unternehmenskooperationen häufig Einnahmen der Muttergesellschaft aus Lizenzverträgen zu verzeichnen. Die Höhe der Lizenzgebühren kann vertraglich von der Erzielung realer oder geschätzter Folgegewinne aus der Nutzung der neuen Technologien abhängig gemacht werden. Einige Staaten erheben eine Quellensteuer auf Lizenzgebühren, die im Staat der Muttergesellschaft erneut der Besteuerung unterliegen. Welche Methoden hier eine steuerliche Entlastung bewirken, ist daher später wieder aufzugreifen.

Kommen wir auf den Ausgangspunkt der Investition zurück. Wir gehen von einer zweckrationalen Investitionsentscheidung aus. Da wir den Wert der Tochtergesellschaft im Sinne der abgezinsten Zukunftserfolge bzw. des Ertragswertes als Wertobergrenze für den Investor bestimmt haben, ist die Kaufentscheidung vertretbar, solange der Kaufpreis den Ertragswert nicht überschreitet. Ein Investor wird letztlich bestrebt sein, einen Preis unterhalb des Ertragswertes zu vereinbaren. Rechnet der Investor mit erheblichen Synergien, die sich aus der Besonderheit des Unternehmensverbundes und den aufeinander abgestimmten Unternehmensstrategien ergeben, kann allerdings auch ein Preis oberhalb des Ertragswertes gerechtfertigt sein.

$$K_{0,M} = -I_0 + \sum_{t=1}^{n} FCF_t * (1 + WACC)^{-t}$$

$K_{0,M}$	=	Kapitalwert im Zeitpunkt der Investition aus der Perspektive der Muttergesellschaft
I_0	=	Ausgangsinvestition
WACC	=	Gewichtete Kapitalkosten
FCF_t	=	erwartete Free Cash Flows der Tochtergesellschaft, die an die Muttergesellschaft ausgeschüttet werden können
n	=	Ende des Planungszeitraumes
t	=	Periode im Planungszeitraum

Gehen wir bei der Prüfung der Vorteilhaftigkeit der Investition im Ausland von der Perspektive des Investors aus, stellt sich das Problem der Währungsumrechnung. Die Berechnung des Kapitalwertes setzt die Gleichstellung der Währungseinheiten voraus und kann entweder in der Währung des Sitzstaates der Tochtergesellschaft oder der Muttergesellschaft erfolgen. Dabei sind wiederum zwei Betrachtungsebenen voneinander zu unterscheiden. Zum einen muss hinsichtlich der Wertbestimmung der (potentiellen) Tochtergesellschaft und der Kapitalwertberechnung eine einmalige Währungsanpassung zum Zeitpunkt der Investition bzw. Bewertung erfolgen. Aus der Perspektive der investierenden Muttergesellschaft ist es notwendig, den Ertragswert der Tochtergesellschaft zum Bewertungsstichtag in die Währung der Muttergesellschaft umzurechnen. Bei der Ermittlung des Unternehmenswertes und des Kapitalwertes erübrigt sich folglich die Prognose des Wechselkurses.

(1) $W_{0,D} = W_{0,Ch} * E(W_0)$

(2) $I_{0,D} = I_{0,Ch} * E(W_0)$

$I_{0,D}$	= Ausgangsinvestition der Muttergesellschaft mit Sitz in Deutschland
$I_{0,Ch}$	= Kaufpreis der Tochtergesellschaft mit Sitz in China
$E(W_0)$	= Erwarteter Wechselkurs im Zeitpunkt der Investitionsausgabe
t	= Periode im Planungszeitraum
W_0	= Wechselkurs zum Zeitpunkt der Ausgangsinvestition

Zum anderen ergibt sich aber das Erfordernis einer Prognose des jährlichen Wechselkurses, insoweit das Wertsteigerungspotential der Muttergesellschaft selbst eingegrenzt werden soll. Denn die an die Muttergesellschaft ausschüttungsfähigen Free Cash Flows (nach Steuern) steigern ihren eigenen Unternehmenswert. Unter diesem Aspekt haben wir auf die Problematik der Vermeidung steuerlicher Mehrfachbelastungen hingewiesen. Diese Betrachtung macht es notwendig, die ausschüttungsfähigen Free Cash Flows für jede Periode in die Währung der Muttergesellschaft umzurechnen.

(3) $FCF_{t,D} = FCF_{t,Ch} * E(W_t)$	
$FCF_{t,D}$	= Erwartete Free Cash Flows in der Währung der deutschen Muttergesellschaft
$FCF_{t,Ch}$	= Erwartete Free Cash Flows in der Währung der chinesischen Tochtergesellschaft
$E(W_t)$	= Erwarteter Wechselkurs in jeder Periode
t	= Periode im Planungszeitraum

Währungsprognosen können daneben auch bei der Bewertung der Tochtergesellschaft notwendig werden, insoweit sie im größeren Umfang Auslandsumsätze ausführt. Erzielt die ausländische Tochtergesellschaft Cash-Flows nachhaltig in fremden Ländern, wird empfohlen, diese Umsätze in der jeweiligen Fremdwährung zu prognostizieren. Erst danach sollten die prognostizierten Cash Flows in die Währung der Tochtergesellschaft umgerechnet werden (Copeland, Koller, Murrin 2002: 408 f.).

In der Bewertungspraxis stellt sich damit auch die Aufgabe der langfristigen Prognose von Devisenterminkursen. Vor dem Hintergrund der Tatsache, dass diese jeweils nur für die nächsten 18 Monate vorliegen, ist dieser Schritt nicht einfach. Auf dieses Problemfeld kann hier nur hingewiesen werden. Die Zinsparitätstheorie[137] kann hier aber weiterhelfen. Hierbei wird von der Annahme ausgegangen, dass die Entwicklung der Devisenkurse das Verhältnis der erwarteten Inflationsraten zweier Staaten widerspiegelt. Das Verhältnis der Zinssätze kann schließlich auf die Prognose der Devisenkassakurse angewendet werden.

Zunächst wird ermittelt, welcher Nominalzins im Inland dem Nominalzins im Ausland entspricht. Dies unterstellt, dass die Fristenstrukturen der Zinssätze im in- und ausländischen Staat bekannt sind. Greift man den gegenwärtigen Devisenkassakurs auf, kann die Formel (Copeland, Weston 1988: 790 ff.) zur Zinsparität angewendet werden. Der erwartete Devisenkassakurs ($X_{f,t}$) im Jahr t bestimmt sich dann als Produkt aus dem gegenwärtigen Devisenkassakurs (X_O) und dem Quotienten der Nominalzinsen.

$X_{f,t} = X_O\,[\,1+N_f/\,1+N_d\,]^t$		
$X_{f,t}$	=	Erwarteter Devisenkassakurs (Ausland/Inland)
X_O	=	Gegenwärtiger Devisenkassakurs (Ausland/Inland)
N_f	=	Nominalzins im Ausland
N_d	=	Nominalzins im Inland
t	=	Periode im Prognosezeitraum

[137] Das monetaristische Wechselkursmodell (Jarchow, Rühmann 1991 und Willms 1992) geht davon aus, dass Kaufkraft- und Zinsparität erfüllt sind und den Wechselkurs erklären. Wird Kaufkraftparität unterstellt, ergeben sich Wechselkursänderungen aufgrund von Arbitragegeschäften. Sie gleichen die Unterschiede in den Ertragsraten in- und ausländischer Vermögenswerte aus, so dass Zinsparität gilt. Der Arbitrageur vergleicht die Ertragsraten und versucht, durch ein entgegengesetztes Termingeschäft das Wechselkursrisiko auszuschalten. Insofern leitet er beim Kauf der ausländischen Anlage auf dem Kassamarkt parallel den Verkauf per Termin zum bestehenden Terminkurs ein. Der Anleger fragt Devisen auf dem Devisenkassamarkt nach und bietet diese gleichzeitig auf dem Devisenmarkt an. Daraus resultieren Wechselkursänderungen. Denn die verstärkte Nachfrage auf dem Kassamarkt lässt den Kassakurs ansteigen, während das verstärkte Angebot auf dem Terminmarkt zu einem Absinken des Terminkurses führt. Der Zinsarbitrageprozess ist abgeschlossen, wenn die Erlöse in- und ausländischer Anlagen ausgeglichen sind.

Betragen beispielsweise die für das nächste Jahr (2006) erwarteten Zinsen für deutsche Staatsanleihen 3,6 Prozent und die Zinsen für polnische Staatsanleihen 5,1 Prozent, ergibt sich ein Zins-Quotient von 1,0144 EUR/PLN[138]*. Wird dieser Quotient mit dem gegenwärtigen Devisenkassakurs im Jahr 2005 (X_O) in Höhe von 0,2525 multipliziert, lässt sich der für das nächste Jahr prognostizierte Devisenkassakurs (X_f) in Höhe von 0,2561 errechnen. Auf dieser Grundlage können schließlich die prognostizierten Free Cash Flows einer polnischen Tochtergesellschaft in Euro umgerechnet werden.*

	Jahr 2006
Zinsen für deutsche Staatsanleihen (N_d)	*3,6%*
Zinsen für polnische Staatsanleihen (N_f)	*5,1%*
Quotient der Nominalzinsen	*1,0144*
Devisenkassakurs im Jahr 2005 €/Zloty (X_O)	*0,2525*
Erwarteter Devisenkassakurs €/Zloty ($X_{f,t}$)	*0,2561*
Prognostizierter Free Cash Flow (PLN)	*100*
Prognostizierter Free Cash Flow (Euro)	*25,61*

Grenzüberschreitend tätige Unternehmen versuchen, ihr Währungsrisiko im Rahmen von Devisenterminkontrakten zu minimieren. Diese Geschäfte werden unter dem Begriff „Hedging“ zusammengefasst. Besteht die Gefahr des Wertverlustes einer Fremdwährung, gehen die transnationalen Unternehmen in den meisten Fällen so vor, dass sie ausgleichende Positionen in Terminkontrakten oder Optionen aufbauen. So bauen auch deutsche Automobilunternehmen ihre Kurssicherung aus. Dies betrifft auch das USA-Geschäft. So hatte BMW mehr als 50 Prozent der Netto-Dollar-Position für das Jahr 2005 abgesichert, während es am Ende des dritten Quartals 2004 noch 33 Prozent waren. Analysten schätzten den Umfang der bei BMW durch Finanzinstrumente abgesicherten Dollar-Position auf fünf bis sechs Milliarden Euro[139]. Dabei ist hervorzuheben, dass die Verwendung von Derivaten als Hedginginstrument die beabsichtigte Absicherung des Unternehmens keinesfalls garantieren kann. Sie sind vielmehr selbst mit Risiken verbunden. Durch die Produktion im amerikanischen Werk Spartanburg versucht BMW zudem sich durch das „Natural Hedging“ abzusichern.

138 PLN = Poland Zlotych

139 Vgl. Frankfurter Allgemeine Zeitung vom 13. Januar 2005.

6 Exkurs: Internationale Rechnungslegungsstandards und Unternehmensbewertung

(Kapitel verfasst von Andreas Krimpmann, Certified Public Accountant)

6.1 Weiterentwicklung der IFRS und gegenwärtige Diskussionsschwerpunkte

Nachdem die vom International Accounting Standards Board (IASB) im Jahr 2006 verkündete Stable Period mit Ablauf des Jahres 2009 endete, ist mit einer umfangreichen Weiterentwicklung der International Financial Reporting Standards (IFRS) in den kommenden Jahren zu rechnen. Wurden bis dato nur geringfügige, notwendige Änderungen bestehender IFRS vorgenommen, ist in den kommenden Jahren eine Welle neuer Standards zu erwarten. Hiermit werden entweder Regelungslücken ausgewählter Bilanzierungsthemen abgedeckt oder bisherige Standards überarbeitet und neu gefasst. Bereits während der Stable Period hat das IASB viele dieser Themen aufgegriffen und in Diskussionspapieren und Standardentwürfen der breiten Öffentlichkeit zur Einsichtnahme und Kommentierung vorgelegt. Das Ende der Stable Period fällt mit einem zeitlichen Vorlauf mit der Umbesetzung des IASB und der Trustees zusammen. Sowohl für den Chairman als auch für viele Boardmitglieder endet im Jahr 2011 die zweite Amtsperiode, sodass ab Sommer 2011 das Board neu zusammengesetzt ist. Gerade vor diesem Hintergrund ist das IASB bestrebt, die bisher aufgegriffenen Themen abzuschließen und in neue Standards umzusetzen. Konkret wird erwartet, dass im Laufe des Jahres 2011 die vorliegenden Standardentwürfe (Exposure Drafts) durch das IASB in verbindliche Standards überführt werden, die dann im Zeitraum 2012 bis 2014 in Kraft treten. Während der Amtsperiode des noch amtierenden Chairman haben sich die IFRS zu einem einheitlichen, internationalen Rechnungslegungsstandard weiterentwickelt, was zu einer zunehmenden weltweiten Akzeptanz geführt hat. Die IFRS werden von vielen Ländern als verpflichtender Standard für börsennotierte Aktiengesellschaften vorgeschrieben (wie z.B. in Europa). Andere Länder haben die IFRS als nationale Rechnungslegungsstandards übernommen. Gegenwärtig werden die IFRS in 120 Ländern angewendet. Das IASB erwartet, das bis zum Jahr 2014 mehr als 150 Länder die IFRS anwenden werden.[140]

Die Diskussion über die Zukunft und die Ausrichtung der internationalen Rechnungslegung wird im Wesentlichen durch die nationalen und internationalen Standardsetter bestimmt. Hier ist allerdings zwischen den IASB Schwerpunkten und den Schwerpunkten der lokalen Standardsetter zu unterscheiden. Während das IASB auf eine einheitliche internationale Rech-

---

[140] Nach Angaben des IASB.

nungslegung fokussiert ist, ist bei den nationalen Standardsettern – unabhängig von der Kommentierung der neuen Rechnungslegungsvorschriften der IFRS und der Zusammenarbeit mit dem IASB – zum einen eher eine Diskussion über die Art und Weise der Übernahme der internationalen Rechnungslegung in nationales Recht und zum anderen über die Weiterentwicklung der nationalen und internationalen Rechnungslegung zu verzeichnen. Flankierend zu den Diskussionen der Standardsetter sind sowohl in der freien Wirtschaft als auch in der Wissenschaft Diskussionen hinsichtlich der Anwendung und der Weiterentwicklung von nationalen und internationalen Rechnungslegungsgrundsätzen basierend auf den Entwicklungen bei den Standardsettern wahrzunehmen.

Grundlage der Weiterentwicklung der Rechnungslegungsstandards bilden die Projekt-Pipelines der Standardsetter. Diese sind öffentlich zugänglich, sodass aus ihnen sowohl die geplanten Projekte (die relevanten Rechnungslegungsthemen), der gegenwärtige Stand und das geplante Ende eines jeden Projektes abzulesen sind. In der Regel werden zusätzlich für jedes Projekt der aktuelle Arbeitsstand, die Stellungnahmen und Kommentare der interessierten Öffentlichkeit und die nächsten Arbeitsschritte angegeben. Durch diese transparente Arbeitsweise der Standardsetter lässt sich sehr leicht ein guter Überblick über die gegenwärtigen Diskussionsschwerpunkte gewinnen. Gerade die Stellungnahmen und Kommentierungen der interessierten Öffentlichkeit[141] sind ein guter Indikator, wie die Entwicklungen der Standardsetter, insbesondere die des IASB, gesehen werden.

Eine Besonderheit in der Projekt Pipeline des IAS sind die Joint Projects. Dies sind Projekte, die gemeinsam von IASB und FASB[142] durchgeführt werden. Ziel der Joint Projects ist es, die Rechnungslegungsvorschriften der IFRS und US-GAAP anzugleichen. Grundlage hierfür ist ein Memorandum of Understanding (MoU) zwischen IASB und FASB. Auf Grund der immer stärker werdenden weltweiten Akzeptanz der IFRS und des damit einhergehenden Drucks auf die Vereinigten Staaten von Amerika hat man sich dort zu einer Anerkennung von IFRS-basierten Abschlüssen entschlossen. Das MoU soll hier helfen, durch die Angleichung der Rechnungslegungsvorschriften eine sichere und verlässliche Grundlage für die Erstellung und Anerkennung internationaler Abschlüsse sicherzustellen.

Analysiert man die Projekt Pipeline des IASB, stehen eine Reihe von Projekten kurz vor der Veröffentlichung als finaler Standard, die eine Verschiebung der Rechnungslegung zur Zeitwertbilanzierung fördern:

- Finanzinstrumente. Basierend auf den Erfahrungen aus der Finanzkrise sind die Vorschriften zur Bilanzierung von Finanzinstrumenten neu gefasst worden.
- Konsolidierung. Die Neufassung der Definition des Konsolidierungskreises auf Basis der Beherrschung und des Risk- and Rewards Modells soll bisherige Unzulänglichkeiten des IAS 27 beseitigen. Dies führt u.A. auch zur Einbeziehung von Zweckgesellschaften in den Konzernabschluss.
- Fair Value Measurement Guidance. Der geplante Standard soll in der Anwendung, insbesondere bei Ansatz und Bewertung im Rahmen der Zeitwertbilanzierung, unterstützen.

---

141 Unter der interessierten Öffentlichkeit sind Diejenigen subsumiert, die Stellungnahmen gegenüber dem IASB abgeben. Üblicherweise sind dies nationale Standardsetter, Verbände und Vereinigungen, die sich mit Rechnungslegungsvorschriften beschäftigen (z.B. Wirtschaftsprüferorganisationen), Unternehmen und natürliche Personen.

142 FASB = Financial Accounting Standards Board

- Revenue Recognition. Die Neufassung zu den Bilanzierungsvorschriften für den Umsatzausweis vereinigt mehrere Vorschriften der IFRS (IAS 11 und IAS 18). Als Joint Project mit dem FASB werden insbesondere die vielen Einzelvorschriften der US-GAAP entfallen.
- Leasing. Sämtliche relevante Leasingverträge sind künftig zu bilanzieren, wobei hierzu auch Mietverträge gehören. Somit sind Off-Balance Sheet-Finanzierungen in Form von Operating Leases künftig nicht mehr möglich.
- Versicherungsverträge. Mit der Bilanzierung abgeschlossener Versicherungsverträge wird eine Regelungslücke für Versicherungen geschlossen.
- Darstellung des Jahresabschlusses. Mit einer integrierten Darstellung des Abschlusses in Staffelform soll dem Anwender eine bessere Informationsvermittlung geboten werden. Ob die Lesbarkeit eines Jahresabschlusses verbessert wird, ist allerdings sehr umstritten.

Nach gegenwärtigem Diskussionsstand werden die in der Project Pipeline befindlichen Projekte sämtlich als neue IFRS-Standards im Laufe des Jahres 2011 umgesetzt sein. Mit diesen neuen Standards ist eine deutliche Verschiebung der Rechnungslegung zur Zeitwertbilanzierung zu verzeichnen. Damit einhergehend ergibt sich eine Erhöhung der Komplexität der Rechnungslegung, die zudem aufgrund der geforderten Angaben in Abschlüssen in das operative Geschäft der Unternehmen eingreifen wird. Insgesamt zeigt sich hier die seit vielen Jahren zunehmende Tendenz hin zu einer Unternehmenswertbilanzierung. Ob dieses Fernziel, das nie offiziell kommuniziert wurde, überhaupt erreicht werden kann, sei dahingestellt. Fakt ist jedoch, das sich die Unternehmen im Rechnungswesen und im Controlling mit der Zeitwertbilanzierung und mit seinen Standards und Methoden auseinander setzen müssen.

Anders als die Diskussionen bei den Standardsettern erstrecken sich die Diskussionen in der freien Wirtschaft eher auf die Anwendung der IFRS – sowohl hinsichtlich der Problematik bei der Auslegung und Anwendung bestehender Standards als auch auf die Auswirkungen der geplanten Standards auf das Geschäft eines Unternehmens. Hier stehen meistens praktische Themen in der Lösung der unternehmensindividuellen Gegebenheiten im Vordergrund.

Hinsichtlich bestehender Standards sind wiederkehrende Diskussionen zu den folgenden Themen zu beobachten. Diese Diskussionen behandeln oftmals mögliche Lösungsansätze sowie die langfristigen Auswirkungen auf die Bilanz und die Ergebnisbeeinflussung eines Unternehmens:

- IFRS 3R[143]: Mit der nun verpflichtenden Anwendung des IFRS 3R, der verpflichtenden Zeitwertbilanzierung der erworbenen Vermögenswerte und Schulden und den Wahlrechten zum Ausweis des anteilig erworbenen oder gesamten Geschäfts- oder Firmenwertes stehen dem Unternehmen zahlreiche Optionen für die Einbindung des erworbenen Unternehmens in den Konzernabschluss zur Verfügung. Diskutierte Klassiker sind hier die Bewertung des erworbenen Vermögens sowie die Vor- und Nachteile des vollständigen Ausweises des Geschäfts- oder Firmenwertes.
- Impairment Test: Mit den gesunkenen risikoadjustierten Diskontierungszinssätzen wird es für die Unternehmen oftmals sehr schwierig, die Werthaltigkeit von erworbenen Unternehmen nachzuweisen. In der Konsequenz sind Abschreibungen auf den Geschäfts- oder Firmenwert zu verzeichnen, die die Ergebnisse zusätzlich belasten. Dies kann sich krisenverschärfend auswirken. In welchem Verhältnis die Abschreibungen mit

143 R = Revised. Hiermit ist der überarbeitete Standard gemeint.

den tatsächlichen wirtschaftlichen Verhältnissen stehen, bleibt dabei offen. Sie müssen der wirtschaftlichen Lage des Unternehmens keineswegs entsprechen.

- Bilanzierung ausgewählter immaterieller Vermögenswerte: Der Bilanzierung ausgewählter immaterieller Vermögenswerte haften oftmals Risiken und Unsicherheiten an, wie mit den Sachverhalten zuverlässig umzugehen ist. Ein typisches Beispiel hierfür ist die Bilanzierung von Kundenbindungsprogrammen.
- Finanzinstrumente: Das Kernthema ist hier die Bewertung der Finanzinstrumente zum aktuellen Zeitwert.

Die gegenwärtige Diskussion um die geplanten Standards erstreckt sich im Wesentlichen auf die Anwendbarkeit der Standards und die damit verbundenen unternehmensinternen Änderungen von Prozessen und die verlangten Offenlegungsumfänge:

- Revenue Recognition. Eine Anwendung der Percentage of Completion Methode ist nicht mehr möglich. Stattdessen ist die Completed Contract Methode anzuwenden, die den Rechnungslegungsvorschriften des HGB entspricht. Zudem sind Verträge (und damit auch der Umsatzausweis) in ihre einzelnen Komponenten zu zerlegen und getrennt zu bilanzieren. In einem Massengeschäft wird dies aufgrund der Dokumentationserfordernisse regelmäßig zu Komplikationen führen.
- Leasing. Sämtliche Vorteile und Verpflichtungen, die sich aus Leasing- und Mietverhältnissen ergeben, sind als Nutzungsrecht und Verbindlichkeit zu bilanzieren. Problematisch ist die Bilanzierung von Optionen (z.B. Vertragsverlängerungen, Mehr-/Minderleistungen, Kaufoptionen, etc.), da sie nicht als eigenständige Komponenten bilanziert werden, sondern in den zugrunde liegenden Leasing- / Mietvertrag einbezogen werden.
- Zeitpunkt der Erstanwendung. Die Vielzahl der neuen Standards hat eine Diskussion um den Zeitpunkt des Inkrafttretens eröffnet. Sollen alle Standards auf einmal (als Big Bang) oder nacheinander wirksam werden. Diese Diskussion wird sich auf die Einführung und Umsetzung in den Unternehmen erheblich auswirken, entsprechende Ressourcen binden und neuen Kompetenzen im Umgang mit Zeitwertbilanzierungen verlangen.

Die in der freien Wirtschaft geführten Diskussionen, insbesondere die in der letzten Zeit geäußerten kritischen Stimmen zu der zunehmenden Komplexität und Anwendbarkeit der neuen Standards, sind beim IASB nicht ungehört geblieben. Das IASB hat den Umgang mit den IFRS aufgegriffen und plant, künftig Reviews ausgewählter Standards hinsichtlich der Anwendbarkeit und Optimierung durchzuführen.

6.2 Nebeneinander unterschiedlicher Rechnungslegungsstandards

Mit der zunehmenden Verbreitung der IFRS in der Welt und dem zunehmenden Übergang auf die IFRS in vielen Ländern dominieren neben den nationalen Rechnungslegungsstandards fast ausschließlich die IFRS und die US-GAAP die internationale Rechnungslegung. Für Deutschland bedeutet dies, dass neben dem HGB in der Fassung des BilMoG[144] (verpflichtend für die Einzelabschlüsse aller Unternehmen) die IFRS für kapitalmarktorientierte Unternehmen sowie die US-GAAP für Unternehmen mit amerikanischen Muttergesellschaften die dominierenden

144 Bilanzrechtsmodernisierungsgesetz (BilMoG).

Rechnungslegungsstandards sind. In der Konsequenz bedeutet dies, dass international ausgerichtete Unternehmen mehrere Rechnungslegungsstandards anwenden und beherrschen müssen. Dies führt zu einer entsprechenden Komplexität im Rechnungswesen, da Sachverhalte gleichzeitig und unterschiedlich abzubilden sind. Diese Divergenz der Rechnungslegungsstandards ist vom deutschen Gesetzgeber mit dem BilMoG etwas gemildert worden. Mit der Novellierung des HGB durch das BilMoG sollte das deutsche Handelsrecht modernisiert werden. Das BilMoG hat dazu eine Reihe ausgewählter IFRS-Rechnungslegungsgrundsätze in das deutsche Handelsrecht übernommen, ohne allerdings die grundlegenden Prinzipien des Handelsrechts aufzugeben (z.B. Gläubigerschutz, Realisationsprinzip, Imparitätsprinzip). Dennoch bleiben für ausgewählte Sachverhalte Differenzen erhalten, die im Vergleich der Rechnungslegungsstandards zu unterschiedlichen Bilanzierungen führen:

Gegenstand	HGB (BilMoG)	IFRS	US-GAAP
Immaterielle Vermögensgegenstände / -werte	Keine expliziten Vorschriften.	Impairment Test für immaterielle Vermögenswerte mit unbestimmter Nutzungsdauer.	Ähnliche Regelung wie die IFRS.
Geschäfts- oder Firmenwert	Planmäßige Abschreibung über die voraussichtliche Nutzungsdauer.	Impairment Test und Sonderabschreibungen.	Impairment Test und Sonderabschreibung. Der Impairment Test nach US-GAAP unterscheidet sich allerdings vom Impairment Test nach den IFRS.
Entwicklungskosten	• Vorschrift inhaltlich der IFRS. Rückgriff auf die Regelungen der IFRS, da Aktivierung von Entwicklungskosten im HGB nicht weiter spezifiziert. • Aktivierungsverbot für Forschungskosten	• Aktivierungswahlrecht. Die Aktivierung ist an dedizierte Kriterien gebunden, die kumulativ zu erfüllen sind. • Aktivierungsverbot für Forschungskosten.	Aktivierungsverbot von Forschungs- und Entwicklungskosten (Ausnahme: Softwareindustrie, dort Aktivierungswahlrecht für Entwicklungskosten).
Aktivierte Eigenleistungen	Aktivierungspflicht von Einzel- und Gemeinkosten. Gemeinkosten haben eine andere Zusammensetzung als nach den IFRS und den US-GAAP.	Aktivierungspflicht von Einzel- und Gemeinkosten. Definition der Gemeinkosten und Zusammensetzung der Gemeinkosten weicht von den Vorschriften des HGB ab.	Aktivierungspflicht von Einzelkosten. Gemeinkosten sind getrennt zu betrachten, variable Gemeinkosten sind aktivierungspflichtig, fixe Gemeinkosten unterliegen mit Ausnahmen einem Ansatzverbot.
Sachanlagevermögen	• Wahlrecht zum Ansatz von Zuschüssen: Entweder AK-mindernd oder Ergebniswirksam oder als Passivposten. • Keine Aktivierung von Rückbauverpflichtungen	• Zuschüsse sind anschaffungsmindernd bei Erst- und Folgeansatz zu berücksichtigen. • Rückbauverpflichtungen sind bei dem Erstansatz von Vermögenswerten mit	Zuschüsse und Rückbauverpflichtungen werden ähnlich den Vorschriften der IFRS bilanziert.

		dem Barwert anzusetzen und dann planmäßig abzuschreiben. Ggf. Restatement bei wesentlichen Zinssatzänderungen.	
Finanzinstrumente	Es gilt das Anschaffungskostenprinzip. Ausnahme: Zeitwertbilanzierung für Wertpapiere des Handelsbestands bei Banken.	Gruppierung von Finanzinstrumenten und Bilanzierung zum Zeitwert. Ausweis der Änderungen entweder ergebniswirksam in der GuV oder ergebnisneutral im Eigenkapital nach definierten Kriterien.	Identisch IFRS, da Joint-Project zwischen IASB und FASB.
Latente Steuern	• Konzept der Gesamtdifferenzbetrachtung, Wahlrecht zum Ausweis aktiver latenter Steuern. • Höhe des Ansatzes aktiver latenter Steuern auf Verlustvorträge unterliegt ggf. einer zeitlichen Beschränkung.	Unsaldierter Ausweis aktiver und passiver latenter Steuern.	Unsaldierter Ausweis aktiver und passiver latenter Steuern.
Rückstellungen	Vorschrift identisch der IFRS, aber Vorgabe des zu verwendenden Diskontierungszinssatzes durch die deutsche Bundesbank.	Diskontierung des Rückstellungsbetrags auf den Barwert und Aufzinsung in den Folgeperioden. Verwendung des Grenzzinssatzes des Unternehmens.	Rückstellungen (und langfristige Verbindlichkeiten) werden ähnlich den Vorschriften der IFRS bilanziert.
Rekultivierung und Rückbau	Aufbau von Rückstellung pro rata temporis bis zum erwarteten Zeitpunkt der Inanspruchnahme. Anpassung der Rückstellungsbeträge, wenn sich die erwarteten Rückbauverpflichtungen konkretisieren.	Schätzung der erwarteten Rückbauverpflichtungen im Zeitpunkt des Erstansatzes des korrespondierenden Vermögenswertes und Diskontierung auf den Barwert. Aufzinsung in Folgeperioden. Restatement sofern sich Diskontierungszinssätze wesentlich ändern.	Rekultivierung und Rückbauverpflichtungen werden ähnlich den Vorschriften der IFRS bilanziert.
Leasing (beim Leasingnehmer)	Aktivierung und Abschreibung von Finance Leases und Passivierung der künftigen Verpflichtungen. Aufwandserfassung von Operating Leases.	Geplanter neuer Standard: Keine Unterscheidung nach Finance- und Operating Lease. Aktivierung der Leasing und Mietverpflichtungen und Passivierung einer korrespondierenden Schuld als Barwert. Separater Ausweis der Finanzierungskomponenten.	Identisch IFRS, da Joint-Project zwischen IASB und FASB

6.3 Zeitwertbilanzierung und Ausblick

Das Konzept der Zeitwertbilanzierung zieht sich durch viele Standards der IFRS und regelt die Bewertung und Bilanzierung von Vermögenswerten und Schulden. Dabei können je nach Vermögenswert und Schuld unterschiedliche Konzepte zur Anwendung kommen. Analysiert man die Konzepte der IFRS zur Bilanzierung von Zeitwerten (die Fair-Value Bilanzierung), lassen sich diese Konzepte in zwei große Bereiche unterteilen:

- Marktwertkonzepte
- Finanzmathematische Konzepte

Basierend auf der Theorie, dass Märkte der zuverlässigste Indikator zur Bestimmung eines Wertes sind, ist einer Bewertung zu Marktwerten der Vorzug zu geben. Hier stellt sich die Frage, ob der Zeitwert eines Vermögenswertes oder einer Schuld basierend auf einem Markt überhaupt ermittelt werden kann. Gibt es einen Markt, der als Referenz für einen Vermögenswert oder einer Schuld verwendet werden kann? Dies mag für Finanzinstrumente (z.B. Wertpapiere) sicherlich möglich sein. Vielleicht ist dies auch noch für einzelne Sachanlagen möglich, für die sich ein Markt gebildet hat (z.B. für gebrauchte Maschinen, Fahrzeuge, Vorräte, etc.). Für eine Vielzahl von Vermögenswerten und Schulden wird dies aber nicht möglich sein, sodass hier auf finanzmathematische Konzepte und Modelle zurückgegriffen wird. Die verwendeten finanzmathematischen Konzepte sind in der Regel Barwertkonzepte die aus Zeitreihen von Beträgen und Planungen sowie Abzinsungsfaktoren Gegenwartswerte (Zeitwerte) berechnen, die als Ansatz in der Bilanzverwendet werden. Durch die Verwendung von Barwertkonzepten wird immer eine Finanzierungskomponente unterstellt, die bei Laufzeiten von über einem Jahr zum Tragen kommt. Insofern erfolgt im Rahmen der Folgebewertung regelmäßig ein ergebniswirksamer Ausweis eines Zinsanteils.

Die Verwendung von finanzmathematischen Modellen eröffnet dem Ersteller von Jahres- und Konzernabschlüssen einen großen Spielraum, frei nach dem Motto: „Welchen Gewinn hätten sie denn gerne?“. Der Grund für diese Aussage ist einfach. Durch die Verwendung künftiger Beträge (z.B. die Höhe der zu bildenden Rückstellungen) und Planungen fließen Zukunftserwartungen in die Ermittlung von Zeitwerten ein, die auf Erwartungen, Abschätzungen und Unternehmensentwicklungen durch das Management basieren und oftmals Marktentwicklungen als Entscheidungsgrundlage verwenden. Sofern hier keine groben Abweichungen vom Status Quo eines Unternehmens feststellbar sind, müssen die getroffenen Annahmen als realistisch eingestuft werden, was dem Management eine umfangreiche Gestaltungskomponente eröffnet. Eine weitere Gestaltungskomponente sind die zu verwendenden marktadäquaten Zinssätze. Hier ist oft die Verwendung von WACC[145] oder des Grenzzinssatzes des Unternehmens vorgeschrieben. Sofern ein Unternehmen nicht über die Daten verfügt, müssen diese wiederum aus weiteren Marktdaten abgeleitet werden. Üblicherweise erfolgt dies, in dem vergleichbare Unternehmen gesucht werden, deren Markdaten verfügbar und zugänglich sind. Diese werden in einer Peer-Group zusammengefasst, aus der dann die wesentlichen Parameter für die Bestimmung von Diskontierungszinssätzen berechnet werden. In der Praxis erweist sich hier weniger die Berechnung der Zeitwerte als die Beschaffung der zugrundeliegenden Daten als problematisch. Die meisten Unternehmen verfügen nicht über die Ressourcen diese Daten selbst zu bestimmen, sodass diese meistens teuer von Dienstleistern

---

[145] WACC = Weighted Average Cost of Capital.

(z.B. Wirtschaftsprüfer, Bewerter oder Berater) eingekauft werden müssen. Dies führt oftmals zu einem Hinterfragen der Bilanzierungsvorschriften unter Kosten-Nutzen-Aspekten.

Sowohl die Ableitung von Zeitwerten aus Marktwerten als auch die Errechnung von Zeitwerten mithilfe finanzmathematischer Modelle wirft eine zentrale Frage auf: Wird die Realität entsprechend abgebildet? Hier besteht insbesondere bei den zunehmend komplexeren Bilanzierungen der kommenden IFRS-Standards die Gefahr der Loslösung bzw. Abkopplung von der Realität. Dies kann im Extremfall dazu führen, dass hier fiktive Beträge bilanziert werden müssen, die nicht mehr dem zugrundeliegenden wirtschaftlichen Sachverhalt entsprechen. Hier ist eine Einzelfallwürdigung durchzuführen, eine Verallgemeinerung der Aussage wäre nicht angemessen.

Generell lässt sich sagen, dass die Zeitwertbilanzierung in der Konsequenz zu einer Ertragsverschiebung führt. Durch die Berücksichtigung von Finanzierungskomponenten stellt sich regelmäßig ein erhöhtes EBIT ein, das durch einen erhöhten Zinsaufwand wieder kompensiert wird. Ob hierdurch ein Mehrwert für den Bilanzleser gewonnen wird sei dahingestellt.

Betrachtet man die aktuellen Standards, die Entwicklungen der kommenden Standards sowie die Diskussionspapiere lassen sich mehrere Aussagen ableiten:

- Die Bilanzierung und die Erstellung von Jahres- und Konzernabschlüssen bewegen sich weg von der ursprünglichen Dokumentationsfunktion der Rechnungslegung hin zu einer Abbildung und Bilanzierung künftiger Sachverhalte und Potentiale.
- Die Erfassung von Geschäftsvorfällen in der Buchhaltung wird aufgrund der Rechnungslegungsvorschriften zunehmend komplexer.
- Die Dokumentations- und Offenlegungspflichten nehmen derart zu, das immer umfangreichere Anhangsangaben zu leisten sind.

Mit der Tendenz zu einer zukunftsorientierten Bilanzierung von Geschäftsvorfällen ist ein weiterer Schritt in die Annäherung an die Unternehmenswertbilanzierung getan worden. In dieser Perspektive ist die Anwendung der Zeitwertbilanzierung ein integraler Bestandteil der Rechnungslegung, die in der Weiterentwicklung der IFRS künftig eine zunehmende Bedeutung erfahren wird. Von künftigen Standards ist daher zu erwarten, dass sie Konzepte und Vorschriften enthalten werden, die das Konzept der Zeitwertbilanzierung bestätigen und ausweiten.

Teil II:

Steuerplanung im internationalen Kontext

1 Leitfaden

In den vorangehenden Teilen des Buches ist der Handlungsrahmen für internationale Direktinvestitionen eingegrenzt worden. Diese Herangehensweise hat uns zu einer zentralen strategischen Orientierung geführt, die das Entscheidungsfeld des multinational agierenden Unternehmens bestimmt. Unternehmen werden immer stärker nach dem Muster des wertorientierten Managements geführt. Indem Unternehmensvorstände auch zu aktiven Teilnehmern an den Finanzmärkten werden (Copeland, Koller, Murrin 2002, 20), verknüpfen sich die betrieblichen Entscheidungen hinsichtlich der Problemebenen Unternehmensstrategie, Investition und Finanzierung sowie Unternehmensbesteuerung. Diesen Zusammenhang und die daraus sich ableitende Struktur haben wir im Prolog thesenartig erläutert.

Die Logik der wertorientierten Unternehmensführung wirkt sich auch bei grenzüberschreitenden Investitionen prägend aus. Die Grundregel ist, dass die Kapitalrendite bei gegebenem Kapitaleinsatz die Kapitalkosten möglichst übersteigen muss. Nur dann wird der Unternehmenswert maximiert. Bezieht man diesen Gedanken auf internationale Direktinvestitionen, werden die unterschiedlichen steuerlichen Bedingungen in den Investitionsländern bedeutsam. Im Vorangehenden haben wir internationale Direktinvestitionen im Anschluss an die Definition der OECD begrifflich eingegrenzt. Im Unterschied zu einer Portfolioinvestition handelt es sich dabei um eine grenzüberschreitende Vermögensanlage, die eine unmittelbare Kontrolle über die erworbenen Aktiva ermöglicht und eine langfristige Investitionsperspektive unterstellt.

Es sind drei Fallvarianten zu unterscheiden:

- Tochtergesellschaft mit eigener Rechtspersönlichkeit („Subsidiary"): Die Beteiligung umfasst mindestens 50 Prozent der Stimmrechte.
- Verbundenes Unternehmen („Associate"): Die Höhe der Beteiligung beträgt 10 bis 50 Prozent.
- Zweigunternehmen ohne eigene Rechtspersönlichkeit („Branch"): Es handelt sich um eine Betriebsstätte oder Filiale, Personengesellschaft oder Immobilie mit einer 100prozentigen Beteiligung.

Dieses Problemfeld leitet über zu den Eckpunkten der betrieblichen Steuerplanung im globalen Kontext. Wird von dem international relevanten Fall ausgegangen, dass es sich beim inländischen Investor um eine Muttergesellschaft mit eigener Rechtspersönlichkeit („Parent") handelt, kommt es in der Perspektive der wertorientierten Unternehmensführung darauf an, den Wert der Muttergesellschaft unter Einbeziehung der ausländischen Gewinne oder Cash-Flows zu maximieren. Wir knüpfen dabei an die Herausarbeitung der Problemstruktur von internationalen Direktinvestitionen im letzten Kapitel des vorangehenden ersten Teils an. Dies betrifft im Kern die Frage nach dem steuerlichen Einfluss auf die Höhe der an die Muttergesellschaft zurückfließenden Cash-Flows und ihrem Wertbeitrag. In der Perspektive der wertorientierten Unternehmensführung ist daran anschließend im dritten Teil darauf einzugehen, ob und wie steuerliche Mehrfachbelastungen der ausländischen Gewinne bzw. Cash-Flows vermieden werden können.

Bei der Beurteilung der Vorteilhaftigkeit einer Investition im Ausland tritt das Problemfeld der internationalen Unternehmensbesteuerung in den Vordergrund (Haufler, Stöwhase 2003: 45). Denn das mit der wertorientierten Unternehmensführung verknüpfte Teilziel der Minderung des Kostenblocks bezieht auch das jeweilige Niveau der Unternehmensbesteuerung in den Ländern in das Investitionskalkül ein (Wei, Andreosso-O'Callaghan, von Wuntsch 2007: 156 ff.). Je nach Abhängigkeit von der Art der wirtschaftlichen Tätigkeit und Leistungserstellung ergibt sich eine besondere Kostenstruktur für das international agierende Unternehmen. Häufig finden im Ländervergleich die Fertigungs- bzw. Lohnkosten und die Höhe des Steueraufwandes eine besondere Beachtung. Es verwundert daher nicht, wenn der Senkung dieses Kostenblocks bei der Entwicklung des Unternehmenswertes ein großer Stellenwert beigemessen wird.

Auch wenn bei der betrieblichen Standortentscheidung in erster Linie strategische Ziele wie die Öffnung neuer Märkte, die Produktion in der Nähe der Wachstumsmärkte und die Verbesserung der Kundenbindung festzulegen sind, bewirkt der kapitalmarktorientierte Druck zur Steigerung des Unternehmenswertes eine strikte Betonung der Kosteneffizienz. Welchen Stellenwert in der Standortentscheidung die steuerlichen Bedingungen im Detail auch spielen, es zeichnet sich ab, dass die Länder im Rahmen der wachsenden Steuerstandortkonkurrenz versuchen, attraktive Bedingungen für die Ansiedlung von Kapital zu setzen. Vor diesem Hintergrund muss die internationale Steuerplanung als integrierter Bestandteil der global orientierten Investitionsstrategien und der wertorientierten Unternehmensführung verstanden werden.

Wir werden in diesem Teil der Darstellung folgenden Fragekomplexen nachgehen:

- Wie ist der steuerliche Handlungsrahmen für internationale Direktinvestitionen im Rahmen der Europäischen Union und im Fall von Direktinvestitionen in Drittstaaten eingegrenzt?
- Welche steuerlichen Anreize zur Verlagerung von Gewinnen in das Ausland können von den Unternehmen unter Ausnutzung des Verbundes von Muttergesellschaft und ausländischer Tochtergesellschaft (Subsidiaries und Associates) sowie unter Einbeziehung ausländischer Betriebsstätten (Branches) ausgeschöpft werden?
- In welchem Umfang wirken sich die in den ausländischen Verbundunternehmen erzielten Gewinne und Cash-Flows auf das Wertpotential der Muttergesellschaft bzw. des Stammunternehmens aus? Da dies mit der Frage nach etwaigen steuerlichen Mehrfachbelastungen der transferierten Einkommensteile zusammenhängt, muss die Struktur und Anwendungslogik der bilateralen Doppelbesteuerungsabkommen im Detail erläutert werden.

Der Weg zur Beantwortung dieser Fragen erfordert eine detaillierte Auseinandersetzung mit dem internationalen Steuerrecht. Obwohl wir den betriebswirtschaftlichen Problembezug von Anfang an in den Mittelpunkt gestellt haben, wird es nun notwendig das Gebiet der Internationalen Steuernormenlehre einzubeziehen. In der Perspektive unserer Betrachtung ordnen wir dabei ausgewählte steuerrechtliche Vorschriften einzelnen, von uns als bedeutsam erachteten Problemstellungen zu. Bevor wir uns den Methoden zur Vermeidung der internationalen Doppelbesteuerung nähern, arbeiten wir schrittweise systematische Aspekte der internationalen Unternehmensbesteuerung und der Bemessung von Steuerbelastungsvergleichen heraus.

Im Anschluss an die Erläuterung der Struktur und Anwendungsweise von Doppelbesteuerungsabkommen konzentrieren wir die Analyse auf das Themenfeld „Internationale Steuerplanung und Konzerngestaltungen", um die Möglichkeiten der Gewinnverlagerung im transnationalen Unternehmensverbund aufzuzeigen. Die Darstellung zur internationalen Steuergestaltung hat drei Schwerpunkte. Erstens werden Werteffekt und Risikomanagement im Zusammenhang mit der Gestaltung von Verrechnungspreisen bei multinationalen Unternehmen verdeutlicht. Zweitens wird ausführlich auf die Zinsschranke und die mit der Fremdfinanzierung im Zusammenhang stehenden Gestaltungen eingegangen. Drittens wird ein wichtiges steuerliches Abwehrgesetz erläutert und kommentiert, das bei Investitionen in Niedrigsteuerländern zu beachten ist. Die Darstellung schließt mit Betrachtungen zum Steuerwettbewerb und zur Steuerharmonisierung in der Europäischen Union ab.

2 Steuerliche Wettbewerbsbedingungen in Europa und der OECD

2.1 Unternehmensteuern und andere Steuern

Als Unternehmensteuern im engeren Sinne, wie wir sie in diesem Kapitel betrachten, versteht man Steuern auf den Gewinn oder das Vermögen von Unternehmen.

Die wichtigste Unternehmensteuer ist in fast allen Ländern die Körperschaftsteuer, die auf den Gewinn von Kapitalgesellschaften und von sonstigen juristischen Personen[146] erhoben wird. Werden die Gewinne in der Gesellschaft einbehalten („Thesaurierung"), wo sie der Selbstfinanzierung des Unternehmens dienen, bleibt es bei der Körperschaftsteuerbelastung. Werden die Gewinne an die Anteilseigner (Gesellschafter, Teilhaber) ausgeschüttet (Dividende), stellt sich die Frage, wie sie bei den Gesellschaftern besteuert werden sollen. Im internationalen Vergleich der EU- und OECD-Länder werden verschiedene Systeme zur Vermeidung der Mehrfachbelastung mit Körperschaftsteuer sowie zur Abstimmung mit der persönlichen Einkommensteuer der „natürlichen Personen" eingesetzt (Tabelle 1):

- Im *klassischen System* wird der Gewinn der Kapitalgesellschaft einem einheitlichen Körperschaftsteuersatz unterworfen. Empfangene Gewinnausschüttungen sind bei Kapitalgesellschaften in der Regel steuerfrei. Bei natürlichen Personen unterliegen die Ausschüttungen zusätzlich der Einkommensteuer. Insoweit kommt es zur Doppelbesteuerung der ausgeschütteten Gewinne. Dieses klassische System wird in Reinform aber nur in Irland und in der Schweiz angewendet.
- Die meisten anderen EU- und OECD-Länder wenden ebenfalls das klassische System an, mildern aber die Doppelbelastung durch *Steuerermäßigungen* bei der Einkommensteuer des Anteilseigners (*shareholder relief*). Viele Länder wenden hier niedrige Einkommensteuersätze an, zumeist proportionale Abgeltungssteuern, zum Teil mit der Option zur Veranlagung (Deutschland, Frankreich, Dänemark, Niederlande, Belgien, Österreich, Schweden, Italien, Spanien, mittel-osteuropäische EU-Beitrittsländer, USA). In anderen Ländern ist nur ein Teil der Dividende einkommensteuerpflichtig, zumeist die Hälfte, wie in Luxemburg, Portugal, oder Österreich. Auch in Deutschland galt ein solches Verfahren von 2002 bis 2008 („Halbeinkünfteverfahren").
- Bei den *Teilanrechnungs-* oder *Vollanrechnungsverfahren* wird die Körperschaftsteuer bei Gewinnausschüttungen teilweise (Großbritannien, Japan, Kanada) oder vollständig (Griechenland, Malta, Deutschland bis 2001) auf die Einkommensteuer angerechnet. Beim Vollanrechnungsverfahren ist die Körperschaftsteuer im Falle von Gewinnausschüttungen komplett in die Einkommensteuer integriert, sie stellt dann nur noch eine

---

146 Dies sind vor allem Vereine, Stiftungen sowie Anstalten und Eigenbetriebe des öffentlichen Rechts, soweit sie nicht steuerfrei gestellt sind (z.B. wegen Gemeinnützigkeit).

Tabelle 1: Körperschaftsteuersysteme und Anteilseignerbesteuerung 2010. Quelle BMF (2011).

Staaten	Körperschaftsteuer-Standardsätze (ohne Steuern nachgeordneter Gebietskörperschaften)		Besteuerung und Entlastungen beim Anteilseigner (natürliche, ansässige Person)
Klassische Systeme mit Tarifermäßigung			
Belgien	33%	Auf Einkommen über 322.500 €; ansonsten Eingangsteilmengentarif 24,25%, 31% und 34,5%; 33% normaler Steuersatz, ohne „Krisenzuschlag" von 3% des Steuerbetrags	Abgeltungsteuer 25% oder Option zur Steuerveranlagung
Bulgarien	10%	–	Abgeltungsteuer 5%
Dänemark	25%	–	Kapitalertragsteuer 28% auf Dividenden; bei Ausschüttungen bis 48.300 DKK Abgeltungswirkung, bei höheren Dividendeneinkünften 42% Einkommensteuer unter Anrechnung der Kapitalertragsteuer
Deutschland	15%	Ohne Solidaritätszuschlag von 5,5% des Steuerbetrags	Abgeltungsteuer 25% mit der Option zur Veranlagung, falls sich nach dem progressiven Steuersatz eine geringere Belastung ergibt
Finnland	26%	–	Börsennotierte Kapitalgesellschaften: 30% steuerfrei und 70% mit 28% auf die Einkommensteuer anrechenbarer Kapitalertragsteuer; nicht börsennotierte Kapitalgesellschaften: 9% des Gesellschaftsvermögens des Anteilseigners, max. 90.000 € steuerfrei; darüber 70% mit 28% anrechenbarer Kapitalertragsteuer
Frankreich	33,3%	Ohne Sozialzuschlag von 3,3% der normalen Körperschaftsteuer für größere Unternehmen mit jährlich mehr als 7,63 Mio. € Umsatz (Steuersatz insgesamt 34,43% für größere Unternehmen)	Ab 2008 Option zur Abgeltungsteuer von 18% der Bruttodividende (30,1% einschließlich Sozialsteuern): ansonsten progressive Einkommensteuer auf 60% der Dividende und 12,1% Sozialsteuern auf die volle Bruttodividende
Italien	27,5%	Ohne 3,9% lokale Steuer („IRAP"), deren Bemessungsgrundlage von der Staatssteuer aber abweicht (Wertschöpfung, nicht Gewinn!)	Abgeltungsteuer 12,5% (bei qualifizierten Beteiligungen unterliegen 49,72% der Dividende der progressiven Einkommensteuer)
Lettland	15%	–	Abgeltungsteuer 10%
Litauen	15%	5% für Kleinunternehmen	Abgeltungsteuer 20%
Luxemburg	21%	Ohne Zuschlag von 4% des Steuerbetrags für Arbeitslosenfonds; ermäßigter Satz 20% für Einkommen bis 15.000 €	Dividende zu 50% steuerfrei
Niederlande	25,5%	Für die ersten 200.000 € Gewinn ermäßigter Steuersatz von 20%	Einkommensteuersatz 25% auf Dividenden aus wesentlichen Beteiligungen (ab 5%): ansonsten pauschale Besteuerung eines fiktiven Kapitalertrags mit 30%

Tabelle 1. Fortsetzung

Staaten	Körperschaftsteuer-Standardsätze (ohne Steuern nachgeordneter Gebietskörperschaften)		Besteuerung und Entlastungen beim Anteilseigner (natürliche, ansässige Person)
Klassische Systeme mit Tarifermäßigung			
Norwegen	28%	–	Dividenden bleiben in Höhe der sog. Risikolosen Rendite steuerfrei
Österreich	25%	–	Abgeltungsteuer 25% oder halber Durchschnittssteuersatz bei Option zur Steuerveranlagung
Polen	19%	–	Abgeltungsteuer 19%
Portugal	25%	Ohne Gemeindezuschlag von bis zu 1,5%; für die ersten 12.500 € Gewinn ermäßigter Steuersatz von 12,5%; 27,5% auf Gewinne über2 Mio.€	Abgeltungsteuer 21,5% oder Option zur Steuerveranlagung, wobei 50% der Dividende steuerfrei bleiben
Rumänien	16%	–	Abgeltungsteuer 16%
Schweden	26,3%	–	Pauschaleinkommensteuersatz von 30% auf Dividenden: keine Option zur Steuerveranlagung möglich
Slowenien	20%	–	Abgeltungsteuer 20%
Spanien	30%	Für Betriebe mit einem Jahresumsatz bis 8 Mio. € ermäßigter Steuersatz von 25% auf die ersten 120.202,41 € des Gewinns	Pauschaleinkommensteuersatz von 19% auf Einkünfte bis 6.000 €, 21% auf höhere Einkünfte
Tschechien	19%	–	Abgeltungsteuer 15%
Ungarn	19%	Ermäßigter Steuersatz von 10% für Einkommen bis 250 Mio. HUF (seit 1.7.2010) bei Vorliegen weiterer Voraussetzungen	Dividenden von börsennotierten Gesellschaften werden pauschal mit 10% besteuert, Ausschüttungen anderer Gesellschaften mit 25%
USA	35%	Corporation Income Tax des Bundes 35% mit ermäßigten Eingangssätzen, die ab Einkommen von 100.000 $ auslaufen	Einkommensteuersatz 15% auf Dividenden von inländischen Kapitalgesellschaften oder vergleichbaren anderen Körperschaften
Klassische Systeme ohne Tarifermäßigung			
Irland	12,5%	Für gewerbliches Einkommen; für nichtgewerbliches Einkommen 25%	Besteuerung beim Anteilseigner nach dem allgemeinen Tarif
Schweiz	8,5%	–	Besteuerung beim Anteilseigner nach dem allgemeinen Tarif (bei qualifizierten Beteiligungen unterliegen nur 60% der Dividende der Einkommensteuer)
Vollanrechnungssysteme			
Griechenland	40%	Gewinnausschüttungsteuer; 24% bei Thesaurierung	Vollanrechnung; mit Einbeziehung der Steuergutschrift in das Einkommen
Malta	35%	–	Vollanrechnung; mit Einbeziehung der Steuergutschrift in das Einkommen

Tabelle 1. Fortsetzung

Staaten	Körperschaftsteuer-Standardsätze (ohne Steuern nachgeordneter Gebietskörperschaften)		Besteuerung und Entlastungen beim Anteilseigner (natürliche, ansässige Person)
Teilanrechnungssysteme			
Japan	30%	–	Anrechnung von 5% oder 10% der Ausschüttung, abhängig vom Gesamteinkommen; ohne Einbeziehung der Steuergutschritt in das Einkommen; Sonderregelung bis 31.12.2011: Streubesitzdividenden börsennotierter Gesellschaften sowie Dividenden nicht börsennotierter Gesellschaften bis zur Höhe von 100.000 ¥ unterliegen einer pauschalen Steuer von 10%
Kanada	18%	–	Die Bemessungsgrundlage beim Anteilseigner bildet die ausgeschüttete Dividende zzgl. eines Aufstockungsbetrags von 44%; 10/17 dieses Aufstockungsbetrags werden auf die Einkommensteuer des Anteilseigners angerechnet
Vereinigtes Königreich	28%	Auf Einkommen über 1.500.000 £; ansonsten Eingangsteilmengentarif 21% auf Einkommen bis 300.000 £ und 29,75% auf Einkommen von 300.001 bis 1.500.000 £	Die Bemessungsgrundlage beim Anteilseigner bildet die ausgeschüttete Dividende zzgl. eines Aufstockungsbetrags von 1/9: dieser Aufstockungsbetrag wird auf die Einkommensteuer des Anteilseigners angerechnet
Steuerbefreiungssysteme			
Estland	21%	Gewinnausschüttungsteuer; 0% bei Thesaurierung	Keine Besteuerung beim Anteilseigner
Slowakei	19%	–	Keine Besteuerung beim Anteilseigner
Zypern	10%	–	Keine Besteuerung beim Anteilseigner, jedoch Verteidigungsabgabe von 15%

Vorauszahlung der Einkommensteuer dar. Auch bei einbehaltenen Gewinnen kann im Falle späterer Ausschüttung eine Anrechnung auf die Einkommensteuer vorgesehen werden (so in Deutschland bis 2001).

- Schließlich besteht noch die Möglichkeit, auf die Besteuerung beim Anteilseigner komplett zu verzichten (*Steuerbefreiung*). So verfahren Estland, Slowakei und Zypern.

In den letzten Jahren zeigte sich eine klare Tendenz zum klassischen System mit Shareholder Relief. Deutschland, Frankreich und eine Reihe anderer Länder haben von Voll- oder Teilanrechnungsverfahren auf dieses System umgestellt. Die (Voll-)Anrechnungsverfahren sind zwar aus nationaler steuersystematischer Perspektive überlegen, weil sie die Doppelbelastung der Gewinne konsequent vermeiden. Bei grenzüberschreitenden Beteiligungen an Kapitalgesellschaften kommen jedoch die Regelungen des internationalen Steuerrechts hinzu, auf die wir in diesem Kapitel ausführlich eingehen. Da eine grenzüberschreitende Anrechnung von Körperschaftsteuer viele Probleme aufwirft, wurden in der Vergangenheit in den Ländern mit solchen Verfahren nur inländische Körperschaftsteuern angerechnet, wie dies bis 2002 auch in Deutschland der Fall war. Dadurch werden ausländische Unternehmen auf den inländischen Kapitalmärkten benachteiligt. Der Europäische Gerichtshof rügt diese Praxis zunehmend als Verstoß gegen die Wettbewerbsbedingungen. Das klassische System mit Shareholder Relief kann die Doppelbelastung wirksam vermeiden, wenn auch nicht perfekt. Im Gegensatz zu den Anrechnungsverfahren passt es aber weitaus besser mit der zunehmenden Internationalisierung der Kapitalmärkte und der Unternehmensstrukturen zusammen, da es in- und ausländische Dividenden gleichbehandelt.

Doch zunächst zurück zu den nationalen Steuersystemen: Neben Gewinnausschüttungen und anderen Kapitalerträgen erfassen die Einkommensteuersysteme auch die Gewinne der selbständigen unternehmerischen Tätigkeiten der natürlichen Personen. In Deutschland sind dies die Einkünfte aus Gewerbebetrieb, Landwirtschaft, freiberuflicher und anderer selbständiger Tätigkeit. Darin enthalten sind auch Beteiligungen an nicht-inkorporierten Personengesellschaften (partnerships). So sind in Deutschland auch größere mittelständische Unternehmen häufig als Einzelunternehmen oder Personengesellschaft organisiert und unterliegen somit der Einkommensteuer und nicht der Körperschaftsteuer. In anderen Ländern ist dagegen die Kapitalgesellschaft auch im Mittelstand weit verbreitet. In manchen Ländern bestehen Möglichkeiten, als Personengesellschaft auf die Körperschaftsteuer zu optieren oder kleine Kapitalgesellschaften „transparent“ zu besteuern, also deren Gewinn im Rahmen der persönlichen Einkommensteuer zu erfassen (USA, Frankreich). Für mittelständische Unternehmen bestehen hier also Gestaltungsmöglichkeiten. Da internationale Direktinvestitionen aber aus organisatorischen Gründen in den allermeisten Fällen in der Rechtsform der Kapitalgesellschaft abgewickelt werden, sollen diese Aspekte im Folgenden nicht weiter betrachtet werden.

Ferner werden in fast allen OECD-Ländern im Rahmen der Einkommensteuer *Quellensteuern* auf die Faktoreinkommen erhoben: Lohnsteuer auf Lohneinkommen und Kapitalertragsteuern auf Kapitaleinkünfte. Diese Quellensteuern dienen zunächst der Sicherung des Steueraufkommens: Die Unternehmen als Schuldner der Faktoreinkommen müssen die Steuerbelastung für Rechnung des Empfängers an das Finanzamt abführen. Inländer können diese Quellensteuern bei der Veranlagung auf ihre Einkommensteuer anrechnen. Bei grenzüberschreitenden Gewinn- und Kapitaleinkünften dienen diese Quellensteuern zugleich der Besteuerung des Quellenlandes, in dem sie erwirtschaftet werden. Im Rahmen der Doppelbesteuerungsregelungen werden sie dann mit dem Steueranspruch des Sitzlandes abgestimmt (dazu ausführlich die folgenden Abschnitte).

Neben den Steuersätzen sind die *Gewinnermittlungsvorschriften* von erheblicher Bedeutung für das internationale Steuergefälle bei Gewinnen und Kapitalerträgen. Hier gibt es im internationalen Vergleich nach wie vor erhebliche Unterschiede, auch wenn sich in den letzten Jahren eine gewisse Konvergenz abzeichnet (ZEW 2009, BMF 2011). In Deutschland und anderen Ländern ist die steuerliche Gewinnermittlung relativ eng an die handelsrechtlichen Rechnungslegungsvorschriften gebunden, was zu größeren Gestaltungsspielräumen führt. In anderen Ländern gibt es die Anknüpfung an die Handelsbilanz nicht. Auch in Deutschland wurde dieser Zusammenhang in den letzten Jahren gelockert. Besonders relevant für internationale Belastungsvergleiche sind die Unterschiede bei den Abschreibungsregelungen, der Vorratsbewertung, der betrieblichen Altersversorgung, der Bildung von Rückstellungen, aber auch bei der Bewertung und Abschreibung immaterieller Wirtschaftsgüter wie Geschäftswerten, Patenten etc., bei der Berücksichtigung von Leasingmodellen, bei den Verlustrück- und -vortragsmöglichkeiten, bei den Regelungen zur Übertragung stiller Reserven auf Ersatzwirtschaftsgüter sowie bei Transferpreisen, Lizenzgebühren und Unterkapitalisierungsvorschriften.

Eine Reihe von Ländern erheben neben der staatlichen Einkommen- oder Körperschaftsteuer noch besondere *Gewerbe- oder Unternehmenssteuern* auf der kommunalen oder regionalen Ebene.[147] Dabei werden Gewinne, weitere Wertschöpfungskomponenten wie Zinsen oder Löhne oder Komponenten des Betriebsvermögens belastet. Diese Steuern dienen in der Regel zur Finanzierung von Gemeinden oder Bundesstaaten bzw. Provinzen. Daher dürfen die aufkommensberechtigten regionalen Gebietskörperschaften zumeist den Steuersatz selbst festlegen oder in bestimmten Grenzen variieren. Zu nennen ist hier die Gewerbesteuer in Deutschland und in Luxemburg, die auf die kapitalbezogene Wertschöpfung der Unternehmen (Gewinne und Fremdkapitalzinsen) erhoben wird. Italien erhebt eine ähnliche lokale Steuer auf die kapitalbezogene Wertschöpfung, bei nicht-gewerblichen Unternehmen auf die Lohnsumme, Japan auf die Unternehmensgewinne. Frankreich erhob bis vor einigen Jahren eine „taxe professionelle" auf selbständige Tätigkeiten ausschließlich der Landwirtschaft, die ebenfalls nach der Wertschöpfung oder dem Anlagevermögen bemessen wird. Österreich hat seine frühere Gewerbesteuer in eine Kommunalsteuer auf die Lohnsumme umgewandelt. In den USA gibt es in vielen Einzelstaaten und größeren Städten eine „franchise tax" für Unternehmen, die auf Gewinne, Lohnsumme oder Teile des Betriebsvermögens bemessen und teilweise nach Unternehmensarten (Branchen etc.) differenziert wird. Durch die praktisch unbegrenzte lokale Besteuerungsautonomie gibt es im Einzelnen große Unterschiede. In Kanada erheben die Provinzen eine Steuer auf die Lohnsumme und das Betriebsvermögen. Ferner gibt es in fast allen OECD-Ländern kommunale *Grundsteuern*, denen auch die Betriebsgrundstücke unterliegen. In den angelsächsischen Ländern hat die Grundsteuer allgemein und die Grundsteuer auf Betriebsgrundstücke insbesondere eine erhebliche Bedeutung für die Gemeindefinanzierung. In der Regel dürfen die Unternehmen die entrichteten kommunalen und regionalen Unternehmens- und Grundsteuern bei der staatlichen Einkommen- und Körperschaftsteuer geltend machen, zumeist per Abzug von der Bemessungsgrundlage, teilweise auch durch Abzug von der Steuerschuld.

Darüber hinaus nutzt der Fiskus die Unternehmen als Eingriffspunkt für die Erhebung von weiteren Steuern und Abgaben. Allen voran sind hier die „indirekten Steuern" zu nennen. Dies sind Steuern auf den Verbrauch von Gütern und Dienstleistungen, also die Umsatzsteuer (Mehrwertsteuer) als *allgemeine Verbrauchsteuer* sowie eine Reihe von *Verbrauchs-* und *Verkehrsteuern* auf *spezielle* Güter und Leistungen wie Steuern auf alkoholische Getränke, Tabak, Energie, Versicherungen (in Deutschland die Versicherungs- und Feuerschutzsteuer), Glücksspiele. Steuertechnisch ist es für den Fiskus viel einfacher, beim Verkauf durch das leistende Unternehmen zu besteuern als die unzähligen Endverbraucher zu erfassen. Die Belastungskonzeption dieser Steuern ist so angelegt, dass die Unternehmen die Steuerbelastung in die Absatzpreise überwälzen können. Daher werden sie als „indirekte" Steuern eingestuft. In internationaler Perspektive wird diese Belastungskonzeption durch das *Bestimmungslandprinzip* gewährleistet, d.h., die Importe werden ebenso wie die heimische Produktion belastet, die Exporte werden steuerfrei gestellt, so dass auf dem heimischen Markt alle Produzenten die gleiche Verbrauchsteuerlast zu tragen haben. Neben diesen typischen indirekten Steuern werden in vielen Ländern eine Reihe von kleineren „Quasi-Steuern" oder parafiskalischen *Abgaben* für einzelne Finanzierungs- oder Lenkungszwecke erhoben. Schließlich führen die Unternehmen Steuern und Abgaben für Rechnung der Arbeitnehmer oder Kapitalgeber ab: Dies sind die bereits erwähnten Quellensteuern, aber

[147] Dazu Fossen und Bach (2008).

auch die *Sozialbeiträge*, mit denen die sozialen Sicherungssysteme finanziert werden. Diese Steuern und Abgaben behandeln wir in diesem Buch nicht näher.

2.2 Wer trägt die Steuerlast?

Im Folgenden betrachten wir nur noch die Unternehmensteuern im engeren Sinne, also die *Steuern* auf den *Gewinn* oder das *Vermögen* von Unternehmen. Dies entspricht der gängigen Belastungshypothese, dass diese „direkten“ Steuern auch von den Unternehmen getragen werden, also letztlich die Gewinne bzw. die Renditen der Investoren mindern. Bei den „indirekten“ Steuern wird davon ausgegangen, dass sie von den Unternehmen auf die Endverbraucher abgewälzt werden. Da das in der Realität nicht so sein muss, spricht man von „*formaler* Inzidenz“ (Inzidenz: Eintritt eines Ereignisses, hier: der Steuerbelastung). Davon zu unterscheiden ist die *tatsächliche* oder *materielle* Steuerinzidenz, die sich im wirtschaftlichen Prozess nach Anpassungsreaktionen der Wirtschaftsteilnehmer ergibt. Denn die Wirtschaftsteilnehmer werden versuchen, der Steuerbelastung auszuweichen. Neben den steuertechnischen Rahmenbedingen hängt diese von den jeweiligen Produktions- und Marktbedingungen ab. So sind direkte Gewinnsteuern wie die Körperschaftsteuer bei dynamischer Nachfrageentwicklung oder bei Preissetzungsspielräumen auf oligopolistischen Märkten durchaus überwälzbar. Umgekehrt kann es bei schwacher Nachfrageentwicklung schwer fallen, indirekte Steuern zu überwälzen. Dies kann für einzelne Märkte bzw. Branchen, aber auch gesamtwirtschaftlich bei schwacher Konjunktur gelten. Die volkswirtschaftliche Steuertheorie versucht diesen Wirkungsmechanismen vor allem mit Gleichgewichtsmodellen auf den Grund zu gehen.[148] Die empirisch gemessenen Verhaltensreaktionen werden zumeist als Elastizitäten angegeben, also als relative Veränderungen von Angebot oder Nachfrage auf relative Preisänderungen.

Die „üblichen“ formalen Inzidenzhypothesen stellen also zunächst nur auf die tendenzielle Wirkungsrichtung der Steuerbelastung ab, wie sie sich im längerfristigen Marktgleichgewicht bei hinreichendem Wettbewerb ergibt. Man sollte sich aber sowohl bei steuerpolitischen Diskussionen wie auch bei Betrachtung der folgenden Steuerbelastungsvergleiche immer vor Augen halten, dass dies im Einzelfall durchaus nicht so sein muss. In der Realität sind die Märkte nicht perfekt, die Tendenz zum Gleichgewicht gilt nur längerfristig. Hinzu kommt ein weiterer Aspekt, der für die Fragestellungen unseres Lehrbuches wichtig ist: Im Zuge der Internationalisierung erhöhen sich die Handlungsalternativen bei grenzüberschreitenden Wirtschaftsbeziehungen. Sind Produktionsfaktoren international mobil, etwa Kapital oder hochqualifizierte Arbeit, wandern sie tendenziell dorthin, wo sie die höchsten Erträge erwirtschaften. Sofern nicht produktivitätssteigernde öffentliche Leistungen oder andere Vorteile des Wirtschaftsstandortes eine hohe Steuerbelastung ausgleichen, werden die mobilen Produktionsfaktoren hohen Steuerbelastungen ausweichen. Insoweit werden längerfristig auch direkte Steuern auf die übrigen, weniger mobilen Produktionsfaktoren überwälzt. Deren Produktivität sinkt durch die Abwanderung der mobilen Produktionsfaktoren. Sie haben bei gleichem Steueraufkommen eine höhere Belastung zu tragen oder bekommen bei vermindertem Steueraufkommen weniger öffentliche Leistungen.

---

[148] Klassisch: Harberger (1962).

2.3 Internationale Steuerbelastungsvergleiche

Ausgangspunkt für internationale Steuerbelastungsvergleiche sind die Steuersätze. Hier tut sich innerhalb der EU- und OECD-Länder eine erhebliche Bandbreite auf. In Tabelle 2 und Tabelle 3 ist die gesamte Gewinnsteuerbelastung von Unternehmen dargestellt, einschließlich regionaler Steuern wie z.B. der deutschen Gewerbesteuer oder der italienischen Wertschöpfungsteuer. Generell zeigt sich, dass die kleineren Länder in der EU, vor allem die mittel-osteuropäischen Beitrittsländer, niedrigere Steuersätze aufweisen als die größeren Alt-EU-Länder oder die übrigen großen OECD-Länder wie die USA, Kanada oder Japan. Vor allem in den Alt-EU-Ländern sind die Steuersätze in den letzten 25 Jahren erheblich gesunken. Im Gegenzug wurden allerdings in den meisten Ländern die Gewinnermittlungsvorschriften verschärft und Steuervergünstigungen zurückgefahren. Aber auch in den EU-Beitrittsländern sind die Steuersätze im Laufe des letzten Jahrzehnts spürbar gesunken, ausgehend von einem niedrigeren Niveau im Vergleich zu den Alt-EU-Ländern.

Die fiskalischen Wirkungen der Finanz- und Wirtschaftskrise haben den Trend sinkender Steuersätze zunächst gestoppt. So wurde der Körperschaftsteuersatz in Ungarn von 16% auf 19% und in Griechenland von 25% auf 40% erhöht, um die öffentlichen Haushalte zu konsolidieren. Allerdings dürfte der Steuersenkungswettlauf in den nächsten Jahren wieder an Fahrt gewinnen. So will Großbritannien seinen Körperschaftsteuersatz weiter auf 24% senken.

Trotz einer spürbaren Konvergenz der Unternehmensteuersysteme sind die Unterschiede zwischen den Ländern weiterhin beachtlich. Diese Unterschiede muss man beachten, wenn man die tatsächliche Belastung der Unternehmensgewinne ermitteln will. In der Regel betrachten derartige Belastungsvergleiche nur das Unternehmen als Investor. Unternehmen gehören letztlich privaten Haushalten. Betrachtet man die Belastung über die gesamte Beteiligungskette aus Sicht des letzten Investors, spielen die beschriebenen Regelungen der Kapitaleinkommensbesteuerung bei privaten Einkommensteuer eine Rolle, hinzu kommen eventuelle Steuern und Abgaben auf das private Vermögen (Erbschaftsteuer, Vermögensteuern). Wichtig für die tatsächliche Belastung sind ferner die Gewinnermittlungsvorschriften. Großzügige Regelungen bei der Gewinnermittlung, direkte Steuervergünstigungen oder Nachsicht bei der Steuerverwaltung führen zu engeren Bemessungsgrundlagen, die hohe Steuersätze kompensieren. Eine Rolle spielen ferner unterschiedliche Besteuerungsregeln für Unternehmensrechtsformen und -verbünde sowie Finanzierungsformen.

Um alle diese Faktoren zu berücksichtigen, muss man möglichst realistische Veranlagungssimulationen für Unternehmen oder Investitionen durchführen. Relevant für aktuelle Investitionsentscheidungen ist nicht die laufende Belastung bestehender Unternehmen oder Investitionen, sondern die zu erwartende Belastung einer neuen Investition über deren Laufzeit, die je nach Fall über wenige Jahre bis mehrere Jahrzehnte angelegt sein kann. Die tatsächliche *effektive* Steuerbelastung errechnet sich als Relation aus sämtlichen belastungsrelevanten Unternehmensteuern zum Gewinn bzw. zur Rendite eines Investitionsobjektes. Angesichts des längerfristigen Zeithorizonts von typischen Investitionen bietet es sich an, dazu investitionstheoretische Modelle einzusetzen (Kasten), wie sie auch bei der wertorientierten Unternehmensführung üblich sind (vgl. die Abschnitte II 4 und 5).

Tabelle 2: Gesetzliche Steuersätze[1] auf Gewinne (Unternehmensebene) 2011

Land	Körperschaftsteuersatz Zentralstaat[2]	Regionaler Steuersatz[3]	Gesamter Gewinnsteuersatz		Veränderung gesamter Gewinnsteuersatz		
	%		%	*% Niveau Deutschland*	2011/2000 %-punkte	2011/1991 %-punkte	2011/1985 %-punkte
Deutschland	15,8 (15,0)	14,4	30,2	*100,0*	–17,5	–29,3	–32,6
Frankreich	34,4	–	34,4	*114,1*	–3,3	–7,6	–15,6
Belgien	33,9 (33,0)	–	34,0	*112,6*	–6,2	–5,0	–11,0
Niederlande	25,0	–	25,0	*82,9*	–10,0	–10,0	–18,0
Österreich	25,0	–	25,0	*82,9*	–9,0	–14,0	–30,0
Luxemburg	22,05 (21,0)	6,8	28,8	*95,4*	–8,7	–10,6	–16,2
Italien	27,5	4,3	31,8	*105,2*	–9,5	–16,1	–14,6
Spanien	30,0	–	30,0	*99,4*	–5,0	–5,0	–5,0
Portugal	25,0	1,5	26,5	*87,8*	–8,7	–13,1	–28,6
Großbritannien	26,0	–	26,0	*86,2*	–4,0	–12,9	–14,0
Dänemark	25,0	–	25,0	*82,9*	–7,0	–13,0	–25,0
Finnland	26,0	–	26,0	*86,2*	–3,0	–16,0	–35,8
Schweden	26,3	–	26,3	*87,2*	–1,7	–3,7	–30,3
Irland	12,5	–	12,5	*41,4*	–11,5	–27,5	–37,5
Griechenland	40,0	–	40,0	*132,6*	0,0	–6,0	–9,0
Norwegen	28,0	–	28,0	*92,8*	0,0	–22,8	–22,8
Schweiz	8,5	14,5	21,2	*70,2*	–3,8	–6,5	–10,7
Türkei	20,0	–	20,0	*66,3*	–13,0	–29,2	–26,0
USA	35,0	6,4	39,2	*129,9*	–0,2	0,3	–10,6
Kanada	16,5	11,1	27,6	*91,6*	–14,8	–14,2	–21,8
Japan	30,0	11,6	39,5	*131,0*	–1,3	–10,4	–16,6
Australien	30,0	–	30,0	*99,4*	–4,0	–9,0	–16,0
Neuseeland	28,0	–	28,0	*92,8*	–5,0	–5,0	–17,0
Mittelwert (ungewicht.)	*26,1*	*8,8*	*28,5*	*94,4*	*–6,4*	*–12,5*	*–20,2*
Standardabweichung	*7,1*	*4,5*	*6,2*		*0,4*	*–0,8*	*–1,0*

1) Ungeminderte tarifliche Steuersätze, die auf die steuerpflichtigen Gewinne angewendet werden. Sofern progressive Steuersätze gelten, wird der Spitzensteuersatz angegeben.
2) Tariflicher Steuersatz, ohne Berücksichtigung von regionalen Gewinnsteuerbelastungen. Steuersätze vor Steuerzuschlägen in Klammern.
3) Durchschnittlicher regionaler Gewinnsteuersatz (Einzelstaaten/Provinzen, Gemeinden), einschließlich Steuerzuschläge.

Quellen: OECD Tax Database (2011); IFS (2006); KPMG (2006, 2010); BMF (2011).

Tabelle 3: Gesetzliche Steuersätze[1)] auf Gewinne (Unternehmensebene) 2011 in den EU-Beitrittsländern

Land	Körperschaftsteuersatz		
	%	*% Niveau Deutschland*	Veränder. 2011/2000 %-punkte
Polen	19,0	*63,0*	–11,0
Tschechische Republik	19,0	*63,0*	–12,0
Slowakische Republik	19,0	*63,0*	–10,0
Slovenien	20,0	*66,3*	–5,0
Ungarn	19,0	*63,0*	1,0
Estland	0/21,0[1)]	*34,8*	0/–5,0[1)]
Lettland	15,0	*49,7*	–10,0
Litauen	15,0	*49,7*	–9,0
Rumänien	16,0	*53,0*	–9,0
Bulgarien	10,0	*33,1*	–22,5
Zypern	10,0	*33,1*	–19,0
Malta	35,0	*116,0*	0,0
Mittelwert (ungewicht.)	*17,3*	*57,3*	*–9,1*
Standardabweichung	*6,4*		*0,5*

1) Steuersätze auf einbehaltene/ausgeschüttete Gewinne.
Quellen: OECD Tax Database (2011); IFS (2006); KPMG (2006, 2010); BMF (2011).

Methoden für internationale Belastungsvergleiche zur Unternehmensbesteuerung

Internationale Belastungsvergleiche zur Unternehmensbesteuerung ermitteln tatsächliche effektive Steuerbelastungsquoten für Unternehmen oder Investitionsprojekte in verschiedenen Ländern.[149] Dabei werden die relevanten Unternehmensteuern auf die relevanten unternehmerischen Entscheidungsgrößen bezogen, also auf den Gewinn bzw. die Rendite eines Investitionsobjektes. Dabei lassen sich grundsätzlich unterscheiden:

- *zukunftsbezogene* („forward-looking") Konzepte, die mit investitionstheoretischen Entscheidungsmodellen auf Grundlage des geltenden Steuerrechts aktuelle Investitionsentscheidungen untersuchen
- und *vergangenheitsbezogene* („backward looking") Methoden, die auf die tatsächlichen Steuerbelastungen von realisierten Investitionen oder von Unternehmen abstellen.

Zukunftsbezogene („forward-looking") Konzepte

Für Aussagen zu den aktuellen steuerlichen Investitions- und Standortbedingungen und deren allokative Wirkungen auf die Investitions- und Steuerplanung der Unternehmen werden primär die zukunftsbezogenen Ansätze herangezogen. Berechnet wird die Effektivsteuerbelastung einer (Grenz-) Investition als „Steuer-Keil" („tax wedge"), entweder zwischen Brutto-Rendite vor Steuern und Netto-Rendite nach Steuern oder als steuerbe-

[149] Vgl. zum Folgenden insbes. die Überblicksaufsätze von Jacobs und Spengel (2000), Spengel (2004) und Schratzenstaller (2004) sowie Spengel (2003).

dingte Erhöhung einer vorgegebenen Mindestrendite nach Steuern (Kapitalkosten). Klassisch ist der Ansatz von King und Fullerton (1984), der auf einem neoklassischen Investitionsmodell basiert. Er wurde in breit angelegten Studien der OECD (1991) und der Europäischen Kommission (2001) verwendet. Heute üblich ist der weiter entwickelte Ansatz von Devereux und Griffith (1999, 2002), der neben effektiven Grenzbelastungen auch effektive Durchschnittssteuerbelastungen ermittelt. Die effektive Durchschnittssteuerbelastung entspricht dabei der Differenz der Kapitalwerte vor Steuern und nach Steuern, bezogen auf die abgezinste Rendite vor Steuern. Abgestellt wird somit auf die steuerliche Minderung des Kapitalwerts einer Investition.

Ferner werden finanzplanbasierte Simulationsmodelle eingesetzt, um die effektiven Steuerbelastungen mit ihren detaillierten Einflussfaktoren realitätsnäher zu bestimmen. Hierzu zählt der European Tax Analyzer, der vom Zentrum für Europäische Wirtschaftsforschung (ZEW) Mannheim und der Universität Mannheim aufgebaut wurde.[150] Mit einem Unternehmensmodell wird die Entwicklung einer Kapitalgesellschaft über einen Zeitraum von zehn Perioden simuliert. Dadurch können überperiodische Effekte durch Abschreibungen, Rückstellungen oder Verlustausgleichsregelungen abgebildet werden. Vorgegeben werden typische Fälle mit Daten zur Vermögens- und Kapitalausstattung sowie der Unternehmenspläne, die variable Annahmen über Produktion, Absatz, Beschaffung, Personal und betriebliche Altersversorgung sowie über das Investitions-, Finanzierungs- und Ausschüttungsverhalten enthalten. Analog zu den investitionstheoretischen Modellen ergibt sich der effektive Steuersatz aus der Minderung der Rendite vor Steuern. Die realitätsnahe Simulationsumgebung erlaubt es, die Abhängigkeit der Unternehmenssteuerbelastung von steuerlichen Gestaltungsalternativen oder die Wirkungen von Steuerreformmodellen genauer zu ermitteln.

Vergangenheitsbezogene („backward looking") Konzepte

Vergangenheitsorientierte Belastungsmaße beziehen sich auf Unternehmensdaten (Einzel- und Konzernabschlüsse) oder auf gesamtwirtschaftliche Daten.[151] Sie sind empirisch fundiert und stellen auch wichtige Datengrundlagen für die zukunftsbezogenen Modellrechnungen zur Verfügung. Sie sind eher in der Lage, Wirkungen von legaler oder illegaler Steuervermeidung der Unternehmen, Verlustausgleichsregelungen oder einzelfallbezogenen administrativen Praktiken der Steuerbehörden sowie Wirkungen auf weniger oder nicht rentierliche Investitionen abzubilden. Gemessen werden allerdings die tatsächlichen Belastungswirkungen der Vergangenheit, in der auch Änderungen des Steuerrechts stattgefunden haben können oder in der sich die wirtschaftlichen Rahmenbedingungen geändert haben können. Daher lassen sich auf dieser Grundlage nicht ohne weiteres Aussagen zu den künftigen Belastungen von gegenwärtigen Investitionen treffen. Ferner ist die Datenverfügbarkeit und -qualität für solche Berechnungen zumeist schlecht, da in der Regel keine Einzeldaten zu den einzelnen Positionen der steuerlichen Gewinnermittlung verfügbar sind, so etwa auch in Deutschland.

Steuerquoten auf Basis von Unternehmensdaten ermitteln die Belastung aus dem Verhältnis der Steuern vom Einkommen und Ertrag zum Ergebnis der gewöhnlichen Geschäftstätigkeit laut veröffentlichter Jahresabschlüsse. Solche Daten liegen aber in der Regel nur für größere Unternehmen vor. Ferner lassen sich aus den handelsrechtlichen Jahresabschlüssen die nationalen Steuerbelastungen nicht präzise ermitteln, sofern die Unternehmen grenz-

150 Spengel (2003).

151 Vgl. dazu den Überblicksaufsatz von Schratzenstaller (2004).

überschreitend tätig sind und nur Konzerabschlüsse und keine Einzelabschlüsse zur Verfügung stehen.
Makroökonomische Steuerlastindikatoren stützen sich auf aggregierte Daten zur Steuerzahllast der Unternehmen und zu deren Gewinnen. Weniger umstritten sind Unternehmensteuerquoten (Unternehmensteueraufkommen/BIP), die leicht aus der Revenue Statistics der OECD abgeleitet werden können. Umstritten ist aber die Frage, welche Steuern einbezogen werden sollen (z.B. Kommunalabgaben, parafiskalische Abgaben). Indes müssen häufig Schätzungen herangezogen werden, um den Anteil der Unternehmen an wichtigen Steueraggregaten zu ermitteln, z.B. bei der Einkommensteuer nicht inkorporierter Unternehmen, die in Deutschland eine bedeutende Rolle spielen. Ferner werden implizite Steuersätze unter Verwendung von Daten aus der Volkswirtschaftlichen Gesamtrechnung (VGR) ermittelt.[152] Hierbei entstehen teilweise schwierige Abgrenzungsprobleme zwischen den steuerlichen Daten und den VGR-Daten, etwa im Hinblick auf die Zurechnung von Steuerzahlungen und Gewinnen hinsichtlich der nicht inkorporierten Unternehmen oder der nicht steuerpflichtigen Unternehmen.

Aktuelle Studien zeigen, dass die so ermittelten effektiven Durchschnittsbelastungen (EATR – Effektive Average Tax Rates) für typische Unternehmen bzw. Investitionen in den meisten Ländern unter den tariflichen Belastungen liegen (Tabelle 4, Tabelle 5). In Ländern mit höheren Steuersätzen liegen sie tendenziell stärker darunter, was auf eher generöse Gewinnermittlungsvorschriften schließen lässt. Durch die Senkung der Steuersätze bei gleichzeitiger Verbreiterung der Bemessungsgrundlagen haben sich in den Alt-EU-Ländern und den übrigen OECD-Ländern die effektiven Steuersätze den tariflichen Steuerbelastungen in den letzten Jahren deutlich angenähert. Die in den Tabellen angegebene Relation von effektiven zu gesetzlichen Steuersätzen schwankt nicht sehr stark, so dass sich die Rangfolge der Länder zwischen beiden Konzepten nicht stark unterscheidet. In den Tabellen wird allerdings nur der Durchschnitt über verschiedenen Investitionen und Finanzierungsformen angegeben. Für fremdfinanzierte Investitionen ergeben die Analysen zumeist deutlich niedrigere Steuerbelastungen (ZEW 2009). Die effektiven Belastungen in Deutschland liegen zwar immer noch im oberen Bereich des internationalen Rankings. Durch die Steuerreform 2008 hat sich Deutschland allerdings von seiner früheren Spitzenposition innerhalb der EU verabschiedet.

Solche Vergleichsrechnungen geben einen guten Überblick über wesentliche Wirkungsrichtungen der nationalen Unternehmensteuersysteme. Für die konkrete Steuerpraxis und die Steuerpolitik sind sie aber mit Vorsicht zu betrachten, da sie mangels belastbarer empirischer Grundlage auf einzelwirtschaftlichen Betrachtungen beruhen, deren Repräsentativität häufig unklar ist. Durch die nach wie vor großen Unterschiede zwischen den nationalen Besteuerungssystemen sowie durch die bilateralen Regelungen des internationalen Steuerrechts kommt es stark auf die Verhältnisse des Einzelfalls an. Verallgemeinerungen für den Standort sind dann schwierig. So zeigen die Simulationen eine hohe Sensitivität der effektiven Steuerbelastungen auf Rechtsformwahl, Konzernstruktur, Finanzierung oder Investitionsportfolios. Diese Belastungsdifferenzierungen führen zu spürbaren Anpassungsreaktionen der Unternehmen, die Belastungsvergleiche für „typische“ Unternehmen erschweren. So diskriminieren Deutschland und viele andere Länder traditionell die Eigenfinanzierung (externes

[152] Vgl. dazu das Konzept von Mendoza, Razin und Tesar (1994) sowie entsprechende Berechnungen bei OECD (2001) und European Commission (2011).

Tabelle 4: Effective Average Tax Rates (EATR) auf Gewinne (Unternehmensebene) 2011
Quellen: European Commission (2011), ZEW (2009).

Land	**EATR**[1)]		
	%	*% Niveau Deutschland*	*% gesetzl. Steuersatz*
Deutschland	28,0	*100,0*	*92,8*
Frankreich	31,0	*110,7*	*90,0*
Belgien	24,6	*87,9*	*72,4*
Niederlande	23,6	*84,3*	*94,4*
Österreich	22,7	*81,1*	*90,8*
Luxemburg	25,0	*89,3*	*86,8*
Italien	27,4	*97,9*	*86,3*
Spanien	32,8	*117,1*	*109,3*
Portugal	23,9	*85,4*	*90,2*
Großbritannien	28,4	*101,4*	*109,2*
Dänemark	22,5	*80,4*	*90,0*
Finnland	23,8	*85,0*	*91,5*
Schweden	23,2	*82,9*	*88,2*
Irland	14,4	*51,4*	*115,2*
Griechenland	41,5	*148,2*	*103,8*
Norwegen	26,5	*94,6*	*94,6*
Schweiz	18,7	*66,8*	*88,3*
Türkei	17,9	*63,9*	*89,5*
USA	37,4	*133,6*	*95,4*
Kanada	32,9	*117,5*	*119,0*
Japan	41,3	*147,5*	*104,5*
Mittelwert (ungewicht.)	*27,0*	*96,5*	*94,9*
Standardabweichung	*7,0*		

1) Ungewichteter Durchschnitt über Investitionen in 5 Typen des Anlagevermögens (Betriebsgebäude, immaterielle Wirtschaftsgüter, Ausrüstungen, Finanzanlagen, Vorräte) und 3 Finanzierungsformen (einbehaltene Gewinne, externes Eigenkapital, Fremdkapital).

Beteiligungskapital oder Selbstfinanzierung durch einbehaltene Gewinne) relativ stark gegenüber der Fremdfinanzierung. Entsprechend ist zu erwarten, dass die Unternehmen in diesen Ländern mehr Fremdkapital einsetzen. Die thin-capitalization-Regeln gegenüber ausländischen Direktinvestitionen machen dies deutlich. Hinzu kommen weitere (legale oder illegale) Steuervermeidungsstrategien, gerade auch im internationalen Kontext (z.B. Transferpreise und Finanzierungsgestaltungen), branchen- oder investitionsprojektbezogene Sub-

Tabelle 5: Effective Average Tax Rates (EATR) auf Gewinne (Unternehmensebene) 2011 in den EU-Beitrittsländern.
Quellen: European Commission (2011), ZEW (2009).

Land	**EATR**[1)]		
	%	*% Niveau Deutschland*	*% gesetzl. Steuersatz*
Polen	17,5	*62,5*	*92,1*
Tschechische Republik	16,7	*59,6*	*87,9*
Slowakische Republik	16,8	*60,0*	*88,4*
Slovenien	18,2	*65,0*	*91,0*
Ungarn	19,1	*68,2*	*100,5*
Estland	16,5	*58,9*	*86,8*
Lettland	12,6	*45,0*	*84,0*
Litauen	12,7	*45,4*	*84,7*
Rumänien	14,8	*52,9*	*92,5*
Bulgarien	8,8	*31,4*	*88,0*
Zypern	10,6	*37,9*	*106,0*
Malta	32,2	*115,0*	*92,0*
Mittelwert (ungewicht.)	*16,4*	*58,5*	*94,7*
Standardabweichung	*5,7*		

1) Ungewichteter Durchschnitt über Investitionen in 5 Typen des Anlagevermögens (Betriebsgebäude, immaterielle Wirtschaftsgüter, Ausrüstungen, Finanzanlagen, Vorräte) und 3 Finanzierungsformen (einbehaltene Gewinne, externes Eigenkapital, Fremdkapital).

ventionen oder Ausnahmeregelungen sowie einzelfallbezogene administrative Praktiken der Steuerbehörden („aggreements" mit der Steuerverwaltung), die schwer zu verallgemeinern sind. Verlustbringende Investitionsprojekte werden bei derartigen Vergleichsrechnungen aus methodischen Gründen nicht betrachtet.

Studien zu faktischen effektiven Steuerbelastungen auf Grundlage von Jahresabschlüssen oder auch volkwirtschaftliche Belastungsrechnungen auf Grundlage von gesamtwirtschaftlichen Statistiken im internationalen Vergleich (Kasten) zeigen teilweise ein etwas anderes Bild (Schratzenstaller 2004). Diese Studien sind eher empirisch fundiert und vergangenheitsbezogen („backward looking"). Sie erfassen z.B. auch die Wirkungen von Verlusten oder Verlustvorträgen sowie von Übergangsregelungen der Steuerreformen.

Im Vergleich der verschiedenen Untersuchungen mit ihren unterschiedlichen methodischen Ansätzen lassen sich die teilweise diametral entgegengesetzten Aussagen zur Höhe der Unternehmensteuerbelastung in Deutschland durchaus erklären („Deutschland ist ein Hochsteuerland"; „Deutschland ist kein Hochsteuerland"): Maßgebliche Ursache für die zeitweiligen Steuerausfälle bei der Unternehmensbesteuerung waren zum einen die Übergangsregelungen der Steuerreform 2000/2001 (Steuersenkungsgesetz, Mobilisierung von Altguthaben beim Übergang zum klassischen System bei der Körperschaftsteuer), zum anderen die hohen Verlustvorträge, die wohl zu einem erheblichen Anteil durch die massive regionale Gebietsförderung in Ostdeutschland in den 90er Jahren und durch andere Steuervergünstigungen oder Gestaltungsmöglichkeiten entstanden sind. Hinsichtlich der aktuellen Standortbedingungen sind solche Aspekte allerdings irrelevant: Den in- oder ausländischen Investor interessiert nicht, wie frühere Investitionen besteuert wurden oder aktuell besteuert werden. Ihn interessiert, wie seine geplante Investition über den künftigen Zeitraum ihrer Kapitalbindung belastet wird, insoweit das Renditeziel überhaupt einen wesentlichen Einfluss auf Standortentscheidungen hat. Letztlich will er eine bestimmte Netto-Rendite von z.B. 10% realisieren, und entsprechend richtet er seine Investments aus. Höhere Belastungen mit Unternehmensteuern, die nicht durch Produktivitätsvorteile des Standorts gerechtfertigt sind, führen in diesem Umfeld zu zurückgehenden Investitionen und Beschäftigung. Sie werden letztlich auf die übrigen Wirtschaftssubjekte überwälzt.

Angesichts dieser schwierigen Gemengenlage kommt den gesetzlichen Steuersätzen bei fortschreitender Internationalisierung eine größere Bedeutung zu. Wenn die tatsächliche Belastung schon für Experten kaum einzuschätzen ist, haben die Steuersätze eine „psychologische“ Signalfunktion hinsichtlich der generellen steuerlichen Attraktivität von Standorten. Zudem zeigen die Studien zu den internationalen Steuerbelastungsvergleichen, dass die Rangfolge der Länder bei den effektiven Steuerbelastungen im Wesentlichen den gesetzlichen Steuersätzen folgt (vgl. oben). D.h., die unterschiedlichen Regelungen bei den Bemessungsgrundlagen haben keinen so starken Einfluss auf die effektiven Steuerbelastungen, wie er in den steuerpolitischen Diskussionen häufig unterstellt wird. Das ist auch plausibel, denn solange in Niedrigsteuergebieten wie den mittel-osteuropäischen Beitrittsländern oder Irland die wesentlichen Betriebsausgaben einschließlich der Finanzierungskosten bei der steuerlichen Gewinnermittlung abgezogen werden dürfen und der Verlustvortrag nicht übermäßig begrenzt wird, fallen tendenziell höhere Vergünstigungen bei der Bemessungsgrundlage in den westeuropäischen Ländern nicht so stark ins Gewicht wie etwa günstigere oder differenziertere Abschreibungs- und Bewertungsregelungen oder bessere Möglichkeiten zur Rückstellungsbildung. Denn dabei geht es zumeist nur um eine Verteilung von Kosten über die Zeit, die sich im Barwert über den gesamten Investitionszeitraum nur gering auswirken. Es ist klar, dass derartige Effekte nicht den erheblichen Abstand zwischen den deutschen (Grenz-)Steuerbelastungen mit Sätzen von etwa 30% (einschließlich Gewerbesteuer) zu den Belastungen der mittel-osteuropäischen Nachbarn ausgleichen können, die mit Körperschaftsteuersätzen von 15% (Litauen, Lettland) oder nur 10% (Bulgarien, Zypern) operieren.

Für kurzfristigere steuerliche Gestaltungen sind die gesetzlichen Steuersätze ohnehin die relevante Orientierungsgröße, also für Gewinnverlagerungen über Transferpreise und Finanzierungsgestaltungen. Hier haben Länder mit höheren tariflichen Steuerbelastungen wie Deutschland weiterhin ein Problem.

2.4 Grundprobleme des internationalen Steuerrechts und steuerpolitische Hintergründe

(a) Sitzland- und Quellenlandprinzip

Betrachten wir nun genauer die internationale Dimension der Unternehmensbesteuerung. Traditionell wenden die Nationalstaaten bei der Besteuerung grenzüberschreitender Einkommensströme oder Vermögensbeziehungen das *(Wohn-)Sitzland-* und das *Quellenland-*

prinzip gleichzeitig an. D.h., der Gewinn (oder das Vermögen) wird sowohl von dem Land besteuert, in dem investiert wird und die Produktion stattfindet, als auch von dem Land, in dem der Investor seinen Sitz hat:

- Die Inländer unterliegen mit ihrem gesamten Welteinkommen – einschließlich der Auslandseinkünfte – der *unbeschränkten Steuerpflicht* (Wohnsitzlandprinzip, Welteinkommensprinzip). Die Staatsangehörigkeit ist dabei in der Regel irrelevant. Dies gilt auch für Kapitalgesellschaften und andere juristische Personen (Stiftungen, Vereine etc.), die ihre Geschäftsleitung oder ihren Sitz im Inland haben.
- Zugleich unterliegen Nicht-Gebietsansässige mit ihren inländischen Einkünften der beschränkten Steuerpflicht (Quellenlandprinzip, Ursprungsprinzip, Territorialprinzip).

Durch das Nebeneinander der Besteuerung sowohl des Welteinkommens am Wohnsitz des Steuerpflichtigen als auch der Quellenbesteuerung nach dem Territorialprinzip droht eine mehrfache Belastung grenzüberschreitender Einkünfte. Dieser wirken die besonderen Regelungen des Doppelbesteuerungsrechts entgegen. Dabei gibt es folgende Möglichkeiten:

- die *Freistellungsmethode*, bei der das Wohnsitzland die vom Quellenland belasteten Einkünfte steuerfrei stellt,
- die *Anrechnungsmethode*, bei der das Wohnsitzland die im Quellenland erhobene Steuer auf seine Steuerforderung anrechnet,
- die *Abzugsmethode*, bei der das Wohnsitzland die im Quellenland erhobene Steuer zum Abzug von der Bemessungsgrundlage zulässt.

Weiter unterschieden werden kann zwischen den *unilateralen* Maßnahmen des nationalen Steuerrechts und *bilateralen* Doppelbesteuerungsabkommen:

- Das Wohnsitzland beseitigt oder vermindert die Doppelbelastung im Rahmen seines nationalen Steuerrechts, indem es die ausländische Steuerbelastung auf die inländische Steuerschuld anrechnet, die ausländische Steuerbelastung von der inländischen Bemessungsgrundlage abzieht oder die Auslandseinkünfte von der inländischen Besteuerung freistellt.
- Die Mitgliedsländer der OECD, die meisten osteuropäischen Transformationsländer und die großen Schwellenländer haben untereinander Doppelbesteuerungsabkommen (DBA) geschlossen. Diese regeln die Besteuerungsansprüche der Vertragspartner für einzelne Einkunftsarten und gehen den Vorschriften des nationalen Steuerrechts vor. Eine wichtige Leitbildfunktion hat hierbei das OECD-Musterabkommen. Für das Verhältnis zwischen entwickelten Ländern und Entwicklungsländern haben die Vereinten Nationen (UN) ein eigenes Musterabkommen vorgelegt (dazu ausführlich unten, Teil II Kapitel 3.1.2.). Deutschland hat gegenwärtig mit 75 Ländern DBA auf dem Gebiet der Steuern vom Einkommen und vom Vermögen vereinbart, darunter mit sämtlichen wichtigen Handelspartnern und Standorten für Direktinvestitionen.

(b) Welche Einkünfte werden wie behandelt?

Vereinfacht lässt sich für die deutschen DBA feststellen, dass bei internationalen *Direktinvestitionen* (in Form von unbeweglichem Vermögen, Betriebsstätten oder wesentlichen Beteiligungen an ausländischen Kapitalgesellschaften) in der Regel die Quellenlandbesteuerung in Verbindung mit der Freistellungsmethode im Sitzland angewendet wird. Dagegen gilt für *Portfolioinvestitionen* (Finanz- bzw. Vermögensanlagen) oder bei der Verwaltung von Rechten (Lizenzen etc.) die Besteuerung im Sitzland in Verbindung mit der Anrechnungsmethode

Tabelle 6: Zuweisung der Besteuerungsrechte von Einkünften nach DBA

Art der Einkünfte	**Besteuerungsrecht nach OECD-MA**	**Steuerliche Behandlung im Sitzland Deutschland**
Einkünfte aus unbeweglichem Vermögen	Quellenland	Freistellung
Unternehmensgewinne aus Betriebsstätten	Quellenland	Freistellung
Dividenden	Grundsätzlich: Sitzland Quellenland hat Recht zur Erhebung von Quellensteuer (Max. 15%, EU: 0%[1])	– Empfänger Kapitalgesellschaft: Freistellung zu 95% – Empfänger natürliche Person: Abgeltungsteuer oder Veranlagungsoption
Zinsen	Grundsätzlich: Sitzland Quellenland hat Recht zur Erhebung von Quellensteuer (EU: 0%[2])	Volle Besteuerung mit Anrechnung Quellensteuern
Lizenzen	Grundsätzlich: Sitzland Quellenland hat Recht zur Erhebung von Quellensteuer (EU: 0%[2])	Volle Besteuerung mit Anrechnung Quellensteuern

1 0% gelten im Bereich der Anwendbarkeit der EU-Mutter-Tochter-Richtlinie für Ausschüttungen zwischen Kapitalgesellschaften. Im nationalen Recht ist die Richtlinie in § 43b EStG umgesetzt.

2 0% gelten im Bereich der Anwendbarkeit der EU-Zinsrichtlinie für Zinszahlungen zwischen Kapitalgesellschaften, die im deutschen Einkommensteuergesetz in § 50g EStG verankert ist.

(Übersicht). Andere Länder, insbesondere die angelsächsischen, wenden dagegen auch bei Direktinvestitionen grundsätzlich die Anrechnungsmethode an. Für *Arbeitseinkünfte* gilt als Grundregel das „Arbeitsortprinzip", nach dem der Staat die Einkünfte besteuern darf, in dessen Hoheitsgebiet die unselbständige Arbeit ausgeübt wird. Bei kurzfristiger Beschäftigung oder bei Grenzgängern verbleibt das Besteuerungsrecht allerdings beim Wohnsitzstaat.

Nach den DBA müssen die Vertragspartner nicht die gleiche Methode zur Vermeidung der Doppelbesteuerung für die jeweiligen Einkünfte anwenden. Es soll den Ländern überlassen bleiben, ob sie bei der Besteuerung von Auslandseinkünften ihrer Bürger und Unternehmen die Anrechnungs- oder Freistellungsmethode praktizieren. So wenden die USA bei Einkünften aus Deutschland generell die Anrechnungsmethode an, während Deutschland Gewinne aus Direktinvestitionen in den USA von der nationalen Besteuerung freistellt.

Sofern kein DBA besteht, sind die Doppelbesteuerungsregeln des nationalen Rechts einschlägig. Deutschland praktiziert hier ausschließlich die Anrechnungsmethode. Nach § 34c EStG kommt die Anrechnung vergleichbarer ausländischer Steuern in Betracht. Diese ist allerdings je Staat, aus dem Einkünfte bezogen werden, auf die Höhe der anteiligen inländischen Steuerbelastung begrenzt.

Gewerbesteuern, Grundsteuern und ähnliche Besteuerungsformen auf regionaler oder parafiskalischer Ebene werden in den DBA wie auch in den nationalen Steuervorschriften zur Doppelbelastung in der Regel nicht berücksichtigt. Die Belastung des Quellenlandes wird somit definitiv. Diese Steuern gelten zumeist als Kostensteuern, d.h., sie dürfen von den steuerpflichtigen Gewinnen abgezogen werden. Praktisch gilt daher die Abzugsmethode.

Warum diese komplizierten Regelungen? Warum können sich die Länder nicht auf eine klare Zuordnung der Besteuerungsregeln einigen? Neben den fiskalischen Interessen und den Verhandlungsmachtkonstellationen beim Abschluss von Doppelbesteuerungsabkommen tragen diese Regelungen den unterschiedlichen steuerpolitischen Funktionen der Unternehmens- und Kapitaleinkommensbesteuerung Rechnung. Diese werden im Folgenden kurz gestreift.

(c) Leistungsfähigkeitsprinzip erfordert Welteinkommensbesteuerung am Wohnsitz

Die Besteuerung der Unternehmensgewinne ist aus nationaler Perspektive Teil der Einkommensbesteuerung, die den aufkommensstärksten Teil des Steuersystems in Deutschland und vielen EU- und OECD-Ländern darstellt. Ein wichtiges Leitbild dabei ist das „Leistungsfähigkeitsprinzip“: Steuern zahlen soll, wer wirtschaftlich leistungsfähig ist, also Geld verdient oder Vermögen hat. Wer wenig verdient, bezahlt nichts oder wenig, da das Existenzminimum steuerfrei bleiben soll, einschließlich der Berücksichtigung von Unterhaltsverpflichtungen für Ehepartner oder Kinder, Vorsorgeaufwendungen und außergewöhnlichen Belastungen. Wer viel verdient, bezahlt anteilig mehr (Steuerprogression). Wenn man das Einkommen als den wesentlichen Indikator für die Leistungsfähigkeit sieht, muss man möglichst alle Einkünfte gleichmäßig zusammenfassen und mit einem einheitlichen Steuertarif belasten, also auch Gewinne und Kapitalerträge. Wo das Einkommen erwirtschaftet wird, ist dabei egal. Ein Euro Gewinnausschüttung aus Nigeria vermittelt genau so viel wirtschaftliche Leistungsfähigkeit wie ein Euro, der in Castrop-Rauxel verdient wird.[153]

Bei grenzüberschreitenden Investitionen erfordert dies die Besteuerung des Welteinkommens am Wohnsitz des Steuerpflichtigen. Ausländische Quellensteuern sollten aber auf die inländische Steuerbelastung angerechnet werden. Dies gilt auch für die ausländische Körperschaftsteuer. Hier wird die steuersystematische Attraktivität des (Voll-)Anrechnungsverfahrens deutlich: Aus Sicht des letzten Investors, der ja immer eine natürliche Person ist, sind die Körperschaftsteuer und andere Gewinnsteuern Teil der Einkommensbesteuerung seiner Gewinne oder Kapitalerträge. Um eine möglichst gleichmäßige Steuerbelastung herzustellen, sollten diese Steuern letztlich im Rahmen der persönlichen Einkommensteuer konsolidiert werden. Insoweit entsteht aus der Sicht des internationalen Steuerrechts eine klare Präferenz für die Wohnsitzlandbesteuerung mit Anrechnung der ausländischen Steuern.

(d) Äquivalenzprinzip erfordert Aufteilung des Steueranspruchs zwischen Quellen- und Sitzland

Nicht-Gebietsansässige unterliegen in allen Ländern der beschränkten Steuerpflicht (Quellenlandprinzip, Territorialprinzip) mit ihren „aktiven“ inländischen Einkünften (aus unternehmerischer Tätigkeit oder unselbständiger Arbeit), teilweise auch mit ihren Vermögenseinkünften. Mit dem Leistungsfähigkeitsprinzip kann man diese Quellenlandbesteuerung kaum

---

153 Vgl. Homburg (1997: 263); Wissenschaftlicher Beirat BMF (1999: 34).

rechtfertigen, denn besteuert werden nur die Inlandseinkünfte. Der beschränkt steuerpflichtige Ausländer hat aber wirtschaftliche Interessen im Inland und profitiert auch von den öffentlichen Leistungen (Verkehrs- und sonstiger wirtschaftsnaher Infrastruktur, aber auch öffentliche Angebote in den Bereichen Bildung und Kultur). Dies lässt eine Besteuerung inländischer Einkünfte von Nicht-Gebietsansässigen prinzipiell gerechtfertigt erscheinen. Die Quellenlandbesteuerung folgt insoweit dem *Äquivalenzprinzip* der Besteuerung, da es eine *mittelbare* Beziehung zwischen der Inanspruchnahme öffentlicher Güter und der Besteuerung gibt.[154] Mittelbar muss diese Beziehung deshalb bleiben, weil man die allgemeinen wirtschaftsbezogenen Leistungen des Staates nicht einzelnen Unternehmen exakt zurechnen kann. Ist das hingegen möglich, wie bei individuell zurechenbaren Leistungen des Staates, sollte man entsprechend dimensionierte Gebühren oder Beiträge erheben. Daher bleibt auch die genaue Ausgestaltung und Höhe der Quellenlandbesteuerung offen. Die Anknüpfung an Gewinnen und Kapitalerträgen ist nur eine Möglichkeit. Wie gesehen gibt es in vielen Ländern auf der kommunalen und regionalen Ebene Gewerbe- oder Unternehmenssteuern, die weitere Wertschöpfungskomponenten wie Zinsen oder Löhne oder das Betriebsvermögen belasten. Die Anknüpfung an Gewinne und Kapitalerträge ist aber für die Unternehmen oder Investoren in der Regel günstiger. Sie zahlen nur Steuern, wenn sie profitabel arbeiten. Der Fiskus beteiligt sich am unternehmerischen Risiko. „Ertragsunabhängige" Steuern belasten dagegen im Verlustfall die Liquidität und Wirtschaftskraft des Unternehmens. Andererseits müssen die Infrastruktur und andere öffentliche Leistungen auch unterhalten werden, wenn es den Unternehmen nicht so gut geht. Daher spricht bei der kommunalen und regionalen Besteuerung auch einiges für ertragsunabhängige Besteuerungsgrundlagen.

Aber auch aus der Perspektive des Sitzlands eines Investors kann man diesen Äquivalenzgedanken heranziehen, um die Besteuerung von Auslandseinkünften nach dem Welteinkommensprinzip zu rechtfertigen. Hochsteuerländer wie Deutschland bieten neben der guten Infrastrukturausstattung einschließlich des weitgehend kostenfreien Ausbildungssystems auch ein hohes Maß an sozialer Sicherung.[155] Warum sollen Mitbürger, die ihr Geld im Ausland verdienen, diese Leistungen nicht mitfinanzieren?

Beispiel 1: Ein Unternehmer aus Strassbourg kauft sich ein Haus in der Umgebung von Kehl, in dem er mit seiner Familie lebt, die Kinder gehen dort in die Schule. Die Familie lebt zum weit überwiegenden Teil von den Einkünften aus Gewerbebetrieb, die in Frankreich versteuert werden und in Deutschland steuerbefreit sind, die Ehefrau ist nur geringfügig beschäftigt. Daher bezahlt die Familie in Deutschland keine Einkommensteuer, lediglich Grundsteuer für das Eigenheim, obwohl sie öffentliche Leistungen vor allem am Wohnort wahrnimmt.

Beispiel 2: Ein wohlhabender Investmentbanker aus London tritt in den Ruhestand und lässt sich in einem kleinen Schweizer Kanton nieder. Neben Versorgungsbezügen seiner früheren Arbeitgeber bezieht er erhebliche Einkünfte aus Kapitalvermögen, die aus weltweit gestreuten Anlagen stammen. Den zuständigen Steuervogt, der durchaus über die Höhe der lokalen Einkommen- und Vermögensteuer mit sich reden lässt, wird er

[154] Demgegenüber bezieht sich das traditionelle steuer- und finanzrechtliche Verständnis dieses Begriffs auf die „kostenmäßige" Äquivalenz bei *unmittelbar* individuell zurechenbaren Leistungen des Staates, für die Gebühren oder Beiträge bemessen werden.

[155] Homburg (1997: 261 f.).

kaum mit dem Argument überzeugen, seine Einkünfte hätten keinen Inlandsbezug und seien unter teilweise schwierigen Standortbedingungen im Ausland erzielt. Der Steuervogt wird statt dessen auf die schöne Landschaft, die öffentlichen Leistungen seiner Verwaltung sowie namentlich auf die Stabilität und Sicherheit der Schweiz hinweisen und ihn schließlich damit trösten, dass er in jedem Fall vor Ort deutlich weniger Steuern zahlen müsse als in Frankfurt, London oder New York.

Diese Aspekte legen eine Aufteilung der Steuereinnahmen aus grenzüberschreitenden Investitionen auf die beteiligten Länder nahe. Anrechnungsmethode oder Abzugsmethode bieten hierfür ein flexibles Instrumentarium. Je nach Intensität der wirtschaftlichen Betätigung im Quellenland können unterschiedliche Quellensteuern gelten, z.B. bei gewerblichen Einkünften oder Vermietungseinkünften höhere Sätze als bei freiberuflichen Einkünften oder Kapitalerträgen. Dem Wohnsitzland bleibt die Möglichkeit, durch Besteuerung des Welteinkommens das Leistungsfähigkeitsprinzip umfassend zu realisieren. Demgegenüber spricht die Freistellungsmethode das Steueraufkommen einseitig einem der beiden beteiligten Staaten zu, dem Quellenland. Die von der deutschen Doppelbesteuerungspolitik traditionell praktizierte Freistellung von Gewinnen aus Direktinvestitionen ist insoweit fragwürdig.

(e) Neutralität der Besteuerung bei internationalen Faktorströmen spricht für Kapitalexportneutralität (KEN)

Das Steuersystem soll möglichst „entscheidungsneutral" sein, also die Dispositionen der Wirtschaftsteilnehmer nicht unnötig beeinflussen und den Einsatz der Produktionsfaktoren nicht stören („verzerren"). Bezogen auf die Besteuerung der internationalen Kapitaleinkommensströme und ihren Wirkungen auf den Kapitaleinsatz sind zwei divergierende Konzepte einschlägig: *Kapitalexportneutralität* (KEN) und *Kapitalimportneutralität* (KIN).[156] Beide Neutralitätskriterien lassen sich nur dann gleichzeitig verwirklichen, wenn Kapitalexport- und Kapitalimportland identische Steuersysteme aufweisen. Selbst bei vollständig harmonisierten Bemessungsgrundlagen können bei unterschiedlichen Steuersätzen die oben vorgestellten Methoden zur Vermeidung der Doppelbelastung nur eines der beiden Neutralitätskonzepte verwirklichen:

- Die Besteuerung des Welteinkommens im Wohnsitzland unter Anwendung der *Anrechnungsmethode* führt zu KEN, verletzt aber KIN.
- Die Anwendung der *Freistellungsmethode* und somit die Quellenlandbesteuerung realisiert dagegen KIN und verletzt KEN.

Die finanzwissenschaftliche und volkswirtschaftliche Literatur bevorzugt überwiegend KEN.[157] Bei funktionierenden Kapitalmärkten bewirkt die Gleichbehandlung von in- und ausländischen Kapitalerträgen tendenziell eine Angleichung der Bruttorenditen und damit der

[156] Richard A. Musgrave (1960, 84 ff.) definiert:
"Export neutrality means that the investor should pay the same total (domestic plus foreign) tax, whether he receives a given investment income from foreign or from domestic sources." – "As a result the investor's choice between foreign and domestic investment will be free of tax considerations, as will be his choice between alternative foreign investment."
"Import neutrality means that capital funds originating in various countries should compete at equal terms in the capital market of any one country".

[157] Vgl. etwa Giovannini (1989), S. 367; Homburg (1997: 277 ff.).

Kapitalkosten der Unternehmen. Damit gleichen sich die Grenzerträge aller Investitionen tendenziell an. Insoweit („ceteris paribus") werden die Sozialprodukte der beteiligten Länder maximiert. Somit gewährleistet KEN eine *optimale internationale Allokation* des Kapitalbestandes und damit „Produktionseffizienz".[158]

Eine Quellenlandbesteuerung mit Freistellung im Sitzland, die KIN realisiert, bedeutet dagegen unterschiedliche Belastungen von Kapitalerträgen, je nach dem Besteuerungsniveau des jeweiligen Quellenlandes, aus dem sie stammen. Hier gleichen sich tendenziell die Nettorenditen an, während die Bruttorenditen sich entsprechend der Steuersätze unterscheiden. Ein internationaler Angleich der Kapitalkosten und damit ein Ausgleich der Grenzproduktivität der Investitionen findet hier nicht statt. Produktionseffizienz ist in einer solchen Situation nicht gegeben. Durch eine Umschichtung des Kapitalbestandes könnte das gemeinsame Sozialprodukt beider Länder erhöht werden.

Aufgrund der Überlegenheit von KEN spricht also die herkömmliche volkswirtschaftliche Interpretation des Neutralitätsbegriffs stark für die Welteinkommensbesteuerung im Sitzland in Verbindung mit der Anrechnungsmethode, da diese einen international effizienten Einsatz („Allokation") des Produktionsfaktors Kapital gewährleistet.

(f) Wettbewerb der Steuer- und Finanzsysteme spricht für Quellenlandbesteuerung

Ein „Schuh" wird aus der Quellenlandbesteuerung mit Freistellung im Wohnsitzland bei Direktinvestitionen dann, wenn Umfang und Qualität der öffentlichen Leistungen sowie der Gedanke eines Wettbewerbs der Steuer- und Finanzsysteme einbezogen werden. Diese Zusammenhänge spiegeln sich auch in den Konzepten der fiskalischen Äquivalenz und des fiskalischen Föderalismus wieder. Sie haben die Diskussionen über die politische und institutionelle Integration der EU in den letzten Jahren maßgeblich geprägt und im Zuge der EU-Osterweiterung zunehmende Bedeutung erlangt. Für weniger entwickelte Volkswirtschaften gilt, dass mit einem niedrigen Niveau öffentlicher Abgaben in der Regel auch ein geringeres Niveau an öffentlichen Leistungen und anderen Standortfaktoren einhergeht. Bei schlechter Infrastruktur, niedriger Arbeitsproduktivität oder politischen Risiken muss mit einem niedrigen Besteuerungsniveau im Quellenland entschädigt werden, um den Standort international attraktiv zu halten.

Bei der Freistellungsmethode wird das Besteuerungsniveau des Quellenlands definitiv. Demgegenüber schleust die Welteinkommensbesteuerung mit Anrechnungsmethode die Steuerbelastung der Auslandsinvestition auf das Niveau des Sitzlandes hoch. Günstige steuerliche Standortbedingungen im Ausland verlieren ihre Wirkung. Fiskalischer Wettbewerb um Investoren oder Bürger kann dann nur über die Ausgabenseite öffentlicher Budgets stattfinden. Dies veranlasst die Kapitalimportländer tendenziell dazu, zum einen ihre Steuersätze bis nahe an die Höhe der Steuersätze des Kapitalexportlandes anzuheben[159] und zum anderen das Angebot an öffentlichen Leistungen auszudehnen oder andere Vergünstigungen für Direktinvestitionen zu gewähren. Gegenüber einem offenen Wettbewerb, der auch das Steuersystem einbezieht, ist dies die nachteiligere Lösung. Die Option für einen niedrigeren „Steuerpreis" für günstige öffentliche Leistungen wird von vornherein ausgeschlossen. Dies reduziert die Anreize zu einer effizienten öffentlichen Verwaltung.

[158] Homburg (1997: 277 ff.); Wissenschaftlicher Beirat BMF (1999: 34 f., 59 ff.).

[159] Dieser Effekt dürfte vor allem dann eintreten, wenn große Kapitalexportländer die Anrechnungsmethode verwenden.

3 Internationales Steuerrecht und Ausschöpfung des Steuergefälles

3.1 Wertorientierte Anknüpfungspunkte und Eingrenzungen

3.1.1 Wertorientierte Unternehmensführung und Vermeidung der internationalen Doppelbesteuerung

Die Verbundstruktur grenzüberschreitend tätiger Unternehmen oder transnationaler Unternehmensgruppen lässt sich auf eine bestimmte Kernstruktur reduzieren. Am Ende des vorangehenden Teils I haben wir die Betrachtung auf das Verhältnis von inländischer Muttergesellschaft und ausländischer Tochtergesellschaft konzentriert, um den Blick auf ein zentrales Problemfeld zu lenken. Dies ist bislang als Frage aus der Perspektive der wertorientierten Unternehmensführung aufgeworfen worden. Entstehen durch die Besteuerung der ausschüttungsfähigen Gewinne im Land der Tochter- und Muttergesellschaft steuerliche Mehrfachbelastungen, die den an die Muttergesellschaft zurückfließenden Cash Flow mindern? Oder gibt es Möglichkeiten, steuerliche Mehrfachbelastungen zu vermeiden? An dieser Nahtstelle lässt sich eine wichtige Verknüpfung zwischen der wertorientierten Unternehmensführung und der internationalen Steuerplanung ableiten. Die Regelungen des internationalen Steuerrechts beeinflussen hier direkt den Umfang des zu ermittelnden Wertpotenzials transnationaler Unternehmen.

Der Blickwinkel kann nun erweitert werden. Bisher stand die Schachtelbeteiligung im Vordergrund. Es handelte sich dabei um eine inländische Kapitalgesellschaft, die zu mindestens zehn Prozent am Kapital einer ausländischen Kapitalgesellschaft beteiligt ist. Vereinfachend haben wir das Zielobjekt der Investition als Tochtergesellschaft bezeichnet. Hierunter fallen die beiden Hauptvarianten (Parents und Associates), die wiederum im Sinne der Definition der OECD nach der Höhe der Beteiligung zu unterscheiden sind[160]. Wir greifen hier die steuerliche Problemstellung aus Teil I Kap. 5.6.2 wieder auf und beziehen neben Dividenden auch Lizenzgebühren und Zinsen ein.

Wie bisher unterstellen wir angemessene Verrechnungspreise. Auf die Ausschöpfung von Vorteilen für die Muttergesellschaft durch den Ansatz unangemessener Verrechnungspreise für Lieferungen und Leistungen zwischen den Verbundunternehmen gehen wir erst im Kapitel 4.3. ein.

Neben den Schachtelbeteiligungen werden wir im Weiteren auch ausländische Betriebsstätten in die Betrachtung einbeziehen, da auch diese Fallvariante im Sinne der Definition der OECD zu den ausländischen Direktinvestitionen zu zählen ist. Die Problematik der Vermeidung von Doppelbesteuerung stellt sich hier im Hinblick auf die Besteuerung des Betriebsstättengewinnes, der dem inländischen Stammunternehmen zuzuordnen ist.

---

160 Vgl. die Anmerkungen im Leitfaden zu Teil II.

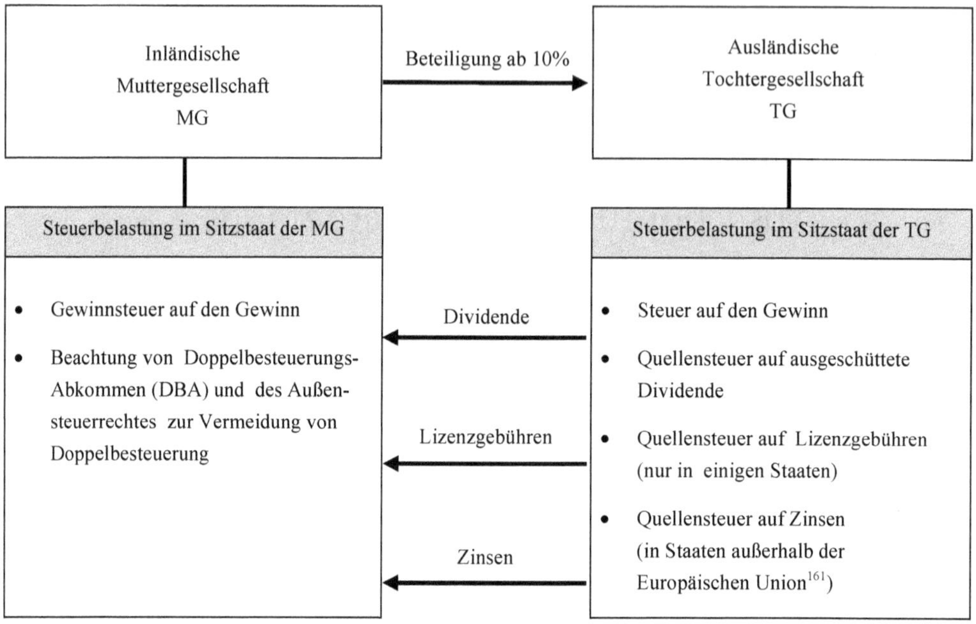

Abb. 11: Steuerliche Problemstallung

Der Anwendung der Methoden zur Vermeidung der internationalen Doppelbesteuerung ist eine detaillierte Auseinandersetzung mit den Vorschriften zur internationalen Unternehmensbesteuerung vorausgesetzt. Dies betrifft Regelungen des deutschen Außensteuerrechtes und der deutschen Doppelbesteuerungsabkommen. Wir grenzen im nächsten Kapitel daher den Gegenstand ein und erläutern die Prinzipien des Internationalen Steuerrechtes.

3.1.2 Eingrenzung des Internationalen Steuerrechts

Das Internationale Steuerrecht befasst sich mit grenzüberschreitenden Sachverhalten auf dem Gebiet der Besteuerung. Der Sinn und Zweck der dazugehörenden Normen bezieht sich dabei auf

- die Verhinderung bzw. Verringerung der Doppelbesteuerung, die sich aufgrund einer grenzüberschreitenden Wirtschaftsaktivität ergibt;
- die Verhinderung der Steuerflucht in das Ausland;
- die Erfassung im Inland entstandener stiller Reserven im Zusammenhang mit der Verlagerung von wirtschaftlichen Aktivitäten in das Ausland;
- die Förderung wirtschaftlicher Auslandsaktivitäten von Inländern.

Die Summe aller Rechtsnormen, die sich mit Steuertatbeständen befassen, die nicht nur in einem einzelnen Staat verwirklicht sind, wird als Internationales Steuerrecht bezeichnet. Es markiert den Kernbestandteil und Ausgangspunkt für eine weitergehende betriebswirtschaftliche Betrachtung. Denn in der Perspektive einer betriebswirtschaftlich orientierten Steuerlehre werden auf der Grundlage dieses Normengefüges ergänzend die steuerlichen Einflussfaktoren

[161] Zu Ausnahmen vgl. die Zinsrichtlinie (Teil II Kap. 3.5.2.7).

auf die unternehmerische Außenwirtschaftstätigkeit untersucht (Erklärungsfunktion) und Gestaltungsvarianten im Hinblick auf die jeweils sich ergebende steuerliche Gesamtbelastung ausgewertet (Gestaltungsfunktion). Die Internationale Betriebswirtschaftliche Steuerlehre stellt über das Abwägen von Vor- und Nachteilen steuerlich zweckmäßige Gestaltungsformen bezogen auf grenzüberschreitende betriebliche Tätigkeiten heraus. Im Mittelpunkt stehen dabei die Auslandsaktivitäten inländischer Betriebe und die Inlandsaktivitäten ausländischer Betriebe. Das Gesamtgebiet der Internationalen Betriebswirtschaftlichen Steuerlehre kann zuletzt auch das Teilgebiet der international vergleichenden betriebswirtschaftlichen Steuerlehre umfassen, das sich vergleichend mit den verschiedenen nationalen Steuerrechtsnormen und ihren jeweiligen Steuerwirkungen auseinandersetzt (Fischer, Warneke 1998: 6).

Im ersten Schritt werden wir uns auf das Internationale Steuerrecht konzentrieren. Weitergehende Aspekte aus dem Gebiet der Internationalen Betriebswirtschaftlichen Steuerlehre werden dann im zweiten Schritt im Hinblick auf die Internationale Steuerplanung von Unternehmen aufgegriffen.

Das Internationale Steuerrecht umfasst folgende Rechtsquellen:

- das deutsche Außensteuerrecht,
- das Europäische Gemeinschaftsrecht,
- das Völkerrecht, insbesondere das Recht der Doppelbesteuerungsabkommen.

Begrifflich bezieht sich der Terminus „Außensteuerrecht" auf die deutschen Steuerrechtsnormen, die sich beziehen auf

- mehrstaatliche Sachverhalte,
- grenzüberschreitende Korrektursachverhalte und
- Entstrickungssachverhalte mit dem Ausland.

Es handelt sich um rein unilaterale Regelungen, mittels derer der jeweilige Staat versucht, in seinen nationalen Steuergesetzen eine internationale Doppelbesteuerung zu beseitigen oder zu mildern. In dieser Perspektive umfasst das Außensteuerrecht nach herrschender Begriffsabgrenzung nicht das Recht der Doppelbesteuerungsabkommen. Letzteres ist daher gesondert zu betrachten. Zum Außensteuerrecht zählt allerdings das Europäische Gemeinschaftsrecht, soweit es in das jeweilige nationale Recht der EU-Mitgliedsstaaten transformiert worden ist. Das Gebiet wird gewöhnlich in das allgemeine und das besondere Außensteuerrecht untergliedert. Unter das allgemeine Außensteuerrecht fallen ausgewählte Vorschriften der Personensteuern, wobei wir uns hier auf das Einkommensteuergesetz (EStG) und das Körperschaftsteuergesetz (KStG) konzentrieren und im Hinblick auf die Gewinnbesteuerung gewerblicher Unternehmen auch das Gewerbesteuergesetz (GewStG) einbeziehen. Im Kern geht es hierbei um die Vermeidung von internationaler Doppelbesteuerung. Demgegenüber werden im besonderen Außensteuerrecht spezielle Regelungsbereiche angesprochen, die sich in erster Linie auf das deutsche Außensteuergesetz (AStG) beziehen. Wir heben in diesem Zusammenhang die Hinzurechnungsbesteuerung gem. der §§ 7-14 AStG hervor, die sich mit Investitionen im niedrig besteuernden Ausland beschäftigt. Auf die ebenso zum besonderen Außensteuerrecht gehörenden Regelungsbereiche wird hier lediglich hingewiesen, da sie im Hinblick auf die internationale Besteuerung von Unternehmen nicht relevant sind. Dies betrifft die erweiterte beschränkte Steuerpflicht gem. der §§ 2-5 AStG sowie zum Teil das Investmentsteuergesetz (InvStG)[162].

[162] Das Investmentsteuergesetz umfasst Vorschriften über in- und ausländische Investmentanteile.

Das Europäische Gemeinschaftsrecht ist supranationales Recht. Die Rechtsquellen beziehen sich auf das Primärrecht, das Sekundärrecht und das ungeschriebene Gemeinschaftsrecht[163]. Es unterscheidet sich vom Völkervertragsrecht dadurch, dass Hoheitsrechte seitens der vertragschließenden Staaten auf eine zwischenstaatliche Organisation (Europäische Union) übertragen werden, die wiederum Bestimmungen mit unmittelbarer Rechtswirkung für die Mitgliedsstaaten erlassen kann (vgl. auch Art. 24 Abs. 1 GG). So stellen z.B. Verordnungen gem. Art. 249 Abs. 2 EGV eine materielle Anspruchsnorm gegen den Mitgliedsstaat dar. Daneben sind die Richtlinien zur Rechtsharmonisierung in der EU hervorzuheben. Sie sind für die Mitgliedsstaaten gem. Art. 249 Abs. 3 EGV nur verbindlich bezogen auf das zu erreichende Ziel, nicht aber bezogen auf die konkrete rechtliche Ausgestaltung im Rahmen der Transformation in das jeweilige nationale Recht. Nach Auffassung des Europäischen Gerichtshofes (EuGH) und des Bundesverfassungsgerichtes (BVerfG) kann sich der Steuerpflichtige auch dann auf die Regelung einer EU-Richtlinie berufen, wenn sie nicht fristgerecht oder negativ abweichend umgesetzt worden ist. Wir werden vor allem die Anwendungsbedingungen und Wirkungsweise der Mutter-Tochter-Richtlinie hervorheben und auf die Fusions-Richtlinie hinweisen.

Auf der völkerrechtlichen Ebene ist das Recht der Doppelbesteuerungsabkommen bedeutsam. Insofern diese Abkommen internationale Übereinkünfte zwischen Staaten darstellen, handelt es sich um Völkervertragsrecht gem. Art. 38 Abs. 1a Statut des Internationalen Gerichtshofes (IGH-Statut). Doppelbesteuerungsabkommen sind bilaterale Regelungen, die sich im Kern auf mehrstaatliche Sachverhalte und grenzüberschreitende Korrektursachverhalte beziehen. Sie verfolgen im Kern das Ziel, internationale Doppelbesteuerungen zu beseitigen oder wenigstens zu mindern.

Den Vertragsverhandlungen zwischen den Staaten liegen in der Regel Musterabkommen zugrunde. Eine überragende Bedeutung in der Verhandlungspraxis hat hier das OECD-Musterabkommen von 1977 erhalten, das laufend angepasst wird. Das OECD-Musterabkommen bringt in erster Linie die steuerlichen Interessen der Industriestaaten zum Ausdruck. Daneben existieren das UN-Musterabkommen (seit 1980) und das Abkommensmuster der Andenstaaten[164] von 1971. Beide Musterabkommen bringen gegenüber dem OECD-Musterabkommen im stärkeren Maße die Interessen der Entwicklungsländer zur Geltung. Dies erweist sich in der Betonung des Quellenprinzips bei der Besteuerung der Einkünfte. Auf die verschiedenen Besteuerungsprinzipien gehen wir im Kapitel 4.2. ein.

Neben dem internationalen Abkommensrecht bestehen weitere, dem Völkerrecht zugehörende, steuerlich relevante Normen des zwischenstaatlichen Kollisionsrechts. Dies betrifft die anerkannten Rechtsgrundsätze und die Entscheidungen des Internationalen Gerichtshofes und das völkerrechtliche Gewohnheitsrecht mit steuerlicher Relevanz.

Abschließend kann auf die Hierarchie der Rechtsquellen aufmerksam gemacht werden. Europarechtliche Verordnungen verdrängen entgegenstehendes innerstaatliches Recht und wirken so unmittelbar. Richtlinien sind inhaltlich unbedingt und hinreichend genau in das jeweilige nationale Recht des Mitgliedsstaates der Europäischen Union umzusetzen. Der

---

163 Zum Primärrecht zählen u.a. die Europäischen Grundfreiheiten (Kapitalverkehrsfreiheit, Niederlassungsfreiheit, Arbeitnehmerfreizügigkeit, Dienstleistungsfreiheit, Warenverkehrsfreiheit). Das Sekundärrecht umfasst Verordnungen, Richtlinien und Einzelfallentscheidungen. Daneben stehen die unverbindlichen Empfehlungen und Stellungnahmen.

164 Dazu gehören Bolivien, Chile, Ecuador, Kolumbien, Peru.

Vorrang des europäischen Rechts ist nun auch vom BVerfG trotz einiger Vorbehalte anerkannt worden. Völkerrechtliche Verträge besitzen im Anschluss an die durch das Gesetzgebungsverfahren vorgegebene Transformation in das innerstaatliche Recht denselben Rang wie andere innerstaatliche Gesetze. Ein Doppelbesteuerungsabkommen gilt dabei als das speziellere Recht, das im Zweifel entgegenstehende Normen verdrängt. Spätere speziellere Normen können aber wiederum dazu führen, dass Vorschriften in einem Doppelbesteuerungsabkommen eingeschränkt oder aufgehoben werden (treaty override)[165].

3.2 Prinzipien des Internationalen Steuerrechts

Die Eingrenzung der persönlichen und sachlichen Steuerpflicht bei grenzüberschreitender Wirtschaftsaktivität sowie der jeweiligen Besteuerungshoheit gründet sich auf internationale Besteuerungsprinzipien. Ausgehend von der grundlegenden Anerkennung der Gleichheit der Staaten ergibt sich zunächst das Souveränitätsprinzip. Danach wird jedem Staat das Recht zugebilligt, seine inner- und zwischenstaatlichen Steuerrechtsverhältnisse autonom zu gestalten und seine Steueransprüche gegenüber anderen Staaten abzugrenzen.

Ausgehend von diesem Grundprinzip des Internationalen Steuerrechts können die souveränen Staaten ihre jeweiligen Besteuerungsansprüche geltend machen und aufteilen. Daraus ergeben sich weitere Prinzipien, die unter verschiedenen Aspekten gegliedert sind. Wir beschränken uns an dieser Stelle auf die Personenbesitzsteuern. In der Fachliteratur wird vor allem die Gegenüberstellung des Wohnsitzprinzips und des Ursprungsprinzips hervorgehoben. Das Besteuerungsrecht wird demnach in erster Linie dem Wohnsitz- bzw. Sitzstaat zugeordnet. Hat der Steuerpflichtige im einkünfteerzielenden Staat keinen Wohnsitz oder Unternehmenssitz, sind diese Einkünfte in dem Staat zu erfassen, in dem sie wirtschaftlich entstanden sind. Das Ursprungsprinzip lässt sich daher auch fixieren als Quellenprinzip, Belegenheitsprinzip, Betriebsstättenprinzip und Tätigkeits- oder Arbeitsortprinzip. Das deutsche Steuerrecht orientiert sich bei der unbeschränkten Steuerpflicht vor allem am Wohnsitzprinzip und bei der beschränkten Steuerpflicht am Ursprungs- bzw. Quellenprinzip. Dies wird in der Regel in anderen Ländern entsprechend gehandhabt.

Eine andere Gliederungsweise bezieht sich auf die Bestimmung des Subjekts der unbeschränkten Steuerpflicht. Hiernach werden das Ansässigkeits- und das Nationalitätsprinzip voneinander unterschieden. Das Ansässigkeitsprinzip bestimmt sich durch das Vorhandensein des Wohnsitzes oder gewöhnlichen Aufenthalts bei natürlichen Personen und des Sitzes bzw. Ortes der Geschäftsleitung bei juristischen Personen. Es ist im Zusammenhang mit dem Wohnsitzprinzip bereits angedeutet worden, dass sich diese Orientierung im Internationalen Steuerrecht immer mehr durchsetzt. Demgegenüber spielt die Nationalität des Steuerpflichtigen eine zunehmend geringere Rolle. Es entspricht eher einer modernen Betrachtungsweise, in einem Staat alle unbeschränkt steuerlich zu erfassen, die sich dort niederlassen, wirtschaftlich engagieren und den Infrastrukturstandard in Anspruch nehmen. Dennoch ist das Nationalitätsprinzip in einigen Ländern noch von Bedeutung. So wird z.B. in den USA bei der Definition der unbeschränkten Steuerpflicht auf das Wohnsitzprinzip und das Nationalitätsprinzip zurückgegriffen.

---

165 Vgl. Scherer 1995: 6, Mössner 1993: 115 f., Vogel 1996: Rz 128 ff.

Die Abgrenzung des Universalprinzips vom Territorialprinzip geht zurück auf die Zuordnung des Objekts der Besteuerung. Wird als steuerliche Bemessungsgrundlage das Welteinkommen des Steuerpflichtigen erfasst, liegt das Universalprinzip zugrunde. Gehen demgegenüber in die Bemessungsgrundlage nur die im Inland erzielten Einkünfte ein, liegt das Territorialprinzip vor. Das Außensteuerrecht Deutschlands und anderer wirtschaftlich entwickelter Staaten verknüpft diese Differenz in der Regel mit der Gegenüberstellung der unbeschränkten (Universalprinzip) und beschränkten Steuerpflicht (Territorialprinzip). Lediglich einige Entwicklungsländer besteuern ausschließlich entsprechend dem Territorialprinzip.

Kombination von Prinzipien des Internationalen Steuerrechts bei Personenbesitzsteuern

Unbeschränkte Steuerpflicht	Beschränkte Steuerpflicht
• Ansässigkeitsprinzip • Natürliche Person: Wohnsitz bzw. gewöhnlicher Aufenthalt im Inland • Juristische Person: Sitz bzw. Ort der Geschäftsleitung im Inland	• Ansässigkeitsprinzip: keine Ansässigkeit im Inland gegeben
• Universalprinzip: – Welteinkommen – Weltvermögen	• Territorialprinzip: – inländische Einkünfte – inländisches Vermögen

Auf dieser Grundlage der Ausformung des Souveränitätsprinzips auf steuerlichem Gebiet können sich bei mehrstaatlichen Wirtschaftsaktivitäten Überschneidungen der Besteuerungsprinzipien und daher der Besteuerungsansprüche von Staaten ergeben. Dies gilt im Hinblick auf folgende Varianten:

(a) Überschneidung des Ansässigkeitsprinzips des Staates A mit dem Territorialprinzip des Staates B;
(b) Überschneidung der Ansässigkeitsprinzipien zweier Staaten;
(c) Überschneidung der Territorialprinzipien zweier Staaten.

Aus diesen Überschneidungen ergeben sich meist steuerliche Mehrfachbelastungen für die grenzüberschreitend tätigen Unternehmen bzw. Steuerpflichtigen. Dies führt uns zum Begriff der Internationalen Doppelbesteuerung. In einigen Fällen kann sich allerdings auch das Problem der Minderbesteuerung stellen, insofern sich z.B. aufgrund einer unterschiedlichen Qualifizierung von Einkünften eine Freistellung von der Besteuerung in beiden Staaten ergibt.

Mit dem Anwachsen der wirtschaftlichen Verflechtungen zwischen den Staaten ergibt sich zunehmend das Problem des Steuerwettbewerbs und der Verzerrung der internationalen Investitionstätigkeit durch den Einfluss der jeweiligen steuerlichen Bedingungen in den einzelnen Staaten. Damit stellt sich die Frage, in welchem Sinn steuerneutrale Investitionsbedingungen anzustreben sind und durch welche Instrumente dies erreicht werden kann. Dies wird im Rahmen der Gegenüberstellung zweier Prinzipien diskutiert: Kapitalexport- und Kapitalimportneutralität. Wir kommen darauf im Kapitel 3.6. zurück.

3.3 Begriff der internationalen Doppelbesteuerung

Der Begriff der internationalen Doppelbesteuerung im Fall direkter Steuern zeichnet sich durch folgende Merkmale aus:

(a) Identität des Steuerpflichtigen: Ein bestimmtes Steuersubjekt muss im In- und Ausland belastet sein;
(b) Identität des Tatbestandes, an den die Besteuerung geknüpft wird: Ein bestimmtes Steuerobjekt wird in zwei Staaten besteuert;
(c) Gleichzeitigkeit der Besteuerung: Der Steueranspruch bezieht sich in beiden Staaten auf den gleichen Besteuerungszeitraum;
(d) Gleichartigkeit der Steuer: Der Steueranspruch bezieht sich in beiden Staaten auf dieselbe Steuerart. Eine Doppelbelastung liegt demnach nicht vor, wenn die betreffenden Einkünfte in einem Land durch eine einkommensteuerliche Staatssteuer und im anderen Land durch ein Gemeindesteuer belastet werden.

Zur Doppelbesteuerung gehört, dass die Besteuerungsrechte zweier oder mehrerer Staaten miteinander konkurrieren. Im Kommentar zum OECD-Musterabkommen werden die Begriffsmerkmale folgendermaßen zusammengefasst: Ein Steuerpflichtiger muss bezogen auf einen bestimmten Steuergegenstand gleichzeitig in zwei oder mehreren Staaten zu gleichen oder vergleichbaren Steuern herangezogen werden.

Daran anschließend hat sich im weiteren eine Definition durchgesetzt, die zwischen der internationalen Doppelbesteuerung im juristischen Sinn einerseits und im wirtschaftlichen Sinn andererseits unterscheidet. Der juristische Doppelbesteuerungsbegriff setzt – wie in der Definition des OECD-Musterabkommens – die Identität des Steuersubjektes und des Steuerobjektes sowie die Gleichartigkeit und Gleichzeitigkeit der Steuer voraus.

Im Zuge der wachsenden Verflechtung der wirtschaftlichen Beziehungen zwischen den Staaten erweist sich diese Definition jedoch als zu eng. Denn gerade im Fall grenzüberschreitender Beteiligungen ist der ausgeschüttete Gewinn mehrfach belastet. Zum einen unterliegt der Gewinn bei der ausschüttenden Gesellschaft der Körperschaftsteuer im Quellenstaat und zum anderen wird die Dividende im Rahmen der Einkommensteuer des Empfängerstaates erfasst. Im wirtschaftlichen Sinn liegt daher eine internationale Doppelbesteuerung vor, obwohl es sich bei der Betrachtung um unterschiedliche Steuersubjekte handelt. Die wirtschaftliche Identität des Steuerpflichtigen wird hierbei weiter gefasst als die juristische Identität. „Im Gegensatz zur juristischen Doppelbesteuerung, die im Allgemeinen klar umrissen ist, ist die Erscheinungsform der wirtschaftlichen Doppelbesteuerung weniger bestimmt. Einige Staaten anerkennen letztere überhaupt nicht und andere, deren Zahl größer ist, halten eine Entlastung von der wirtschaftlichen Doppelbesteuerung auf innerstaatlicher Ebene nicht für erforderlich.“ (OECD-MA, Art. 10 Tz 41). Dennoch hat sich diese Unterscheidung in der Literatur durchgesetzt. Sie ist auch bedeutsam bei der Interpretation der indirekten Anrechnung, deren Anwendung einige Länder ermöglichen. Diese Methode galt auch in Deutschland bis zum VZ 2000 und wurde mit der Einführung des Steuersenkungsgesetzes abgeschafft.

Doppelbesteuerung im juristischen Sinn
Ein Steuersubjekt unterliegt in mehreren Staaten mit denselben Einkünften (Steuerobjekt) im selben Besteuerungszeitraum einer gleichartigen Steuer.

Doppelbesteuerung im wirtschaftlichen Sinn

Dieselben Einkünfte (Steuerobjekt) unterliegen in mehreren Staaten im selben Besteuerungszeitraum einer Mehrfachbelastung.

Der Begriff der Doppelbesteuerung unterstellt das Überschreiten der Steuerbelastung eines Steuerpflichtigen vom üblichen, in einem Staat vorherrschenden Niveau (Mössner 1985: 139).

3.4 Das deutsche Außensteuerrecht

3.4.1 Eingrenzung von Vorschriften zum Außensteuerrecht

Wir haben oben die Kernstruktur der persönlichen Steuerpflicht erläutert. An die Differenz zwischen der unbeschränkten und beschränkten Steuerpflicht ist nun anzuknüpfen. Zunächst betrachten wir das deutsche Außensteuerrecht ausschließlich aus der Perspektive der unbeschränkten Steuerpflicht. Im Mittelpunkt stehen das EStG und KStG. Ausgegangen wird daher von der Verknüpfung des Ansässigkeitsprinzips mit dem Universalprinzip. Befindet sich bei einer natürlichen Person der Wohnsitz bzw. gewöhnliche Aufenthalt und bei einer juristischen Person ihre Geschäftleitung oder ihr Sitz im Inland, ist von den Welteinkünften auszugehen. Die hierbei relevanten und noch aufzugreifenden Begriffe werden in der Abgabenordnung erläutert:

- Wohnsitz: § 8 AO,
- gewöhnlicher Aufenthalt: § 9 AO,
- Sitz: § 11 AO,
- Geschäftsleitung: § 10 AO,
- Betriebsstätte: § 12 AO,
- Ständiger Vertreter: § 13 AO.

Da wir in unserer Darstellung die Körperschaften hervorheben, ist zunächst die Rechtsfähigkeit der Gesellschaft im zivilrechtlichen Sinne zu beachten. Bislang richteten sich die Rechtsverhältnisse im deutschen Zivilrecht nach dem tatsächlichen Sitz der Hauptverwaltung. Die Zuordnung der Gesellschaft zur jeweiligen Rechtsordnung folgte damit der Sitztheorie. Der Europäische Gerichtshof hat diese Sichtweise in mehreren Urteilen in Frage gestellt. Mit Hinweis auf die Niederlassungsfreiheit des EG-Vertrages ist das Recht des Gründungsstaates gestärkt worden. Die Rechtsverhältnisse im Staat der Gründung bestimmen nunmehr den Personalstatus der Gesellschaft, was in den anderen Mitgliedstaaten zu respektieren ist. Dies wird als Gründungstheorie bezeichnet. Das nationale Recht muss eine Gesellschaft auch dann als ausländische anerkennen, wenn sich der Verwaltungssitz und die Geschäftsleitung im Inland befinden. Unternehmen können sich nun in einem Mitgliedstaat der Europäischen Union gründen, in einem anderen Mitgliedstaat als Gesellschaft ausländischen Rechts betätigen und die dortigen zivilrechtlichen Vorschriften aushebeln. In der Praxis hat dies dazu geführt, dass aus einem Mitgliedstaat der EU heraus z.B. eine englische „Limited Company“ gegründet wird, da solch eine beschränkt haftende Gesellschaft in England ohne jedes verfügbare Eigenkapital anerkannt wird.

Mehrere Urteile des EuGH haben diesen Weg geebnet. Das „Centros“-Urteil vom 9. März 1999 betrifft ein dänisches Ehepaar, das die dänischen Kapitalaufbringungsvorschriften umgehen wollte und daher in England eine Kapitalgesellschaft gegründet hat. Die Mindestausstattung des Kapitals beträgt nach dänischem Recht 200.000 DKR und nach britischem Recht 100 Pfund Sterling (ca. 1.000 DKR). Da aber in Großbritannien keine wirtschaftliche Geschäftstätigkeit beabsichtigt war, stellte die britische „Centros Ltd." in Dänemark einen Antrag auf Eintragung einer Zweigniederlassung. Die zuständige dänische Verwaltung lehnte die Eintragung wegen Gesetzesumgehung und wegen des Gläubigerschutzes ab. Der EuGH kam in seiner Entscheidung schließlich zu dem Ergebnis, dass die Ablehnung der Eintragung einer Zweigniederlassung einer in einem Mitgliedstaat der EU gegründeten, aber dort nicht tätigen Gesellschaft gegen die Niederlassungsfreiheit des EG-Vertrages verstößt. Ein anderer spektakulärer Fall wurde in Deutschland verhandelt. Die niederländische „Überseering BV" hat ein deutsches Unternehmen wegen mangelhafter Leistung angeklagt. Da vorher zwei deutsche Staatsbürger alle Anteile an der Gesellschaft übernommen hatten, gingen die deutschen Gerichte davon aus, dass die Gesellschaft ihren tatsächlichen Sitz aus den Niederlanden nach Deutschland verlegt habe und in Deutschland nicht rechts- und parteifähig sei. Der EuGH stellte in seinem Urteil vom 5. November 2002 auch in diesem Fall einen Verstoß gegen die Niederlassungsfreiheit fest und hob die Pflicht hervor, die Rechts- und Parteifähigkeit zu achten, die diese Gesellschaft nach dem Recht ihres Gründungsstaates besitzt. Zwar hat der Gerichtshof auch betont, dass die Niederlassungsfreiheit unter bestimmten Bedingungen zur Vermeidung von Missbrauch eingeschränkt werden könne. Doch wurden diese Voraussetzungen nicht näher präzisiert. Vor diesem Hintergrund ist auch das Urteil vom 30. September 2003 in der Sache „Inspire Art" auf Interesse gestoßen. Ein niederländischer Kunsthändler, der sein Unternehmen aus Kostengründen in der Rechtsform einer englischen „Limited" betreiben wollte, hat sich gegen die Anwendung eines niederländischen Gesetzes gewehrt, das für ausländische Scheingesellschaften Mindeststandards hinsichtlich der Kapitalausstattung, der Publizität und Haftung vorgeschrieben hat. Die Entscheidung des EuGH entsprach dem bereits eingeschlagenen Pfad, insofern die Anforderungen des niederländischen Gesetzes als ungerechtfertigte Beschränkung der Niederlassungsfreiheit angesehen wurden.

Auch die Grenzziehung zwischen der unbeschränkten und der beschränkten Steuerpflicht ist für natürliche Personen im Laufe der neunziger Jahre komplexer geworden. Im Anschluss an Entscheidungen des Europäischen Gerichtshofes kommt es bei natürlichen Personen nicht mehr allein auf den Wohnsitz an. Wir verweisen hier auf die Besteuerung von Grenzpendlern gem. der §§ 1 Abs. 3 und 1a EStG im Sinne der fiktiven unbeschränkten Steuerpflicht. Mit den europäischen Grundfreiheiten steht zudem die erweiterte beschränkte Steuerpflicht gem. § 2 Abs. 1 AStG nicht im Einklang. Da in diesem Buch vor allem die internationale Unternehmensbesteuerung und die Besteuerung von Kapitalgesellschaften im Mittelpunkt stehen, gehen wir hierauf in den Kapiteln 3.4.5.3. und 3.4.5.4. nur am Rande ein.

Das sich auf grenzüberschreitende Sachverhalte beziehende Außensteuerrecht der Bundesrepublik Deutschland ist nicht in einem eigenen Gesetz zusammengefasst. Es verteilt sich vielmehr auf eine Vielzahl von nationalen Vorschriften. Hervorzuheben sind in unserer Perspektive vor allem:

- die §§ 1, 1a, 2a, 4h, 34c, 49, 50, 50a, 50g, 50h EStG;
- die §§ 1, 2, 8a, 8b, 26 KStG;
- die §§ 7–14 AStG.

Wir betrachten das Außensteuerrecht primär unter dem Aspekt der unbeschränkten Steuerpflicht. Um einen Überblick über das Gesamtgebiet zu vermitteln, erläutern wir daran anschließend die Kernaussagen zur beschränkten Steuerpflicht (vgl. Teil II Kapitel 3.4.5.).

3.4.2 Methoden zur Vermeidung von Doppelbesteuerung nach dem EStG bei unbeschränkt Steuerpflichtigen

3.4.2.1 Anrechnungsmethode nach § 34c Abs. 1 EStG

Die Anrechnungsmethode kann als die grundlegende Methode zur Vermeidung von Doppelbesteuerung im deutschen Außensteuerrecht bezeichnet werden. Die seit 1957 gültige Regelung hat ihr Vorbild in den entsprechenden steuerlichen Vorschriften der USA und Großbritanniens. Sie wurde seitdem mehrfach modifiziert.

Nach § 34c Abs. 1 Satz 1 EStG ist die festgesetzte, gezahlte und keinem Ermäßigungsanspruch mehr unterliegende, der deutschen Steuer entsprechende, ausländische Steuer auf die deutsche Einkommensteuer anzurechnen. Die folgenden Anwendungsvoraussetzungen sind zu beachten.

Anwendungsvoraussetzungen der Anrechnung gem. § 34c Abs. 1 EStG
(1) Unbeschränkte Steuerpflicht,
(2) Subjektidentität,
(3) Objektidentität und ausländische Einkünfte i.S.v. § 34d EStG,
(4) Gleichartigkeit der Steuer,
(5) Identität des Besteuerungszeitraums.

Wir grenzen im ersten Schritt die Voraussetzungen der Anrechnung näher ein. Hinsichtlich der persönlichen Voraussetzungen ist bei dieser Methode davon auszugehen, dass dieselbe Person in verschiedenen Staaten steuerlich belastet ist. Sie unterliegt mit ihren Welteinkünften der unbeschränkten Steuerpflicht im Inland und mit den darin enthaltenen ausländischen Einkünften der beschränkten Besteuerung im Ausland. In diesem Sinne besteht eine Identität zwischen dem Anrechnungsberechtigten und der Person, die im In- und Ausland belastet ist. Aus diesem Grund wird die hier beschriebene Methode auch als direkte Anrechnung bezeichnet.

Die Beantwortung der Frage, ob eine Subjektidentität im konkreten Fall gegeben ist, kann bei Gesellschaften, die im In- und Ausland nicht in gleicher Weise rechtlich qualifiziert werden, zum Problem werden. Dies gilt z.B. dann, wenn eine Gesellschaft im Inland als Personengesellschaft – mit den einzelnen Mitunternehmern als Steuersubjekten – und im Ausland als Kapitalgesellschaft eingeordnet wird. Da § 34c EStG aber eine rein inländische Norm ist, ist die Subjektidentität allein aus inländischer Perspektive abzuklären. Das Zivil- und Steuerrecht des ausländischen Staates bleibt unberücksichtigt. In der Konsequenz ist in diesem Fall der ausländische Gewinn den Mitunternehmern – auch ohne Ausschüttung – direkt zuzuordnen.

Die sachlichen Voraussetzungen beziehen sich auf die Objektidentität und die Eingrenzung der ausländischen Einkünfte sowie auf die Gleichartigkeit der Steuer und die Zeitidentität. Unter dem Aspekt der Objektidentität ist der Zusammenhang zwischen den im Inland zu erfassenden sowie den im Ausland belasteten und entstandenen Einkünften hervorzuheben.

Anrechenbar ist nur die ausländische Steuer auf Auslandseinkünfte, die sich auf denselben ausländischen Staat beziehen. Der in diesem Zusammenhang im Gesetz angesprochene Begriff der ausländischen Einkünfte ist dabei wiederum aus inländischer Perspektive einzugrenzen. Dies schließt auch die Anwendung der Grundsätze der steuerlichen Gewinnermittlung ein[166]. § 34d EStG enthält eine abschließende Darstellung der im Inland anerkannten ausländischen Einkünfte. Der Katalog orientiert sich an der Liste der beschränkt steuerpflichtigen Einkünfte des § 49 EStG, ist demgegenüber doch letztlich weiter gefasst.

Zu den ausländischen Einkünften i.S.v. § 34d EStG zählen Gewinn- und Überschusseinkunftsarten. Die hierunter fallenden Gewinneinkünfte umfassen im Kern:

- Einkünfte aus einer im Ausland betriebenen Land- und Forstwirtschaft (vgl. § 34d Nr. 1 EStG) und dazugehörende Veräußerungsgewinne;
- Einkünfte aus Gewerbebetrieb, die durch eine ausländische Betriebsstätte oder einen ständigen Auslandsvertreter erzielt werden (vgl. § 34d Nr. 2a EStG);
- Einkünfte aus selbständiger Arbeit, die in einem ausländischen Staat ausgeübt oder verwertet wird durch ausländische Nutzung oder Entgeltzahlung (vgl. § 34d Nr. 3 EStG).

Subsidiäre Nebeneinkünfte sind diesen Einkünften entsprechend zuzuordnen. Bei den Einkünften aus Gewerbebetrieb und aus Land- und Forstwirtschaft ist vom Belegenheits- bzw. Betriebsstättenprinzip auszugehen. Dies macht es notwendig, den Gewinn der ausländischen Betriebsstätte im Sinne einer wirtschaftlich-funktionalen Veranlassung vom Gesamtergebnis des inländischen Unternehmens abzugrenzen. Dies gilt entsprechend für das durch den ständigen Vertreter wirtschaftlich verursachte Teilergebnis (vgl. hierzu die Begriffe „Betriebsstätte" gem. § 12 AO und „ständiger Vertreter" gem. § 13 AO).

Bei der Zuordnung der ausländischen Einkünfte nach der Vorgabe des § 34d EStG ist ihr Charakter an sich in den Mittelpunkt zu stellen. Entscheidend ist demnach, wie sich der Sachverhalt im Ausland darstellt. Wie bei der im Rahmen der beschränkten Steuerpflicht noch zu erläuternden „isolierenden Betrachtungsweise" gem. § 49 Abs. 2 EStG sind diesbezüglich die inländischen Besteuerungsmerkmale zu vernachlässigen (Burmester 1995: 250).

Die Gleichartigkeit der Steuer beinhaltet, dass die im Ausland entstandene Steuer der deutschen Einkommensteuer entspricht. Um dies im Detail abzuprüfen, kann das diesbezügliche Verzeichnis ausländischer Steuern zu Hilfe genommen werden (vgl. Anlage 6 zu R 34c EStR).

Die anzurechnende ausländische Steuer ist nach dem Kurs in Euro umzurechnen, der für den Tag der Zahlung der ausländischen Steuer als amtlich festgesetzter Devisenkurs veröffentlicht worden ist. Die in ausländischer Währung ermittelten Gewinne sind nur dann nicht nach dem Stichtagsprinzip umzurechnen, wenn dies bei Kursschwankungen zu unzutreffenden Ergebnissen führen sollte[167].

Anrechenbar ist die festgesetzte, gezahlte und keiner Ermäßigung unterliegende Auslandssteuer. Ergibt sich im speziellen Fall, dass die Bemessungsgrundlage der ausländischen Einkünfte niedriger ist als im Ausland, so ist die anzurechnende ausländische Steuer dennoch ungekürzt bei der Höchstbetragsbegrenzung anzusetzen (H 212b EStH). Sind hingegen die ausländischen Einkünfte nach deutschen Steuerrecht negativ und nach ausländischen Steuer-

---

166 So werden Betriebsausgaben steuerlich nur berücksichtigt, wenn gem. § 160 AO der Zahlungsempfänger genau benannt wird. Bei einer im Ausland ansässigen Domizilgesellschaft betrifft dies die hinter ihr stehende Person oder Personenmehrheit (vgl. BFH vom 10.11.1998 BStBl II 1999, 121).

167 Die Umrechnung zum Zeitpunkt der Gewinnrealisierung kann in diesem Fall angemessen sein (vgl. u.a. BFH vom 24.10.2000 BStBl II 2001, 97; BFH vom 16.2.1996 BFHE 180, 286).

recht positiv, ist eine Anrechnung ausländischer Steuern nicht möglich. In diesem Fall ist lediglich der Steuerabzug möglich, den wir im folgenden Kapitel darstellen.

Die Gleichzeitigkeit der Besteuerung unterstellt zusätzlich, dass die anzurechnende ausländische Steuer auf die im deutschen Veranlagungszeitraum bezogenen Einkünfte entfällt. Eine vollständige zeitliche Überschneidung des in- und ausländischen Erhebungszeitraums ist dabei nicht erforderlich.

Nach § 68b EStDV hat der Steuerpflichtige den entsprechenden Nachweis über die Höhe der ausländischen Einkünfte und die Festsetzung und Zahlung der ausländischen Steuern durch Vorlage entsprechender Urkunden (z.B. Steuerbescheid, Zahlungsbeleg) zu führen.

Wir gehen nun im zweiten Schritt auf das Verfahren der Anrechnung näher ein. Nach § 34c Abs. 1 Satz 2 EStG sind bei der direkten Anrechnung bestimmte methodische Schritte zu beachten. Im Anschluss an die Ermittlung der Welteinkünfte ist der im Inland maximal anrechenbare Betrag der in Euro umgerechneten ausländischen Steuer zu bestimmen. Die Ermittlung des Höchstbetrages hat zur Folge, dass die ausländische Steuer nur bis zu dem Betrag auf die deutsche Einkommensteuer angerechnet werden kann, der im Inland auf die Einkünfte aus dem jeweiligen ausländischen Staat entfällt. Dies Ergebnis ergibt sich, indem die deutsche Steuer auf die Welteinkünfte (Anrechnungsbasis) nach dem Verhältnis der ausländischen Einkünfte zur Summe der Einkünfte aufgeteilt wird. Es handelt sich hierbei um den Anrechnungsbetrag, der maximal ausgeschöpft werden kann. Wird der Höchstbetrag nicht ausgeschöpft, weil der ausländische Steuersatz das inländische Niveau unterschreitet, ist nur die festgesetzte, gezahlte und keinem Ermäßigungsanspruch unterliegende ausländische Steuer anrechenbar.

$$\text{Höchstbetrag der direkten Anrechnung} = \text{ESt auf Welteinkünfte} * \frac{\text{ausländische Einkünfte}}{\text{Summe der Einkünfte}}$$

Diese Methode kommt einem Steuerverzicht des Wohnsitzstaates gleich, indem dieser ausländische Steuern wie inländische Abzugsteuern oder Vorauszahlungen anerkennt und einbezieht. Die Wirkung der Anrechnungsmethode ist komplex. Die Gesamtbelastung entspricht in der Konsequenz immer dem inländischen Steuerniveau, solange das ausländische Steuerniveau das inländische nicht überschreitet. Ist das steuerliche Belastungsniveau hingegen im Ausland höher als im Inland, entsteht ein Steuerüberhang, der sich aus dem nicht anrechenbaren Teil der ausländischen Steuer ergibt. Er ist im Unterschied zur Regelungsweise in den USA nicht rück- bzw. vortragsfähig. Wir gehen darauf im Kapitel 4.2. näher ein.

Beispiel 1:
Der im Inland unbeschränkt steuerpflichtige Wolfgang Joop erwirtschaftet im Veranlagungszeitraum 04 inländische gewerbliche Einkünfte i.H.v. 200 und gewerbliche Einkünfte aus einer ausländischen Betriebsstätte i.H.v. 100. Sein zu versteuerndes Einkommen entspricht der Summe der Einkünfte und wird mit einem durchschnittlichen inländischen Steuersatz von 30% erfasst. Welcher anrechenbare Betrag und welche steuerliche Gesamtbelastung ergeben sich bei einem Auslandssteuersatz von 20%?

Für Wolfgang Joop ergibt sich ein Höchstbetrag der direkten Anrechnung i.H.v. 30. Bis zu diesem Betrag könnte an sich angerechnet werden. Da die keinem Ermäßigungsanspruch mehr unterliegende ausländische Steuer den Höchstbetrag unterschreitet, ist nur ein Betrag i.H.v. 20 anrechenbar.

Besteuerung in D	Inland	Ausland
Gewerbliche Einkünfte	200	100
Welteinkünfte	300	
Deutsche Steuer (ESt) 30%	90	
Ausländische Steuer 20%		20
Höchstbetrag der Anrechnung: 90 * 100/300 = 30		
Anrechnung (effektive Belastung)	20	
Belastung im Inland	70	
Gesamtbelastung (70 + 20)	90	

Beispiel 2:

Die Einkünfte von Wolfgang Joop sind unverändert. Das Niveau der Steuersätze ist allerdings umgekehrt.

Besteuerung in D	Inland	Ausland
Gewerbliche Einkünfte	200	100
Welteinkünfte	300	
Deutsche Steuer (ESt) 20%	60	
Ausländische Steuer 30%		30
Höchstbetrag der Anrechnung: 60 * 100/300 = 20		
Anrechnung	20	
Belastung im Inland	40	
Gesamtbelastung (40 + 30)	70	

Im Fall negativer inländischer Einkünfte wird erkennbar, dass die Aufteilungsformel nicht schematisch angewendet werden darf. Es entspräche nicht dem Sinn der Vorschrift, wenn das Resultat der Aufteilung der veranlagten inländischen Steuer den Basisbetrag der Aufteilung übersteigen könnte. Der Wohnsitzstaat würde dann im Fall von Inlandsverlusten ein höheres Steuerniveau im Ausland mitfinanzieren. Die technische Ermittlungsweise des Höchstbetrages gem. § 34c Abs. 1 EStG begrenzt daher den konkreten Anrechnungsbetrag auf die tarifliche ESt im Inland. Diese Begrenzung entspricht vergleichbaren Regelungen zur Steueranrechnung in den USA (vgl. Tischer 1993, IWB 8, Gruppe 2 S. 706).

Zu beachten ist eine bestimmte Verfahrensweise, wenn die ausländischen Einkünfte aus verschiedenen Staaten stammen. Im ersten Schritt sind alle ausländischen Einkünfte des Steuerpflichtigen länderweise zusammenzufassen. Es ergibt sich somit ein Einkünfteblock pro Staat. Im zweiten Schritt ist dann gem. § 68a EStDV für jeden Staat gesondert der Höchstbetrag der Anrechnung zu ermitteln. Dies Konzept wird als „per-country-limitation" bezeichnet. Es steht nicht im Einklang mit dem bei unbeschränkter Steuerpflicht an sich üblichen Universalprinzip mit der Orientierung auf die weltweite Bündelung der Einkünfte.

Per-country-limitation gem. § 68a EStDV
1. Zusammenfassung der ausländischen Einkünfte zu einem Einkünfteblock pro Staat,
2. Berechnung des Höchstbetrages der Anrechnung für jeden Staat gesondert

3.4.2.2 Abzugsmethode nach § 34c Abs. 2 und 3 EStG

Das Außensteuerrecht enthält neben der Steueranrechnung eine weitere Methode zur Beseitigung bzw. Milderung der internationalen Doppelbesteuerung. Die Abzugsmethode ermöglicht den Abzug der festgesetzten, gezahlten und keinem Ermäßigungsanspruch mehr unterliegenden ausländischen Steuer bei der Ermittlung der Einkünfte. Die ausländischen Steuern mindern direkt die Summe der Einkünfte und damit die Bemessungsgrundlage im Inland. Diese Methode ist in zwei verschiedenen Fallvarianten anwendbar.

Zum einen wird dem unbeschränkt Steuerpflichtigen gem. § 34c Abs. 2 EStG ein Wahlrecht eingeräumt, anstelle der Anrechnungs- die Abzugsmethode anzuwenden. Der Steuerabzug kommt damit als alternatives Verfahren in Frage, wenn dieselben Anwendungsvoraussetzungen wie bei der direkten Steueranrechnung gem. § 34c Abs. 1 EStG bestehen. Das Entscheidungsfeld des Steuerpflichtigen wird durch identische Bedingungen eingegrenzt.

Die Wahl erfolgt auf Antrag. Zu beachten ist hierbei lediglich, dass das Wahlrecht für die Einkünfte aus einem bestimmten Staat einheitlich ausgeübt wird. Stammen die Einkünfte aus verschiedenen ausländischen Staaten, kann hingegen länderweise die Anrechnung bzw. der Abzug gewählt werden. Der Steuerabzug kann sich als vorteilhaft erweisen, wenn

- aufgrund inländischer Verluste keine Anrechnungsbasis besteht oder
- nicht anrechenbare Steuerüberhänge zu verzeichnen sind. Letzteres ist bei sehr hohen Steuersätzen im Ausland der Fall.

Zum anderen verengt sich das Handlungsfeld des Steuerpflichtigen hinsichtlich der Vermeidung der Doppelbesteuerung auf die Abzugsmethode, wenn die für die Anrechnung und den Abzug nach Abs. 2 geltenden Anwendungsvoraussetzungen nicht vorliegen. Der Steuerabzug ist daher gem. § 34c Abs. 3 EStG als ausschließliche Methode vorgesehen und von Amts wegen vorzunehmen bei

- mangelnder Vergleichbarkeit der Steuern;
- mangelnder Entsprechung von ausländischen Steuern und zugrundliegenden Einkünften oder
- einer Nichtanerkennung ausländischer Einkünfte.

Sowohl beim Steuerabzug nach § 34c Abs. 2 als auch nach § 34c Abs. 3 EStG ist im Hinblick auf die Höhe des Abzugsbetrages auf Folgendes hinzuweisen. Die ausländische Steuer ist in beiden Fällen in voller Höhe abzugsfähig. Die Ermittlung eines Höchstbetrages wie bei der Anrechnung erübrigt sich hier.

Vom Grundsatz her sind gem. § 34c Abs. 6 EStG die Vorschriften zur Anrechnung und zum Abzug der ausländischen Steuern nicht anzuwenden, wenn mit dem ausländischen Quellenstaat ein Doppelbesteuerungsabkommen besteht. In diesem Fall sind die Regelungen des Abkommens vorrangig. Die Pflicht zur entsprechenden Anwendung von § 34c Abs. 1 Sätze 2 und 3 bzw. Abs. 2 EStG ergibt sich jedoch in den folgenden Spezialfällen:

- ein Doppelbesteuerungsabkommen sieht die Anrechnungsmethode vor;
- durch das Doppelbesteuerungsabkommen wird die Doppelbesteuerung nicht beseitigt;

- das Doppelbesteuerungsabkommen bezieht sich nicht auf ausländische Steuern vom Einkommen.

Das damit zugleich verbundene Wahlrecht zur Nutzung der Abzugsmethode ist nur dann ausgeschlossen, wenn das Doppelbesteuerungsabkommen von fiktiven, nicht gezahlten Anrechnungsbeträgen ausgeht.

3.4.2.3 Steuererlass und Steuerpauschalierung gem. § 34c Abs. 5 EStG

Die obersten Finanzbehörden der Länder oder die von ihnen beauftragten Finanzbehörden werden mit Zustimmung des Bundesministeriums der Finanzen gem. § 34c Abs. 5 EStG ermächtigt, die auf die ausländischen Einkünfte entfallende deutsche ESt ganz oder teilweise zu erlassen oder einen Pauschbetrag festzusetzen. Voraussetzung hierfür ist entweder eine volkswirtschaftlich begründete Zweckmäßigkeit oder eine besondere Schwierigkeit bei der Anwendung der Anrechnungsmethode im konkreten Fall. Sinn und Zweck der Vorschrift liegt in der Beseitigung von Mängeln, die mit der Steueranrechnung verbunden sein können.

In diesem Zusammenhang ist auf zwei Erlasse der Finanzverwaltung zu verweisen. Sie sind nur bei fehlendem Doppelbesteuerungsabkommen anwendbar. Die nach dem Pauschalierungserlass (BMF-Schreiben v. 10. 04. 1984) pauschal besteuerbaren Einkünfte beziehen sich mit verschiedenen Modifikationen auf

- Einkünfte aus einer gewerblichen oder freiberuflichen Betriebsstätte im Ausland,
- die betriebliche Beteiligung an einer ausländischen Personengesellschaft und
- die betriebliche Beteiligung an einer ausländischen Tochterkapitalgesellschaft.

Der unbeschränkt Steuerpflichtige kann einen Antrag auf Anwendung des pauschalen Steuersatzes i.H.v. 25% auf die erwähnten Einkünfte stellen. Dies betrifft sowohl die Einkommensteuer als auch die Körperschaftsteuer. Aufgrund der aktuellen Struktur der Steuersätze in Deutschland ist aber die Pauschalierung nur noch im Einkommensteuerrecht relevant. Die Aktivitätsklausel muss dabei erfüllt sein. Das bedeutet, dass das ausländische Unternehmen bzw. die ausländische Unternehmenseinheit die Einkünfte nahezu ausschließlich aus der Herstellung oder Lieferung von Waren (außer Waffen), der Bewirkung gewerblicher Leistungen, der Gewinnung von Bodenschätzen erzielt. Die Pauschalierung ist ausgeschlossen, insoweit im konkreten Fall ein Doppelbesteuerungsabkommen existiert.

Zu § 34c Abs. 5 EStG ist neben dem Pauschalierungserlass der Auslandstätigkeitserlass (BMF-Schreiben v. 31. 10 1983) bedeutsam. Danach werden bestimmte Bezüge von Arbeitnehmern eines inländischen Arbeitgebers bei Entsendung in einen ausländischen Staat von der Besteuerung im Inland unter Progressionsvorbehalt freigestellt.

3.4.3 Methoden zur Vermeidung von Doppelbesteuerung nach dem KStG bei unbeschränkt Steuerpflichtigen

3.4.3.1 Direkte Anrechnung gem. § 26 Abs. 1 KStG

Auch das Körperschaftsteuergesetz (KStG) sieht die direkte Anrechnung vor. Bei unbeschränkt steuerpflichtigen Körperschaften ist gem. § 26 Abs. 1 KStG die auf den ausländischen Einkünften lastende ausländische Körperschaftsteuer auf die deutsche Körperschaftsteuer anzurechnen. Dies unterstellt, dass eine inländische Kapitalgesellschaft mit ihren ausländischen Einkünften gleichzeitig im Inland unbeschränkt und im ausländischen Quellenstaat beschränkt steuerpflichtig ist.

Nach § 26 Abs. 6 KStG ist dabei ausdrücklich die entsprechende Anwendung der direkten Anrechnung nach dem EStG zu beachten. Dies schließt die Ermittlung des Höchstbetrages der Anrechnung ein. Außerdem gelten mit den im Gesetz aufgeführten Einschränkungen in entsprechender Weise:

- § 34c Abs. 1 Satz 2-5, Abs. 2–7 EStG und
- § 50 Abs. 6 EStG (Sonderregelung für beschränkt Steuerpflichtige).

Dies bedeutet, dass auch bezogen auf den Geltungsbereich des KStG der Steuerabzug, der Steuererlass sowie die Steuerpauschalierung analog anwendbar sind. Da der Körperschaftsteuersatz seit einiger Zeit auf 25% reduziert worden ist, ergibt sich für Kapitalgesellschaften aus der Steuerpauschalierung allerdings kein Vorteil mehr.

Bezogen auf die Anwendungsvoraussetzungen kann somit auf die vorangehenden Ausführungen zur direkten Anrechnung im Rahmen des EStG verwiesen werden (vgl. Kapitel 3.4.2.1).

Beispiel 1 zur direkten Anrechnung:
Die im Inland unbeschränkt steuerpflichtige Beier Aktiengesellschaft erwirtschaftet im Veranlagungszeitraum 04 inländische gewerbliche Einkünfte i.H.v. 100 und gewerbliche Einkünfte aus einer ausländischen Betriebsstätte i.H.v. 200. Der inländische KSt-Satz beträgt 25%. Welcher anrechenbare Betrag und welche steuerliche Gesamtbelastung ergeben sich bei einem Auslandssteuersatz von 20%?

Besteuerung der Beier AG in D	**Inland**	**Ausland**
Gewerbliche Einkünfte	100	200
Welteinkünfte	300	
Deutsche Steuer (KSt) 25%	75	
Ausländische Steuer 20%		40
Höchstbetrag der Anrechnung: 75 * 200/300 = 50		
Anrechnung (effektive Belastung)	40	
Belastung im Inland	35	
Gesamtbelastung (35 + 40)	75	

Das Prinzip der „per country limitation“ gilt auch hier, wonach im Fall von ausländischen Einkünften aus mehreren Ländern der Höchstbetrag jeweils gesondert für die Einkünfte aus jedem Land zu ermitteln ist. Ein nicht ausgeschöpfter Anrechnungsbetrag bezogen auf einen Staat kann in diesem System nicht mit einer ausländischen Steuer in einem anderen Staat, die den Höchstbetrag übersteigt, verrechnet werden. Dies unterscheidet sich von der „overall limitation“, die z.B. in den USA üblich ist. Das folgende Beispiel zeigt erneut, dass die Anwendung der Anrechnungsmethode nicht in jedem Fall zu einer vollen Beseitigung der Doppelbesteuerung führt.

Beispiel 2 zur direkten Anrechnung:
Bei der inländischen Beier Aktiengesellschaft ergeben sich im selben Veranlagungszeitraum inländische gewerbliche Einkünfte i.H.v. 100. Daneben erwirtschaftet die AG gewerbliche Einkünfte aus einer ausländischen Betriebsstätte im Staat A i.H.v. 200 und gewerbliche Einkünfte aus einer Betriebsstätte im Staat B i.H.v. 60. Der inländische KSt-Satz beträgt 25%. Welcher anrechenbare Betrag und welche steuerliche Gesamtbelastung ergeben sich bei einem Steuersatz von 30% im Staat A und 20% im Staat B?

Besteuerung der Beier AG in D	**Inland**	**Staat A**	**Staat B**
Gewerbliche Einkünfte	100	200	60
Welteinkünfte	360		
Deutsche Steuer (KSt): 25%	90		
Ausländische Steuer: 30% / 20%		60	12
Höchstbetrag der Anrechnung (A): 90 * 200/360 = 50			
Höchstbetrag der Anrechnung (B): 90 * 60/360 = 15			
Anrechnung: Steuer Staat A Steuer Staat B	 50 12		
Belastung im Inland	28		
Gesamtbelastung (28 + 60 + 12)	100		

3.4.3.2 Indirekte Anrechnung

Zeitgleich mit der Einführung der Steuerfreistellung im Fall von Schachteldividenden ist in Deutschland die indirekte Anrechnung abgeschafft worden. Die Systemumstellung bei der Vermeidung von internationaler Doppelbesteuerung bei Kapitalgesellschaften geht zurück auf das Steuersenkungsgesetz vom 23.10.2000 und gilt für grenzüberschreitende Schachteldividenden ab dem VZ 2001.

Bevor wir im nächsten Kapitel auf die nunmehr gültige Freistellung von Schachteldividenden gem. § 8b Abs. 1 KStG eingehen, soll darauf verwiesen werden, dass die Methode der Anrechnung ausländischer Steuern an sich auch in einem erweiterten Sinne anwendbar ist. Würde man die Mutter- und Tochtergesellschaft als wirtschaftliche Einheit betrachten, wäre zur Vermeidung steuerlicher Mehrfachbelastungen in die Anrechnung auch die ausländische Steuer der Tochtergesellschaft einzubeziehen. Diese als „indirekte Anrechnung" bezeichnete Methode, die in Deutschland nicht mehr anwendbar ist, soll im Folgenden skizziert werden.

Während bei der direkten Anrechnung gem. § 26 Abs. 1 KStG neben der Objektidentität die Identität zwischen Steuerschuldner und Anrechnungsberechtigtem gewahrt sein muss, wird bei der indirekten Anrechnung[168] von mindestens zwei verschiedenen Steuersubjekten ausgegangen. Bei der Einbeziehung von mindestens zwei Kapitalgesellschaften überlappen sich die Ansässigkeitsprinzipien verschiedener Staaten. Dies ist mittels des Begriffes der Doppelbesteuerung im juristischen Sinn allein nicht mehr fassbar, da hier nur die Mehrfachbelastung eines Steuerpflichtigen betrachtet wird. Die indirekte Anrechnungsmethode bezieht daher bereits implizit den Begriff der Doppelbesteuerung im wirtschaftlichen Sinn ein.

Die hier zu betrachtende Fallkonstellation beinhaltet eine unbeschränkt steuerpflichtige Körperschaft, die an einer ausländischen Kapitalgesellschaft zu mindestens 10% beteiligt ist. Solch eine Beteiligung wird als „internationale Schachtelbeteiligung“ bezeichnet.

Nach der ehemaligen Regelung bezogen sich die Anwendungsvoraussetzungen für die inländische Muttergesellschaft auf eine bestimmte Mindesthaltedauer der Beteiligung. Der mindestens einjährige Zeitraum verwies auf ein gefordertes nachhaltiges wirtschaftliches Engagement im Ausland. Außerdem war die Aktivitätsklausel zu beachten, wonach die von der Tochtergesellschaft ausgeschütteten Gewinne auf „aktive Bruttoerträge“ i.S.v. § 8 Abs. 1 Nr. 1-6 oder Abs. 2 AStG zurückführbar sein mussten.

Indirekt anrechenbar war die Steuer der ausländischen Tochtergesellschaft, die für das Wirtschaftsjahr erhoben wurde, für das sie gemäß Ausschüttungsbeschluss die Ausschüttung an die inländische Körperschaft vorgenommen hat. Die Anrechnung der festgesetzten, gezahlten und keinem Ermäßigungsanspruch mehr unterliegenden ausländischen Steuer war schließlich auf einen Höchstbetrag begrenzt, der in drei Schritten ermittelt werden musste:

Der erste Schritt begrenzte die anrechnungsfähige ausländische KSt in dem Maße, wie der ausschüttungsfähige Gewinn der Tochtergesellschaft auch tatsächlich an die Muttergesellschaft ausgeschüttet wurde.

Der zweite Schritt gewährleistete, dass der im ersten Schritt errechnete anrechenbare Steuerbetrag den Anteil der Beteiligung der Muttergesellschaft am Nennkapital der Tochtergesellschaft nicht überstieg. Der sich hieraus ergebende Betrag bestimmte sich als maximaler Höchstbetrag.

Der dritte Schritt berücksichtigte zusätzlich die vorangehende direkte Anrechnung. Denn im Hinblick auf die Vermeidung von Mehrfachbelastungen war auch die direkte Anrechnung im Sinne von § 26 Abs. 1 KStG hinsichtlich der auf der Dividende lastenden ausländischen Quellensteuer in die Ermittlung einzubeziehen. Im Rahmen dieses dritten Schrittes wurde erreicht, dass die KSt der ausländischen Tochtergesellschaft nur bis zur Höhe der deutschen KSt angerechnet werden konnte, die nach Vornahme der direkten Anrechnung bzw. nach Abzug der Quellensteuer auf die Dividende verblieb.

3.4.3.3 Freistellung gem. § 8b Abs. 1 KStG und Anwendung von § 8b Abs. 5 KStG

Bei der vorangehenden Erläuterung der indirekten Anrechnung der ausländischen Steuer auf ausländische Beteiligungserträge, die in Deutschland bis zum VZ 2000 gültig war, ist der grundlegende Systemwechsel hinsichtlich der Methodik zur Vermeidung internationaler Doppelbesteuerung bereits angesprochen worden. Im Anschluss an die Einführung des Steuersenkungsgesetzes ist seit dem VZ 2001 im Fall einer von einer ausländischen Körperschaft an eine inländische Körperschaft ausgeschütteten Dividende die Freistellungsmethode anzuwenden.

[168] Die indirekte Anrechnung war in der vor dem 1.1.2001 gültigen Fassung in § 26 Abs. 2 KStG geregelt.

Die folgenden Bezüge einer unbeschränkt oder beschränkt steuerpflichtigen Körperschaft bleiben gem. § 8b Abs. 1 KStG außer Ansatz:

- Kapitalerträge i.S.v. § 20 Abs. 1 Nr. 1 EStG (Dividenden und verdeckt Gewinnausschüttungen),
- Bezüge aufgrund einer Kapitalherabsetzung i.S.v. § 20 Abs. 1 Nr. 2 EStG,
- Leistungen einer nicht von der KSt befreiten Körperschaft, Personenvereinigung oder Vermögensmasse i.S.v. § 1 Abs. 1 Nr. 3 bis 5 KStG,
- Leistungen eines nicht von der KSt befreiten Betriebs gewerblicher Art i.S.v. § 4 KStG. Einzubeziehen sind auch Bezüge i.S.v. § 20 Abs. 2 EStG.

Für unsere Darstellung relevant sind die zwischen Kapitalgesellschaften fließenden Dividenden. Die Vorschrift unterscheidet nicht danach, ob sie von einer inländischen oder ausländischen Kapitalgesellschaft stammen. Die Regelung betrifft vielmehr an inländische Kapitalgesellschaften ausgeschüttete Beteiligungserträge generell. Sie setzt nicht das Bestehen einer unteren Beteiligungsgrenze voraus.

Da im Fall der Freistellung von der Besteuerung in Deutschland keine inländische Steuerbelastung auf die ausländische Dividende entsteht, ist es nicht möglich, die bei der Dividendenausschüttung erhobene ausländische Quellensteuer (Kapitalertragsteuer) anzurechnen. Die Belastung der Dividende mit ausländischer Quellensteuer ist daher definitiv. Sie entfällt aufgrund der Anwendung der Mutter-Tochter-Richtlinie lediglich, wenn die Kapitalgesellschaften ihren Sitz im Gebiet der Europäischen Union haben. Wir gehen darauf weiter unten bei der Erläuterung der Freistellungsmethode nach dem Recht der Doppelbesteuerungsabkommen näher ein.

Bei den angesprochenen Bezügen i.S.v. § 8b Abs. 1 KStG ist auf eine Problematik hinzuweisen, die sich vor dem Hintergrund des § 3c EStG stellt. Nach dieser Generalklausel dürfen Aufwendungen, die im unmittelbaren wirtschaftlichen Zusammenhang mit steuerfreien Einkünften stehen, generell nicht abgezogen werden. Sind in dieser Perspektive im Jahresabschluss solche Aufwendungen erfasst, müssen sie für die Zwecke der Besteuerung wieder zum Gewinn hinzugerechnet werden. Typische Aufwendungen, die mit Beteiligungen verknüpft sind, sind Verwaltungs- und Finanzierungsaufwendungen. Im Praxisfall können sich nach der Regelung des § 3c EStG schwierige Fragen zur Abgrenzung von unmittelbar und nur mittelbar mit den steuerfreien Erträgen zusammenhängenden Aufwendungen ergeben.

Der Gesetzgeber hat deshalb im Sinne einer Vereinfachung eine Pauschalregelung geschaffen, die an eine Fiktion anknüpft. Unabhängig von der tatsächlichen Höhe der Aufwendungen gelten gem. § 8b Abs. 5 KStG fünf Prozent der von der inländischen Besteuerung freigestellten Dividende oder Bezüge i.S.v. § 8b Abs. 1 KStG als Betriebsausgaben, die mit den steuerfreien Einnahmen in unmittelbarem wirtschaftlichen Zusammenhang stehen. In dieser Höhe muss daher generell eine Gewinnerhöhung vorgenommen werden. Die Regelung hebt ausdrücklich hervor, dass § 3c Abs. 1 EStG nicht anzuwenden ist.

§ 8b Abs. 5 KStG ist technisch in der Weise umzusetzen, dass außerbilanziell nichtabziehbare Aufwendungen geltend zu machen sind und eine Hinzurechnung zum zu versteuernden Einkommen zu erfolgen hat. Im Ergebnis unterliegen fünf Prozent des Bruttobetrages der Dividende der Besteuerung in Deutschland. Die restlichen fünfundneunzig Prozentpunkte bleiben steuerfrei.

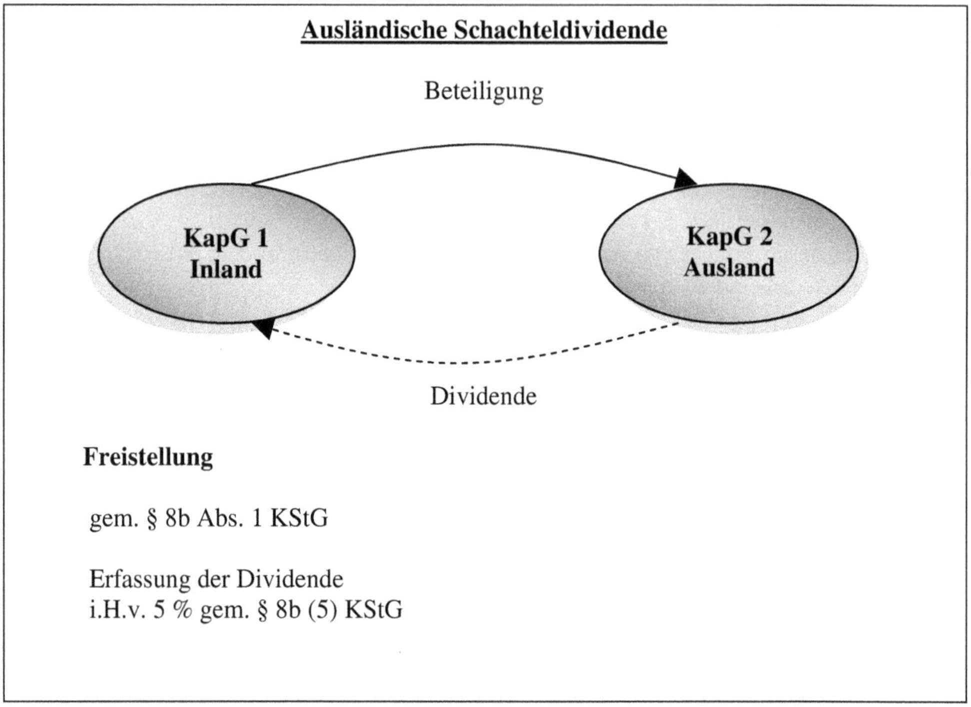

Abb. 12: Ausländische Schachteldividende

An dieser Stelle kann auf zwei Möglichkeiten der Vermeidung der fünfprozentigen Steuerbelastung aufmerksam gemacht werden:

- Die Tochtergesellschaft verzichtet über einen längeren Zeitraum auf Ausschüttungen (Ballooning Effekt). Da kein steuerfreier Bezug vorliegt, wird die Steuerbelastung vermieden. Außerdem können die mit der Beteiligung im unmittelbaren wirtschaftlichen Zusammenhang stehenden Aufwendungen nun im tatsächlichen Umfang abgezogen werden.
- Die Tochtergesellschaft thesauriert die Erträge und steigert damit den Wert der Tochtergesellschaft. Im Fall einer anschließenden Veräußerung der Beteiligung kann ein höherer Veräußerungserlös erzielt werden (Veräußerungseffekt).

Die Funktionsweise der Freistellungsmethode kann nun am folgenden Beispiel aufgezeigt werden.

Beispiel zur Freistellung:
Die im Inland unbeschränkt steuerpflichtige Beier Aktiengesellschaft erwirtschaftet im Veranlagungszeitraum 04 inländische gewerbliche Einkünfte i.H.v. 100. Daneben erhält sie im selben Zeitraum eine Dividende i.H.v. 200 (vor Abzug der Quellensteuer) von ihrer ausländischen Tochterkapitalgesellschaft, an der sie zu 100% beteiligt ist. Der inländische KSt-Satz beträgt 15%. Welche steuerliche Gesamtbelastung ergibt sich bei einem ausländischen Quellensteuersatz von 20%?

Besteuerung der Beier AG in D	Inland	Ausland
Gewerbliche Einkünfte	100	200
Zu erfassende ausländische Einkünfte gem. § 8b Abs. 1 und 5 KStG (5% von 200)	10	
Zu versteuerndes Einkommen	110	
Deutsche Steuer (KSt) 15%	16,5	
Ausländische Quellensteuer 20%		40
Gesamtbelastung (16,5+40)	56,5	
Gewerbliche Einkünfte nach Steuern (300 – 56,5)	243,5	

Eine Steuerfreistellung erfolgt gem. § 8b (2) KStG auch für Gewinne aus der Veräußerung von Beteiligungen deutscher Kapitalgesellschaften an andere Kapitalgesellschaften (vgl. Kapitel 4.2.4.).

3.4.4 Negative ausländische Einkünfte mit Bezug zu Drittstaaten gem. § 2a EStG

3.4.4.1 Einschränkung des Verlustausgleiches und Verlustabzuges

Nach der Systematik der Ermittlung des zu versteuernden Einkommens gem. § 2 EStG sind an sich negative Einkünfte eines unbeschränkt Steuerpflichtigen im selben Jahr mit seinen positiven Einkünften auszugleichen und eventuell darüber hinaus verbleibende Verluste in anderen Jahren gem. § 10d EStG abzuziehen. Bei unbeschränkter Steuerpflicht entspricht dies dem Universalprinzip.

Im Hinblick auf ausländische Verluste ist allerdings eine Begrenzung des Verlustausgleiches und Verlustabzuges bei unbeschränkter Steuerpflicht hervorzuheben, die sich nicht auf steuersystemimmanente Gründe zurückführen lässt. Vielmehr zielte der Gesetzgeber auf die Diskriminierung von Auslandsverlusten, die im Zusammenhang mit unerwünschten Investitionen in Verlustzuweisungsmodellen stehen und der inländischen Volkswirtschaft keinen wirtschaftlichen Vorteil erbringen. Eine bedeutsame Eingrenzung der Vorschrift hat sich mit Einführung des Gesetzes vom 19.12.2008 ergeben. Im Anschluss an die europäische Rechtsprechung zur grenzüberschreitenden Verlustverrechnung ist die eingeschränkte Erfassung von Verlusten nur noch im Hinblick auf Drittstaaten anzuwenden. Drittstaaten sind Staaten, die gem. § 2a Abs. 2a EStG nicht Mitgliedstaaten der Europäischen Union sind.

Die Begrenzung der Verlustkompensation bezieht sich auf die in § 2a Abs. 1 EStG benannten Tatbestände, wobei Gewinnminderungen gem. Abs. 1 Satz 2 den negativen Einkünften gleichgestellt sind:

a) negative Einkünfte aus einer land- und forstwirtschaftlichen Betriebsstätte im Drittstaat gem. Abs. 1 Nr. 1;

b) negative Einkünfte aus einer gewerblichen Betriebsstätte im Drittstaat gem. Abs. 1 Nr. 2, insoweit sich die Einkünfte auf nicht-begünstigte Tätigkeiten zurückführen lassen (vgl. Abs. 2);
c) Beteiligungsverluste aus Drittstaaten-Körperschaften[169] gem. Abs. 1 Nr. 3 (Wertminderungstatbestände: Teilwertabschreibung; Veräußerung bzw. Entnahme; Kapitalherabsetzung, Liquidation) und entsprechende Beteiligungsverluste im inländischen Privatvermögen gem. Abs. 1 Nr. 4, insoweit die ausländische Körperschaft gem. Abs. 2 Satz 2 während der letzten 5 Jahre in nicht-begünstigter Weise tätig ist;
d) ausländische Verluste aus typischen stillen Gesellschaften gem. Abs. 1 Nr.5;
e) ausländische Verluste aus Vermietung und Verpachtung in den in Abs. 1 Nr. 6 benannten Fällen;
f) über inländische Zwischenbeteiligungen vermittelte Auslandsverluste aus Drittstaaten gem. Abs. 1 Nr. 7, insoweit sie sich auf die vorab skizzierten Tatbestände zurückführen lassen.

Gehören die negativen Einkünfte aus Drittstaaten zu diesem Katalog, ergibt sich gem. Abs. 2 für den Steuerpflichtigen als Rechtsfolge die Einschränkung des Verlustausgleichs bzw. Verlustabzugs.

Rechtsfolgen gem. § 2a Abs. 1 EStG:
Negative Einkünfte i.S.v. Abs. 1 Nr. 1-7 dürfen nur mit positiven Einkünften der jeweils selben Art aus demselben Staat ausgeglichen werden. Sie dürfen generell auch nicht nach § 10d EStG abgezogen werden.
Die nicht ausgeglichenen negativen Einkünfte sind im Sinne eines beschränkten Verlustvortrages gem. Abs. 1 Satz 3 mit künftigen positiven Einkünften der jeweils selben Art und desselben Staates zu verrechnen. Die verbleibenden negativen Einkünfte sind gesondert festzustellen.

3.4.4.2 Ausnahmeregelung für Verluste aus gewerblichen Betriebsstätten und für ausländische Beteiligungsverluste gem. § 2a Abs. 2 EStG

Wie einleitend zum § 2a EStG bemerkt, soll die Begrenzung der Verlustverrechnung nur bei unerwünschten Auslandsbetätigungen bezogen auf Drittstaaten zum Zuge kommen. Das Gesetz orientiert sich hinsichtlich der Abgrenzung der unerwünschten von den nicht-unerwünschten bzw. begünstigten Betätigungen weitgehend am Katalog gem. § 8 Abs. 2 AStG. Bei der Zuordnung ist nicht auf einzelne Einkunftsarten abzustellen, sondern auf der Art nach bestimmte Quellen und Tätigkeiten in einem Staat. Die gem. Abs. 2 Satz 1 angesprochene Aktivitätsklausel beinhaltet im Kern, dass eine ausschließliche oder fast ausschließliche (mindestens zu 90%) Erzielung des betrieblichen Ergebnisses im begünstigten Bereich vorliegen muss. Hierzu werden auch Veräußerungsvorgänge im begünstigten Bereich gezählt. In der Konsequenz unterliegen z.B. Verluste aus gewerblichen Betriebsstätten im Ausland dann nicht der Begrenzung des § 2a EStG, wenn es sich um aktive bzw. begünstigte Einkünfte i.S.v. Abs. 2 der Vorschrift handelt.

[169] Sie haben weder ihre Geschäftsleitung noch ihren Sitz in einem Mitgliedstaat der Europäischen Union.

Begünstigte gewerbliche Betätigungen (keine Begrenzung der Verlustverrechnung gem. § 2a Abs. 2 EStG):
(1) Herstellung, Lieferung von Waren (außer Waffen) (2) gewerbliche Leistungen (3) Gewinnung von Bodenschätzen

Nicht-begünstigte gewerbliche Betätigungen (Begrenzung der Verlustverrechnung gem. § 2a Abs. 1 EStG):
(1) Herstellung, Lieferung von Waffen (2) gewerbliche Leistungen in folgenden Fällen: (a) Errichtung, Betrieb von Fremdenverkehrsanlagen (z.B.: Ferienhäuser, Hotels, Campingplätze) (b) Vermietung, Verpachtung von Wirtschaftsgütern, Rechten (z.B.: Patente, Lizenzen, Leasing, Know- how etc.) (c) unmittelbares Halten einer wesentlichen Beteiligung an einer ausländischen Kapitalgesellschaft, die nicht-begünstigte Tätigkeiten ausführt (sowie die damit im Zusammenhang stehende Finanzierung)

Die Ausnahmeregelung gilt entsprechend für ausländische Beteiligungsverluste i.S.v. § 2a Abs. 1 Nr. 3 und 4 EStG. Die ausländische Körperschaft muss demnach im Fünfjahreszeitraum selbst in begünstigter Weise gewerblich tätig sein (vgl. § 2a Abs. 2 Satz 2 EStG).

3.4.4.3 Ausländische Verluste bei einem DBA mit Freistellungsmethode

Seit dem VZ 1999 gibt es im deutschen Außensteuerrecht keine Begünstigung mehr für Verluste aus gewerblichen Betriebsstätten im Ausland, die nach einem Doppelbesteuerungsabkommen (DBA) von der Besteuerung im Inland freizustellen sind. Da nach dem im Abkommensrecht gängigen Regeln gewerbliche Einkünfte aus Betriebsstätten lediglich im Betriebsstättenstaat besteuert werden, ergibt sich hieraus der Nachteil der Nicht-Erfassung ausländischer gewerblicher Verluste im DBA-Fall. Um diese Ungleichbehandlung gegenüber dem Nicht-DBA-Fall zu kompensieren, wurde unbeschränkt Steuerpflichtigen auf Antrag die Möglichkeit zu einer spezifischen Form der Verlustverrechnung eröffnet.

Bis zum VZ 1998 konnte dieser Verlust bei der Ermittlung des Gesamtbetrags der Einkünfte abgezogen werden. Dies bedeutete, dass der an sich steuerfreie Verlust zunächst als Korrekturposten zu berücksichtigen und in folgenden Perioden eine Nachversteuerung vorzunehmen war. Eine auslaufende Nachversteuerung konnte sich nach der ersatzlos gestrichenen Regelung noch bis zum VZ 2008 ergeben. Die Aufhebung dieser Begünstigung wurde begründet mit der Ungleichbehandlung von Betriebsstättengewinnen und -verlusten und mit der Berücksichtigung der Betriebsstättenverluste im Rahmen des negativen Progressionsvorbehalts, der durch die Neuregelung nicht berührt wird.

Mit dem Wegfall dieser Regelung stellt sich für ausländische Betriebsstätten das Problem, dass die gewerblichen Verluste in Deutschland nicht berücksichtigt werden können. Dies hängt mit der gängigen Regelung im Abkommensrecht zusammen, wonach die Einkünfte einer ausländischen Betriebsstätte nur im Betriebsstättenstaat zu erfassen sind[170]. Nach ständiger höchstrichterlicher Rechtsprechung umfasst der Begriff „Gewinn" sowohl positive als auch negative Einkünfte (Debatin, Wassermeyer 2005: Art. 7, Tz 159). Die negativen ausländischen Einkünfte können daher nicht mit den positiven inländischen Einkünften eines Unternehmens verrechnet werden.

In diesem Fall ergibt sich eine steuerliche Entlastung für das steuerpflichtige Unternehmen nur aufgrund des negativen Progressionsvorbehaltes. Dies ist kurz zu erläutern. Der Progressionsvorbehalt bezieht sich gem. § 32b Abs. 1 und 2 EStG auch auf ausländische Einkünfte, die in Deutschland steuerbefreit sind. Das bedeutet, dass auf das im Inland zu versteuernde Einkommen gem. § 32b Abs. 2 Nr. 2 EStG ein besonderer Steuersatz anzuwenden ist. Dieser Steuersatz ergibt sich, indem die steuerbefreiten Einkünfte zu den steuerpflichtigen Einkünften hinzugerechnet werden. Steuerbefreite außerordentliche Einkünfte werden nur zu einem Fünftel hinzugerechnet. Im Fall positiver ausländischer Einkünfte läuft die Regelung im Sinne des Leistungsfähigkeitsprinzips auf eine Gleichstellung mit Steuerpflichtigen hinaus, die Einkünfte in derselben Höhe nur im Inland beziehen. Liegen jedoch negative ausländische Einkünfte vor, wirkt sich der Progressionsvorbehalt entlastend für den Steuerpflichtigen aus.

Werden in diesem Zusammenhang negative ausländische Einkünfte berücksichtigt, spricht man vom negativen Progressionsvorbehalt. Zu beachten ist, dass dieser Progressionsvorbehalt nur nach Maßgabe des § 2a EStG berücksichtigt werden darf (BStBl II 2000, 605). Im Zwischenschritt ist daher zu prüfen, ob die Verluste i.S.v. § 2a EStG ausgleichs- bzw. abzugsfähig wären, wenn es sich nicht um steuerbefreite Einkünfte handeln würde. Ist dies der Fall, ergibt sich ein negativer Progressionsvorbehalt. Der Steuersatz kann dann sogar bis auf Null sinken (BStBl II 1990, 157). Da in Deutschland der KSt-Tarif nicht progressiv ausgestaltet ist, ergibt sich der Entlastungseffekt nur für natürliche Personen.

3.4.5 Beschränkte Steuerpflicht

3.4.5.1 Beschränkt steuerpflichtige Einkünfte i.S.v. § 49 EStG und isolierende Betrachtungsweise

Wir beziehen uns in unserer Darstellung primär auf inländische Unternehmen, die im Ausland an einer Tochterkapitalgesellschaft beteiligt sind oder eine Betriebsstätte besitzen. Insofern haben wir uns bislang mit dem deutschen Außensteuerrecht aus der Perspektive unbeschränkt Steuerpflichtiger auseinandergesetzt. Da die beschränkte Steuerpflicht aber ebenso zum internationalen Steuerrecht gehört und die Perspektive ausländischer Investoren in Deutschland wenigstens skizziert werden soll, wollen wir in diesem Abschnitt die Grundzüge der Besteuerung von Personen erläutern, die im Inland weder Wohnsitz, Sitz noch Geschäftsleitung haben, aber inländische Einkünfte erzielen.

Es ist bereits darauf hingewiesen worden, dass sich das deutsche Steuerrecht bei der beschränkten Steuerpflicht vor allem am Territorialprinzip orientiert. Danach ist eine natürliche

---

170 Die Freistellung der Einkünfte ergibt sich in der Regel aus den deutschen DBA (vgl. Art. 23 Abs. 2 DBA: D/USA).

Person, die weder ihren Wohnsitz noch gewöhnlichen Aufenthalt im Inland hat, mit ihren inländischen Einkünften i.S.v. § 49 EStG steuerpflichtig (vgl. § 1 Abs. 4 EStG). Bei einer juristischen Person sind lediglich deren inländische Einkünfte zu erfassen, wenn sich weder ihre Geschäftsleitung noch ihr Sitz im Inland befinden (vgl. § 2 KStG).

Sind die Bedingungen des § 1 Abs. 4 EStG erfüllt, ist im Rahmen der beschränkten Steuerpflicht zu prüfen, ob inländische Einkünfte i.S.v. § 49 EStG vorliegen. Diese Vorschrift schafft keine neuen Einkunftstatbestände. In diesem Sinne hat sich die Bestimmung der Einkunftsart grundsätzlich nach den §§ 13–24 EStG und den allgemeinen Einkunftsermittlungsvorschriften des deutschen Rechts zu richten. Auf der anderen Seite sind die in § 49 EStG aufgezählten Einkünfte nicht deckungsgleich mit dem Umfang der sieben Einkunftsarten gem. § 2 EStG. Die Systematik des § 49 EStG orientiert sich zentral an der Abklärung des Inlandsbezuges der zu erfassenden Einkünfte des beschränkt Steuerpflichtigen. Da der Grad der Inlandsbindung als zusätzliches Kriterium zu berücksichtigen ist, ergibt sich in der Konsequenz ein kleinerer Umfang an Einkünften gegenüber der Summe aller nicht-ausländischen Einkünfte i.S. der §§ 13–24 EStG.

§ 49 Abs. 1 EStG enthält eine abschließende Aufzählung der zu erfassenden inländischen Einkünfte. Der Katalog enthält mit unterschiedlichem Inlandsbezug Einkünfte aus einer im Inland betriebenen Land- und Forstwirtschaft, aus Gewerbebetrieb, aus selbständiger und nichtselbständiger Arbeit, mit Einschränkungen aus Kapitalvermögen, aus Vermietung und Verpachtung sowie bestimmte sonstige Einkünfte i.S. der §§ 22 und 23 EStG. Dies kann u.a. am Beispiel der gewerblichen Einkünfte und der Zinsen verdeutlicht werden:

(a) Gewerbliche Einkünfte sind gem. § 49 Abs. 1 Nr. 2a EStG nur dann als inländische Einkünfte zu erfassen, wenn sie im Rahmen einer inländischen Betriebsstätte (vgl. § 12 AO) oder mittels eines im Inland bestellten, ständigen Vertreters (vgl. § 13 AO) erwirtschaftet worden sind.

(b) Zinsen i.S.v. § 20 Abs. 1 Nr. 5 und 7 EStG sind gem. § 49 Abs. 5c) aa) nur zu berücksichtigen, wenn das zugrunde liegende Kapitalvermögen unmittelbar oder mittelbar gesichert ist. Die Sicherung kann sich beziehen auf inländischen Grundbesitz, inländische Rechte, die den Vorschriften des bürgerlichen Rechts über Grundstücke unterliegen, oder durch Schiffe, die in ein inländisches Schiffsregister eingetragen sind. Die hierunter fallenden Zinsen betreffen Hypothekenzinsen und Zinsen aus sonstigen Kapitalforderungen mit entsprechender Inlandsbindung. Ausnahmen gelten u.a. für Zinsen aus Anleihen und Forderungen, die in ein öffentliches Schuldbuch eingetragen sind.

Da sich das Verhältnis der in § 49 EStG aufgeführten Einkünfte nach den allgemeinen Vorschriften des EStG richtet, ist an sich das Verhältnis der Subsidiarität zu wahren (vgl. §§ 20 Abs. 3, 21 Abs. 3, 22 Nr. 1 Satz 1, 22 Nr. 3 Satz 1 EstG). Die sich hieraus im Rahmen der beschränkten Steuerpflicht ergebenden Besteuerungslücken sind von der Rechtsprechung durch Entwicklung der isolierenden Betrachtungsweise ausgefüllt worden. Denn bei strenger Beachtung der Subsidiarität ergeben sich z.B. für inländische Nebeneinkünfte eines ausländischen Gewerbebetriebs zwei Folgen:

(a) im Rahmen eines Gewerbebetriebs bezogene Nebeneinkünfte wie Einkünfte aus Kapitalvermögen, aus Vermietung und Verpachtung oder sonstige Einkünfte sind den gewerblichen Einkünften zuzurechnen;

(b) diese gewerblichen Einkünfte können nur dann als inländische Einkünfte erfasst werden, wenn sie im Zusammenhang mit einer inländischen Betriebsstätte oder einem ständigen Vertreter im Inland erwirtschaftet worden sind.

Um hier ein größeres Maß an Gleichbehandlung von Steuerinländern und Steuerausländern zu erreichen, ist die isolierende Betrachtungsweise als Abs. 2 in den § 49 EStG integriert worden. Danach bleiben im Ausland gegebene Besteuerungsmerkmale außer Betracht, soweit bei ihrer Berücksichtigung inländische Einkünfte nicht angenommen werden können.

Beispiel:
Ein ausländischer Gewerbebetrieb besitzt ein Grundstück in Deutschland, das vermietet wird.

Da die bloße Vermietung nicht als Tätigkeit im Rahmen einer Betriebsstätte i.S.v. § 12 AO anzusehen ist, liegen keine inländischen Einkünfte gem. § 49 Abs. 1 Nr. 2a EStG vor. Bis zum Ende des Veranlagungszeitraums 2005 war der Fall auf der Basis der isolierenden Betrachtungsweise gem. § 49 Abs. 2 EStG zu lösen und inländische Einkünfte gem. § 49 Abs. 1 Nr. 6 EStG zu erfassen. Seit dem Veranlagungszeitraum 2006 sind die Mieteinkünfte direkt als gewerbliche Einkünfte gem. § 49 Abs. 1 Nr. 2 f EStG zu qualifizieren und zu besteuern.

Eine Besteuerungslücke ist seit einigen Jahren hinsichtlich der inländischen Einkünfte von ausländischen Sportlern, Künstlern, Artisten etc. geschlossen worden, die im Inland tätig werden. Die inländischen Einkünfte dieser gewerblich tätigen Personen, die im Inland keine Betriebsstätte unterhalten, zählen gem. § 49 Abs. 1 Nr. 2d EStG zu den beschränkt steuerpflichtigen, gewerblichen Einkünften. Davon ist unabhängig, wem die Einnahmen zufließen.

3.4.5.2 Veranlagungs- und Steuerabzugsverfahren bei beschränkter Steuerpflicht

Bei der beschränkten Steuerpflicht sind grundsätzlich zwei Besteuerungsverfahren voneinander zu unterscheiden:

(a) die Veranlagung und
(b) der Steuerabzug mit Abgeltungswirkung gem. § 50 Abs. 2 Satz 1 EStG.

Dies bedeutet, dass im Veranlagungsverfahren zunächst die inländischen Einkünfte auszugrenzen sind, die dem Steuerabzug mit Abgeltungswirkung unterliegen. Veranlagt werden damit vor allem die Einkünfte aus Land- und Forstwirtschaft, aus Gewerbebetrieb, aus selbständiger Arbeit, aus Vermietung und Verpachtung und sonstige Einkünfte bei entsprechendem Inlandsbezug. Zu beachten sind dabei bestimmte Einschränkungen beim Ansatz von Betriebsausgaben, Werbungskosten oder anderen steuerlichen Abzugsbeträgen. Darin kommt zum Ausdruck, dass die persönlichen Verhältnisse des beschränkt Steuerpflichtigen tendenziell zu vernachlässigen sind. Generell dürfen Betriebsausgaben oder Werbungskosten nur angesetzt werden, insoweit sie mit inländischen Einkünften in wirtschaftlichem Zusammenhang stehen. Darüber hinaus gilt, dass bei der Veranlagung alle Vorschriften zu berücksichtigen sind, deren Anwendung nicht ausdrücklich begrenzt oder ausgeschlossen wird. Hervorzuheben sind in diesem Zusammenhang die Restriktionen bzw. Sondervorschriften gem. § 50 Abs. 1 EStG. Dies betrifft u.a. Vorschriften zu den Werbungskostenpauschbeträgen, zu Sonderausgaben und außergewöhnlichen Belastungen sowie zu einigen Freibeträgen. Seit dem Veranlagungszeitraums 2009 ist der Ausgleich von Verlusten bei beschränkter Steuerpflicht, außer bei den Einkünften mit Steuerabzug, zulässig.

Bei den Einkünften, die im Rahmen der beschränkten Steuerpflicht veranlagt werden, bemisst sich die Einkommensteuer nach § 32a Abs. 1 EStG mit der Maßgabe, das das zu versteuerende Einkommen um den Grundfreibetrag erhöht wird (vgl. § 50 Abs. 1 Satz 2 EStG). Eine Ausnahme besteht für Arbeitnehmer.

Für die Einkünfte, die dem Steuerabzug unterliegen, gilt gem. § 50 Abs. 2 Satz 1 EStG die Abgeltungssteuer. In der Konsequenz gilt die Einkommensteuer für diese Einkünfte durch den Steuerabzug als abgegolten. Die dem Steuerabzug unterliegenden Einkünfte umfassen:

(a) bei der Einkommensteuer:
- Einkünfte aus nichtselbständiger Arbeit,
- Kapitalerträge,
- Einnahmen i.S.v. § 50a Abs. 1 EStG (Aufsichtsratsvergütungen, Einnahmen aus künstlerischer, sportlicher, artistischer oder ähnlicher Tätigkeit oder deren Verwertung im Inland sowie Vergütungen für die Nutzung beweglicher Sachen, für die Überlassung der Nutzung und für die Überlassung des Rechts auf die Nutzung von Rechten).

(b) bei der Körperschaftsteuer:
- Einkünfte i.S.v. § 32 KStG.

Der Abgeltungscharakter schränkt das ansonsten übliche Nettoprinzip der Besteuerung ein, da Betriebsausgaben bzw. Werbungskosten nicht geltend gemacht werden können. Die dem Abzugsverfahren mit Abgeltungswirkung unterliegenden Einkünfte können nicht zusätzlich im Veranlagungsverfahren erfasst werden. Beide Verfahren schließen sich wechselseitig aus. Das Abgeltungsverfahren gilt gem. § 50 Abs. 2 Satz 2 EStG allerdings dann nicht, wenn die Einkünfte Betriebseinnahmen eines inländischen Gewerbebetriebs sind. Weitere Sonderregelungen betreffen vor allem Arbeitnehmer sowie Sportler, Künstler und Aufsichtsräte, wenn die Veranlagung zur ESt beantragt wird.

Die Steuertarife der Abgeltungssteuern sind in Deutschland proportional. Dies gilt für die Kapitalertragsteuer und die Aufsichtsratssteuer. Der Steuerabzug für Dividenden und Zinsen ergibt sich aus § 43a Abs. 1 EStG. Die Kapitalertragsteuer beträgt bei Dividenden und im Fall von Zinseinnahmen i.S.v. § 43 Abs. 1 Nr. 7 EStG (Grundfall) 25%. Die Bemessungsgrundlage für die Einkünfte i.S.v. § 50a EStG orientiert sich an den Bruttovergütungen. Der Steuerabzug beträgt für Aufsichtsratsvergütungen 30% der Einnahmen und für die Vergütungen aus künstlerischer, sportlicher, artistischer oder ähnlicher Tätigkeit oder deren Verwertung 15% der Einnahmen (vgl. § 50a Abs. 2 EStG).

Kommen wir auf die im Buch betonten Fälle zu den Schachteldividenden zurück, sind zwei wichtige Ausnahmeregelungen im Hinblick auf die Quellenbesteuerung von Dividenden hervorzuheben: Wir gehen auf beiden Punkte im Zusammenhang mit der Darstellung der Doppelbesteuerungsabkommen näher ein.

Erstens wird die Höhe der Quellensteuer auf Dividenden im internationalen Abkommensrecht üblicherweise begrenzt. Dies kann auch dem OECD-Musterabkommen (OECD-MA) zur Vermeidung von Doppelbesteuerung entnommen werden. Gem. Art. 10 Abs. 2 OECD-MA darf der Quellensteuersatz je nach Höhe der Beteiligung 5% bzw. 15% nicht überschreiten. Handelt es sich um eine Schachtelbeteiligung mit einem Beteiligungsverhältnis von mindestens 25%, gilt die Begrenzung in Höhe von 5%. Nach den modernen Doppelbesteuerungsabkommen (DBA) reicht hierfür bereits ein Beteiligungsverhältnis von 10% aus. Da die Quellensteuersätze in vielen Ländern höher sind, kann der Dividendenempfänger einen Erstattungsanspruch in Höhe der im Vergleich zum internationalen Abkommensrecht überzahlten Quellensteuer geltend machen. In Deutschland erfolgt dies gem. § 50d Abs. 1, 1a und 2 EStG über das Bundeszentralamt für Steuern.

Zweitens wird die Quellensteuer auf Schachteldividenden aufgrund der Umsetzung der europäischen Mutter-Tochter-Richtlinie seit dem 30.06.1996 nicht mehr erhoben. Auch in diesem Fall kann daher die Erstattung oder Freistellung gem. §§ 50d und 50 h EStG beantragt werden. Die Regelung gilt gem. § 43b Abs. 1-3 EStG für Kapitalgesellschaften, die ihren Sitz oder ihre Geschäftleitung in einem anderen Mitgliedstaat der Europäischen Union haben und Ausschüttungen von einer deutschen Kapitalgesellschaft erhalten. Die Begünstigung unterstellt zweierlei:

(a) Das Beteiligungsverhältnis beträgt mindestens 10% (im Fall der Gegenseitigkeit gem. Abs. 3).

(b) Die Beteiligung besteht nachweislich ununterbrochen seit mindestens zwölf Monaten.

Nach § 50g EStG wird die Quellensteuer auch bei Zinsen und Lizenzgebühren zwischen verbundenen Unternehmen im Bereich der EU nicht erhoben.

Steuerschuldner ist der beschränkt Steuerpflichtige. Der Schuldner der Vergütungen i.S.v. § 50a EStG bzw. der Veranstalter kann grundsätzlich nur als Haftungsschuldner in Anspruch genommen werden (vgl. § 50a Abs. 5 EStG).

Veranlagungsverfahren	Abzugsverfahren mit Abgeltungswirkung
• Ermittlung des zu versteuernden Einkommens ohne Einbeziehung der Einkünfte, die einem Steuerabzug unterliegen. • Einschränkungen bei der Anwendung von ESt-Vorschriften beachten (§ 50 Abs. 1 EStG). • Grundtarif nach § 32a Abs. 1 EStG mit der Maßgabe, dass das zu versteuernde Einkommen um den Grundfreibetrag erhöht wird (Ausnahme für Arbeitnehmer).	• Keine Veranlagung von Einkünften, die dem Steuerabzug unterliegen. Dies betrifft auch die Bruttovergütungen i.S.v. § 50a Abs. 1 EStG. • Die auf diesen Einkünften lastende ESt gilt durch den Steuerabzug als abgegolten (§ 50 Abs. 2 EStG). • Der Steuerabzug beträgt: – bei Aufsichtsratsvergütungen: 30% der Einnahmen – bei Einnahmen i.S.v. § 50a Abs. 1 Nr. 1–3 EStG: 15% der Einnahmen – bei Dividenden: 25% – bei Zinsen (Grundfall): 25% • Der Quellensteuersatz beträgt bei Schachteldividenden im DBA-Fall maximal 5% bzw. 15% (je nach Höhe der Beteiligung). • Die Quellensteuer wird bei Schachteldividenden im Gebiet der EU gem. der Mutter-Tochter-Richtlinie nicht erhoben. Dies gilt entsprechend für Zinsen und Lizenzgebühren gem. § 50g EStG.

3.4.5.3 Erweiterte beschränkte Steuerpflicht gem. § 2 AStG

Die erweiterte beschränkte Steuerpflicht gilt unter der Voraussetzung, dass langjährig in Deutschland ansässige deutsche Staatsangehörige bei Beibehaltung wesentlicher Interessen im Inland ihren Wohnsitz bzw. gewöhnlichen Aufenthalt in ein Niedrigsteuergebiet verlegen. Für eine längere Übergangszeit sollen dann drastische Steuerminderungen für natürliche Personen, die zum Steuerausländer werden, begrenzt werden. Eine beschränkte Anwendung dieser Regelung kann sich allerdings durch ein Doppelbesteuerungsabkommen ergeben. Ob die Regelung im Hinblick auf den Wegzug in einen Mitgliedstaat der Europäischen Union mit dem Europäischen Recht vereinbar ist, darf bezweifelt werden.

Betroffen sind natürliche Personen, die innerhalb der letzten zehn Jahre vor dem Ende der unbeschränkten Steuerpflicht als Deutsche insgesamt mindestens fünf Jahre unbeschränkt einkommensteuerpflichtig waren und in einem Niedrigsteuergebiet i.S.v. § 2 Abs. 2 AStG ansässig (oder „gebietslos") sind und wesentliche Interessen im Inland behalten (vgl. § 2 Abs. 3 AStG). Das Kriterium der Niedrigbesteuerung wird im Kern[171] daran festgemacht, dass die ausländische Steuerbelastung um mehr als ein Drittel unter dem deutschen Niveau liegt.

Vor diesem Hintergrund ergibt sich die Rechtsfolge, dass für diesen zehnjährigen Zeitraum alle nicht-ausländischen Einkünfte i.S.v. § 2 EStG zu erfassen sind. Da diese Eingrenzung über den Katalog der inländischen Einkünfte gem. § 49 EStG hinausweist, wird in diesem Fall der Anwendungsbereich des Ursprungsprinzips erweitert. Die Rechtsfolge tritt nur für Veranlagungszeiträume ein, in denen die hiernach beschränkt steuerpflichtigen Einkünfte mehr als € 16.500 betragen.

3.4.5.4 Abgrenzung der fiktiven unbeschränkten Steuerpflicht

Die Abgrenzung zwischen der unbeschränkten und beschränkten Steuerpflicht ist in den letzten Jahren komplexer geworden. Dies hängt wesentlich zusammen mit den im Europäischen Gemeinschaftsrecht verankerten Grundfreiheiten und der jüngsten europäischen Rechtsprechung. Vor dem Hintergrund des allgemeinen Diskriminierungsverbotes (vgl. Art. 7 Abs. 1 EWG-Vertrag) sowie der rechtlich garantierten Niederlassungsfreiheit von Staatsangehörigen der Europäischen Union (EU) und der Freizügigkeit von Arbeitnehmern (vgl. Art. 48, 52, 58 EWG-Vertrag) sind daher bezogen auf Grenzpendler einige wichtige Regelungen eingeführt worden. Als Diskriminierung wurde insbesondere die Versagung des Splittingverfahrens und der Veranlagung bei steuerpflichtigen Arbeitnehmern angesehen, die in einem anderen Mitgliedstaat der EU wohnen, aber inländische Einkünfte aus nichtselbständiger Arbeit erzielen. Deutschland hat zunächst mit dem Grenzpendlergesetz vom 24.06.1994 auf entsprechende Entscheidungen des EuGH reagiert. Dies Gesetz musste aber bereits durch das Jahressteuergesetz 1996 wieder reformiert werden, da dessen Vereinbarkeit mit der Rechtsprechung des EuGH[172] im nicht ausreichenden Maße gegeben war. Mit Wirkung ab dem Veranlagungszeitraum 1996 wurde § 1 Abs. 3 EStG geändert und ein neuer § 1a EStG in das Gesetz eingefügt.

---

[171] Als Niedrigbesteuerung gilt auch eine ausländische Vorzugsbesteuerung, die zu einer erheblich geminderten Steuerbelastung führt. § 2 Abs. 2 Nr. 2 EStG wird in der Literatur kritisiert (vgl. Wassermeyer 2001: § 2 AStG, Anm. 84 und 87).

[172] Vgl. zum Schumacker-Urteil des EuGH, DB 1995 S. 407.

Gem. § 1 Abs. 3 EStG werden natürliche Personen auf Antrag wie unbeschränkt Steuerpflichtige behandelt, wenn sie weder Wohnsitz noch gewöhnlichen Aufenthalt im Inland haben, ihre Einkünfte im Kalenderjahr jedoch zu mindestens 90% der deutschen Einkommensteuer unterliegen. Es gilt dabei eine Bagatellgrenze von € 6.136. Die fiktive unbeschränkte Steuerpflicht gem. § 1 Abs. 3 EStG versagt allerdings weiterhin die Anwendung des Splittingverfahrens (vgl. § 26 Abs. 1 Satz 1 EStG). So ergibt sich für diesen Personenkreis zwar keine Ehegattenveranlagung, doch wird die Berücksichtigung personenbezogener Besteuerungsmerkmale möglich. Die Regelung betrifft grundsätzlich alle im Ausland ansässigen Personen ohne Wohnsitz bzw. gewöhnlichen Aufenthalt im Inland.

Neu in das Gesetz eingefügt wurde seinerzeit § 1a EStG zur fiktiven unbeschränkten Steuerpflicht von EU- und EWR-Familienangehörigen. Die Vorschrift gilt ausschließlich für Staatsangehörige eines Mitgliedstaates der Europäischen Union oder eines Staates, auf den das Abkommen über den Europäischen Wirtschaftsraum anwendbar ist (Island, Norwegen, Liechtenstein). Es handelt sich um eine Ergänzungsvorschrift zu § 1 Abs. 1–3 EStG, mit welcher der Gesetzgeber die Auflagen des EuGH erfüllt und personen- sowie familienbezogene Vergünstigungen für Ehegatten und Kinder im EU-Ausland gewährt. Die Ehegattenveranlagung mit Anwendung der Splittingtabelle kann in diesem Fall auf Antrag gewählt werden. Als weitere Voraussetzung gilt entweder das Vorliegen der unbeschränkten Steuerpflicht gem. § 1 Abs. 1 EStG und die nahezu ausschließliche Erzielung inländischer Einkünfte i.S.v. § 1 Abs. 3 Sätze 2–4 EStG (90% Grenze) oder die fiktive unbeschränkte Steuerpflicht gem. § 1 Abs. 3 EStG. Die Bagatellgrenze ist bei Ehegatten zu verdoppeln auf € 12.272 (vgl. § 1a Abs. 1 Nr. 2 EStG).

3.5 Das Abkommensrecht zur Vermeidung von internationaler Doppelbesteuerung

3.5.1 Verhältnis von nationalem Recht und Abkommensrecht

Nach der Erörterung zentraler Bestimmungen des Außensteuerrechts sind nun ergänzend die Regelungszusammenhänge im Hinblick auf grenzüberschreitende Tatbestände zwischen Staaten darzustellen, die Doppelbesteuerungsabkommen vereinbart haben. Die Betrachtung der auf dieser Ebene bedeutsamen Vorschriften und Anwendungsstrukturen wird im Abschnitt 4.6. verknüpft mit Aussagen zu Steuergestaltungsaspekten. Dies wird unter dem Thema „Internationale Steuerplanung" erörtert.

Die Rechtsquellen des Internationalen Steuerrechts sind bereits erläutert worden. Sie umfassen das nationale Außensteuerrecht, das Europäische Gemeinschaftsrecht sowie das Recht der Doppelbesteuerungsabkommen. Wird bereits auf innerstaatlicher Ebene versucht, die auf grenzüberschreitende Tatbestände zurückgehende Doppelbesteuerung zu vermeiden oder wenigstens zu mildern, so geschieht dies auf bilateraler Ebene auf der Basis des Völkervertragsrechts. Der Sinn und Zweck des internationalen Steuerrechts kann so in effektiver Weise dadurch erfüllt werden, dass die Staaten ihre Besteuerungsansprüche gegenseitig gezielt abstimmen. Dies betrifft:

- die Verhinderung oder Beseitigung der Doppelbesteuerung,
- die Verhinderung der Steuerflucht in das Ausland und
- die Förderung wirtschaftlicher Auslandsaktivitäten von Inländern.

Doppelbesteuerungsabkommen (DBA) stellen einen Kompromiss zwischen den wirtschafts- und finanzpolitischen Interessen zweier Staaten dar. Durch den Ausgleich kann erreicht werden, dass die steuerentlastenden Maßnahmen nicht nur von einem Staat zu tragen sind. Der Ratifizierung des Vertragstextes durch die entsprechenden staatlichen Stellen gehen daher oft lange bilaterale Verhandlungen voraus. Durch die Ratifikation wird der Vertrag völkerrechtlich bindend. Als innerstaatlich vollziehbares Völkerrecht ist er von der Verwaltung und den Gerichten im jeweiligen Staat anzuwenden.

Die Vertragspartner regeln durch Verteilungs- oder Verzichtsnormen die sich überlappenden Steueransprüche. Da die wirtschaftlichen Beziehungen zwischen den Staaten unterschiedlich ausgeprägt sind, haben sich in erster Linie bilaterale Abkommen und nur in Ausnahmefällen multinationale Abkommen (vgl. Nordische Konvention zwischen Dänemark, Finnland, Island, Norwegen und Schweden von 1983, 1987 und 1989) entwickelt. Seit 1920 gibt es Bemühungen, einheitliche Abkommensmuster zu entwerfen. Die Bundesrepublik Deutschland orientiert sich wie die meisten anderen Staaten am OECD-Musterabkommen, auf das wir im nächsten Kapitel näher eingehen.

Das Verhältnis zum innerstaatlichen Recht ist im Hinblick auf die Anwendung eines DBA zu beachten. Doppelbesteuerungsabkommen sind völkerrechtliche Verträge mit anderen Staaten zur Vermeidung von Doppelbesteuerung. Sie sind zu unterscheiden von den allgemeinen Regeln des Völkerrechts, die gem. Art. 25 GG den Gesetzen vorgehen. Völkerrechtliche Verträge erhalten durch Transformation innerstaatliche Rechtsnormqualität. Nach Art 59 Abs. 2 GG bedürfen sie der Zustimmung oder der Mitwirkung der jeweils für die Bundesgesetzgebung zuständigen Körperschaften in der Form eines Bundesgesetzes. Das bedeutet, dass die Doppelbesteuerungsabkommen letztlich denselben Rang wie die anderen innerstaatlichen Gesetze einnehmen[173]. Im Anschluss an die Transformation in das innerstaatliche Recht ergibt sich daher im Konflikt zwischen einer DBA-Regel und einer anderen innerstaatlichen Regel mit gleichem inhaltlichen Bezug die Notwendigkeit der Auflösung des Widerspruchs durch die Anwendung der allgemeinen Rechtsgrundsätze. Ein DBA gilt als das speziellere Recht, das nach den üblichen kollisionsauflösenden Regeln eine entgegenstehende Norm verdrängt.

Die DBA repräsentieren einen eigenen Regelungskreis, der in spezifischen Begriffen zum Ausdruck kommt. Auch in dieser Hinsicht ist eine bestimmte Rangfolge bei der Interpretation von Begriffen einzuhalten. So kann eine Auslegung der verwendeten Begriffe an sich erst dann nach nationalem Recht erfolgen, wenn die Begriffsbestimmung nach der Definition des DBA – unter Heranziehung des Wiener Übereinkommens über das Recht der Verträge vom 23.05.1969 (WÜRV) – nicht zum Ziel führt. Um dem objektiven, übereinstimmenden Willen der Vertragsparteien gerecht zu werden, ist ein Abkommen zunächst aus sich selbst heraus zu interpretieren. Dennoch werden in der Praxis die meisten DBA-Begriffe im Sinne des jeweiligen nationalen Rechts interpretiert, da der gesamte Bereich der Einkünfteermittlung und der Einkünftezurechnung im Abkommensrecht nicht definiert ist (Kluge 1992: 215 ff.).

---

[173] Zwar nehmen die allgemeinen völkerrechtlichen Regeln gem. § 2 AO eine Vorrangstellung ein, doch können völkerrechtliche Verträge nicht das ausdrückliche Verfassungsrecht verdrängen (vgl. Kruse, Drüen 2002: § 2 Tz 1).

Der Anwendungsbereich eines DBA wird in der Regel in den vorderen Artikeln eines Abkommens eingegrenzt. So enthält das DBA zwischen den Vereinigten Staaten von Amerika und der Bundesrepublik Deutschland (DBA: USA/D) z.B. folgende Gliederung:

(1) Art. 1 und 2 regeln den persönlichen und sachlichen Anwendungsbereich des DBA;
(2) Art. 3 bis 5 enthalten wichtige Begriffsbestimmungen (u.a. zu den Ausdrücken „Gesellschaft“, „Unternehmen eines Vertragsstaates“, zur „Ansässigkeit“ und „Betriebsstätte“);
(3) Art. 6 bis 21 ordnen die Besteuerung des Einkommens dem Quellen- oder Belegenheitsstaat zu;
(4) Art 22 bezieht sich auf entsprechende Regelungen zur Besteuerung des Vermögens;
(5) Art. 23 regelt die Vermeidung der Doppelbesteuerung mittels Anrechnung der ausländischen Steuer oder Freistellung des aus dem Quellenstaat stammenden Einkommens bzw. Vermögens;
(6) Art. 24 bis 31 enthalten besondere Bestimmungen zum Schiedsverfahren und zum „Treaty Shopping“[174];
(7) Art. 32 und 33 regeln Inkrafttreten und Kündigung des DBA.

In Art. 3 DBA: USA/D wird festgestellt, dass Abkommensbegriffe im Zusammenhang der Abkommensregelungen auszulegen und im Sinne der ausdrücklichen Abkommensdefinitionen abzuleiten sind. Ist die Ableitung der Bedeutung von Begriffen danach nicht möglich, hat eine Einigung auf eine gemeinsame Auslegung im Wege des Verständigungsverfahrens zu erfolgen. Erst wenn sich die Behörden nicht auf eine einheitliche Begriffsbestimmung verständigen können, kann auf das nationale Recht des jeweiligen Staates zurückgriffen werden.

Unter dem Begriff „Person“ werden gem. Art. 3 Abs. 1d DBA: USA/D natürliche Personen und Gesellschaften verstanden. Die Einbeziehung von Personengesellschaften bleibt dabei offen[175]. Sie sind zwar prinzipiell abkommensberechtigt, doch gilt dies nur, insoweit beide Vertragstaaten die Personengesellschaft als Person anerkennen. Um den Abkommensschutz zu garantieren, wird die Beteiligung an einer ausländischen Personengesellschaft nach deutschem Recht[176] wie eine im Ausland belegene Betriebsstätte des jeweiligen Personengesellschafters behandelt.

Dem Begriff „Gesellschaft“ sind gem. Abs. 1e des Abkommens nur juristische Personen und solche Rechtsträger zuzuordnen, die für Zwecke der Besteuerung wie juristische Personen behandelt werden. Bezogen auf diesen Punkt regelt das Abkommen nicht, ob dabei auf das Recht des Sitzstaates abzustellen ist. Demzufolge kann bei der Qualifizierung der Gesellschaft jeder Vertragsstaat auf seine eigene rechtliche Wertung zurückgreifen. Wir kommen darauf im nächsten Kapitel zurück.

Der persönliche Geltungsbereich bezieht sich im Abkommensrecht heutzutage vor allem auf das Ansässigkeitsprinzip. Demzufolge werden von einem Abkommen alle Personen erfasst, die im Gebiet der Vertragsstaaten ansässig sind und im jeweils anderen Staat Einkünfte erzielen. Liegen Wohnsitze in beiden Staaten vor, richtet sich die Ansässigkeit nach dem Mittelpunkt der persönlichen und geschäftlichen Interessen. Ist auch dies strittig, entscheidet der ständige Aufenthalt und erst im letzten Schritt die Staatsangehörigkeit der Person[177]. Bei

[174] Treaty shopping liegt vor, wenn jemand durch die Zwischenschaltung einer Person die Schutzwirkung eines Abkommens in Anspruch nimmt, die ihm sonst nicht zur Verfügung stünde.
[175] Vgl. den offiziellen Kommentar zu Art. 23A OECD-MA im Update 2000.
[176] BFH 4.12.1991BStBl II 1992, 750
[177] Vgl. Art. 4 Abs. 1 OECD-MA

Kapitalgesellschaften richtet sich die Ansässigkeit im Zweifel nach dem Ort der tatsächlichen Geschäftsleitung[178].

In sachlicher Hinsicht werden die Besteuerungsansprüche aufgeteilt. Der steuerberechtigte Staat ist dann für die Ausgestaltung der entsprechenden Normen verantwortlich. Insofern ist zu betonen, dass ein DBA die Steuerhoheit der Vertragsstaaten wechselseitig begrenzt, aber keine eigene Steuerpflicht begründet. Die sachliche Steuerpflicht richtet sich im Fall der Zuordnung des Besteuerungsanspruchs ausschließlich nach dem jeweiligen nationalen Steuerrecht. Der steuerliche Geltungsbereich umfasst in der Regel auch die Landes-, Provinz- und Kommunalsteuern wie z.B. die deutsche Gewerbesteuer.

Persönlicher Geltungsbereich eines DBA:
1. Personen, die in einem der Vertragsstaaten ihren Wohnsitz oder gewöhnlichen Aufenthalt haben
2. Unerheblichkeit der Staatsangehörigkeit

Sachlicher Geltungsbereich eines DBA:
1. Keine Begründung eigener Steueransprüche, sondern nur Verteilung des Besteuerungsrechts für bestimmte Einkünfte unter den Vertragsstaaten
2. Nur Erfassung von Steuertatbeständen, durch die beide Vertragsstaaten berührt werden
3. Keine Anwendung des DBA auf Einkünfte, die in Drittstaaten erzielt werden
4. Nur Regelung hinsichtlich der im DBA angesprochenen Steuern

Aus der Perspektive eines DBA mit deutscher Vertragsbeteiligung kann bei unbeschränkter Steuerpflicht einer natürlichen Person der Umfang der Einkünfte über die §§ 13–24 EStG hinaus nicht erweitert werden. Bei beschränkter Steuerpflicht kann der Umfang der inländischen Einkünfte über § 49 EStG hinaus nicht ausgeweitet werden.

3.5.2 Struktur des OECD-Musterabkommens

3.5.2.1 Entwicklung und Bedeutung des OECD-Musterabkommens (OECD-MA)

Seit Langem ist es das Bestreben der Mitgliedstaaten der OECD, die steuerlichen Verhältnisse in den Mitgliedstaaten zu klären, zu vereinheitlichen und zu sichern, indem die Regelungen zur internationalen Doppelbesteuerung auf eine einheitliche Grundlage gestellt werden. Diesem Ziel dient die Erarbeitung eines Musterabkommens der OECD. Entsprechend der Empfehlung des Rates der OECD sollen sich die Mitgliedstaaten beim Abschluss neuer oder der Revision von DBA am Musterabkommen orientieren.

Der Versuch die Abkommen zur Vermeidung der Doppelbesteuerung zu vereinheitlichen, geht bereits auf entsprechende Bemühungen des Völkerbundes seit 1921 zurück. Zwar führte dies in der Folge zu den ersten zweiseitigen Musterabkommen, doch fanden sie keine einhellige Billigung der Staaten. Erst im Anschluss an die wachsende wirtschaftliche Verflechtung und Zusammenarbeit der Mitgliedstaaten der OECD verbreitete sich die Einsicht in die Not-

[178] Vgl. Art. 4 Abs. 2 OECD-MA

wendigkeit, das Netz bilateraler DBA auf alle Mitgliedstaaten nach einheitlichem Muster auszuweiten. Es dauerte schließlich bis zum Jahr 1963, bis der Steuerausschuss der OECD ein Musterabkommen zur Vermeidung der Doppelbesteuerung des Einkommens und des Vermögens vorlegte. Dies Abkommen wurde bislang mehrmals revidiert, da weitere Erfahrungen und Auswertungen der Mitgliedstaaten berücksichtigt werden sollten. So wurden im Jahr 1977 ein neues Musterabkommen (OECD-MA 1977) und ein neuer Kommentar veröffentlicht. Daran anschließend wurde bald deutlich, dass es einer periodischen und zeitnahen Überarbeitung bedarf. Dies führte im Jahr 1991 zum Konzept eines laufend zu verändernden Musterabkommens. Bedeutsame Zwischenschritte im Rahmen dieses beständigen Revisionsprozesses stellen die Veröffentlichungen des Musterabkommens in den Jahren 2000 und 2010 dar (OECD-MA 2010). Wir gehen im Folgenden auf die aktuelle Version ein und bezeichnen das Musterabkommen abkürzend als OECD-MA. Nur bei älteren Versionen verweisen wir auf das jeweilige Jahr der Veröffentlichung.

Das Musterabkommen ist mittlerweile auch außerhalb des Kreises der OECD-Staaten auf eine große Aufmerksamkeit gestoßen. Es hat Vorbildcharakter bei Neuverhandlungen zwischen den Staaten und diente bereits als Grundlage für das Musterabkommen der Vereinten Nationen für Abkommen zwischen entwickelten Ländern und Entwicklungsländern (United Nations Model Double Taxation Convention 1980). Die zunehmende Anerkennung der Regelungen hat auch dazu geführt, dass sich die dazugehörenden Kommentare zu einer wichtigen Grundlage bei der Auslegung einzelner Abkommen entwickelten. Ihre Bedeutung als allgemein anerkannte Richtlinien wächst immer mehr. Wir gehen deshalb im Folgenden beispielhaft vor allem auf das OECD-MA ein. Das Musterabkommen spiegelt die Interessenlage der Industriestaaten wider. Um auch die fiskalischen Interessen der Entwicklungsländer zu berücksichtigen, weisen wir vereinzelt auch auf abweichende Regeln im Standard der United Nations Model Double Taxation Convention hin. Hier wird der Quellenbesteuerung ein stärkeres Gewicht eingeräumt (z.B. bei Zinsen und Lizenzgebühren).

3.5.2.2 Gliederung des OECD-MA und Qualifikationsprobleme

Das OECD-MA gliedert sich – wie das bereits an das Musterabkommen von 1977 angelehnte DBA: USA/D 1989 – in sieben Abschnitte. In den ersten beiden Abschnitten werden die persönliche und sachliche Steuerpflicht definiert sowie wichtige Begriffsbestimmungen eingegrenzt. Der dritte und vierte Abschnitt beziehen sich auf die Besteuerung des Einkommens und des Vermögens. Im fünften Abschnitt werden die Anrechnungs- und die Freistellungsmethode und im sechsten und siebten Abschnitt u.a. das Verständigungsverfahren, der Informationsaustausch und andere Bestimmungen erläutert.

Der Abschnitt III zur Besteuerung des Einkommens teilt sich wiederum in folgende Artikel auf:

- Einkünfte aus unbeweglichem Vermögen (Art. 6)
- Unternehmensgewinne (Art. 7)
- Seeschifffahrt, Binnenschifffahrt und Luftfahrt (Art. 8)
- Verbundene Unternehmen (Art. 9)
- Dividenden (Art. 10)
- Zinsen (Art. 11)
- Lizenzgebühren (Art. 12)
- Gewinne aus der Veräußerung von Vermögen (Art. 13)

- Selbständige Arbeit (Art. 14)
- Unselbständige Arbeit (Art. 15)
- Aufsichtsrats- und Verwaltungsvergütungen (Art. 16)
- Künstler und Sportler (Art. 17)
- Ruhegehälter (Art. 18)
- Öffentlicher Dienst (Art. 19)
- Studenten (Art. 20)
- Andere Einkünfte (Art. 21)

Das Musterabkommen sieht für die einzelnen Einkünfte das Besteuerungsrecht des Quellen- bzw. Belegenheitsstaates und des Wohnsitzstaates vor. Einerseits wird bei einzelnen Einkünften lediglich einem der Vertragsstaaten das ausschließliche Besteuerungsrecht eingeräumt, wodurch die Besteuerung im anderen Staat ausgeschlossen wird. Andererseits ist bei anderen Einkünften kein ausschließliches Besteuerungsrecht vorgesehen (vgl. OECD-MA Kommentar: Einleitung, Tz 19). Wir gehen darauf im nächsten Kapitel näher ein.

In der Praxis können bei der Einordnung konkreter Sachverhalte Auslegungsdifferenzen zwischen den Behörden der Vertragstaaten auftreten. Oben ist bereits darauf hingewiesen worden, dass im Fall von Qualifikationskonflikten eine bestimmte Rangfolge der Auslegung zu beachten ist. Entsprechend dem Vorrang eines DBA vor dem nationalen Recht muss es zunächst Ziel sein, dem objektiven, übereinstimmenden Willen der Vertragsparteien gerecht zu werden. In diesem Sinne ist ein Abkommen aus sich selbst heraus auszulegen. Das DBA: USA/D aus dem Jahr 1989 lehnt sich in dieser Hinsicht an Art. 3 OECD-MA 1977 an.

Der Schwerpunkt ist im ersten Schritt auf den Abkommenszusammenhang und den subsidiären Rückgriff auf die zentralen Begriffsdefinitionen zu legen (vgl. Art. 3 Abs. 1 OECD-MA). Das Musterabkommen definiert die Begriffe „Person“, „Gesellschaft“, „Unternehmen eines Vertragsstaats“, „Unternehmen des anderen Vertragsstaates“, „internationaler Verkehr“, „zuständige Behörde“ und „Staatsangehöriger“. Außerdem folgen Definitionen zu den Begriffen „ansässige Person“ (Art. 4) und „Betriebsstätte“ (Art. 5). Im zweiten Schritt ist schließlich jeder im Abkommen nicht definierte Begriff vor dem Hintergrund des jeweiligen nationalen Steuerrechts zu interpretieren (vgl. Abs. 2). In Abweichung vom DBA: USA/D ist gemäß dem Musterabkommen in diesem Fall bereits ohne eine vorangehende Einigung im Wege des Verständigungsverfahrens auf das nationale Recht zurückzugreifen.

> Art. 3 Abs. 2 OECD-MA hat folgenden Wortlaut:
>
> „Bei der Anwendung des Abkommens durch einen Vertragsstaat hat, wenn der Zusammenhang nichts anderes erfordert, jeder im Abkommen nicht definierte Ausdruck die Bedeutung, die ihm im Anwendungszeitraum nach dem Recht dieses Staates über die Steuern zukommt, für die das Abkommen gilt, wobei die Bedeutung nach dem in diesem Staat anzuwendenden Steuerrecht den Vorrang vor einer Bedeutung hat, die der Ausdruck nach anderem Recht dieses Staates hat.“

Daneben ist das Verständigungsverfahren gem. Art. 25 OECD-MA zur übereinstimmenden Vertragsauslegung zu beachten. Gründe für die Einleitung eines solchen Verfahrens zwischen den Vertragsstaaten sind in erster Linie eine nicht mit dem Abkommenszusammenhang übereinstimmende Besteuerung, die Lückenausfüllung im Hinblick auf nicht geregelte Fragen, die verwaltungsmäßige Handhabung eines Abkommens und die Vermeidung der Doppelbesteuerung im wirtschaftlichen Sinn.

Qualifizierungsprobleme treten häufig im Zusammenhang mit der Zuordnung von Gesellschaften zu den Personen- oder Kapitalgesellschaften auf. So kann es sein, dass eine ausländische Gesellschaft in ihrem Sitzstaat als selbständiges Steuersubjekt behandelt wird, nach deutschem Recht hingegen als Personengesellschaft gilt. Eine genaue Abgrenzung einzelner Rechtsformen lässt sich ausgehend von den Begriffen „Person" und „Gesellschaft" nicht vornehmen. Auch an anderer Stelle im Musterabkommen mangelt es an einer einheitlichen Definition der Personengesellschaft. Hinsichtlich der Frage, wie diese Qualifikationsprobleme zu lösen sind, stehen sich zwei Auffassungen gegenüber. Die vorherrschende Rechtsauffassung lehnt mit Verweis auf Art 3 Abs. 2 OECD-MA eine Bindung des anderen Vertragsstaates an die Qualifikation des Sitzstaates ab. Demgegenüber ist nach einer an Bedeutung gewinnenden Auffassung die Einordnung der Personengesellschaft gemäß dem Recht des Sitzstaates der Gesellschaft maßgeblich (vgl. Greif 1992: 420). Wird eine Bindungswirkung für den anderen Vertragsstaat nicht in einem Abkommen konkret vereinbart, wird grundsätzlich jeder Vertragsstaat auf die Wertungen seines eigenen Rechts zurückgreifen. Konflikte sind gegebenenfalls im Rahmen des Verständigungsverfahrens aus dem Weg zu räumen.

Die Frage der Qualifizierung stellt sich z.B. für die „limited partnership", die nach dem Recht der USA wie ein eigenständiges Steuersubjekt behandelt wird, wenn deren general partner eine Kapitalgesellschaft ohne eigenes Vermögen ist. Dies entspricht nach deutschem Recht einer GmbH & Co. KG. Die Gewinnanteile aus einer Kommanditbeteiligung werden u.a. auch nach dem Recht Tschechiens wie Dividenden erfasst. Da nach deutschem Recht solch eine Gesellschaft aber in der Regel als Mitunternehmerschaft i.S.v. § 15 Abs. 1 Nr. 2 EStG eingeordnet wird, ergibt sich hier eine unterschiedliche Qualifizierung zwischen den beiden Vertragsstaaten.

Rangfolge der Auslegung
(1) Auslegung aus DBA-Zusammenhängen (2) Auslegung aufgrund selbständiger DBA-Definitionen (3) Auslegung auf der Basis des nationalen Steuerrechts des auslegenden Staates (mit oder ohne Bindungswirkung für den anderen Vertragsstaat)

3.5.2.3 Ausgewählte DBA-Einkünfte I: Dividendeneinkünfte (Art. 10 OECD-MA)

Der Begriff der Dividende bezieht sich in erster Linie auf Ausschüttungen von Gesellschaften i.S.v. Art. 3 Abs. 1b OECD-MA. Dies betrifft juristische Personen oder Rechtsträger, die für die Besteuerung wie juristische Personen behandelt werden. Der Rechtsanspruch auf Gewinnausschüttungen muss verbrieft sein. Den Aktien sind in diesem Sinne Genussrechte, Genussscheine oder andere Rechte – außer Forderungen – mit Gewinnbeteiligung wie z.B. Einnahmen aus einer typischen stillen Beteiligung oder einem partiarischen Darlehen gleichgestellt[179]. Bei der Zuordnung der Einkünfte ist entscheidend, dass die Einkünfte im Quellen-

[179] Teilweise ungeklärt ist die Zuordnung hybrider Finanzierungsinstrumente zum Dividendenartikel. Es handelt sich dabei um Kapitalüberlassungen, die zwischen der Eigen- und Fremdfinanzierung stehen und bei denen die Charakterisierung als Eigen- oder Fremdkapital von der vertraglichen Gestaltung oder der steuerlichen Abgrenzung abhängt. So können sich z.B. Fragen im Hinblick auf die Gesellschafterfremdfinanzierung gem. § 8a KStG ergeben (vgl. die amtliche Erläuterung zu Art. 10 Abs. 4 DBA: USA/D, in: IWB Nr. 1 vom 10.1.1992).

staat den Einkünften aus Aktien gleichgestellt sind. Dies kann z.B. eine Ausschüttung einer ausländischen Personengesellschaft betreffen, wenn die ausgeschütteten Einkünfte im ausländischen Quellenstaat nach dortigem Recht als Dividenden behandelt werden.

Allerdings ist Art. 10 Abs. 4 OECD-MA dann nicht auf Dividenden anzuwenden, wenn sie im Rahmen einer Betriebsstätte bezogen werden und die zugrunde liegende Beteiligung tatsächlich zu dieser Betriebsstätte gehört. Dies wird als Betriebsstättenvorbehalt bezeichnet und gilt entsprechend auch für Zinsen, Lizenzen und Veräußerungsgewinne. Wir gehen darauf im Kapitel 4.5.2.6. ein.

Art. 10 Abs. 5 OECD-MA schließt die extraterritoriale Besteuerung der Dividenden aus. Hinter diesem Begriff verbergen sich Fälle, bei denen die ausschüttende Gesellschaft selbst nicht im Quellenstaat ansässig ist, aber im Quellenstaat einer Dividendenbesteuerung unterliegt. Dies betrifft z.B. Dreieckssachverhalte („triangular cases"), bei der eine ausländische Betriebsstätte (B), welche zu einem im Drittstaat ansässigen Unternehmen (C) gehört, die Dividende an eine inländische Kapitalgesellschaft (A) auszahlt. Eine extraterritoriale Besteuerung liegt dann nicht vor, wenn die Dividende an eine im Quellenstaat ansässige Person oder eine dort gelegene Betriebsstätte gezahlt wird. Daneben bestimmt Absatz 5, dass nichtansässige Gesellschaften zu keinen Sondersteuern von nichtausgeschütteten Gewinnen herangezogen werden dürfen (Durchgriffsbesteuerung). Dabei ist allerdings zu beachten, dass sich die Regelung nur auf die Quellenbesteuerung bezieht[180].

Es ist nun gemäß dem Muster der OECD hervorzuheben, in welchem Staat und in welcher Höhe Dividenden zu besteuern sind. Bei Einkünften aus Dividenden wird gem. Art. 10 Abs. 1 und 2 OECD-MA keinem Vertragsstaat ein ausschließliches Besteuerungsrecht zugestanden. So können Dividenden grundsätzlich im Wohnsitz- bzw. Sitzstaat des Dividendenempfängers besteuert werden. Doch hat auch der Quellenstaat ein begrenztes Besteuerungsrecht. Die Begrenzung ist abhängig von der Art des Dividendenempfängers bzw. des Nutzungsberechtigten und beträgt 15 bzw. 5 Prozent. Der Nutzungsberechtigte ist derjenige, dem die Beteiligung bzw. der Gewinnanspruch wirtschaftlich zuzurechnen ist. Die Steuer darf aber nach Absatz 2

(a) 5 Prozent des Bruttoertrages der Dividende nicht übersteigen, wenn der Nutzungsberechtigte eine Kapitalgesellschaft ist, die unmittelbar mit mindestens 25 Prozent am Nennkapital der ausschüttenden Gesellschaft beteiligt ist (Schachteldividende).
(b) 15 Prozent des Bruttoertrages der Dividende in allen anderen Fällen nicht übersteigen.

Nach Art. 10 OECD-MA werden folglich internationale Schachtelbeteiligungen begünstigt. Dabei handelt es sich um eine inländische juristische Person, die Anteile an einer Kapitalgesellschaft im Ausland besitzt. Die auf diese Beteiligung ausgezahlten Gewinnanteile werden als Schachteldividenden bezeichnet. Im Rahmen einer anderen Ausdrucksweise wird die Gesellschaft, welche die Anteile hält, Muttergesellschaft und das ausschüttende Unternehmen Tochtergesellschaft genannt. An dieser Stelle ist bereits darauf aufmerksam zu machen, dass in den neueren Abkommen der Umfang der Mindestbeteiligung für Schachtelbeteiligungen zehn Prozent beträgt. Diese begriffliche Grenzziehung gilt seit Ende der achtziger Jahre und stimmt weitgehend mit der in den vorangehenden Kapiteln erläuterten Definition der internationalen Direktinvestition überein.

---

180 Vgl. Kommentar zum OECD-Musterabkommen, Art. 10 Tz 36 f..

Handelt es sich um Schachteldividenden, darf die Quellensteuer den Satz von fünf Prozent nicht übersteigen. Dieser Satz ist auch in den neueren deutschen Abkommen mit anderen Staaten verankert, während ältere Abkommen noch von einem Satz i.H.v. fünfundzwanzig Prozent ausgehen. Klarstellend ist darauf hinzuweisen, dass die festgelegten Höchstsätze sich nur auf die Besteuerung der Dividende beziehen, nicht aber auf die Besteuerung der zugrunde liegenden Gewinne der ausschüttenden Gesellschaft. Das bedeutet, dass Art. 10 OECD-MA allein die Quellensteuer berührt und die Körperschaftsteuer der ausschüttenden Gesellschaft ausklammert.

Da die parallelen Besteuerungsansprüche im Ansässigkeits- und Quellenstaat im Hinblick auf Dividenden die Doppelbesteuerung nicht vermeiden, rechnet der Ansässigkeitsstaat des Dividendenempfängers die ausländische Quellensteuer gem. Art 23A Abs. 2 und Art. 23B OECD-MA auf die inländische Steuer an[181]. Die Anrechnungsmethode wird im Muster der OECD hinsichtlich der Besteuerung von Dividenden als Methode zur Vermeidung der Doppelbesteuerung vorgeschlagen, wobei auch hier ein Höchstbetrag der Anrechnung zu beachten ist. Er ermittelt sich in entsprechender Anwendung der direkten Anrechnungsmethode i.S.v. § 26 Abs. 1 und 6 KStG i.V.m. § 34c Abs. 1 EStG.

Bis zum VZ 2000 konnte in DBA mit deutscher Vertragsbeteiligung auch die indirekte Anrechnung einbezogen werden. Dies bedeutete, dass im Sinne der Beseitigung der wirtschaftlichen Doppelbelastung auch die anteilige Körperschaftsteuer der Tochtergesellschaft angerechnet werden konnte. Dies ist nach dem steuerlichen Systemwechsel im Zusammenhang mit dem StSenkG aufgehoben worden.

3.5.2.4 Abweichungen vom OECD-MA bei Schachteldividenden in deutschen DBA und Schachtelprivileg gem. § 8b Abs. 1 KStG

Schachteldividenden sind in den deutschen Doppelbesteuerungsabkommen in einem weiteren Sinne begünstigt, woraus sich in diesem Punkt eine bedeutsame Abweichung vom OECD-MA ergibt. Deutschland verzichtet in der Regel auf das Recht zur Besteuerung der Schachteldividenden und nimmt die ausländischen Dividendeneinkünfte von der Bemessungsgrundlage der deutschen Steuer aus (Freistellungsmethode). Dies wird in der Fachliteratur als internationales Schachtelprivileg bezeichnet (Fischer, Warneke 1998: 38).

Die Freistellungsmethode ist auf die zwischen inländischer Mutter- und ausländischer Tochterkapitalgesellschaft fließenden Dividenden dann anzuwenden, wenn die Beteiligung der inländischen Kapitalgesellschaft an der ausländischen Kapitalgesellschaft mindestens zehn Prozent beträgt. Obwohl das internationale Schachtelprivileg in älteren Abkommen erst ab einer Mindestbeteiligung von fünfundzwanzig Prozent[182] verankert ist, hat Deutschland die Bedingungen für die Anwendung der Freistellungsmethode seit langem einseitig erweitert. In diesem Sinne reicht eine mindestens zehnprozentige Beteiligungshöhe aus. Dies ist generell die Orientierungslinie in den neueren Abkommen, die ungefähr seit Ende der achtziger Jahre gelten. Beispielhaft sei hier auf Art. 23 Abs. 2a DBA: USA/D verwiesen. Die DBA-Freistellung umfasst gem. Art. 2 Abs. 1b DBA: USA/D neben der Einkommensteuer und Körperschaftsteuer auch die Gewerbesteuer.

---

181 Art. 23A und Art. 23B OECD-MA führen dabei zum gleichen Resultat und sind wahlweise anzuwenden, je nach dem, welcher Staat die Anrechnungs- oder Freistellungsmethode vom Grundsatz her bevorzugt.

182 Vgl. Art. 21 Abs. 1 DBA: Polen/D

Die Gewährung der Freistellungsmethode kann ergänzend an die Bedingung geknüpft werden, dass im Ausland aktive Einkünfte erwirtschaftet werden (Aktivitätsklausel). Dies bedeutet, dass die Einkünfte aus der Herstellung, Bearbeitung, Verarbeitung oder Montage von Gegenständen, dem Aufsuchen und Gewinnen von Bodenschätzen, Bank- und Versicherungsgeschäften, dem Handel oder der Erbringung von Dienstleistungen stammen müssen.

Erstmals seit dem VZ 2001 gilt aus deutscher Sicht eine weitere Anspruchgrundlage. Denn mit dem StSenkG ist ein nationales Schachtelprivileg eingeführt worden[183]. Aus § 8b Abs. 1 KStG ergibt sich eine allgemeine Steuerfreistellung für Schachteldividenden. Dabei ist unerheblich, ob die Dividendenzahlungen von inländischen oder ausländischen Kapitalgesellschaften stammen. Auch die Höhe des Beteiligungsverhältnisses ist bedeutungslos. Damit ist der Anwendungsbereich der Freistellungsmethode weiter als der nach gängigem Abkommensrecht. Zwar verweist § 2 AO auf den Vorrang von völkerrechtlichen Verträgen, wozu auch die Doppelbesteuerungsabkommen gehören, doch hat die Vorschrift nur deklamatorische Bedeutung. Denn nach der Transformation in das innerstaatliche Recht stehen die Abkommensregelungen im Rang von Bundesgesetzen. Die DBA-Freistellungsnorm und die Freistellung nach § 8b Abs. 1 KStG stehen daher eigenständig und gleichrangig nebeneinander.

Im Fall der Normenkollision richtet sich das Konkurrenzverhältnis nach den allgemeinen Grundsätzen. Demzufolge ist die weitergehende Steuerbefreiung bzw. -ermäßigung anzuwenden (Debatin, Wassermeyer 2005: Anm. 60). Die Freistellungsmethode gilt demzufolge auch beim Unterschreiten der im DBA benannten Beteiligungsgrenze. Darüber hinaus ist mit der Einführung des Gesetzes vom 13.12.2006 gem. § 8b Abs. 1 Satz 3 EStG klargestellt worden, dass die Freistellungsmethode ungeachtet des Wortlauts des Doppelbesteuerungsabkommens anzuwenden ist.

Daran anschließend stellt sich die Frage, ob auch bei der Freistellung nach dem DBA-Schachtelprivileg das Abzugsverbot von Betriebsausgaben gilt, insoweit sie mit der steuerfreien Dividende wirtschaftlich im Zusammenhang stehen. Wir haben das pauschale Abzugsverbot gem. § 8b Abs. 5 EStG in Teil II Kapitel 3.4.3.3 bereits dargestellt. Danach gelten generell fünf Prozent der von der inländischen Besteuerung freigestellten Dividende oder Bezüge i.S.v. § 8b Abs. 1 KStG als Ausgaben, die nicht als Betriebsausgaben abgezogen werden dürfen. Vom BFH ist nunmehr klargestellt worden, dass die fünfprozentige Abzugsfiktion des § 8b Abs. 5 EStG bei der Freistellung nach dem DBA-Schachtelprivileg nicht zur Anwendung kommt. In diesem Fall kommt das Abzugsverbot des § 3c Abs.1 EStG zur Geltung, wonach der tatsächliche Beteiligungsaufwand bis zur Höhe der freigestellten Dividende nicht abziehbar ist. Dies kann je nach der Besonderheit des Einzelfalles für den Steuerpflichtigen zum Vorteil (Aufwand unterschreitet 5% der Dividende) bzw. Nachteil (Aufwand überschreitet 5% der Dividende) führen. Da die DBA-Freistellungsnorm und die Freistellung nach § 8b Abs. 1 KStG eigenständig und gleichrangig nebeneinander stehen, gilt auch hinsichtlich des Betriebsausgabenabzugs, dass im Sinne einer Günstigerprüfung die weitergehende Norm vom Steuerpflichtigen angewendet werden kann (BFH vom 22.06.2006 und vom 14.01.2009)[184].

Abschließend soll an dieser Stelle auf das Protokoll zur Änderung des am 29.08.1989 unterzeichneten Abkommens zwischen der Bundesrepublik Deutschland und den Vereinigten

---

[183] Die Steuerfreistellung gilt erstmals für den VZ 2001 bei kalendergleichem Wirtschaftsjahr der ausschüttenden Kapitalgesellschaft und bei ungleichem Wirtschaftsjahr ab dem VZ 2002.

[184] Vgl. BFH/NV 2006, I R 30/05 und DStRE 2009, 489, I R 47/08.

Staaten von Amerika (Änderungsprotokoll DBA: USA/D) hingewiesen werden, das am 28.12.2007 in Kraft getreten ist (BGBl. 2006 Teil II S. 1184). In das Protokoll wurde eine Ausnahmeregelung zum Quellensteuerabzug eingefügt. Während der Quellensteuersatz nach Art. 10 Abs. 2 DBA: USA/D in der Regel 5% (bei Schachteldividenden mit mindestens zehnprozentiger Beteiligung) oder 15% (in allen anderen Fällen) beträgt, werden die Dividenden im Quellenstaat gem. Art. 10 Abs. 3a Änderungsprotokoll DBA: USA/D nicht besteuert, wenn der Dividendenempfänger bzw. Nutzungsberechtigte seit einem Zeitraum von 12 Monaten unmittelbar Stimmrechtsanteile i.H.v. mindestens 80% hält. Das gilt nur, soweit zusätzlich die Voraussetzungen für „berechtigte Personen" im Sinne des Art. 28 Abs. 2c Änderungsprotokoll DBA: USA/D erfüllt sind. Im Fall von Schachteldividenden sind die Bedingungen zu erfüllen, dass zum einen die Aktien regelmäßig an anerkannten Börsen gehandelt werden und zum anderen entweder die Hauptaktiengattung an einer Börse im Ansässigkeitsstaat der Gesellschaft gehandelt wird oder die Geschäftleitung sich im Ansässigkeitsstaat befindet. Weitere Spezialregelungen gelten insbesondere für Real Estate Investment Trusts und Pensionsfonds.

DBA-Anwendung für Schachteldividenden bei einem Beteiligungsverhältnis von mindestens 10 % (gem. DBA USA/Deutschland):

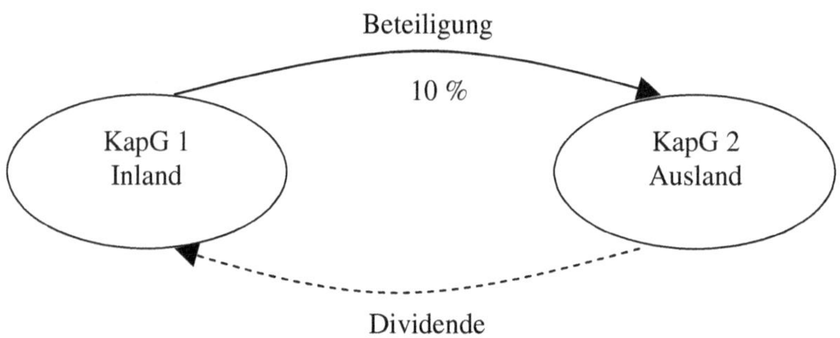

Freistellung nach:	**Quellensteuer** i.H.v. 5 %
1. Art. 23 Abs. 2a DBA 2. § 8b Abs. 1 KStG	gem. Art. 10 Abs. 2a DBA
Beachte: Günstigerprüfung gem. § 8b (5) KStG oder § 3c Abs. 1 EStG im DBA-Fall	*Beachte:* Art. 10 (3) Änderungsprotokoll DBA: USA/D bei Beteiligung ≥ 80 %

Abb. 13: DBA-Anwendung für Schachteldividenden

3.5.2.5 Europäische Mutter-Tochter-Richtlinie

Es ist bereits darauf hingewiesen worden, dass auch das Europäische Gemeinschaftsrecht als supranationales Recht von den Mitgliedstaaten der Europäischen Union (EU) zu beachten ist. Zu den Bestimmungen mit unmittelbarer Rechtswirkung sind u.a. die Richtlinien zur Rechtsharmonisierung in der EU hervorzuheben. Sie sind für die Mitgliedstaaten verbindlich bezogen auf das zu erreichende Ziel, nicht aber bezogen auf die konkrete rechtliche Ausgestaltung im Rahmen der Transformation in das jeweilige nationale Recht.

Im Jahr 1990 wurden nach langjährigen Verhandlungen die Mutter-Tochter-Richtlinie, die Fusions-Richtlinie[185] und die Schiedsverfahrenskonvention verabschiedet. Die Übereinkommen sollen dazu beitragen, steuerliche Behinderungen grenzüberschreitender Aktivitäten von Unternehmen im Europäischen Binnenmarkt zu beseitigen. Die beiden Richtlinien sind in Deutschland durch das Steueränderungsgesetz 1992 in das nationale Recht transformiert worden.

Ziel der Mutter-Tochter-Richtlinie ist die Beseitigung der steuerlichen Mehrfachbelastung von Gewinnausschüttungen einer Tochtergesellschaft eines Mitgliedstaates an ihre Muttergesellschaft im anderen Mitgliedstaat. Dies wird auf zwei Ebenen erreicht. Zum einen wird bestimmt, dass die Gewinnausschüttungen von Tochterkapitalgesellschaften entweder von der Besteuerung im Empfängerstaat freizustellen oder durch die Anrechnung der ausländischen Steuer zu begünstigen sind. Da die Bundesrepublik Deutschland in ihren Abkommen bei Schachteldividenden in der Regel die Freistellungsmethode vorsieht, wird aus deutscher Sicht dem Postulat bereits seit langem Rechnung getragen. Zum anderen wird auf Antrag keine Quellensteuer für Dividenden erhoben, die einer ausländischen Muttergesellschaft von einer inländischen Tochtergesellschaft zufließen. Dieser Effekt der Richtlinie ist vor allem hervorzuheben. Umgekehrt erhebt der andere EU-Staat ebenso keine Quellensteuer. Im deutschen Recht ist hier auf § 43b EStG hinzuweisen.

Die Gewinne können seitdem ohne Quellensteuerbelastung innerhalb eines europäischen Konzerns ausgeschüttet werden. Der Aufbau von größeren Beteiligungsketten wird damit grundsätzlich nicht durch steuerliche Barrieren behindert, so dass die Richtlinie positive Auswirkungen auf grenzüberschreitende Investitionen und damit auf die Wettbewerbsfähigkeit der europäischen Unternehmen hat. Durch die Abschaffung der Quellensteuer auf Schachteldividenden gewinnen die Methoden zur Minderung der Doppelbesteuerung grenzüberschreitender Einkommensströme sowie die unterschiedlichen Körperschaftsteuersätze in den Mitgliedstaaten an Bedeutung.

Die Mutter-Tochter-Richtlinie bringt damit zugleich eine steuerliche Differenz zur außereuropäischen Konzernstruktur mit sich. Während sich nur für Kapitalgesellschaften mit Sitz in einem Mitgliedstaat der EU ein Wegfall der Quellensteuer ergibt, verbleibt es bei der Quellensteuerbelastung, sobald der Unternehmensverbund den europäischen Rahmen überschreitet. Befindet sich der Sitz der Mutter- oder Tochterkapitalgesellschaft in einem Drittstaat, muss daher im Vergleich eine Mehrbelastung hingenommen werden.

Die Anwendungsbedingungen der Mutter-Tochter-Richtlinie sollen im Folgenden eingegrenzt werden. Hinsichtlich der subjektiven Voraussetzungen gilt dreierlei. Erstens bezieht sich die Richtlinie ausschließlich auf Kapitalgesellschaften. Der Richtlinien-Anhang enthält

---

[185] Auf die Fusionsrichtlinie gehen wir in Teil II Kapitel 4.2.4. ein.

diesbezüglich eine Auswahl körperschaftsteuerpflichtiger Unternehmen[186]. Danach werden im Hinblick auf deutsche Gesellschaften im Anhang nur jene Körperschaften i.S.v. § 1 Abs. 1 Nr. 1 KStG aufgeführt (AG, KG aA, GmbH, bergrechtliche Gewerkschaft). Genossenschaften werden ausgeklammert, obwohl sie ansonsten die Voraussetzungen der Richtlinie erfüllen. Bei der Umsetzung in das deutsche Recht ist der Anwendungsbereich auf Tochtergesellschaften i.S.v. § 1 Abs. 1 KStG ausgedehnt worden, sofern der Staat der Muttergesellschaft gem. § 43b Abs. 4 EStG Gegenseitigkeit gewährt. Zweitens muss die Ansässigkeit der Gesellschaft im Gebiet der EU bestehen. Drittens muss die Gesellschaft ohne Wahlmöglichkeit einer Körperschaftsteuer unterliegen[187].

Die Eingrenzung des subjektiven Anwendungsbereiches ist in der Fachliteratur von Anfang an auf Kritik gestoßen. So hat z.B. auch die Ruding-Kommission gefordert, in die Richtlinienanwendung schrittweise alle grenzüberschreitend tätigen Unternehmen in Europa einzubeziehen[188]. Die Europäische Kommission ist der Forderung bislang lediglich insofern nachgekommen, als sie den subjektiven Anwendungsbereich auf alle Unternehmen unabhängig von der Rechtsform ausgeweitet hat, die ohne Befreiung einer Körperschaftsteuer unterliegen. Die Ausgrenzung der Personengesellschaften bleibt aber nach wie vor festzuhalten.

Der Status der Muttergesellschaft ist in zweierlei Hinsicht bestimmt worden. Zum einen wird eine Mindestbeteiligung festgelegt. Eine Muttergesellschaft ist danach definiert als Gesellschaft, die wenigstens 25% am Nennkapital der Tochtergesellschaft besitzt. In diesem Punkt hat sich die Richtlinie am OECD-MA orientiert. Unter dieser Grenze liegende Beteiligungsverhältnisse gelten als Portfolio-Investitionen, die nicht mehr als zu begünstigendes, primär unternehmerisches Engagement eingestuft werden. Deutschland hat den Anwendungsbereich gem. § 43b Abs. 2 und 3 EStG in diesem Punkt ausgeweitet auf ein mindestens zehnprozentiges Beteiligungsverhältnis.

In der Richtlinie wird nicht klar definiert, ob es sich bei der Beteiligung um eine unmittelbare oder mittelbare handeln muss. In der Literatur[189] wird davon ausgegangen, dass es ausschließlich auf das unmittelbare Beteiligungsverhältnis ankommt, da die Einbeziehung auch mittelbarer Beteiligungen nicht der Teleologie der Privilegierung von Schachteldividenden entspreche.

Zum anderen ist eine Mindesthaltedauer einzuhalten. Zwar wird in der Richtlinie selbst keine Mindestdauer der Beteiligung festgelegt, doch wird diesbezüglich den Mitgliedstaaten gem. Art. 3 Abs. 2 MTRL eine Option eröffnet. Danach können die Mitgliedstaaten die Gesellschaften von der Anwendung der Richtlinie ausnehmen, die ihre Beteiligung nicht während eines ununterbrochenen Zeitraums von mindestens zwei Jahren halten, aufgrund derer sie als Muttergesellschaft gelten. Gleiches gilt für Gesellschaften, an denen ein anderer Mitgliedstaat eine solche Beteiligung hält. Auch in diesem Punkt hat Deutschland den Anwendungsbereich erweitert, insofern gem. § 43b Abs. 2 EStG lediglich eine Mindestdauer der Beteiligung von ununterbrochen zwölf Monaten bestimmt worden ist.

Für die Aufhebung oder Reduktion der Quellenbesteuerung bedarf es eines Antrages der Muttergesellschaft. Sie erfolgt entweder gem. § 50d Abs. 1 EStG im Wege des Erstattungsverfahrens oder gem. § 50d Abs. 2 EStG durch das Freistellungsverfahren.

---

186 Vgl. Art. 2a Mutter-Tochter-Richtlinie (MTRL)

187 Vgl. Art. 2c MTRL

188 Vgl. Ruding-Kommission, 1992: 214; Anhang 2

189 Vgl. Vogel (1996: Art. 23, Rdnr. 104); Scherer (1995: 125).

Anwendungsvoraussetzungen der Mutter-Tochter-Richtlinie

Subjektive Voraussetzungen:

(1) Mutter- und Tochtergesellschaft sind jeweils Kapitalgesellschaften (Ausweitung auf Tochtergesellschaften i.S.v. § 1 Abs. 1 KStG gem. § 43b Abs. 1 i.V.m. § 20 Abs. 1 Nr. 1 EStG)

(2) Ansässigkeit der Gesellschaften im Gebiet der EU

(3) Gesellschaften unterliegen ohne Wahlmöglichkeit einer Körperschaftsteuer

Status der Muttergesellschaft:

(1) Mindestbeteiligung von unmittelbar 25% am Nennkapital der Tochtergesellschaft (Ausweitung auf ein mindestens zehnprozentiges Beteiligungsverhältnis gem. § 43b Abs. 3 EStG)

(2) Mindestdauer der Beteiligung von ununterbrochen 2 Jahren (Ausweitung auf 12 Monate gem. § 43b Abs. 2 und 3 EStG)

3.5.2.6 Ausgewählte DBA-Einkünfte II: Unternehmensgewinne gem. Art. 7 OECD-MA

Die Besteuerung der Unternehmensgewinne wird in Art. 7 Abs. 1 OECD-MA grundsätzlich dem Staat zugewiesen, in dem sich der Sitz oder die Geschäftleitung befindet. Von dieser an sich üblichen Zuordnung des Besteuerungsrechtes werden jedoch bestimmte Unternehmensgewinne ausgenommen. Übt das Unternehmen seine Tätigkeit im anderen Vertragsstaat durch eine dort gelegene Betriebsstätte aus, sind die Einkünfte dieser Betriebstätte im Betriebsstättenstaat zu besteuern. Dies wird als Betriebsstättenprinzip bezeichnet und markiert einen wichtigen Grundsatz im internationalen Abkommensrecht.

Art. 7 OECD-MA selbst lässt offen, ob der Betriebsstättenstaat ein ausschließliches oder paralleles Besteuerungsrecht hat. Die deutschen Abkommen stellen in der Regel den Gewinn einer ausländischen Betriebsstätte von der Besteuerung im Inland frei. In dieser Perspektive sind das Betriebsstättenprinzip und die Freistellung im Inland miteinander verknüpft. Beispielhaft kann hier auf Art. 23 Abs. 2 DBA: USA/D verwiesen werden. Danach werden in Deutschland Einkünfte von der Besteuerung freigestellt, die in den USA besteuert werden können. In der Regel wird ergänzt, dass die Freistellung mit einem Progressionsvorbehalt verknüpft werden kann. Zusätzlich wird in einigen deutschen Abkommen die Freistellungsmethode nur dann gewährt, wenn die ausländischen Einkünfte zusätzlich die Aktivitätsklausel erfüllen[190].

Nach ständiger höchstrichterlicher Rechtsprechung umfasst der Begriff „Gewinn" sowohl positive als auch negative Einkünfte[191] (Debatin, Wassermeyer 2005: MA Art. 7 Tz 159). Der Begriff „Unternehmen" umfasst Einzelunternehmen, Kapitalgesellschaften, Beteiligungen an Personengesellschaften, Beteiligungen als atypischer stiller Gesellschafter sowie den Anteil des persönlich haftenden Gesellschafters an einer KGaA. Der Begriff beinhaltet die Aus-

---

190 Vgl. Art. 24 Abs. 1a DBA: Schweiz/Deutschland und die Ausführungen im Kapitel 4.5.2.4.

191 Diese Rechtsprechung wird von Vogel kritisiert (zitiert nach: Debatin, Wassermeyer: MA Art. 7, Tz 159).

übung einer Geschäftstätigkeit. Nach Art. 3 Abs. 1c und h OECD-MA umfasst dies nicht nur die gewerbliche sondern auch die freiberufliche und sonstige selbständige Tätigkeit. Nähere Bestimmungen finden sich weder im Musterabkommen noch in den deutschen Abkommen. Die Auslegung des Begriffes muss daher auf der Grundlage des jeweiligen nationalen Rechts erfolgen.

Handelt es sich um Einkünfte, die nicht typischerweise als Ergebnis einer unternehmerischen Tätigkeit gelten, greift der Betriebsstättenvorbehalt. Das bedeutet, dass diese Einkünfte dem Betriebsstättenprinzip zuzuordnen sind, wenn sie von der Betriebsstätte erzielt werden. Art. 7 OECD-MA ist dann mit Vorrang anzuwenden. Der Betriebsstättenvorbehalt gilt für Dividenden (Art. 10 Abs. 4 OECD-MA), Zinsen (Art. 11 Abs. 4 OECD-MA), Lizenzen (Art. 12 Abs. 3 OECD-MA) und den Gewinn aus der Veräußerung von beweglichem Betriebsvermögen (Art. 13 Abs. 2 OECD-MA). Ist eine Zuweisung zu einer ausländischen Betriebsstätte hingegen nicht möglich, sind die sonstigen Vorschriften des OECD-MA anzuwenden.

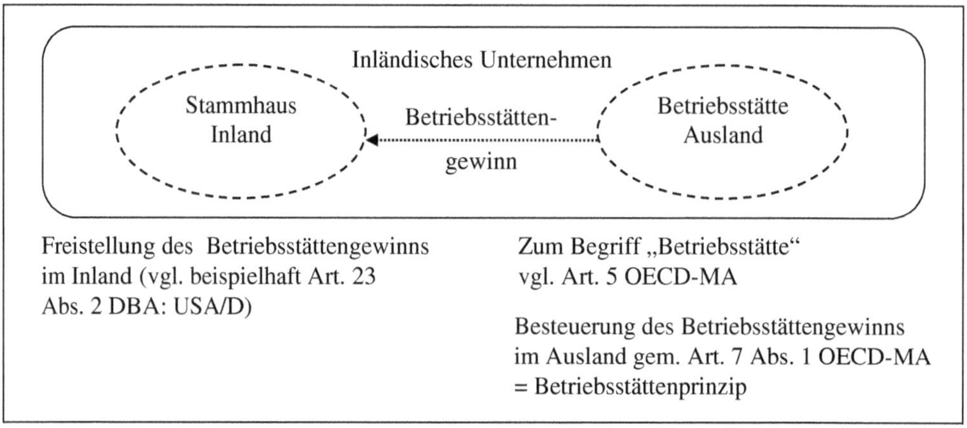

Abb. 14: Betriebsstättenprinzip

Fallgestaltungen zur Betriebsstätte können sich auch auf Dreieckssachverhalte („triangular cases") beziehen. Neben der Betrachtung der Beziehung von inländischem Stammhaus und ausländischer Betriebsstätte ist dann eine Kapitalgesellschaft in einem Drittstaat einzubeziehen, die eine Dividende an die Betriebsstätte auszahlt. Während die Zuordnung und Abgrenzung des Ergebnisses im Verhältnis zwischen Stammhaus und Betriebsstätte gem. Art. 7 OECD-MA eindeutig geregelt ist, verbleibt abkommensrechtlich ein Problem hinsichtlich des Dividendenflusses zwischen der Kapitalgesellschaft im Drittstaat und der Betriebsstätte. Das OECD-Musterabkommen läuft hier ins Leere, da ein auf diesen Fall passender Artikel nicht existiert. Zwar enthält Art. 24 Abs. 3 OECD-MA ein Diskriminierungsverbot, doch gilt dies nur für Unternehmen und Betriebsstätten, die jeweils den beiden Vertragsstaaten eines Abkommens zugeordnet werden können. Eine Betriebsstätte ist im Verhältnis zu Drittunternehmen selbst nicht abkommensberechtigt. Bislang existiert im Kommentar zum Musterabkommen lediglich ein Formulierungsvorschlag[192], der auf die Anrechnung der im Drittstaat entrichteten Steuer orientiert.

192 Kommentar zum OECD-Musterabkommen, Art. 24, Tz 52.

Das Betriebsstättenprinzip ist mit der Definition der Betriebsstätte verknüpft. Ob von einer Betriebsstätte ausgegangen werden kann, ist im Sinne der abkommensrechtlichen Definition zu klären. Nach der Generalklausel gem. Art. 5 Abs. 1 OECD-MA bedeutet der Ausdruck „Betriebsstätte" jede feste Geschäftseinrichtung, durch welche die Tätigkeit eines Unternehmens ganz oder teilweise ausgeübt wird. Die Einrichtung muss dem Unternehmen nicht nur vorübergehend zur Verfügung stehen und unmittelbar den Unternehmenszweck fördern. Im Anschluss an diese Definition kann auch ein Internet-Server eine Betriebsstätte begründen, insoweit sich seine Funktion in einer Computer-Hardware verfestigt. Die Beteiligung an einer ausländischen Personengesellschaft wirkt wie eine im Ausland belegene Betriebsstätte. Die Generalklausel wird in Artikel 5 Abs. 2-7 OECD-MA konkretisiert und erweitert. Es erfolgt aber keine erschöpfende Aufzählung. Zweifelsfragen müssen daher von den Vertragsstaaten ausgelegt werden.

Die Qualifizierung als Betriebsstätte ist in mehreren Schritten abzuprüfen:

Prüfung zur Betriebsstätte gem. Art. 5 OECD-MA:
(1) Erfüllung der Generalklausel gem. Art. 5 Abs. 1, 2 und 3
(2) Negativabgrenzung gem. Art. 5 Abs. 4
(3) Gleichstellung der Betriebsstätte mit einem abhängigen Vertreter gem. Art. 5 Abs. 5, 6
(4) Anti-Organ-Klausel gem. Art. 5 Abs. 7

In Art. 5 Abs. 2 OECD-MA werden Beispiele aufgeführt, die den Tatbestand der Betriebsstätte erfüllen:

Beispielhafte Aufzählung gem. Art. 5 Abs. 2 OECD-MA:
• Ort der Leitung
• Zweigniederlassung
• Geschäftsstelle
• Fabrikationsstätte
• Werkstätte
• Einrichtungen zur Ausbeutung von Bodenschätzen

Die Einrichtungen müssen die Ausübung der unternehmerischen Tätigkeit ermöglichen. Dies muss nicht im Hinblick auf die gesamten Unternehmensfunktionen gegeben sein. Um die Definition der Betriebsstätte zu erfüllen, reicht auch eine einfache Geschäftsstelle aus. Dies gilt z.B. für ein Kundendienstbüro oder eine Verkaufs- bzw. Koordinierungsstelle.

Hinsichtlich der Negativabgrenzung soll hier hervorgehoben werden, dass gem. Art. 5 Abs. 4 OECD-MA dann nicht von einer Betriebsstätte auszugehen ist, wenn dort ausschließlich Tätigkeiten vorbereitender oder unterstützender Art oder Hilfstätigkeiten ausgeübt werden. Schädlich sind demnach z.B. Geschäftseinrichtungen, die nur zu dem Zweck unterhalten werden, Waren zu lagern, Werbung oder wissenschaftliche Forschung zu betreiben und Informationen zu erteilen.

Negativabgrenzung gem. Art. 5 Abs. 4 OECD-MA:
Die Einrichtungen oder Bestände werden ausschließlich zu folgendem Zweck genutzt: • Lagerung, Ausstellung oder Auslieferung von Gütern oder Waren, • Güter oder Waren, die zur Lagerung, Ausstellung oder Auslieferung unterhalten werden, • Halbfabrikate, die von anderen Unternehmen bearbeitet werden, • Einkauf von Gütern oder Informationsbeschaffung, • Ausübung vorbereitender Tätigkeiten oder von Hilfstätigkeiten.

Die Regeln sind auch auf den Fall des ständigen Vertreters zu beziehen, der gem. Art. 5 Abs. 5 und 6 OECD-MA für das Unternehmen in abhängiger Position tätig ist. Es handelt sich in diesem Fall um einen Ersatztatbestand, für den eine Betriebsstätte fingiert wird. Der abhängige Vertreter muss eine Vollmacht besitzen, im Namen des Unternehmens Verträge abzuschließen und diese gewöhnlich ausüben. Die Tätigkeit des abhängigen Vertreters begründet eine (fiktive) Betriebsstätte, insoweit sie sich nicht auf schädliche Verrichtungen i.S.v. Art. 5 Abs. 4 OECD-MA beschränkt.

Art. 5 Abs. 7 OECD-MA stellt im Sinne einer Anti-Organ-Klausel klar, dass eine Tochtergesellschaft nicht deshalb zur Betriebsstätte eines herrschenden Unternehmens wird, weil sie von einem ausländischen Unternehmen beherrscht wird. Dies ist lediglich dann anders, wenn die Tochtergesellschaft als abhängiger Vertreter agiert.

Die Erfassung des Betriebsstättengewinnes kann im Einzelfall schwierig sein. Die Grundregel gem. Art. 7 Abs. 2 OECD-MA lautet, dass der Betriebsstätte die Gewinne zuzurechnen sind, die sie hätte erzielen können, wenn sie hinsichtlich der gleichen oder ähnlichen Geschäftstätigkeit mit einem völlig fremden Unternehmen zu den Bedingungen des freien Marktes in Geschäftsbeziehung gestanden hätte. Dies entspricht dem Grundsatz des Fremdvergleichs („dealing at arm`s length principle“) und geht einher mit der Fiktion der Selbständigkeit der Betriebsstätte. Da die Gesamteinkünfte nach Maßgabe des wirtschaftlichen Zusammenhangs auf das Stammhaus und die Betriebsstätte aufzuteilen sind, ergibt sich das Erfordernis einer entsprechenden Zuordnung der Aufwendungen und des Betriebsvermögens.

Die Gewinnabgrenzung lässt sich gem. der Abs. 2–6 mittels zweier Methoden vornehmen:

(1)	Direkte Methode (Regelmethode gem. Art. 7 Abs. 2 und 3 OECD-MA): Ermittlung des Betriebsstättenergebnisses anhand der gesonderten Buchführung. Dieser Methode gebührt der Vorzug.
(2)	Indirekte Methode gem. Art. 7 Abs. 4 OECD-MA: Retrograde Aufteilung des Gesamtgewinns mittels interner Aufteilungsschlüssel wie z.B. Umsatz, Materialeinsatz, Löhne und Provisionen, Verhältnis des Betriebsvermögens.

Beide Methoden sind mit praktischen Umsetzungsproblemen verbunden. So ist zwar die direkte Gewinnermittlung zu bevorzugen, doch führt die Anwendung des Fremdvergleichsmaßstabes nicht immer zum angemessenen Resultat. Denn der besondere Praxisfall wird in der Regel nicht nahtlos mit Geschäftsvorfällen zwischen fremden Dritten übereinstimmen. Die deutsche Finanzverwaltung hat für den eigenen Anwendungsbereich Betriebsstätten-

Verwaltungsgrundsätze[193] erlassen, die bei der Gewinnaufteilung zwischen Stammhaus und Betriebsstätte zur Klärung beitragen sollen. Obwohl grundsätzlich von der rechtlichen Einheit von Stammhaus und Betriebsstätte auszugehen ist, muss die Betriebsstätte zunächst angemessen mit Kapital ausgestattet werden (Dotationskapital). Werden dabei Wirtschaftsgüter des Anlagevermögens aus Deutschland in das Ausland überführt, ist zum Zeitpunkt der Entstrickung auf der Grundlage des Fremdvergleichspreises ein Veräußerungsgewinn zu erfassen[194]. Miet-, Darlehens- und Lizenzverträge zwischen Stammhaus und Betriebsstätte sind steuerlich wirkungslos[195]. Ein angemessener Teil der Geschäftsführungs- und allgemeinen Verwaltungskosten des Stammhauses kann auf die Betriebsstätte umgelegt werden.

Nach Art. 7 Abs. 6 OECD-MA sind die Gewinne jedes Jahr auf dieselbe Art zu ermitteln. Der Wechsel von der direkten zur indirekten Gewinnermittlung oder umgekehrt ist daher nicht beliebig möglich und bedarf der Darlegung wichtiger Gründe.

3.5.2.7 Ausgewählte DBA-Einkünfte III: Zinsen und Lizenzgebühren

Zinsen werden im Abkommensrecht ähnlich behandelt wie Dividenden. Gem. Art. 11 Abs. 1 OECD-MA können Zinseinkünfte grundsätzlich im Wohnsitzstaat des Nutzungsberechtigten der Zinsen besteuert werden. Daneben hat aber gem. Art. 11 Abs. 2 OECD-MA auch der Quellenstaat ein Besteuerungsrecht, das auf maximal zehn Prozent begrenzt ist. Als Zinsen werden gem. Art. 11 Abs. 3 OECD-MA Einkünfte aus Forderungen jeder Art definiert, auch wenn sie durch Pfandrecht gesichert sind, und insbesondere Einkünfte aus öffentlichen Anleihen und Obligationen. Sie müssen gem. Art. 11 Abs. 6 OECD-MA angemessen hoch sein, wobei der Fremdvergleichsmaßstab zugrunde gelegt wird. Gehören die Forderungen, für welche die Zinsen gezahlt werden, zum Betriebsvermögen einer Betriebsstätte, die im selben Staat wie der Schuldner ansässig ist, gilt gem. Art. 11 Abs. 4 OECD-MA der Betriebsstättenvorbehalt. In diesem Fall ist Art. 7 OECD-MA anzuwenden. Umgekehrt sind die Zinszahlungen gem. Art. 11 Abs. 5 OECD-MA der Betriebsstätte zuzuordnen, mit denen sie wirtschaftlich belastet ist.

Die internationale Doppelbesteuerung wird gem. Art. 23A Abs. 2 bzw. Art. 23B OECD-MA bei Zinsen durch die Anwendung der Anrechnungsmethode vermieden. Die Anrechnung erfolgt in Deutschland unter Beachtung der üblichen Anwendungsvoraussetzungen gem. § 34c Abs. 6 Satz 2 EStG. Einige Doppelbesteuerungsabkommen[196] ermöglichen die Anrechnung einer fiktiven ausländischen Quellensteuer. So ist auch im deutschen Abkommen mit Indien ein maximal zehnprozentiges Quellensteuerrecht vereinbart worden. Anrechenbar ist eine Quellensteuer i.H.v. zehn Prozent unabhängig von der Höhe der tatsächlich in Indien gezahlten Quellensteuer auf Zinsen oder einer dortigen Ermäßigung bzw. einem Steuererlass[197].

Abweichend vom Musterabkommen der OECD sehen nicht alle deutschen Doppelbesteuerungsabkommen ein paralleles Besteuerungsrecht des Quellenstaates sowie die Anrechnungsmethode im Zinsfall vor. Beispielhaft sei hier auf die Abkommen mit Frankreich und

---

193 Vgl. Grundsätze der Verwaltung für die Prüfung der Aufteilung der Einkünfte bei Betriebsstätten international tätiger Unternehmen (Betriebsstätten-Verwaltungsgrundsätze) vom 24.12.1999.

194 Vgl. Betriebsstätten-Verwaltungsgrundsätze Tz. 2.6.

195 Vgl. Betriebsstätten-Verwaltungsgrundsätze Tz. 2.2.

196 Vgl. DBA: Türkei/Deutschland

197 Art. 23 Abs. 1c DBA: Indien/Deutschland

den USA verwiesen. Dort wird jeweils von einem ausschließlichen Besteuerungsrecht des Wohnsitzstaates ausgegangen.

Einkünfte aus Lizenzen sind im internationalen Geschäftsverkehr bedeutsam geworden, was mit dem wachsenden Transfer von Technologie und Know-how zusammenhängt. Lizenzgebühren sind gem. Art. 12 Abs. 2 OECD-MA Vergütungen jeder Art, die für Benutzung oder für das Recht auf Benutzung von Urheberrechten an literarischen, künstlerischen oder wissenschaftlichen Werken, von Patenten, Warenzeichen, Modellen, Plänen und Verfahren gezahlt werden. Gegenüber der sehr weiten Definition im Musterabkommen gibt es in den deutschen Abkommen Abweichungen und Einschränkungen. Dies betrifft auch die Eingrenzung des Besteuerungsrechtes der jeweiligen Vertragsstaaten. Die Staaten vertreten hier sehr unterschiedliche wirtschaftliche Interessen.

Nach Art. 12 Abs. 1 OECD-MA sind Lizenzgebühren ausschließlich im Wohnsitzstaat des Lizenzgebers zu besteuern. Diese Linie ist in den Abkommen vieler Staaten kodifiziert worden. Viele Industriestaaten bestehen in der Regel auf dem ausschließlichen Besteuerungsrecht im Lizenzgeberstaat. Beispielhaft kann hier auf die U.S.-Abkommen mit anderen Staaten verwiesen werden. Es gibt auch Abkommen, in denen sich der Quellenstaat ein ausschließliches Besteuerungsrecht gesichert hat[198].

Die meisten deutschen Abkommen akzeptieren demgegenüber ein paralleles Besteuerungsrecht des Quellenstaates. Dies kommt dem Standard der United Nations Model Double Taxation Convention entgegen. Hier wird der Quellenbesteuerung bei Zinsen und Lizenzgebühren ein stärkeres Gewicht eingeräumt. In den verschiedenen Abkommen ist dabei eine unterschiedliche Höhe des Quellensteuersatzes vereinbart worden. Im deutschen Doppelbesteuerungsabkommen mit China ist z.B. bei Lizenzgebühren ein Recht auf Quellenbesteuerung i.H.v. maximal zehn Prozent und im Abkommen mit Brasilien i.H.v. maximal fünfzehn Prozent festgelegt worden. Im Abkommen mit China kann zudem gem. Art. 24 Abs. 2 b und c DBA: China/Deutschland ungeachtet der tatsächlichen Höhe der gezahlten Quellensteuer eine fiktive Steuer auf Lizenzgebühren i.H.v. fünfzehn Prozent angerechnet werden. Die fiktive Anrechnung dient dem Ziel, die steuerlichen Anreize zur Investition in Entwicklungs- oder Schwellenländern wirksam werden zu lassen.

Im Rahmen der internationalen Steuerplanung können Patente und Lizenzen bedeutsam sein. So kann eine inländische Muttergesellschaft Patente auf eine Tochtergesellschaft A in einem Land mit günstiger Besteuerung übertragen, welche wiederum die Nutzung des geistigen Eigentums im Rahmen eines Lizenzvertrages der Gesellschaft B in einem Drittstaat überlässt. Lizenzgebühren werden dann im Sitzstaat der Tochtergesellschaft A niedrig besteuert und dort angehäuft (Basisgesellschaft). Mit diesen Mitteln können der inländischen Muttergesellschaft wiederum Darlehen gewährt werden, die im Inland aufgrund der Zinszahlungen die Steuerlast senken.

Eine andere Gestaltungsvariante liegt beim „Double Irish“ vor. So hat z.B. der U.S.-Internetkonzern Google zwei Tochtergesellschaften in Irland gegründet. Während über die Google Ireland Ltd. das Europageschäft gebündelt wird, werden Patente auf eine zweite Tochtergesellschaft übertragen. Für die Nutzung dieser Patente zahlt die Google Ireland Ltd. wiederum Lizenzgebühren an die zweite Tochtergesellschaft. Im Resultat wird der gesamte Verwaltungsaufwand der Google Ireland Ltd. in die Höhe getrieben. Er hat im Jahr 2009 fast

198 Dies gilt z.B. für die Abkommen Indiens mit anderen Staaten.

70% des gesamten Umsatzes von 7,9 Mrd. € Umsatz betragen und den steuerpflichtigen Gewinn stark gemindert. Obwohl der KSt-Satz in Irland nur bei 12,5% liegt, kann Google mit dieser Strategie weiter Steuern sparen. Da sich die Geschäftsleitung der zweiten irischen Tochtergesellschaft auf den Bermuda-Inseln befindet, ist sie nach irischem Recht in Irland nicht steuerpflichtig. Auch auf den Bermudas sind keine Steuern auf den Gewinn zu entrichten. Zusätzlich lässt sich Quellensteuer in Irland dadurch einsparen, dass die Zahlungen über eine dritte Tochtergesellschaft von Google in den Niederlanden nach Bermuda weitergeleitet werden. Mit diesem als „Dutch Sandwich“ bezeichneten Modell kann Google den effektiven Steuersatz gering halten[199].

Abschließend ist auf zwei europäische Richtlinien zur Zinsbesteuerung vom 3. Juni 2003 hinzuweisen. Zum einen ist mit der **Zins-/Lizenzgebührenrichtlinie**[200] eine gemeinsame Regelung für Zahlungen von Zinsen und Lizenzgebühren zwischen verbundenen Unternehmen verschiedener Mitgliedstaaten geschaffen worden. Danach soll der jeweilige Quellenstaat eine Steuerentlastung bzw. Quellensteuerbefreiung gewähren, insoweit Zinsen oder Lizenzgebühren zwischen Mutter- und Tochtergesellschaften fließen. Nach § 50g EStG wird die Quellensteuer bei Zinsen und Lizenzgebühren zwischen verbundenen Unternehmen im Bereich der EU auf Antrag nicht erhoben.

Zum anderen haben sich die Mitgliedstaaten im Rahmen der **Zinsrichtlinie**[201] auch auf ein automatisches Auskunftserteilungssystem verständigt, insoweit eine natürliche Person ausländische Zinsen bezieht. Eine Ausnahme ist für die Länder Luxemburg, Belgien und Österreich genehmigt worden. Sie führen jeweils ein anonymes Quellsteuerabzugsverfahren ein, wobei die Regelung einen Quellensteuersatz von zunächst fünfzehn Prozent, ab dem Jahr 2008 von zwanzig Prozent und ab dem Jahr 2011 von fünfunddreißig Prozent vorsieht. Drittstaaten wie die Schweiz und Liechtenstein sind in zähen Verhandlungen mit der Europäischen Union dazu gebracht worden, gleichwertige Maßnahmen einzuführen.

3.5.2.8 Einkünfte aus unbeweglichem Vermögen (Art. 6)

Die sich aus der Nutzung, der Vermietung oder Verpachtung des unbeweglichen Vermögens ergebenden Einkünfte sind gem. Art. 6 Abs. 1 OECD-MA im Belegenheitsstaat zu besteuern. Eine Besteuerung kann aber nur erfolgen, insoweit dieser Staat eine entsprechende Besteuerung gesetzlich vorsieht. Die Bundesrepublik Deutschland verbindet dies mit der Freistellung der Einkünfte von der Besteuerung im Inland (vgl. auch Art. 23A Abs. 1 OECD-MA). Der Progressionsvorbehalt ist zu beachten.

Das unbewegliche Vermögen umfasst:

- das lebende und tote Inventar land- und forstwirtschaftlicher Betriebe
- das Zubehör zum unbeweglichen Vermögen
- die Rechte für welche die Vorschriften des Privatrechts über Grundstücke gelten
- Nutzungsrechte an unbeweglichem Vermögen
- Rechte auf veränderliche oder feste Vergütungen für die Ausbeutung oder
- das Recht auf Ausbeutung von Mineralvorkommen usw.

---

199 Der effektive Steuersatz von Google im Jahr 2010 ist auf 3% geschätzt worden (FAZ v. 27.08.2011).

200 Richtlinie 2003/49/EG des Rates vom 3. Juni 2003 (ABl L 157 v. 26. 6. 2003, 49-54). In der Änderungsrichtlinie 2004/76/EG des Rates vom 29. 4. 2004 sind für bestimmte Mitgliedstaaten Übergangszeiten für die gemeinsamen Steuerregelungen geschaffen worden (ABl L 195 v. 2. 6. 2004, 33-35).

201 Richtlinie 2003/48/EG des Rates vom 3. Juni 2003 (ABl L 157 v. 26. 6. 2003, 38–48).

Die Einordnung der Einkünfte ändert sich gem. Art. 6 Abs. 4 OECD-MA nicht, wenn die Einkünfte im Zusammenhang mit einer Unternehmenstätigkeit bzw. einer selbständigen Arbeit stehen.

3.5.2.9 Zur gewerbesteuerlichen Erfassung ausländischer Gewinne

Die Gewerbesteuerpflicht ist territorial auf das Inland beschränkt. Voraussetzung für die gewerbesteuerliche Erfassung des Gewinns aus Gewerbebetrieb ist in diesem Sinne, dass eine Betriebsstätte i.S.v. § 12 AO im Inland besteht. Vom Grundsatz her sind daher ausländische Erträge, die in einer ausländischen Betriebsstätte erzielt werden, aufgrund einer Kürzungsvorschrift von der GewSt befreit. Dies gilt im Prinzip auch für ausländische Beteiligungserträge, wenn das Beteiligungsverhältnis mindestens fünfzehn Prozent beträgt. Allerdings bestehen im Nicht-DBA-Fall weitere Voraussetzungen für die Kürzung. In diesem Zusammenhang sind vor allem folgende Hinzurechnungs- und Kürzungsvorschriften der §§ 8 und 9 GewStG hervorzuheben:

- § 9 Nr. 3 GewStG (ausländische Betriebsstättengewinne),
- §§ 8 Nr. 8 und 9 Nr.2 GewStG (Verluste bzw. Gewinne ausländischer Personengesellschaften),
- § 9 Nr. 7 i.V.m. § 8 Nr. 5 GewStG (Dividenden ausländischer, „aktiv" tätiger Tochterkapitalgesellschaften bei mindestens fünfzehnprozentiger Beteiligung),
- § 9 Nr. 8 GewStG (in einem Doppelbesteuerungsabkommen freigestellte Gewinne bei mindestens fünfzehnprozentiger Beteiligung; ist im DBA eine niedrigere Mindestbeteiligungsgrenze für die Freistellung vereinbart, gilt diese).

3.6 Wirtschaftliche Effekte der Methoden zur Vermeidung von Doppelbesteuerung

3.6.1 Vergleich der Methoden und ihrer Varianten

Das Verständnis vom Leistungsfähigkeitsprinzip als Maßstab der Steuergleichheit kann im Kern auf folgende Formel reduziert werden: Gleiche Besteuerung gleicher wirtschaftlicher Sachverhalte mit gleicher Belastungswirkung (Lang 1993: 95). Diese Konzeption kulminiert im Ideal einer entscheidungsneutralen Besteuerung. Es ist mit der klassischen Vorstellung von Steuergleichheit und –gerechtigkeit im Sinne einer sich aus der Sozialrechtsnorm ergebenden Umverteilungsgerechtigkeit zwar nicht deckungsgleich. Das Neutralitätspostulat muss aber insbesondere für den Bereich der Unternehmensbesteuerung herausgestellt werden. Der wirtschaftlich rationale Inhalt eines gerechten Steuersystems kann nur in einem Kontext bestätigt werden, der gleiche wirtschaftliche Sachverhalte trotz ihrer unterschiedlichen rechtlichen und betriebswirtschaftlichen Ausgestaltung steuerlich gleich belastet. Nur dann ergibt sich aus volkswirtschaftlicher Sicht die effiziente Allokation der Ressourcen und aus betriebswirtschaftlicher Sicht die Entscheidungsneutralität hinsichtlich der eingesetzten Mittel.

Das Neutralitätspostulat ist bezogen auf grenzüberschreitende Investitionen in besonderer Weise zu erörtern. Wie dies z.B. für transnationale Direktinvestitionen in optimaler Weise zu realisieren ist, erweist sich im Detail als schwierige Frage. Grenzüberschreitende Direktinvestitionen zielen in erster Linie auf die Nutzung konkreter geschäftlicher Möglichkeiten auf spezifischen ausländischen Märkten. Vorherrschend ist der realwirtschaftliche Aspekt, der sich im Transfer von Managementleistungen, Know-how und materiellen Produktionsfaktoren ausdrückt. Die hierin begründeten besonderen Risiken spiegeln daher vor allem die mangelnde Vertrautheit mit den wirtschaftlichen Rahmenbedingungen im Ausland, die Probleme interkultureller Kommunikation, die Kosten des Auslandseinsatzes von Fach- und Führungskräften und Wechselkursschwankungen wider. Insofern sind internationale Portfolio-Investitionen von den Direktinvestitionen abzugrenzen. International orientierte Portfolio-Investoren erwerben im Ausland ausgegebene Wertpapiere, deren Beteiligungsanteil am Nennkapital – gemäß den Kriterien des modernen Abkommensrechts und Außensteuerrechts – unterhalb der 10%-Grenze liegt. In älteren Abkommen wird noch von der 25%-Grenze ausgegangen. Die Portfolio-Investition gilt als normale Arbitrage-Transaktion, bei der ein Investor das Ländergefälle bezogen auf die Kursentwicklung oder die Nettoverzinsung von Wertpapieren einer bestimmten Risikoklasse sowie die internationalen Möglichkeiten der Risikostreuung ausnutzt. Im Weiteren wird das Schwergewicht auf die grenzüberschreitenden Direktinvestitionen gelegt.

In der finanzwissenschaftlichen Diskussion werden zwei verschiedene Neutralitätskonzepte gegenübergestellt, die wir im Teil II Kapitel 2.4 bereits eingeführt haben:

- Kapitalexportneutralität (KEN):
  Neutralität des Kapitalexports besteht, wenn der Standort der Investition die angestrebte Mindestrendite eines Unternehmens nicht beeinflusst. Die Kapitalkosten, die sich aus einer Investition im Inland oder Ausland ergeben, müssen demzufolge gleich hoch sein. Die Standardabweichung der Kapitalkosten eines inländischen Investors im Vergleich von Inlands- und Auslandsinvestitionen ist in diesem Fall gleich Null.
- Kapitalimportneutralität (KIN):
  Neutralität des Kapitalimports besteht, wenn alle in einem Land tätigen Unternehmen eine steuerliche Gleichbehandlung erfahren. Die Kapitalkosten der in einem Land investierenden ausländischen Unternehmen müssen in diesem Fall den Kapitalkosten der inländischen Unternehmen entsprechen, sodass die Standabweichung von ausländischen und inländischen Investitionen auf dem ausländischen Markt gleich Null ist.

Beide Neutralitätskonzepte stehen im Zusammenhang mit zwei grundlegenden Methoden zur Vermeidung der internationalen Doppelbesteuerung. So werden die Besteuerungsansprüche im internationalen Abkommensrecht im Wesentlichen auf der Grundlage der Anrechnungs- und Freistellungsmethode verteilt. Vorbild ist hier das OECD-Musterabkommen, von dem sich die Staaten im zunehmenden Maße bei der bilateralen Ausgestaltung ihrer Doppelbesteuerungsabkommen leiten lassen.

Bei der Freistellungsmethode besteuert der Wohnsitzstaat Einkünfte nicht, die nach einem Abkommen zur Vermeidung der Doppelbesteuerung im Nicht-Wohnsitzstaat besteuert werden. Da die freizustellenden Einkünfte nur im Quellenstaat besteuert werden, entspricht sie dem Quellenprinzip. Diese Methode kann grundsätzlich in zwei verschiedenen Varianten angewendet werden:

- Die Einkünfte, die aus dem Nicht-Wohnsitzstaat stammen, werden im Wohnsitzstaat weder als Teil der Bemessungsgrundlage erfasst noch bei der Ermittlung des auf die übrigen Einkünfte entfallenden Steuersatzes berücksichtigt (uneingeschränkte Befreiung).
- Die im Wohnsitzstaat befreiten Einkünfte werden bei der Ermittlung des auf die übrigen Einkünfte entfallenden Steuersatzes berücksichtigt (Befreiung mit Progressionsvorbehalt).

Bei der Anrechnungsmethode berechnet der Wohnsitzstaat die Steuer auf der Grundlage der Ermittlung des gesamten Einkommens des Steuerpflichtigen. Ausgangspunkt ist hier das Wohnsitzprinz, dass aufgrund der Erfassung der in- und ausländischen Einkünfte mit dem Universalprinzip verknüpft ist. Auch diese Methode ist in zwei Varianten anwendbar:

- Der Wohnsitzstaat rechnet den Gesamtbetrag der Steuern an, die auf die im Quellenstaat entstandenen Einkünfte entfallen (uneingeschränkte Anrechnung).
- Der Wohnsitzstaat beschränkt die Anrechnung der im Quellenstaat entstandenen Steuer auf den Teil seiner eigenen Steuer, der auf solche Einkünfte entfällt (Teilanrechnung bzw. gewöhnliche Anrechnung).

Die Auswirkungen der beiden Methoden können anhand folgender Beispiele erläutert werden.

Im ersten Schritt werden die grundlegenden Methoden mit ihren beiden Varianten miteinander verglichen, wobei von unterschiedlichen Belastungen im Wohnsitz- und Quellenstaat ausgegangen wird.

Beispiel 1:
Ein im Wohnsitzstaat ansässiger Steuerpflichtiger erzielt inländische Einkünfte in Höhe von 100 und ausländische Einkünfte in Höhe von 100. Der Steuersatz im Wohnsitzstaat beträgt 30% auf Einkünfte in Höhe von 200 und 25% auf Einkünfte in Höhe von 100. Im Quellenstaat beträgt er 20% (Fall A) bzw. 40% (Fall B).

(a) Uneingeschränkte Anrechnung

Wohnsitzstaat		
	A	B
Inländische Einkünfte	100	100
Ausländische Einkünfte	100	100
Welteinkünfte	200	200
Steuer 30%	60	60
Anrechnung	20	40
Steuer (nach Anrechnung)	40	20
Einkünfte (nach Steuern)	160	180
Steuer Inland	40	20
Steuer Ausland	20	40
Gesamtbelastung	60	60

Quellenstaat		
	A	B
Einkünfte	100	100
Steuer 20% bzw. 40%	20	40
Einkünfte (nach Steuern)	80	60

(b) Teilanrechnung

Wohnsitzstaat		
	A	B
Inländische Einkünfte	100	100
Ausländische Einkünfte	100	100
Welteinkünfte	200	200
Steuer 30%	60	60
Anrechnung	20	30
Steuer (nach Anrechnung)	40	30
Einkünfte (nach Steuern)	160	170
Steuer Inland	40	30
Steuer Ausland	20	40
Gesamtbelastung	60	70

Quellenstaat		
	A	B
Einkünfte	100	100
Steuer 20% bzw. 40%	20	40
Einkünfte (nach Steuern)	80	60

Im Vergleich der beiden Anrechnungsvarianten zeigt sich, dass nur im Fall der uneingeschränkten Anrechnung die Gesamtbelastung gleich bleibt. Sie ist unabhängig vom Verhältnis der Steuersätze in den Staaten. Diese Methode ist allerdings mit dem Nachteil verbunden, dass der Wohnsitzstaat unter Umständen (Fall B) mehr Steuern anrechnet, als er selbst auf die ausländischen Einkünfte erhebt. Dies ist immer dann der Fall, wenn es sich beim Quellenstaat im Vergleich zum Wohnsitzstaat um einen Hochsteuerstaat handelt. Beide Anrechnungsvarianten beziehen allerdings die Welteinkünfte in die Ermittlung der Bemessungsgrundlage ein und realisieren damit den Grundsatz der Besteuerung nach der persönlichen Leistungsfähigkeit.

(c) Uneingeschränkte Befreiung

Wohnsitzstaat		
	A	B
Inländische Einkünfte	100	100
Ausländische Einkünfte	0	0
steuerpflichtig	100	100
Steuer 25%	25	25
Einkünfte (nach Steuern)	75	75
Steuer Inland	25	25
Steuer Ausland	20	40
Gesamtbelastung	45	65

Quellenstaat		
	A	B
Einkünfte	100	100
Steuer 20% bzw. 40%	20	40
Einkünfte (nach Steuern)	80	60

(d) Befreiung mit Progression

Wohnsitzstaat		
	A	B
Inländische Einkünfte	100	100
Ausländische Einkünfte	0	0
steuerpflichtig	100	100
Steuer 30%	30	30
Einkünfte (nach Steuern)	70	70
Steuer Inland	30	30
Steuer Ausland	20	40
Gesamtbelastung	50	70

Quellenstaat		
	A	B
Einkünfte	100	100
Steuer 20% bzw. 40%	20	40
Einkünfte (nach Steuern)	80	60

Werden die beiden Freistellungsvarianten miteinander verglichen, zeigt sich, dass das Steuergefälle zwischen den Staaten im Fall der uneingeschränkten Befreiung am deutlichsten erkennbar wird. Der Wohnsitzstaat besteuert die Einkünfte des Steuerpflichtigen unter völliger Außerachtlassung der ausländischen Einkünfte. Diese Variante entfernt sich daher am weitesten vom Grundsatz der Besteuerung nach der persönlichen Leistungsfähigkeit. Im Fall der Befreiung mit Progressionsvorbehalt berücksichtigt der Wohnsitzstaat die Leistungsfähigkeit mittels der Erfassung der freigestellten Einkünfte bei der Festsetzung des Steuersatzes.

3.6.2 Vergleich zwischen Teilanrechnung und uneingeschränkter Befreiung im Rahmen einer Investitionsentscheidung

Im zweiten Schritt kann der Methodenvergleich vereinfacht werden. Dies hängt wesentlich mit dem hier zu betrachtenden Thema zusammen. Da der Einfluss der Besteuerung auf Direktinvestitionen im Mittelpunkt der Erörterung stehen soll, sind die darauf bezogenen primären Varianten einzugrenzen. Dies sind die beiden Fälle der ausländischen Betriebsstätte und der ausländischen Tochterkapitalgesellschaft. In den deutschen Doppelbesteuerungsabkommen ist für den ausländischen Gewinn in beiden Fällen in der Regel die Freistellungsmethode vorgesehen. Hinsichtlich der Beteiligung einer deutschen Kapitalgesellschaft an einer ausländischen Kapitalgesellschaft (Schachtelbeteiligung) weicht Deutschland damit seit Jahren ab von der Regelung im OECD-Musterabkommen und von der Vorgehensweise in den Abkommen vieler anderer Staaten (vgl. die Doppelbesteuerungsabkommen der USA und Großbritanniens). Mit der Einführung des Steuersenkungsgesetzes ist gem. § 8b Abs. 1 KStG die Steuerfreistellung bezogen auf Erträge aus inländischen und ausländischen Dividendenzahlungen, die an inländische Kapitalgesellschaften fließen, sogar in den Rang eines nationalen Schachtelprivilegs erhoben worden.

Aus deutscher Perspektive erübrigt sich im Fall der Schachtelbeteiligung die Erörterung der Befreiungsmethode mit Progressionsvorbehalt, da Deutschland keinen progressiven KSt-Tarif kennt. Ein entsprechendes Resultat ergibt sich im Fall der Errichtung einer ausländischen Betriebsstätte durch eine deutsche Kapitalgesellschaft. Vor diesem Hintergrund lässt sich bereits auf eine Benachteiligung der Personengesellschaften aufmerksam machen, die im Ausland eine Betriebsstätte errichten. Denn die Personengesellschafter unterliegen nach deutschem Recht (vgl. § 32b EStG) mit ihrem Anteil an den ausländischen Einkünften dem Progressionsvorbehalt.

Im Folgenden wird der auch im internationalen Maßstab relevante Fall der Kapitalgesellschaft als Stammunternehmen bzw. als Tochtergesellschaft unterstellt. Zudem wird von der Methode der Teilanrechnung ausgegangen, da nur sie der international üblichen Anrechnungsvariante entspricht. Auf dieser Grundlage soll erstens die Wirkungsweise der Teilanrechnung aufgezeigt und zweitens die Methode der uneingeschränkten Freistellung mit der Methode der Teilanrechnung verglichen werden.

(a) Wirkungsweise der Teilanrechnung

Beispiel 2:

Eine im Sitzstaat ansässige Kapitalgesellschaft rechnet aufgrund einer Auslandsinvestition mit ausländischen Einkünften in Höhe von 100 (Beteiligungsgewinn). Aus der Sicht des Investors ist die Vorteilhaftigkeit der Investition im Staat A (Fall A) oder B (Fall B) bei Anwendung der Anrechnungsmethode im Rahmen eines einperiodigen Entscheidungsprozesses zu prüfen, wobei die Entscheidung nur von der Höhe der Steuerbelastung abhängig sein soll. Der Steuersatz im Wohnsitzstaat beträgt 30%. Im Quellenstaat beträgt er 20% (Staat A) bzw. 40% (Staat B).

Sitzstaat		
	A	B
Inländische Einkünfte	0	0
Ausländische Einkünfte	100	100
Welteinkünfte	100	100
Steuer 30%	30	30
Anrechnung	20	30
Steuer (nach Anrechnung)	10	0
Einkünfte (nach Steuern)	90	100
Steuer Inland	10	0
Steuer Ausland	20	40
Gesamtbelastung	30	40

Quellenstaat		
	A	B
Einkünfte	100	100
Steuer 20% bzw. 40%	20	40
Einkünfte (nach Steuern)	80	60

Es zeigt sich, dass der Staat mit dem höchsten Steuerniveau jeweils die Höhe der Gesamtbelastung bestimmt. Bei der Teilanrechnung wird die Belastung eines Investors immer hochgeschleust auf das höchste Niveau, das in einem der beiden Staaten vorherrscht. Hat der Investor seinen Sitz in einem Hochsteuerland und investiert er in einem Niedrigsteuerland (Fall A), wird seine Gesamtbelastung immer auf das Niveau des Hochsteuerlandes angehoben. Solange die Belastung im Quellenland die im Sitzstaat nicht übersteigt, bleibt für ihn aus steuerlicher Sicht die Entscheidung gleichwertig. Besteht bei dieser Konstellation die Alternative darin, entweder im Sitzstaat oder im Quellenland zu investieren, kann sich durch eine Investition im Ausland ein Vorteil niemals ergeben. Für einen Investor aus einem Hochsteuerland besteht daher immer Neutralität im Sinne der Kapitalexportneutralität.

Dieser Effekt wird durchbrochen, wenn der Investor seinen Sitz in einem Niedrigsteuerland hat. Zwar wird das Ausmaß der Anrechnung der ausländischen Steuer auf das Steuerniveau des Sitzstaates begrenzt, doch wird die Gesamtbelastung nun durch das Quellenland vorgegeben. Im Vergleich zwischen einer Investition im Sitzstaat oder im Quellenland stellt sich aus steuerlicher Sicht die Investition in einem Hochsteuerland immer nachteilig dar. Damit entspricht die Anrechnungsmethode dem Neutralitätspostulat im Sinne der Kapitalimportneutralität, wenn sich der Sitz des Investors in einem Niedrigsteuerland befindet. Im Resultat ist daher die Wirkungsweise der Teilanrechnungsmethode hinsichtlich der Erfüllung des Neutralitätspostulates als ambivalent zu bewerten.

Einem Vergleich zwischen der Begrenzung der Steueranrechnung bei Auslandseinkünften in den USA und Deutschland kann entnommen werden, dass sich die Vorgehensweise im Detail voneinander unterscheidet. Zum einen basiert die Segmentierung in den USA bei ausländischen Einkünften aus mehreren Staaten nicht auf Herkunftsländern (Per-Country-Limitation) sondern auf spezifisch gruppierten Einkunftsquellen. Zum anderen können nach US-Recht etwaige Anrechnungsüberhänge im Rahmen eines Vor- und Rücktrages genutzt werden (Overall-Limitation mit Basket-Modell). Letzteres sollte bei der Teilanrechnung auch in Deutschland als Standard anerkannt sein.

(b) Vergleich zwischen Teilanrechnung und uneingeschränkter Befreiung

Beispiel 3:
Auch in diesem Fall rechnet eine im Sitzstaat ansässige Kapitalgesellschaft aufgrund einer Auslandsinvestition mit ausländischen Einkünften in Höhe von 100 (Beteiligungsgewinn). Aus der Sicht des Investors ist die Vorteilhaftigkeit der Investition im Vergleich zwischen Teilanrechnung und uneingeschränkter Befreiung im Rahmen eines einperiodigen Entscheidungsprozesses zu prüfen, wobei die Entscheidung wiederum nur steuerlich begründet sein soll. Dabei sind zwei grundlegende Situationen voneinander zu unterscheiden: Zum einen handelt es sich um einen Investor aus einem Hochsteuerland (Fall A), zum anderen um einen Investor aus einem Niedrigsteuerland (Fall B). Im Hochsteuerland beträgt der Steuersatz 40% und im Niedrigsteuerland 30%.

Sitzstaat des Investors = Hochsteuerland		
	Anrechnung	Freistellung
Inländische Einkünfte	0	0
Ausländische Einkünfte	100	0
Welteinkünfte	100	0
Steuer 40%	40	0
Anrechnung	30	0
Steuer (nach Anrechnung)	10	0
Einkünfte (nach Steuern)	90	0
Steuer Inland	10	0
Steuer Ausland	30	30
Gesamtbelastung	40	30

Quellenstaat	
Einkünfte	100
Steuer 30%	30
Einkünfte (nach Steuern)	70

Sitzstaat des Investors = Niedrigsteuerland		
	Anrechnung	Freistellung
Inländische Einkünfte	0	0
Ausländische Einkünfte	100	0
Welteinkünfte	100	0
Steuer 30%	30	0
Anrechnung	30	0
Steuer (nach Anrechnung)	0	0
Einkünfte (nach Steuern)	100	0
Steuer Inland	0	0
Steuer Ausland	40	40
Gesamtbelastung	40	40

Quellenstaat	
Einkünfte	100
Steuer 40%	40
Einkünfte (nach Steuern)	60

Diese Betrachtung bestätigt die Einschätzung, dass die Teilanrechnung und die uneingeschränkte Befreiung bezogen auf die steuerliche Gesamtbelastung nur dann zu unterschiedlichen Ergebnissen führen, wenn die Position eines Investors aus einem Hochsteuerland eingenommen wird. In diesem Fall wirken die Methoden grundverschieden. Bei der Freistellungsmethode wirkt sich das geringere Belastungsniveau im Quellenstaat für den Investor direkt als Vorteil aus. Da sich bei der Anrechnungsmethode immer das Land mit dem höchsten Belastungsniveau durchsetzt, bleibt im Resultat das geringere Niveau des Quellenstaates folgenlos.

4 Internationale Steuerplanung und Konzerngestaltungen

4.1 Vorbemerkung

In den vorangehenden Kapiteln von Teil II sind wichtige Rechtsnormen dargestellt und erläutert worden. Dies stellt die Grundlage für eine weitergehende betriebswirtschaftliche Betrachtung dar. Denn in der Perspektive einer betriebswirtschaftlich orientierten Steuerlehre können auf der Grundlage dieses Normengefüges ergänzend die steuerlichen Einflussfaktoren auf die unternehmerische Außenwirtschaftstätigkeit untersucht und günstige Gestaltungsvarianten aufgelistet werden. Über das Abwägen von Vor- und Nachteilen und der Eingrenzung des Anwendungsfeldes relevanter Vorschriften lassen sich steuerlich zweckmäßige Gestaltungsformen bezogen auf grenzüberschreitende betriebliche Tätigkeiten herausarbeiten. Entsprechende Aussagen fassen wir unter dem Begriff „Internationale Steuerplanung“ zusammen[202] und erörtern steuerlich relevante Gestaltungen im Unternehmensverbund als Problemfeld der multinationalen Strukturierung. Dies soll im Folgenden umrissen werden. Die Ausführungen betreffen dabei auch einige Regelungszusammenhänge, die in der vorangehenden Darstellung noch nicht erfasst worden sind. Dies betrifft im Wesentlichen die §§ 4h EStG und 8a, 8b Abs. 2 KStG, die Fusions-Richtlinie und die Hinzurechnungsbesteuerung gem. §§ 7–14 AStG. Diese Vorschriften werden nun ergänzend aufgegriffen. Zusätzlich gehen wir auf zwei Themenkomplexe ein, die in den letzten Jahren in den Vordergrund gerückt sind:

- der steuerliche Gestaltungsrahmen für internationale Verrechnungspreise sowie
- die Verrechenbarkeit von Verlusten zwischen Verbundunternehmen.

4.2 Steuerlicher Gestaltungsrahmen im transnationalen Unternehmensverbund

4.2.1 Trend zum Holdingkonzern und steuerliche Vorteile

Zentrale Entwicklungslinien des transnationalen Unternehmensverbundes zeichnen sich mittlerweile deutlich ab. Wir verweisen in diesem Zusammenhang auf unsere Ausführungen im Teil I Kapitel 5.6 und konzentrieren uns hier auf einige Kernaussagen zur steuerlichen Gestaltung. Der sich beschleunigende Informationsaustausch rückt die internationalen Märkte enger aneinander. Die einzelnen Regionen und Länder können ihre jeweiligen Stärken unmittelbar als Wettbewerbsfaktor einbringen, was die internationale Konkurrenz verschärft. Dies führt in den Unternehmen zu Mischkalkulationen, welche die unterschiedlichen

---

[202] Vgl. hierzu auch Von Wuntsch (1998).

Marktbedingungen in den verschiedenen Ländern, die Stärken und Schwächen im internationalen Angebot von vornherein reflektieren. In der Konsequenz werden „Value Added Activities“ nach dem Muster der jeweils günstigsten Faktorkosten und Investitionsanreize auf einzelne Standorte verteilt. Unternehmen der Kraftfahrzeugindustrie lassen in dieser Perspektive die einzelnen Autobestandteile jeweils in den Ländern herstellen, in denen dies bei einer vergleichbaren Qualität am kostengünstigsten möglich ist. Das Leistungsspektrum fächert sich international aus.

Als Vergleichs- und Beurteilungsmaßstab für den Erfolg von Investitionen setzt sich auf internationaler Ebene immer mehr das Wertsteigerungspotential des Unternehmens und seiner Teilbetriebe durch. Dies hat zu einer Hinterfragung der Effektivität von Großstrukturen sowie Diversifikationen geführt und eine Rückbesinnung auf Kernstrukturen und flachere Hierarchien bewirkt. Als Gegenstrategie zur kostenintensiven Zentralisierung und starren Entscheidungsstruktur werden die Vorteile eines Großkonzerns mit den Vorteilen mittelständischer Industrien miteinander verknüpft. Der Trend verläuft vom Stammhauskonzern zum Holdingkonzern. Dies lässt sich mittlerweile bei vielen bedeutsamen Unternehmen erkennen. Die nach Sparten gegliederte internationale Holdingsstruktur ermöglicht im Wesentlichen:

- die Reduzierung von Entscheidungskomplexität durch die rechtliche Verselbständigung operativer Teilbetriebe,
- die Konzentration auf Kerngeschäfte,
- die Ansiedlung der operativ tätigen Tochtergesellschaften in der Nähe der jeweiligen regionalen Märkte,
- die Reduzierung hierarchischer Stufen und die Erhöhung der Flexibilität durch die Errichtung mittelständischer Entscheidungsstrukturen,
- das einfache Ein- und Ausgliedern von Beteiligungsgesellschaften,
- die Bildung strategischer Allianzen mit anderen Unternehmen im Rahmen von Tochtergesellschaften und Gemeinschaftsholdings,
- die Aufteilung des Haftungsrisikos.

Wir definieren die Holdinggesellschaft als Unternehmen, dessen Hauptaufgabe es ist, Beteiligungen an anderen Unternehmen dauerhaft zu halten. Wir orientieren uns an diesem Idealtypus, obwohl in der Praxis auch die Variante auftritt, bei der sich das Halten von Beteiligungen mit eigenen operativen Geschäftsaktivitäten vermischt. Neben Verwaltungs- und Finanzierungsfunktionen kann die Holding auch Führungsfunktionen übernehmen. Sie bestimmt sich dann als konzernleitende Dachgesellschaft mit abhängigen Konzernunternehmen. Die Konzernspitze führt in dieser idealtypischen Konstruktion selbst keine operativen Geschäfte aus und beschränkt sich auf die strategische Steuerung und Koordination der Tochtergesellschaften[203].

Eine Beteiligung entsteht gem. § 271 HGB dann, wenn die Anteile an anderen Unternehmen gehalten werden, um dem eigenen Geschäftsbetrieb zu dienen. Die Dauerhaftigkeit der Anlage unterstellt wiederum, dass die Absicht besteht, auf die Geschäftsführung Einfluss zu nehmen. Dabei geht das unternehmerische Engagement über das Ziel der Erzielung einer angemessenen Verzinsung hinaus. In diesem Sinne liegt gesellschaftsrechtlich ein Unterordnungskonzern gem. § 18 Abs. 1 Satz 1 AktG vor. Darunter wird ein herrschendes und ein

[203] Daneben existiert die Beteiligungsgesellschaft, die im gewissen Rahmen auch eigene operative Tätigkeiten entfaltet.

oder mehrere abhängige Unternehmen unter der einheitlichen Leitung des herrschenden Unternehmens verstanden.

Der Holdingkonzern entsteht durch die Ausgliederung in neu gegründete oder bereits existente Tochtergesellschaften, deren Anteile von der Holding gehalten werden. Die operativ tätigen Tochtergesellschaften agieren im Rahmen der Freiräume, die durch die strategischen Grundentscheidungen der Holding eingegrenzt werden. Der internationale Holdingkonzern kann nun selbst wiederum verschiedene Formen annehmen. So lassen sich regional orientierte Aktivitäten zu Landesholdings zusammenfassen. Auf diesem Weg können z.B. organschaftliche Regelungen ausgeschöpft werden. Oder es werden eigenständige Dienstleistungsgesellschaften gebildet, die entweder nur konzernintern oder auch am freien Markt tätig werden. Sie ermöglichen die Konzentration von Know-how und die optimale Ausschöpfung von Ressourcen. In dieser Perspektive entstehen zunehmend eigenständige, am Profit-Center-Prinzip ausgerichtete Finanzierungs-, Grundstücks-, Marketing-, Management- und Versicherungsgesellschaften.

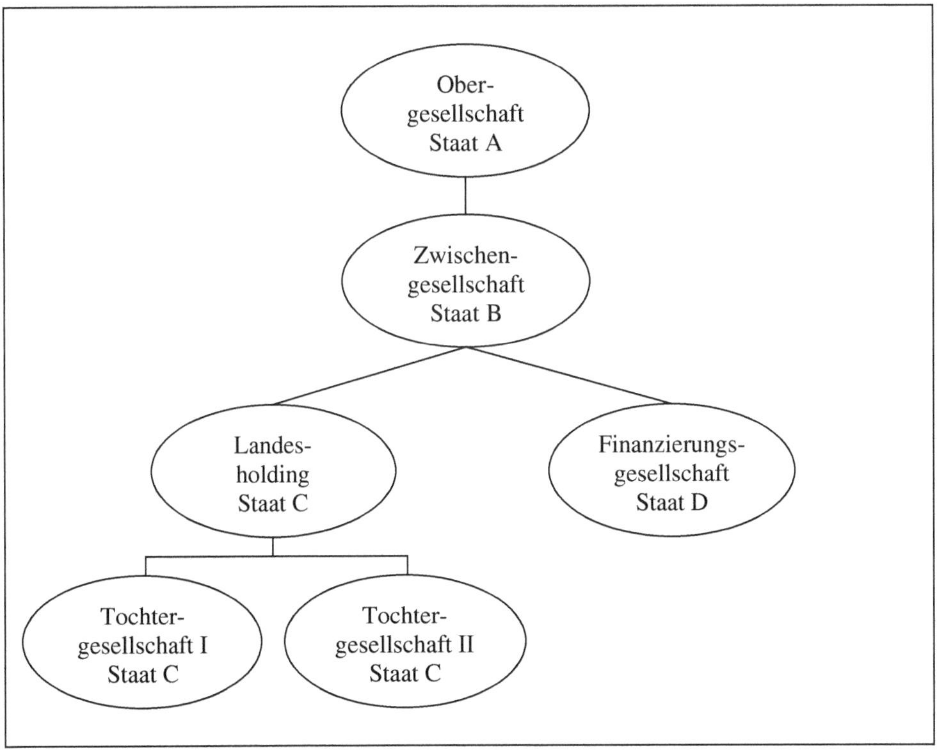

Abb. 15: Holdingkonzern

Die Landesholding ist dadurch gekennzeichnet, dass die Holding und die von ihr gehaltenen Tochterkapitalgesellschaften im selben Land angesiedelt sind. Sie ist in der Regel einer ausländischen Konzernobergesellschaft nachgeordnet und steht als Zwischenholding den nationalen Tochterkapitalgesellschaften vor. Die Vorteile der Gründung einer Landesholding bestehen darin, dass steuerlich günstige Landesregelungen in Anspruch genommen werden können.

Die Gründung einer Holding in einem Land kann auch dem Ziel dienen, Regelungen zu nutzen, die sich wiederum auf grenzüberschreitende Tatbestände mit Tochtergesellschaften in weiteren Ländern beziehen. Wir heben hier insbesondere folgende steuerliche Vorteile hervor:

(a) Gruppenbesteuerung und Verlustverrechnung

Im Rahmen der Inanspruchnahme der Regelungen zur Organschaft sind die Gewinne der Landesgesellschaften zu konsolidieren. Dies bedeutet, dass das Einkommen der Organgesellschaft dem Organträger zuzurechnen ist. Darüber ergibt sich die Möglichkeit, Verluste und Gewinne im Organkreis zu verrechnen[204]. Die Möglichkeit der Gewinnkonsolidierung und Verlustverrechnung zwischen den Verbundunternehmen ist auf Basis der Gruppenbesteuerung in einzelnen Ländern auch grenzüberschreitend möglich. Sie besteht mittlerweile in Dänemark und in Österreich.

Beispiel:
Wir gehen von einer Holding in Österreich aus, der eine Tochterkapitalgesellschaft in Ungarn und zwei Tochterkapitalgesellschaften in Österreich zu jeweils hundert Prozent unterstellt sind. Die österreichische Landesholding entfaltet keine eigenen wirtschaftlichen Tätigkeiten. Sie ist lediglich Zwischengesellschaft einer deutschen Obergesellschaft. Aufgrund der geringeren Steuerbelastung bei Gruppenbesteuerung in Österreich ergibt sich ein größeres Potential für Ausschüttungen der Landesholding an die deutsche Obergesellschaft.

Verbundunternehmen	Gewinn oder Verlust	Steuern (35%) ohne Gruppenbesteuerung	Steuern (35%) mit Gruppenbesteuerung
Tochtergesellschaft A (Österreich)	200	70	–
Tochtergesellschaft B (Österreich)	–100	0	–
Tochtergesellschaft C (Ungarn)	–50	0	–
Konsolidierung auf Ebene der Landesholding (Österreich)	50	–	17,5
Steuerbelastung insgesamt		70	17,5

Da sich die steuerliche Verlustverrechnung im europäischen Unternehmensverbund zu einem Kernpunkt der Steuerdiskussion entwickelt hat, gehen wir darauf detaillierter im Kapitel II 4.5. ein.

---

[204] Die deutsche Regelung ist gem. der §§ 14-19 KStG vereinfacht worden, insofern die Organschaft nur noch die finanzielle Eingliederung und den Gewinnabführungsvertrag voraussetzt.

(b) Zwischengesellschaft im Land mit Overall-Limitation

Bei dieser Gestaltung ist der Einbau einer Zwischenholding in den USA von Bedeutung, die wiederum mindestens in zwei weiteren Ländern Beteiligungen hält. Dabei handelt es sich um Tochtergesellschaften in Niedrig- und Hochsteuerländern. Auf diesem Weg kann die Besonderheit des amerikanischen Anrechnungssystems ausgeschöpft werden. Denn im Unterschied zu der in Deutschland üblichen „Per-Country-Limitation“ wird die Anrechnungsobergrenze in den USA gem. auf der Basis der „Overall Limitation“ ermittelt. Dies erlaubt die Verrechnung von Anrechnungsüberschüssen mit Anrechnungsminderungen, die sich nach der Länderzuordnung ergeben.

Beispiel 1:
Eine US-Zwischengesellschaft erzielt nur ausländische Gewinne: 100 aus Staat A und 100 aus Staat B. Der Steuersatz betrage im Inland: 30%, im Staat A: 20% und im Staat B: 40%.

Staat A	Staat B	"Per-Country-Limitation" USA	"Overall Limitation" USA
Gewinn: 100	100	200	200
Steuer: –20	–40	–60	–60
		Anrechnung A + 20 Anrechnung B + 30	Anrechnung A + 20 Anrechnung B + 40
Gewinn nach Steuern: 80	60	190	200

Darüber hinaus besteht in den USA die Möglichkeit der Verrechnung von Anrechnungsüberhängen im Zeitablauf. Werden die Höchstbeträge in einem Jahr nicht ausgeschöpft, können sie in einem erweiterten Zeitraum genutzt werden. Dies funktioniert gem. § 904(c) IRC im Sinne eines Vor- und Rücktrages („Carryback and Carryover of Excess Tax Paid“). Zuerst ist der Anrechnungsüberhang im zweiten, dann im ersten vorausgehenden Jahr zu verrechnen. Ein verbleibender Überhang kann entsprechend in den folgenden fünf Jahren genutzt werden. Der Vorteil einer zeitlich übergreifenden Verrechnung von Anrechnungsüberhängen potenziert sich auf der Grundlage eines progressiven Steuersystems im Anrechnungsland.

Beispiel 2:
Eine neu gegründete Kapitalgesellschaft im Staat X erwirtschaftet in- und ausländische Einkünfte. Der Steuersatz im Ausland beträgt in den Jahren 1 und 2 jeweils 40%. Die Steuersätze im Staat X betragen: 30% für Einkünfte bis zur Höhe von 300 und 50% für Einkünfte ab 1.000.

Jahr	1			2	
Ausländischer Gewinn	100			100	
Inländischer Gewinn	200			900	
Welteinkommen	300			1.000	
Steuer im Staat X (30%)	90				
Steuer im Staat X (50%)				500	
Ausländische Steuer		40			40
Anrechnung	30	30		40	40
Anrechnungsüberhang		10	10	10	
Steuer nach Anrechnung	60			450	

Der günstige Verrechnungseffekt ergibt sich in abgeschwächter Form auch auf der Basis eines nicht-progressiven Steuersystems im Anrechnungsstaat. Ein progressiver Tarif führt hier lediglich zu einem erhöhten periodenübergreifenden Anrechnungspotential. Für U.S.-Unternehmen wird somit ein in anderen Ländern nicht bekanntes Instrument der internationalen Steuerplanung bereit gestellt, das Spielräume im Hinblick auf günstige steuerliche Gestaltungen eröffnet. Das „Basket"-Modell begrenzt zwar die globale Anrechnung ausländischer Steuern. Doch stehen dieser Begrenzung mit der „Overall Limitation" und dem Instrument des Vor- und Rücktrags von Anrechnungsüberhängen flexible Instrumente zur Verfügung. Mittels einer geschickten Aufteilung der Rückflüsse in verschiedene Einkunftsgruppen kann zudem auch das „Basket-Modell" gestaltungsoptimierend ausgeschöpft werden[205].

Die Verbundstruktur mit einer Zwischengesellschaft in den USA kann wiederum unterschiedlich ausgestaltet sein. Zum einen kann die Zwischengesellschaft von einer deutschen Obergesellschaft gehalten werden. Der Vorteil besteht dann darin, dass die Obergesellschaft ein größeres Ausschüttungsvolumen ausschöpfen kann. Zum anderen sind Gestaltungen denkbar, bei der die in Deutschland ansässige Gesellschaft lediglich die Rolle einer untergeordneten Tochter einnimmt. Etwaige Anrechnungsminderungen, die sich im Hinblick auf die von der amerikanischen Zwischengesellschaft gehaltene deutsche Gesellschaft ergeben, könnten dann im Rahmen der „Overall Limitation" mit etwaigen Anrechnungsüberhängen verrechnet werden.

[205] Die besondere Behandlung ausländischer Einkünfte entsprechend der Zuordnung zu verschiedenen „Baskets" führt in der Praxis zu Gestaltungsformen, bei der die Aufteilung der Rückflüsse auf Dividenden, Zinsen und Lizenzgebühren steuerminimierend kalkuliert wird. Denn der Höchstbetrag der Anrechnung ist lediglich innerhalb bestimmter Einkünftegruppen zu ermitteln. Niedrig besteuerte passive Einkünfte sind zu isolieren, da sie in den USA immer einer Nachversteuerung unterliegen. Die Notwendigkeit der strikten Trennung der Einkünfte im „Basket-Model" bedeutet, dass in der Praxis erhebliche Dokumentations- und Nachweispflichten zu erfüllen sind.

Die Landesholding oder landesgruppenbezogene Zwischenholding weitet sich schließlich zur Europaholding aus, insoweit die europäischen Beteiligungen unter einem europäischen Dach gehalten werden. Hierbei kann es sich um einen ausschließlich im Gebiet der Europäischen Union angesiedelten Verbund von Unternehmen handeln. Oder die Europaholding ist Teil eines die EU-Grenzen überschreitenden Weltkonzerns. Die europäische Dachgesellschaft ist dann als Zwischengesellschaft ausgestaltet, die einer Obergesellschaft in einem Drittstaat untergeordnet ist. In beiden Fällen lassen sich durch die Bündelung europäischer Beteiligungen steuerliche Begünstigungen in Anspruch nehmen:

- Die Anwendung der Mutter-Tochter-Richtlinie ermöglicht die hundertprozentige Weiterleitung von Beteiligungsgewinnen, indem die Quellensteuerbelastung auf ausgeschüttete Gewinne entfällt. Damit lässt sich ein entscheidender Nachteil aus dem Weg räumen, der mit der Freistellungsmethode gem. § 8b Abs. 1 KStG oder dem Abkommensrecht[206] verbunden ist. Denn ohne Anwendung der Mutter-Tochter-Richtlinie entsteht auf jeder Stufe der Ausschüttung eine ausländische Quellensteuer, die nicht anrechenbar ist. Im mehrstufigen Konzern können dabei kumulative Belastungen auftreten.
- Die Möglichkeit der steuerneutralen Umstrukturierung von betrieblichen Strukturen im Rahmen der europäischen Mitgliedstaaten ist durch die Anwendung der Fusions-Richtlinie erweitert worden. Wir werden im Kapitel 4.2.4 die Anwendungsgrenzen aufzeigen und ergänzend auf § 8b Abs. 2 KStG verweisen.

Neben der Gründung einer Landes- oder Europaholding kann es bedeutsam sein, eigenständige Dienstleistungsgesellschaften im Konzern zu errichten. Sie übernehmen im Konzern zentrale Funktionen, die wiederum auf eine Zwischenholding übertragen werden können. Aus steuerlicher Sicht sind insbesondere hervorzuheben:

- die Finanzierungsholding und
- die Patent- und Lizenzholding.

Praktische Bedeutung hat vor allem die Finanzierungsholding erlangt. Durch die Bündelung der Finanzierungsaktivitäten im Konzern können Steuerzahlungen vermieden werden. Zwei positive Effekte wirken hier zusammen. Zum einen wird durch die Inanspruchnahme von Fremdkapital ein Finanzierungsaufwand geschaffen, der auf der Ebene der einzelnen zum Verbund zählenden Tochtergesellschaft den steuerpflichtigen Gewinn und somit die Steuerbelastung mindert. Dies entspricht dem allgemeinen Effekt der Steuerminimierung, der mit der Fremdfinanzierung verbunden ist. Zum anderen werden die Finanzierungserträge im Rahmen einer Finanzierungsgesellschaft gesammelt, die sich den steuerlich günstigsten Standort sucht. Solche auf die Finanzierung ausgerichteten Gesellschaften finden günstige Bedingungen in einigen Ländern vor. Erwähnt werden können hier z.B. die belgischen Coordination Centers (CC). Der hier entstehende Gewinn wurde bis zum 31.12.2010 vom belgischen Fiskus lediglich pauschal ermittelt. Auf die Geschäftsführergehälter wurde ein Aufschlag von 3 Prozent ermittelt und als Gewinn erfasst (vgl. Scheffler, Henning 1999). Der günstige Effekt kann sich im Rahmen der Verbundstruktur voll entfalten. Im Verbund lassen sich Mehrfachvorteile erzielen. Das Ziel besteht darin, so viel Gewinne wie möglich in der Finanzierungsgesellschaft entstehen zu lassen. Dies lässt sich leicht erreichen, indem Darlehen an die ausländischen Konzernunternehmen vergeben werden. Während die Gewinne aus den Finanzierungsgeschäften wachsen, fallen die Kosten der Darlehen bei den höher besteu-

---

206 Vgl. z.B. Art. 23 Abs. 2 DBA: D/USA

erten Verbundunternehmen an und senken dort die Steuerbelastung. Auch Irland ist auf diesen Zug aufgesprungen und hat 1987 günstige steuerliche Bedingungen für das International Financial Services Center in den ehemaligen Custom House Docks in Dublin geschaffen. Dort wurden die Gewinne von Finanzdienstleistungsgesellschaften bis vor kurzem mit nur 10 Prozent besteuert. Ab dem 1.1. 2003 beträgt der KSt-Satz in Irland generell 12,5 Prozent. Wir werden im Kapitel 4.4 zeigen, dass die Vorteile aus der Fremdfinanzierung in Deutschland (und einigen anderen Ländern) allerdings nur im Rahmen der Regelungen zur Zinsschranke ausgeschöpft werden können. Auch in letzter Zeit wird die Bündelung von ausländischem Beteiligungsbesitz im Rahmen ausländischer Holdingstrukturen empfohlen, wobei vor allem von der Konzentration internationaler Finanzierungsfunktionen (z.B. Mitteldisposition durch zentrale cash pools) ausgegangen wird (Körner 2009: 2). Deutsche Konzerne nutzen ausländische Holdinggesellschaften als 100%ige Tochtergesellschaften regelmäßig in den USA und Großbritannien (Dorfmueller 2009: 826).

Mit der zunehmenden Bedeutung immaterieller Wertkomponenten rückt auch die Gründung der Lizenzholding in das Blickfeld. Denn die Gewinnverlagerung in das niedrig besteuernde Ausland lässt sich einfach in der Weise bewerkstelligen, dass die Vergabe von Lizenzen von einer ausländischen Tochtergesellschaft aus erfolgt. Der Aufwand zur Nutzung von Lizenzen senkt dabei die Steuerbelastungen in den Hochsteuerländern und die auf den Lizenzgebühren basierenden Gewinne können im Rahmen steuerlich günstiger Standorte zusammengefasst werden. Je nach dem konkret vereinbarten Doppelbesteuerungsabkommen haben sich einige Länder ein ausschließliches Besteuerungsrecht im Empfängerland gesichert. Für transnationale Unternehmen dürften sich hier erhebliche Spielräume ergeben, denn der „richtige" Transferpreis bezogen auf die Nutzung von Lizenzen lässt sich nur schwer ermitteln.

Die Anreize zur Gewinnverlagerung können unabhängig von der Typeneinteilung der einzelnen Holding im Unternehmensverbund optimal ausgeschöpft werden. Größere Aufmerksamkeit hat die Strategie erhalten, Gewinne zur niedrig besteuerten, ausländischen Tochtergesellschaft oder Betriebsstätte zu transferieren. Das Mittel dafür ist mit der Gestaltung von Transferpreisen für Lieferungen und Leistungen zwischen den Unternehmen oder Unternehmenseinheiten im Verbund gegeben. Die betriebliche Fixierung von Transferpreisen für die diversen Umsätze enthält Spielräume, die ausgeschöpft werden können und de facto auch ausgeschöpft werden.

Die Strategie ist klar. Die Wertschöpfungskette wird in der Weise strukturiert, dass die Unternehmen in einem Niedrigsteuergebiet angesiedelt werden, welche hohe Gewinne erwirtschaften. Dieser Effekt wird begleitet oder verschärft durch die Gestaltung der konzerninternen Verrechnungspreise. Vorleistungen aus einem Niedrigsteuergebiet werden tendenziell mit einem hohen Preis angesetzt. Das importierende Hochsteuerland hingegen nimmt hohe Kosten in Kauf und mindert damit den steuerlichen Gewinn und die dortige Steuerbelastung. Die Erträge sammeln sich so im Niedrigsteuerland, was für die Steuerbelastung des Unternehmensverbundes von Vorteil ist. Führt man sich vor Augen, dass der Handel zwischen verbundenen Unternehmen bzw. Konzernunternehmen einen großen und wachsenden Teil am gesamten Welthandel ausmacht, stellt die betriebliche Gestaltung von Verrechnungspreisen gegenwärtig für die Steuerverwaltungen insbesondere in den Hochsteuerländern ein riesiges Problem dar (Bartelsman, Beetsma 2003). Wegen der Relevanz des Themas kommen wir darauf im Kapitel 4.3. zurück.

4.2.2 Multinationale Strukturierung und Treaty Shopping

Die grenzüberschreitende Ausgestaltung der betrieblichen Einheiten im Unternehmensverbund bezeichnen wir als multinationale Strukturierung[207]. Die Optimierung der Struktur des operativen Betriebsvermögens orientiert in transnationaler Perspektive vor allem auf die Zusammenfügung und Verteilung des Kapitals im Rahmen verschiedener internationaler Standorte. Im Mittelpunkt steht die Eingrenzung günstiger organisatorischer Handlungsalternativen, wobei wir hier vor allem die Auswirkungen steuerlicher Gestaltungen betrachten. Die entscheidungsorientierte Steuerplanung nimmt in den USA bereits seit den sechziger Jahren einen großen Stellenwert ein (Bader 1998: 52) und beeinflusst die Unternehmensführung transnationaler Unternehmen. Dieser Prozess verstärkt sich seit den achtziger Jahren auch in vielen europäischen Ländern. Die multinationale Strukturierung verfolgt dabei letztlich das Ziel, den Wert des transnationalen Unternehmens zu erhöhen (Madura 2000: 417).

Wir haben gemäß unserem Leitfaden immer wieder darauf hingewiesen, dass sich die wertorientierte Unternehmensführung und die Unternehmensbesteuerung wechselseitig beeinflussen. Zum einen kann das Ziel der Wertsteigerung über die Erhöhung der Kosteneffizienz bis zum Teilziel der Senkung der betrieblichen Steuerbelastung nachvollzogen werden. Die international orientierte Steuerplanung wird vor diesem Hintergrund bedeutsamer und ist als wichtiges Element des global orientierten Finanzmanagements zu bezeichnen. Zum anderen beeinflussen die steuerlichen Regeln in den Ländern die betrieblichen Entscheidungen auf der Ebene der wertorientierten Unternehmensführung. Bezogen auf internationale Direktinvestitionen betrifft dies im Kern die Frage, ob und in welcher Weise die in den ausländischen Verbundunternehmen erzielten Gewinne und Cash-Flows zur Wertentwicklung bei der Muttergesellschaft bzw. im Stammunternehmen beitragen. Die Klärung der günstigsten Standorte für die Subsidiaries, Associates und Branches hängt im starken Maße von ihrem Wertsteigerungspotential ab.

Die dem Investitionsziel untergeordneten Mittel beziehen sich auf internationale Akquisitionen (oder Verkäufe) von Tochtergesellschaften oder Betriebsstätten sowie auf internationale Allianzen durch Nutzung von Lizenzen. Wir konzentrieren uns im Folgenden auf die Ebene internationaler Akquisitionen.

Drei Handlungsstufen sind voneinander zu unterscheiden:

(a) Grenzüberschreitende Aufteilung von Betriebseinheiten im einzelnen Unternehmen (Stammhaus und ausländische Betriebsstätte)
Auf dieser Stufe werden zum Unternehmen gehörende Betriebseinheiten in das Ausland verlagert, welche die Bedingungen der Betriebsstätte erfüllen. Durch die Herstellung der Beziehung von inländischem Stammhaus und ausländischer Betriebsstätte liegt ein zweistufiger Aufbau im Rahmen eines Unternehmens vor. Im Hinblick auf international relevante Konstellationen ist die Definition der Betriebsstätte gem. Art. 5 OECD-Musterabkommen zu beachten. Die Tätigkeiten, die in der Betriebsstätte ausgeführt werden, müssen bestimmte Mindestvoraussetzungen erfüllen. So reicht die Ausübung bloßer Hilfsfunktionen oder vorbereitender Aufgaben nicht aus. Ein abhängiger Vertreter, der

---

207 Wir knüpfen dabei an den von Jeff Madura verwendeten Begriff an: „MNCs commonly engage in multinational restructuring which respresents the restructuring of the composition of their multinational assets and liabilities“ (Madura 2000: 417). Die multinationale Strukturierung knüpft dabei an den Begriff „multinational capital budgeting“ an.

den Mindestvoraussetzungen gerecht wird, wird dabei dem Fall der Betriebsstätte gleichgestellt. Je nach dem, ob eine Betriebsstätte vorliegt oder nicht, ergeben sich unterschiedliche steuerliche Konsequenzen. Dies bezieht sich insbesondere auch auf die Möglichkeit der grenzüberschreitenden Verlustverrechnung.

(b) Gründung einer ausländischen Tochterkapitalgesellschaft
(Mutter- und Tochtergesellschaft)
Hält eine inländische Kapitalgesellschaft eine Beteiligung an einer anderen Kapitalgesellschaft im Ausland, liegt ein zweistufiger Aufbau von selbständigen Rechträgern im Unternehmensverbund vor. Die Mutterkapitalgesellschaft nimmt dann in der Hierarchie die oberste Stufe eines Beteiligungsverbundes ein. Sie kann insoweit auch als Dachholding bezeichnet werden. Das Verhältnis von inländischer Mutterkapitalgesellschaft und ausländischer Tochterkapitalgesellschaft kennzeichnet die steuerliche Kernstruktur im Konzern. Zwar ist jedes Unternehmen eigenständiges Steuersubjekt, doch bestehen in der Regel für Schachtelbeteiligungen steuerliche Begünstigungen. Die darauf bezogenen Dividenden werden als Schachteldividenden bezeichnet. Das mehrfach erwähnte Schachtelprivileg bezieht sich auf die Freistellung der Schachteldividende von der inländischen Besteuerung und auf die Beseitigung des Quellensteuerabzugs im Hinblick auf Gestaltungen im EU-Raum.

(c) Zwischenschaltung einer Holding und mehrstufiger Aufbau
(Obergesellschaft und Zwischenholding)
Ist ein selbständiger Rechtsträger als ausländische Holding zwischen der inländischen Konzernobergesellschaft (Spitzeneinheit) und der ausländischen Tochtergesellschaft zwischengeschaltet, liegt eine Zwischenholding vor. Auf der einen Seite hält sie selbst Beteiligungen an anderen Unternehmen. Auf der internationalen Handlungsebene betrifft dies in der Regel Kapitalgesellschaften. Auf der anderen Seite werden ihre Anteile von mindestens einer Muttergesellschaft gehalten. Die Muttergesellschaft fungiert dann als Ober- bzw. Dachgesellschaft. Die Zwischengesellschaft kann wiederum unterschiedliche Typen repräsentieren und als Beteilungs-, Finanzierung- oder Managementholding agieren. Außerdem kann sie als Landes- oder Spartenholding organisiert sein. Durch den Einbau einer Zwischengesellschaft entwickelt sich in jedem Fall ein mehrstufiger Aufbau im Unternehmensverbund. Die Zwischenschaltung eines selbständigen Rechtsträgers kann als Hauptziel der internationalen Steuerplanung bezeichnet werden. Denn dieser Schritt ermöglicht die Abschirmung von ausländischen Gewinnen aufgrund des für Kapitalgesellschaften geltenden Trennungsprinzips und begünstigt die damit im Zusammenhang stehende Verlagerung von Wertschöpfungsketten in niedrig besteuernde Länder. Wir kommen darauf bei der Darstellung der Hinzurechnungsbesteuerung zurück.

Bei der Darstellung der steuerlichen Vor- und Nachteile von Holdinggestaltungen darf die erste Stufe der multinationalen Strukturierung nicht vernachlässigt werden. Bei der Aufteilung von Betriebseinheiten im einzelnen Unternehmen handelt es sich nicht um einen Verbund mehrerer selbständiger Rechtsträger. Doch sind Betriebsstätten oft der Ausgangspunkt von Konzernstrukturen. Die Gründung einer Tochtergesellschaft im Konzern ist in diesem Sinne das Resultat der Ausgliederung einer bereits existierenden Betriebsstätte. Eine Betriebsstätte kann aber auch den Endpunkt von Umstrukturierungsüberlegungen markieren. So ist in der Fachliteratur vom „Betriebsstättenkonzern“ die Rede. Seine Entstehung ergebe sich durch das Unterlassen der Ausgründung von Tochtergesellschaften bzw. durch die Eliminierung rechtlicher Substrukturen (Kessler 2004: 324).

Bei Abwägung der steuerlichen Vor- und Nachteile steht die ausländische Betriebsstätte in Konkurrenz zur ausländischen Tochter-Kapitalgesellschaft (TG). Wir haben oben rausgearbeitet, dass der Gewinn der Betriebstätte nach dem Abkommensrecht nur der Besteuerung im Betriebstättenstaat unterliegt (Betriebsstättenprinzip). Damit ist auf internationaler Ebene der als Einheit auszuweisende handelsrechtliche Gewinn des Unternehmens zum Zwecke der Besteuerung in die einzelnen, länderbezogenen Betriebstättengewinne aufzugliedern. Die steuerliche Erfassung des Betriebstättengewinns im jeweiligen Betriebstättenstaat geht einher mit seiner Freistellung von der Besteuerung im Inland. Diesem Vorteil steht der Nachteil gegenüber, wonach ein etwaiger Verlust der Betriebsstätte nach der Logik des im Abkommensrecht verankerten Betriebsstättenprinzips nicht im Inland verrechnet werden kann[208].

Ist die Besteuerung im Ausland niedriger, ergibt sich ein Anreiz, Wertschöpfungseinheiten in die ausländische Betriebsstätte zu verlagern. Dies kann durch die Gestaltung der innerbetrieblichen Verrechnungspreise umgesetzt werden. In Deutschland sind daher Grundsätze der Verwaltung für die Prüfung der Aufteilung der Einkünfte bei Betriebsstätten international tätiger Unternehmen (Betriebsstätten-Verwaltungsgrundsätze vom 24.12.1999) erlassen worden. Ziel der Aufteilung ist es, der Betriebsstätte den Teil des Gewinns zuzuordnen, den sie nach den Grundsätzen des Fremdvergleichs erwirtschaftet hat. Danach dürfen Innentransaktionen wie Zins- und Mietzahlungen oder Lizenzvergütungen zwischen Stammhaus und Betriebsstätte nicht berücksichtigt werden.

Liegt eine Beteiligung einer inländischen Kapitalgesellschaft an einer ausländischen Kapitalgesellschaft vor, sind je nach Ausgestaltung des Sachverhaltes (und des jeweiligen DBA) im Wesentlichen zwei Besteuerungsvarianten voneinander zu unterscheiden. Zwar sind die modernen DBA an das Musterabkommen der OECD zur Vermeidung von Doppelbesteuerung angenähert worden, um die internationale Besteuerung tendenziell zu vereinheitlichen und an anerkannten Grundsätzen auszurichten, doch handelt es sich aufgrund der bilateralen Vertragsstruktur immer um einen gezielten Ausgleich der wirtschaftlichen Interessen zwischen den beiden Vertragstaaten. Auch in diesem Punkt ist deutlich gemacht worden, dass die Bundesrepublik Deutschland als exportorientierte Wirtschaftsnation in ihren Abkommen die Freistellungsmethode im Fall von Schachteldividenden verankert hat, insoweit eine mindestens zehnprozentige Beteiligung an der ausschüttenden Gesellschaft vorliegt. Seit der Einführung des Steuersenkungsgesetzes besteht zudem das weitergehende nationale Schachtelprivileg des § 8b Abs. 1 KStG, das Schachteldividenden auch ohne Bedingung einer Mindestbeteiligung von der Besteuerung im Inland freistellt. Der Nachteil der mit der Freistellung einhergehenden Nicht-Anrechenbarkeit der ausländischen Quellensteuer wird lediglich auf der Ebene der Europaholding beseitigt.

Die vorangehende Darstellung hat gezeigt, dass die Besteuerung von ausländischen Betriebstättengewinnen und Schachteldividenden einander angenähert worden ist. Allerdings verbleibt im Nicht-DBA-Fall immer noch ein steuerlicher Vorteil für die Einkünfte aus Betriebsstätten, da Betriebstättenverluste unter den Bedingungen des § 2a EStG mit inländischen Unternehmensgewinnen verrechnet werden können. Ein Verlust einer ausländischen Tochter-Kapitalgesellschaft kann hingegen nur innerhalb dieser Gesellschaft im Sinne eines Verlust-

[208] Ob die Benachteiligung der Verrechnung von Betriebsstättenverlusten im DBA-Fall gegen das verfassungsrechtlich gebotene Nettoprinzip und die europäische Niederlassungsfreiheit verstoßen, ist strittig. Die EuGH-Entscheidung v. 14.12.2000 verweist immerhin im umgekehrten Fall des Ausschlusses der Verrechnung von Verlusten im Stammhaus mit ausländischen Betriebsstättengewinnen auf eine gegen den EG-Vertrag verstoßende Benachteiligung.

abzuges verrechnet werden. Die Verlustverrechnung zwischen Verbundunternehmen ist generell der wunde Punkt bei der Konzernbesteuerung. Auf die Mängel dieser Begrenzung ist auch von Seiten der Europäischen Kommission hingewiesen worden. Die Steuerkonkurrenz zwischen den Staaten scheint sich in nächster Zeit gerade an dieser Flanke zu entfalten. Österreich hat mit seiner Gruppenbesteuerung bereits auf sich aufmerksam gemacht und den Einstieg in die unternehmensübergreifende Verlustverrechnung vorgegeben.

Obwohl sich Doppelbesteuerungsabkommen in der Regel am OECD-MA orientieren, bestehen im Detail zwischen den einzelnen Abkommen doch erhebliche Unterschiede. Dazu kommt die Tatsache, dass Holdinggesellschaften, die in Mitgliedsstaaten der Europäischen Union angesiedelt sind, günstige steuerliche Regelungen in Anspruch nehmen können. Die Standortplanung muss daher die Anwendbarkeit vorteilhafter Regelungen in den einzelnen Ländern berücksichtigen. Diese Planung orientiert sich an den Vorteilen, die mit einzelnen Doppelbesteuerungsabkommen verbunden sind. In diesem Sinne handelt es sich um ein „Einkaufen" in ein fremdes DBA. Diese Handlungsweise wird als „Treaty Shopping" bezeichnet. Das Handlungsziel besteht darin, zwischen zwei miteinander verbundenen Kapitalgesellschaften, die ihren Sitz jeweils in den Ländern A und B haben, eine Zwischengesellschaft in einem Land C zu schalten, das ein günstiges DBA mit den Ländern A oder B aufweist. Durch die Zwischenschaltung können abkommensrechtliche Regelungen angewendet werden, die im direkten Verhältnis zwischen den Ländern A und B nicht ausgeschöpft werden können.

Die aufgezeigten Vorteile können auch auf grenzüberschreitende Vorgänge mit Staaten bezogen werden, die nicht zur EU zählen (Drittstaaten). Die Aufgliederung der zur Holding gehörenden Gesellschaften auch auf Drittstaaten lässt sich einfach in der Weise bewerkstelligen, dass eine Tochterkapitalgesellschaft in dem EU-Staat gegründet wird, der das günstigste DBA mit dem Drittstaat aufweist. Daraus leitet sich ein Koordinierungsbedarf der EU-Staaten hinsichtlich der einzelnen DBA mit Drittstaaten ab.

Die Vorteile des „Treaty Shopping" können darin bestehen, dass

- ein günstigerer Quellensteuersatz für Dividenden, Zinsen oder Lizenzgebühren angewendet werden kann,
- bestimmte Steuervergünstigungen genutzt werden können,
- nachteilige Regelungen des Quellenlandes nicht greifen,
- zwischen den Ländern A und B kein DBA vereinbart worden ist.

Der Grundfall bezieht sich auf den einfachen Einbau einer abkommensrechtlich qualifizierten Zwischengesellschaft mit dem Ziel, Zahlungen aus einem Nicht-DBA-Land dem Abkommensschutz zu unterwerfen. So kann z.B. eine deutsche Tochterkapitalgesellschaft ihren Gewinn an eine in einem sonstigen DBA-Land angesiedelte Kapitalgesellschaft ausschütten. Die Ausschüttung ist in diesem Fall nach gängigem DBA-Recht begünstigt. Denn nach Art. 10 OECD-MA entsteht bei Beachtung der Mindestbeteiligungshöhe eine Senkung der Quellensteuerbelastung auf fünf Prozent.

Ebenso kann sich bei Zwischenschaltung einer Lizenzgesellschaft in einem DBA-Land die Möglichkeit ergeben, die Quellensteuer auf Lizenzgebühren völlig zu vermeiden oder auf eine Höhe zwischen fünf und fünfzehn Prozent zu reduzieren. Nach Art. 12 Abs. 1 OECD-MA gilt das ausschließliche Besteuerungsrecht im Wohnsitzstaat des Nutzungsberechtigten der Lizenzgebühren. Dies gilt z.B. für Lizenzgeber mit Wohnsitz in den USA oder in den Niederlanden. Darin kommt in der Regel die steuerliche Begünstigung der Industriestaaten zum Ausdruck. Das Musterabkommen der Vereinten Nationen (UN-MA) berücksichtigt hingegen stärker die wirtschaftlichen Interessen der Entwicklungsländer. Daran anschließend haben sich viele Staaten ein paralleles Quellensteuerabzugsrecht mit unterschiedlichem Quellensteuersatz gesichert.

Darüber hinaus ist der Einbau einer Europaholding als interessante Fallgestaltungen hervorzuheben. Die Europaholding lässt sich als Zwischengesellschaft unter dem Dach einer ausländischen Obergesellschaft organisieren. Im Ausgangsfall wird eine deutsche Tochterkapitalgesellschaft von einer Obergesellschaft mit Sitz und Geschäftsleitung in einem Land außerhalb der Europäischen Union (Drittstaat) unmittelbar gehalten. Der Zufluss auf der Ebene der Obergesellschaft beträgt im zweistufigen Verbund 49,04 Währungseinheiten. In Deutschland wird eine Quellensteuer in Höhe von 25% erhoben. Im abgeleiteten Fall wird die deutsche Kapitalgesellschaft nur mittelbar über eine Zwischengesellschaft in Dänemark gehalten. Aufgrund der Anwendbarkeit der Mutter-/Tochter-Richtlinie wird die an die dänische Zwischengesellschaft gerichtete Ausschüttung nicht mit Quellensteuern belastet. In Dänemark werden Schachteldividenden wiederum von der Besteuerung freigestellt und im Fall der Ausschüttung generell keine Quellensteuern erhoben. Die Ausschüttung erstreckt sich damit über drei Stufen im Verbund. Der Zufluss bei der Obergesellschaft beträgt nun 61,30 Währungseinheiten. Im Sitzstaat der Obergesellschaft hängt die steuerliche Belastung des Zuflusses davon ab, ob die Freistellungs- oder Anrechnungsmethode üblich ist. Im Fall der Freistellung der Dividende erfolgt keine weitere steuerliche Belastung.

Europaholding und Obergesellschaft außerhalb der EU			
Stufe im Verbund		Zweistufiger Verbund mit Obergesellschaft im Drittstaat	Dreistufiger Verbund mit Europa-Zwischenholding
Tochtergesellschaft in Deutschland	Gewinn	100,00	100,00
	Gewinnsteuer	–38,70	–38,70
	Quellensteuer	–12,26	0,00
	Dividende	49,04	61,30
Zwischenholding in Europa (Dänemark)	Zufluss		61,30
	Gewinnsteuer		0,00
	Quellensteuer		0,00
	Dividende		61,30
Obergesellschaft in Drittstaat	Zufluss	49,04	61,30

Neben dem eigentlichen „Treaty Shopping“ bestehen noch andere Ebenen des „Einkaufens“ in günstige Steuerregelungen. Die Besonderheit besteht nun darin, dass Spielräume innerhalb eines gegebenen DBA ausgeschöpft werden:

Erstens kann auf das „Rule Shopping“ hingewiesen werden. Dies bedeutet, dass die Zuordnung zu einer anderen Verteilungsnorm angestrebt wird. So können z.B. Darlehen und Lizenzen in eine Betriebsstätte eingebracht werden. Zinsen und Lizenzgebühren können auf diesem Weg gem. Art. 7 Abs. 1, 11 Abs. 4 und 12 Abs. 3 OECD-MA der Besteuerung im Inland entzogen werden.

Zweitens kann sich die Gestaltung auf das „Rule Design“ beziehen. In diesem Fall orientiert sich der Steuerpflichtige an den Anwendungsvoraussetzungen innerhalb eines bestimmten DBA-Artikels. Durch die Bündelung von Streubeteiligungen lässt sich z.B. gem. Art. 10 Abs. 2 OECD-MA der Vorteil der Absenkung der Quellensteuerbelastung auf fünf Prozent ausschöpfen. Die Begünstigungen sind nach dem Abkommensrecht in der Regel mit einer bestimmten Mindestbeteiligungshöhe verknüpft. Sie liegt bei neueren Abkommen bei zehn Prozent. Auch bei der Nicht-Erhebung der Quellensteuer im Fall der Anwendung der Mutter-/ Tochter-Richtlinie ist neben der Beteiligungsdauer eine bestimmte Beteiligungshöhe zu beachten.

Drittens kann versucht werden, Qualifikationskonflikte auszunutzen. Dies ist immer dann der Fall, wenn die involvierten Steuerverwaltungen einzelne Tatbestände in unterschiedlicher Weise zuordnen. Populär ist das Leasing über die Ländergrenze hinweg. Insoweit beide Länder die Aktivierung eines Leasinggegenstandes ermöglichen, lassen sich die Anschaffungskosten zweimal als steuerminderndes Abschreibungsvolumen geltend machen.

Wir haben gezeigt, dass sich mittels der Herstellung von Holdingstrukturen günstige steuerliche Effekte erzielen lassen. Schachtel- und Holdingprivilegien beziehen sich vor allem auf:

- die Steuerfreistellung von Dividenden,
- die Minderung oder Vermeidung von Quellensteuern auf Dividenden, Zinsen und Lizenzgebühren,
- die Verrechenbarkeit von Verlusten im Rahmen der Gruppenbesteuerung,
- die Verrechenbarkeit von Betriebsstättenverlusten (im Nicht-DBA-Fall),
- die Abzugsfähigkeit von Finanzierungskosten und
- die steuerliche Begünstigung von Gewinnen, die bei der Veräußerung von Beteiligungen entstehen.

Diese steuerlichen Privilegien sind in den Ländern in unterschiedlicher Weise ausgeprägt. In der Literatur werden einige klassische Holdingstandorte wie die Niederlande, die Schweiz[209] und Luxemburg[210] benannt (Jacobs 2002: 841). In den letzten Jahren sind andere Länder in den Vordergrund gerückt. Hervorzuheben sind Länder wie Belgien[211], Österreich[212], Zypern, Spanien und Dänemark[213]. Bedingt durch die internationale Steuerstandortkonkurrenz hat auch Deutschland Regelungen eingeführt, die sich teilweise am Trend der Begünstigung von

209 Die Schweiz begünstigt seit vielen Jahren Holding- und Domizilgesellschaften. Holdinggesellschaften entrichten, mit Ausnahme von Erträgen aus schweizerischem Grundbesitz, keine Gewinnsteuer auf kantonaler Ebene. Bei Domizilgesellschaften unterliegen nur Einkünfte aus schweizerischen Quellen der kantonalen Gewinnsteuer. Beteiligungserträge sowie Kapital- und Aufwertungsgewinne auf Beteiligungen sind befreit. Übrige ausländische Einkünfte werden üblicherweise in der Größenordnung von 10% in der Schweiz besteuert (F.A.Z.-Institut 2001: 54).

210 Die Auslegung zur Vergütung einer typischen stillen Beteiligung in Luxemburg nach Art. 20 Abs. 2 DBA: Deutschland/Luxemburg ist strittig. So ist auch die Position vertreten worden, dass für den Anwenderstaat Deutschland stille Beteiligungserträge von der Freistellung auszunehmen sind (Fries 2005: 6).

211 Die steuerliche Begünstigung der belgischen „Coordination Centre“ ist zum 31.12.2010 ausgelaufen. Seit dem Jahr 2006 in Kraft getreten ist eine Nachfolgeregelung, wonach belgischen Gesellschaften ein fiktiver Zinsabzug auf ihr Eigenkapital in Höhe von aktuell ungefähr 3,6% gewährt wird.

212 Neben der grenzüberschreitenden Verlustverrechnung existiert in Österreich seit dem Jahr 2005 auch ein niedriger Körperschaftsteuersatz von 25%.

213 In Dänemark wird seit dem 1.1.1999 generell keine Quellensteuer auf Dividenden erhoben. Dänemark bietet sich daher für Holdinggesellschaften mit Sitz außerhalb der EU als Zwischenholding an.

Holdingstrukturen orientieren. Dies bezieht sich im Kern auf die generelle Steuerfreistellung von Schachteldividenden und Veräußerungsgewinnen auf Inlandsbeteiligungen, die Vereinfachung der organschaftlichen Voraussetzungen, einige Verbesserungen im Rahmen der Hinzurechnungsbesteuerung und die Absenkung der Gewinnsteuersätze. Auf Ebene der Europäischen Union ist die Frage, wie sich der akzeptierte Steuerwettbewerb von unfairen Begünstigungen abgrenzt, ein ständiges Thema. So sind die steuerlichen Anreize der Mitgliedstaaten im Jahr 1999 untersucht worden. Darin sind sechsundsechzig schädliche Maßnahmen aufgelistet worden. Sie erstrecken sich von Vergünstigungen für Finanzdienstleistungen, Holdinggesellschaften und konzerninterne Dienstleistungen bis hin zu Offshore-Gesellschaften in Gibraltar, Niederländische Antillen und anderen Gebieten (Genschel 2002: 226). Im Jahr 2009 hat die OECD eine „List of Uncooperative Tax Havens“ veröffentlicht.

4.2.3 Missbrauchsvorschriften und Begrenzung der Abschirmwirkung

Die inländische Finanzverwaltung versucht auf vielfältige Weise, steuerliche Gestaltungen zu begrenzen, die als missbräuchlich angesehen werden. Die Abschirmung der Gewinne von ausländischen Kapitalgesellschaften wird auf diesem Weg begrenzt. An dieser Stelle können folgende Regelungsbereiche erwähnt werden:

- Ort der Geschäftleitung und Problem der Sitztheorie,
- Scheingeschäfte, -handlungen und Missbrauch von rechtlichen Gestaltungsmöglichkeiten,
- Durchbrechung der Abschirmwirkung durch die Hinzurechnungsbesteuerung,
- Treaty Override.

Ort der Geschäftsleitung und Problem der Sitztheorie

Nach § 1 KStG ist die Körperschaftsteuerpflicht an die Bedingung des Vorliegens des inländischen Rechtssitzes oder der inländischen Geschäftleitung geknüpft. Befindet sich der zivilrechtliche Sitz einer Kapitalgesellschaft im Ausland, wird diese Gesellschaft dennoch der unbeschränkten Steuerpflicht im Inland unterworfen, wenn deren Geschäftleitung im Inland angesiedelt ist. Nach § 10 AO ist die Geschäftsleitung der Mittelpunkt der geschäftlichen Oberleitung. Hierbei muss es sich um den Ort handeln, an dem die betriebswirtschaftlichen Entscheidungen von Gewicht im Hinblick auf die regelmäßigen Geschäftsabläufe getroffen werden.

Insbesondere ausländische Basisgesellschaften, die in der Regel als Zwischengesellschaften mit dem Ziel gehalten werden, Gewinne im niedrig besteuernden Ausland abzuschirmen, sind hinsichtlich des tatsächlichen Ortes der Geschäftsleitung zu überprüfen. Im Extremfall liegt eine eigene Geschäftstätigkeit der ausländischen Basisgesellschaft gar nicht vor (vgl. Briefkasten-, Domizil- und funktionslose Holdinggesellschaften)[214] oder die Vermögensverwaltung wird von im Inland ansässigen Gesellschaftern vorgenommen. Der Ort der tatsächlichen Geschäftsleitung lässt sich meist anhand der Aktendokumentationen ermitteln. Dabei ist darauf zu verweisen, dass bei einem Auslandsbezug erweiterte Mitwirkungspflichten der Beteiligten gem. § 90 Abs. 2 und 3 AO bestehen. Geht man von einer Zwischenholding mit wirtschaftlichen Auslandsaktivitäten aus, die Inhaberpapiere aufbewahrt, Gesellschafterfunktionen ausübt und Beteiligungserträge verwaltet sowie buchhalterisch erfasst, wird aber auch

[214] Vgl. Dreßler 1995, S. 237

erkennbar, dass sich eine Umqualifizierung des Ortes der Geschäftleitung durch wirtschaftliches Handeln schnell ergeben kann.

Deutschland und die meisten anderen EU-Mitgliedstaaten orientieren sich bislang an der Sitztheorie. Sie besagt, dass sich das Statut einer Gesellschaft nach dem Recht des Staates richtet, in dem sich der tatsächliche Sitz der Hauptverwaltung bzw. Geschäftsleitung befindet. Diese Konzeption ist aber durch die Rechtsprechung des EuGH erschüttert worden. Der Gerichtshof hatte in dem Überseering-Urteil vom 5. Nov. 2002 entschieden, dass es gegen die Niederlassungsfreiheit verstoße, wenn einer nach dem Recht eines Mitgliedstaates wirksam gegründeten Gesellschaft in einem anderen Mitgliedstaat die Rechts- und Parteifähigkeit abgesprochen werde, die ihr nach dem Gründungsrecht zusteht. Der in Deutschland bisher praktizierte Weg, einen Missbrauch durch Versagung der Anerkennung zu verhindern, ist damit ein Riegel vorgeschoben worden.

Bei der gesellschaftsrechtlichen Beurteilung eines Unternehmens ist künftig allein auf das Recht des Gründungsstaates abzustellen. Denn die Gründungstheorie ist durch den EuGH bekräftigt worden. Sie gilt bislang in Großbritannien, Irland, den Niederlanden und eingeschränkt in Dänemark und Spanien und bringt zum Ausdruck, dass sich die Rechtsfähigkeit eines Unternehmens nach dem Gesellschaftsrecht des Staates bestimmt, nach dessen Recht es gegründet wurde. Die Verlegung des Verwaltungssitzes über die europäischen Grenzen kann daher nicht zum Verlust der Rechtsidentität führen. Diese Argumentationslinie ist im EuGH-Urteil vom 30. Sept. 2003 („Inspire Art“) und im Anschluss an die „Centros“-Entscheidung vom 9. März 1999 bestätigt worden. Die Wahl eines fremden Gesellschaftsrechts zur Vermeidung nationaler Mindestanforderungen – z.B. im Hinblick auf die Kapitalaufbringung – stellt vor dem Hintergrund der im EG-Vertrag verankerten Niederlassungsfreiheit keinen Gestaltungsmissbrauch dar. Dies gilt auch dann, wenn die von der Gesellschaft ausgeübte Tätigkeit keinen Kontakt mit der gewählten Rechtsordnung aufweist. Der EuGH eröffnet damit „Briefkastenfirmen“, die im Gründungsstaat keine Geschäftstätigkeit ausüben, die Möglichkeit sich in anderen EU-Staaten niederzulassen. Dabei hat der Gerichtshof allerdings erkennen lassen, dass die Niederlassungsfreiheit unter bestimmten Voraussetzungen zur Verhinderung von Betrügereien zulässig sein könne. Wie diese Voraussetzungen einzugrenzen sind, bleibt künftig weiter zu klären.

Scheingeschäfte und Missbrauch von rechtlichen Gestaltungsmöglichkeiten

Die Rechtmäßigkeit der steuerlichen Gestaltung ist im Anschluss an § 1 KStG i.V.m. § 10 AO weiter auf der Grundlage der §§ 41 und 42 AO zu überprüfen. Wird die Gründung und Eintragung einer ausländischen Gesellschaft nur vorgetäuscht und agiert dieses Gebilde Dritten gegenüber als Rechts- und Geschäftspartner, so handelt es sich um eine Scheingestaltung und um Scheingeschäfte. Nach § 41 Abs. 2 AO entfalten Scheingeschäfte keine rechtliche Wirkung. Sie werden im Inland so behandelt, als seien sie nicht durchgeführt worden. Wird durch diese Handlung ein anderes Rechtsgeschäft verdeckt, so ist für die Besteuerung lediglich das verdeckte Rechtsgeschäft maßgeblich. In der Praxis der Gründung von Holdinggesellschaften kommt den Grundsätzen des Scheingeschäftes aber nur eine minimale Bedeutung zu. Dies hängt damit zusammen, dass die Gestaltung aus der Perspektive der Handelnden von vornherein zweckorientiert ist. Auch die bloße Absicht Steuern zu sparen, gilt dabei als wirtschaftlicher Zweck, welcher der Annahme eines bloßen Scheingeschäftes entgegen steht. Dies ist auch bei der Gründung einer mit Abschirmungsabsicht motivierten Gründung einer ausländischen Basisgesellschaft zu beachten[215].

Bedeutsamer ist daher die Prüfung des Rechtsmissbrauchs auf der Basis des § 42 AO. Dabei ist zunächst zu betonen, dass es dem Steuerpflichtigen frei steht, eine inländische oder grenzüberschreitende Gestaltung zu wählen, die dem Ziel dient, Steuern zu sparen. Dieser Grundsatz ist auch vom Bundesverfassungsgericht anerkannt worden[216]. Die Rechtmäßigkeit der Gestaltung wird aber durch das inländische Rechtssystem eingegrenzt. Nach § 42 AO dürfen die Steuergesetze nicht durch Missbrauch von Gestaltungsmöglichkeiten umgangen werden. Bei der Klärung des Missbrauchs ist auf das angemessene Mittel für die Erreichung eines wirtschaftlichen Zwecks abzustellen. Die Vorschrift stellt einen steuerrechtlichen Auffangtatbestand dar. Die Umgehung wird schließlich dadurch verhindert, dass der Steueranspruch so verwirklicht wird, wie er bei einer angemessenen rechtlichen Gestaltung entstanden wäre.

Die Eingrenzung der Unangemessenheit der Gestaltung ist dabei schwierig und eine Frage der Wertung der Gesamtumstände des Einzelfalls. Die Rechtsprechung und Fachliteratur gehen seit Jahren von folgendem Grundsatz aus:

- Ein Gestaltungsmissbrauch liegt vor, wenn entscheidungserhebliche wirtschaftliche oder sonst beachtliche außersteuerliche Motive nicht erkennbar sind und
- die Absicht der Steuerumgehung im Inland ein mitbestimmendes Motiv war.

Entfaltet die ausländische Basisgesellschaft keine eigene wirtschaftliche Betätigung oder ist sie im Unternehmensverbund funktionslos, liegt ein Gestaltungsmissbrauch vor. Es mangelt in diesen Fällen an den wirtschaftlich oder sonst beachtlichen außersteuerlichen Gründen.

Als wirtschaftlich ausreichende Gründe für die Tätigkeit von Basisgesellschaften, die keinen Missbrauch darstellen, wurden demgegenüber von der Rechtsprechung u.a. folgende Fälle anerkannt (Dreßler 1995: 252):

- Errichtung einer konzernleitenden Obergesellschaft eines globalen Konzerns[217];
- Wahrnehmung einzelner Funktionen einer geschäftleitenden Holding durch ein Basisunternehmen;
- Errichtung einer Kapitalgesellschaft zum Zweck des Erwerbs von Beteiligungen im In- und Ausland (auch Basisland), wenn die Maßnahmen im zeitlich und wirtschaftlich angemessenen Verhältnis mit der Gründung der Gesellschaft stehen[218];
- Errichtung einer Kapitalgesellschaft mit dem Ziel der Kreditvergabe in erheblichem Umfang an konzerngehörige Unternehmen mit allen Vor-, Abwicklungs- und Überwachungsarbeiten. Dies schließt die Übernahme von Bürgschaftsverpflichtungen[219] ein.

Durchbrechung der Abschirmwirkung durch die Hinzurechnungsbesteuerung

Die Hinzurechnungsbesteuerung gem. §§ 7–14 AStG ermöglicht einen Zugriff des inländischen Fiskus auf die ausländischen Gewinne. Das Regelwerk stellt eine Reaktion auf die Gründung von Basisgesellschaften in niedrig besteuernden Ländern dar. Dabei handelt es

[215] Vgl. BFH-Urteil vom 17.07.1968 (BStBl. 1968 II S. 696)

[216] Vgl Entscheidung des BverfG v. 14.04.1959 (1BvL 23, 34/57; BverfGE Band 9, S. 237)

[217] Vgl. BFH-Urteil v. 29.01.1975 (BStBl. 1975 II S. 553)

[218] Vgl. BFH-Urteile v. 29.07.1976 (BStBl. 1977 II S. 261 und BStBl 1977 II S. 268) sowie v. 09.12.1980 (BStBl. 1981 II S. 339)

[219] Vgl. BFH-Urteil v. 29.07.1976 (BStBl. 1977 II S. 268)

sich in der Regel um Kapitalgesellschaften, die in ihrem Sitzland gemäß der international anerkannten Besteuerungsprinzipien als eigenständige Rechts- und Steuersubjekte gelten. Wird keine Ausschüttung an die inländische Obergesellschaft beschlossen, werden die Gewinne der Basisgesellschaft dem inländischen Fiskus an sich entzogen. Diese Abschirmung wird im Rahmen der Hinzurechnungsbesteuerung durchbrochen. Sie gilt für die Fälle, in denen Steuerinländer zu mehr als fünfzig Prozent an einer Zwischengesellschaft beteiligt sind. Eine ausländische Zwischengesellschaft für Einkünfte, die einer niedrigen Besteuerung unterliegen und nicht aus einer aktiven Tätigkeit i.S.v. § 8 Abs. 1 AStG stammen. Eine niedrige Besteuerung liegt vor, wenn die Einkünfte der ausländischen Gesellschaft einer Belastung von weniger als fünfundzwanzig Prozent unterliegen.

Da dieses Regelwerk als komplex gilt und eine große Auswirkung auf die Tätigkeit ausländischer Holdinggesellschaften mit deutscher Mehrheitsbeteiligung hat, kommen wir in einem speziellen Abschnitt darauf zurück. Dabei ist auch die Vereinbarkeit der international unter dem Begriff „Controlled Foreign Company Legislation“ verhandelten Regelungen mit dem EU-Recht zu erörtern.

Treaty Override

Gegenmaßnahmen gegen das „Treaty Shopping“ werden von den Ländern seit Jahren ergriffen. Wird auf der Ebene des nationalen Steuerrechts eine Regelung in einem Doppelbesteuerungsabkommen mit gleichem Bezug eingeschränkt oder aufgehoben, wird in der Fachliteratur vom „Treaty Override“ gesprochen (Scherer 1995: 6; Mössner 1993: 115 f.; Breithecker 2002: 252). Diese restriktive Steuerpolitik ist insbesondere von Seiten der USA verfolgt worden.

Doppelbesteuerungsabkommen sind völkerrechtliche Verträge mit anderen Staaten zur Vermeidung von Doppelbesteuerung. Sie sind zu unterscheiden von den allgemeinen Regeln des Völkerrechts, die gem. Art. 25 GG den Gesetzen vorgehen. Völkerrechtliche Verträge erhalten durch Transformation innerstaatliche Rechtsnormqualität. Nach Art 59 Abs. 2 GG bedürfen sie der Zustimmung oder der Mitwirkung der jeweils für die Bundesgesetzgebung zuständigen Körperschaften in der Form eines Bundesgesetzes. Das bedeutet, dass die Doppelbesteuerungsabkommen letztlich denselben Rang wie die anderen innerstaatlichen Gesetze einnehmen[220]. Im Anschluss an die Transformation in das innerstaatliche Recht ergibt sich daher im Konflikt zwischen einer DBA-Regel und einer anderen innerstaatlichen Regel mit gleichem inhaltlichen Bezug die Notwendigkeit der Auflösung des Widerspruchs durch die Anwendung der allgemeinen Rechtsgrundsätze. Die Auswirkungen sind ambivalent. Auf der einen Seite gilt ein DBA als das speziellere Recht, das nach den üblichen kollisionsauflösenden Regeln eine entgegenstehende Norm verdrängt.

Auf der anderen Seite kann eine DBA-Regelung durch eine neu geschaffene, spezielle nationale Norm eingeschränkt oder aufgehoben werden. Dies kann seinen Grund darin haben, dass ein Staat auf eine missbräuchliche Anwendung einer DBA-Regel oder auf Gesetzesänderungen im anderen Staat reagieren möchte. In diesem Sinne ist die einschränkende Änderung eines völkerrechtlichen Vertrages auch Ausdruck nationaler Fiskalinteressen. Die betriebliche Steuerplanung wird dadurch unübersichtlicher.

---

220 Zwar nehmen die allgemeinen völkerrechtlichen Regeln gem. § 2 AO eine Vorrangstellung ein, doch können völkerrechtliche Verträge nicht das ausdrückliche Verfassungsrecht verdrängen (vgl. Kruse, Drüen 2002: § 2 Tz 1).

Im Folgenden heben wir relevante Vorschriften hervor, die dem Bereich des „Treaty Override“ zugeordnet werden können:

- Zinsschranke gem. § 4h EStG und Gesellschafter-Fremdfinanzierung:
  Hier stellte sich insbesondere das Problem, dass die Erfassung von grenzüberschreitenden Vergütungen aus der Gesellschafter-Fremdfinanzierung i.S.v. § 8a KStG a.F. nicht mit der Gewinnkorrekturvorschrift Art. 9 Abs. 1 OECD-MA bzw. mit den entsprechenden Artikeln der deutschen Abkommen im Einklang standen. Diese Problematik besteht auch hinsichtlich der Regelung zur Zinsschranke gem. § 4h EStG i.V.m. § 8a KStG. Denn der Sinn der nationalen Vorschrift besteht in der Verhinderung einer im Vergleich zur Eigenfinanzierung hohen Fremdfinanzierung. Das kritische Maß wird dabei vom Gesetzgeber vorgegeben. Nach Art. 9 Abs. 1 OECD-MA sind Berichtigungen aber nur erlaubt, sofern die finanziellen Bedingungen unter unabhängigen Unternehmen nicht vereinbart worden wären und eines der beiden Unternehmen ohne die vereinbarten Bedingungen einen höheren Gewinn erzielt hätte. Wegen der großen Bedeutung der Fremdfinanzierung gehen wir auf die damit im Zusammenhang stehenden Aspekte der Steuergestaltung im Teil II Kapitel 4.4 gesondert ein.
- Ausländische Verluste gem. § 2a EStG:
  Die Verrechnung ausländischer Verluste mit den inländischen Gewinnen oder Überschüssen wird versagt, soweit „passive“ Einkünfte i.S.v. § 2a Abs. 1 und 2 EStG vorliegen. Handelt es sich bei den Verlusten um Einkünfte, die nach einem Doppelbesteuerungsabkommen im Inland von der Besteuerung freigestellt werden, stellt sich die Frage nach ihrer Einbeziehung im Rahmen des Progressionsvorbehaltes gem. § 32b Abs. 1 Nr. 3 EStG. Dieser negative Progressionsvorbehalt wird nur akzeptiert nach Maßgabe des § 2a EStG. Dies bedeutet, dass eine Absenkung des Steuersatzes nicht möglich ist, soweit „passive“ Einkünfte vorliegen. Die Einschränkung widerspricht den Abkommen, welche von der Erfassung der freigestellten Einkünfte bei der Ermittlung des richtigen Steuersatzes ausgehen[221]. Die Einschränkungen des § 2a EStG gelten allerdings nur noch im Hinblick auf Drittstaaten. Das sind alle Staaten, die nicht Mitgliedstaaten der europäischen Union sind.
- Betriebsstätten im Rahmen der Hinzurechnungsbesteuerung gem. § 20 Abs. 2 AStG:
  Entstehen Einkünfte in einer ausländischen Betriebsstätte eines unbeschränkt Steuerpflichtigen und wären sie im Inland als Zwischeneinkünfte i.S.v. § 8 Abs. 1 AStG zu erfassen, falls es sich bei der Betriebsstätte um eine ausländische Gesellschaft handeln würde, ist insoweit die Doppelbesteuerung nicht durch die Anwendung der Freistellungsmethode sondern der Anrechnungsmethode zu beseitigen. Nach § 20 Abs. 1 und 2 AStG berührt diese Regelung nicht die Abkommen zur Vermeidung der Doppelbesteuerung. Andersartige DBA-Regelungen zur Erfassung von Betriebsstättengewinnen werden damit verdrängt.
- Einbehaltung und Abführung der Quellensteuer gem. § 50d Abs. 1 EStG:
  Die nationalen Vorschriften über die Einbehaltung, Abführung und Anmeldung der Quellensteuer auf Kapitalerträge und Vergütungen i.S.v. § 50a EStG sind auch dann anzuwenden, wenn sich aus einem Doppelbesteuerungsabkommen die Aufhebung oder Begrenzung der Quellensteuer ergibt. Dies bewirkt, dass der Anspruch auf eine abkom-

221 Vgl. hierzu Art. 23A OECD-MA

mensrechtliche Begünstigung erst im Rahmen eines an die Steuererhebung folgenden Erstattungsverfahrens durchgesetzt werden kann. Nach § 50d Abs. 2 EStG kann die Begünstigung allerdings beantragt werden. Das Bundeszentralamt für Steuern muss in diesem Fall dem Gläubiger der Kapitalerträge bescheinigen, dass die entsprechenden Voraussetzungen für die Begünstigung vorliegen.

4.2.4 Steuerneutrale Umstrukturierungen (Fusionsrichtlinie)

Die steuerlichen Hindernisse, die grenzüberschreitenden Umstrukturierungen in der Vergangenheit entgegenstanden, sind in den letzten beiden Jahrzehnten durch verschiedene gesetzliche Maßnahmen schrittweise abgebaut worden. Die Kenntnis des neuen gesetzlichen Rahmens ist für die internationale Steuerplanung relevant. Hervorzuheben sind hier

- die am 23.07.1990 verabschiedete europäische Fusionsrichtlinie[222], die Änderungsrichtlinie[223] vom 17.02.2005 und die EU-Verschmelzungsrichtlinie vom 15.12.2005[224]. Der aktuelle Stand der Richtlinie wird im Folgenden als Fusionsrichtlinie 2009 bezeichnet,
- die Umsetzung der Fusionsrichtlinie in innerstaatliches Recht. Das deutsche Umwandlungssteuergesetz ist in mehreren Schritten an die europäischen Vorgaben angepasst worden[225],
- die Ausweitung des Schachtelprivilegs auf Gewinne aus der Veräußerung von Anteilen an einer Körperschaft gem. § 8b Abs. 2 und 3 KStG.

Der Regelungsbereich der Fusionsrichtlinie zielt auf die Vermeidung einer steuerpflichtigen Gewinnrealisierung im Falle der grenzüberschreitenden Umstrukturierung von körperschaftsteuerpflichtigen Unternehmen in der EU. Die Veränderung des gesetzlichen Rahmens wirkt sich seitdem auf europäische Unternehmensgestaltungen aus. Die Aufdeckung und Versteuerung stiller Reserven im Zusammenhang mit Vermögensübertragungen gilt von jeher als brisante steuerliche Thematik in den verschiedenen Staaten. Um die organisatorischen Umschichtungen von Unternehmensstrukturen in der EU nicht zu behindern, galt es, die steuerliche Erfassung der umstrukturierungsbedingten Gewinne möglichst zu verhindern. Begünstigt werden Umstrukturierungen, an den körperschaftsteuerpflichtige Gesellschaften aus mindestens zwei Mitgliedstaaten der Europäischen Union beteiligt sind

Die Fusionsrichtlinie 1990 wurde im Rahmen des Umwandlungssteuergesetzes zum 1.1.1992 in das deutsche Recht umgesetzt. Dabei ist der deutsche Gesetzgeber zum Teil über den Anwendungsbereich der Richtlinie hinausgegangen. Er hat aber zugleich das Spektrum der begünstigten Fälle eingeengt, indem die grenzüberschreitende Fusion und Spaltung ausgeschlossen wurden. Übernommen wurden damals lediglich die Einbringung von Betrieben

---

222 Richtlinie 90/434/EWG vom 23.07.1990 über das gemeinsame Steuersystem für Fusionen, Spaltungen, die Einbringung von Unternehmensteilen und den Austausch von Anteilen, die Gesellschaften verschiedener Mitgliedstaaten betreffen (ABl 1990, L 285/1). Die Richtlinie wird im Folgenden als Fusionsrichtlinie 1990 bezeichnet.

223 Richtlinie 2005/19/EG des Rates zur Änderung der Richtlinie 90/434/EWG vom 17.02.2005 (ABl 2005, L 58/19). Die Richtlinie wird im Folgenden als Änderungsrichtlinie bezeichnet.

224 Richtlinie 2005/56/EG.

225 Vgl. u.a. das Gesetz über steuerliche Begleitmaßnahmen zur Einführung der Europäischen Gesellschaft und zur Änderung weiterer steuerrechtlicher Vorschriften (SEStEG), BGBl. I 2006, 2782-2806. Handelsrechtliche Änderungen gehen zurück auf das Zweite Gesetz zur Änderung des Umwandlungsgesetzes vom 24.04.2007 (BGBl I 2007, 524).

oder Teilbetrieben gem. § 23 Abs. 1-3 UmwStG und der Anteilstausch gem. § 23 Abs. 4 UmwStG.

Im Anschluss an die **Änderungsrichtlinie 2005** und die EU-Verschmelzungsrichtlinie vom 2005 ist der Regelungsbereich der Fusionsrichtlinie für grenzüberschreitende Umwandlungen ausgeweitet worden. Die Änderungen greifen einerseits Vorschläge der Europäischen Kommission aus dem Jahr 2003 auf und berücksichtigen andererseits die Verabschiedung des Status zur Europäischen Aktiengesellschaft (SE) im Jahr 2001 und zur Europäischen Genossenschaft (SCE) im Jahr 2003. Die wichtigsten Änderungen können folgendermaßen umrissen werden:

(1) Der persönliche Anwendungsbereich der Fusionsrichtlinie (FRL) wird erweitert, indem die Rechtsform der Europäischen Aktiengesellschaft (SE) und der Europäischen Genossenschaft (SCE) in die Liste der von der Richtlinie erfassten Rechtsformen[226] aufgenommen werden. Alle im EU/EWR-Gebiet ansässigen Rechtsträger[227] werden nun einbezogen.

(2) Der sachliche Anwendungsbereich der Fusionsrichtlinie wird erweitert. Als neue Vorgänge werden aufgenommen: die Sitzverlegung, die Abspaltung und die Umwandlung von Niederlassungen in Tochtergesellschaften. Es bleibt aber generell beim Betriebsstättenvorbehalt. Der Steueraufschub wird nur gewährt, wenn ein Mitgliedsstaat durch die Übertragung des Vermögens auf einen neuen Rechtsträger sein Besteuerungssubstrat nicht verliert. Die übertragenen Wirtschaftsgüter müssen auch nach der Umstrukturierung zu einer Betriebsstätte in dem Staat gehören, der bereits vorher das Besteuerungsrecht hatte. Dies entspricht dem Vorbehalt der Wahrung des staatlichen Fiskalinteresses.

In Deutschland sind diese europarechtlichen Vorgaben im SEStEG 2006[228] umgesetzt worden. Der persönliche Anwendungsbereich ist dabei sogar noch weiter gefasst worden, indem auch natürliche Personen mit Ansässigkeit im EU/EWR-Gebiet als Rechtsträger einbezogen werden[229]. Das Umwandlungssteuergesetz ist sachlich im Hinblick auf die Verschmelzung, Aufspaltung und Abspaltung sowie den Formwechsel auf „vergleichbare ausländische Vorgänge" anwendbar[230]. Im Ergebnis sollen die Anpassungen zu europaweit einheitlichen Grundsätzen bei der Besteuerung von Umstrukturierungen führen. Da sich das Anwendungsfeld nicht auf Drittstaaten bezieht, ist auf die Globalisierung des Umwandlungssteuergesetzes verzichtet worden.

Die **Fusionsrichtlinie 2009** umfasst nunmehr folgende Vorgänge:

- **Fusion:**
  Art 2 a) Fusionsrichtlinie 2009:
  Eine oder mehrere Gesellschaften übertragen ihr gesamtes Aktiv- und Passivvermögen auf eine andere Gesellschaft gegen Gewährung von Anteilen am Gesellschaftskapital der

---

226 Neu sind auch Regelungen zu transparenten bzw. hybriden Gesellschaften (vgl. Art. 4 Abs. 2 und Art. 8 Abs. 3 FRL.

227 Art. 3 Fusionsrichtlinie 2009 verweist auf die in der Anlage I Teil A aufgeführten Gesellschaften.

228 Vgl. FN 225.

229 Dies geht über die Änderungsrichtlinie 2005 hinaus, in welcher der persönliche Anwendungsbereich lediglich auf Genossenschaften, Sparkassen, die SE und die SCE erweitert wird. Es werden nun alle Gesellschaften erfasst, die als Handelsgesellschaften fungieren. Dies betrifft auch Personengesellschaften (vgl. § 1 Abs. 1 Nr. 1 und 2 und Abs. 2-4 UmwStG).

230 Vgl. § 1 Abs. 1 Nr. 1 und 2 UmwStG. Dies erfordert eine Vergleichbarkeitsprüfung (Rödder, in: Rödder,Herlinghaus, van Lishaupt 2008, § 11 Rz. 22).

anderen (oder neuen) Gesellschaft an ihre eigenen Gesellschafter und gegebenenfalls einer baren Zuzahlung. Die Zuzahlung darf 10% des Nennwerts oder des rechnerischen Werts nicht überschreiten. Die Übertragung kann durch Aufnahme (Übertragung auf eine bestehende Gesellschaft) oder Gründung (Übertragung auf eine neu gegründete Gesellschaft) erfolgen. Die Fusion umfasst auch die Übertragung des Aktiv- und Passivvermögens auf die Gesellschaft, die sämtliche Anteile am Gesellschaftskapital der übertragenden Gesellschaft besitzt. Besteht vor der Verschmelzung von Kapitalgesellschaften bereits solch eine Beteiligung, wird dies als „up-stream-merger“ bezeichnet. Zur grenzüberschreitenden Fusion zählt auch die Gründung einer SE[231].

§§ 11–13 UmwStG:
Nach deutschem Recht werden die Vorgänge dem dritten Teil des Umwandlungssteuergesetzes zugeordnet (Verschmelzung). Nach § 11 Abs. 1 UmwStG sind in der steuerlichen Schlussbilanz des übertragenden Rechtsträgers die Wirtschaftsgüter mit dem gemeinen Wert[232] anzusetzen. Dies schließt nicht entgeltlich erworbene oder selbst geschaffene immaterielle Wirtschaftsgüter ein. Lediglich Pensionsrückstellungen sind mit dem Teilwert[233] zu bewerten. Abweichend von der Ausrichtung auf den gemeinen Wert kann beantragt werden, dass für die übergehenden Wirtschaftsgüter einheitlich die Buch- oder Zwischenwerte angesetzt werden[234]. Die niedrigere Bewertung kann gem. § 11 Abs. 2 UmwStG nur beantragt werden, wenn kumulativ drei Bedingungen erfüllt sind:

a) Die spätere Besteuerung der übergehenden Wirtschaftsgüter mit KSt muss bei der übernehmenden Körperschaft sichergestellt sein.
b) Das Recht der Bundesrepublik Deutschland hinsichtlich der Besteuerung des Gewinns aus der Veräußerung der übertragenen Wirtschaftsgüter darf nicht ausgeschlossen oder beschränkt werden. Mit dieser Regelung soll der Wegzug der stillen Reserven verhindert werden. Die Steuerneutralität[235] gilt nur für das Vermögen, das auch nach der Umwandlung zu einer Betriebsstätte im Staat der übertragenden Gesellschaft gehört (Betriebsstättenbedingung) und dort steuerpflichtig ist (Steuerverhaftungsbedingung).
c) Die Gegenleistung darf nur in Gesellschaftsrechten bestehen[236]. Barzahlungen und die Einräumung eines Darlehenskontos sind schädlich und wirken sich buchwerterhöhend aus.

Für die übernehmende Gesellschaft gilt die zwingende Buchwertverknüpfung gem. § 12 Abs. 1 S. 1 UmwStG. Dies bedeutet, dass die bei der übertragenden Gesellschaft angesetzten Werte zu übernehmen sind. Etwaig vorhandene **Verluste** oder verbleibende Verlustvorträge gehen gem. § 12 Abs. 3 i.V.m. § 4 Abs. 2 S. 2 UmwStG nicht über. Ehemals vorhandene Möglichkeiten der Übertragung von Verlustvorträgen hat der deutsche Ge-

---

231 Vgl. Art. 17 Abs. 2 SE-VO.

232 Dies ist gem. § 9 Abs. 2 BewG der Preis, der im gewöhnlichen Geschäftsverkehr zu erzielen wäre. Dies entspricht dem internationalen Fremdvergleichsmaßstab mehr als dem nach alten Recht gültigen Teilwert.

233 Der Teilwert ist der Betrag, den ein Erwerber des ganzen Unternehmens im Rahmen des Gesamtkaufpreises für das einzelne Wirtschaftsgut ansetzen würde (vgl. § 10 BewG).

234 Dies läuft auf die Durchbrechung des Grundsatzes der Maßgeblichkeit der Handels- für die Steuerbilanz hinaus.

235 Nach § 12 Abs. 2 UmwStG bewirkt die Pflicht zur anteiligen Anwendung von § 8 b Abs. 2 und 3 KStG im Fall des up-stream mergers aber keine volle Steuerneutralität. 5% des steuerfreien Gewinns sind zu besteuern.

236 Diese Regelung ist enger als die gem. Art. 2 Fusionsrichtlinie.

setzgeber auch für innerstaatliche Fusionen aufgehoben. Dies steht nicht im Einklang mit Art. 6 Fusionsrichtlinie. Denn die Richtlinie sieht die Berücksichtigung von Verlustvorträgen im Rahmen einer in einem EU-Mitgliedstaat gelegenen Betriebsstätte ausdrücklich vor. Das Bestreben, einen potenziellen Import von ausländischen Verlusten abzuwehren, muss als Reaktion auf die EuGH-Entscheidung „Marks & Spencer“[237] interpretiert werden, wonach die Verrechnung des Verlustes einer nicht gebietsansässigen EU-Tochtergesellschaft im Land der EU-Muttergesellschaft zuzulassen sei. Dies gelte, insoweit eine Übertragung des Verlustes nach innerstaatlichem Recht möglich sei. Eine Aufteilung der Besteuerungsbefugnis unter den EU-Mitgliedsstaaten dürfe allerdings nicht zur doppelten Verlustverrechnung führen. Der deutsche Gesetzgeber hat sich für die weite Lösung entschieden und sowohl die innerstaatliche als auch die grenzüberschreitende Verlustverrechnung abgeschafft.

- **Spaltung und Abspaltung:**
  Art 2 b) und c) Fusionsrichtlinie 2009:
  Im Rahmen einer Selbstauflösung einer Gesellschaft wird das gesamte Aktiv- und Passivvermögen auf zwei oder mehrere bestehende oder neu gegründete Gesellschaften übertragen. Dies erfolgt gegen Gewährung von Anteilen am Gesellschaftskapital der übernehmenden Gesellschaft an ihre eigenen Gesellschafter und gegebenenfalls einer Barzahlung. Die Barzahlung darf auch hier 10% des Nennwerts (oder des rechnerischen Werts) dieser Anteile nicht überschreiten. Bei der Abspaltung liegt eine Sonderform vor, bei der eine Gesellschaft einen oder mehrere Teilbetriebe auf eine bestehende oder neu gegründete Gesellschaft überträgt, ohne sich aufzulösen. Ein Teilbetrieb muss mindestens in der einbringenden Gesellschaft verbleiben. Die Übertragung erfolgt wiederum gegen neue Gesellschaftsanteile und gegebenenfalls Barzahlung in vorgenannter Größenordnung.

  §§ 15, 16 UmwStG:
  Nach § 15 Abs. 1 S. 2 UmwStG ist bei der Aufspaltung, Abspaltung und Teilübertragung auf andere Körperschaften der gemeine Wert anzusetzen. Die abweichende Zugrundelegung der Buch- oder Zwischenwerte ist auf Antrag aber nur möglich, wenn auf die übernehmenden Körperschaften ein Teilbetrieb[238] übertragen wird und im Fall der Abspaltung oder Vermögensübertragung bei der übertragenden Körperschaft ein Teilbetrieb verbleibt. Die Verknüpfung des vom gemeinen Wert abweichenden Wertansatzes mit der Existenz eines Teilbetriebs steht nicht im Einklang mit der Definition der „Spaltung“ gem. Art. 2 b) Fusionsrichtlinie 2009.

  Nach § 15 Abs. 2 UmwStG müssen weitere Bedingungen für die Inanspruchnahme des Bewertungswahlrechts gegeben sein. Schädlich sind u.a. folgende Übertragungen: der Erwerb oder die Aufstockung von Anteilen innerhalb eines Zeitraums von drei Jahren vor der Übertragung von Wirtschaftsgütern oder die Nutzung der Spaltung zur Umge-

---

237 EuGH-Urteil C-446/03.

238 Der Begriff des Teilbetriebs umfasst auch einen Mitunternehmeranteil oder die hundertprozentige Beteiligung an einer Kapitalgesellschaft. Eine nähere Definition des Begriffs ist in den deutschen Steuergesetzen nicht enthalten. Lediglich die Rechtsprechung hat im Zusammenhang mit der Auslegung des Begriffs in § 16 EStG die organische Geschlossenheit und den Übergang aller wesentlichen Betriebsgrundlagen gefordert. Demgegenüber wird der Teilbetrieb näher bestimmt in Art. 2 i) Fusionsrichtlinie 2009. Die europarechtliche Prägung des Begriffs orientiert nicht auf die wesentlichen Betriebsgrundlagen sondern auf die Funktionsfähigkeit des Teilbetriebs (Blumers 2008: 2042).

hung einer Veräußerung. Damit sollen missbräuchliche Gestaltungen vermieden werden. Auch in diesem Punkt wird in der Fachliteratur die mangelnde Übereinstimmung mit der Fusionsrichtlinie hervorgehoben (Gille 2007: 194).

- **Einbringung von Unternehmensteilen:**
  Art 2 d) Fusionsrichtlinie 2009:
  Eine Gesellschaft überträgt ihren Betrieb oder einen Teilbetrieben auf eine andere Gesellschaft. Die Gegenleistung besteht in der Gewährung von Anteilen an der übernehmenden Gesellschaft. Nach Art. 10 Abs. 1 S. 4 Fusionsrichtlinie wird auch der Fall der Umwandlung einer ausländischen Betriebsstätte in eine Tochtergesellschaft begünstigt.

  §§ 20–23 UmwStG:
  Nach dem deutschen Ertragsteuerrecht wird die Veräußerung eines Betriebs, Teilbetriebs oder Mitunternehmeranteils an sich als tauschähnliches Geschäft behandelt. Demnach wäre gem. § 16 EStG ein Veräußerungsgewinn zu besteuern. Nach § 20 UmwStG kann der Einbringungsvorgang aber steuerneutral gestaltet werden, wenn der betreffende Unternehmensteil gegen Gewährung von Anteilen am Kapital der übernehmenden Kapitalgesellschaft oder Genossenschaft eingebracht wird. Dies wird als Sacheinlage bezeichnet. Statt mit dem gemeinen Wert kann die übernehmende Gesellschaft gem. § 20 Abs. 2 UmwStG auch hier das eingebrachte Betriebsvermögen einheitlich mit dem Buchwert oder Zwischenwert ansetzen, insoweit drei Bedingungen erfüllt sind:
  a) Das übernommene Vermögen unterliegt später der Körperschaftsteuer.
  b) Die eingebrachten Passiva (ohne das Eigenkapital) dürfen die eingebrachten Aktiva nicht übersteigen.
  c) Das deutsche Besteuerungsrecht hinsichtlich des Gewinns aus der Veräußerung des eingebrachten Vermögens wird bei der übernehmenden Gesellschaft nicht ausgeschlossen oder beschränkt.

  Beim Einbringenden stellt gem. § 20 Abs. 3 UmwStG der bei der übernehmenden Gesellschaft angesetzte Wert sowohl den Veräußerungspreis als auch die Anschaffungskosten der Anteile dar. Insoweit das eingebrachte Vermögen unterhalb des gemeinen Werts bewertet worden ist, ergibt sich daher das Problem der Verdopplung der stillen Reserven[239]. Der Veräußerungsgewinn ist nach § 16 Abs. 4 und § 34 Abs. 1 und 3 EStG begünstigt[240].

- **Austausch von Anteilen:**
  Art 2 e) Fusionsrichtlinie 2009:
  Eine Gesellschaft erwirbt Anteile an einer Gesellschaft, die zur Mehrheit der Stimmrechte führt oder diese Mehrheit vergrößert. Die Gegenleistung besteht darin, dass die Gesellschafter, die ihre Anteile verkaufen, Anteile an der erwerbenden Gesellschaft erhalten. Auch hier wird eine ergänzende Barzahlung bis zur Höhe von 10% des Nennwerts (oder des rechnerischen Werts) zugelassen. Nach Art. 8 Abs. 1 Fusionsrichtlinie darf der Anteilstausch für sich allein keine Besteuerung des Veräußerungsgewinns auslösen.

---

239 Sie sind sowohl im eingebrachten Betriebsvermögen als auch in den gewährten Anteilen enthalten.

240 Bei einbringungsgeborenen Anteilen ist die alte siebenjährige Sperrfrist zugunsten einer rückwirkenden Besteuerung der Einbringung gem. § 22 UmwStG aufgehoben worden. Ist die Sacheinlage unter dem gemeinen Wert und innerhalb von sieben Jahren nach der Einbringung erfolgt, ist der dabei entstandene Einbringungsgewinn rückwirkend als Veräußerungsgewinn i.S.v. § 16 EStG (ohne Begünstigung) zu versteuern. Die Rechtmäßigkeit der Typisierung von Missbrauchsvorbehalten wird in der Fachliteratur bezweifelt (Gille 2007: 197).

§ 21 UmwStG:
Das Wahlrecht zur Bewertung nach dem gemeinen Wert, Buchwert oder Zwischenwert setzt gem. § 21 UmwStG voraus, dass die Anteile an einer Kapitalgesellschaft oder Genossenschaft gegen Gewährung neuer Anteile an der übernehmenden Kapitalgesellschaft oder Genossenschaft eingebracht werden. Die Gründung einer Holding-SE stellt einen grenzüberschreitenden Anteilstausch dar.

Für den Einbringenden gilt gem. § 21 Abs. 2 UmwStG der bei der übernehmenden Gesellschaft angesetzte Wert als Veräußerungspreis und Anschaffungskosten der erhaltenen Anteile. Von dieser Wertverknüpfung wird abgesehen, wenn das deutsche Recht auf Besteuerung des Veräußerungsgewinns hinsichtlich der eingebrachten oder erhaltenen Anteile ausgeschlossen oder beschränkt wird. In diesem Fall gilt der gemeine Wert der eingebrachten Anteile als Veräußerungspreis und als Anschaffungskosten der Anteile. Wie bei der Einbringung von Unternehmensteilen sind auch beim Anteilstausch die Regeln zur rückwirkenden Besteuerung des Einbringungsgewinns gem. § 22 Abs. 2 UmwStG anzuwenden.

Im Kapitel V der Fusionsrichtlinie 2009 sind im Anschluss an die Änderungsrichtlinie 2005 Regeln für die **Sitzverlegung einer SE oder einer SCE** eingefügt worden. Demnach darf in diesen Fällen keine Besteuerung der stillen Reserven hinsichtlich des Vermögens der SE oder SCE ausgelöst werden. Die Wertansätze sind für das in der inländischen Betriebsstätte verbleibende Vermögen so fortzuführen, als habe es keine Sitzverlegung gegeben. Dies gilt sowohl auf der Ebene der Gesellschaft als auch des Anteilseigners. Bei der Sitzverlegung handelt es sich nicht um einen Wechsel des Rechtsträgers. Es gelten die allgemeinen Entstrickungsregeln des EStG und KStG. So erfolgt nach § 12 Abs. 1 KStG keine Sofortbesteuerung, soweit das deutsche Besteuerungsrecht nicht eingeschränkt oder ausgeschlossen wird[241].

Abschließend soll ein Blick auf die **EU-Verschmelzungsrichtlinie** erfolgen, die am 15. Dezember 2005 in Kraft gesetzt worden ist. Die Richtlinie enthält kein in sich abgeschlossenes Regelungswerk für grenzüberschreitende Verschmelzungen. Sie sieht nur einen rechtlichen Rahmen mit bestimmten Sonderregelungen vor. Im Übrigen gelten grundsätzlich die auf die beteiligten Gesellschaften nach ihrem nationalen Recht anzuwendenden Regeln. Damit wird in Deutschland auf das handelsrechtliche Umwandlungsgesetz verwiesen. Kernelement der Richtlinie ist der Verschmelzungsplan, der von den Leitungs- und Verwaltungsorganen aufzustellen ist. Dessen Inhalt deckt sich weitgehend mit den Inhalten, die nach dem Umwandlungsgesetz anzugeben sind. Im Hinblick auf das Mitbestimmungsgesetz ist festgelegt worden, dass die Arbeitgeber- und Arbeitnehmervertreter über die Mitbestimmung zu verhandeln haben. Dabei müssen drei Voraussetzungen erfüllt sein. Erstens müssen in mindestens einem der beteiligten Unternehmen mehr als fünfhundert Arbeitnehmer beschäftigt gewesen sein. Zweitens muss dieses Unternehmen nationalen Mitbestimmungsregeln unterworfen worden sein. Drittens sieht das Recht des Sitzstaates der übernehmenden oder durch Verschmelzung gegründeten Gesellschaft kein gleichwertiges Mitbestimmungssystem vor. Liegen die Voraussetzungen nicht vor, gelten für die aus der Verschmelzung hervorgehende Gesellschaft die nationalen Regeln.

---

241 Nach Art. 14 Abs. 2 Fusionsrichtlinie 2009 sind die Mitgliedstaaten aber nicht daran gehindert, den Gewinn aus einer späteren Veräußerung der Anteile am Kapital der ihren Sitz verlegenden SE oder SCE zu besteuern.

4.3 Die Gestaltung internationaler Verrechnungspreise und Werteffekte

4.3.1 Chancen und Risiken der internationalen Steuerplanung sowie steuerliches Risikomanagement

Wir haben im Teil I Kapitel 5.6.1 gezeigt, dass sich der internationale Leistungsverkehr im wachsenden Maße im Rahmen interner Verbundstrukturen abspielt. So lässt sich im Bereich der internationalen Unternehmensführung ein Trend zum transnationalen Unternehmen und zum integrierten Netzwerk nachweisen. Dies hat auch zur Herausforderung für betriebliche Steuerabteilungen geführt. Wir wollen in diesem Kapitel herausarbeiten, welche Chancen und Risiken auf steuerlichem Gebiet mit diesen Veränderungen verknüpft sind. Zum einen potenzieren sich die Möglichkeiten für die zentrale betriebliche Steuerplanung im Unternehmensverbund. Die Unterschiedlichkeit der steuerlichen Rahmenbedingungen in den Ländern beeinflusst direkt die Standortwahl und Aufgliederung des Unternehmensverbundes in verschiedene operative Teilgesellschaften und Zentren der Unternehmensleitung. Sogar die rechtlichen, finanziellen und operativen Hauptquartiere des Top-Managements werden auf verschiedene Standorte aufgeteilt[242]. Internationale Steuerplanung zielt vor diesem Hintergrund vor allem auf Maßnahmen zur Optimierung der effektiven Steuerbelastung und Gewährleistung eines stabilen Cash Flows im transnationalen Unternehmensverbund[243]. Die Gestaltung von Verrechnungspreisen spielt hierbei eine bedeutende Rolle. Risiken der Steuerplanung und Gefahren der mangelnden steuerlichen Transparenz wurden dabei in der Vergangenheit selten eingegrenzt[244]. Das steuerliche Risikomanagement erhält erst in jüngster Zeit die gebührende Aufmerksamkeit. Transnationale Unternehmen sind hier die Vorreiter. Insbesondere die Risiken im Zusammenhang mit der Gestaltung von Verrechnungspreisen haben sich innerhalb der letzten fünfzehn Jahre enorm erhöht. Spektakulär ist der Fall von GlaxoSmithKline. Der U.S.-Fiskus hatte für die Geschäftsjahre 1989 bis 2005 eine Steuernachzahlung im Gefolge einer Gewinnkorrektur in Höhe von 20 Mrd. $ gefordert. Unterschiedliche Einschätzungen der Verrechnungspreise insbesondere von immateriellen Wirtschaftsgütern führten schließlich zur gerichtlichen Auseinandersetzung und Minderung des Zahlungsbetrages auf 3,4 Mrd. $ (Eigelshoven, Rasch 2010: 15). Die Chancen und Risiken der Gestaltung von Verrechnungspreisen sollen daher im Folgenden genauer erläutert werden.

Die Chancen der internationalen Steuerplanung gehen einher mit dem Trend zum internationalen Unternehmensverbund. Denn die Errichtung globaler Netzwerke lässt Motive erkennen, die sich mit den Zielen der wertorientierten Unternehmensführung bestens vereinbaren lassen. Im transnationalen Unternehmensverbund werden die Ressourcen der Zentrale und der ausländischen Tochtergesellschaften zusammengefasst. Um weltweite Wettbewerbsvorteile zu erzielen, werden Kosten und Erträge gleichzeitig optimiert. Zentralisiert wird die Grundlagenforschung, um Kernkompetenzen zu schützen. Dies gilt entsprechend für die

---

242 Dies betrifft Weltfirmen wie bei IBM und HSBC: "HSBC announced that its CEO, Michael Geoghegan, would move to Hong Kong in order to be closer to the bank's fastest-growing markets" (Mitchell 2010: 9).

243 So auch Paul Morton, Head of Group Tax at Reed Elsevier: "First, I would think about the effective tax rate that the company has and then I would look at the management of risk" (Ernst & Young 2010: 22).

244 Vgl. Jim Marshall, former Tax Director of Cadbury: "Tax risk management is vitally important. It has tended to be a neglected part of a company's tax agenda in the past" (Ernst & Young 2010: 20).

Finanzkontrolle. Andere Kompetenzen und Ressourcen werden nicht in der Zentrale sondern an einzelnen Standorten im Ausland konzentriert. So kann die anwendungsnahe Forschung tendenziell ausgelagert und in der Nähe der Regionalmärkte angesiedelt werden. Außerdem können in Niedriglohnländern Fabrikationsstätten für die weltweite Massenproduktion aufgebaut werden. An anderen Standorten wie Deutschland, USA oder Japan mag es wiederum vorteilhaft sein, Know-how zu konzentrieren und neue Technologien zu entwickeln und einzusetzen. Effizient arbeitende lokale Tochtergesellschaften werden in internationale Produktionszentren umgewandelt und innovative Entwicklungslabors in einzelnen Ländern übernehmen die Rolle weltweiter Leistungszentren für spezifische Produkt- oder Verfahrenstechniken.

Die „Global Factory“ schlägt sich in einem erhöhten Anteil des Interkonzernhandels am Welthandel nieder. Bei U.S.-Unternehmen ist er von 37% im Jahr 1977 auf 60% im Jahr 1993 angestiegen. Und dieser Anteil ist weiter gestiegen. Der Trend drückt sich im erhöhten Anteil an Vorprodukten und Halbfabrikaten aus. Der Anteil des konzerninternen Leistungsaustausches am gesamten Welthandel wird mittlerweile auf siebzig Prozent geschätzt (Kurzewitz 2009: 1).

Die Internationalisierung der gesamten Wertschöpfungskette ist ein zentrales Element von internationalen Produktions-Netzwerken. Sie beziehen den Einkauf und das Zuliefersystem, die Organisation von Forschung und Entwicklung, die Anwendung neuer Technologien sowie die gesamten Abläufe der Produktion und des Vertriebs ein. Die Steuerung erfolgt über globale Telekommunikationssysteme, konzerninterne Datennetze und moderne Transportsysteme. Qualifizierte Arbeit, Rohstoffe, Halbfabrikate, Wissen und Zulieferfirmen werden dort genutzt, wo regionale Wettbewerbsvorteile optimal ausgeschöpft werden können. Dies begünstigt die funktionale Spezialisierung und die Entstehung von Clustern an bestimmten Standorten.

„Value Added Activities“ (UNCTAD 2002: 125) werden nach dem Muster der jeweils günstigsten Faktorkosten und Investitionsanreize auf einzelne Standorte verteilt. Die Streuung der Aktivitäten macht es möglich, die Unterschiede in den Faktorkosten pro Standort zu nutzen und so die Kosten im Verbund zu senken. So liegt der Anteil der Inlandsfertigung bei der Volkswagen AG bei mittlerweile weniger als 44 Prozent. Der Trend zum „Weltprodukt“ wird dabei nicht nur in der Automobilproduktion deutlich. Die verschiedenen Modelle werden auf Basis flexibler Fertigungstechnologien mit nur wenigen Grundbausteinen hergestellt.

Der Verrechnungspreis[245] ist das zentrale interne Instrument zur wirtschaftlichen Steuerung des Leistungsverkehrs im Unternehmensverbund. Es handelt sich hierbei um den Wertansatz, der bei der internen Erfassung des Transfers von Gütern und Dienstleistungen zwischen Verbundunternehmen oder rechnerisch abgegrenzten Teilbereichen eines Unternehmens zugrunde gelegt wird. Synonym wird auch vom Transferpreis gesprochen. Dabei wird in der Regel der Verrechnungspreis vom Marktpreis unterschieden (Braun 1994: 10). Dem liegt die Auffassung zugrunde, dass der Verrechnungspreis lediglich innerhalb einer Gruppe von Verbundunternehmen, der Marktpreis dagegen auf dem freien Markt zwischen voneinander unabhängigen Unternehmen vereinbart wird. Dieser eingeengte Referenzrahmen macht den Verrechnungspreis anfällig für Preisgestaltungen mit intern beabsichtigten Wirkungen.

---

[245] Der Begriff wird in § 1 Abs. 1 AStG definiert und orientiert auf die Minderung der Einkünfte bei Auslandsgeschäften mit nahestehenden Personen.

Welche Nähe der Verrechnungspreis zum Marktpreis hat, lässt sich nur schwer ermitteln und hängt mit den Funktionen und Zielen der internen Preisgestaltung zusammen. Im ersten Schritt können hier die Abrechnungs- und Planungsfunktion sowie die Erfolgszuweisungsfunktion voneinander unterschieden werden. Sie zielen zunächst auf das Ziel der optimalen Allokation der Ressourcen im Unternehmen oder im Unternehmensverbund. Weit verbreitet sind rein kostenorientierte Preisermittlungen, bei der dem Verrechnungspreis Ist- bzw. Standardkosten, Grenz- oder Vollkosten und Kosten mit Gewinnaufschlag zugeordnet werden. Die Kostenorientierung drängt sich vor allem dann auf, wenn ein externer Marktpreis nicht ermittelbar ist oder Anpassungsrechnungen als zu ungenau erscheinen. Der weitergehenden Aufgliederung des Gesamterfolges auf die verschiedenen Unternehmens- bzw. Verbundeinheiten wird der Verrechnungspreis jedoch nur gerecht, wenn er auch angemessene Gewinnanteile enthält. Gegenüber den kostenorientierten und aus Marktpreisen abgeleiteten Verrechnungspreisen wird auch von internen Preisen ausgegangen, die im Wege von Verhandlungen zwischen den Parteien festgelegt werden. In der Praxis lässt sich ein Übergewicht kostenorientierter Verrechnungspreise nachweisen (Ewert/Wagenhofer 2003: 602).

Die Festlegung von Verrechnungspreisen unterliegt dabei nicht selten einer Zielantinomie (Coenenberg 1997: 525). Denn während bei einer zentralen Lösung die Steigerung des Gesamtoptimums im Vordergrund steht, orientiert die dezentrale Lösung auf die Erreichung des Optimums auf der Ebene des einzelnen Verbundunternehmens bzw. des Unternehmensteiles. Wenn das Verbundergebnis im Rahmen der Unternehmensführung präferiert wird, kann dies nachteilige Folgen auf der Ebene der einzelbetrieblichen oder divisionsbezogenen Ressourcensteuerung bewirken. Aus Sicht der Lenkungs- und Erfolgszuweisungsfunktion stellen Verrechnungspreise daher häufig Kompromisslösungen dar, bei der verschiedene Strategien und Interessen im Unternehmensverbund miteinander abgestimmt werden. Genau dies kann wiederum Anlass für Verzerrungen bei der Ressourcensteuerung sein. Denn ein zu hoher oder zu niedriger Verrechnungspreis einer Verbundeinheit bringt gerade nicht die tatsächliche Leistungsfähigkeit zum Ausdruck, was zu unternehmerischen Fehlentscheidungen führen kann. Vor diesem Hintergrund verwundert es nicht, wenn die Möglichkeit der Ermittlung des „richtigen“ Verrechnungspreises bezweifelt wird (Djanani/Winning 1999: 252; Brühl 1996: 302; Horngren/Foster/Datar 2001: 860).

Mit der Ausweitung des Handlungsfeldes des international tätigen Unternehmens ergibt sich eine weitere Funktion des Verrechnungspreises. Die unterschiedlichen steuerlichen Bedingungen in den Ländern ermöglichen die Ausnutzung des Belastungsgefälles mit der Folge, dass die Gesamtsteuerbelastung durch Gewinnverlagerungen im Unternehmensverbund minimiert wird. Der Verrechnungspreis im transnationalen Unternehmensverbund hat damit insgesamt folgenden Funktionen gerecht zu werden:

- der Steuerung von Ressourcen (Lenkungsfunktion),
- dem Erfolgsausweis auf zentraler und dezentraler Ebene (Erfolgszuweisungsfunktion),
- der Senkung der Gesamtsteuerbelastung des Unternehmensverbundes (Steuervermeidungsfunktion).

Die Funktion der Steuervermeidung bei der Gestaltung des Verrechnungspreises (Transfer Pricing) ist im Verlauf der 1990er Jahre verstärkt thematisiert und untersucht worden. So geht auch die UNCTAD (1999: 3) davon aus, dass sich Transfer Pricing zum wichtigsten Bereich der Steuerplanung von transnationalen Unternehmen entwickelt hat. Auf der einen Seite beeinflusse dies die Höhe des Gewinns pro Land und damit die Verteilung der Steuereinnahmen auf die Sitz- und Quellenstaaten. Auf der anderen Seite wird in der Studie bereits der Konflikt zwischen dem dezentralen Profit-Center-Prinzip und der zentralen betrieblichen Finanzstrategie herausgearbeitet. Auf der das einzelne Verbundunternehmen übergreifenden Ebene des Finanzmanagements werde ein rationaler Pfad der Festlegung optimaler Preise[246] bedeutsam, der Verzerrungen und Fehlanreize bei der Verteilung von Ressourcen auf die verschiedenen Wirtschaftseinheiten vermeidet. Dies bleibt in der damaligen Studie allerdings noch unbestimmt.

Seitdem insbesondere die OECD-Länder in den letzten Jahren Abwehrmaßnahmen gegen den Verlust von Steuereinnahmen verstärkt haben, müssen sich die Unternehmen mit steuerlichen Risiken in Gestalt von gesetzlichen Auflagen, Sanktionen und steuerlicher Mehrfachbelastung auseinandersetzen. Die OECD hat mit den erstmals im Jahr 1995 veröffentlichten Verrechnungspreis-Richtlinien (OECD Transfer Pricing Guidelines) eine Vorreiterrolle gespielt. Der gesetzliche Regelungsbereich in den Ländern engt den betrieblichen Handlungsspielraum zunehmend ein. Dies kann als Reaktion der Staaten auf die steigende Staatsverschuldung interpretiert werden. Während sich vor fünfzehn Jahren nur wenige Länder – Australien, die USA, Großbritannien und zum Teil Frankreich und Deutschland – in diesem Sinne engagiert haben, hat sich auch in anderen Ländern die Anzahl steuerlicher Betriebsprüfungen speziell im Bereich der Verrechnungspreise stark vergrößert. Trotz der Bemühung der OECD, die Verwaltungspraxis zu harmonisieren, hat sich dabei die unterschiedliche Anwendung von Regeln in den Ländern als ein Kernproblem[247] heraus kristallisiert. Vor diesem Hintergrund wird für die Unternehmen ein Risikomanagement, das die Chancen und Risiken der Gestaltung von Verrechnungspreisen abwägt, immer wichtiger.

Ein bedeutsamer Gefahrenbereich ergibt sich für die Unternehmen aus der Berichtigung von nicht angemessenen Verrechnungspreisen. Den Finanzverwaltungen wird der Eingriff durch diverse Rechtsgrundlagen ermöglicht, die wir in den folgenden Kapiteln noch erläutern werden. Im Fall der Korrektur ist die Gewinnverlagerung in das niedrig besteuernde Ausland mit der Gefahr der internationalen Doppelbesteuerung direkt verknüpft. Denn der Gewinnerhöhung im Niedrigsteuerstaat steht im Anschluss an die Primärberichtigung der Finanzverwaltung der nach oben korrigierte Gewinn im Hochsteuerstaat gegenüber. Der verlagerte Gewinn droht so im wirtschaftlichen Sinne doppelt besteuert zu werden[248]. Dies Risiko der wirtschaftlichen Doppelbesteuerung muss bei der zentralen betrieblichen Steuerplanung berücksichtigt werden.

Im Falle eines begründeten, von Unternehmensseite nicht widerlegbaren Zweifels ist der Verrechnungspreis zu berichtigen. Bereits ein Verstoß gegen die in den letzten Jahren ausgeweiteten Mitwirkungs- bzw. Dokumentationspflichten[249] ist mit Risiken behaftet. Neben der Doppelbesteuerung drohen auch Strafzuschläge i.S.v. § 162 Abs. 4 AO. Die Beträge richten

---

246 Vgl. UNCTAD 1999, S. 7: „This requires a mechanism for setting prices in a rational way that ensures the setting of optimal prices and which avoids the misallocation of resources or distortions in the final prices of products."

247 Vgl. Bill Millar (2010: 15): „A key problem is the fact that, despite efforts by organizations such as the OECD to harmonize practices, each tax authority will take a slightly different approach."

248 Bei der wirtschaftlichen Doppelbesteuerung wird ein bestimmter Einkommensteil im gleichen Besteuerungszeitraum bei verschiedenen Steuersubjekten mit einer vergleichbaren Steuer erfasst.

249 Ausgangspunkt der im Jahr 2003 verschärften Aufzeichnungspflichten in Deutschland war das BFH-Urteil vom 17.10.2001, in dem eine spezielle Aufzeichnungspflicht bei Geschäftsbeziehungen zwischen Nahestehenden mit Auslandsbezug verneint wurde. Dies führte zur gesetzlichen Neuregelung in Gestalt des § 90 Abs. 3 AO.

sich nach Art des Falles. Bei einer nicht vorgelegten oder unverwertbaren[250] Dokumentation beträgt der Zuschlag mindestens fünf und höchstens zehn Prozent des Mehrbetrags i.S.v. § 162 Abs. 3 AO. Der Mindestbetrag liegt bei 5.000 €. Im Fall der lediglich verspäteten Vorlage von verwertbaren Aufzeichnungen beträgt der Zuschlag bis zu 1.000.000 €, mindestens jedoch 100 € für jeden vollen Tag der Fristüberschreitung.

In den USA wird bei Verletzung der besonderen Informations- und Aufbewahrungspflichten nach Sec. 6038A (d) IRC ein Zuschlag i.H.v. $ 10.000 in dem Wirtschaftsjahr erhoben, für das die Pflichtverletzung festgestellt wird. Weitere Zuschläge in entsprechender Höhe werden bei Fortbestehen der Pflichtverletzung nach einer Frist von 90 Tagen und danach von jeweils weiteren 30 Tagen fällig. Während sich in Deutschland diese Sanktionen allein auf die Nichterfüllung der Mitwirkungspflichten gem. § 90 Abs. 3 AO beziehen, löst in den USA die Korrektur des Verrechnungspreises selbst noch weitere Zuschläge aus. Der Zuschlag hängt vom Grad der Abweichung des Verrechnungspreises vom Fremdvergleichspreis ab und beträgt bis zu 40% der darauf bezogenen Steuernachzahlung[251].

Die Dokumentation von Verrechnungspreisen unterstellt einen enormen Informationsbedarf auf Seiten der Steuerbehörde und auf Seiten des Unternehmens. Der rechtliche Rahmen der Aufzeichnungspflichten wird in Deutschland durch das Dreieck von Gesetz (§ 90 Abs. 3 AO), Rechtsverordnung (GAufzVO[252]) und Verwaltungsgrundsätzen (VwG-V[253]) bestimmt[254]. Zwar sollen die benötigten Informationen zur Bestimmung des angemessenen Verrechnungspreises durch vom Unternehmen bereitgestellte Dokumentationen aufgebaut werden[255]. Doch muss davon ausgegangen werden, dass es kein System „richtiger" Verrechnungspreise geben kann. Dies hängt auch damit zusammen, dass die nationalen Steuerverwaltungen in ihren Auffassungen divergieren können. Auseinandersetzungen auf der Ebene von Verständigungs- und Schiedsverfahren können sich über mehrere Jahre erstrecken. Da eine Punktgenauigkeit der Preisbestimmung nicht möglich ist, betont auch die Fachliteratur, dass der angemessene Verrechnungspreis eine Bandbreite hat.

Allerdings ist der rechtliche Rahmen zur Definition des Fremdvergleichs innerhalb der letzten Jahre präzisiert worden, was zur Einengung der akzeptierten Bandbreiten geführt hat[256]. Wir kommen darauf im Kapitel II 4.3.3. zurück.

---

250 Wassermeyer sieht dies als erfüllt an, wenn mehr 25% der in der Dokumentation enthaltenen Aufzeichnungen unverwertbar sind (in FWB, AStR, § 1 AStG, Tz 823.30). Dies stößt in der Literatur auf Ablehnung (Cordes 2009: 218 und auch Schnorberger 2009: 2012)

251 Der höchste Satz von 40% wird erhoben, wenn der Verrechnungspreis mindestens um 400% oberhalb oder mindestens um 25% unterhalb des angemessenen Vergleichspreises liegt (vgl. Sec. 482 IRC und Regulations zu Sec. 6662-6 IRC; vgl. auch Diessner 2004: T, Tz 1-4).

252 Verordnung zu Art, Inhalt und Umfang von Aufzeichnungen im Sinne des § 90 Ab. 3 der Abgabenordnung (Gewinnabgrenzungsaufzeichnungsverordnung) vom 13. Nov. 2003.

253 Schreiben betr. Grundsätze für die Prüfung der Einkunftsabgrenzung zwischen nahestehenden Personen mit grenzüberschreitenden Geschäftsbeziehungen in Bezug auf Ermittlungs- und Mitwirkungspflichten, Berichtigungen sowie auf Verständigungs- und EU-Schiedsverfahren (Verwaltungsgrundsätze-Verfahren) vom 12. April 2005.

254 Wir gehen darauf im Kapitel II 4.3.3. näher ein.

255 Die sorgfältige Erfüllung der Pflicht zur Aufzeichnung der dem Grundsatz des Fremdvergleichs entsprechenden Leistungsvereinbarungen kann dazu beitragen, dass transnationale Unternehmen ihre Verrechnungspreise im Rahmen der Betriebsprüfung verteidigen können.

256 Vgl. für Deutschland § 1 Abs. 3 AStG und Tz 3.4.20 VwG-V (Verwaltungsgrundsätze-Verfahren vom 12. April 2005).

Bandbreiten von Verrechnungspreisen

1. Liegen uneingeschränkt vergleichbare Daten vor (identische Geschäftsbedingungen), kann die Bandbreite in der Regel im vollen Umfang genutzt werden. Nur wenn sich der Verrechnungspreis außerhalb der Bandbreite befindet, ist die Bandbreite einzuengen.
2. Sind nur eingeschränkt vergleichbare Daten vorhanden, sind Verprobungs- oder formalisierte Verfahren anzuwenden. Hier kann auf das mathematische Verfahren der „Interquartile Range“ hingewiesen werden, das in einigen Ländern (so auch in Deutschland) Anwendung findet.
3. Fehlen auch eingeschränkt vergleichbare Daten, kommt der hypothetische Fremdvergleich mit der Anwendung der Methodik der Unternehmensbewertung ins Spiel.

Die Bestimmung des angemessenen Preises, der dem Fremdvergleichsmaßstab entspricht, ist insbesondere bei Patenten und Lizenzen schwierig. Auch wenn hier die tatsächlichen Kosten berücksichtigt werden, verbleibt die Frage nach dem angemessenen Gewinnaufschlag im Zusammenhang mit selbst entwickelten Verfahren und Patenten.

Dies verweist darauf, dass trotz der behördlichen Gewinnberichtigung und der Doppelbesteuerung ein Handlungsspielraum für die Ausschöpfung von Steuersenkungsstrategien bei den Unternehmen verbleibt. Lediglich eine Vereinheitlichung der Steuersysteme und Steuersätze wäre in der Lage, die Verlagerung von Gewinnen mit dem Ziel der Senkung der Steuerbelastung zu beseitigen. Für das Gebiet der Europäischen Union sind Maßnahmen zur Vereinheitlichung der Bemessungsgrundlagen und Steuersätze zwar vorgeschlagen worden, doch kann auch hier in naher Zukunft nicht von der Beseitigung des Steuergefälles ausgegangen werden. Für die transnationalen Unternehmen kommt es daher darauf an, den Handlungsspielraum bei der Gestaltung von Verrechnungspreisen einzuschätzen, um Risiken zu vermeiden.

Der unsichere Bereich der Gestaltung von Verrechnungspreisen betrifft die untere und obere Begrenzung der angemessenen Bandbreite. Bei nur eingeschränkt vorhandenen Vergleichsdaten ist die eingeengte Bandbreite maßgeblich. Der Spielraum für die Preisgestaltung ist gewahrt, wenn sich der Verrechnungspreis innerhalb der akzeptierten Bandbreite befindet. Liegt er außerhalb der (eingeengten) Bandbreite, wird der Verrechnungspreis durch den Median bestimmt.

Im Anschluss an die Eingrenzung der Bandbreite akzeptierter Verrechnungspreise lässt sich der Risikobereich bestimmen.

Nach einer Studie von Ernst & Young sind die Verrechnungspreise von 68% der befragten transnational operierenden Unternehmen überprüft worden (Ernst & Young 2010: 11). Dabei ergaben sich im Hinblick auf die Prüfungsdichte zwischen den Ländern erhebliche Unterschiede. Aus einer früheren Studie geht hervor, dass sich im Anschluss an eine Gewinnkorrektur bei 40% der Unternehmen das Problem der Doppelbesteuerung gestellt hat (Ernst & Young 2003: 23).

Risikobereich bei der Gestaltung von Verrechnungspreisen		
Hochsteuerland: Unangemessen hoher Einkaufspreis und/oder niedriger Verkaufspreis	Verrechnungspreis innerhalb der akzeptierten Bandbreite	**Niedrigsteuerland**: Unangemessen hoher Verkaufspreis und/oder niedriger Einkaufspreis
Geringer Gewinn im Hochsteuerland	Potential für Gewinnverlagerungen ⇒	Hoher Gewinn im Niedrigsteuerland
Gewinnerhöhung durch Primärberichtigung		
Risikobereich Doppelbesteuerung		

Abb. 16: Risikobereich bei der Gestaltung von Verrechnungspreisen

4.3.2 Wertsteigerung im Einflussfeld von Verrechnungspreisen und Methoden zur Vermeidung der Doppelbesteuerung

Das Ziel der Minimierung der Steuerbelastung führt dazu, dass die grenzüberschreitend tätigen Unternehmen die jeweiligen steuerlichen Bedingungen in den Ländern vergleichen und die Anreize zur Gewinnverlagerung ausschöpfen. Im Anschluss an unsere Perspektive der wertorientierten Unternehmensführung haben wir verschiedentlich darauf hingewiesen, dass der kapitalmarktorientierte Druck zur Steigerung des Unternehmenswertes eine strikte Betonung der Kosteneffizienz bewirkt. Welchen Stellenwert in der Standortentscheidung die steuerlichen Bedingungen im Detail auch spielen, es zeichnet sich ab, dass im Rahmen der wertorientierten Unternehmensführung die Ausschöpfung des internationalen Steuergefälles bedeutsamer wird. Unternehmen verfolgen im Rahmen der internationalen Steuerplanung das Ziel, die effektive Steuerbelastung zu senken.

Transnationale Unternehmen können Strategien verfolgen, die auf die Ausschöpfung von Vorteilen der Verbundstruktur[257] gerichtet sind. Hier besteht die Möglichkeit, Gewinne zum niedrig besteuerten, ausländischen Verbundunternehmen (Tochtergesellschaft, verbundenes Unternehmen) oder zur ausländischen Betriebsstätte zu transferieren. Das Mittel dafür ist mit der Gestaltung von Transferpreisen für Lieferungen und Leistungen zwischen den Unternehmen oder Unternehmenseinheiten im Verbund gegeben. Die betriebliche Fixierung von Transferpreisen für die diversen Umsätze enthält Spielräume, die ausgeschöpft werden können.

Die Strategie ist klar. Die Wertschöpfungskette wird in der Weise strukturiert, dass die Unternehmen in einem Niedrigsteuergebiet angesiedelt werden, welche hohe Gewinne erwirtschaften. Dieser Effekt wird begleitet oder verschärft durch die Gestaltung der konzerninternen Verrechnungspreise. Vorleistungen aus einem Niedrigsteuergebiet werden tendenziell mit einem hohen Preis angesetzt. Das importierende Hochsteuerland hingegen nimmt hohe Kosten in Kauf und mindert damit den steuerlichen Gewinn und die dortige Steuerbe-

---

257 Wie mehrfach betont, markieren wir dabei die Kernstruktur des Verbunds vereinfachend als Verhältnis von inländischer Muttergesellschaft (Parent) und ausländischen Tochtergesellschaften (Subsidiaries oder Associates) und unterstellen ein Beteiligungsverhältnis von mindestens 10 Prozent.

lastung. Die Erträge sammeln sich so im Niedrigsteuerland, was für die Steuerbelastung des Unternehmensverbundes von Vorteil ist.

Zwar sind die Spielräume für die Unternehmen seit Veröffentlichung der OECD-Transfer Pricing Guidelines 1995 enger geworden, doch wird in einer UNCTAD-Studie Ende der 1990er Jahre die große Bedeutung von „Transfer Pricing“[258] hervorgehoben. Zum einen wird dies begründet durch die direkten Auswirkungen auf die Gewinne transnationaler Unternehmen und die Steuereinnahmen der Länder. Zum anderen wird auf außersteuerliche Motive verwiesen, die sich auf unfaire Gewinnaufteilungen in Entwicklungsländern beziehen[259]. Insgesamt gehen vierundachtzig Prozent aller Entwicklungsländer bei transnationalen Unternehmen von Gewinnverlagerungen zum Zwecke der Steuerminimierung[260] aus (UNCTAD 1999: 31).

Auch in der empirischen Untersuchung von Bartelsmann und Beetsma (2000: 8) in 16 OECD-Ländern wird der Zusammenhang zwischen hohem Körperschaftsteuersatz und Strategien der Gewinnverlagerung verdeutlicht. Die Senkung der Steuereinnahmen trotz Erhöhung des Körperschaftsteuersatzes wird vor allem auf die Auswirkungen von „Transfer Pricing“, aber auch auf die Fremdfinanzierung zurückgeführt. Der Zusammenhang kann als besonders markant in den Ländern Spanien Japan und Portugal bezeichnet werden (Deutschland wurde nicht in das Sample einbezogen). Die industriellen Bereiche, die in der Studie von Gewinnverlagerungen besonders betroffen sind, sind die chemische und pharmazeutische Industrie sowie die Eisen- und Stahlindustrie. Gerade in der pharmazeutischen Industrie nehmen F&E-Aktivitäten und der Austausch von immateriellen Wirtschaftsgütern einen großen Raum ein. Und gerade bei selbst entwickeltem Know-How sind Vergleichspreise nur schwer auffindbar.

Wir wollen zunächst näher erläutern, wie durch die Gestaltung der Transferpreise die Gesamtsteuerbelastung im Unternehmensverbund gesenkt werden kann. Gezeigt werden soll im Weiteren auch der wirtschaftliche Effekt für die Mutter- oder Holdinggesellschaft, wenn ergänzende Ausschüttungen unterstellt werden. Wir verknüpfen daher die Transferpreisgestaltung mit den bereits erläuterten Methoden zur Vermeidung der internationalen Doppelbesteuerung und mit der Wertermittlung. Die Analyse erfolgt auf drei Ebenen. Erstens vergleichen wir die Gesamtsteuerbelastung auf der Basis angemessener Marktpreise und davon abweichender Transferpreise. Zweitens analysieren wir die anschließende Gewinnverteilung im Zusammenhang mit der Anrechnungs- und Freistellungsmethode. Drittens ermitteln wir den Wertsteigerungseffekt.

Erste Ebene: Transferpreisgestaltung und Gewinnverlagerung

Wir knüpfen auf der ersten Ebene an die Problemfelder bei der Betrachtung ausländischer Verbundunternehmen an (vgl. Teil I Kapitel 5.6.2) und erweitern zugleich die Perspektive. Die inländische Muttergesellschaft Beyer AG besitzt zwei Tochtergesellschaften in verschie-

258 „Transfer Pricing is one of the most important tax issues facing TNCs today ... due to its direct effects on both TNC profits and host and home countries'tax revenues" (UNCTAD 1999: 3).

259 „This may require a reallocation of revenues to ensure that a true and fair amount of profit is distributed to the non-TNC partner. This may be a particular problem in developing countries" (UNCTAD 1999: 6).

260 Trotz strikter Gesetzgebung zur Kontrolle von Verrechnungspreisen in Ländern wie den USA oder Japan Mitte der 1990er Jahre konnten Unternehmen nicht von Einkommensverlagerungen abgehalten werden: „In 1994 alone, the United States tax authority made income adjustments of $ 2 billion and $ 1.5 billion for 236 non-United States-controlled and 156 United States-controlled TNCs respectively ... In the twelve month period ending June 1997, the National Tax Administration of Japan made 78 adjustments to reported income due to transfer pricing assessments totalling $ 330 million ...“ (UNCTAD 1999: 31).

denen ausländischen Staaten zu jeweils 100%. Wir unterstellen, dass die irische Chemicals Ltd. und die chinesische Sunyear Ltd. jeweils die gleichen Pharmazeutika herstellen und in gleicher Menge an die deutsche Muttergesellschaft liefern. Der Leistungsverkehr zwischen den Verbundunternehmen ist nun in die Betrachtung einzubeziehen. Der Unterschied bezieht sich primär auf die Gestaltung der Verrechnungspreise. Während bei der Lieferung der chinesischen Sunyear Ltd. an die Beyer AG ein angemessener Verrechnungspreis in Höhe von 100 pro Lieferungseinheit zugrunde gelegt wird, wird bei der Lieferung der irischen Chemicals Ltd. an die Beyer AG ein Transferpreis in Höhe von 120 pro Lieferungseinheit verrechnet (Variante 1a). Der Verrechnungspreis in Höhe von 100 entspricht dem Marktpreis auf dem Weltmarkt für Engros-Lieferungen. Die Herstellungskosten der Pharmazeutika betragen jeweils 50 pro Lieferungseinheit. Die Preisgestaltung reflektiert die unterschiedliche Steuerbelastung in Irland und China. Der Steuersatz in China beträgt 25% und in Irland 12,5%. Die inländische Beyer AG kann die Pharmazeutika für einen Preis von 150 pro Lieferungseinheit (für Detaillieferungen) weiterveräußern. Die Liefermenge der beiden Tochtergesellschaften ist gleich groß und umfasst jeweils 1.000 Liefereinheiten.

Variante 1a: **Transferpreis > Marktpreis** (in Euro)			
	Deutschland Beyer AG	Tochtergesellschaft in China: Sunyear Ltd.	Tochtergesellschaft in Irland: Chemicals Ltd.
Preisgestaltung		Marktpreis = 100 1.000 Liefereinheiten	Transferpreis = 120 1.000 Liefereinheiten
Verkauf an Beyer AG		100.000	120.000
Herstellungskosten		–50.000	–50.000
Gewinn vor Steuern		50.000	70.000
Steuern:			
• China 25%		–12.500	
• Irland 12,5%			– 8.750
Gewinn nach Steuern		37.500	61.250
Detail-Verkäufe	300.000		
Einkauf Sunyear	–100.000		
Einkauf Chemicals	–120.000		
Gewinn vor Steuern	80.000		
Steuern Deutschland	–24.000		
30%	56.000		
Gewinn nach Steuern			
Konsolidierung:			
• Beyer AG	56.000		
• Sunyear Ltd.	37.500		
• Chemicals Ltd.	61.250		
= Gewinn nach Steuern	154.750		

Würde die Beyer AG für die Engros-Lieferung der irischen Tochtergesellschaft auch den Marktpreis von 100 pro Liefereinheit zugrunde legen, ergäbe sich ein geringerer Gesamtgewinn nach Steuern im Unternehmensverbund (vgl. Variante 1b).

Variante 1b: **Verrechnungspreis = Marktpreis** (in Euro)			
	Deutschland Beyer AG	Tochtergesellschaft in China: Sunyear Ltd.	Tochtergesellschaft in Irland: Chemicals Ltd.
Verrechnungspreis		Marktpreis = 100 1.000 Liefereinheiten	Marktpreis = 100 1.000 Liefereinheiten
Verkauf an Beyer AG Herstellungskosten Gewinn vor Steuern Steuern: • China 25% • Irland 12,5% Gewinn nach Steuern		100.000 – 50.000 50.000 –12.500 37.500	100.000 –50.000 50.000 – 6.250 43.750
Detail-Verkäufe Einkauf Sunyear Einkauf Chemicals Gewinn vor Steuern Steuern Deutschland 30% Gewinn nach Steuern	300.000 –100.000 –100.000 100.000 –30.000 70.000		
Konsolidierung: • Beyer AG • Sunyear Ltd. • Chemicals Ltd. = Gewinn nach Steuern	 70.000 37.500 43.750 151.250		

Statt 154.750 Euro würden bei Variante 1b nur 151.250 Euro erwirtschaftet werden. Die gesamte Steuerbelastung würde sich in diesem Fall von ehemals 45.250 Euro auf 48.750 Euro erhöhen. Auf Basis eines hohen Transferpreises lässt sich im vorliegenden Fall eine Senkung der gesamten Steuerbelastung in Höhe von 7,2% erzielen.

Zweite Ebene: Anschließende Gewinnausschüttung und Vermeidung von Doppelbesteuerung (Anrechnungs- und Freistellungsmethode)

Beziehen wir auf der zweiten Ebene Gewinnausschüttungen der Tochtergesellschaften an die inländische Muttergesellschaft ein, muss sich die Darstellung mit der Frage auseinandersetzen, wie die internationale Doppelbesteuerung vermieden werden kann. Die Problemstruktur der Doppelbesteuerung ist im Zusammenhang mit der Erläuterung der Anrechnungs- und

Freistellungsmethode bereits eingegrenzt worden (vgl. Teil I Kapitel 5.6.2. und Teil II Kapitel 3.4. und 3.5). Die beiden Methoden zur Vermeidung der internationalen Doppelbesteuerung sind nun gegenüber zu stellen und mit der Gestaltung der Verrechnungspreise zu verknüpfen.

Die Quellensteuerbelastung wird berücksichtigt. Sind die Muttergesellschaft und die ausschüttende Tochtergesellschaft jeweils in einem Mitgliedsstaat der Europäischen Union angesiedelt, wird gemäß der Mutter-/Tochter-Richtlinie die Quellensteuer nicht erhoben, wenn die Muttergesellschaft zu mindestens zehn Prozent am Nennkapital der Tochtergesellschaft beteiligt ist. Dies trifft in unserem Fall auf die Ausschüttung der Tochtergesellschaft in Irland zu. Bei der Ausschüttung der chinesischen Tochtergesellschaft gilt dies nicht. In diesem Fall darf China gem. Art. 10 Abs. 2 DBA: China-Deutschland eine Quellensteuer in Höhe von 10% erheben[261].

Anknüpfend an das vorangehende Beispiel zur Wirkung der Gestaltung von Verrechnungspreisen gehen wir von einer Vollausschüttung der jeweiligen Tochtergesellschaft an die inländische Beyer AG aus. Um den wirtschaftlichen Vorteil der Freistellungsmethode deutlich herausarbeiten zu können, stellen wir im Alternativfall jeweils die Anwendung der Anrechnungsmethode gegenüber.

(a) Ausschüttung der Sunyear Ltd. (China) **Besteuerung der Dividende je nach Methode zur Vermeidung der Doppelbesteuerung** (in Euro)		
Methode	Freistellung	Anrechnung
Gewinn nach Steuern (Sunyear Ltd.)	37.500	37.500
Vollausschüttung (Bruttodividende) Quellensteuer gem. Art. 10 DBA China: 10% Gewinnerhöhung (Nettodividende)	37.500 – 3.750 33.750	37.500 –3.750 33.750
Gewinn nach Ausschüttung (Sunyear Ltd.)	0	0
Steuerfreistellung der ausländischen Dividende Steuerpflichtig in D gem. § 8b Abs. 5 KStG (5% von 37.500 Euro) Gewinnsteuer in Deutschland (30%)	 1.875 562	
Bruttodividende für Steueranrechnung in D Gewinnsteuer in Deutschland 30% Anrechnung der ausländischen Quellensteuer Steuerbelastung in Deutschland (nach Anrechnung)		37.500 11.250 –3.750 7.500
Gewinnsteuer bei Anrechnung Gewinnsteuer bei Freistellung Vorteil zugunsten der Freistellung	7.500 562 6.938	

[261] Das DBA mit China weicht bei der Dividendenbesteuerung von den meisten anderen Abkommen ab. Nach dem OECD-Musterabkommen gilt bei Schachteldividenden ein Quellensteuersatz von 5%.

(b) Ausschüttung der Chemicals Ltd. (Irland) **Besteuerung der Dividende je nach Methode zur Vermeidung der Doppelbesteuerung** (in Euro)		
Methode	Freistellung	Anrechnung
Gewinn nach Steuern (Chemicals Ltd.)	61.250	61.250
Vollausschüttung (Bruttodividende) Quellensteuer gem. Mutter/Tochter-RL: 0% Gewinnerhöhung (Nettodividende)	61.250 –0 61.250	61.250 –0 61.250
Gewinn nach Ausschüttung (Chemicals Ltd.)	0	0
Steuerfreistellung der ausländischen Dividende Steuerpflichtig gem. § 8b Abs. 5 KStG (5% von 61.250 Euro) Gewinnsteuer in Deutschland: 30%	 3.062 918	
Bruttodividende für Steueranrechnung Gewinnsteuer in Deutschland: 30% Anrechnung der ausländischen Quellensteuer Steuerbelastung in Deutschland (nach Anrechnung)		61.250 18.375 –0 18.375
Gewinnsteuer bei Anrechnung Gewinnsteuer bei Freistellung Vorteil zugunsten der Freistellung	18.375 918 17.457	

(c) Gesamtsteuerbelastung der Dividenden **je nach Methode zur Vermeidung der Doppelbesteuerung** (in Euro)		
Methode	Freistellung	Anrechnung
Quellensteuer in China (Sunyear)	3.750	3.750
Quellensteuer in Irland (Chemicals)	0	0
Inländ. Steuer bei Freistellung (Sunyear)	562	
Inländ. Steuer bei Anrechnung (Sunyear)		7.500
Inländ. Steuer bei Freistellung (Chemicals)	918	
Inländ. Steuer bei Anrechnung (Chemicals)		18.375
Jeweilige Gesamtsteuerbelastung der Dividende	5.230	29.625

Die Anwendung der Freistellungsmethode entspricht der gängigen Praxis in deutschen Doppelbesteuerungsabkommen. Dies ist im Teil II Kapitel 3.5.2.4. aufgezeigt worden. Eine Ertragsteuerbelastung der Schachteldividende entsteht in Deutschland bei Anwendung der Freistellungsmethode nur in Höhe von 5 Prozent der Bruttodividende gem. § 8b Abs. 5 KStG. Der Vorteil der günstigen Besteuerung im Ausland geht daher nicht verloren. Die Analyse bestätigt die vorangehenden Betrachtungen. Betriebswirtschaftlich ist die Freistellungsmethode der Anrechnungsmethode überlegen, solange die Steuerbelastung der Dividende im Empfängerstaat höher ist als im Quellenstaat.

Dritte Ebene: Auswirkung auf das Wertpotential

Auf der dritten Ebene verknüpfen wir die Gewinnverlagerung mit dem Wertsteigerungseffekt. Wird davon ausgegangen, dass der Erhöhung des Gewinnes nach Steuern im Gefolge der Abweichung des Transferpreises vom Marktpreis eine entsprechende Erhöhung des Free Cash Flows nach Steuern im Niedrigsteuerland entspricht, kann eine einfache Berechnung des Wertsteigerungseffektes vorgenommen werden. Der Wertsteigerungseffekt für den gesamten Unternehmensverbund kann im ersten Schritt vor Berücksichtigung der Ausschüttung erfasst werden. Im zweiten Schritt betrachten wir dann die durch den höheren Transferpreis hervorgerufene Steigerung des Unternehmenswertes der Muttergesellschaft. Dies macht es notwendig, die Ausschüttungen der beiden Tochtergesellschaften an die inländische Beyer AG einzubeziehen.

Folgende Annahmen werden berücksichtigt:

(a) Das Ergebnis nach Steuern entspricht dem freien Cash Flow und kann nachhaltig erzielt werden. Dies ermöglicht die vereinfachte Wertberechnung auf Basis der Formel zur ewigen Rente (vgl. Teil I Kapitel 4.3.2).

(b) Der Abzinsungsfaktor orientiert sich an den Kapitalkosten. Sie betragen 10%.

Wertermittlung auf der Basis unterschiedlicher Verrechnungspreise vor Ausschüttung (in Euro)				
	Beyer AG (Deutschland)		Chemicals Ltd. (Irland)	
1. Transferpreis = 120				
Nachhaltiges Ergebnis vor Steuern	80.000		70.000	
Steuern	24.000		8.750	
Nachhaltiges Ergebnis nach Steuern	56.000		61.250	
Kapitalkosten: 10%				
Unternehmenswert:				
Beyer AG (56.000/0,1)	560.000			
Chemicals Ltd. (61.250/0,1)			612.500	
2. Verrechnungspreis = 100				
Nachhaltiges Ergebnis vor Steuern		100.000		50.000
Steuern		30.000		6.250
Nachhaltiges Ergebnis nach Steuern		70.000		43.750
Kapitalkosten: 10%				
Unternehmenswert:				
Beyer AG (70.000/0,1)		700.000		
Chemicals Ltd. (43.750/0,1)				437.500

Werden die Unternehmenswerte, die zum Unternehmensverbund gehören, additiv zusammengefasst, ergeben sich vor und nach Abweichung des Verrechnungspreises vom Marktpreis folgende Gesamtwerte. Dabei beziehen wir den Wert der chinesischen Sunyear Ltd. in die Betrachtung ein, der in beiden Fallvarianten unverändert 375.000 Euro beträgt[262].

Gesamtwert für den Unternehmensverbund vor Ausschüttung (in Euro)		
	Verrechnungspreis = 120	Verrechnungspreis = 100 (= Marktpreis)
Unternehmenswerte:		
Beyer AG	560.000	700.000
Chemicals Ltd.	612.500	437.500
Sunyear Ltd. (37.500/0,1)	375.000	375.000
Gesamtwert (Verbund)	1.547.500	1.512.500
Wertsteigerung	**35.000**	

Bezieht man im letzten Schritt die Ausschüttungen der Tochtergesellschaften im Fall der vom Marktpreis abweichenden Transferpreise in die Betrachtung ein, ergibt sich eine Erhöhung des Wertes der deutschen Muttergesellschaft. Davon sind wir als Leitstrategie ausgegangen.

Unternehmenswert der Beyer AG nach Ausschüttung beim Transferpreis von 120 in Abhängigkeit von den Methoden zur Vermeidung der Doppelbesteuerung (in Euro)		
	Anwendung der Freistellungsmethode	Anwendung der Anrechnungsmethode
Ergebnisse nach Steuern:		
Beyer AG (vor Ausschüttung)	56.000	56.000
+ Ausschüttung Sunyear Ltd.	+ 37.500	+ 37.500
+ Ausschüttung Chemicals Ltd.	+ 61.250	+ 61.250
– Gesamtsteuerbelastung der Dividende	–5.230	– 29.625
= Ergebnis nach Ausschüttung	149.520	125.125
Unternehmenswert Beyer AG:		
vor Ausschüttung	560.000	560.000
nach Ausschüttung (Ergebnis/0,1)	1.495.200	1.251.250
Wertsteigerung Beyer AG (nach Ausschüttung)	**935.200**	**691.250**

Durch die Ausschüttungen der beiden Tochtergesellschaften erhöht sich der Unternehmenswert der deutschen Muttergesellschaft maßgeblich um 935.200 Euro. Bei Anwendung der Freistellungsmethode ergibt sich die höchste Wertsteigerung.

Bislang wurde in diesem Kapitel aufgezeigt, wie durch die Gestaltung der Transferpreise die Gesamtsteuerbelastung im Unternehmensverbund gesenkt und das Wertpotential erhöht wer-

262 Auch hier betragen die Kapitalkosten 10%. Auf Basis der Formel zur ewigen Rente ergibt sich der Wert durch Abzinsung des nachhaltigen Cash Flows (37.500/0,1 = 375.000).

den kann. Die Vorteile liegen auf der Hand. Es besteht ein eindeutiger Anreiz, Güter und Dienstleistungen zu hohen Preisen von Tochtergesellschaften in Niedrigsteuerländern zu kaufen und zu niedrigen Preisen dorthin zu verkaufen (Clausing 1998: 13). Wir haben aber im einleitenden Kapitel zur Gestaltung von Verrechnungspreisen auch darauf aufmerksam gemacht, dass die Chancen und Risiken entsprechender betrieblicher Strategien miteinander abzuwägen sind. Hier soll erneut auf die Gefahr der wirtschaftlichen Doppelbesteuerung des korrigierten Gewinns hingewiesen werden.

Eine aktuelle Gestaltungsvariante liegt beim „Double Irish“ vor. So hat z.B. der U.S.-Internetkonzern Google zwei Tochtergesellschaften in Irland gegründet. Während über die Google Ireland Ltd. das Europageschäft gebündelt wird, werden Patente gemäß einem Lizenzvertrag auf eine zweite irische Tochtergesellschaft übertragen. Für die Nutzung dieser Patente zahlt die Google Ireland Ltd. wiederum Lizenzgebühren an die zweite Tochtergesellschaft. Im Resultat wird der gesamte Verwaltungsaufwand der Google Ireland Ltd. in die Höhe getrieben. Er hat im Jahr 2009 fast 70% des gesamten Umsatzes von 7,9 Mrd. € Umsatz betragen und den steuerpflichtigen Gewinn stark gemindert. Obwohl der KSt-Satz in Irland nur bei 12,5% liegt, kann Google mit dieser Strategie weiter Steuern sparen. Die U.S-Muttergesellschaft hat dabei ein Interesse an der Erzielung geringer Lizenzgebühren. Diese Gestaltung ist im Rahmen des als „Dutch Sandwich“ bezeichneten Modells noch verfeinert worden[263]. Ähnliche Gestaltungsstrategien werden von anderen Technologie- und Chemieunternehmen angewendet.

4.3.3 Rechtsgrundlagen für Berichtigungen und Fremdvergleichsgrundsatz (Arm’s Length Principle)

Gewinnverschiebungen stellen ein altes Problem für Hochsteuerländer dar. Der U.S.-amerikanische „Internal Revenue Code“ enthält seit 1921 eine Bestimmung zur Erlaubnis von Gewinnkorrekturen bei unangemessenen Transferpreisen (McDaniel, Ault 1989: 137). Die Leitlinie orientierte von Anfang an auf Marktkonformität. Transaktionen zwischen abhängigen Gesellschaften sollten steuerlich nur anerkannt werden, insoweit sie zu marktkonformen Bedingungen erfolgten Dies unterstellte den Vergleich mit Fremdbedingungen, die zwischen unabhängigen Dritten auf dem freien Markt zugrunde lagen. Dieser Ansatz wird heute als „Dealing-at-Arm’s-Length-Principle“ bezeichnet. Die Anwendung unterstellt die Einbeziehung aller relevanten Daten zur Preisbildung bei gleichen oder ähnlichen Lieferungen oder Leistungen:

- Tatsächlich durch Dritte bezahlte Preise,
- entsprechende Börsen- oder Marktpreise,
- auf dem freien Markt übliche Gewinnaufschläge, Kalkulationsverfahren und sonstige preisbeeinflussende Faktoren,
- den Zeitpunkt der Vereinbarung der internen Transaktion berücksichtigende Daten,
- den Einzelfall charakterisierende Besonderheiten wie Mengen, Qualitätsstandard und zeitdauerbezogene Aspekte der Lieferung oder Leistung.

263 Da sich die Geschäftsleitung der zweiten irischen Tochtergesellschaft auf den Bermuda-Inseln befindet, ist sie nach irischem Recht in Irland nicht steuerpflichtig. Auch auf den Bermudas sind keine Steuern auf den Gewinn zu entrichten. Zusätzlich lässt sich Quellensteuer in Irland dadurch einsparen, dass die Zahlungen über eine dritte Tochtergesellschaft von Google in den Niederlanden nach Bermuda weitergeleitet werden. Mit diesem als „Dutch Sandwich“ bezeichneten Modell kann Google den effektiven Steuersatz auf 3% drücken (vgl FAZ v. 27.08.2011).

Das „Dealing-at-Arm's-Length-Principle" ist im Laufe der Zeit konkretisiert worden. Zum einen sind die U.S.-Regulations des Treasury Department zur Gewinnberichtigungsvorschrift in Section 482 des Internal Revenue Code (IRC) hervorzuheben. Es handelt sich um detaillierte Vorschriften, die 1968 in Kraft getreten sind. Sie haben die Unternehmen veranlasst, relativ hohe Verrechnungspreise in den USA zugrunde zu legen, was dort zu einer Gewinnrealisation geführt hat. Um auch den fiskalischen Interessen der anderen Industriestaaten gerecht zu werden, wurden die amerikanischen Vorschriften im OECD-Bericht von 1979 „Transfer Pricing and Multinational Enterprises" im Wesentlichen übernommen und damit internationalisiert. Bereits im Jahr 1963 hat der Rat der OECD das Berichtigungsrecht bei Verletzung des Fremdvergleiches gem. Art. 9 Musterabkommen zur Vermeidung der Doppelbesteuerung (OECD-MA) verabschiedet. Allerdings fehlen dort Anhaltspunkte, wie die Berichtigungen durchzuführen sind. Mit der Übernahme der amerikanischen Methoden im OECD-Bericht von 1979 ist somit ein Schritt in Richtung der Vereinheitlichung der Methoden zur Korrektur von Verrechnungspreisen beschritten worden. Auch wenn der OECD-Bericht seitdem als Richtlinie bezeichnet wird, stellt er nach herrschender Meinung keine völkerrechtlich bindende Norm dar. Er weist vielmehr den Charakter einer Selbstverpflichtung auf (Popkes 1989: 24 ff.).

Ergänzende Berichte wurden 1982 und 1984 vom OECD-Steuerausschuss vorgelegt, in denen zu Gegenberichtigungen, Verständigungsverfahren, multinationalen Finanzinstituten und zentralen Dienstleistungen Stellung genommen wird. Parallel dazu wurden im Rahmen der Europäischen Union seit 1976 Bestrebungen unterstützt, Doppelbesteuerungen noch effektiver zu beseitigen. Wir haben bereits betont, dass die Primärberichtigung im primär berichtigenden Staat zur Doppelbesteuerung führen kann. Das betroffene Unternehmen wird in diesem Fall eine korrespondierende Gegenberichtigung[264] mit dem Ziel der Rückforderung des Übergewinnes im anderen, durch die Gewinnverlagerung begünstigten Staat erreichen wollen.

Im Jahr 1990 wurde ein Übereinkommen zur Einleitung von Schiedsverfahren geschlossen und vom Rat als Schiedsgerichtskonvention[265] angenommen und im Jahr 1995 in Kraft gesetzt. Denn das Verständigungsverfahren gem. Art. 25 OECD-MA erwies sich als unzulänglich. Die gegen das Verständigungsverfahren vorgebrachten Hauptvorwürfe waren:

- übermäßig lange Dauer,
- fehlende Parteirechte für Unternehmen,
- kein Einigungszwang zwischen den Behörden und somit keine Garantie für die Beseitigung der Doppelbesteuerung.

Der Vorteil der EU-Schiedsgerichtskonvention besteht demgegenüber darin, dass ein multilaterales, EU-weites Abkommen mit Einigungszwang geschaffen worden ist. Die Beseitigung der Doppelbesteuerung wird zudem garantiert, und zwar innerhalb einer überschaubaren Frist.

---

[264] In einigen Fachbeiträgen wird zusätzlich vom Erfordernis der Sekundärberichtigung gesprochen. Zwar beseitigten die Primär- und Gegenberichtigung die Doppelbesteuerung, doch beschränke sich die Berichtigung auf die fiktive Zuordnung des Gewinnes im Rahmen der steuerlichen Veranlagung. Um den Vorteil tatsächlich rückgängig zu machen, müssten die aufgerechneten Gelder zurück transferiert werden (vgl. Braun 1994: 197 f.).

[265] Übereinkommen über die Beseitigung der Doppelbesteuerung im Falle von Gewinnberichtigungen zwischen verbundenen Unternehmen (vgl. 90/436/EWG, ABl. Nr. L 225/10 vom 20.08.1990).

Die Diskussion über die Methoden der Gewinnberichtigung wurden von den USA in den achtziger und neunziger Jahren forciert[266], was die OECD zu Interventionen zwang. In einem gesonderten Bericht vom Dezember 1992 bezog die OECD Position gegen den Gewinnvergleich und setzte sich in den Jahren danach in grundsätzlicher und detaillierter Weise noch einmal mit den Methoden der Einkunftsabgrenzung und den Anwendungsgebieten auseinander. Der erste Teil des OECD-Berichtes wurde schließlich im Jahr 1995 unter dem Titel „OECD Transfer Pricing Guidelines for Multinational Enterprises and Tax Administrations" veröffentlicht[267] und beinhaltet primär Auslegungsprobleme des Fremdvergleichsgrundsatzes und die Darstellung der einzelnen Methoden. Anschließend sind die Kapitel zur Behandlung von immateriellen Wirtschaftsgütern und Dienstleistungen (1996) sowie zum Cost-Sharing (1997) veröffentlicht worden. Weitere Ergänzungen sind zu verzeichnen. Die neuen „OECD Transfer Pricing Guidelines 2010" sind am 22.07.2010 veröffentlicht worden. Hervorzuheben sind insbesondere die Änderung der Hierarchie der Verrechnungspreismethoden und die Modifikation der Vergleichbarkeitsanalyse. Neu aufgenommen wurde das Kapitel IX „Business Restructuring". Weitere Änderungen zum Zusammenhang von Verrechnungspreismethoden und immateriellen Wirtschaftsgütern sind zu erwarten.

Der Steuerpflichtige muss dokumentieren, wie er den Verrechnungspreis ermittelt und wie er den Fremdvergleich durchgeführt hat. Der unter dem Begriff „Dealing-at-Arm's-Length" eingeführte Grundsatz des Fremdvergleichs hat in den verschiedenen Ländern eine breite internationale Anerkennung erhalten. Die „OECD Transfer Pricing Guidelines" kommentieren den bereits in Art 9 OECD-MA enthaltenen Fremdvergleich. Diese Norm regelt die Gewinnkorrektur, wenn zwischen verbundenen[268] Unternehmen Bedingungen vereinbart worden sind, die dem Fremdvergleich nicht genügen. Nach § 9 Abs. 1 OECD-MA dürfen Gewinne, die eines der Unternehmen ohne diese Bedingungen erzielt hätte, aber wegen der Vereinbarung nicht erzielt hat, diesem Unternehmen zugerechnet werden und besteuert werden. Hierbei handelt es sich um die Primärberichtigung. § 9 Abs. 2 OECD-MA sieht daneben auch die Gegenberichtigung im anderen Vertragsstaat vor. Im Unterschied zur Primärberichtigung enthalten die deutschen DBAs nur in wenigen Fällen Regelungen zur Gegenberichtigung. Insoweit die Gegenberichtigung nicht explizit geregelt ist, kann ein Verständigungsverfahren gem. Art. 25 OECD-MA mit diesem Ziel eingeleitet werden. Die entsprechende nationale Norm ist mit § 175a AO gegeben. Da auf der Ebene des internationalen Abkommensrechts Korrekturansprüche nicht begründet sondern nur beschränkt werden können, verbleibt es letztlich bei der Relevanz der innerstaatlichen Korrekturnormen.

Im deutschen Recht ist der Fremdvergleichsgrundsatz erst seit der Unternehmenssteuerreform 2008 gesetzlich in Gestalt des § 1 Abs. 1 S. 1 AStG verankert. Er ist davor aber bereits in den deutschen Verwaltungsgrundsätzen von 1983 fixiert und als Leitlinie angewendet worden.

---

266 Vgl. Tax Reform Act 1986 (Commensurate with the Income), Purposed Regulations 1992 (Gewinnvergleichsmethode) und Temporary Regulations 1993 (Zulassung von Anpassungsrechnungen).

267 Im Folgenden als „OECD Transfer Pricing Guidelines" bezeichnet.

268 Nach Art. 9 Abs. 1 OECD-MA liegt ein verbundenes Unternehmen vor, wenn ein Unternehmen (oder dieselben Personen) unmittelbar oder mittelbar an der Geschäftsleitung, der Kontrolle oder dem Kapital eines anderen Unternehmens beteiligt ist (bzw. sind).

> „Werden Einkünfte eines Steuerpflichtigen aus einer Geschäftsbeziehung zum Ausland mit einer ihm nahe stehenden Person dadurch gemindert, dass er seiner Einkünfteermittlung andere Bedingungen, insbesondere Preise (Verrechnungspreise), zugrunde legt, als sie voneinander unabhängige Dritte unter gleichen oder vergleichbaren Verhältnissen vereinbart hätten (Fremdvergleichsgrundsatz), sind seine Einkünfte unbeschadet anderer Vorschriften so anzusetzen, wie sie unter den zwischen voneinander unabhängigen Dritten vereinbarten Bedingungen angefallen wären.“ (§ 1 Abs. 1 S. 1 AStG)

Die Vorschrift hebt für die Anwendung des Fremdvergleichsgrundsatzes weiter hervor, dass die voneinander unabhängigen Dritten alle[269] wesentlichen Umstände kennen und die verkehrsübliche Sorgfalt ordentlicher und gewissenhafter Geschäftsleiter[270] ausüben.

Der Fremdvergleichsgrundsatz ist durch zwei wesentliche Merkmale geprägt:

- die Unabhängigkeit der beteiligten Unternehmen und
- die Vergleichbarkeit der einer Transaktion zu Grunde liegenden Verhältnisse.

Die Unabhängigkeit ist dann gegeben, wenn ein beteiligter Geschäftspartner keinen Einfluss auf die Entscheidung des Anderen ausüben kann. Der Einfluss darf sich nur aus der Geschäftstätigkeit selbst ergeben (Baumhoff 2005: Tz. C 268). Die Vergleichbarkeit mit Geschäften, die zwischen voneinander unabhängigen Unternehmen vereinbart wurden, muss im Rahmen einer Vergleichbarkeitsanalyse vom Steuerpflichtigen dargelegt werden. Der anzuwendende Grundsatz lässt sich dabei unterschiedlich auslegen. Im engeren Sinne orientiert sich der Fremdvergleich an tatsächlich feststellbaren Vereinbarungen, die zwischen gesellschaftsrechtlich nicht verbundenen Unternehmen unter vergleichbaren Verhältnissen zur maßgeblichen Zeit getroffen worden sind. Danach ist der zu prüfende Leistungsaustausch mit realen Geschäftsvorfällen zu vergleichen, die genauso (direkter Fremdvergleich) oder in leicht modifizierter Weise (indirekter Fremdvergleich) abgewickelt worden sind. Inwiefern der Fremdvergleich ausschließlich betriebsextern oder auch betriebsintern anzuwenden ist, ist ebenso darzulegen. Der betriebsinterne Fremdvergleich berücksichtigt die besonderen Verbundeffekte zwischen den beteiligten Unternehmen. Hier deutet sich generell die Schwierigkeit an, vergleichbare Daten zur Verfügung stellen zu können.

Im weiteren Sinne lässt sich der Fremdvergleichsgrundsatz ausgehend von der Fiktion der gesellschaftsrechtlichen Unabhängigkeit der Vertragspartner hypothetisch interpretieren. Im Rahmen einer Simulation des Preisbildungsprozesses werden hier Soll-Vergleichstatbestände unter Berufung auf die Denkfigur des ordentlichen und gewissenhaften Geschäftsleiters bestimmt (Wassermeyer, Baumhoff 2001: 252ff.).

Bereits beim Übergang zu den „OECD Transfer Pricing Guidelines 1995“ wird die Zurückweisung von globalen Aufteilungsmethoden des Gewinnes bestätigt. Allerdings lässt sich zugleich eine weite Auslegung des „Dealing-at-Arm's-Length-Principle“ erkennen, die sogar die Anwendung von gewinnbasierten Methoden nicht ausschließt. Die internationale Verwal-

---

269 Der Maßstab der unterstellten „vollständigen Informations- und Markttransparenz“ ist zu kritisieren (Wassermeyer 2007: 535 f.). Eine solch weite Auslegung ist auch nicht mit Art. 9 OECD-MA vereinbar und widerspricht in der Regel deutschen Doppelbesteuerungsabkommen.

270 Dass von mehreren Geschäftsleitern ausgegangen wird, ist Ausdruck der vom BFH favorisierten Theorie des doppelten gewissenhaften Geschäftsleiters (vgl. zuletzt BFH v. 19.05.1998; BStBl II 1998, 689).

tungspraxis geht längst über den tatsächlichen Fremdvergleich hinaus, als dessen Ideal die Preisvergleichsmethode bezeichnet werden kann.

Mit der Neufassung des § 1 AStG in der Unternehmenssteuerreform 2008 ist eine Rangfolge hinsichtlich der Anwendung der Verrechnungspreismethoden festgelegt worden.

Stufen des Fremdvergleiches gem. § 1 Abs. 3 AStG	
1. Stufe	Uneingeschränkt tatsächlicher Fremdvergleich
2. Stufe	Eingeschränkt tatsächlicher Fremdvergleich
3. Stufe	Hypothetischer Fremdvergleich

Liegen **uneingeschränkt** vergleichbare Daten vor, sind die Standardmethoden vorrangig anzuwenden. Die Geschäftsbedingungen sind in diesen Fällen identisch oder die Unterschiede haben keine wesentlichen Folgen auf die Preisgestaltung bzw. können durch Anpassungen neutralisiert werden[271]. Diese Preiskonstellation ist nur bei homogenen Wirtschaftsgütern denkbar und stellt den Ausnahmefall dar. Bei Vorliegen mehrerer Werte ergibt sich eine Bandbreite angemessener Fremdvergleichswerte. Liegen zuverlässige und vollständige Informationen vor, kann die Bandbreite voll ausgeschöpft werden[272]. Insoweit der Verrechnungspreis außerhalb der Bandbreite liegt, ist gem. § 1 Abs. 3 S. 4 AStG der Median maßgeblich.

Liegen hingegen nur **eingeschränkt** vergleichbare Daten vor, sind die Werte nach sachgerechter Anpassung der Anwendung einer geeigneten Verrechnungspreismethode zugrunde zu legen. Existiert eine Vielfalt an eingeschränkt vergleichbaren Fremdvergleichswerten ist die Bandbreite einzuengen. Nach den Verwaltungsgrundsätzen[273] kann die Einengung der Bandbreite durch die Anwendung von Verprobungsverfahren erfolgen, wobei eine andere Verrechnungspreismethode genutzt werden kann. Auch eine Plausibilitätskontrolle kommt hierfür ein Frage. Insofern die Einengung der Bandbreite nicht möglich ist, kann das mathematische Verfahren der „Interquartile Range" angewendet werden. Hier erfolgt die Einengung dadurch, dass die Finanzverwaltung 25% der kleinsten und 25% der größten Werte ausscheidet[274]. Dies Verfahren wird mittlerweile von den Steuerverwaltungen vieler Staaten anerkannt, von der Fachliteratur aber heftig kritisiert[275]. Auch hier ist der Median maßgeblich, insoweit der Verrechnungspreis außerhalb der eingeengten Bandbreite liegt.

Wenn weder uneingeschränkt noch eingeschränkt vergleichbare Fremdvergleichswerte festgestellt werden können, ist ein **hypothetischer Fremdvergleich** durchzuführen. Hierfür sind Preise zu fingieren, die unabhängige Dritte unter vergleichbaren Verhältnissen auf dem Markt bei Berücksichtigung der Gewinnpotenziale vereinbart hätten. Der Mindestpreis des Leistenden und der Höchstpreis des Leistungsempfängers ergeben den Einigungsbereich. Es ist schließlich der Preis im Einigungsbereich zugrunde zu legen, der dem Fremdvergleichs-

---

271 Vgl. Tz 3.4.12.7 a VwG-V (Verwaltungsgrundsätze-Verfahren vom 12. April 2005).

272 Vgl. Tz 3.4.12.5 a VwG-V (Verwaltungsgrundsätze-Verfahren vom 12. April 2005).

273 Vgl. Tz 3.4.12.5 VwG-V (Verwaltungsgrundsätze-Verfahren vom 12. April 2005).

274 Vgl. das Beispiel in Tz 3.4.12.5. d) VwG-V.

275 Das Verfahren sei scheingenau und widerspreche der Rechtsprechung des BFH, wonach sich der Steuerpflichtige für den günstigsten Wert innerhalb der Bandbreite entscheiden könne (Baumhoff, Ditz, Greinert 2007: 1461).

grundsatz mit der höchsten Wahrscheinlichkeit entspricht. Wird kein anderer Wert glaubhaft gemacht, ist der Mittelwert des Einigungsbereiches entscheidend.

Der hypothetische Fremdvergleich gilt gem. § 1 Abs. 3 S. 9 AStG auch für die Funktionsverlagerung. In diesem Fall wird eine Funktion einschließlich der dazugehörigen Chancen und Risiken und der mit übertragenen oder überlassenen Wirtschaftsgüter und sonstigen Vorteile in das Ausland verlagert. Der Verrechnungspreis ist hierbei für ein Transferpaket[276] zu bestimmen, wobei funktions- und risikoadäquate Kapitalisierungszinssätze zu berücksichtigen sind. Die Grenzpreisermittlung verweist klar auf die Methodik der Unternehmensbewertung. Die jeweiligen Gesamtbewertungen des übertragenden und des übernehmenden Unternehmens für das Transferpaket ergeben den Einigungsbereich. Der gültige Verrechnungspreis bestimmt sich schließlich gem. § 1 Abs. 3 S. 7 AStG vorrangig aus dem Wert mit der größten Wahrscheinlichkeit im Einigungsbereich, ansonsten aus dem Mittelwert des Einigungsbereiches.

Wie wir bereits im Abschnitt I des Buches deutlich gemacht haben, handelt es sich bei der Unternehmensbewertung um einen kapitalwertorientierten Ansatz, der sich in Deutschland am Maßstab des IDW orientiert (IDW S 1 und S 5). Die Abgrenzung der auf das Transferpaket bezogenen freien Cash Flows vom gesamten finanziellen Gefüge des Unternehmens gehört dabei zu einem schwierigen Unterfangen (Baumhoff, Ditz, Greinert 2007: 1652). Hinsichtlich der Gesamtbetrachtung der übertragenen Werte entspricht § 1 Abs. 3 S. 9 AStG der Konzeption der OECD Transfer Pricing Guidelines 2010. Die OECD hat das Kapitel IX „Business Restructering" am 22.07.2010 neu eingefügt und bei der Übertragung eines „ongoing concern" die Gesamtbewertung auf Basis der Konzeption der Unternehmensbewertung empfohlen. Zwar seien vom Grundsatz her Einzelverrechnungspreise zu ermitteln, doch im Spezialfall der Übertragung der gesamten Unternehmenstätigkeit (ongoing concern) sei abweichend der Gesamtwert relevant. Dieser weist in der Regel über die Summe der Einzelwerte hinaus und schließt den Geschäfts- oder Firmenwert ein (Bodenmüller 2004: 241).

Um eine weitgehende Annäherung des deutschen Regelwerks an die internationale Diskussion mit dem Ziel zu erreichen, die Doppelbesteuerung zu vermeiden, sind mit dem Gesetz zur Umsetzung steuerlicher EU-Vorgaben sowie zur Änderung steuerlicher Vorschriften vom 5. März 2010 die gesetzlichen Bestimmungen modifiziert worden. Die Gesetzesänderung hat zum Ziel, bei der Funktionsverlagerung unter bestimmten Voraussetzungen den Ansatz von Einzelverrechnungspreisen zu ermöglichen. Auf die mit dem Transferpaketansatz verknüpfte Gesamtbewertung kann dann verzichtet werden. Die Änderung ist nicht auf Forschungs- und Entwicklungsaktivitäten begrenzt.

Hypothetischer Fremdvergleich bei der Funktionsverlagerung

Nach der jetzigen Ausprägung des § 1 Abs. 3 Sätze 9 und 10 AStG können bei der Funktionsverlagerung drei Fallvarianten voneinander unterschieden werden, in denen Einzelverrechnungspreise für alle betroffenen Wirtschaftsgüter und Dienstleistungen nach Vornahme sachgerechter Anpassungen anerkannt werden:

276 Ein Transferpaket konstituiert sich nach § 1 FVerlV aus „einer Funktion und den mit dieser Funktion zusammenhängenden Chancen und Risiken sowie den Wirtschaftsgütern und Vorteilen, die das verlagernde Unternehmen dem übernehmenden Unternehmen zusammen mit der Funktion überträgt oder zur Nutzung überlässt, und den in diesem Zusammenhang erbrachten Dienstleistungen".

1. Übertragung ohne wesentliche immaterielle Wirtschaftsgüter und Vorteile (§ 1 Abs. 3 S. 10)

Das Nicht-Vorhandensein von wesentlichen immateriellen Wirtschaftsgütern und Vorteilen ist glaubhaft darzulegen. Nach § 1 Abs. 5 FVerlV[277] ist von der Wesentlichkeit auszugehen, wenn immaterielle Wirtschaftsgüter für die verlagerte Funktion erforderlich sind und der Fremdvergleichspreis mehr als 25% der Summe der Einzelpreise aller Wirtschaftsgüter und Vorteile des Transferpakets beträgt.

2. Übertragung mehrerer wesentlicher immaterieller Wirtschaftsgüter und Vorteile (§ 1 Abs. 3 S. 10 Halbsatz 1 AStG)

Werden mehrere wesentliche immaterielle Wirtschaftsgüter und Vorteile übertragen, ist an sich die Gesamtbewertung für Transferpakete zu beachten. Davon abweichend ist aber die Summe der Einzelverrechnungspreise der übertragenen Wirtschaftsgüter anzuerkennen, wenn sie im Einigungsbereich im Sinne des Transferpaketansatzes liegt. Eine Reduzierung des Berechnungsaufwandes ist bei dieser Variante für den Steuerpflichtigen nicht gegeben, da für die Verprobung eine Gesamtbewertung erforderlich ist. Auch ein selbstgeschaffener Geschäfts- und Firmenwert ist hier zu erfassen.

3. Übertragung von mindestens einem wesentlichen und genau bezeichneten immateriellen Wirtschaftsgut (§ 1 Abs. 3 S. 10 Halbsatz 2 AStG)

Mit dieser Ausnahmeregel soll insbesondere der Forschungs- und Entwicklungsstandort Deutschland geschützt werden. Abweichend vom Ansatz des Transferpakets können Einzelverrechnungspreise der zu diesem Paket gehörenden Wirtschaftsgüter und Vorteile angesetzt werden, wenn sie genau identifiziert werden. Hier stellen sich verschiedene Fragen. Erstens ist die Abgrenzung zur vorangehenden Variante unklar, da auch dort die übertragenen Wirtschaftsgüter klar zu bezeichnen sind. Zweitens bleibt unklar, ob auch hier die Verprobung auf Basis der Gesamtbewertung erforderlich ist. Drittens stellt sich die Frage nach der Bewertung der immateriellen Wirtschaftsgüter. Nach der Vorschrift sind „Einzelverrechnungspreise für die Bestandteile des Transferpakets anzuerkennen". Nach dieser Logik ist auch ein Geschäfts- oder Firmenwert zu erfassen. Da der Geschäfts- oder Firmenwert aber gerade Resultat der Gesamtbewertung ist, ergibt sich im Gesetz eine unbefriedigende Zirkelargumentation[278]. Während bei der zweiten Variante immer auch eine Gesamtbewertung zumindest im Hinblick auf die Verprobung vorzunehmen ist, kann offenbar in der dritten Variante davon abgesehen werden. Dieser Punkt bleibt auch in den Verwaltungsgrundsätzen zur Funktionsverlagerung vom 13.10.2010 offen[279]. Auch wenn Unklarheiten hinsichtlich der Bewertung des Geschäfts- oder Firmenwerts verbleiben, spricht Einiges dafür, die Übertragung von Geschäftschancen zu erfassen, insoweit sie vergütet werden. Bei hinreichender Konkretisierung sehen auch die „OECD Transfer Pricing Guidelines 2010" eine Berücksichtigung von singulären entgeltpflichtigen Geschäftschancen vor.

---

[277] Verordnung zur Anwendung des Fremdvergleichsgrundsatzes nach § 1 Abs. 1 des Außensteuergesetzes in Fällen grenzüberschreitender Funktionsverlagerungen (Funktionsverlagerungsverordnung – FverlV).

[278] Nach Luckhaupt (2010: 2018) macht die Regelung rechtssystematisch nur Sinn, wenn ein Geschäfts- oder Firmenwert nicht zu berücksichtigen ist.

[279] Grundsätze für die Prüfung der Einkunftsabgrenzung zwischen nahe stehenden Personen in Fällen von grenzüberschreitenden Funktionsverlagerungen (vgl. Tz 71 ff.).

Neben § 1 AStG bestehen weitere innerstaatliche Normen, die für die Korrektur von Verrechnungspreisen anzuwenden sind. Daraus ergibt sich die Frage nach dem Rangverhältnis des § 1 AStG im Verhältnis zu den anderen Normen.

Korrekturvorschriften im deutschen Steuerrecht	
Verdeckte Gewinnausschüttung (R 36 KStR)	Vorrangig bei Überpreisleistungen
Verdeckte Einlage (R 40 KStR)	Vorrangig bei Unterpreisleistungen
1 AStG	Nachrangige und ergänzende Vorschrift

Die Grundlage für die Gewinnberichtigung basiert im deutschen Rechtssystem vorrangig auf den Rechtsinstituten der verdeckten Gewinnausschüttung[280] gem. § 8 Abs. 3 KStG und der verdeckten Einlage[281] gem. § 4 Abs. 1 S. 5 EStG. Beide Vorgänge können unter dem Begriff der verdeckten Vorteilszuwendung zusammengefasst werden. Dabei handelt es sich um eine geldwerte Leistung ohne sichtbare Gegenleistung, wobei der Leistungsempfänger in beteiligungsrechtlicher Beziehung zum Leistenden (Anteilseigner oder andere Person) steht. Während bei der verdeckten Gewinnausschüttung in der Regel zu hohe Preise für Lieferungen oder Dienstleistungen (Überpreisleistung) gezahlt werden, besteht bei der verdeckten Einlage umgekehrt eine Unterpreisleistung. Beide Vorgänge sind mit unterschiedlichen Rechtsfolgen verbunden. Bei der verdeckten Gewinnausschüttung ist die Vermögensminderung in Höhe des unangemessenen Teilbetrags dem Einkommen der ausschüttenden Kapitalgesellschaft außerbilanziell hinzuzurechnen. Die empfangende Gesellschaft erzielt einen Beteiligungsertrag, der gem. § 8b Abs. 1 und 5 KStG nur i.H.v. 5% erfasst wird. Bei der verdeckten Einlage muss umgekehrt die Vermögensmehrung bei der empfangenden Kapitalgesellschaft außerhalb der Bilanz neutralisiert werden. Da die einlegende Gesellschaft den unangemessenen Betrag nicht als Betriebsausgabe erfassen darf, muss der Buchwert der Beteiligung in der Steuerbilanz gem. § 6 Abs. 6 S. 2 EStG entsprechend erhöht werden. Nach Wassermeyer (2001: 633) ist in ungefähr 90% der Korrekturfälle von einer verdeckten Gewinnausschüttung und in 7% von einer verdeckten Einlage auszugehen. In den restlichen Fällen liegt eine Korrektur gem. § 1 AStG vor.

§ 1 Abs. 1 AStG ist gegenüber der verdeckten Gewinnausschüttung und der verdeckten Einlage nachrangig anzuwenden. In Abs. 1 der Korrekturvorschrift werden zwei Voraussetzungen für die Anwendung genannt:

- eine Minderung des Einkommens im Inland, die sich aus einem grenzüberschreitenden Leistungsverkehr mit einer nahestehenden Person[282] ergibt und

280 Eine verdeckte Gewinnausschüttung ist eine Vermögensminderung oder verhinderte Vermögensmehrung, die durch das Gesellschaftsverhältnis veranlasst ist, sich auf die Höhe des Einkommens auswirkt und nicht auf einem gesellschaftsrechtlichen Gewinnverteilungsbeschluss beruht (vgl. R 36 KStR).

281 Eine verdeckte Einlage liegt vor, wenn ein Gesellschafter oder eine ihm nahestehende Person der Körperschaft außerhalb der gesellschaftsrechtlichen Einlage einen einlagefähigen Vermögensvorteil zuwendet und diese Zuwendung lediglich durch das Gesellschaftsverhältnis veranlasst ist (vgl. R 40 KStR).

282 Nach § 1 Abs. 2 Nr. 1 AStG muss eine wesentliche Beteiligung (mindestens 25%) oder ein Beherrschungsverhältnis vorliegen. Nach § 1 Abs. 2 Nr. 2 AStG sind auch Schwesterngesellschaften nahestehend, wenn deren Muttergesellschaft jeweils wesentlich beteiligt ist. Daneben verweisen wir hier auf die unklare Klausel gem. § 1 Abs. 3 AStG, wonach auch Personen als Nahestehende erfasst werden, die außerhalb der Geschäftsbeziehung einen besonderen Einfluss ausüben können oder ein eigenes Interesse an der Einkünfteerzielung des Anderen haben.

- die Vereinbarung von Bedingungen, die dem Fremdvergleich nicht standhält.

Die Subsidiarität des § 1 AStG gilt gegenüber den anderen Anspruchsgrundlagen, solange die Reichweiten der Einkünftekorrektur deckungsgleich sind. Insoweit die Korrektur nach dem AStG aber weitreichender ist, soll sie nun gem. § 1 Abs. 1 S. 3 AStG ergänzend umgesetzt werden. Die Vorschrift bietet auch eine Handhabe bei grenzüberschreitenden unentgeltlichen Nutzungsüberlassungen und bei Dienstleistungen zwischen verbundenen Unternehmen (Braun 1994: 72). Da dies zu einer weitergehenden Besteuerung von Auslands- gegenüber Inlandssachverhalten führen kann, ist diese Regelung europarechtlich kritisch zu beurteilen (Jacobs 2007: 688).

Wie beim Fremdvergleich sind die rechtlichen Rahmenbedingungen für die Dokumentation der Verrechnungspreise in den vergangenen zehn Jahren verschärft worden. Im Gefolge des vielbeachteten BFH-Urteils[283] vom 17.10.2001 wurden schließlich wichtige verfahrensrechtliche Eckpunkte zu den Aufzeichnungspflichten bei grenzüberschreitenden Transaktionen im Rahmen des allgemeinen Gesetzgebungsverfahrens geregelt.

Der rechtliche Rahmen zur Verrechnungspreisdokumentation verweist auf drei relevante Ebenen:

- die gesetzliche Vorschrift zu Aufzeichnungspflichten bei Vorgängen mit Auslandsbezügen (§ 90 Abs. 3 AO),
- die Verordnung zu Art, Inhalt und Umfang von Aufzeichnungen i.S.v. § 90 Abs. 3 AO (GAufzV vom 13.11.2003),
- das Verwaltungsgrundsätze-Verfahren (VwG-V vom 12.04.2005)[284].

Nach § 90 Abs. 3 AO hat der Steuerpflichtige bei grenzüberschreitenden Geschäftsvorfällen Aufzeichnungen über Art und Inhalt der Geschäftsbeziehungen mit nahestehenden Personen zu erstellen. In der Verordnung werden die Aufzeichnungspflichten im Detail eingegrenzt. Sie sollen von der Finanzverwaltung in der Regel nur für die Durchführung einer Außenprüfung verlangt werden[285]. In der Praxis sind die Anforderungen nicht leicht zu erfüllen[286]. Da es kaum Formvorschriften gibt, existieren auch keine Gliederungsschemata oder Formulare. Die Aufzeichnungen müssen in der Regel transaktionsbezogen sein. Die Zusammenfassung wirtschaftlich vergleichbarer Geschäftsvorfälle ist aber zulässig, insoweit eine Vergleichbarkeit hinsichtlich der Funktionen und Risiken gegeben ist und nachgewiesen wird. Konzerninterne Verrechnungspreisrichtlinien können genutzt werden, insoweit die Einhaltung ihrer Vorgaben belegt wird.

283 Der BFH hatte spezielle Aufzeichnungspflichten im Hinblick auf Verrechnungspreise verneint und so gesetzlichen Handlungsbedarf geschaffen.

284 BMF-Schreiben betr. Grundsätze für die Prüfung der Einkünfteabgrenzung zwischen nahestehenden Personen mit grenzüberschreitenden Geschäftsbeziehungen in Bezug auf Ermittlungs- und Mitwirkungspflichten, Berichtigungen sowie auf Verständigungs- und EU-Schiedsverfahren, BStBl Teil I, 2005, S. 570.

285 Auch außerhalb der Betriebsprüfung bestehen allerdings Mitwirkungspflichten des Steuerpflichtigen gem. § 90 Abs. 1 und 2 AO sowie R 36 Abs. 2 KStR. Mit dem Gesetz zur Modernisierung des Bilanzrechts (BilMoG) sind gem. §§ 264 und 285 Nr. 21 HGB im Anhang die nicht zu marktüblichen Bedingungen erfolgten wesentlichen Geschäfte mit Nahestehenden aufzuführen.

286 Die Vorlagefrist beträgt 60 Tage ab Anforderung der Dokumentation. Außergewöhnliche Geschäfte i.S.v. § 3 Abs. 2 GAufzV müssen aber zeitnah erstellt werden. Dies gilt als erfüllt innerhalb einer Frist von sechs Monaten nach Ablauf des Wirtschaftsjahres, in dem sich der Geschäftsvorfall ereignet hat.

Die inhaltlichen Anforderungen an die Aufzeichnungen lassen sich in die Sachverhalts- und die Angemessenheitsdokumentation untergliedern. Generell sind nach § 1 Abs. 2 GAufzV Art, Umfang und Abwicklung der Geschäftsbeziehungen sowie deren wirtschaftliche und rechtliche Rahmenbedingungen darzustellen[287]. Die Sachverhaltsdokumentation fächert sich gem. § 4 Nr. 1-3 GAufzV in drei Bereiche auf:

- Allgemeine Informationen zu den Beteiligungsverhältnissen, zur organisatorischen und operativen Struktur,
- Geschäftsbeziehungen zu Nahestehenden sowie Erfassung und Zuordnung der wesentlichen immateriellen Wirtschaftsgüter,
- Funktions- und Risikoanalyse.

Für die Anwendung des Fremdvergleichsmaßstabs kommt der Darstellung der ausgeübten Funktion und des übernommenen Risikos pro Transaktion ein großer Stellenwert zu. Hier wirken sich die Qualität und Komplexität der ausgeübten Funktion (Fertigung, Lagerhaltung, Controlling oder Forschung & Entwicklung) sowie die Markt- und Wettbewerbsverhältnisse aus. Durch die Beschreibung der gesamten Wertschöpfungskette wird zudem der besondere Leistungsbeitrag verdeutlicht. Diese Aufzeichnungen ermöglichen die Zuordnung des zu prüfenden Unternehmens zu einer bestimmten Funktions- und Risikogruppe:

(1) Routinefunktionen (geringer Umfang an Wirtschaftsgütern und geringes Risiko),
(2) Strategieträger bzw. Entrepreneur (Verfügung über wesentliche materielle und immaterielle Wirtschaftsgüter),
(3) Hybridunternehmen (keine klare Zuordnung möglich).

Der Fremdvergleich ist vor allem bei Unternehmen schwierig, die als Strategieträger bzw. Entrepreneur zu qualifizieren sind. Da Vergleichsdaten kaum existieren, stellt sich das Konzernergebnis lediglich als Restgröße der internen Gewinnaufteilung im Unternehmensverbund dar.

Im Rahmen der Angemessenheitsdokumentation sollen gem. § 4 Abs. 4 GAufzV[288] die transaktionsbezogene Eignung der angewendeten Verrechnungspreismethode dem Grunde nach sowie die Angemessenheit des Verrechnungspreises der Höhe nach aufgezeigt werden. Die Wahl der Methode ist vor dem Hintergrund der transaktionsbezogenen Funktionen und Risiken zu begründen. Vergleichsdaten sind aufzubereiten und den Aufzeichnungen beizufügen.

In besonderen Fällen ist § 5 Satz 2 Nr. 1–6 GAufzV zu beachten. Liegen untypische Umstände oder Sonderumstände vor, sind weitere Aufzeichnungen vorzulegen. Dies betrifft Umlageverträge, Verrechnungspreisvereinbarungen, Dauerverluste und Forschungsaktivitäten, die sich auf die betreffenden Geschäftsvorfälle bzw. Funktions- und Risikogruppe beziehen.

Im Rahmen der Betriebsprüfung in Deutschland wird der Fremdvergleich als Korrekturmaßstab dem Grunde nach und der Höhe nach zugrunde gelegt. Dabei besteht das grundsätzliche Dilemma, dass einer unbeschränkten Offenlegung von Fremddaten das Steuergeheimnis entgegen steht. Vorhandene Vergleichswerte dürfen im Streitfall nur anonymisiert eingesetzt werden. Insoweit jedoch Zweifel hinsichtlich der Qualität der Datenbank bestehen, die nicht ausgeräumt werden können, geht dies zu Lasten ihres Beweiswertes[289]. Die Finanzverwaltung bedient sich daher bei der Ermittlung des Korrekturbedarfs einiger Verprobungsmetho-

---

287 Nach § 6 Abs. 1 GAufzV entfällt für kleine Unternehmen die Pflicht zur Erstellung einer Dokumentation.

288 Vgl. auch Tz 3.4.12.1 VwG-V.

289 Vgl. BFH-Urteil vom 17.10.2001, I R 103/00, kommentiert in: IStR 23/2001, S. 748

den, die das Fremdverhalten simulieren sollen. Sie müssen sich an der vom Unternehmen gewählten Methode zur Festsetzung von Verrechnungspreisen orientieren.

4.3.4 Standard- und Gewinnmethoden

Sind im OECD-Bericht von 1979 nur die drei Standardmethoden erörtert worden, beziehen sich die „OECD Transfer Pricing Guidelines 1995" bereits auf die Weiterentwicklung der internationalen Diskussion und die Grenzen der traditionellen Methoden. Hier wurde noch hervorgehoben, dass nicht alle gewinnorientierten Methoden mit dem „Dealing-at-Arm's-Length-Principle" vereinbar seien. Ein konkreter Transaktionsbezug müsse gegeben sein. Vorrangig sei die Preisvergleichsmethode anzuwenden, da sie den Fremdvergleichsgrundsatz am besten zum Ausdruck bringe. Die geschäftsfallbezogenen Gewinnaufteilungsmethoden seien nur in den Fällen anzuwenden, in denen die Standardmethoden keine aussagefähigen Ergebnisse erbringen.

Vom Vorrang der Standardmethoden gehen auch die deutschen Verwaltungsgrundsätze aus. So sollen die geschäftsvorfallbezogene Nettomargenmethode („transactional net margin method") und die geschäftsvorfallbezogene Gewinnzerlegungsmethode („transactional profit split method") nur unter bestimmten Bedingungen herangezogen werden. Dies betrifft Fälle, in denen Fremdvergleichsdaten fehlen bzw. mit Mängeln behaftet sind oder in denen keine verlässliche Anwendbarkeit der Standardmethoden gegeben ist (Tz 3.4.10.3. c VwG-V). Außerdem wird die Gewinnvergleichsmethode („comparable profit split method") generell nicht anerkannt, da sie nicht zu fremdvergleichskonformen Ergebnissen führt (Tz 3.4.10.3. c VwG-V).

Von der strengen Rangfolge der Methoden ist die OECD in den „Transfer Pricing Guidelines 2010" abgerückt. Die Kapitel I bis III wurden überarbeitet. Es soll nun die Methode angewendet werden, die im Hinblick auf die gegebene Transaktion und die Verfügbarkeit von Vergleichsdaten am besten geeignet ist („most appropriate method to the circumstances of the case"). Erst wenn mehrere Methoden gleich geeignet erscheinen, bleibt es bei der alten Methodenhierarchie. Dabei muss die beste Methode wie in den USA nicht erst im Vergleich gefunden werden („best method rule"). Die Anwendung einer weiteren Methode ist lediglich in komplexen Fällen angebracht. Außerdem ist in der Überarbeitung näher geregelt worden, was unter einem zuverlässigen Vergleichsunternehmen („reasonably reliable comparables") zu verstehen ist. Dies erfordert das Bestehen identischer Märkte und eines ähnlichen Funktions- und Risikoprofils. Im Rahmen der Vergleichbarkeitsanalyse sind somit nur zuverlässige Vergleichsdaten einzubeziehen.

Standardmethoden	Gewinnorientierte Methoden
Vergleichspreismethode (Comparable Uncontrolled Price Method)	Geschäftsfallbezogene Nettomargenmethode (Transactional Net Margin Method)
Wiederverkaufspreismethode (Resale Price Method)	Geschäftsfallbezogene Gewinnzerlegungsmethode (Transactional Profit Split Method)
Kostenaufschlagsmethode (Cost Plus Method)	Globale Gewinnzerlegung (Global Formulary Apportionment Method) oder globaler Betriebsvergleich (Comparable Profit Method)

Folgende Methoden werden als **Standardmethoden** bezeichnet:

(a) **Vergleichspreismethode** (Comparable Uncontrolled Price Method)
Das Ziel besteht darin, Preise für gleiche Leistungen zwischen unabhängigen Unternehmen zugrunde zu legen. Da die Bedingungen der Transaktion oft nicht identisch sind, ist der direkte Preisvergleich häufig nicht möglich. Sind die Einflussfaktoren quantifizierbar, können im Rahmen des indirekten Preisvergleiches Preiskorrekturen vorgenommen werden. Ideal anwendbar ist die Methode bei weitestgehend homogenen, substituierbaren Gütern. Die Grenze dieses Verfahrens ist jedoch dann erreicht, wenn die Unterschiedlichkeit des Produktes oder der Leistungsbedingungen wertmäßig nicht mehr erfasst werden kann. So werden Differenzen hinsichtlich der Produktabgrenzung (Qualität, Marke, Leistungsumfang), der Marktsegmentierung und der Zahlungskondition (Zahlungsziele, Rabatte, Skonti, Boni etc.) oft nur unvollständig abgebildet. Eine Anpassung von Daten mit dem Ziel, abweichende Faktoren zu neutralisieren, kann daher allenfalls zu einer Bandbreite von Vergleichspreisen führen. Trotz aller Schwierigkeiten der Anwendung handelt es sich um die bevorzugte Methode der OECD und der deutschen Finanzverwaltung.

(b) **Wiederverkaufspreismethode** (Resale Price Method)
Die Ermittlung des angemessenen Verrechnungspreises erfolgt retrograd mittels Auskehrung einer marktüblichen Bruttomarge vom Absatzpreis. Dies bedeutet, dass von dem Preis zurückgerechnet wird, zu dem eine bei einem Nahestehenden gekaufte Leistung an einen unabhängigen Abnehmer weiterveräußert wird. Dabei ist der Wiederverkaufspreis um marktübliche Abschläge zu berichtigen. Diese beziehen sich z.B. auf das Risiko des Wiederverkäufers. Da die Gewinnmarge im starken Maße funktions- und risikobedingt ist, kommt hier der Funktions- und Risikoanalyse eine große Bedeutung zu. Dies muss als schwieriges Unterfangen bezeichnet werden, zumal entsprechende Marktdaten nicht leicht beschafft werden können. Dies kann hier als das Kernproblem bezeichnet werden. Da die Methode am Ende der internationalen Wertschöpfungskette ansetzt, engt sich das Einsatzfeld zwangsläufig ein. Eine sinnvolle Anwendung ergibt sich demzufolge lediglich dann, wenn die zu prüfende Geschäftsbeziehung der finalen Produktabgabe auf dem freien Markt vorausgeht. Zu denken ist hier an international tätige Vertriebsunternehmen.

(c) **Kostenaufschlagsmethode** (Cost Plus Method)
Bei der Kostenaufschlagsmethode stehen die Beschaffungspreise der entsprechenden Güter und Dienste im Mittelpunkt. Es wird von den Herstellungskosten[290] des leistenden Verbundunternehmens ausgegangen. Im Vergleich von Ist-, Normal- und Plankosten geht die „OECD Transfer Pricing Guidelines" vom Vorrang der Istkosten[291] aus. Marktübliche Gewinnzuschläge werden dann hinzuaddiert. Die Methode eignet sich für die Bewertung halbfertiger Güter oder von Spezialanfertigungen, da es hier an den erforderlichen freien Märkten mangelt. Nach den deutschen Verwaltungsgrundsätzen soll im Regelfall volle Kostendeckung unterstellt werden. Nur im begründeten Ausnahmefall kann davon abgewichen werden. Die Identifizierung branchen- und betriebstypischer Gewinnaufschläge muss wiederum auf der Grundlage einer gewissenhaften Funktions- und Risikoanalyse erfolgen. Der Vergleich kann dabei extern oder intern ausgerichtet sein. Da der Fremdvergleich hier am weitesten ausgelegt wird, kommt die Anwendung vorwiegend dann in Frage, wenn die anderen beiden Methoden wegen zu großer Leistungsunterschiede versagen. Allerdings entfernt sich die Kos-

---

290 In Deutschland wird vielfach noch von den Selbstkosten ausgegangen.

291 Vgl. OECD Transfer Pricing Guidelines 1995, Tz. 2.42.

tenaufschlagsmethode auf der anderen Seite auch am weitesten vom Preismechanismus des Marktes.

Die Grenzen der Standardverfahren sind in der internationalen Diskussion vielfach hervorgehoben worden (Jacobs 2007: 747 ff., UNCTAD 1999: 9). Das Anwendungsgebiet bezieht sich im Grunde auf den Idealfall relativ einfacher, standardisierter Güteraustausch- und Dienstleistungsbeziehungen. Im transnationalen Unternehmensverbund wird der Leistungsaustausch jedoch zunehmend komplexer. Erstens verringert sich der Anteil der unbeeinflussten (uncontrolled) Rechtsgeschäfte beständig. Zweitens fächern sich die Wertschöpfungsketten zunehmend aus. Drittens wächst die Bedeutung der immateriellen Wirtschaftsgüter stark an, was zur Verbreitung besonderer Rechte führt (Lizenzen, Patente etc.). So werden Gewinnsegmente immer mehr ins Ausland verlagert, indem Lizenzen und Know-how von ausländischen Tochtergesellschaften in niedrig besteuernden Ländern an andere Verbundunternehmen vergeben werden. Die Lizenzgebühren mindern den steuerpflichtigen Gewinn in den Hochsteuerländern, was dazu führt, dass Vorteile auf mehreren Ebenen erzielt werden. Auf Basis der traditionellen Methoden können diese Entwicklungen oft nicht mehr adäquat erfasst werden. Auf der einen Seite erscheint die Ausweitung der Verprobungsmethoden daher als sinnvoll. Auf der anderen Seite stellt sich aber die Frage, inwieweit die anderen, über die Standardverfahren hinausweisenden Methoden noch mit dem Fremdvergleichsgrundsatz vereinbar sind.

Wir haben bereits hervorgehoben, dass in den neuen „OECD Transfer Pricing Guidelines 2010" die strenge Methodenhierarchie zu Gunsten der „most appropriate method" aufgegeben wurde. Auf die Einführung gewinnorientierter Methoden in den USA hatte die OECD zuvor mit den „Transfer Pricing Guidelines 1995" reagiert und die geschäftsfallbezogenen Gewinnmethoden (Gewinnzerlegungsmethode und Nettomargenmethode) für den Ausnahmefall empfohlen, dass die Standardmethoden keine zutreffende Preisfestlegung zulassen. Die ablehnende Haltung der deutschen Finanzverwaltung war damals auf Kritik gestoßen. Denn das BMF hatte den „OECD Transfer Pricing Guidelines 1995" in den Verhandlungen zugestimmt und sie mitunterzeichnet. Zudem waren bereits damals Betriebsprüfer in der Praxis gezwungen, sich gewinnorientierter Verprobungsmethoden zu bedienen (Kuckhoff, Schreiber 1997: 53ff.).

Die Gewinnmethoden lassen sich in zwei verschiedene Gruppen einordnen. Den geschäftsfallbezogenen Gewinnmethoden stehen die globalen Gewinnmethoden gegenüber. Während bei den geschäftsfallbezogenen Methoden ein konkreter Transaktionsbezug gegeben sein muss, dient bei den globalen Methoden das Unternehmen als Ganzes als Ausgangspunkt. Bislang ist von der OECD betont worden, dass nur geschäftsfallbezogene Gewinnmethoden mit dem Fremdvergleichsgrundsatz vereinbar seien[292]. Dazu zählen:

- die geschäftsfallbezogene Nettomargenmethode (Transactional Net Margin Method) und
- die geschäftsfallbezogene Gewinnzerlegungsmethode (Transactional Profit Split Method).

Bei der **geschäftsfallbezogenen Nettomargenmethode** sollen die Nettogewinne[293] von ähnlichen, jedoch unabhängigen Unternehmen den Vergleichsrahmen für die zu beurteilende Transaktion bestimmen. Dies bedeutet, dass die produkt- oder produktpalettenbezogenen Gewinne des verbundenen Unternehmens aus konzerninternen Geschäften mit den Gewinnen

292 Vgl. Guidelines 1995, Tz. 3.1.

293 Beim von der OECD nicht näher definierten Begriff „Nettogewinn" ist in der Regel vom operativen Ergebnis vor Steuern auszugehen, also vom Betriebsergebnis vor Finanzergebnis und Steuern.

verglichen werden, die unabhängige, vergleichbare Unternehmen aus gleichartigen Geschäften erzielt haben. Die Nettogewinnspanne stellt das Verhältnis des Betriebsgewinnes zu einer geeigneten Bezugsgröße (Umsatz, Kapital oder Kosten) dar. Die Vergleichbarkeit der Unternehmen ist dabei im Rahmen von Funktions- und Risikoanalysen zu untersuchen und etwaige Anpassungen sind vorzunehmen.

Die neuen „OECD Transfer Pricing Guidelines 2010“ widmen sich stärker der Auswahl geeigneter Kennzahlen zur Bestimmung des vergleichbaren Betriebserfolgs („profit level indicators“). Als zuverlässig gelten die bekannten Rentabilitätskennziffern (return on capital, return on cost, return on sales) und bestimmte finanzorientierte Kennziffern. In diesem Zusammenhang wird auch der „Berry Ratio“[294] diskutiert. In der Überarbeitung der OECD Guidelines 2010 wird hierzu ausgeführt, dass diese Kennziffer unter bestimmten Bedingungen angewendet werden könne. Empirisch ist die Aussagefähigkeit von Aufwandsintensitäten bei Vertriebsunternehmen ermittelt worden (Jacobs 2007: 764), was die Angemessenheit der „Berry Ratio“ in speziellen Fällen unterstreicht. Beim Einsatz wertvoller immaterieller Wirtschaftsgüter erscheint sie hingegen nicht als geeignet, da hier die Aufwandsintensität klein sein kann. Die Kapitalrentabilität (return on capital) spielt wiederum in der Betriebsprüfung eine große Rolle, um die Verzinsung[295] des eingesetzten Kapitals zu ermitteln.

Die **geschäftsfallbezogene Gewinnzerlegungsmethode** geht demgegenüber vom konsolidierten Konzernergebnis aus und ermittelt den transaktionsbezogenen Nettoerfolg gemäß den Beiträgen der an der Transaktion beteiligten Verbundunternehmen. Die Gewinnaufteilung kann dabei nach verschiedenen Maßstäben erfolgen. Die OECD präferiert die Beitragsanalyse und die Restgewinnaufteilung (Kuckhoff, Schreiber 1997: 58ff.). Bei der Beitragsanalyse (contribution analysis) wird der von den beteiligten Verbundunternehmen gemeinsam erzielte Gesamtgewinn[296] entsprechend dem Marktwert der jeweiligen Leistung aufgeteilt. Bezieht sich der Beitrag eines Verbundunternehmens z.B. auf die Lagerhaltung, sind marktübliche Mieten, banküblichen Zinsen für die gelagerten Waren und ein angemessener Gewinnaufschlag in Rechnung zu stellen. Die Gewinnaufteilung nach dem Restgewinn (residual analysis) erfolgt in zwei Stufen. Zunächst wird jedem beteiligten Verbundunternehmen eine angemessene Mindestrendite zugeordnet, die sich an dem Geschäftsfeld vergleichbarer, aber unabhängiger Unternehmen orientiert. Hierbei handelt es sich um übliche oder gleich bleibende Beiträge. Der verbleibende, nicht sofort den Parteien zuordenbare Restgewinn oder Verlust ist dann sachgerecht zu verteilen. Der Maßstab kann sich z.B. auf den Wert der eingebrachten immateriellen Wirtschaftsgüter beziehen.

Die geschäftsfallbezogene Gewinnzerlegungsmethode ist schon früh in den USA angewendet worden. Sie wurde aber in den „OECD Transfer Pricing Guidelines 1995“ nur als nachrangige Methode anerkannt (method of last resort). Die Methode entfernt sich bereits relativ stark vom konkreten Transaktionsbezug. Auch in den überarbeiteten „OECD Transfer Pricing Guidelines 2010“ wird von der begrenzten Anwendbarkeit dieser Methode ausgegangen. Die deutschen Verwaltungsgrundsätze stehen im Einklang mit dieser Sichtweise. Die geschäftsfallbezogene Gewinnzerlegungsmethode wird nur für den Fall anerkannt, dass sich die Standardmethoden nicht oder nicht verlässlich anwenden lassen. Dies kann z.B. bei der Ge-

294 Diese Kennziffer drückt das Verhältnis von Rohergebnis und den betrieblichen Aufwendungen (ohne Wareneinsatz) aus.

295 Hierbei kann es zur Anwendung des CAPM führen (vgl. Kapitel I 3.3.1).

296 In der Regel entspricht dies dem konsolidierten Konzern-Betriebsergebnis.

winnabgrenzung von grenzüberschreitenden Geschäftsbeziehungen zwischen mehreren Konzernunternehmen mit „Entrepreneur"-Funktion der Fall sein[297].

Die Skizze der bislang dargestellten gewinnorientierten Methoden markiert gleichzeitig die Grenze zwischen den von der OECD akzeptierten und nicht-akzeptierten Methoden. So lehnt die OECD die globalen Gewinnmethoden ab. Zu den globalen Gewinnmethoden zählen die Gewinnvergleichsmethode (Comparable Profit Method) und die globale Gewinnzerlegungsmethode (Global Formulary Apportionment Method). Die **globale Gewinnvergleichsmethode** ist in den USA uneingeschränkt gültig. Da der aus einer grenzüberschreitenden Geschäftsbeziehung resultierende Anteil am gesamten Betriebsergebnis einem fiktiven Vergleichsgewinn gegenübergestellt wird, der wiederum aus Rendite-Kennzahlen vergleichbarer Unternehmen ermittelt wird, erweist sich hier die Vernachlässigung des Fremdvergleichsgrundsatzes. Die **globale Gewinnzerlegung** folgt dem Prinzip der „Unitary Taxation". Hier wird der Unternehmensverbund als einheitliches Ganzes unterstellt, weshalb der konzerninterne Leistungsaustausch völlig ausgeklammert wird. Der realisierte Gesamtgewinn des Unternehmensverbundes wird stattdessen abstrakt nach einer bestimmten Formel auf die einzelnen Unternehmensglieder aufgeteilt. Der Ansatz ist weder produkt- noch funktionsbezogen. Dies Konzept ist von der Europäischen Kommission für die Besteuerung der ausschließlich im EU-Raum tätigen transnationalen Unternehmen vorgeschlagen worden.

Die Gestaltung der **Forschungs- und Entwicklungstätigkeiten** im Unternehmen oder Unternehmensverbund ist ein wichtiger Teil der internationalen Steuerplanung. Zum einen werden Zentren für Forschung & Entwicklung im wachsenden Maße auf verschiedene Standorte verteilt (von Wuntsch, Wei 2010: 177 ff.) und ausländischen Betriebsstätten und Tochtergesellschaften zugeordnet. Zum anderen ist mit der Zahlung von Lizenzgebühren ein weiteres Feld der Repatriierung von Gewinnen gegeben. Die Methodendiskussion kann daher im Hinblick auf besondere Anwendungsfelder weiter verfolgt werden. Den immateriellen Wirtschaftsgütern ist bereits in den „OECD Transfer Pricing Guidelines 1995" das Kapitel VI gewidmet worden. Weitere Entwürfe der OECD sind wegen der gestiegenen Bedeutung von Patenten, Lizenzen und F&E-Aktivitäten zu erwarten.

Wir heben an dieser Stelle die Nutzungsüberlassung von geistigem Eigentum in Form von Lizenzen hervor. Ist die Verrechenbarkeit dem Grunde nach gegeben[298], stellt sich die Frage nach der angemessenen Lizenzgebühr. Sie ist insofern schwer zu ermitteln, als sich für den Besitzer von Spezialwissen ein zeitlich begrenzter monopolistischer Wettbewerbsvorteil ergibt. Der Erfassung des besonderen wirtschaftlichen Vorteils werden die Standardmethoden nur zum Teil gerecht.

Bei der Lizenzierung von Know-how ist ein externer Preisvergleich in der Regel nicht durchführbar, weil das zu Grunde liegende Spezialwissen nicht ungeschützt verbreitet ist. Der innere Preisvergleich scheidet wegen der fehlenden Vergleichsfälle ebenso aus. Trotzdem greift die Finanzverwaltung in der Praxis auf Daten der nicht öffentlichen Lizenzkartei des Bundesamtes für Finanzen zurück, was in Fachkreisen auf Kritik stößt[299] (Finsterwalder 2006: 357). Solche empirischen Daten sind nur begrenzt in der Lage, die besondere Qualität

[297] Vgl. auch Tz 3.4.10.3 c) VwG-V.

[298] Die betriebliche Veranlassung muss gegeben, die Leistungsbeziehung muss abgrenzbar und der Nutzen hinreichend wahrscheinlich sein. Bei der Überlassung von Know-how darf es sich nicht um allgemein zugängliches Wissen handeln (Finsterwalder 2006: 356 f.). Nach dem Ansatz der OECD muss das Know-how bzw. das Patent vom Lizenzgeber auf eigenes Risiko entwickelt worden sein.

[299] Zu anonymen Vergleichsdaten vgl. auch BFH v. 17.10.2001, BStBl II 2004, 171.

des Nutzungsrechtes vor dem Hintergrund der jeweiligen Marktsituation zu berücksichtigen. Versuche der Typisierung von Lizenzentgelten lassen sich dennoch aufzeigen. Häufig genannt wird die Richtschnur von 0,5-5% des Umsatzes (Jacobs 2007: 1058).

Die Anwendbarkeit der Kostenaufschlagsmethode wäre im Lizenzfall noch zu erwägen[300]. Die angesprochenen Probleme reproduzieren und erweitern sich aber. Zum einen kann aus den Kosten nicht der erzielbare Marktpreis abgeleitet werden. Vielmehr weist die Nutzung von Spezialwissen über die pauschale Verknüpfung von Kosten und Umsätzen hinaus, da die Realisierung von Übergewinnen auf dem Markt möglich wird. Zum anderen stellt sich in großen F&E-Abteilungen die Aufgabe der Zuordnung von Kosten zu einem einzelnen immateriellen Produkt.

Die angemerkten Grenzen der Standardmethoden verweisen auf das Anwendungsfeld der transaktionsbezogenen Gewinnmethoden und des Ertragswerts. Wir haben bereits auf die Schwierigkeit der Anwendung von Rentabilitätskennziffern bei der Nettomargenmethode hingewiesen. In der Fachdiskussion ist daher bei der Nutzungsüberlassung von immateriellen Wirtschaftsgütern die geschäftsvorfallbezogene Gewinnzerlegungsmethode vorgeschlagen worden (Dürrfeld, Wingendorf 2005: 464 ff.). Über die Beitrags- und Restgewinnanalyse kann versucht werden, das durch die Nutzung des Know-hows beim Lizenznehmer erzielte operative Ergebnis auf den Lizenzgeber und Lizenznehmer aufzuteilen. Da der Wert des immateriellen Wirtschaftsguts die Gewinnerwartungen widerspiegelt[301], ist hier auch ein Einsatzfeld für **kapitalwertorientierte Bewertungsverfahren** gegeben.

Die Frage nach dem angemessenen Gewinn des Lizenznehmers lässt sich durch die Anwendung der geschäftsvorfallbezogenen Gewinnzerlegungsmethode oder der Ertragswertverfahren aber nicht umgehen. Die Bemessung der angemessenen Lizenzgebühr nach der mehr als vierzig Jahre alten „Knoppe-Formel" kann nur als grober Maßstab gelten. Demnach darf das Betriebsergebnis des Lizenznehmers höchstens um 25%-33,3% geschmälert sein (Jacobs 2007: 1061). Auch diese pauschale Formel kann den Besonderheiten des Einzelfalls nicht gerecht werden. Gerade der enge Bezug des immateriellen Wirtschaftsgutes auf den Ertragswert unterstreicht die Existenz einer großen Bandbreite angemessener Werte und Lizenzgebühren, die akzeptiert werden sollte. Denn die Schätzung künftiger Cash-Flows ist mit vielen Unsicherheiten verbunden, die wir in Teil I des Buches erläutert haben. Trotz der vorhandenen Risikobereiche finden kapitalwertorientierte Verfahren in der modernen Betriebswirtschaftslehre weite Anerkennung.

Auf eine andere Möglichkeit der Gestaltung von Forschungs- und Entwicklungstätigkeiten kann kurz hingewiesen werden. Im Hinblick auf die Aufteilung der Aufwendungen für Forschung & Entwicklung kann ein Kostenumlagevertrag vereinbart werden (**Cost Sharing Agreement**). Die Unternehmen im Verbund arbeiten dann mittel- bis langfristig im gemeinsamen Interesse kooperativ zusammen. Dies ist eine Möglichkeit, das mit der Forschung verknüpfte Risiko des Misserfolgs aber auch potenzielle Vorteile aufzuteilen. Die Verteilung

[300] Die Wiederverkaufsmethode wäre nur im außergewöhnlichen Fall der Weitergabe des Nutzungsrechts durch den Lizenznehmer an andere Lizenznehmer anwendbar.

[301] „One possibility is to use anticipated benefits (taking into account all relevant economic factors) as a means for establishing the pricing at the outset of the transaction" (OECD Transfer Pricing Guidelines 2010: 201).

der Kosten auf die Poolmitglieder geschieht durch Anwendung eines angemessenen Verteilungsschlüssels[302].

Welche der oben erläuterten **Methoden in der Praxis** Anwendung finden, kann skizziert werden. Bei komplexen Verrechnungspreisermittlungen spielt die Gewinnvergleichsrechnung in den USA schon seit vielen Jahren eine große Rolle (Popp, Theisen 1987: 1952). Eine frühere UNCTAD-Studie (UNCTAD 1999: 193) weist aus, dass in den USA, Großbritannien und Japan die Standardmethoden nicht zu den beliebtesten Methoden zählten. Die Erfassung tatsächlich genutzter Methoden wird seit vielen Jahren von der Wirtschaftsprüfungsgesellschaft Ernst & Young erhoben. Auch in der Studie aus dem Jahr 2003 erweist sich die große Bedeutung gewinnbasierter und anderer Methoden bei der Bewertung von Lizenzen.

Weltweit angewendete Methoden auf der Ebene der Muttergesellschaft (mit Mehrfachnennungen)				
	Materielle Wirtschaftsgüter %	Dienstleistungen %	Lizenzen %	Finanzielle Transaktionen %
Vergleichspreismethode	35	20	37 intern 15 extern	33
Wiederverkaufspreismethode	18	0	0	0
Kostenmethode Kostenaufschlagsmethode	0 31	16 57	0 1	4 9
Gewinnzerlegungsmethode	5	0	10	0
Gewinnbasierte Methode	7	0	17	0
Andere Methoden	8	7	23	4
Nicht angemerkt	1	1	1	49

(Ernst & Young 2003: 17)

2010 Global Transfer Pricing Survey (Ernst & Young)

Die im Jahr 2010 veröffentlichten Studie von Ernst & Young, die auf Befragungen von Managern in 25 Ländern basiert, unterstreicht den wachsenden Stellenwert des Handlungsfeldes Transfer Pricing in transnationalen Unternehmen (Ebene der Muttergesellschaften):

- 30% bezeichnen Transfer Pricing als wichtigstes Steuerthema. Die Spanne erstreckt sich von 21% in Nord-Amerika bis 60% in Dänemark. Die Ausprägung für Deutschland liegt bei 36%.
- 36% halten die Risikominderung für das Hauptmotiv bei der Dokumentation von Verrechnungspreisen. Die Unternehmen koordinieren die Dokumentation zunehmend auf globaler Ebene. Nur 54% der Unternehmen erstellen aber Dokumentationen parallel zur Abgabe der Steuererklärung.

[302] Strittig ist die Frage, ob für die erbrachten F&E-Leistungen nur die Kosten oder auch ein Gewinnaufschlag zu vergüten sind (Oestreicher 2000: 759). In den OECD-Richtlinien (2010: 224) gibt es dazu keine klare Aussage. Die deutsche Finanzverwaltung hat einen Gewinnzuschlag in der Vergangenheit nicht anerkannt. Allerdings ist der erwartete Nutzen in der Regel zu erfassen (Kuckhoff, Schreiber 2000: 373 ff.).

- 68% der Unternehmen sind insgesamt überprüft worden. Betrachtet man die letzten vier Jahre liegen die USA (36% Überprüfungen im Jahr 2010 sowie 31% in Jahr 2007) und Deutschland (31% Überprüfungen im Jahr 2010 sowie 31% im Jahr 2007) an der Spitze. Länder wie China und Indien weisen sehr hohe Steigerungsraten auf.
- Eine wachsende Bedeutung gewinnbasierter Methoden wird für immaterielle Wirtschaftsgüter und Dienstleistungen vorhergesagt. Dabei wird auf die „OECD Transfer Pricing Guidelines 2010“ und neuen Richtlinien in den USA verwiesen.
- Zu den primären Prüfungsgebieten zählen Dienstleistungen sowie finanzbezogene und immaterielle Transaktionen.

Rechtssicherheit im Sinne einer vorausgehenden Bestätigung von Verrechnungspreisen versprechen die „**Advanced Pricing Agreements (APA)**“. Hierbei handelt es sich um Preisabsprachen zwischen Unternehmen und der Finanzverwaltung, die bereits in der Phase der Gestaltung von Transferpreisen geführt werden. In den USA haben sich diese Absprachen mit den Steuerbehörden in den frühen neunziger Jahren durchgesetzt (Blocher, Chen, Lin 2002: 923). In Deutschland bestehen vergleichbare Instrumentarien[303]. Solche Abkommen sind aber mit Schwächen verbunden. Da eine Doppelbesteuerung nur vermieden werden kann, wenn die Steuerbehörde des involvierten anderen Staates an die Vereinbarung gebunden ist, müssten bi- bzw. multilaterale APA geschaffen werden[304]. Die deutsche Finanzverwaltung bemüht sich, einheitliche und europataugliche Regelungen auf unilateraler Ebene umzusetzen[305]. Außerdem muss die Finanzverwaltung im Rahmen einer verbindlichen Auskunft die tatsächlichen Verhältnisse der Geschäftsbeziehungen gewissenhaft überprüfen, was vor dem Hintergrund der sich beständig wandelnden wirtschaftlichen Rahmenbedingungen einen enormen Personalaufwand bedingt. Der Arbeitsaufwand im Anschluss an die verbindliche Auskunft dürfte sich dadurch für die Verwaltung nur wenig verringern, da im Rahmen der Betriebsprüfung zu kontrollieren ist, ob die wirklichen Bedingungen von den im APA vereinbarten abweichen.

Nur ein geringer Teil der multinationalen Unternehmen scheint bislang APAs als Management-Instrument zu nutzen. Nach der Studie von Ernst & Young aus dem Jahr 2003 sind dies auf der Ebene der Muttergesellschaften 14% und auf der Ebene der Tochtergesellschaften 18% der transnationalen Unternehmen. Die Vergleichszahl von 23% auf der Ebene der Muttergesellschaften aus dem Jahr 2010 verweist auf einen wachsenden Trend. Allerdings sind die Ausprägungen in den Ländern sehr unterschiedlich. Traditionell hoch angesehen sind APAs in den USA. Die Anwendungsrate liegt hier bei rund 40%. Danach folgen Länder wie Großbritannien (rund 18%), die Niederlande (rund 14%) sowie Australien und Japan (jeweils rund 6%).

---

303 Vgl. die §§ 204-207 AO zur verbindlichen Zusage im Anschluss an eine Außenprüfung. Darüber hinaus kann die Finanzverwaltung verbindliche Auskünfte erteilen, wie ein von ihm geschilderten Sachverhalt steuerlich einzuordnen ist (vgl. BMF-Schreiben vom 24.06.1987, BStBl I, 1987, S. 474).

304 Ein Doppelbesteuerungsabkommen enthält in der Regel auch eine Klausel zum Verständigungsverfahren (Mutual Agreement). Die Finanzbehörden der beiden Staaten bemühen sich dann um eine einvernehmliche Lösung, bei der eine Doppelbesteuerung vermieden wird (vgl. Art. 25 OECD-Musterabkommen).

305 Vgl. Verwaltungsgrundsätze – Verfahren Tz. 6.

4.4 Fremdfinanzierung und Zinsschranke

4.4.1 Konkurrenz zwischen Eigen- und Fremdfinanzierung

Die optimale Finanzierungsgestaltung lässt sich als weiterer Bereich der internationalen Steuerplanung eingrenzen. An sich ist der Grundsatz der Finanzierungsfreiheit von der Rechtsprechung immer wieder bestätigt worden[306]. Die Vertragsfreiheit bedingt auch die Finanzierungsfreiheit, welche lediglich durch Regelungen zum Schutz der Allgemeinheit, insbesondere der Gläubiger eingeschränkt ist[307]. Dies schließt die Entscheidungswahl ein, die eigene Gesellschaft mit Eigen- oder Fremdkapital zu finanzieren. Ein zweckgerichtetes missbräuchliches Handeln kann nicht ohne weiteres vermutet werden, wenn ein in- oder ausländischer Gesellschafter eine Fremdfinanzierung der Eigenfinanzierung vorzieht. Die Eigenfinanzierung steht dabei generell in Konkurrenz zur Fremdfinanzierung. Denn beide Formen der Finanzierung werden durch die Besteuerung im unterschiedlichen Maße beeinflusst. Die Fremdfinanzierung gilt insofern als vorteilhaft, als sich durch die Abzugsfähigkeit der Zinsen als Betriebsausgaben eine Steuerersparnis ergibt. Im deutschen Steuerrecht ist lediglich die partielle Erfassung der Darlehenszinsen im Rahmen der Gewerbesteuer zu beachten[308].

Nach der Logik des Leverage-Effektes steigt die Eigenkapitalrendite mit wachsender Fremdfinanzierung, zumindest solange die Gesamtkapitalrendite den Zinssatz für Fremdkapital übersteigt. In diesem Sinne trägt ein Anstieg der Verschuldung zur Erhöhung des Unternehmenswertes bei. Dabei ist allerdings zu beachten, dass die Grenzkosten der Insolvenz auf Grund des ansteigenden Risikos der Überschuldung den Grenznutzen der Steuerersparnis nicht übersteigen dürfen. Diese Bedingung ist in der Vergangenheit häufig nicht genügend beachtet worden.

Finanzierungsbedingte Steuerersparnisse können vor allem auf der Basis eines international strukturierten Holdingkonzerns erzielt werden. Die konzerninterne Finanzierung kann als Kerngebiet der Steuerplanung bezeichnet werden. Denn im Unternehmensverbund lassen sich die unterschiedlichen steuerlichen Belastungsniveaus in den Ländern optimal ausschöpfen.

Diskutiert werden in diesem Zusammenhang meist drei Fallvarianten:

(a) Down-Stream-Inbound- Finanzierung
Eine Mutterkapitalgesellschaft mit Sitz im niedrig besteuernden Ausland stellt einer inländischen Tochterkapitalgesellschaft Fremdkapital zur Verfügung. Während die Tochtergesellschaft in Deutschland gewinnmindernde Zinsaufwendungen generiert, werden Zinserträge ins Ausland verlagert und gering besteuert.

(b) Up-Stream-Inbound-Finanzierung
Eine inländische Mutterkapitalgesellschaft stellt einer ausländischen Tochterkapitalgesellschaft Eigenkapital zur Verfügung. Diese Mittel werden von der Tochtergesellschaft über ein Darlehen an die Muttergesellschaft zurückgeleitet und erzeugen schließlich Fremdkapital. In diesem Fall tritt ein vergleichbarer Effekt wie bei der Down-Stream-Finanzierung ein. Im Inland wird der Gewinn gemindert und im Ausland werden die Zinserträge günstig besteuert. Werden die Zinserträge von der ausländischen Tochterge-

---

306 Vgl. u.a. BFH v. 16.09.1958 – I 88/57 U, BStBl. III 1958, S. 451; BFH v. 05.02.1992 – I R 127/90, BStBl. II 1992, S. 536; BFH v. 20.03.2002 – I R 63/99, BStBl. II 2003, S. 50.

307 Vgl. hierzu §§ 133-138 HGB und §§ 5 und 30 GmbHG.

308 Vgl. hierzu § 8 Nr. 1 GewStG.

sellschaft an die inländischen Muttergesellschaft ausgeschüttet, werden gem. § 8b Abs. 1 und 5 KStG nur 5% dieser Erträge besteuert.

(c) Outbound-Finanzierung
Die inländische Mutterkapitalgesellschaft refinanziert die Beteiligung an einer ausländischen Tochterkapitalgesellschaft durch ein Darlehen. Bei der Muttergesellschaft im Inland werden Zinsaufwendungen erzeugt, die den Gewinn mindern. Der Rückfluss der Gewinne aus dem Ausland in das Inland wird gem. § 8b Abs. 1 und 5 KStG nur i.H.v. 5% besteuert.

Die Finanzierung kann auch mit der Übertragung von Patenten und Lizenzen verknüpft werden. So kann eine inländische Muttergesellschaft Patente auf eine Tochtergesellschaft A in einem Land mit günstiger Besteuerung übertragen, welche wiederum die Nutzung des geistigen Eigentums im Rahmen eines Lizenzvertrages der Gesellschaft B in einem Drittstaat überlässt. Lizenzgebühren werden dann im Sitzstaat der Tochtergesellschaft A niedrig besteuert und dort angehäuft (Basisgesellschaft). Mit diesen Mitteln können der inländischen Muttergesellschaft wiederum Darlehen gewährt werden, die im Inland aufgrund der Zinszahlungen die Steuerlast senken.

Die Vorteile der Fremdfinanzierung lassen sich klar aufzeigen. Wir gehen dabei von einem Beispiel aus, in dem der jeweilige Zufluss nach Steuern bei Fremd- und Eigenfinanzierung verglichen wird.

Beispiel:
Eine Kapitalgesellschaft (A-KapG) mit Sitz im Staat A ist Alleingesellschafterin einer Kapitalgesellschaft (B-KapG) mit Sitz im Staat B. Da die B-KapG neues Kapital in Höhe von 1.000 für eine Ergänzungsinvestitionen benötigt, soll geprüft werden, ob es unter steuerlichem Aspekt günstiger ist, Fremdkapital statt Eigenkapital zur Verfügung zu stellen. Dabei ist davon auszugehen, dass aufgrund der Investition ein jährlicher Gewinn von 100 erzielt werden kann. Der angemessene Zinssatz beträgt zehn Prozent. Im Fall der Fremdfinanzierungsquote von fünfzig Prozent entsteht ein Zinsaufwand in Höhe von 50. Die Fremdfinanzierung ist unschädlich. Die Dividende unterliegt der Freistellungsmethode, wobei fünf Prozent der steuerfreien Dividende als nichtabzugsfähige Betriebsausgaben i.S.v. § 8b Abs. 5 KStG zu erfassen sind.

	Vollständige Eigenfinanzierung (Steuersatz im Staat A = 35%)	Fremdfinanzierung 50% (Steuersatz im Staat A = 35%)	Fremdfinanzierung 50% (Steuersatz im Staat A = 20%)
B-KapG (Staat B):			
Gewinn	100	100	100
Zinsaufwand	0	–50	–50
Gewinn nach Steuern	100	50	50
Steuer = 35%	35	17,5	17,5
Brutto-Ausschüttung	65	32,5	32,5
Quellensteuer = 5%	3,25	1,6	1,6

A-KapG (Staat A):			
Netto-Dividende	61,75	30,9	30,9
Steuerpflichtig:			
(5% v. 65)	3,25		
(5% v. 32,5)		1,6	1,6
Zinsertrag	0	+50	+50
		51,6	51,6
Steuer = 35%	1,14	18,06	
Steuer = 20%			10,32
Netto-Dividende	61,75	30,9	30,9
Zinserträge	0	50	50
– Steuern	–1,14	–18,06	–10,32
Zufluss nach Steuern	60,61	62,84	70,58

Das Beispiel zeigt zweierlei:

(a) Die Fremdfinanzierung ergibt gegenüber der Eigenfinanzierung einen höheren Zufluss. Die Zinsaufwendungen bewirken die Minderung des steuerpflichtigen Gewinnes im Investitionsstaat. Dies Ergebnis folgt auch dann, wenn in beiden Staaten ein gleich hoher Steuersatz zugrunde gelegt wird.

(b) Der Vorteil der Fremdfinanzierung vergrößert sich, je geringer der Steuersatz in dem Staat ist, in dem die Finanzierungsgesellschaft ihren Sitz hat. Dies hat seinen Grund darin, dass die Zinserträge niedrig besteuert werden.

Die Bekämpfung der Verlagerung von Zinserträgen in das Ausland und die Begrenzung des Entzuges von Steuereinnahmen im Inland sind seit Jahren erklärtes Ziel der Steuerverwaltungen in den Hochsteuerländern. Viele Industriestaaten haben Regelungen gegen eine unangemessene Fremdfinanzierung eingeführt, die unter dem Begriff „Thin-Capitalization Rules" in der internationalen Fachdiskussion erörtert werden. In der Regel handelt es ich um Unterkapitalisierungsregeln, die sich durch typisierende Verfahren (Orientierung am Cash-Flow, Gewinn oder an einer Kennzahl) auszeichnen. Dies gilt auch hinsichtlich der deutschen Regelung zur Zinsschranke und zur Gesellschafter-Fremdfinanzierung. Es bestehen aber auch vergleichbare oder ähnliche Regeln in den USA[309] sowie Belgien, Dänemark, Frankreich, Großbritannien, Italien, Niederlande, Polen, Portugal, Spanien, Schweiz, Tschechische Republik und in anderen europäischen Ländern.

Dass deutsche Unternehmen Gewinne in das niedrig besteuernde Ausland im beträchtlichen Umfang transferieren, ist vom BMF auf 65 Mrd. € geschätzt[310] worden. Ökonometrische Studien zur Reaktion von Unternehmen auf „Thin-Capitalization Rules" weisen in eine ähnliche Richtung. In einer Studie aus dem Jahr 2008 ist die Umstrukturierung von Unternehmen vor und nach der Verschärfung des gesetzlichen Rahmens im Jahr 2001 untersucht wor-

---

309 Einen guten Überblick liefert Bohn (2009: 113 f.).

310 Der Grobschätzung des BMF liegt ein Vergleich der in der Volkswirtschaftlichen Gesamtrechnung ausgewiesenen Gewinne mit den steuerlich erfassten Gewinnen zu Grunde (FAZ v. 15.08.2006).

den. Danach waren Umstrukturierungen von „foreign owned firms" ein Mittel zur Erhöhung der Fremdfinanzierung in Deutschland (Weichenrieder, Windischbauer 2008). Dies bestätigt die Einschätzung, wonach in Deutschland ansässige operative Konzerngesellschaften mit einem hohen Anteil an Fremdkapital ausgestattet werden, während sich Holding- oder Konzernfinanzierungsgesellschaften in Niedrigsteuerländern durch einen hohen Anteil an Eigenkapital auszeichnen.

Im Unternehmensverbund bietet es sich daher an, eigenständige Finanzierungsgesellschaften in niedrig besteuernden Staaten zu errichten. Günstige Standorte waren bislang Irland und Belgien. In Irland sind u.a. behördlich anerkannte Finanzdienstleistungsunternehmen in der Customs House Docks Area von Dublin (IFSC) bis zum 31.12.2005 nur einem zehnprozentigen Steuersatz unterworfen worden. Auch der seit dem Jahr 2003 geltende allgemeine Steuersatz von 12,5% kann als attraktiv bezeichnet werden. Belgien hatte sich im Hinblick auf die Begünstigung für „Coordination Centers" zu einem attraktiven Holdingstandort entwickelt. Bedingt durch die Einwendungen der Europäischen Kommission hat der belgische Steuergesetzgeber im Jahr 2004 aber Anpassungen vorgeschlagen. Ab dem Jahr 2006 ist in Belgien eine Nachfolgeregelung für Koordinationszentren eingeführt worden. Dafür sind die bisher geltenden steuerlichen Begünstigungen zum 31.12.2010 ausgelaufen. Die neue Regelung sieht einen fiktiven Zinsabzug auf das Eigenkapital in Höhe von 3,6% vor. Daraus könnte sich künftig eine Neuausrichtung der Finanzierung auf die Eigenkapitalfinanzierung ergeben (Verbist 2005: 865 f.).

Sollen Gestaltungen im Zusammenhang mit Fremdfinanzierungen steuersparend genutzt werden, müssen die gesetzlichen Restriktionen beachtet werden. Dies bedeutet, dass der gesetzliche Bereich einzugrenzen ist, der die Fremdfinanzierung ohne steuerliche Nachteile gerade noch ermöglicht. Die steuerliche Brisanz der Fremdfinanzierung lässt sich bereits daran erkennen, dass der gesetzliche Rahmen seit vielen Jahren immer wieder verändert und verschärft worden ist. Bereits in den 1990er Jahren hat die Finanzverwaltung in den Fällen versucht, in denen ein auffallendes Missverhältnis zwischen der Gewährung von Eigen- und Fremdmitteln registriert werden konnte, die Gesellschafter-Fremdfinanzierung zu begrenzen. Nachdem der BFH in seinem Urteil vom 5.2.1992[311] die Anerkennung der alten Verwaltungsanweisung[312] mangels ausreichender Rechtsgrundlage verweigert hatte, war eine Regelungslücke entstanden, die durch die Einführung von § 8a KStG a.F. im Jahr 1993 geschlossen wurde. Um die Einmalbesteuerung der Gewinne inländischer Kapitalgesellschaften sicher zu stellen, waren in der Folgezeit Vergütungen einer Kapitalgesellschaft an ihren wesentlich beteiligten Anteilseigner oder an eine ihm nahestehende Person für die Überlassung von Fremdkapital als verdeckte Gewinnausschüttung zu behandeln. Diese Regelung galt bis zum Veranlagungszeitraum 2004 nur, wenn die Zinsen beim Anteilseigner nicht im Rahmen einer Veranlagung zu erfassen waren. Dies galt in erster Linie für ausländische Anteilseigner, welche die unbeschränkt steuerpflichtige Kapitalgesellschaft durch Einlagen und durch die Überlassung von Fremdkapital finanziert haben. Demgegenüber wurden Zinszahlungen an inländische Anteilseigner von der Regelung nicht erfasst. Im Anschluss an das EuGH-Urteil vom 22.12.2003 in der Sache „Lankhorst-Hohorst" hielt der Gesetzgeber weiterhin an dieser Variante des Unterkapitalisierungskonzeptes fest und entschied sich für die Ausweitung des Anwendungsbereiches auf inländische Anteilseigner ab dem Veranlagungszeitraum 2004.

311 Vgl. BStBl II S. 532
312 Vgl. BMF-Schreiben vom 16.3.1987 (BStBl I S. 137)

Erst mit der Einführung der Zinsschranke ab dem Veranlagungszeitraum 2008 ist in Deutschland die Unterkapitalisierungsregel von der Umqualifizierung von Zinsaufwendungen in verdeckte Gewinnausschüttungen hin zur Zinsabzugsbeschränkung geändert worden. In diese Richtung sind auch die Unterkapitalisierungsregeln in anderen Ländern weiter entwickelt worden[313].

4.4.2 Zinsschranke (Anwendung ab VZ 2008)

4.4.2.1 Ziele und Regelungsrahmen

Die Regelung zur Zinsschranke ist im Rahmen des Unternehmensteuerreformgesetzes 2008 am 17.08.2007 in Kraft getreten. Bei Unternehmen mit kalendergleichem Wirtschaftsjahr gilt die Zinsschranke ab dem Wirtschaftsjahr 2008. Handelt es sich um ein vom Kalenderjahr abweichendes Wirtschaftsjahr und endet das Wirtschaftsjahr nach dem 31.12.2007, ist die Regelung erstmals für das Wirtschaftsjahr 2008/09 anzuwenden[314].

Die Beschränkung des Zinsabzuges, die nun in den meisten EU-Ländern sowie in Australien, Japan, Kanada und den USA[315] eingeführt worden ist, reiht sich ein in den weltweiten Trend der Verbreiterung der Bemessungsgrundlage bei gleichzeitiger Senkung der Steuersätzen (tax rate cut and base broadening). Auf der einen Seite stellt sie eine fiskalische Gegenfinanzierungsmaßnahme[316] dar, auf der anderen Seite soll sie der Bekämpfung von missbräuchlichen Steuergestaltungen dienen. Die Beschränkung des Zinsabzuges hat den finanziellen Effekt einer Doppelbelastung der Zinsaufwendungen, da die Mehrbelastung auf die Zinsen nicht durch eine entsprechende Entlastung der Zinserträge neutralisiert wird.

Die Regelung richtet sich gegen folgende steueroptimierende Gestaltungen:

- Aufbau einer hohen Fremdkapitalquote in Deutschland allein aus steuerlichen Gründen,
- Verlagerung der mit der Fremdfinanzierung im Konzern verknüpften Gewinne in das Ausland und Verluste in das Inland.

Die Absicht des Gesetzes liegt in der Bekämpfung einer übermäßigen Fremdfinanzierung. Die Abzugsfähigkeit von Zinsaufwendungen wird beschränkt, um das inländische Steuersubstrat abzusichern. Durch die gewinnbezogene Begrenzung der Zinsverrechnung im Inland soll ein Anreiz zur Erhöhung des Abzugspotentials geschaffen werden. Von der Konzeption her richtet sich die Regelung an größere, konzernabhängige Unternehmen.

Während viele Steuerwissenschaftler in der Vergangenheit den Kurs der Erweiterung der Bemessungsgrundlage mit dem Hinweis auf legitime Streichung von Steuervergünstigungen oder Steuerschlupflöchern unterstützt haben, ist gegen die Einführung der Zinsschranke in der Fachliteratur argumentativ scharf geschossen worden. Der Vorwurf lautet, dass die Tarif-

---

313 In einer dritten Variante des Unterkapitalisierungskonzeptes wird Fremd- in verdecktes Eigenkapital umqualifiziert. Dies gilt in der EU nur in Österreich und der Schweiz.

314 Vgl. § 52 Abs. 12d EStG.

315 Earnings Stripping Limitation.

316 Die mit der Zinsschranke verknüpften jährlichen Mehreinnahmen des Staates wurden auf 600 Mio. € geschätzt (vgl. Gesetzesbegründung, BT-Drucks. 16/4841, S. 42f.).

senkung mit der Verletzung fundamentaler Besteuerungsprinzipien erkauft wurde[317]. Verwiesen werden kann hier u.a. auf die weitergehende Durchbrechung des Nettoprinzips, wonach zentrale betriebliche Kosten nicht mehr vom Gewinn abgezogen werden dürfen. Die Zinsschranke ist außerdem wegen der komplizierten und im Detail ungeklärten Regelungen[318] kritisiert worden. Wir werden die Aussagen und Definitionen des Regelwerks schrittweise erläutern.

Die Grundregel gem. § 4h Abs. 1 Sätze 1 und 2 EStG besagt, dass Zinsaufwendungen eines Betriebs, welche die Zinserträge (Zinssaldo) und die Freigrenze übersteigen, nur bis zur Höhe von 30 Prozent des steuerlichen EBITDA abgezogen werden dürfen (= verrechenbares EBITDA). Diese im Bereich der wertorientierten Unternehmensplanung relevante Bezugsgröße wird in Deutschland nun erstmals mit der Ermittlung der steuerlichen Bemessungsgrundlage verknüpft. Daran wird erkennbar, dass Modifikationen im Bereich des Steuerrechts nun auch vor dem Hintergrund der Ausweitung der wertorientierten Unternehmensführung interpretiert werden können. Wir erläutern die relevanten Begriffe Schritt für Schritt.

Das steuerliche EBITDA und der EBITDA-Vortrag

Wir haben im Teil I Kapitel 3.2.1 EBIT als das operative Ergebnis vor Zinsen und Steuern bestimmt. EBITDA lässt ergänzend die Abschreibungen (auch auf den Firmenwert) außer Acht. Im Resultat orientiert diese Größe bereits auf den operativen Brutto Cash Flow. Der Einfluss der Finanzierung auf den Gewinn wird durch Hinzurechnung (Zinsaufwendungen) und Kürzung (Zinserträge) neutralisiert. Ausgangspunkt ist der maßgebliche Gewinn gem. § 4h Abs. 3 S. 1 EStG. Er ist der nach den Vorschriften des EStG mit Ausnahme des § 4h Abs. 1 EStG zu ermittelnde Gewinn. Dies bedeutet, dass der maßgebliche Gewinn im Sinne der allgemeinen Grundsätze der §§ 4 ff. EStG zu ermitteln ist.

Bei Körperschaften tritt gem. § 8a Abs. 1 S. 1 KStG an die Stelle des maßgeblichen Gewinns das maßgebliche Einkommen. Verdeckte Gewinnausschüttungen sind daher bei der Bemessung der Zinsschranke einzubeziehen. Steuerfreie Dividenden und Veräußerungsgewinne i.S.v. § 8b KStG mindern hingegen die Bemessungsgrundlage der abzugsfähigen Zinsen.

Maßgeblicher Gewinn (§ 4h Abs. 3 S. 1 EStG) bzw. maßgebliches Einkommen (§ 8a Abs. 1 S. 1 KStG)
+ Zinsaufwendungen – Zinserträge
+ Absetzungen für Abnutzung gem. § 7 EStG + Abschreibungen auf Sammelposten gem. § 6a Abs. 2 S. 2 EStG + Sofortabschreibungen auf GWG gem. § 6 Abs. 2 S. 1 EStG
= Bemessungsgrundlage für die Zinsschranke = Steuerliches EBITDA

317 Hey, J., BB 2007, 1308 ff.

318 Huken, DB 2008, S. 544.

Die Größe EBITDA enthält auch:

- Gewinne ausländischer Betriebsstätten, die im Rahmen der Anrechnungsmethode im Inland zu erfassen sind (DBA-Fall und Nicht-DBA-Fall),
- verdeckte Gewinnausschüttungen gem. § 8a Abs. 1 S. 22 KStG im Rahmen einer außerbilanziellen Erfassung.

Die Größe EBITDA umfasst aber nicht:

- die Teilwertabschreibung gem. § 6 EStG,
- steuerfreie Beteiligungserträge i.S.v. § 8b Abs. 1 KStG,
- steuerfreie Erträge i.S.v. § 3 Nr. 40 EStG,
- Gewinne ausländischer Betriebsstätten, die nach DBA-Recht von der Besteuerung im Inland freigestellt werden.

Das in einem Veranlagungszeitraum nicht genutzte Zinsabzugspotential kann gem. § 4h Abs. 1 Sätze 3-6 EStG in den folgenden fünf Wirtschaftsjahren vorgetragen werden. In der jetzigen Version des Gesetzes ist der Zinsvortrag in einen EBITDA-Vortrag umgewandelt worden. Damit ist der ursprüngliche Mangel der Zinsschranke beseitigt worden, der sich in Verlustzeiten krisenverschärfend ausgewirkt hat. Denn die Zinsabzugsfähigkeit hängt direkt von der Höhe einer Ergebnisgröße ab. In Phasen der Rezession, in der Unternehmen auf stabile Finanzierungen angewiesen sind, verengt sich das steuerliche EBITDA und gefährdet den Bestand des Unternehmens. Dieser Effekt kann in einer einzelnen Periode eintreten und zwar unabhängig davon, dass in der vorangehenden Gewinnphase eine angemessene Fremdfinanzierung bestanden hat.

Um diesem Effekt entgegen zu wirken, ist durch die Einführung eines EBITDA-Vortrags in Höhe des positiven Unterschiedsbetrages zwischen den im Veranlagungszeitraum an sich abzugsfähigen und den tatsächlichen Zinsaufwendungen (= nicht genutztes Zinsabzugspotential) eine Entlastung und ein Puffer für Krisenzeiten geschaffen worden. Der EBITDA-Vortrag erhöht von Amts wegen das Zinsabzugspotential in den folgenden fünf Wirtschaftsjahren. Die EBITDA-Vorträge sind dabei in ihrer zeitlichen Reihenfolge zu mindern. Der älteste Vortrag ist zuerst zu verbrauchen. Ein am Ende des fünften Wirtschaftsjahres nicht verbrauchter EBITDA-Vortrag verfällt. Vorbilder für solch eine Regelung lassen sich in den USA und in Italien auffinden (Bohn 2009: 320).

Der Zinsbegriff

Zinsaufwendungen i.S.v. § 4h EStG sind Vergütungen für die Überlassung von Geldkapital. Dies bedeutet, dass Vergütungen für die Überlassung von Sachkapital (z.B. Miete, Leihe) nicht unter die Regelung fallen. Die Zinsaufwendungen müssen den maßgeblichen Gewinn gemindert haben. Die Rückzahlung des Fremdkapitals oder das Entgelt für die Überlassung des Fremdkapitals müssen zugesagt oder gewährt worden sein. Da im Grunde jede Art der Fremdfinanzierung erfasst wird, fällt hierunter auch die Bankenfinanzierung. Es gilt ein enger Zinsbegriff.

Die Zinsschrankenregelung umfasst nicht:

- Zinsen i.S. der §§ 233 ff. AO sowie Skonti und Boni,
- Zinsaufwendungen, die im unmittelbaren wirtschaftlichen Zusammenhang mit steuerfreien Einnahmen stehen (vgl. § 3c Abs. 1 und 2 EStG).

Zinserträge sind gem. § 4h Abs. 3 S. 3 EStG Erträge aus Kapitalforderungen jeder Art, die den maßgeblichen Gewinn erhöht haben. Diese Forderungen müssen aus der Überlassung von Geldkapital stammen. Charakteristisch ist hier die temporäre Beschränkung der Kapitalüberlassung.

Folgende Zinserträge sind nicht zu erfassen:

- Zinsen, die im Rahmen einer Mitunternehmerschaft als Sonderbetriebseinnahmen einzubeziehen sind,
- Zinsen, die im Rahmen von Miet-, Pacht- oder Lizenzverträgen anfallen.

Der Begriff des Betriebs

Der beschränkten Abzugsfähigkeit der Zinsen unterliegen Unternehmen aller Rechtsformen. Zwar ergeben sich bei gewerblichen Personengesellschaften besondere Anwendungsprobleme[319], doch sind sie wie die Kapitalgesellschaften gleichermaßen in das Regelwerk einbezogen. Auch das Sonderbetriebsvermögen der Personengesellschaft ist zu erfassen.

Die Zinsaufwendungen und Zinserträge, welche im Rahmen der Zinsschranke gegenüber gestellt werden, sind betriebsbezogen zu ermitteln. In Ermangelung einer gesetzlichen Definition ist der Betriebsbegriff im Anschluss an die allgemeinen Grundsätze der Gewinnermittlung gem. §§ 4 ff. EStG herzuleiten. Die Regelung zur Zinsschranke bezieht ein:

- Gewerbebetriebe (§ 15 EStG)[320],
- Betriebe der Land- und Forstwirtschaft (§ 13 EStG),
- selbständig Tätige (§ 18 EStG),
- Kapitalgesellschaften, die Überschusseinkünfte beziehen (§ 8a Abs. 1 S. 4 EStG),
- Betriebe gewerblicher Art von juristischen Personen des öffentlichen Rechts (§ 1 Abs. 1 Nr. 6 i.V.m. § 4 KStG).

Nicht als Betriebe gem. § 4h EStG gelten ausländische Betriebsstätten unbeschränkt steuerpflichtiger Personen und inländische Betriebsstätten beschränkt steuerpflichtiger Personen. Auch vermögensverwaltende Personengesellschaften fallen nicht unter die Regelung.

Im Rahmen der Organschaft ist die Zinsschrankenregelung auf den gesamten Organkreis zu beziehen. § 4h EStG kann daher nicht auf die einzelne Organgesellschaft angewendet werden. Dies ist dem Umstand geschuldet, dass § 15 S. 1 Nr. 3 EStG den Organkreis als Betrieb definiert. Der Organkreis umfasst sowohl die dazu gehörenden Organgesellschaften als auch den Organträger.

4.4.2.2 Ausnahmen von der Anwendung der Zinsschranke (§ 4h Abs. 2 EStG)

Der Regelungsbereich ist durch ein mehrstufiges und kompliziertes „Regel-, Ausnahme-, Rückausnahme-Verhältnis“ gekennzeichnet. § 4h Abs. 2 EStG enthält drei Ausnahmen von der Zinsschranke. Gemäß dieser Regelung kommt es zu keiner Abzugsbeschränkung in folgenden Fällen:

(1) Die Zinsaufwendungen, welche die Zinserträge übersteigen (= Zinssaldo), betragen weniger als 3 Mio. € (Freigrenze gem. § 4h Abs. 2 a EStG).

---

319 Vgl. hierzu Kröner, Bolik (2008: 1309).

320 Der Anwendung der Zinsschranke ist nicht vorausgesetzt, dass der Betrieb bilanziert. Auch Betriebe mit einer Einnahmen-Überschussrechnung gem. § 4 Abs. 3 EStG fallen in den Anwendungsbereich.

(2) Der Betrieb gehört nicht oder nur anteilig zu einem Konzern (Konzern-Klausel gem. § 4h Abs. 2 b EStG).
(3) Der zu einem Konzern gehörende Betrieb hat eine Eigenkapitalquote, die gleich hoch oder höher als die des Konzerns ist. Auch ein Unterschreiten der Eigenkapitalquote des Konzerns bis zu zwei Prozentpunkte wird nicht als schädlich qualifiziert (Escape-Klausel gem. § 4h Abs. 2 c EStG).

Freigrenze:

Die Zinsschranke greift nur, wenn der Zinssaldo die Schwelle von drei Millionen Euro erreicht oder überschreitet. Vor dem Hintergrund der Finanz- und Realkrise ist die Freigrenze von einer Mio. € auf drei Mio. € erhöht worden[321]. Dies entlastet kleinere und mittlere Unternehmen. Der Geringfügigkeitsbereich erstreckt sich daher auf jeden Zinssaldo unterhalb dieser Grenze. Die Anwendung der Freigrenze kann bereits bei relativ kleinen Veränderungen des Zinssaldos große Auswirkungen nach sich ziehen. Solange der Saldo aus Zinsaufwendungen und Zinserträgen unter der Freigrenze liegt, sind die Zinsaufwendungen voll abzugsfähig. Diese Regelung kann im Einzelfall zu erheblichen Belastungssprüngen führen. So ist bei der Ausgestaltung von variabel verzinslichen Darlehen Vorsicht geboten. Aber auch gesamtwirtschaftliche Änderungen wie die Erhöhung von Leitzinsen können sich entscheidend auf die Höhe des betrieblichen Zinsaufwandes auswirken. Die betriebliche Steuerplanung ist damit weiteren Risiken ausgesetzt.

Beispiele zur Anwendung und Wirkung der Zinsschranke gem. § 4h EStG:
Ein Betrieb i.S.v. § 4h EStG weist in allen Fällen Zinsaufwendungen i.H.v. 3.700 TEURO, Zinserträge i.H.v. 600 TEURO und Abschreibungen i.H.v. 500 TEURO auf. Der Gewinn vor Anwendung des § 4h EStG ist in allen sieben Fällen unterschiedlich hoch. EBITDA-Vorträge existieren nicht.

Die Ergebnisse der Fälle 1–7 zeigen Folgendes auf:

- *Es ergibt sich ein Quantensprung beim Überschreiten der Freigrenze (Fälle 1 und 2). In Fall 1 wird die Freigrenze unterschritten, in Fall 2 wird sie überschritten. Der Anstieg der Zinserträge um 200 TEURO bewirkt ein Absinken des Zinsabzugs auf 45% aller Zinsaufwendungen.*
- *Oberhalb der Freigrenze muss der Gewinn (vor § 4h EStG) von 1 auf 6,733 TEURO ansteigen, um die volle Abzugsfähigkeit wieder zu erreichen (Fälle 3 bis 5).*
- *Je kleiner der Gewinn (vor § 4h EStG) ist, desto weniger Zinsen sind abzugsfähig. Ein Verlust vermindert folglich weiter die abzugsfähigen Zinsen (Fälle 6 und 7).*

[321] Die erhöhte Freigrenze ist im ersten Schritt auf die Jahre 2008 und 2009 zeitlich befristet worden. Mit Inkrafttreten des Wachstumsbeschleunigungsgesetzes ist die Freigrenze dauerhaft auf 3 Mio. € erhöht worden.

Beträge in TEURO	**Fall 1**	**Fall 2**	**Fall 3**	**Fall 4**	**Fall 5**	**Fall 6**	**Fall 7**
Zinserträge	–800	–600	–600	–600	–600	–600	–600
Zinsaufwand	3700	3700	3700	3700	3700	3700	3700
Nettozinsaufwand	2900	3100	3100	3100	3100	3100	3100
AfA	500	500	500	500	500	500	500
G vor §4h EStG	1	1	200	500	6733	–200	–500
EBITDA	3401	3601	3800	4100	10333	3400	3100
Zinserträge		600	600	600	600	600	600
30% EBITDA		1080	1140	1230	3100	1020	930
Abzugsfähig:	**3700**	**1680**	**1740**	**1830**	**3700**	**1620**	**1530**
Zinsaufwand	3700	3700	3700	3700	3700	3700	3700
abzugsfähig	–3700	–1680	–1740	–1830	–3700	–1620	–1530
nicht abzugsfähig	0	2020	1960	1870	0	2080	2170
G vor § 4h EStG	1	1	200	500	6733	–200	–500
nichtabzugsfähig	0	2020	1960	1870	0	2080	2170
G nach § 4h EStG	1	2021	2160	2370	6733	1880	1670

Konzern-Klausel und Konzernbegriff:

Die Zinsschranke ist auch dann nicht anzuwenden, wenn der Betrieb nicht oder nur anteilig zu einem Konzern gehört. Da somit Konzerngestaltungen im Blickpunkt der Zinsschranke stehen, kommt der Abgrenzung des Konzerns eine große Bedeutung zu. Es liegt ein erweiterter Konzernbegriff vor. Danach ist immer der größtmögliche Konsolidierungskreis mit dem sich für diesen Konsolidierungskreis ergebenden obersten Rechtsträger zu Grunde zu legen. Die Rechtsnorm enthält keine eigenständige Definition des Konzernbegriffs, sondern verweist auf den zugrunde gelegten Rechnungslegungsstandard (§ 4h Abs. 3 Satz 5 EStG) und bezieht eine Auffangklausel ein. Diese Klausel bezieht sich auf den Gleichordnungskonzern (§ 4h Abs. 3 Satz 6 EStG).

Ein Betrieb gehört gem. § 4h Abs. 3 Satz 5 EStG zu einem Konzern, wenn er nach dem für die Anwendung des § 4h Abs. 2 c EStG zugrunde gelegten Rechnungslegungsstandard mit einem oder mehreren Betrieben konsolidiert wird oder werden könnte. Dies markiert den Grundfall. Die Anwendung der Zinsschranke lässt sich demzufolge nicht dadurch vermeiden, dass ein Konsolidierungswahlrecht faktisch nicht ausgeübt wird. Dies weicht vom Konzernbegriff gem. HGB und IFRS ab und ist in der Fachliteratur stark kritisiert[322] worden (Wöhe

[322] Nach § 296 HGB kann auf die Einbeziehung in den Konzernabschluss verzichtet werden, wenn folgende Voraussetzungen gegeben sind:

- eingeschränkte Verfügungsmacht des Mutterunternehmens;
- unverhältnismäßig hohe Kosten für die Aufstellung des Abschlusses,
- die Anteile sind ausschließlich zur Weiterveräußerung bestimmt oder
- der Betrieb ist für die Vermögens-, Finanz- und -ertragslage des Konzerns von untergeordneter Bedeutung.

2005: 1019). Die Verknüpfung dieser Definition mit den Rechnungslegungsstandards gem. § 4h Abs. 2 c EStG lässt den Anwendungsbereich anschwellen.

Alle Unternehmen, die nach IFRS oder einem anderen Standard konsolidiert werden können sind zu erfassen. Von den IFRS abweichende Abschlüsse nach dem Handelsrecht eines EU-Mitgliedstaates können verwendet werden, wenn kein Konzernabschluss nach den IFRS zu erstellen und offen zu legen ist und für keines der letzten fünf Wirtschaftsjahre ein Konzernabschluss nach den IFRS erstellt wurde. Abschlüsse nach US-GAAP sind zu verwenden, wenn kein Konzernabschluss nach den IFRS oder dem Handelsrecht des EU-Mitgliedstaates zu erstellen und offen zu legen ist. Der Konzernbegriff ist somit variabel ausgestaltet und von den jeweils anzuwendenden Standards abhängig. Die Bestimmung der Anwendbarkeit der Zinsschranke im konkreten Fall wird damit bereits zu einer komplexen Angelegenheit.

Ein Betrieb gehört gem. § 4h Abs. 3 Satz 6 EStG auch dann zu einem Konzern, wenn seine Finanz- oder Geschäftspolitik mit einem oder mehreren Betrieben einheitlich bestimmt werden kann. Dies gilt als Gleichordnungskonzern. Darunter wird auch der Fall subsumiert, in dem eine natürliche Person oder eine vermögensverwaltend tätige Person an der Spitze des Konzerns stehen und im Rahmen ihrer Beteiligungen an zwei Kapitalgesellschaften einen beherrschenden Einfluss ausüben (BMF-Schreiben vom 4.7.2008, TZ 60). Die Reichweite des Gleichordnungskonzerns ist nach dem BMF-Schreiben rechtlich keinesfalls eindeutig. So soll die Betriebsaufspaltung wiederum nicht unter den Konzernbegriff im Sinne der Zinsschranke fallen. Dies gilt ebenso für die typische GmbH & Co. KG (vgl. Tz 66).

Hinsichtlich der Definition des Gleichordnungskonzerns hat sich der Gesetzgeber an IAS 27.4 (Konzern- und separate Einzelabschlüsse) orientiert. Der Konzern schließt gem. IAS 27.12 das Mutterunternehmen mit all seinen Tochterunternehmen ein. Dabei muss ein Tochterunternehmen vom Mutterunternehmen beherrscht werden. Beherrschung bezeichnet die Möglichkeit, die Finanz- und Geschäftspolitik eines Unternehmens zu bestimmen, um aus dessen Tätigkeit Nutzen zu ziehen. Diese Definition ist nicht konform mit der Regelung nach § 4h Abs. 3 Satz 6 EStG. Nach den IAS 27 ist die Stimmenmehrheit nicht entscheidend. Einzubeziehen sind auch Beherrschungen, die auf Vereinbarungen mit anderen Anteilseignern beruhen. Dies gilt ebenso für die Möglichkeit, die Finanz- und Geschäftspolitik eines Unternehmens zu bestimmen, um Nutzen zu ziehen.

Durch das Bilanzrechtsmodernisierungsgesetz (BilMoG) wurden Regelungen zur Konsolidierung von Tochterunternehmen in § 290 HGB angepasst[323]. Nach der Vorgabe des § 290 Abs. 1 HGB ist eine Konsolidierung vorzunehmen, wenn das Mutterunternehmen auf das Tochterunternehmen unmittelbar oder mittelbar einen beherrschenden Einfluss ausüben kann. Eine weitergehende begriffliche Eingrenzung ist im HGB zwar nicht gegeben[324], doch ist die Anlehnung an IAS 27.4 erkennbar. Wie IAS 27 bezieht nun auch § 290 HGB das Bestehen der bloßen Möglichkeit einer Beherrschung in die Konsolidierungspflicht ein. In diesem Sinne hebt das BilMoG die Unterscheidung zwischen der einheitlichen Leitung und der

323 Im Gefolge der Finanzkrise sind nun auch Zweckgesellschaften (Special Purpose Entities) im Konzernabschluss zu konsolidieren. Ziel soll die Verhinderung der Auslagerung von Risiken aus der Konzernbilanz sein.

324 Der Rechtsausschuss hat den Begriff des beherrschen Einfluss eingegrenzt und fasst dies als die Möglichkeit, die Finanz- und Geschäftspolitik eines anderen Unternehmens dauerhaft zu bestimmen, um aus dessen Tätigkeit Nutzen zu ziehen. Obwohl das Merkmal der Dauerhaftigkeit nach IAS 27.4 vom Wortlaut aus betrachtet nicht gefordert wird, wird auch in der Fachliteratur die dauerhafte Beherrschungsmöglichkeit vorausgesetzt (Lüdenbach, Freiberg 2009: 1231).

Beherrschung im Sinne des Control-Konzeptes auf, indem das einheitliche Konzept des beherrschenden Einflusses betont wird (§ 290 Abs. 2 HGB).

An der Konzernspitze können nach den Bestimmungen des HGB inländische Kapitalgesellschaften und inländische Personengesellschaften ohne eine natürliche Person als persönlich haftender Gesellschafter stehen. Daneben bezieht sich auch § 11 Abs. 1 PublG auf das Vorliegen eines beherrschenden Einflusses. Die Pflicht zur Erstellung des Konzernabschlusses ergibt sich demnach, wenn ein Beherrschungsverhältnis besteht und der Konzern an drei aufeinander folgenden Stichtagen zwei von drei Schwellenwerten überschreitet (Bilanzsumme, Umsatzerlöse, Mitarbeiterzahl). Dies gilt auch für Einzelkaufleute und Personenhandelsgesellschaften. Daneben bestehen nach den §§ 296 und 297 HGB Einbeziehungswahlrechte, insoweit die Ausübung von Rechten nachhaltig beeinträchtigt ist, unverhältnismäßig hohe Kosten bei der Aufstellung des Konzernabschlusses entstehen oder eine nur untergeordnete Bedeutung der Tochtergesellschaft gegeben ist.

Bei Kapitalgesellschaften hängt die Nichtanwendbarkeit der Zinsschranke von Zusatzbedingungen gem. § 8a Abs. 3 KStG ab, auf die wir weiter unten eingehen (vgl. Kapitel 4.4.2.3).

Escape Klausel:

Im Rahmen der Ausnahmeregelung gem. § 4h Abs. 2 c EStG wird unter bestimmten Voraussetzungen auch auf die Anwendung der Zinsschranke verzichtet, wenn die Freigrenze überschritten ist und der Betrieb zu einem Konzern gehört. Die Voraussetzung für die Nichtanwendung der Zinsschranke ist dann erfüllt, wenn die Eigenkapitalquote des zum Konzern gehörenden Betriebs am Schluss des vorangegangenen Abschlussstichtages gleich hoch oder höher ist als die des Konzerns. Dies wird als Eigenkapitalvergleich bezeichnet. Ein Unterschreiten der Eigenkapitalquote des Konzerns bis zu zwei Prozentpunkten ist dabei unschädlich. Ein darüber hinaus gehendes Unterschreiten der Eigenkapitalquote des Konzerns führt zur Einschränkung des Zinsabzuges im Sinne der Zinsschranke beim Konzernbetrieb.

Eigenkapitalquote ist das Verhältnis des Eigenkapitals zur Bilanzsumme. Sie bemisst sich nach dem Konzernabschluss, der den Betrieb umfasst. Gem. § 4h Abs. 2 c Sätze 8 und 9 EStG ist der Eigenkapitalvergleich grundsätzlich auf der Basis von IFRS-Abschlüssen zu erstellen. Abweichend können Abschlüsse nach dem Recht eines EU-Mitgliedstaates oder nach den US-GAAP aufgestellt werden. Beim Vergleich der Eigenkapitalquoten müssen die Abschlüsse nach denselben Rechnungslegungsstandards erstellt werden. Ist dies in der Praxis nicht der Fall, kann die Anpassung an den Standard des Konzernabschlusses gem. § 4h Abs. 2 c Sätze 11 und 12 EStG mittels Überleitungsrechnung erfolgen. Ein eigener Konzernabschluss ist für die Zwecke des Eigenkapitalvergleichs nicht aufzustellen.

Bei der Ermittlung der Eigenkapitalquote sind folgende Schritte zu berücksichtigen:

Ermittlung der Eigenkapitalquote des Betriebs gem. § 4h Abs. 2 c EStG			
Bilanzielles Eigenkapital		**Bilanzsumme**	
+/–	Korrektur von Vermögenswerten und Schulden (Ausweis mit den im Konzernabschluss enthaltenen Werten).	+/–	Abänderung von Vermögenswerten bzw. Schulden im Einklang mit der EK-Modifikation, sobald sie sich auf das Betriebsvermögen auswirken.
+	anteiliger Firmenwert (soweit auf den Betrieb entfallend)	+	anteiliger Firmenwert (soweit auf den Betrieb entfallend)
–	Anteile an anderen Konzerngesellschaften	–	Anteile an anderen Konzerngesellschaften
+	50% des Sonderpostens mit Rücklageanteil (§ 273 HGB)	–	Nicht im Konzernabschluss ausgewiesene Kapitalforderungen, denen Verbindlichkeiten i.S.v. § 4h Abs. 3 EStG in mindestens gleicher Höhe gegenüber stehen.
–	Einlagen der letzten 6 Monate vor dem maßgeblichen Abschlussstichtag, soweit ihnen Entnahmen oder Ausschüttungen innerhalb der ersten 6 Monate nach dem maßgeblichen Abschlussstichtag gegenüber stehen.	–	Einlagen der letzten 6 Monate vor dem maßgeblichen Abschlussstichtag, soweit ihnen Entnahmen oder Ausschüttungen innerhalb der ersten 6 Monate nach dem maßgeblichen Abschlussstichtag gegenüber stehen.
+/–	Sonderbetriebsvermögen bei Mitunternehmerschaft	+/–	Sonderbetriebsvermögen bei Mitunternehmerschaft
-	EK-Anteile ohne Stimmrechte (Ausnahme: Vorzugsaktien).		
=	**Maßgebliches Eigenkapital**	=	**Maßgebende Bilanzsumme**

$$\text{EK-Quote} = \frac{\text{Maßgebliches Eigenkapital}}{\text{Maßgebliche Bilanzsumme}}$$

Die Kürzung des Eigenkapitals um Anteile an anderen Konzerngesellschaften ist für inländische Holdinggesellschafen nachteilig. Mit dieser Regelung sollen Kaskadeneffekte vermieden werden. Im Unterschied zur alten Regelung macht sich die Buchwertverkürzung nicht generell sondern nur im Rahmen des Eigenkapitalquotenvergleichs bemerkbar. Damit wird die in der Konzernpraxis beliebte Top-Down-Finanzierung nicht in jedem Fall erschwert, bei der die Konzernmutter im ersten Schritt von den Anteilseignern mit Kapital versorgt wird und im zweiten Schritt die Mittel als Eigen- und Fremdkapital an die Tochtergesellschaften verteilt.

Bei Kapitalgesellschaften müssen gem. § 8a Abs. 3 KStG wiederum zusätzliche Voraussetzungen erfüllt sein, um die Escape-Klausel anwenden zu können (vgl. Kapitel 4.4.2.3).

Insoweit beim Eigenkapitalvergleich ein unrichtiger Abschluss zugrunde gelegt wurde, der zu einem zu niedrigen nicht abziehbaren Zinsaufwand i.S.v. § 4h Abs. 1 EStG geführt hat, ist gem. § 162 Abs. 4 Sätze 1 und 2 AO ein Zuschlag festzusetzen.

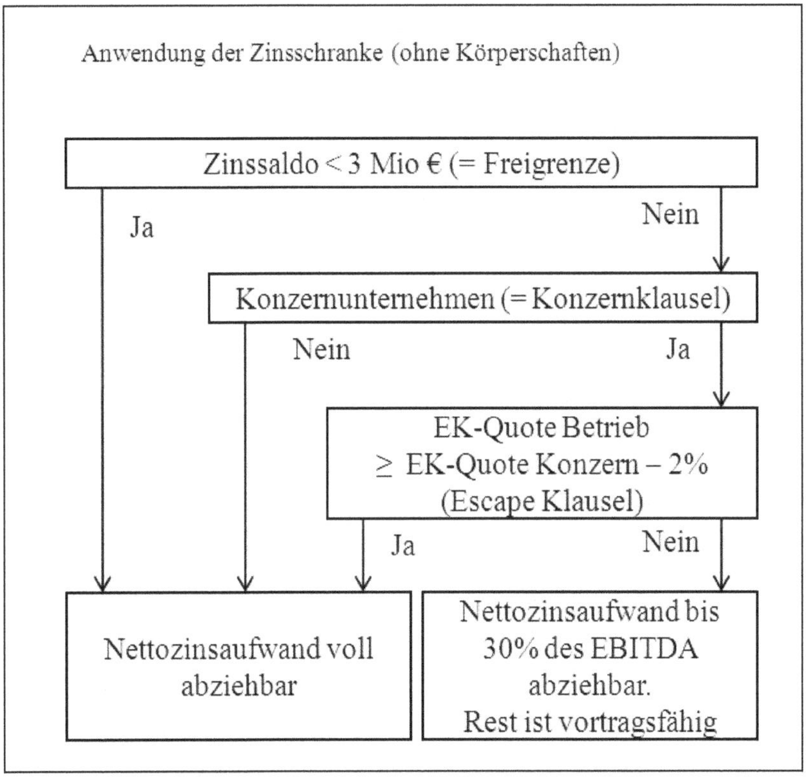

Abb. 17: Anwendung der Zinsschranke (ohne Körperschaften)

4.4.2.3 Gegenausnahmen bei Körperschaften (§ 8a KStG)

Für Körperschaften sind gem. § 8a KStG weitere Voraussetzungen für den Zinsabzug geschaffen worden. Der Anwendungsbereich der Zinsschranke ist damit bei Körperschaften erweitert worden. Die beiden Gegenausnahmen beziehen sich auf die Konzernklausel (§ 8a Abs. 2 KStG) und die Escape-Klausel (§ 8a Abs. 2 KStG).

Zunächst wird in § 8a Abs. 1 KStG klargestellt, dass das maßgebliche Einkommen anstelle des maßgeblichen Gewinns als Bezugsgröße für den Zinsabzug gilt. Verdeckte Gewinnausschüttungen erhöhen daher das maßgebliche Einkommen. Hingegen bleiben Erträge i.S. des § 8b KStG außer Ansatz (Schachteldividenden und Veräußerungsgewinne) und mindern den prozentualen Zinsabzug. Dies wirkt sich nachteilig auf Holdinggesellschaften aus, deren Erträge nahezu ausschließlich aus Beteiligungserträgen bestehen.

Schädliche Fremdfinanzierung bei nicht-konzerngebundenen Körperschaften (§ 8a Abs.2 KStG)

Auch wenn der Betrieb nicht oder nur anteilig zu einem Konzern gehört, gilt die Befreiung von der Zinsschranke (**Konzernklausel** gem. § 4h Abs. 2 b EStG) nur dann, wenn keine schädliche Gesellschafterfremdfinanzierung i.S.v. § 8a Abs. 2 KStG vorliegt. Eine schädliche Finanzierung besteht demnach, wenn die Vergütungen für Fremdkapital an einen zu mehr als 25% unmittelbar oder mittelbar am Grund- oder Stammkapital beteiligten Anteilseigner, eine diesem nahe stehende Person oder an einen rückgriffsberechtigten Dritten mehr als 10% des Zinssaldos betragen. Diese Regelung hat daher den Charakter einer Rückausnahme von der Konzernklausel. Der Zinssaldo stellt den Nettozinsaufwand dar und markiert die Zinsaufwendungen, welche die Zinserträge übersteigen. Bei einer Körperschaft dürfen daher die Zinsaufwendungen im Nicht-Konzernfall die Schwelle von 10% des Nettozinsaufwands nicht überschreiten, wenn die Befreiung von der Zinsschranke gelten soll.

Diese Regel ist auch bei Back-to-Back-Finanzierungen zu beachten, bei der Zahlungen an einen Dritten geleistet werden und bei der Anteilseigner oder eine nahe stehende Person über ein Rückgriffsrecht für die Erfüllung der Schuld einstehen (Bürgschaft, Garantieerklärung, Patronatserklärung). Nach dem Willen des Gesetzgebers und der Finanzverwaltung soll ein weiter Rückgriffsbegriff gelten. Der befreiende Sachverhalt ist von der Körperschaft nachzuweisen.

Entgegen dem Wortlaut des Gesetzes geht die Finanzverwaltung dabei von einer restriktiven Gesamtbetrachtung aus (BMF-Schreiben 2008, Tz 82). Bei der Anwendung der 10%-Schwelle kommt es nicht auf den einzelnen Gesellschafter an. Vielmehr werden die Vergütungen für Fremdkapital aller Gesellschafter zusammengerechnet. Dies geschieht auch unabhängig davon, ob sie sich auf den inländischen oder ausländischen Gewinn auswirken.

Beispiel zu § 8a Abs. 2 KStG:

Anteilseigner A hat seinen Wohnsitz in Frankreich und hält 50% der Anteile an der deutschen A-GmbH in seinem Privatvermögen. Auch die anderen Anteile werden von verschiedenen natürlichen Personen im In- und Ausland im Privatvermögen gehalten. Die A-GmbH ist nicht Teil eines Konzerns. Für Investitionszwecke erhält die A-GmbH Darlehen i.H.v. insgesamt 74 Mio. €, die zum Teil von der X-Bank (90%) und zum Teil von Anteilseigner A (10%) gewährt werden. Der Zinssatz beträgt 5%. Die Zinsaufwendungen der A-GmbH betragen insgesamt 3.700.000 €, wovon 370.000 € (= 10%) auf A entfallen. Bei der A-GmbH sind außerdem zu berücksichtigen: Zinserträge: 600.000 €, Abschreibungen: 500.000 € und Gewinn (vor §4h EStG): 500.000 €.

Lösung:

Der Nettozinsaufwand (Zinssaldo) der A-GmbH beträgt 3.100.000 € und liegt damit oberhalb der Freigrenze. Zwar gehört die A-GmbH nicht zu einem Konzern, doch ergibt sich eine Befreiung von der Zinsschranke mittels der Konzern-Klausel bei einer Kapitalgesellschaft nur dann, wenn keine schädliche Gesellschafterfremdfinanzierung gem. § 8a Abs. 2 KStG vorliegt. Dies ist hier nicht der Fall. Denn A ist zu mehr als 25% beteiligt und erhält Vergütungen i.H.v. 370.000 €, die 10% des Nettozinsaufwands übersteigen (10% von 3.100.000 € = 310.000 €). Die Zinsschranke greift. Folglich kann die A-GmbH von den gesamten Zinsen i.H.v. 3.700.000 € nur 1.830.000 € zum Abzug bringen.

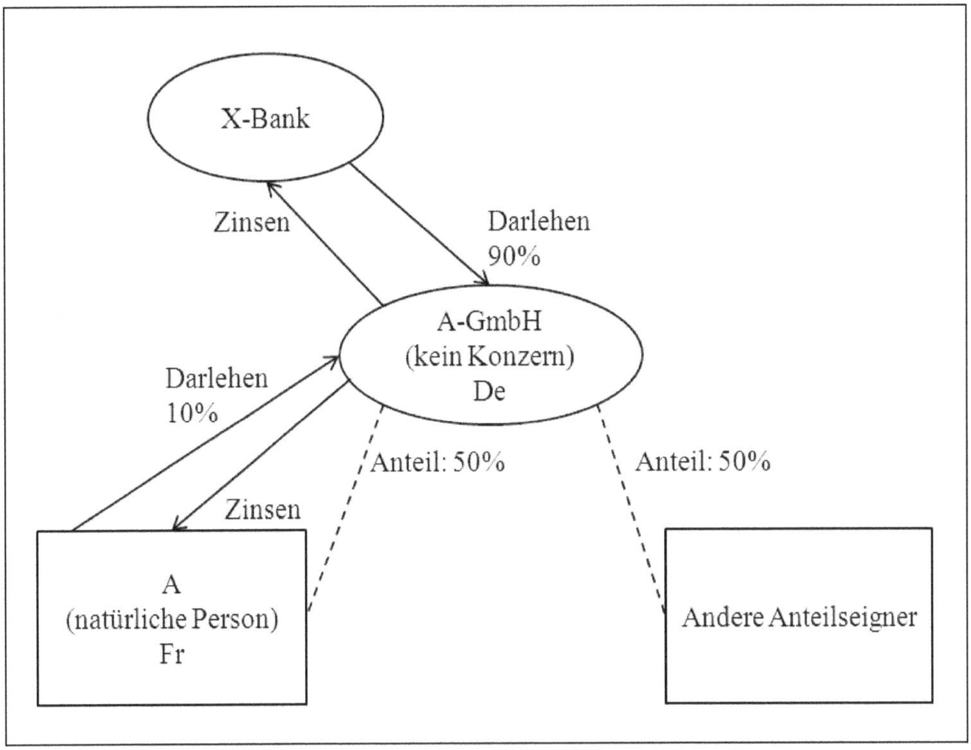

Abb. 18: Beispiel zur Zinsschranke

Die Begrenzung ergibt sich aus folgender Berechnung:

G (vor § 4h EStG)	*500.000 €*
Nettozinsaufwand	*3.100.000 €*
Abschreibung	*500.000 €*
EBITDA	*4.100.000 €*

Abzugsfähige Zinsaufwendungen:

Höhe Zinserträge	*600.000 €*
30% EBITDA	*1.230.000 €*
	1.830.000 €

Die nicht-abzugsfähigen Zinsaufwendungen sind bis zur Höhe der EBITDA-Vorträge aus vorangegangenen Wirtschaftsjahren abziehbar gem. § 4h Abs. 1 Satz 4 EStG.

Schädliche Fremdfinanzierung bei konzerngebundenen Körperschaften (§ 8a Abs.3 KStG)
Bei Zugehörigkeit einer Körperschaft zu einem Konzern lässt sich die Zinsschranke durch den Eigenkapitalvergleich (**Escape-Klausel** gem. § 4h Abs. 2 c EStG) nur dann vermeiden, wenn die Vergütungen für Fremdkapital an einen zu mehr als 25% unmittelbar oder mittelbar beteiligten Anteilseigner, an eine diesem nahe stehende Person oder an einen rückgriffsberechtigten Dritten bei der betreffenden Körperschaft oder bei einem anderen Rechtsträger desselben Konzerns maximal 10% des Zinssaldos betragen. Die Regelung ist auf den ganzen Konzernverbund zu beziehen und hat den Charakter einer Rückausnahme von der Escape-

Klausel. Die Abzugsbeschränkung der Zinsen greift erst, wenn die Zinsaufwendungen bei einem zum betreffenden Konzern gehörenden Rechtsträger die Schwelle von 10% des Zinssaldos überschreiten[325]. Dies ist eine sehr komplexe Regelung.

Nach § 8a Abs. 3 Satz 2 KStG führt die konzerninterne Finanzierung oder die konzerninterne Bürgschaft nicht zu einer schädlichen Gesellschafterfremdfinanzierung[326]. Dies hängt damit zusammen, dass sie nur die Eigenkapitalquote im Einzelabschluss des betreffenden Betriebs mindert, aber nicht die im Konzernabschluss. Nur das Fremdkapital ist schädlich, das in dem voll konsolidierten Konzernabschluss gem. § 4h Abs. 2 c EStG ausgewiesen ist (konzernexterne Finanzierung) oder bei Finanzierung durch einen Dritten zu einem Rückgriff gegen einen nicht zum Konzern gehörenden Gesellschafter oder eine nahe stehende Person führt.

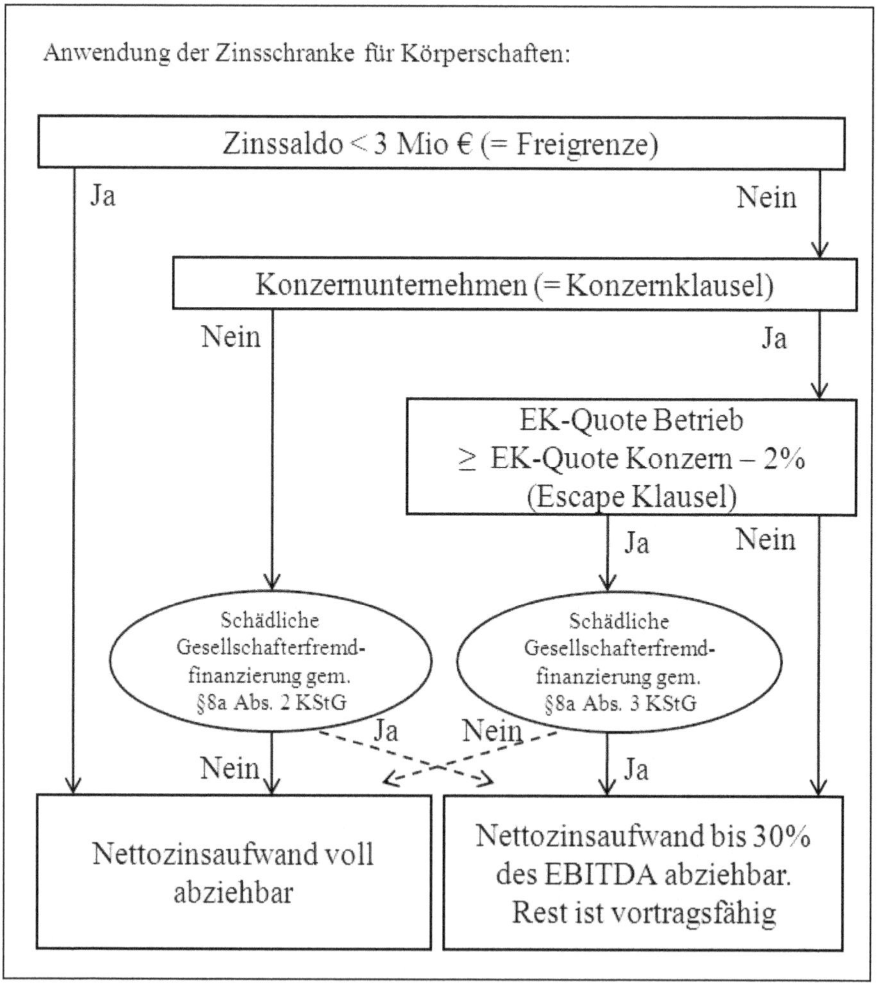

Abb. 19: Anwendung der Zinsschranke für Körperschaften

325 Der missglückte Wortlaut der Vorschrift ist in der Literatur vielfach erörtert worden (vgl. Rödder 2008; Korn 2008: Hallerbach 2008; Hölzer/Niebner 2008).

326 Vgl. auch BMF-Schreiben § 4h EStG v. 04.07.2008, Tz 80

Beispiel zu § 8a Abs. 3 KStG:
Die deutsche D-AG gehört zu einem britischen Konzern. Der britischen Muttergesellschaft (U.K.-Corp.) gehören 100% der Anteile an der deutschen D-AG und 55% der Anteile an der chinesischen (China-Corp.). Die anderen Anteile der China-Corp. werden von einem chinesischen Partnerunternehmen (Partner-Corp.) gehalten. Die chinesische Partner-Corp. gibt der China-Corp. ein Darlehen i.H.v. 6 Mio. €, wofür die China-Corp. 300.000 € Zinsen zu zahlen hat. Die Eigenkapitalquote der UK-Corp. (Konzernquote) ist kleiner als die der D-AG.

Die Konstellation der Ertrags- und Aufwandsgrößen der deutschen D-AG ist vergleichbar mit dem vorangehenden Fall. Die Zinsaufwendungen betragen insgesamt 3.700.000 €. Außerdem sind bei der D-AG zu berücksichtigen: Zinserträge: 600.000 €, Abschreibungen: 500.000 € und Gewinn (vor §4h EStG): 500.000 €.

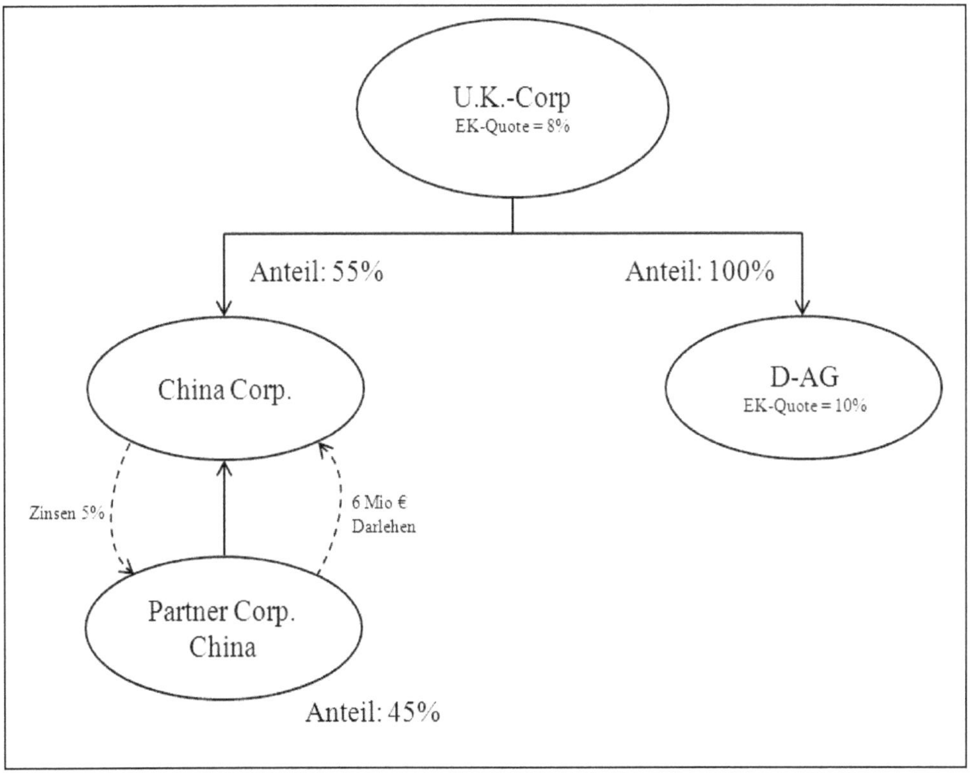

Abb. 20: Beispiel (Zinsschranke) zu § 8a Abs. 3 KStG

Lösung:
Der Nettozinsaufwand i.H.v. 3.100.000 € der D-AG liegt oberhalb der Freigrenze. Die D-AG gehört zu einem Konzern und ihre Eigenkapitalquote übersteigt die des Konzerns. Die Befreiung von der Zinsschranke mittels der Escape-Klausel gelingt nur, wenn keine schädliche Gesellschafterfremdfinanzierung gem. § 8a Abs. 3 KStG vorliegt. Dies ist hier der Fall. In den Anwendungsbereich der Vorschrift fallen auch Zinsen, die von einem ausländischen, zum selben Konzern gehörenden Unternehmen an einen zu mehr als einem Viertel beteiligten Anteilseigner dieses ausländischen Unternehmens gezahlt werden. Die chinesische Partner-Corp. ist

zu mehr als 25% beteiligt und erhält Vergütungen i.H.v. 300.000 €, die 10% des Zinssaldos nicht übersteigen (10% von 3.100.000 = 310.000 €). Folglich kann die D-AG die gesamten Zinsen i.H.v. 3.700.000 € vom Gewinn (vor § 4h EStG) abziehen. Der „safe-haven" ist erreicht.

Würde das Darlehen 7 Mio. € und die Zinsen 350.000 € betragen, könnten bei der D-AG nur 1.830.000 € abgezogen werden.

4.4.2.4 Zweifelsfragen und Umgehungsstrategien

Vermischung von Regelkreisen (Zinsschranke und Gesellschafterfremdfinanzierung) mit fraglichem wirtschaftlichen Effekt:

Die Vorschriften § 4h EStG und § 8a KStG weisen verschiedene steuerliche Orientierungen auf, die in einem optimalen Konzept voneinander zu trennen wären. Während über § 4h EStG allgemein der Export von Eigenkapital und die Gewinnverlagerung ins Ausland behindert werden soll, wird über § 8a KStG der Missbrauch einer unangemessen hohen Fremdfinanzierung des Anteilseigners bekämpft. Die Vermischung beider Ziellinien führt zum Resultat, dass ein Unternehmen mit einem hohen Eigenfinanzierungsanteil weniger Gesellschafterfremdkapital nutzen kann als ein Unternehmen mit einer geringen Eigenkapitalfinanzierung. Eigenfinanzierung und angemessene Gesellschafterfremdfinanzierung stehen hier erstaunlicherweise im Verhältnis der Negation. Der Ziellinie des § 4h EStG entspricht dies sicherlich nicht.

Beispiel:

Die Eigenkapitalquoten zweier Unternehmen betragen A = 20% und B = 80%. Der Zinssatz des Fremdkapitals beträgt 10%. Zinserträge sind in beiden Fällen nicht vorhanden. Die Höhe der unschädlichen Obergrenze für Zinsen auf Gesellschafterdarlehen ist zu bestimmen.

Unternehmen	**A**	**B**
Gesamtkapital	100	100
Eigenkapitalquote	20%	80%
Eigenkapital	20	80
Fremdkapital	80	20
Zinsaufwendungen	8	2
Zinserträge	0	0
Zinssaldo	8	2
Unschädliche Obergrenze für Zinsen auf Gesellschafter-Darlehen = 10% vom Zinssaldo	0,8	0,2

Das Beispiel zeigt, dass die Zinsen an Gesellschafter im jeweiligen Fall 0,8% (Fall A) bzw. 0,2% (Fall B) der gesamten Zinsaufwendungen des Unternehmens nicht überschreiten dürfen. Die hohe Eigenfinanzierung wird hier diskriminiert.

Gesamtbetrachtung nach § 8a Abs. 2 KStG:

Bei der Anwendung der 10%-Grenze stellt sich im Gesellschafterkreis die Frage, wie bei mehreren Fremdkapitalgebern vorzugehen ist. Obwohl in der Klausel von Fremdkapitalvergütungen an „einen ... Anteilseigner ...“ die Rede ist, geht die Finanzverwaltung von einer Gesamtbetrachtung aus und fasst die Fremdkapitalvergütungen aller Gesellschafter eines Unternehmens zusammen. Diese Summe soll dann in die Überprüfung der 10%-Grenze eingehen. Diese Regelung macht insofern Sinn, als sie einfache Umgehungen verhindert. Würde die Einzelbetrachtung gelten, würde sich mit der Zunahme der Gesellschafter das unschädliche Fremdkapital vervielfachen.

Nettozinsaufwand als Grundlage nach § 8a Abs. 2 und 3 KStG:
Bei der Gegenüberstellung der Vergütungen für Fremdkapital mit dem Zinssaldo (= Nettozinsaufwand) wird eine Brutto- mit einer Nettogröße verglichen. Dies muss im Falle steigender Zinserträge zum Anreiz führen, die Fremdfinanzierung zu steigern. Der Effekt auf den Eigenkapitalvergleich nach § 4h Abs. 2c EStG ist demgegenüber aber gesondert zu prüfen. In jedem Fall mindern steigende Zinserträge den Zinssaldo und damit den Spielraum für die unschädliche Fremdfinanzierung. Dass die Ausgleichung von Zinserträgen und Zinsaufwendungen als schädliche Finanzierungsstruktur identifiziert wird, kann nicht als wirtschaftlich sinnvolles Ergebnis bezeichnet werden.

Beispiel:
Zinsaufwendungen und Zinserträge eines Unternehmens unterscheiden sich jeweils. Der Zinssaldo und die unschädliche Obergrenze für den Abzug der Zinsaufwendungen sind zu bestimmen.

Unternehmen	**A**	**B**	**C**	**D**
Zinserträge	0	20	60	100
Zinsaufwendungen	100	100	100	100
Zinssaldo	100	80	40	0
Unschädliche Obergrenze der Zinsaufwendungen = 10% des Zinssaldos	10	8	4	0

Im Resultat zeigt sich, dass die unschädliche Obergrenze für die Abzugsfähigkeit der Zinsen mit steigenden Zinserträgen absinkt.

Unklare Anwendung der 10%-Grenze nach § 8a Abs. 3 KStG:
Bei der Befreiung von der Zinsschranke ist für Körperschaften hinsichtlich der Escape-Klausel der Nachweis zu führen, dass die Zinsaufwendungen der betreffenden Körperschaft oder eines anderen demselben Konzern zugehörenden Rechtsträgers an Gesellschafter oder Dritte im Sinne von § 8a Abs. 3 KStG die Grenze von 10% des Zinssaldos nicht übersteigen. Vom Wortlaut der Vorschrift aus betrachtet bleibt aber unklar, wie die Rückausnahme anzuwenden ist. In der Literatur wird die individuelle der einheitliche Berechnung der 10%-Grenze gegenüber gestellt (Bohn 2009: 313 ff.). Die den Eigenkapitalquotenvergleich begehrende Körperschaft muss den Nachweis für jede Konzerngesellschaft führen. Bei der individuellen Auslegung sind die Zinsaufwendungen jeder Konzerngesellschaft jeweils mit dem Zinssaldo dieser betreffenden Gesellschaft zu vergleichen. Bei der einheitlichen Anwendung sind die Zinsaufwendungen hingegen nur mit dem Zinssaldo der den Eigenkapitalquotenvergleich begehrenden Körperschaft in Beziehung zu setzen. Während die individuelle Anwen-

dung alle anderen Konzerngesellschaften von der Anwendbarkeit des Eigenkapitalquotenvergleichs i.S. des § 4h Abs. 2 c EStG ausschließen kann, ergibt sich diese Konsequenz bei der einheitlichen Anwendung nicht automatisch.

Das BMF-Schreiben v. 4. Juli 2008 (Tz 80) bringt hierzu zum Ausdruck, dass eine Befreiung von der Zinsschranke nicht möglich sei, wenn eine schädliche Fremdfinanzierung irgendeiner in- oder ausländischen Konzerngesellschaft i.S. von § 8a Abs. 3 KStG vorliege. Es müsse sich hierbei nicht um eine Fremdfinanzierung des Rechtsträgers handeln, auf den § 4h Abs. 1 EStG Anwendung finde. Diese Sicht der Finanzverwaltung spricht für die individuelle Anwendung der 10%-Grenze und damit für das „Alles-oder-Nichts-Prinzip".

Europarechtswidrigkeit der Zinsschranke:
Obwohl die Mitgliedstaaten primär für die direkten Steuern zuständig sind, müssen sie doch ihre Befugnisse unter Beachtung des Gemeinschaftsrechts ausüben. Die europäischen Grundfreiheiten und das Diskriminierungsverbot sind zu respektieren. So geht Homburg (2007: 724) davon aus, dass die Zinsschranke die Niederlassungsfreiheit (Art. 43 EGV) und vor allem die Kapitalverkehrsfreiheit (Art. 56 EGV) verletzt. Denn sie halte in- und ausländische Unternehmen davon ab, den wirtschaftlichsten Finanzierungsweg auszuwählen. Dies führe zur Erhöhung der Kapitalkosten. Ein ausländisches Unternehmen müsse schlechtere Investitionsbedingungen im Inland hinnehmen und ein inländisches Unternehmen werde zur höheren Fremdfinanzierung im Ausland gedrängt. Diese Beschränkung sei nur dann gerechtfertigt, wenn sie nach üblichem Prüfungsschema gerechtfertigt, geeignet, erforderlich und verhältnismäßig sei. Nach ständiger Rechtsprechung handle es sich beim Ziel der Erhöhung des Steueraufkommens nicht um einen ausreichenden Rechtfertigungsgrund. Die Verletzung der Grundfreiheiten sei nicht gerechtfertigt.

Umgehungsstrategien:
Die Vorschriften decken nicht alle möglichen Gestaltungen ab. Für international agierende Unternehmen und Holdings sind vor allem folgende Wege und Konstruktionen interessant:

- Die Fremdfinanzierung wird an die Begrenzungen des § 8a KStG angepasst, um die Freigrenze zu unterschreiten. Bei einem angenommenen Zinssatz von fünf Prozent entspricht die Freigrenze von 3 Mio. Euro einem Darlehen von 60 Mio. Euro. Die partielle Umschichtung von Darlehen in Eigenkapital kann daher ratsam sein. Hierbei ist auch zu bedenken, dass konzerninterne Darlehensstrukturen nicht zu einer schädlichen Gesellschafterfremdfinanzierung führen.
- Bestehen Betriebe den Eigenkapitaltest nicht, können bilanzpolitische Gestaltungsmöglichkeiten ausgeschöpft werden (Köster 2007: 2283). Hierbei ist allerdings die Einschränkung durch das Stetigkeitsgebot des IAS 8.13 zu beachten. Interessant sind daher insbesondere Bewertungswahlrechte, die der Stetigkeit nicht unterliegen und das Eigenkapital erhöhen (z.B. durch die Designation von Finanzinstrumenten erfolgswirksam zum Zeitwert zu bewerten unter den Voraussetzungen des IAS 39.9 bzw. 11A).
- Die Eigenkapitalquote kann durch die Ausübung weiterer Ermessungsspielräume gem. IFRS beeinflusst werden. Erwähnt werden sollen hier vor allem die Aktivierung von Entwicklungskosten (IAS 38.51 ff.), die Ermittlung des Zeitwertes bei Nutzungswerten und nicht vorhandenen Marktpreisen (IAS 2, 16, 36, 39-41, IFRS 2 und 3), die Klassifizierung von Leasing (IAS 17.10) und die Aktivierung latenter Steuern (IAS 17.10).
- Die Fremdkapitalüberlassung erfolgt über den Umweg der Gewährung von Sachkapital (Miet- und Leasingverträge), da sich die Regelung nur auf Vergütungen für Fremdkapital

erstreckt. Hier besteht die Möglichkeit der Transformation von Zinsaufwendungen aus kreditfinanzierten Investitionen in Leasingaufwendungen durch „Sale and Lease-Back".

- Es werden Förderdarlehen genutzt. Vergütungen für Darlehen, die auf Grund von allgemeinen Förderbedingungen vergeben werden, sind gem. BMF-Schreiben zur Zinsschranke vom 04.07.2008 (Tz 94) keine Zinsaufwendungen oder Zinserträge im Sinne der Zinsschranke, wenn es sich um mittelbar oder unmittelbar aus öffentlichen Haushalten gewährte Mittel der Europäischen Union, von Bund, Ländern und Gemeinden oder Mittel anderer öffentlich-rechtlicher Körperschaften handelt.

4.5 Die grenzüberschreitende Verrechnung von Verlusten im Rahmen der Gruppenbesteuerung und Rechtssache „Marks & Spencer"

Die Standortentscheidung wird im starken Maße durch die Regelungen zum Verlustausgleich beeinflusst. Von Seiten der Wirtschaft wird der Ausgleich von Verlusten mit Gewinnen zwischen Mutter- und Tochtergesellschaften und zwischen Betriebsstätten und Unternehmenszentrale als wichtiges Element im Rahmen der Investitionsentscheidung betrachtet. Erste Überlegungen sind bereits erläutert worden. Die Verlustverrechnung ist auf nationaler und internationaler Ebene bedeutsam.

Erstens bestehen in den Staaten in der Regel Vorschriften zum **innerstaatlichen Verlustausgleich**. Bei Personengesellschaften können Verluste nur auf der Ebene der Mitunternehmer mit anderen positiven Einkünften ausgeglichen werden. Dies gilt entsprechend für die Anwendung des Verlustabzugs nach § 10d EStG. Bei der Gewerbesteuer (GewSt) wird die Personengesellschaft allerdings als eigenständiges Steuersubjekt mit der Folge behandelt, dass der Gewerbeertrag um nicht ausgeglichene Gewerbeverluste vorangegangener Zeiträume zu kürzen ist[327]. Bei Kapitalgesellschaften besteht neben der gewerbesteuerlichen Verlustverrechnung gem. § 10a GewStG nur die Möglichkeit des Verlustabzugs i.S.v. § 10d EStG[328]. Im Rahmen der Vorschriften zum Mantelkauf[329] wurde bislang eingegrenzt, inwieweit verbleibende Verlustvorträge auch nach einem Wechsel der Anteilseigner (Änderung der wirtschaftlichen Identität der Gesellschaft) genutzt werden können. Die Regelungen sind mit der Einführung der Unternehmensteuerreform 2008 geändert worden. Werden innerhalb eines Zeitraums von fünf Jahren unmittelbar oder mittelbar mehr als 25% und höchstens 50% der Anteils- oder Stimmrechte übertragen, kann gem. § 8c Abs. 1 KStG der Verlust nur quotal verrechnet werden. Bei Übertragung von mehr als 50% der Anteile oder Stimmrechte ist der Verlust nicht abzugsfähig ist. Ausgenommen von der Begrenzung ist die Sanierung[330] gem. § 8c Abs. 2 KStG.

---

327 Nach dem GewStG kann der Verlust nur vorgetragen werden. Die Kürzung ist gem. § 10a S. 1 und 2 GewStG begrenzt auf 1 Mio. €. Restliche Verluste werden bis zur Höhe von 60% des 1 Mill. € übersteigenden Gewerbetrags abgezogen. Als Voraussetzung ist die Unternehmens- und Unternehmeridentität zu beachten.

328 Gem. § 10d Abs. 1 und 2 EStG sind sowohl der Verlustrücktrag als auch der Verlustvortrag begrenzt. Der Verlustvortrag ist bis zu einem Gesamtbetrag der Einkünfte von 1 Mio. € und darüber hinaus bis zur Höhe von 60% des 1 Mio. € übersteigenden Gesamtbetrags der Einkünfte begrenzt.

329 Vgl. § 8 Abs. 4 KStG a.F.

330 Bei Verhinderung der Zahlungsunfähigkeit oder Überschuldung müssen die wesentlichen Betriebsstrukturen erhalten bleiben. Dies setzt gem. § 8c Abs. 1a KStG voraus, dass eine Betriebsvereinbarung mit einer Arbeits-

Daneben ist im Hinblick auf die Verlustverrechnung die **Organschaft** bedeutsam. So ermöglicht die steuerliche Anerkennung des Unternehmensverbundes als Organschaft die Zuordnung des steuerlichen Einkommens der Organgesellschaft zum Organträger. Dies schließt die Verlustverrechnung innerhalb des Organkreises ein und kann als Hauptzweck der Begründung einer Organschaft bezeichnet werden. Es geht dabei nicht nur um die Verrechnung des Verlustes innerhalb eines Veranlagungszeitraums sondern auch um den Verlustabzug über mehrere Veranlagungszeiträume hinweg. Diese Möglichkeit besteht auch in Deutschland gem. der §§ 14-19 KStG. Die Regelung ist so ausgestaltet, dass das Besteuerungsrecht in jedem Fall im Inland erhalten bleibt. Der Inlandsbezug gilt zunächst für die Organgesellschaft, deren Sitz und Geschäftsleitung sich gem. § 14 Abs. 1 S. 1 i.V.m. § 17 KStG im Inland befinden muss. Das fiskalische Interesse an der Erhaltung der Steuereinnahmen wird gem. § 14 Abs. 1 Nr. 2 KStG durch das Erfordernis der inländischen Geschäftsleitung des Organträgers[331] betont. Dem widerspricht § 18 KStG nur scheinbar, wonach der Organträger ein ausländisches gewerbliches Unternehmen sein kann. Denn dieser Fall bezieht sich allein darauf, dass der ausländische Organträger im Inland eine im Handelsregister eingetragene Zweigniederlassung unterhält, welche die Beteiligung an der Organgesellschaft hält und einen Gewinnabführungsvertrag unter der Firma der Zweigniederlassung abgeschlossen hat. Zwischen den Staaten bestehen unterschiedliche Regelungen hinsichtlich der Begründung der Organschaft. Dies betrifft z.B. die Frage, ob die Mehrheit der Stimmrechte aus den Anteilen an der Organgesellschaft durch die Addition der unmittelbaren und mittelbaren Beteiligungen erreicht werden kann oder ein Gewinnabführungsvertrag[332] bestehen muss.

Zweitens mangelt es bislang am **grenzüberschreitenden Verlustausgleich**. Dies wird in einer Studie der Europäischen Kommission zur Unternehmensbesteuerung in der Europäischen Union (Europäische Kommission 2001, 271) als eines der Hauptprobleme bezeichnet, die auf EU-Ebene vorrangig gelöst werden müssen. Insbesondere die Wirtschaft macht hier geltend, dass die Besteuerung von Unternehmensgewinnen bei Auslandsverlusten nicht dem Gesamtergebnis der Wirtschaftstätigkeit im Unternehmensverbund entspricht. Übersteigen die ausländischen Verluste die inländischen Gewinne, führt dies sogar zu einer Überbesteuerung. Die Analyse der steuerlichen Hindernisse für die grenzüberschreitende Wirtschaftstätigkeit im Europäischen Binnenmarkt verweist in diesem Sinne auf die Benachteiligung ausländischer gegenüber inländischen Investitionen. Die Kommission sieht in der Verweigerung des grenzüberschreitenden Verlustausgleiches eine Bevorzugung von Unternehmen in größeren Mitgliedsstaaten, da der Inlandsmarkt zur Kompensation von Verlusten groß genug sei (Europäische Kommission 2001, 284).

In der Entscheidung zur **Rechtssache „Marks & Spencer“** (C-446/03) vom 13. Dez. 2005 ist der Europäische Gerichtshof (EuGH) einen beachtlichen Schritt in die Richtung der An-

platzregelung vorliegt, die Lohnsumme innerhalb von 5 Jahren nicht um mehr als 400% unterschritten und wesentliches Betriebsvermögen zugeführt wird.

331 Nach den deutschen Vorschriften muss der Organträger die Mehrheit der Stimmrechte aus den Anteilen an der Organgesellschaft besitzen (finanzielle Eingliederung). Gem. § 14 Abs. 1 Nr.1 KStG sind mittelbare Beteiligungen zu berücksichtigen, wenn die Beteiligung an jeder vermittelnden Gesellschaft die Mehrheit der Stimmrechte gewährt. Daneben muss sich die Organgesellschaft verpflichten, ihren ganzen Gewinn an den Organträger abzuführen. Organträger kann jede unbeschränkt steuerpflichtige natürliche Person (auch Personengesellschaft) und nicht steuerbefreite Körperschaft sein.

332 Nach § 14 Abs. 1 KStG muss ein Gewinnabführungsvertrag eine Dauer von mindestens 5 Jahren haben. In vielen EU-Staaten ist ein grenzüberschreitender Gewinnabführungsvertrag nicht möglich (vgl. FG Niedersachsen, Urteil vom 11.2.2010).

erkennung der grenzüberschreitenden Verlustverrechnung gegangen. Das britische Unternehmen hatte im Anschluss an die Aufgabe der Geschäftstätigkeiten seiner kontinentaleuropäischen Tochtergesellschaften die dort entstandenen Dauerverluste in Großbritannien geltend gemacht. Nach britischem Recht ist der Verlustausgleich im Rahmen der Gruppenbesteuerung aber nur mit inländischen Töchtern erlaubt. Auf der einen Seite hält der EuGH die britische Regelung für europakonform. Jedes Mitgliedsland müsse zudem die Möglichkeit haben, die Steuerfluchtgefahr einzudämmen, Haushaltsrisiken zu vermeiden und eine doppelte Verlustberücksichtigung zu verhindern. Auf der anderen Seite müsse aber das Gemeinschaftsrecht gewahrt werden. Die Niederlassungsfreiheit sei dann verletzt, wenn die Verluste der ausländischen Tochtergesellschaft in ihrem Sitzstaat nicht berücksichtigt werden können[333]. Die Entscheidung bezieht sich auf die Verweigerung der Verlustverrechnung im Zusammenhang mit einer Geschäftsaufgabe. Über diesen besonderen Fall hinaus lässt sich die grenzüberschreitende Verlustverrechnung nicht zwingend ableiten. Besteht an sich die Möglichkeit der Nutzung der Verluste im Sitzstaat der Tochtergesellschaft, ist ein Eingriff in die Niederlassungsfreiheit nicht gegeben. Das Urteil benennt dafür keine zeitliche Beschränkung. Die Sorge vieler Mitgliedsländer, der Richterspruch wirke sich negativ auf die Steuereinnahmen aus, erscheint daher als unbegründet.

Das EuGH-Urteil „Marks & Spencer" ist in vielen Folgeentscheidungen zur Verlustverrechnung als Leitlinie herangezogen worden (z.B. Lidl Belgium). Dies verweist auf das Bestreben, im Rahmen des gemeinsamen Binnenmarktes vergleichbare Bedingungen für die Organschaft bzw. die Gruppenbesteuerung ausschöpfen zu können. So neigt z.B. das FG Niedersachsen[334] in einem Urteil zu ausländischen Verlusten (2010: 1217) zur Auffassung, dass die Ausgestaltung der deutschen Organschaft gegen die Artikel 43 und 48 EG-Vertrag verstößt. Insbesondere sei die in § 14 Abs. 1 KStG genannte Bedingung des Vorhandenseins eines Gewinnabführungsvertrags i.S. des § 291 Abs. 1 AktG über einen Zeitraum von mindestens 5 Jahren gemeinschaftswidrig. Da solch ein Gewinnabführungsvertrag über die Grenze hinweg nicht immer möglich sei[335], liege eine Einschränkung der Niederlassungsfreiheit vor.

Die grenzüberschreitende Verlustverrechnung wird bislang nur von wenigen EU-Mitgliedstaaten ermöglicht (Dänemark, Österreich, Niederlande, Großbritannien, Frankreich). Am weitesten sind die Regelungen in Dänemark und Österreich. In den Niederlanden können Verluste dort angesiedelter Betriebsstätten, die ausländischen Unternehmen gehören, seit 2008 verrechnet werden. Die Regelungen in Frankreich sind sehr restriktiv und in Großbritannien gelten die Anwendungsbedingungen der seit 2006 gültigen Regelung als kaum erfüllbar. Das relativ leicht zugängliche dänische System ist von der Wirtschaft positiv aufgenommen worden (Luther 2000). Die Verlustermittlung und die Festlegung der Beteiligungsschwellen erfolgen ausschließlich nach dänischem Recht. Das bedeutet, dass die Vorschriften des Sitz-

---

[333] Da im konkreten Fall der Verlustvortrag mit späteren Gewinnen wegen der Einstellung der Geschäftstätigkeit nicht mehr möglich sei, sei allenfalls von britischen Gerichten zu klären, inwieweit zumindest ein teilweiser Verlustausgleich anzuerkennen sei.

[334] FG-Niedersachsen, Urteil vom 11.02.2010 (6 K 406/08). Im Fall geht es um eine geschäftleitende deutsche Holding, welche die Verluste zweier italienischer Tochtergesellschaften verrechnen will. Der Kläger macht geltend, dass die Voraussetzung des Gewinnabführungsvertrages unerfüllbar aber gewollt gewesen sei.

[335] So sei nach italienischem Recht ein Gewinnabführungsvertrag nicht möglich. Im genannten FG-Urteil wird die grenzüberschreitende Verlustverrechnung schließlich deshalb abgelehnt, weil die deutsche Muttergesellschaft nur freiwillig die Verluste der ausländischen Tochtergesellschaften gegen Gewährung von Fremdkapital übernommen habe.

staates der Muttergesellschaft anzuwenden sind. Die dänische Regelung bezieht sich auf in- und ausländische Tochtergesellschaften.

Die wichtigsten Bestimmungen für die gemeinsame Besteuerung der Muttergesellschaft mit einer ausländischen Tochtergesellschaft nach dem dänischen Modell sind (Europäische Kommission 2001, 371):

- Die dänische Muttergesellschaft besitzt entweder direkt oder zusammen mit anderen Tochtergesellschaften alle Anteile an einer ausländischen Tochtergesellschaft. Das verbundene Unternehmen darf aber selbst nicht mehr als fünfzig Prozent des Gesellschaftskapitals der ausländischen Tochtergesellschaft besitzen.
- Da der steuerpflichtige Gewinn aller gemeinsam besteuerten Gesellschaften nach dänischen Vorschriften erfolgt und die Steuer auf Ebene der dänischen Muttergesellschaft erhoben wird, wird die im Ausland entrichtete Steuer auf die dänische Steuer angerechnet.
- Die Verrechnung der Verluste der ausländischen Tochtergesellschaft hat bei der Muttergesellschaft nur eine steueraufschiebende Wirkung. Denn es erfolgt eine Nachversteuerung der abgezogenen Verluste, wenn die ausländische Tochtergesellschaft aus dem System der gemeinsamen Besteuerung ausscheidet oder später freigestellte Dividenden bzw. Veräußerungsgewinne an die dänische Muttergesellschaft auszahlt.

Die Europäische Kommission hat in dem 2001 veröffentlichten Bericht „Company Taxation in the Internal Market“ weitreichende Schritte zur grenzüberschreitenden Verlustverrechnung empfohlen. Der Vorschlag sieht im ersten Schritt die Konsolidierung der Einzelergebnisse zu einem einheitlichen Konzernergebnis und im zweiten Schritt die formelhafte Aufteilung auf die verschiedenen Verbundunternehmen im Bereich der EU vor. Die Besteuerung würde im Sitzstaat des jeweiligen Unternehmens erfolgen. Dieser Vorschlag ist auf Skepsis gestoßen und dürfte auch in absehbarer Zeit keine Aussicht auf Realisierung haben (Herzig 2010: 230).

Die Europäische Kommission hat bereits im Jahr 1991 einen Vorschlag für eine Richtlinie[336] über die Berücksichtigung von Auslandsverlusten vorgelegt. Darin wird es als fair erachtet, dass der Mitgliedstaat der Tochtergesellschaft die Verluste „finanziert“, insoweit das Unternehmen später Gewinne erzielt. Der Richtlinienvorschlag orientierte sich daher an der Abzugs-/Hinzurechnungsmethode.

Dieses Modell ist in jüngster Zeit auch in Österreich realisiert worden. Im Rahmen der österreichischen Steuerreform 2005 ist das alte Modell der Organschaft durch ein **Gruppenbesteuerungskonzept**[337] ersetzt worden. Es gilt auch grenzüberschreitend. Inländische unbeschränkt steuerpflichtige Körperschaften und ausländische Körperschaften können als Gruppe auf der Ebene der österreichischen Muttergesellschaft besteuert werden. Die ausländischen Tochtergesellschaften müssen dabei ausschließlich mit einem inländischen Gruppenträger oder inländischen Gruppenmitgliedern verbunden sein. Als Gruppenträger kommen im Inland unbeschränkt steuerpflichtige oder beschränkt steuerpflichtige Körperschaften in Betracht, insoweit sie über eine in das Firmenbuch eingetragene österreichische Zweigniederlassung verfügen. Die notwendige finanzielle Verbindung der Gruppenmitglieder kann auch über eine Beteiligungsgemeinschaft in Form einer Personengesellschaft hergestellt werden, die als Gruppenträger fungiert. An der Beteiligungsgemeinschaft dürfen aber nur gruppenträgerfähige Körperschaften beteiligt sein.

---

336 KOM (90) 595, ABl. C 53 vom 28.02.1991, S. 30

337 Wir beziehen uns hier auf § 9 Abs. 2-7 KStG-Österreich (in der Fassung des Steuerreformgesetzes 2005).

Abzugs- und Hinzurechnungsmethode bei grenzüberschreitendem Verlustausgleich		
	Inländische Muttergesellschaft	Ausländische Tochtergesellschaft
Gewinn 01 (Mutter) Verluste 01 (Tochter)	500	 200
Abzug Verlust 01 (Tochter)	–200	
= Steuerpflichtiger Gewinn 01	300	
Gewinn 02 (Mutter) Gewinn 02 (Tochter)	400	 300
Hinzurechnung (Verlust 01) Tochter	+200	
= Steuerpflichtiger Gewinn 02 (Mutter) Verlustabzug im Mitgliedstaat der Tochter = Steuerpflichtiger Gewinn 02 (Tochter)	600	300 –200 100

Gegenüber dem alten Organschaftsmodell ist der Anwendungsrahmen erheblich ausgeweitet worden. Denn der Gruppenträger muss nur noch mittelbar oder unmittelbar zu mehr als fünfzig Prozent am Grund-, Stamm- oder Genossenschaftskapital und der Stimmrechte am in- oder ausländischen Gruppenmitglied beteiligt sein. Die Mindestbeteiligung lässt sich daher über die einfache Addition der mittelbaren und unmittelbaren Beteiligungen herstellen. Bei einer Beteiligungsgemeinschaft ist die notwendige finanzielle Verbindung dann erreicht, wenn ein Gruppenmitglied über eine unmittelbare Mindestbeteiligung von vierzig Prozent und die restlichen Gesellschafter jeweils mindestens fünfzehn Prozent halten. Das Vorliegen eines Gewinnabführungsvertrages ist in jedem Fall nicht erforderlich.

Die in Österreich verrechenbaren ausländischen Verluste werden nur nach Maßgabe des österreichischen Ertragsteuerrechts berücksichtigt. Die ausländischen Verluste werden in Österreich in Höhe des Verhältnisses der Beteiligung an der ausländischen Tochtergesellschaft erfasst. Dabei sind alle unmittelbaren Beteiligungen der österreichischen Gruppenmitglieder (einschließlich des Gruppenträgers) an der ausländischen Tochtergesellschaft zusammenzufassen. Bei der Zurechnung des ausländischen Verlustes kommt es daher nicht auf die unmittelbare und mittelbare Beteiligung des Gruppenträgers an der ausländischen Tochtergesellschaft an.

Obwohl der Gruppenträger nur zu achtzig Prozent unmittelbar und mittelbar an der ungarischen Tochtergesellschaft beteiligt ist, wird der ausländische Verlust in Höhe von neunzig Prozent in Österreich erfasst. Dies Verhältnis entspricht der Höhe der unmittelbaren Beteiligungen aller in Österreich ansässigen Gruppenmitglieder am ausländischen Gruppenmitglied.

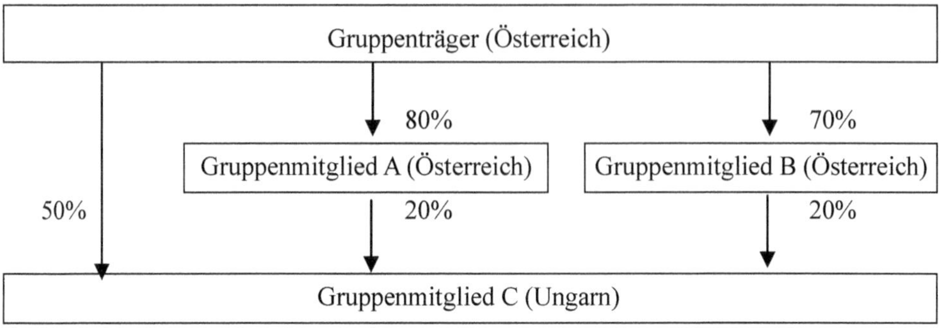

Abb. 21: Gruppenbesteuerungskonzept (Österreich)

Eine Nachversteuerung in Österreich ist dann vorgesehen, wenn im Sitzstaat der Tochtergesellschaft eine Verrechnung des Verlustes mit späteren Gewinnen möglich ist (Verlustabzug) oder das ausländische Gruppenmitglied aus der österreichischen Gruppe ausscheidet. Um eine doppelte Verlustverwertung zu verhindern, wird eine Teilwertabschreibung der Beteiligung innerhalb einer Gruppe steuerlich nicht berücksichtigt. Im Ergebnis ergibt sich für transnationale Unternehmen eine Möglichkeit der Steuerstundung, die sich als Zinsvorteil darstellen lässt. Österreich fördert mit dem neuen Gruppenkonzept die Niederlassung von internationalen tätigen Konzernen und verfolgt das Ziel, sich zu einem in Europa bevorzugten Investitionsstandort zu entwickeln. Vor diesem Hintergrund wird das Thema der grenzüberschreitenden Verlustverrechnung in den nächsten Jahren eine herausragende Stellung einnehmen und in der steuerpolitischen Diskussion in Europa an Schärfe gewinnen. Darauf verweist auch die weitergehende Forderung der Wirtschaft, nicht nur den vertikalen Ausgleich der ausländischen Verluste auf der Ebene der Muttergesellschaft umzusetzen, sondern auch einen horizontalen Verlustausgleich zu ermöglichen. Dies würde bedeuten, dass die Verluste einer Tochtergesellschaft mit den Gewinnen einer anderen Tochtergesellschaft verrechnet werden könnten. Dies würde sich auf die Einnahmesituation jener Mitgliedsaaten auswirken, in denen es relativ viele Tochtergesellschaften gibt (Europäische Kommission 2001, 367). Österreich ist aufgrund der grenzüberschreitenden Gruppenbesteuerung zu einem interessanten Holdingstandort geworden. Auch deutsche Unternehmen können die in Drittstaaten erzielten Verluste ausländischer Tochtergesellschaften im Rahmen einer österreichischen Zwischenholding nutzen.

4.6 Begrenzung der Gestaltungen durch die Hinzurechnungsbesteuerung

4.6.1 Der rechtliche Rahmen für Abwehrgesetze (CFC Legislation)

Mit der Umgestaltung der Unternehmen zum internationalen Holdingkonzern lassen sich steuerliche Vorteile erzielen, die mit der Ausschöpfung der steuerlichen Bedingungen in den verschiedenen Staaten zusammenhängen. Dies bezieht sich z.B. auf die Besonderheiten hinsichtlich der Definition der steuerlichen Bemessungsgrundlagen und der Steuersätze. Erfolgen die Investitionen in Niedrigsteuergebieten, müssen aber die restriktiven Bedingungen der Hinzurechnungsbesteuerung gem. der §§ 7 ff. AStG beachtet und einkalkuliert werden. Es handelt sich hierbei um eine Gegenmaßnahme, die auf die Vermeidung steuermotivierter Gestaltungen zu Lasten der deutschen Finanzkassen zielt. Dabei muss es sich nicht um einen Missbrauch von Gestaltungsmöglichkeiten handeln. Denn der BFH[338] hat klargestellt, dass im Fall der missbräuchlichen Gestaltung vom Vorrang der Anwendung des § 42 AO auszugehen ist. Kernpunkt ist vielmehr die Nichtanerkennung des rechtlichen Charakters einer ausländischen Basis- bzw. Zwischengesellschaft mit dem Ziel des Zugriffs auf den abgeschirmten, niedrig besteuerten Gewinn.

Die deutsche Steuergesetzgebung versucht seit 1972 – im Anschluss an das 1962 eingeführte US-amerikanische Vorbild – der Verlagerung von Einkünften und Vermögen in das niedrig besteuernde Ausland zu begegnen. Die Hinzurechnungsbesteuerung ist dabei über die Jahre sogar drastisch verschärft worden, was sich insbesondere am Beispiel der Zwischengesellschaften mit Kapitalanlagecharakter aufzeigen lässt. Die Ausnutzung des Steuergefälles und die Unternehmensinvestition in einem Niedrigsteuerland kann an sich dadurch erreicht werden, dass im Ausland eine Kapitalgesellschaft, die sogenannte Basis- bzw. Zwischengesellschaft, errichtet wird. Ihre thesaurierten Gewinne können aufgrund der Abschirmwirkung von Kapitalgesellschaften von der höheren Besteuerung im Inland ferngehalten werden. Die inländische Muttergesellschaft könnte auf diesem Weg ihre einbehaltenen Gewinne niedrig besteuern.

Wird die Basisgesellschaft in einem Niedrigsteuerland errichtet, wird dieser Effekt über die Hinzurechnungsbesteuerung verhindert. Der Steuervorteil wird dadurch neutralisiert, dass die Einkünfte der ausländischen Basisgesellschaft den inländischen Anteilseignern direkt hinzugerechnet werden. Entsprechende Abwehrgesetze kennen auch andere Staaten. Bereits in dem 1996 vorgelegten OECD-Bericht zur Controlled Foreign Company Legislation (CFC Legislation) werden vierzehn OECD-Mitgliedsstaaten erwähnt, die eine Zugriffsbesteuerung verankert haben. Diese Zahl hat sich in der Zwischenzeit weiter erhöht. Dies kann als Kehrseite des globalen Steuerwettbewerbs betrachtet werden. Denn im Zuge der Globalisierung rücken auch die steuerlichen Bedingungen in das Blickfeld der Investoren. Steuervorteile, die von strukturell benachteiligten Gebieten als Maßnahme zur Verbesserung ihrer Wettbewerbssituation gewährt werden, beeinflussen die Investitionsentscheidung der Unternehmen. Unter diesem Einfluss hat der Steuerwettbewerb auf der einen Seite steuerliche Barrieren gegen den freien Fluss des Kapitals beseitigt und den Anpassungsdruck und die Reformdynamik in den Staaten verstärkt. Er weist aber auf der anderen Seite insofern negative Effekte[339] der Kapitalverteilung auf, als einzelne Staaten gezielt Möglichkeiten der Steuervermeidung oder Steuerbegünstigung anbieten, um mobiles Kapital anzulocken.

Die Empfehlungen der OECD zur Etablierung von Abwehrmaßnahmen[340] beziehen sich auf drei verschiedene Ebenen:

- die jeweiligen innerstaatlichen Gesetze,
- die bilateralen Doppelbesteuerungsabkommen,
- die Verstärkung der internationalen Kooperation.

---

338 BFH v. 23.10.1991 (BStBl II 1992, S. 1026 und BFH v. 10.6.1992 (BStBl II 1992, S. 1029.

339 „These actions induce potential distortions in the patterns of trade and investment and reduce global welfare. As discussed below, thes schemes can erode national tax bases of other countries, may alter the structure of taxation (by shifting part of the tax burden from mobile to relatively immobile factors and from income to consumption) and may hamper the application of progressive tax rates and the achievement of redistributive goals." OECD: Harmful Tax Competition – An Emerging Global Issue, Paris 1998, S. 14

340 Vgl. OECD: Harmful Tax Competition, S. 40 ff.

Die CFC-Legislation ist dabei auf der Ebene der nationalen Gesetzgebung angesiedelt. Daraus ergibt sich das Problem der mangelnden Abstimmung der Vorschriften zwischen den Staaten. Die OECD empfiehlt vor diesem Hintergrund eine verstärkte Koordination im OECD-Raum[341].

Maßnahmen gegen Steuerumgehungen werden von der Mehrheit der OECD-Staaten akzeptiert, um „Gleichmäßigkeit und Neutralität der nationalen Steuerrechte in einem internationalen Umfeld“[342] zu gewährleisten. Im Kommentar der OECD zum Musterabkommen wird in diesem Zusammenhang aber auch betont, dass diese Staaten entsprechende Schritte nur als notwendig erachten, insoweit zwischen den Staaten „sehr unterschiedliche Steuerbelastungen“ bestehen. Abwehrmaßnahmen sollten sich daher nicht auf Länder mit ähnlich hohem Steuerniveau beziehen[343].

Ob die innerstaatlichen Regeln nur dann angewendet werden können, wenn dies in den bilateralen Abkommen ausdrücklich geregelt worden ist, bleibt eine strittige Frage. Das Problem besteht darin, dass der Schutz der Steuerpflichtigen vor Doppelbesteuerung ausgehöhlt werden könnte, wenn den nationalen Regelungen der Vorrang vor den Abkommensregelungen zugesprochen würde[344]. Dennoch neigt sich die Mehrheit der Experten der Meinung zu, dass innerstaatliche Abwehrregelungen keines bestätigenden Vorbehaltes im Abkommenstext bedürfen[345].

Die Zunahme von Ländern, die eine CFC-Legislation kennen, nimmt auch im EU-Raum zu. Der Katalog umfasst Länder wie Dänemark, Deutschland, Frankreich, Italien, die Niederlande, Portugal, Schweden, Spanien und Großbritannien. Bei allem Verständnis für die Verteidigung der fiskalischen Interessen der Staaten stellt sich aber zunehmend die Frage, inwieweit diese Entwicklung Ausdruck der mangelnden europäischen Koordination der Steuerpolitik ist. Daran anschließend ist weiter zu klären, inwieweit die nationale CFC-Legislation überhaupt mit höherrangigem Recht wie dem Europarecht sowie dem Abkommensrecht zu vereinbaren ist und welche wirtschaftlichen Orientierungen entsprechende Maßnahmen beinhalten.

Europarechtlich wird die Zugriffsbesteuerung durch die Niederlassungsfreiheit nach Art. 43 Abs. 1 EGV und die Kapitalverkehrsfreiheit nach Art. 56 Abs. 1 EGV eingegrenzt. Die Niederlassungsfreiheit garantiert die grenzüberschreitende Erwerbstätigkeit[346] gewerblicher und freiberuflicher Unternehmen. Geschützt wird damit jede auf Dauer angelegte ausländische, erwerbswirtschaftliche Niederlassung. In seiner Rechtsprechung zum Gestaltungsmissbrauch verneint der EuGH diesen rechtlichen Schutz bei der Gründung von Betriebsstätten oder Tochtergesellschaften lediglich im Fall der fehlenden wirtschaftlichen Substanz. Zu denken ist hier in erster Linie an die funktionslose Briefkastengesellschaft oder ähnliche Konstrukte mit rein steuerlicher Motivation. Im ICI-Urteil[347] hat der EuGH in diesem Sinne deutlich gemacht, dass die Prüfung des Gestaltungsmissbrauchs hinsichtlich der Gründung ausländi-

---

341 Ebenda, S. 41

342 OECD: Kommentar zum OECD-Musterabkommen, Art. 1, Tz 26 (eingefügt am 23. Juli 1992)

343 Vgl. ebenda

344 Einkünfte der ausländischen Basisgesellschaft würden auch dann im Sitzstaat der Anteilseigner besteuert werden, wenn dort keine Betriebsstätte der Basisgesellschaft besteht. .

345 Vgl. OECD: Kommentar zum Musterabkommen, Art. 1, Tz 24

346 Der EuGH bezieht diesen Schutz auch auf die mittelbare Auslandsbeteiligung über eine grenzüberschreitende Holdinggesellschaft (vgl. EuGH-Urteil v. 16.7.1998, Rs.C-264/96, ICI, EuGHE 1998 S. 4720 f., Rdn. 18 ff.

347 Vgl. ebenda, Rdn. 26

scher Tochtergesellschaften nur unter Würdigung des Einzelfalls und bei Wahrung des Maßstabs der Erforderlichkeit erfolgen könne.

Im Rahmen der Kapitalverkehrsfreiheit werden grenzüberschreitende Direktinvestitionen sowie die Beteiligung am Fremd- und Eigenkapital unabhängig vom Beteiligungsumfang und der konkreten Tätigkeit der ausländischen Kapitalgesellschaft geschützt. Die jeweilige Ausdifferenzierung des Steuerrechts in den EU-Mitgliedsstaaten darf sich gem. Art. 58 Abs. 3 EGV daher nicht als offene oder verschleierte Diskriminierung[348] des Kapitalverkehrs erweisen. Der EuGH bezieht diesen Schutz sowohl auf den Steuerausländer als auch auf den Steuerinländer. Das beinhaltet zum einen die parallele Behandlung des Inlandssachverhaltes und bedeutet zum anderen, dass der Inländer in seinem Heimatland nicht im Zusammenhang mit Investitionen im EU-Ausland diskriminiert werden darf.

Die Rechtsprechung hat sich im Zusammenhang mit Fällen zur niedrigen Besteuerung von ausländischen Kapitalgesellschaften näher mit der Benachteiligung des inländischen Anteilseigners auseinandergesetzt. In jüngeren Entscheidungen des EuGH[349] wurde festgestellt, dass es keinen Begründungszusammenhang zwischen der Besteuerung des Anteilseigners und der fehlenden inländischen Steuerbelastung der ausländischen Kapitalgesellschaft geben dürfe. Die Ebenen des Anteilseigners und der Gesellschaft seien nicht gemeinsam zu betrachten. Und im Fall Eurowings hat der EuGH[350] entsprechend erklärt, dass sich die Besteuerung des inländischen Leasingnehmers nicht mit dem Argument der fehlenden GewSt-Belastung des ausländischen Leasinggebers begründen lasse. Bezogen auf den europarechtlichen Referenzrahmen ergeben sich damit relativ enge Grenzen für die Begründung der Zugriffsbesteuerung.

4.6.2 Verlagerte Ziele der Zugriffsbesteuerung in Deutschland

Mit der Einführung des ehemals 1972 in Deutschland eingeführten Regelwerks zum Zugriff auf im Ausland erzielte Gewinne beabsichtigte der Gesetzgeber die Verhinderung von Steuervorteilen, die sich aus der Gründung einer von Inländern beherrschten Auslandsgesellschaft ergeben, die sog. passive und niedrig besteuerte Einkünfte erzielt. Wegen der Gefahr der Abschirmung solcher Gewinne im Rahmen ausländischer Kapitalgesellschaften sollte eine Hinzurechnung zum steuerpflichtigen Einkommen der beteiligten Steuerinländer erfolgen. Die Inlandsbeherrschung der Auslandsgesellschaft ist seitdem an die Bedingung geknüpft, dass unbeschränkt oder erweitert beschränkt Steuerpflichtige[351] in der Summe zu mehr als der Hälfte Anteile oder Stimmrechte halten. Dabei kommt es gem. § 7 Abs. 1 AStG weder auf die Höhe der Einzelbeteiligungen noch auf die Stellung der Anteilseigner untereinander an. Das bedeutet, dass sogar Kleinanleger ohne Mitspracherechte von der Regelung erfasst werden können. Auch der Fall der über eine Personengesellschaft vermittelten Beteiligung fällt gem. § 7 Abs. 2 und 3 AStG in den Bereich der persönlichen Tatbestandsvoraussetzungen.

[348] Nach Meinung des EuGH sind Beschränkungen allenfalls dann gerechtfertigt, wenn ein legitimer Grund des staatlichen Allgemeininteresses geltend gemacht werden kann und die Umsetzung als geeignet, verhältnismäßig und erforderlich erscheint (vgl. EuGH-U. v. 6.6.2000, Rs.C-35/98, FR 2000, S. 720, Rdn. 37 ff.).

[349] Vgl. EuGH v. 13.4.2000 RS.C-251/98 (Rs. Baars); EuGH v. 6.6.2000 Rs.C-35/98, FR 2000, S. 720, Rdn. 37 ff. (Rs. Verkooijen); EuGH v. 12.9.2006 C-196/04 (Rs. Cadbury Schweppes).

[350] EuGH-Urteil v. 26. 10.1999 Rs.C-294-97, EuGHE 1999, S. I-7447, Rdn. 20

[351] Es handelt sich hierbei um Steuerpflichtige i.S.v. § 2 AStG.

Die Hinzurechnungsbesteuerung ist an die Erfüllung von vier sachlichen Tatbestandsmerkmalen gebunden:

- Existenz einer ausländischen Körperschaft,
- Erzielung passiver Einkünfte,
- Niedrigbesteuerung der ausländischen Körperschaft,
- Überschreiten einer relativen und absoluten Freigrenze.

Die drei zuletzt genannten Merkmale sind näher zu erläutern. Die Hinzurechnungsbesteuerung erstreckt sich nur auf Einkünfte, für welche die ausländische Gesellschaft Zwischengesellschaft ist. Eine ausländische Körperschaft ist nur soweit eine Zwischengesellschaft, wie sie Zwischeneinkünfte bezieht. Es handelt sich dabei um niedrig besteuerte Einkünfte, die aus einer nicht-aktiven bzw. passiven Geschäftstätigkeit stammen. Was darunter zu verstehen ist, ergibt sich im Umkehrschluss aus der Aufzählung aller aktiven Einkünfte gem. § 8 Abs. 1 AStG. Fallen Einkünfte einer ausländischen Gesellschaft nicht unter den aktiven Einkünftekatalog, werden sie als passiv eingestuft. Folgende Abgrenzungen sind bedeutsam:

(a) Einkünfte aus Land- und Forstwirtschaft sowie aus der Herstellung, Bearbeitung, Verarbeitung oder Erzeugung von Sachen und Energie sowie der Ausbeutung von Bodenschätzen gehören gem. § 8 Abs. 1 Nr. 1 und 2 AStG ausnahmslos zum Bereich der aktiven Einkünfte.

(b) Einkünfte von Banken und Versicherungen, aus dem Handel, aus Dienstleistungen, aus der Nutzungsüberlassung von Rechten etc. sowie aus der Veräußerung eines Anteils an einer anderen Gesellschaft gehören gem. § 8 Abs. 1 Nr. 3-5 AStG zu den aktiven Einkünften, soweit ein entsprechender Funktionsnachweis erbracht werden kann. Hier ist zu überprüfen, ob eine zu starke Verknüpfung der Tätigkeiten mit ihren Anteilseignern oder ihnen nahestehenden Personen besteht. Werden die Einkünfte in dieser Weise erzielt, erfolgt eine Umqualifizierung zu den passiven Einkünften.

(c) Einkünfte aus Vermietung und Verpachtung sind unabhängig davon, ob sie dem Bereich der gewerblichen oder vermögensverwaltenden Tätigkeiten zuzuordnen sind, als aktiv einzustufen. Auch hier sind allerdings gem. § 8 Abs. 1 Nr. 6 AStG weitreichende Ausnahmen zu beachten, welche den Grundsatz eher zur Ausnahme werden lassen. Zum einen ist ein Mitwirken eines Anteilseigners der vermietenden Gesellschaft oder einer ihm nahestehenden Person schädlich. Zum anderen werden Einkünfte aus der Verwertung von Patenten, Urheberrechten und anderen immateriellen Wirtschaftsgütern passiv, soweit nicht nachgewiesen werden kann, dass die ausländische Gesellschaft die Ergebnisse eigener Forschungs- und Entwicklungsarbeit auswertet. Die Überlassung von beweglichen Sachen und Gütern gilt nur dann als aktive Tätigkeit, soweit dies im Rahmen eines qualifizierten Geschäftsbetriebs erfolgt. Die Vermietung und Verpachtung von Grundstücken gilt wiederum nur dann als aktiv, wenn die Einkünfte im Fall des direkten Bezuges durch den inländischen Gesellschafter nach einem Doppelbesteuerungsabkommen freizustellen wären.

(d) Um den Bereich der internationalen Konzernfinanzierung zu erfassen, ist die Aufnahme und darlehensweise Vergabe von Kapital gem. § 8 Abs. 1 Nr. 7 AStG unter bestimmten Voraussetzungen als aktive Tätigkeit qualifiziert worden. Auch hier sind viele Bedingungen zu beachten, welche die Vorschrift als zweifelhaft erscheinen lassen. Das Kapital muss nachweislich am ausländischen Kapitalmarkt aufgenommen sein. Es darf nicht vom Steuerpflichtigen oder einer ihm nahestehenden Person stammen und es muss zur

Finanzierung von inländischen oder ausländischen Betriebsstätten verwendet werden. Die ausländischen Betriebsstätten müssen dabei selbst aktive Einkünfte im Sinne von § 8 Abs. 1 Nr. 1-6 AStG erzielen.

(e) Gewinnausschüttungen werden gem. § 8 Abs. 1 Nr. 8 AStG seit der Einführung des Steuersenkungsgesetzes als aktive Einkünfte qualifiziert. Dies gilt entsprechend für Veräußerungsgewinne i.S.v. § 8 Abs. 1 Nr. 9 AStG. Dies verläuft parallel zur Steuerfreistellung der Schachteldividenden und Veräußerungsgewinne gem. § 8b Abs. 1 und 2 KStG. Ausgenommen sind Veräußerungsgewinne der Basisgesellschaft aus Anteilen an einer Gesellschaft, die Zwischeneinkünfte mit Kapitalanlagecharakter i.S.v. § 10 Abs. 6 Satz 2 AStG erzielt.

Das Kriterium der Niedrigbesteuerung ist eine weitere sachliche Voraussetzung. Nach § 8 Abs. 3 AStG liegt eine niedrige Besteuerung vor, wenn die ertragsteuerliche Belastung der ausländischen Einkünfte weniger als fünfundzwanzig Prozent beträgt. Die Unterschreitung dieser Belastungsgrenze soll sich nur auf die Belastung der passiven Einkünfte beziehen. Andere Einkünftequellen oder die Anrechnung von Steuern durch den Sitzstaat dürfen nicht berücksichtigt werden[352]. Außerdem sind die betreffenden passiven Einkünfte nach den deutschen Regeln der Gewinnermittlung zu ermitteln (Wassermeyer 2001: § 8, Anm. 395).

Die letzte sachliche Voraussetzung bezieht sich auf das Überschreiten einer Freigrenze gem. § 9 AStG. Dies ist bei gemischten Einkünften der Zwischengesellschaft bedeutsam. Zunächst greift die Hinzurechnungsbesteuerung nur, wenn die relative Freigrenze überschritten wird. Dies ist der Fall, wenn die Bruttoerträge mehr als zehn Prozent der gesamten Erträge der Zwischengesellschaft betragen. Die Ermittlung der Erträge hat wiederum nach den Vorschriften des deutschen Rechts zu erfolgen. Im Anschluss an die relative Freigrenze ist ergänzend die absolute Freigrenze in Höhe von 62.000 Euro zu prüfen. Zum einen ist der Bezug auf die Gesellschaft von Bedeutung. Übersteigen deren Zwischeneinkünfte die absolute Freigrenze, sind alle Zwischeneinkünfte hinzuzurechnen. Zum anderen ist die Freigrenze auf den Gesellschafter zu beziehen. Entscheidend ist demnach, ob der einzelne inländische Anteilseigner der Zwischengesellschaft(en) den absoluten Betrag mit seinen gesamten Zwischeneinkünften überschreitet. Damit sollen Gestaltungen erschwert werden, die durch die Aufteilung von Zwischengesellschaften die relative Freigrenze unterschreiten wollen.

Der Anwendungsbereich der Hinzurechnungsbesteuerung ist erheblich erweitert für Zwischeneinkünfte mit Kapitalanlagecharakter. Dabei handelt es sich um Zwischeneinkünfte der ausländischen Zwischengesellschaft, die gem. § 10 Abs. 6a AStG aus dem Halten, der Verwaltung, Werterhaltung oder Werterhöhung von Zahlungsmitteln, Forderungen, Wertpapieren, Beteiligungen (mit Ausnahme der in § 8 Abs. 1 Nr. 8 und 9 AStG genannten Einkünfte) oder ähnlichen Vermögenswerten stammen. Hierzu zählen vor allem Einkünfte i.S. des § 20 EStG. In diesen Fällen ist der Umfang der Inlandsbeherrschung gem. § 7 Abs. 6 AStG nicht mehr mit dem Überschreiten der fünfzig Prozent-Grenze verknüpft. Maßgebend ist bereits ein mindestens einprozentiges Beteiligungsverhältnis. Ist ein unbeschränkt Steuerpflichtiger zu mindestens einem Prozent an einer ausländischen Zwischengesellschaft beteiligt, die im Umfang von mehr als zehn Prozent Zwischeneinkünfte mit Kapitalanlagecharakter erzielt, sind in diesem Fall bereits die Konsequenzen der Hinzurechnungsbesteuerung zu ziehen. Die

352 Der zweite Halbsatz von § 8 Abs. 3 AStG darf als unglückliche Konstruktion bezeichnet werden. Es wird nicht eindeutig klargestellt, was unter Steuerminderungen nach dem Recht des betreffenden Staates zu verstehen ist (vgl. Wassermeyer 2004: § 8, Anm. 416; Grotherr 2002: S. 1889f.).

Hinzurechnungsbesteuerung gem. §§ 7 – 14 AstG – ohne Zwischeneinkünfte mit Kapitalanlagecharakter

Prüfschritt	
Beteiligung unbeschränkt Steuerpflichtiger i.S.v. § 7 (2) AStG an ausländischer Körperschaft zu mehr als 50%	⇒ nein
⇓	⇓
Ausländische Körperschaft erzielt passive Einkünfte i.S.v. § 8 (1) AStG	⇒ nein
⇓	⇓
Die Einkünfte sind niedrig besteuert (weniger als 25% gem. § 8 (3) AStG)	⇒ nein
⇓	⇓
Die absolute und relative Freigrenzen gem. § 9 AStG werden überschritten	⇒ nein
⇓	⇓
Allgemeine Hinzurechnungsbesteuerung	**Keine Hinzurechnungsbesteuerung**

Abb. 22: Hinzurechnungsbesteuerung gem. §§ 7-14 AStG – ohne Zwischeneinkünfte mit Kapitalanlagecharakter

Freigrenze des § 9 AStG ist hier nicht anzuwenden. Denn betragen die den Zwischeneinkünften mit Kapitalanlagecharakter zugrunde liegenden Bruttoerträge nicht mehr als zehn Prozent der den gesamten Zwischeneinkünften zugrunde liegenden Bruttoerträge der ausländischen Zwischengesellschaft, ergibt sich die erweiterte Hinzurechnungsbesteuerung auch dann, wenn der Hinzurechnungsbetrag aus Einkünften mit Kapitalanlagecharakter € 62.000 übersteigt.

Eine zusätzliche Verschärfung ergibt sich gem. § 7 Abs. 6 Satz 3 AStG. Danach ist die Hinzurechnungsbesteuerung auch bei einer Beteiligung von weniger als 1% anzuwenden, wenn die ausländische Gesellschaft ausschließlich oder fast ausschließlich Bruttoerträge erzielt, die Zwischeneinkünften mit Kapitalanlagecharakter zugrunde liegen. Hiervon wird der Fall ausgenommen, dass mit der Hauptgattung der Aktien der ausländischen Gesellschaft ein wesentlicher und regelmäßiger Handel an einer anerkannten Börse stattfindet.

Sind die persönlichen und sachlichen Voraussetzungen der Hinzurechnungsbesteuerung erfüllt, sind die Zwischeneinkünfte bei den inländischen Anteilseignern der Zwischengesellschaft mit ihrer Quote hinzuzurechnen. Dieser jeweilige Hinzurechnungsbetrag ist beim Anteilseigner nach Ablauf des Wirtschaftsjahres der Zwischengesellschaft zu erfassen und wird der Einkunftsart zugerechnet, der eine normale Gewinnausschüttung zuzuordnen wäre. Falls die ausländische Zwischengesellschaft als Obergesellschaft ausgestaltet ist, der weitere ausländische Untergesellschaften mit passiven Einkünften unmittelbar nachgeschaltet sind, werden die Gewinne der Untergesellschaft(en) gem. § 14 AStG den Zwischeneinkünften, welche die Obergesellschaft selbst erzielt hat, hinzuaddiert.

Erweiterte Hinzurechnungsbesteuerung für Zwischeneinkünfte mit Kapitalanlagecharakter gem. § 7 Abs.6 Sätze 1 und 2 AStG	
Beteiligung unbeschränkt Steuerpflichtiger an (niedrig besteuerter) ausländischer Zwischengesellschaft *zu mindestens 1%.*	⇒ nein
⇓	⇓
Die Zwischengesellschaft erzielt Einkünfte, die aus dem Halten, der Verwaltung, Werterhaltung oder Werterhöhung von Zahlungsmitteln, Wertpapieren, Beteiligungen, Forderungen oder ähnlichen Vermögenswerten i.S.v. § 7 Abs. 6a AStG stammen.	⇒ nein
⇓	⇓
Die den Zwischeneinkünften mit Kapitalanlagecharakter zugrunde liegenden Bruttoerträge betragen *mehr als 10%* der den gesamten Zwischeneinkünften zugrunde liegenden Bruttoerträgen.	⇒ nein
⇓	⇓
Die außer Ansatz zu lassenden Beträge sind größer als € 80.000.	⇒ nein
⇓	⇓
Erweiterte Hinzurechnungsbesteuerung	Keine erweiterte Hinzurechnungsbesteuerung

Abb. 23: Erweiterte Hinzurechnungsbesteuerung für Zwischeneinkünfte mit Kapitalanlagecharakter

Erweiterte Hinzurechnungsbesteuerung für Zwischeneinkünfte mit Kapitalanlagecharakter gem. § 7 Abs. 6 Satz 3 AStG
Beteiligung unbeschränkt Steuerpflichtiger an (niedrig besteuerter) ausländischer Zwischengesellschaft *zu weniger als 1%.*
⇓
Die Zwischengesellschaft erzielt *ausschließlich oder fast ausschließlich* Einkünfte, die aus dem Halten, der Verwaltung, Werterhaltung oder Werterhöhung von Zahlungsmitteln, Wertpapieren, Beteiligungen, Forderungen oder ähnlichen Vermögenswerten i.S.v. § 7 Abs. 6a AStG stammen.
⇓
Erweiterte Hinzurechnungsbesteuerung

Abb. 24: Erweiterte Hinzurechnungsbesteuerung für Zwischeneinkünfte mit Kapitalanlagecharakter gem. § 7 Abs. 6 Satz 3 AStG

Die Steuern, welche die ausländische Zwischengesellschaft im maßgeblichen Wirtschaftsjahr auf die Zwischeneinkünfte gezahlt hat, können gem. § 10 Abs. 1 AStG entweder vom Hinzurechnungsbetrag abgezogen oder gem. § 12 Abs. 1 AStG auf die auf den Hinzurechnungsbetrag entfallende Steuer angerechnet werden. Beide Vorgehensweisen sind alternativ anwendbar. Auf den Hinzurechnungsbetrag sind die Begünstigungen des § 8b Abs. 1 KStG (Steuerfreistellung) und des § 3 Nr. 40d EStG (Halbeinkünfteverfahren) nicht anzuwenden.

Indem die Steuer auf den Hinzurechnungsbetrag ermittelt wird, wird eine Ausschüttung der ausländischen Zwischengesellschaft fingiert. Eventuell erfolgte Teilausschüttungen werden nicht berücksichtigt. Im Fall einer tatsächlichen Ausschüttung wird der Empfänger der Dividende gem. § 3 Nr. 41a EStG steuerfrei gestellt. Die Vorschrift gilt über § 8 Abs. 1 KStG auch für körperschaftliche Anteilseigner[353]. Daraus folgt wiederum die Vermeidung der gewerbesteuerlichen Doppelbelastung. Die Freistellung nach § 3 Nr. 41a EStG gilt dabei nur, soweit die Zwischengewinne innerhalb von acht Jahren nach dem Ende des Wirtschaftsjahres, aus dem sie stammen, ausgeschüttet werden. Die Belastung erhöht sich damit exorbitant, wenn die Zwischengewinne über einen längeren Zeitraum abgeschirmt werden.

*Im folgenden Beispiel ermitteln wir die Steuerbelastung auf den Hinzurechnungsbetrag, die sich gem. § 12 Abs. 1 und 3 AStG im Rahmen der allgemeinen Hinzurechnungsbesteuerung ergibt. Dabei vergleichen wir die Steuerbelastung für eine Kapitalgesellschaft vor und nach Ausschüttung. Der Gewerbesteuersatz beträgt 14% (Hebesatz 400% * 3,5%).*

Im Ausschüttungsfall wird gemäß dem Dividendenfall für mindestens zehnprozentige Schachtelbeteiligungen (vgl. DBA) eine ausländische Quellensteuer von 5% unterstellt.

Hinzurechnungsbesteuerung gem. §§10 und 12 AstG (Steuerbelastung ohne Ausschüttung)	
	Anteilseigner ist eine Kapitalgesellschaft
Passive Einkünfte der Zwischengesellschaft	100
Ausländische Steuer (10%)	–10
Hinzurechnungsbetrag gem. § 10 Abs. 1 AStG	90
Anrechenbare ausländische Steuer § 12 Abs. 1 AStG	10
Hinzurechnungsbetrag: Einkünfte aus Gewerbebetrieb	*100*
Gewerbesteuer mit Hebesatz 400% = 14%	*–14*
Hinzurechnungsbetrag nach Gewerbesteuer	*86*
Körperschaftsteuer = 15%	*12,*
Anrechnung der ausländischen Steuer § 12 Abs. 2 AStG	*10*
Hinzurechnungssteuer insgesamt: 10 + 14 + 12,9 – 10	*26,9*

353 Vgl. Rättig, Protzen (2004: Tz 12.3.4).

Ausschüttung von Hinzurechnungsbeträgen gem. § 3 Nr. 41a EStG und § 8 Abs. 1 KStG	
	Anteilseigner ist eine Kapitalgesellschaft
Ausschüttung der ausländischen Zwischengesellschaft	90
Ausländische Quellensteuer: 5% gem. DBA	4,5
Ausländische Brutto-Dividende • steuerfrei gem. § 3 Nr. 41a EStG[354] i.V.m. § 8b Abs. 1 KStG • steuerpflichtig gem. § 8b Abs. 5 KStG (5% v. 90)	 0 4,5
Gewerbesteuer: § 8 Nr. 5 Satz 2 GewStG i.V.m. § 3 Nr. 41a EStG	0,63
Körperschaftsteuer auf nicht-abzugsfähige Betriebsausgaben gem. § 8b Abs. 5 KStG (15% v. 4,5)	0,68
Anrechnung der ausländischen Quellensteuer gem. § 12 Abs. 3 AStG	4,5
Steuerbelastung insgesamt (inkl. Hinzurechnungssteuer): 26,9 + 0,63 + 0,68	28,21

Handelt es sich beim Anteilseigner um eine natürliche Person, ergibt sich keine Differenz der Steuerbelastungen vor und nach Ausschüttung der bereits im Rahmen der Hinzurechnungsbesteuerung erfassten Zwischengewinne. Ist der Anteilseigner eine Kapitalgesellschaft, wird zwar auch die Annäherung an die Ausschüttungsbelastung erreicht, doch liegt die Hinzurechnungssteuer leicht darunter[355]. Die Belastungsrechnung gilt nur für den Fall, dass ehemals hinzugerechnete Beträge gem. § 3 Nr. 41a EStG innerhalb von acht Jahren ausgeschüttet werden. Da nach dieser Frist die Steuerbefreiung der ausgeschütteten Dividende entfällt, ergibt sich hier eine starke Zunahme der Steuerbelastung.

Die Hinzurechnungsbesteuerung gilt als komplexes und unübersichtliches Regelwerk. Die Schwierigkeiten bei der Anwendung der Vorschriften haben sich durch die mehrfachen Gesetzesänderungen innerhalb der letzten fünf Jahre noch potenziert. So hat die Hinwendung zum Halbeinkünfteverfahren und zur Steuerfreiheit für den Dividendenfluss zwischen Kapitalgesellschaften zwangsläufig auch im Bereich des Außensteuergesetzes entsprechende Änderungen nach sich gezogen. Um die Erzielung von Mehrfachvorteilen durch die Kombination von geringer ausländischer Vorbelastung und die Inanspruchnahme der neuen inländischen Privilegien zu verhindern, war der Hinzurechnungsbetrag zwischenzeitlich mit einem definitiven Ertragsteuersatz von 38% zu belasten. Zur Absicherung der hinreichenden steuerlichen Vorbelastung ausländischer Beteiligungserträge war dieser Betrag als Einkunftsart eigener Art ausgestaltet. Es entfiel auch die Möglichkeit, den Hinzurechnungsbetrag im Maße der ausgeschütteten Gewinne zu kürzen, die der Steuerinländer von der Auslandsgesellschaft bezogen hat. Im Sinne einer Definitivbesteuerung blieb die Hinzurechnungssteuer als Sondersteuer bestehen. Die Zielsetzung der allgemeinen Hinzurechnungsbesteuerung hat sich seitdem von der Bekämpfung der Abschirmung niedrig besteuerter und deutschbe-

354 Die Vorschrift gilt gem. § 8 Abs. 1 KStG auch für Kapitalgesellschaften (vgl. auch R 32 Abs. 1 Nr. 1 KStR 2004).

355 Die Differenz ergibt sich allein durch die Besteuerung der nichtabzugsfähigen Betriebsausgaben gem. § 8b Abs. 5 KStG.

herrschter Gewinne (tax deferral) hin zur Angleichung der geringen ausländischen Vorbelastung verschoben.

Darüber hinaus ist im Rahmen des StVergAbG[356] v. 16.5.2003 die Aufhebung des § 10 Abs. 5 AStG beschlossen worden. Einerseits führt dies zu einer ausnahmslosen definitiven Besteuerung der Hinzurechnungsbeträge. Dies entspricht der Position, das uneingeschränkte Schachtelprivileg nicht bei der Nutzung ausländischer Steuervergünstigungen anzuerkennen. Andererseits läuft dies auf eine einseitige Außerkraftsetzung der in den deutschen Doppelbesteuerungsabkommen fixierten Freistellungsregeln für passive Einkünfte hinaus. Praktisch relevant ist dies für alle Abkommen, in denen das Schachtelprivileg nicht mit einem Aktivitätsvorbehalt versehen ist. Von den elf Abkommen, die dies zur Zeit betrifft, sind hier diejenigen mit Belgien, Irland, Luxemburg und den Niederlanden hervorzuheben.

4.6.3 Leitlinien und Alternativen

Die Hinzurechnungsbesteuerung hat sich in den letzten Jahren zu einem Brennpunkt der Diskussion zum internationalen Steuerrecht entwickelt. Das Spektrum der Vorschläge erstreckt sich insgesamt von der Abschaffung des Regelwerks, über seine beschränkte Anwendung auf die Vermögensverwaltung, bis hin zur Modifizierung einzelner Vorschriften[357]. Unseres Erachtens sollte die Frage nach dem Sinn und Zweck der Hinzurechnungsbesteuerung im Mittelpunkt der Debatte stehen. Dabei muss zwischen grenzüberschreitenden Vorgängen zwischen EU-Mitgliedsstaaten und mit Drittstaaten differenziert werden.

Es ist klar, dass unter dem Aspekt der zu fordernden Investitionsneutralität sowie der Gestaltungs- und Finanzierungsfreiheit an sich kein Missbrauch in der Vornahme von Auslandsinvestitionen gesehen werden kann[358]. Nach der Aussage des EuGH gilt diese Aussage auch für den Fall, dass eine in einem EU-Land errichtete Gesellschaft einer niedrigen Besteuerung unterliegt[359]. Zudem wird die Gründung von Betriebsstätten oder Tochtergesellschaften generell durch die Niederlassungsfreiheit und Freiheit des Kapitalverkehrs innerhalb der EU geschützt. So betont auch Thömmes[360], dass als Missbrauchstatbestand vor dem Hintergrund des EG-Rechts nur die völlig unangemessene wirtschaftliche Gestaltung der ausländischen Gesellschaft herausgearbeitet werden kann. Dies betrifft die Errichtung funktionsloser Gesellschaften oder die völlig unangemessene bzw. ungewöhnliche Gestaltung. Die Reduzierung der Abwehrgesetzgebung im Rahmen der Europäischen Union kann nur sinnvoll durch eine neue Verhandlungsoffensive in Gang gesetzt werden. Ideal wäre der Einbau von Klauseln in die Doppelbesteuerungsabkommen[361], wonach Begünstigungen wie z.B. das Schach-

---

356 Steuervergünstigungsabbaugesetz (BGBl I 2003, S. 660)

357 Das BMF lehnt bislang die Forderung der Wirtschaft ab, die Hinzurechnungsbesteuerung auf die Einkünfte aus reiner Vermögensverwaltung zu beschränken.

358 Zu erinnern ist hier auch an die Entscheidung des Bundesverfassungsgerichtes zur Gestaltungsfreiheit. Danach ist es legitim und legal, vorhandene rechtliche Freiräume auszunutzen, um Steuern zu sparen. (Vgl. Entscheidung des BVerfG v. 14. 4. 1959, BverfGE Band 9, S. 237.

359 Vgl. EuGH-U. vom 26. 10. 1999, C-294/97, („Eurowings Luftverkehr"), Slg. 1999, S. I-7447, IStR 1999, S. 691.

360 Vgl. Thömmes (2001 : 441).

361 So wird z.B. im DBA: Deutschland-Irland Briefkastengesellschaften und ähnlichen Konstruktionen das Recht auf Vergünstigungen aberkannt.

telprivileg nur für aktive Einkünfte in Anspruch genommen werden können oder mit „anti-abuse rules“ verknüpft werden[362].

Das Problem der Erzielung ungerechtfertigter Vorteile stellt sich vor allem auf der Basis der Steuerfreistellung von Beteiligungserträgen. Der Vorteil basiert auf der Kombination von geringer ausländischer Belastung und inländischer Steuerbegünstigung. Das Ziel der Gewährleistung einer ausreichenden wirtschaftlichen Vorbelastung ist in dieser Hinsicht verständlich. Die Umsetzung ist aber immer mit Verzerrungen des Besteuerungssystems verbunden. Dies lässt sich exemplarisch an der Einbeziehung der Gewerbesteuer verdeutlichen. Denn die am Äquivalenzgedanken ausgerichtete Gemeindesteuer passt systematisch nicht zu Einkunftsteilen, die außerhalb des inländischen Infrastrukturzusammenhangs erwirtschaftet worden sind.

Auch gegenüber Drittstaaten sollte im Rahmen der Abkommen die Gewährung von Begünstigungen mit entsprechenden Schutz- bzw. Ausschlussklauseln[363] verknüpft werden. Da sich die wechselseitigen Souveränitätsrechte und fiskalischen Interessen hier jedoch schärfer und direkter gegenüberstehen, drängt sich die Frage nach dem Zweck erneut auf. Der Kern einer gesetzlich typisierten Missbrauchsregelung besteht in der Abwehr der zeitlichen Verlagerung der Besteuerung. Ob dies die rechtliche Außerachtlassung der rechtlichen Selbständigkeit der Körperschaft rechtfertigen kann, sollte auch im Zusammenhang mit dem wirtschaftlichen Effekt betrachtet werden. Der Wissenschaftliche Beirat beim BMF zur Reform der internationalen Kapitaleinkommensbesteuerung[364] hat in einem Gutachten genau dieses Problemfeld näher untersucht. Dabei wurden Vergleichsrechnungen auf der Grundlage der Anrechnungsmethode vorgenommen. Dem Ergebnis zufolge ist die Abschirmung von Gewinnen durch ausländische Kapitalgesellschaften aus der Sicht der unterstellten Kapitalexportneutralität kaum wirtschaftlich vorteilhaft.

Dies verweist auf einen Aspekt, der in der gegenwärtigen Diskussion eher ausgeblendet wird. Welche Zusammenhänge bestehen zwischen den wirtschaftlichen Effekten der Hinzurechnungsbesteuerung und den verschiedenen Methoden der Vermeidung der internationalen Doppelbesteuerung? Zwar ergibt sich durch die Thesaurierung von Gewinnen in einem Niedrigsteuergebiet ein Zinsvorteil durch Steueraufschub, doch steht dem als andere Teilwirkung eine Doppelbelastung durch die Beschränkung der Anrechnung auf der Basis des Jährlichkeitsprinzips gegenüber. Im Ergebnis ergeben sich beim Vergleich der Teilwirkungen sehr lange Amortisationsdauern der Abschirmung ausländischer Gewinne[365]. Diese Zeiträume verkürzen sich im stärkeren Umfang lediglich bei außergewöhnlich geringen Auslandssteuern. Im Ergebnis dieser Betrachtung sollte folgendes festgehalten werden:

- Die Zugriffsbesteuerung macht vor allem in der Perspektive des Welteinkommensprinzips und des Prinzips der Kapitalexportneutralität Sinn. Denn die Erfassung des Welteinkommens erfordert die Verhinderung der Gewinnthesaurierung im Ausland. Bei Zugrundelegung des Prinzips der Kapitalimportneutralität werden die Staaten hingegen zur

[362] Vgl. hierzu: OECD: Harmful Tax Competition, S. 47/48. Lediglich als Übergangsmaßnahme kann gegenüber Mitgliedsstaaten, die in diesem Punkt eine Kooperation verweigern, damit gedroht werden, im Rahmen einer selektiven Suspensionsklausel die Begünstigung nach § 10 Abs. 5 AStG aufzuheben.

[363] Vgl. dazu OECD: Kommentar zum Musterabkommen, Art. 1, Tz 7-22

[364] Vgl. BMF, Reform der internationalen Kapitaleinkommensbesteuerung, Gutachten erstattet vom Wissenschaftlichen Beirat beim BMF, Bonn, 1999

[365] Ebenda, S. 41 f.

Einführung von Anpassungsklauseln gezwungen, die das Belastungsniveau angleichen. Die Zugriffsbesteuerung wird damit durch völlig andere Zwecke überlagert.

- Steuerliche Abwehrstrategien müssen sich konzentrieren auf den unfairen Steuerwettbewerb und den Gestaltungsmissbrauch. Das Augenmerk ist hier auf Steueroasen und starke punktuelle Vergünstigungen zu richten.
- Der zivilrechtliche Durchgriff erscheint in dieser Logik auch nur dann als gerechtfertigt, wenn ein Gesellschafter über die Mehrheit der Stimmrechte verfügt. Das diffuse Merkmal der „Deutschbeherrschung" im Sinne der Bündelung unverbundener inländischer Anteilseigner im gegenwärtigen Recht muss daher als zweifelhaft bezeichnet werden[366].

Gegenüber Drittstaaten ist die Ausweitung der Diskussion auch unter einem anderen Aspekt interessant. Würde das Prinzip der Kapitalexportneutralität als feste Basis des internationalen Steuerrechts verankert werden, ließe sich die Zugriffsbesteuerung nicht nur stark entschlacken, sondern vom wirtschaftlichen Zweck her auch klarer eingrenzen. Diesbezüglich lohnt ein Blick auf die Besteuerung einer „Passive Foreign Investment Company (PFIC)" in den USA. Hierbei handelt es sich um eine ausländische Kapitalgesellschaft, die gem. Sec. 954 (c) IRC zu mindestens 75% des Bruttoeinkommens passive Einkünfte (Mieten, Dividenden, Zinsen) erzielt oder bei denen gem. Sec. 1297 (a) IRC mindestens 50% der Vermögenswerte der Erzielung passiver Einkünfte dienen. Für den amerikanischen Anteilseigner besteht in diesem Fall ein Wahlrecht. Zum einen kann er sich dafür entscheiden, dass die auf ihn entfallenden anteiligen Einkünfte unabhängig von der Höhe der tatsächlichen Ausschüttung besteuert werden. Von Seiten der PFIC muss dann die Höhe der erwirtschafteten Erträge mitgeteilt werden. Dies Verfahren entspricht dem steuerlichen Zugriff auf die anteiligen passiven Auslandsgewinne. Zum anderen kann er das Verfahren der Besteuerung der tatsächlich ausgeschütteten Gewinne wählen. Ein in diesem Sinne ausgeübtes Wahlrecht des Anteilseigners ist allerdings mit dem Nachteil verbunden, dass zusätzlich zu versteuernde Zinsen gezahlt werden müssen, insoweit Beträge für Vorjahre ausgeschüttet werden[367]. An dieser Regelung wird die zentrale Zielrichtung erkennbar, die durch einen etwaigen Aufschub der Besteuerung erzielten Zinsgewinne zu neutralisieren bzw. zu verhindern.

---

366 Der Wissenschaftliche Beirat schlägt in diesem Zusammenhang eine stark reduzierte Zugriffsbesteuerung vor. Die kritische Beteiligungsgrenze liegt demzufolge bereits bei einer zehnprozentigen Auslandsbeteiligung. Außerdem wird vorgeschlagen, den Katalog aktiver Tätigkeiten zu streichen und die Zugriffsbesteuerung auf alle Tätigkeiten auszuweiten. (Vgl. ebenda)

367 Vgl. American Chamber of Commerce in Germany (2001: 77).

5 Steuerwettbewerb oder Steuerharmonisierung?

Zunehmender Steuerwettbewerb

Im Zuge der fortschreitenden Internationalisierung verringern sich die lokalen, regionalen oder nationalen Bindungen der wirtschaftlichen Aktivitäten. Die zunehmende Mobilität von Produktionsfaktoren betrifft primär die „direkte" Besteuerung der Einkommensentstehung, mit der die Produktionsfaktoren belastet werden. Die Produktionsfaktoren sind naturgemäß unterschiedlich mobil, und entsprechend verschieden können sie auf Steuerbelastungen reagieren:

- Grundsätzlich sehr beweglich ist das *Finanzkapital*. Zwar ist in den OECD-Ländern ein deutlicher „home bias" in den Portfolios zu beobachten,[368] d.h., ein großer Teil der Anleger bevorzugt inländische Anlagen. Neben höheren Transaktionskosten für Auslandsengagements spielen hierfür vor allem Informationskosten sowie spezifische Risiken (Wechselkursveränderungen, Politik-Risiken) eine Rolle. Mit zunehmender internationaler Integration (EU, Europäische Währungsunion) verlieren diese Hindernisse aber an Bedeutung.
- Deutlich weniger mobil ist das Realkapital. Sachinvestitionen unterliegen zumeist längerfristigen Bindungen, entsprechend ihrer Amortisationsdauer. Veränderungen der Produktionsstandorte sind eher langfristige strategische Entscheidungen, bei denen steuerliche Faktoren zumeist nur ein Aspekt unter vielen sind. Zudem spielen hierbei spezifische Standortfaktoren bzw. -renten eine Rolle, die nicht zuletzt durch öffentliche Güter produziert oder zumindest beeinflusst werden, z.B. wirtschaftsnahe Infrastruktur, Humankapital etc.[369]
- Auch *Menschen* sind international mobil. Arbeitsmigration ist traditionell eher bei niedriger qualifizierten Arbeitskräften zu beobachten. Haushalte mit hohen Einkommen und Vermögen lassen sich seit jeher bevorzugt an Plätzen nieder, die neben schöner Landschaft oder angenehmen Temperaturen auch ein günstiges Steuerklima bieten. Eine neuere Entwicklung sind die internationalisierten Arbeitsmärkte für bestimmte Fachkräfte, etwa für IT-Spezialisten, Mediziner, Finanzfachleute, Wissenschaftler, Unterhaltungskünstler oder Berufsportler.

Durch die Internationalisierung nimmt die Mobilität von Produktionsfaktoren weiter zu. In Europa ist der Binnenmarkt zur Realität geworden. Mit der Währungsunion sind die Wechselkursrisiken weggefallen, mit der Euro-Bargeldeinführung und der Standardisierung des Zahlungsverkehrs sind die finanziellen Transaktionskosten geringer geworden. Innerhalb der EU wie auch über sie hinaus nimmt die rechtlich-institutionelle Integration zu. Dies senkt die

---

368 Vgl. die Diskussion um die Studien von Feldstein und Horioka, dazu etwa Gordon, Bovenberg (1996); Kellermann, Schlag (1999); Giannone, Lenza (2009).

369 Vgl. Haufler (1999: 141).

Risiko-, Informations- und Transaktionskosten für internationale wirtschaftliche Beziehungen und erleichtert die ökonomische Integration größerer Wirtschaftsräume. Entwicklungen in der Verkehrs- und Kommunikationstechnologie treiben diese Entwicklungen weiter voran, vor allem die Nutzung der elektronischen Datennetze oder neue Verkehrstechnologien. Das Potential für Faktormobilität erhöht sich damit beständig. Neben den übrigen Standortfaktoren kommt dann der Steuer- und Finanzpolitik eine wachsende Bedeutung zu.[370] Angesichts der hohen und weiter zunehmenden Mobilität von Finanz- und Sachinvestitionen betrifft dies vor allem die Unternehmens- und Kapitaleinkommensbesteuerung.

Steuern dienen dazu, öffentliche Leistungen zu finanzieren, die wiederum Wirtschaft und Privathaushalten zugute kommen. Beide Seiten des öffentlichen Budgets sind also im Zusammenhang zu sehen. Einzelne regionale Wirtschaftsräume bieten spezifische Vorteile beim Produktionspotential, die durch ein gutes Angebot an öffentlichen Leistungen maßgeblich beeinflusst werden (Infrastruktur, Humankapital, technologische Wettbewerbsfähigkeit und Innovationskraft). Diese Vorteile können durch Steuern und Abgaben abgeschöpft werden. Auch auf einzelwirtschaftlicher Ebene gilt zumindest bei längerfristigen Standortentscheidungen: Investoren oder auch zuwandernde Arbeitnehmer sind grundsätzlich bereit, höhere Steuern zu zahlen, wenn sie dafür ein entsprechendes Angebot an öffentlichen Gütern erhalten und der Standort hinreichend produktiv ist. Entscheidend ist insoweit das „fiscal residuum", das ihnen der jeweilige Standort bietet.[371]

Insofern stellt steuerlicher oder fiskalischer Wettbewerb zwischen Regionen oder Staaten kein grundsätzliches Problem dar. Im Gegenteil: Ebenso wie der Wettbewerb zwischen Unternehmen kann ein Wettbewerb der Steuer- und Finanzsysteme längerfristig wohlfahrtssteigernd wirken. Wenn öffentliche Leistungen sowie der „Steuerpreis" dafür klar sind, wählen Bürger und Unternehmer den für sie optimalen Standort und offenbaren den staatlichen Entscheidungsträgern ihre Präferenzen für öffentliche Leistungen. Regionen oder Länder, deren Regierungen schlecht wirtschaften, werden abgestraft, da Investitionen, Wertschöpfung und Beschäftigung zurückgehen.

Das bedeutet aber auch, dass international mobile Produktionsfaktoren durch die nationale Steuerpolitik längerfristig nur insoweit belastet werden können, wie die Standortvorteile dies rechtfertigen. Dazu gehören auch „weiche" Standortfaktoren wie sozialer Friede, stabile Arbeitsmärkte, hoher Bildungsstandard und kulturelle Angebote, da sie Vertrauen bilden und sich längerfristig in höherer Produktivität niederschlagen. Eine darüber hinaus gehende Besteuerung, etwa zur Umverteilung oder zur Sanierung von sozialen Sicherungssystemen, schlägt auf Dauer fehl, da sich die international operierenden Investoren dem entziehen. Tatsächlich sind die hohen tariflichen Belastungen von Unternehmensgewinnen und Kapitaleinkommen in den letzten Jahren allenthalben reduziert worden.

In den letzten beiden Jahrzehnten waren allerdings verschiedene Phänomene zu beobachten, die Effizienz und Wohlfahrtswirkungen des Steuerwettbewerbs herabsetzen. Diese Probleme hängen mit der wesentlichen Aufgabe des Staates zusammen, öffentliche Güter bereitzustellen und zu finanzieren. Öffentliche Güter haben bekanntlich die Eigenschaft, dass man niemanden von ihrer Nutzung ausschließen kann. Damit wird tendenziell strategisches „Trittbrettfahrer"-Verhalten ausgelöst, sowohl bei den Unternehmen und Bürgern als auch bei den

---

[370] Vgl. die Studien für die USA von Altshuler et al. (1998) und Hines (1999).

[371] Klassisch Buchanan (1950); vgl. auch Baldwin und Krugman (2002).

nationalen einzelstaatlichen Steuer- und Finanzpolitiken, wenn sie um florierende Unternehmen und leistungsstarke Bürger konkurrieren:

- Unternehmen nutzen die gute Infrastrukturausstattung in Hochsteuerländern, verlagern aber ihre Gewinne in Niedrigsteuergebiete durch Gestaltung von Verrechnungspreisen, Finanzierungs- und Holdingstrukturen oder andere Steuervergünstigungen. Private Haushalte genießen die Daseinsvorsorge der öffentlichen Hand und die Absicherung des Sozialstaates, schaffen aber ihr Geldvermögen in Steueroasen oder kaufen in Ländern mit niedrigen Mehrwert-/Verbrauchsteuersätzen ein.
- Da die Grenzkosten einer zusätzlichen Inanspruchnahme öffentlicher Güter durch zuwandernde Unternehmen oder Bürger in der Regel gering sind, lohnt es sich für einzelne Gebietskörperschaften, finanzstarke Unternehmen oder vermögende Haushalte mit Steuervergünstigungen oder sonstigen Subventionen anzulocken.

Diese Entwicklungen wurden seit den 90er Jahren auch in einer breiteren Öffentlichkeit unter den Stichworten „unfairer", „unlauterer" oder „schädlicher" Steuerwettbewerb diskutiert.[372] Die Aufgabe der nationalen wie internationalen Steuerpolitik besteht darin, die Spreu des schädlichen Steuerwettbewerbs vom Weizen des sinnvollen Steuer- und Finanzwettbewerbs zu trennen, der über die allgemeinen Besteuerungsgrundlagen und öffentliche Angebote für Bürger und Unternehmen ausgetragen wird.

Steuerharmonisierung in der EU

Die Erfahrungen mit der Steuerharmonisierung in der EU waren in der Vergangenheit durchaus gemischt. Während die Bemessungsgrundlagen der Verbrauchsteuern in der EU weitgehend vereinheitlicht wurden – der Binnenmarkt erforderte dies –, stehen die Systeme der direkten Besteuerung weitgehend unkoordiniert nebeneinander. Zwar gab es in den letzten beiden Jahrzehnten eine gewisse Konvergenz bei den Grundlagen der Unternehmensbesteuerung: Die Steuersätze wurden allenthalben gesenkt, insbesondere in den früheren Hochsteuerländern Westeuropas, bei der Körperschaftsteuer gingen die meisten Länder zum klassischen System mit Ermäßigungen für die Teilhaber über, die Bemessungsgrundlagen wurden verbreitert. Die Unterschiede bei der Gewinnermittlung sowie bei den Regelungen zum internationalen Steuerrecht sind aber weiterhin beträchtlich (vgl. oben, Abschnitt III 2.3).

Im Gegensatz zur „indirekten" Verbrauchsbesteuerung sieht der EG-Vertrag (EGV) für die „direkten" Steuern keine ausdrückliche Harmonisierungskompetenz der EU vor. Gemeinschaftliche Maßnahmen auf diesem Gebiet können sich daher allein auf die Vorschriften der Art. 100 und 101 EGV[373] oder auf das allgemeine Diskriminierungsverbot (Art. 12 Abs. 1 EG) und auf die wirtschaftlichen Grundfreiheiten[374] stützen, insbesondere die Niederlassungsfreiheit.

---

372 Tanzi (1995, 1998), OECD (1998),

373 Danach sind jene Rechts- und Verwaltungsvorschriften anzugleichen, „die sich unmittelbar auf die Errichtung oder das Funktionieren des Gemeinsamen Marktes auswirken" (Art. 100) oder „die Wettbewerbsbedingungen auf dem Gemeinsamen Markt verfälschen und dadurch eine Verzerrung hervorrufen" (Art. 101). Zwar ist unbestritten, dass grundsätzlich auch die direkte Besteuerung diese Vorschriften tangieren kann, jedoch ist unklar, was als Wettbewerbsbeschränkung oder als Verzerrung im Sinne dieser Vorschriften zu interpretieren ist.

374 Dies sind: Freizügigkeit der Arbeitnehmer, Niederlassungsfreiheit, Dienstleistungsfreiheit, Freier Kapital- und Zahlungsverkehr.

Ursprünglich verfolgte die Europäische Kommission seit den 60er Jahren weitreichende Pläne zur Harmonisierung der direkten Besteuerung.[375] Die Körperschaftsteuersysteme und Gewinnermittlungsvorschriften sollten nahezu vollständig harmonisiert, die Körperschaftsteuersätze in engen Bandbreiten gehalten und die nationalen Einkommensteuersysteme in ihren Bemessungsgrundlagen angeglichen werden. Alle derartigen Pläne scheiterten an der Einstimmigkeitsregel im Europäischen Rat. Schließlich beschränkte sich die EU-Steuerpolitik im Vorfeld des Binnenmarktes auf die Beseitigung der größten steuerlichen Hindernisse für grenzüberschreitende unternehmerische Aktivitäten (Fusionsrichtlinie, Mutter-/Tochter-Richtlinie, 1990). Bis heute sind viele EU-Mitgliedsländer nicht bereit, wesentliche nationale Kompetenzen über den finanz- und wirtschaftspolitisch sensiblen Bereich der direkten Besteuerung aus der Hand zu geben.

In den vergangenen Jahren ist aber die Bereitschaft gewachsen, gemeinsame Maßnahmen gegen die Steuerarbitrage von Unternehmen und offensichtlich „unfaire" Steuerpraktiken einzelner Staaten zu ergreifen. Auf Ebene der EU und OECD wurden Übereinkommen im Sinne von Verhaltenskodizes beschlossen, Steuervergünstigungen und steuerlichen Sonderkonditionen für mobile Unternehmensfunktionen (Kapitalanlagen, Holding- und Finanzierungsfunktionen, Lizenzverwaltung, Versicherungsdienstleistungen etc.) einzuschränken.[376]

Vor allem die nach wie vor beträchtlichen Unterschiede in den nationalen Unternehmensteuersystemen erweisen sich zunehmend als Hemmnis für grenzüberschreitende wirtschaftliche Aktivitäten der Unternehmen und die Internationalisierung der Kapitalmärkte. Nach dem erklärten Ziel der Europäischen Kommission sollte es in einem funktionierenden Binnenmarkt keine steuerlich bedingten Hemmnisse für grenzüberschreitende Investitionen geben. In einem ausführlichen Bericht beklagt sie eine Reihe von derartigen Hemmnissen bei den bestehenden Unternehmensteuersystemen (Europäische Kommission 2001). Ausführlich problematisiert werden die Unterschiede zwischen den Mitgliedstaaten bei den effektiven Grenz- und Durchschnittssteuersätzen für Investitionen. Beklagt wird, dass die Unterschiede in den Besteuerungssystemen zu hohen Verwaltungs- und Befolgungskosten bei Finanzverwaltungen und Steuerpflichtigen führen. Darüber hinaus werden eine Reihe speziellerer Hemmnisse für grenzüberschreitende Investitionen aufgeführt, insbesondere

- Quellensteuern auf Dividenden und Zinszahlungen, die zu einer Doppelbesteuerung von Unternehmensgewinnen führen können,
- diskriminierende steuerliche Regelungen bei grenzüberschreitender Fusionen und Unternehmensübernahmen,
- die in der Regel unzulässige Verrechnung von ausländischen Verlusten mit inländischen Gewinnen,
- die Anrechnung von ausschließlich inländischen Körperschaft- bzw. Unternehmensteuern auf die Steuerbelastung des Anteilseigners, was Auslandsinvestitionen diskriminiert,
- Doppelbelastungen, die durch nationale Transferpreispolitiken, Unterkapitalisierungsregeln oder andere Maßnahmen gegen Steuervermeidungsstrategien entstehen können.

375 Fuest und Huber (2003); Patterson (2001); Genschel (2002).

376 OECD (1998, 2000); Mors (2001); Larbig (2001)..

Die beiden ersten Punkte werden grundsätzlich durch die Mutter-Tochter-Richtlinie und die Fusionsrichtlinie entschärft. Allerdings ist deren Wirksamkeit im Einzelfall begrenzt.[377] Die übrigen Punkte werden zunehmend vom Europäischen Gerichtshof (EuGH) als Verstöße gegen die Niederlassungsfreiheit und das Verbot der Ausländerdiskriminierung eingestuft. Dadurch bekommt diese Diskussion einen enormen Aufschwung, da eine Reihe von Entscheidungen in strategischen Präzedenzfällen steuerpolitische Reaktionen ausgelöst haben:

- Im Fall *Marks & Spencer* verlangte das Unternehmen vom britischen Fiskus, die Verluste seiner Auslandstöchter in Deutschland und Frankreich mit steuerpflichtigen Gewinnen in Großbritannien verrechnen zu dürfen.[378] Das britische Steuerrecht sieht aber eine Konzernbesteuerung ("group relief") nur für inländische Unternehmensverbünde vor, so wie es auch in Deutschland bei der steuerlichen Organschaft gilt. Vergleichbare Regelungen bestehen in den meisten europäischen Ländern. Der EuGH ist in seiner Entscheidung vom 13. Dezember 2005 einen Schritt zur Anerkennung der grenzüberschreitenden Verlustverrechnung gegangen. Das Gericht erkennt einen Eingriff in die Niederlassungsfreiheit, insoweit die Verlustverrechnung wegen Geschäftsaufgabe nicht mehr möglich ist. Allerdings reicht es aus, wenn eine Nutzung der Verluste im Sitzstaat der Tochtergesellschaft zu einem späteren Zeitpunkt möglich ist. Da derartige Regelungen in Deutschland, Frankreich und den meisten europäischen Ländern bestehen, besteht insoweit kein Handlungsbedarf.
- Im Fall *Manninen*[379] verpflichtete der EuGH den finnischen Fiskus dazu, einem finnischen Anleger, der an einer Kapitalgesellschaft in Schweden beteiligt war, die schwedische Körperschaftsteuer auf die finnische Einkommensteuer anzurechnen, wie dies bei inländischen Dividenden praktiziert wurde. In der Entscheidung wird ausdrücklich nicht unterschieden, ob die Vorbelastung im anderen Staat höher oder niedriger war. Deutschland und andere Länder, die in der letzten Zeit ihre Körperschaftsteuer-Anrechnungsverfahren abgeschafft haben, sind davon nicht mehr betroffen.
- Im Fall französischen Unternehmens Hughes de Lasteryie du Saillant[380], das seinen Sitz nach Belgien verlegte, ging es um die „Wegzugsbesteuerung", also die Offenlegung und Versteuerung der stillen Reserven von Vermögenswerten beim Wegzug aus dem Hoheitsgebiet des inländischen Fiskus. Diese Regelung des französischen Steuerrechts, die es in ähnlicher Form auch in Deutschland und den anderen EU-Ländern gibt, soll verhindern, dass stille Reserven, also latente, aber bisher nicht realisierte Gewinne, unversteuert ins Ausland gelangen und dann für den inländischen Fiskus nicht mehr greifbar sind. Bei Sitzverlagerungen, Umgründungen oder Fusionen im Inland gibt es eine solche Aufdeckung und Versteuerung stiller Reserven nicht, da die Wirtschaftsgüter weiterhin dem Zugriff des inländischen Fiskus unterliegen. Diese Regelung benachteiligt Sitzverlagerungen ins Ausland und verletzt somit die Niederlassungsfreiheit, was auch der EuGH bestätigt hat. Deutschland, gegen das die Europäische Kommission ein Vertragsverletzungsverfahren eingeleitet hatte, änderte daraufhin seine entsprechenden Regelungen (§ 6 AStG). Seit 2006 wurde beim Wegzug innerhalb der EU oder des EWR eine

377 So gilt die Mutter-Tochter-Richtlinie erst ab einer Beteiligungsquote von 25% und betrifft auch nicht alle körperschaftsteuerpflichtigen Unternehmen. Die Fusionsrichtlinie erfasst nicht spezielle Steuerregelungen, die in den verschiedenen Mitgliedstaaten bei Fusionen gelten.

378 EuGH, C-446/03.

379 EuGH v. 7.8.2004, C-319/02, IStR 2004, S. 680, vgl. Anmerkung von Thömmes, IStR 2004, S. 684.

380 EuGH v. 11.3.2004, C-9/02, IStR 2004, S. 236.

zinslose Stundung der anfallenden Steuer eingeführt. Diese gilt bis zur tatsächlichen Veräußerung der Beteiligung oder einer Wohnsitzverlegung in ein Land außerhalb der EU oder des EWR.

Wenn sich die Rechtsprechung des EuGH weiterhin so konsequent an den wirtschaftlichen Freiheitsrechten seiner Bürger und Unternehmen sowie an dem Verbot der Ausländerdiskriminierung orientiert, hat das erhebliche Konsequenzen für die Unternehmensbesteuerung in Europa. Erweiterte grenzüberschreitende Verlustverrechnung und steuerneutrale Übertragung von stillen Reserven senken die Risikokosten der Unternehmen und stärken die Möglichkeiten zu internationalen Unternehmenszusammenschlüssen. Zugleich erhöhen sie die steuerlichen Gestaltungsmöglichkeiten für internationale Unternehmensverbünde beträchtlich. Verluste werden dann primär in Hochsteuerländern wie Deutschland verrechnet, Gewinne in Ländern mit niedrigeren Steuersätzen ausgewiesen. Vor diesem Hintergrund wird wieder zunehmend über eine gemeinsame europäische Unternehmensbesteuerung diskutiert.

Gemeinsame konsolidierte Unternehmensbesteuerung in Europa

Die Europäische Kommission strebt in ihren neueren Initiativen (2001 und 2011) eine EU-weite einheitliche und konsolidierte Bemessungsgrundlage an, die nach einem einheitlichen Zerlegungsschlüssel („formula apportionment") auf die beteiligten Länder aufgeteilt wird. Damit sollen die beschriebenen Hindernisse für grenzüberschreitende wirtschaftliche Aktivitäten beseitigt werden. Die Länder sollen aber ihren eigenen Steuersatz bestimmen können, so dass „fairer" Steuerwettbewerb über die Steuersätze weiterhin möglich wäre. Zur Diskussion stehen verschiedene Konzepte für eine solche Harmonisierung:[381]

- Nach dem Konzept der *obligatorischen* harmonisierten Bemessungsgrundlage (Compulsory Harmonised Tax Base) sollen sich die Länder auf gemeinsame und einheitliche Regelungen zur Ermittlung und Zerlegung der steuerlichen Bemessungsgrundlage einigen. Damit würden in Europa einheitliche Gewinnermittlungsvorschriften gelten, was die Verwaltungs- und Befolgungskosten bei der Besteuerung bei grenzüberschreitenden wirtschaftlichen Aktivitäten vermindert und die Planbarkeit und Transparenz des Steuerrechts erhöht. Allerdings ist dieses Konzept politisch ambitioniert, da es eine Einigung aller EU-Länder voraussetzt und die Handlungsmöglichkeiten der nationalen Steuerpolitik in diesem Bereich vollständig beseitigt.
- Daher werden als Alternativen verschiedene Konzepte einer *optionalen* konsolidierten Unternehmensbesteuerung (Opitonal European Company Tax) diskutiert. Dabei sollen die Unternehmen wählen dürfen, ob sie sich nach den bestehenden nationalen Vorschriften oder nach einheitlichen EU-weiten Standards besteuern lassen, Der konsolidierte steuerliche Gewinn eines multinationalen Unternehmens wird dann auf Grundlage eines einheitlichen Zerlegungsschlüssels den einzelnen Tochterunternehmen und Betriebsstätten zugewiesen und damit auch auf die beteiligten Länder verteilt werden.
  - Nach dem Modell der *Home State Taxation* sollen multinationale Unternehmen wählen dürfen, die konsolidierte Bemessungsgrundlage für ihre EU-weiten Aktivitäten nach den Vorschriften ihres Sitzlands (home state) zu ermitteln. Nach dem Prinzip der gegenseitigen Anerkennung (mutual recognition) müssen die Mitgliedsländer die nationalen Steuervorschriften der Partnerländer akzeptieren und anwenden. Der Vorteil dieses Modells liegt in der Vermeidung eines aufwändigen und

[381] Vgl. zum Folgenden Fuest und Huber (2003); Fuest (2008).

langwierigen politischen Einigungsprozesses über die steuerliche Bemessungsgrundlage in Europa. Nachteilig ist, dass die nationalen Finanzbehörden mehrere Besteuerungskonzepte parallel administrieren und intensiv miteinander kooperieren müssen, um die EU-weiten Gewinne der Unternehmen ermitteln, die im Inland ihren Sitz haben. Das ist ohne die Unterstützung der ausländischen Steuerbehörden nicht möglich, in denen die Konzerne Tochterunternehmen oder Betriebsstätten unterhalten. Ferner wäre weiterhin ein gewisser Steuerwettbewerb über die Bemessungsgrundlagen möglich, wobei dies im Einzelnen von der Formelzerlegung abhängt. Längerfristig könnte ein schädlicher steuerlicher Wettbewerb um die Ansiedlung von Konzernsitzen entstehen.

– Die Europäische Kommission hat nach längerer Beratung im März 2011 einen Vorschlag zu einer optionalen gemeinsamen konsolidierten Körperschaftsteuer-Bemessungsgrundlage (GKKB) vorgelegt (common consolidated corporate tax base, CCCTB). Dieser sieht eine EU-weit harmonisierte Bemessungsgrundlage vor. Die Unternehmen können zwischen der nationalen Besteuerung und der gemeinsamen europäischen Besteuerung wählen. Steuerlicher Wettbewerb über die Bemessungsgrundlagen wird hier ausgeschlossen. Dafür müssen sich die Mitgliedsländer auf eine gemeinsame Bemessungsgrundlage einigen. Nachteilig ist ferner, dass wie bei der Home State Taxation die nationalen Steuerbehörden zwei verschiedene Steuersysteme anwenden müssen.

Letztlich haben alle Konzepte einer optionalen konsolidierten Unternehmensbesteuerung den Nachteil, dass verschiedene Systeme parallel angewendet werden müssen. Dies erhöht die Verwaltungs- und Befolgungskosten der Besteuerung, vermindert die Transparenz und führt zu Gestaltungsmöglichkeiten der Unternehmen. Daher ist die obligatorische harmonisierte Bemessungsgrundlage vorzuziehen, auch wenn dies politisch schwieriger durchzusetzen erscheint.

Ein generelles Problem aller Konzepte für eine gemeinsame konsolidierte Unternehmensbesteuerung ist die notwendige Zerlegung der EU-weiten Bemessungsgrundlage auf die beteiligten Länder („formula apportionment“). Um Unsicherheiten zu vermeiden müssen hier einheitliche Regelungen gefunden werden. Eine solche Zerlegung wird in föderalen Steuersystemen üblicherweise nach plausiblen und leicht festzustellenden Determinanten der wirtschaftlichen Aktivitäten vorgenommen: Lohnsumme, Beschäftigtenzahl, weiteren Wertschöpfungskomponenten (Zinsen, Mieten und Pachten), Energieverbrauch, Betriebsvermögenskomponenten oder Umsatz. Um die Abhängigkeit von einer einzelnen Größe und den damit verbundenen Gestaltungsanreizen zu vermindern, bieten sich Kombinationen dieser Merkmale an.[382]

Die Europäische Kommission (2011) schlägt in Ihrer Initiative vom März 2011 eine Zerlegungsformel mit den Faktoren Arbeit, Vermögenswerte und Umsatz vor, die gleich gewichtet

---

382 So wird die Bemessungsgrundlage der deutschen Gewerbesteuer im Regelfall nach der Lohnsumme auf die beteiligten Gemeinden zerlegt Ebenfalls nach der Lohnsumme wird die Körperschaftsteuer auf die Bundesländer zerlegt, was aber angesichts des bundeseinheitlichen Steuersatzes nur zur Verteilung des Steueraufkommens dient und keine Gestaltungsanreize für die Steuerpflichtigen auslöst. Die Einzelstaaten der USA setzen derartige Verfahren zur gegenseitigen Aufteilung der Bemessungsgrundlagen von Einkommen- und Körperschaftsteuer ein, auf die sie eigene Steuersätze erheben. Sie verwenden in der Regel einen gewichteten Durchschnitt aus Lohnsumme, Anlagevermögen und Umsatz, wobei die Gewichtung nach Bundesstaaten unterschiedlich ist und nicht national einheitlich festgelegt ist. Die kanadischen Provinzen verwenden eine einheitliche Formel, bei der Lohnsumme und Umsatz mit gleichem Gewicht eingehen.

werden sollen. Das Gewicht für den Faktor Arbeit solle jeweils zur Hälfte nach der Lohnsumme und der Beschäftigtenzahl berechnet werden. Der Faktor Vermögenswerte solle alle materiellen Wirtschaftsgüter des Anlagevermögens umfassen. Immaterielle Wirtschaftsgüter und Finanzanlagen sollten nicht in die Formel einbezogen werden, da sie mobil seien und somit die Gefahr bestehe, dass das System umgangen werde. Mit dem Faktor Umsatz solle eine angemessene Beteiligung des Sitzlandes gewährleistet werden. Eine Öffnungsklausel erlaubt alternative Methoden für Fälle, in denen die allgemeine Zerlegungsformel keine angemessene Gewinnaufteilung leistet.

Eine solche Formelzerlegung beseitigt Steuervermeidungsstrategien über Transferpreise und Finanzierungsgestaltungen weitgehend. Unter diesem Regime bestimmen die gewählten Zerlegungsgrößen die Gewinnverteilung auf die beteiligten Länder. Entsprechend wird sich die Steuerplanung der Unternehmen auf diese Faktoren richten. Ferner ergeben sich Gestaltungsmöglichkeiten hinsichtlich des Kreises der Unternehmen, die in den grenzüberschreitenden steuerlichen Konsolidierungskreis aufgenommen werden:[383]

- Die Formelzerlegung verwandelt die Gewinnbesteuerung in eine Besteuerung der Produktionsfaktoren bzw. der sonstigen wirtschaftlichen Indikatoren, die bei der Zerlegung verwendet werden. Beträgt z.B. in einem europäischen Konzern die Relation von Gewinn zu Lohnsumme 10%, so bedeutet eine Gewinnzerlegung mit einem Gewicht der Lohnsumme in Höhe von 25% bei einem Unternehmensteuersatz in Deutschland von 30% eine Grenzbelastung der Lohnsumme von 0,75%. Statt des bisherigen Transferpricings lohnt es sich für die Unternehmen nun, Lohnsumme oder andere Zerlegungsgrößen rechnerisch von Hochsteuerländern in Niedrigsteuerländer zur transferieren. So lassen sich Arbeitslöhne in den Hochsteuerländern durch Leiharbeiter und Freelancer ersetzen. Bezieht man die entsprechenden Ausgaben mit ein, stellt sich die Frage der Abgrenzung zu den sonstigen Dienstleistungen. In ähnlicher Weise kann das ausgewiesene Anlagevermögen durch Leasing-Konstruktionen vermindert werden. Der Umsatz gegenüber nicht-konzernangehörigen Dritten kann in Niedrigsteuergebiete verlagert werden, indem man dort die Vertriebsgesellschaft gründet.
- Eine andere Gestaltungsmöglichkeit wird sich auf die Auswahl der Tochtergesellschaften in die grenzüberschreitende steuerliche Organschaft beziehen. So ist es nachteilig, eine gut verdienende Tochter in einem Niedrigsteuerland in die Organschaft einzugliedern, sofern die Gewinne über die Formelzerlegung in die übrigen EU-Länder mit höheren Steuersätzen „exportiert“ werden. Analog sollte eine höher rentierliche Tochter im Hochsteuerland in die Organschaft aufgenommen werden, um einen Teil der Gewinne niedriger zu belasten. Unternehmen mit Verlusten im Hochsteuerland sollten dagegen nicht aufgenommen werden, da sie den Gesamtgewinn und damit den auf die Länder verteilten Gewinn mindern. Um diese Gestaltungen zu begrenzen, müssten aufwändige Missbrauchsvorschriften eingeführt werden.

Diese Aspekte mögen bei Steuersatzdifferenzen von einigen Prozentpunkten wie zwischen den US-Bundesstaaten, den kanadischen Provinzen oder den deutschen Gemeinden bei der Gewerbesteuer keine große Rolle spielen, zumal die entsprechenden Gestaltungen Kosten auslösen. Bei Steuersatz-Unterschieden von 15%-Punkten und mehr zwischen den EU-Ländern, etwa zwischen Deutschland, Frankreich, Belgien oder Italien auf der einen Seite

[383] Zum folgenden Weiner (2002) und die dort angegebene Literatur, vgl. insbes. den klassischen Aufsatz von Gordon und Wilson (1986).

und den baltischen Ländern, Irland, Bulgarien oder Zypern auf der anderen Seite, sind dagegen Anpassungsreaktionen durchaus zu erwarten.

Fazit: Die gemeinsame konsolidierte Unternehmensbesteuerung ist unerlässlich, wenn die steuerlichen Verzerrungen im Binnenmarkt reduziert werden sollen. Vollständig zu beseitigen sind diese Verzerrungen aber nur, wenn neben den Bemessungsgrundlagen auch die Steuersätze stark angeglichen werden. Für die Hochsteuerländer wie Deutschland besteht hier weiterer Anpassungsdruck nach unten. Die mittel-osteuropäischen Beitrittsländer oder Irland müssten dagegen ihre gegenwärtig niedrigen Steuersätze anheben. Das wird aber steuer- und wirtschaftspolitisch kaum durchzusetzen sein. Steuerwettbewerb, auch sinnvoller Steuerwettbewerb über die Steuersätze, der unterschiedlichen Standortbedingungen Rechnung trägt, wäre dann nur noch sehr eingeschränkt möglich.

Eine Lösung könnten „Äquivalenz"-Abgaben auf lokaler, regionaler oder parafiskalischer Ebene sein, die sich nach den regionalen oder sektoralen Gegebenheiten ausrichten, Standortvorteile gezielter abschöpfen oder die Kosten für Infrastruktur und öffentliche Leistungen gezielter anlasten. Neben Gebühren und Beiträgen kommen hierfür Infrastrukturabgaben sowie Grund- und Gewerbesteuern in Frage, deren Bemessungsgrundlagen einen engen Bezug zur lokalen Wertschöpfung aufweisen. Wie gesehen haben die meisten Länder in ihren kommunalen Steuersystemen solche Abgaben. Das übergeordnete System der Einkommensbesteuerung, bei deren Bemessungsgrundlagen solche „Äquivalenz"-Abgaben abgezogen werden, kann sich dann der Kapitaleinkommensbesteuerung des „letzten" Investors widmen, also des wirtschaftlichen Eigentümers, dem die Kapitalrendite zufließt. Es könnte dann weitaus stärker an den Anforderungen der Einkommensbesteuerung orientiert werden.

Literaturliste

Ackermann, Bruce, Anne *Alstott* (2001): Die Stakeholder-Gesellschaft. Ein Modell für mehr Chancengleichheit, Frankfurt/M., New York.

Aders, Christian (2007): Auswirkung der Unternehmenssteuerreform auf die Ertragswertmethode und objektivierten Unternehmenswerte, BewertungsPraktiker 1/2007.

Aglietta, Michel, Antoine *Rebérioux* (2005): Corporate Governance Adrift – A Critique of Shareholder Value, Cheltenham UK.

Akerlof, George A. and Robert J. *Shiller* (2009): Animal Spirits, Wie Wirtschaft wirklich funktioniert, Frankfurt, New York.

Albach, Horst (1962): Investition und Liquidität, Wiesbaden.

Aliber, Robert (1970): A Theory of Foreign Direct Investment. In: *Kindleberger*, Charles (Hrsg.): The International Corporation, S. 17–34, Cambridge.

Aliber, Robert (1970): The Multinational Enterprise in a Multiple Currency World. In: *Dunning*, John (Hrsg.): The Multinational Enterprise, S. 49–56, London.

Altshuler, Rosanne, Harry *Grubert*, T. Scott *Newlon* (1998): Has U.S. Investment Abroad Become More Sensitive to Tax Rates? NBER Working Paper No. W6383.

Amelung, Torsten (1999): Globalisierung, Conglomerate Discount und Auswirkungen auf die Unternehmensstrukturen, in: Journal für Betriebswirtschaftslehre 49, 27–38.

American Chamber of Commerce in Germany e.V., PricewaterhouseCoopers GmbH (2001), Steuern in den USA, Ein Leitfaden für deutsche Investoren, Frankfurt/M.

Bader, Axel (1998): Steuergestaltung mit Holdinggesellschaften, Herne/Berlin.

Baetge, Jörg, Clemens *Krause* (1994): Eine Berücksichtigung des Risikos bei der Unternehmensbewertung – eine empirisch gestützte Betrachtung des Kalkulationszinses, in: Betriebswirtschaftliche Forschung und Praxis, Nr. 5/1994.

Baetge, Jörg, Tobias *Brembt*, Peter *Brüggemann* (2008): Die Mark-to Model-Bewertung des IAS 39 in der Subprime-Krise. In: Die Wirtschaftsprüfung, Heft 21, S. 1001 ff.

Baetge, Jörg, Kai *Niemeyer*, Jens *Kümmel* (2001): Bewertungsverfahren, Teil B: Darstellung der Discounted-Cashflow-Verfahren (DCF-Verfahren) mit Beispiel. In: *Peemöller*, Volker H. (Hrsg.), Praxishandbuch der Unternehmensbewertung, 3. Kapitel, Herne/Berlin.

Ballwieser, Wolfgang, Lutz *Kruschwitz*, Andreas *Löffler* (2007): Einkommensteuer und Unternehmensbewertung – Probleme mit der Steuerreform 2008, Die Wirtschaftsprüfung.

Ballwieser, Wolfgang (1990): Unternehmensbewertung und Komplexitätsreduktion, Wiesbaden.

Ballwieser, Wolfgang, Rainer *Leuthier* (1986): Grundprinzipien, Verfahren und Probleme der Unternehmensbewertung, Deutsches Steuerrecht, 1986, S. 545–555 und 604–610.

Ballwieser, Wolfgang (1981): Die Wahl des Kalkulationszinsfußes bei der Unternehmensbewertung unter Berücksichtigung von Risiko und Geldentwertung, in: Betriebswirtschaftliche Forschung und Praxis, 33. Jahrgang, 1981, S. 97–114.

Bartelsman, Eric J., Roel M. *Beetsma* (2003): Why Pay More? Corporate Tax Avoidance Through Transfer Pricing in OECD Countries, in: Journal of Public Economics 87, S. 2225–2252.

Bartlett, Christopher A., Sumanatra *Goshall* (1990): Internationale Unternehmensführung, Innovation, globale Effizienz, differenziertes Marketing, Frankfurt/M., New York.

BDI, Institut der Deutschen Wirtschaft Köln, Roland Berger Strategy Consultants (2008): Systemkopf Deutschland Plus, BDI-Drucksache Nr. 405.

BIS (2011), Bank for International Settlements, BIS Quarterly Review, Sept. 2009.

BIS (2009), Bank for International Settlements, BIS Quarterly Review, September 2009, S. 59.

BIZ (2003), Bank für Internationalen Zahlungsausgleich: 73. Jahresbericht, Basel.

BIZ (1999), Bank für Internationalen Zahlungsausgleich: 69. Jahresbericht, Basel.

Blanchard, Oliver, Florencio *Lopez-de-Silanes*, Andrej *Shleifer* (1994): What do Firms do with Cash Windfalls? In: Journal of Financial Economics, 36.

Boston Consulting Group (2001): Price Premiums on the M&A Market, http://www.bcg.com/publications/files/Value_Creators_2001.pdf).

Blocher, Edward J., Kung H. *Chen*, Thomas W. *Lin* (2002): Cost Management: A Strategic Emphasis, New York.

Braun, Tobias A. (1994): Behördliche Korrektur von Verrechnungspreisen bei multinationalen Unternehmen mit besonderer Berücksichtigung der Rückerstattung der Übergewinne (secondary adjustment), Stuttgart/Wien.

Brealy, Richard A., Stewart C. *Myers*, Franklin *Allen* (2006): Corporate Finance, Boston, (Eighth Edition).

Breithecker, Volker (2002): Internationale Betriebswirtschaftliche Steuerlehre, München.

Brühl, Rolf (1996): Führungsorientierte Kosten- und Erfolgsrechnung, München/Wien.

BVI (1998) Bundesverband Deutscher Investmentbanken, Jahresbericht 1998, Frankfurt/M.

BVI (2004), Bundesverband Deutscher Investmentbanken, Investment 2004 – Daten, Fakten, Entwicklungen, Frankfurt/M.

Caballero, Ricardo J. and Pablo *Kurlat* (2009): The „Surprising" Origin and Nature of Financial Crises: A Macroeconomic Policy Proposal, MIT paper, prepared for the Jackson Hole Symposium on Financial Stability and Macroeconomic Policy.

Castells, Manuel (2001): Informationstechnologie und globaler Kapitalismus, in: *Hutton*, W., *Giddens*, A., Die Zukunft des globalen Kapitalismus, Frankfurt/New York.

CEPS, Centre for European Policy Studies (1988): Capital Markets and EMU, Brussels.

Clausing, Kimberley A. (1998): The Impact of Transfer Pricing on Intrafirm Trade, Working Paper 6688, National Bureau of Economic Research.

Coenenberg, Adolf G. (1997): Kostenrechnung und Kostenanalyse, Landberg/Lech.

Copeland, Tom, J.E. *Weston* (1988): Financial Theory and Corporate Policy, 3. Aufl.

Copeland, Tom, Tim *Koller*, Jack *Murrin*, *McKinsey & Company* (2002): Unternehmenswert, Methoden und Strategien für eine wertorientierte Unternehmensführung, Frankfurt/M./New York.

Costantini, Pascal (2006): Cash Return on Capital Invested. Ten Years of Investment Analysis with the CROCI Economic Profit Model, Elsevier.

Damodaran, Aswath (1994): Damodaran on Valuation, Security Analysis for Investment and Corporate Finance, New York.

Damodaran, Aswath (2002): Investment Valuation, Tools and Techniques for Determining the Value of Any Asset, New York.

Damodaran, Aswath (2005): Research and Development Expenses: Implication for Profitability Measurement and Valuation. Retrieved on Sept. 14, 2005 from: http://pages.stern.nyu.edu/~adomar/.

Debatin, Helmut, Franz *Wassermeyer* (2005): Doppelbesteuerung. Kommentar zu allen deutschen Doppelbesteuerungsabkommen, München.

Deutsche Bundesbank (2001): Rolle und Verhalten deutscher Fondsmanager auf dem Aktienmarkt. In: Monatsbericht, April 2001, S. 45–60.

Devereux, Michael P., Rachel *Griffith* (1999): The taxation of discrete investment choices. Institute for Fiscal Studies, London.

Devereux, Michael P., Rachel *Griffith*, Alexander *Klemm* (2002): Corporate Income Tax Reforms and International Tax Competition. Economic Policy 17 (35), 451–495.

Dimson, E., P. *Marsh*, M. Staunton (2005): Risk Premium, Study performed by The London Business School, http://faculty.london.edu/edimson/risk.pdf. (Studie abgerufen am 28. Sept. 2005).

Dirrigl, Hans (1994): Konzepte, Anwendungsbereiche und Grenzen einer strategischen Unternehmensbewertung. In: Betriebswirtschaftliche Forschung und Praxis, Nr. 5/1994.

Djanani, Christiana, Markus *Winning* (1999): Der Verrechnungspreis im Spannungsfeld zwischen betriebswirtschaftlichen und steuer(recht)lichen Anforderungen. In: *Kutschker*, Michael: Perspektiven der internationalen Wirtschaft, Wiesbaden.

Dorfmueller, Pia (2009): Die Errichtung von internationalen Holdingstrukturen durch deutsche Konzerne. In: Internationales Steuerrecht, 2009, S. 826 ff.

Dormann, Jürgen (1993): Geschäftssegmentierung bei Hoechst, Zeitschrift für Betriebswirtschaftliche Forschung, S. 1068 ff.

Dreßler, Günter (1995): Gewinn- und Vermögensverlagerungen in Niedrigsteuerländer und ihre steuerliche Überprüfung, Neuwied.

Drukarczyk, Jochen (2003): Unternehmensbewertung, München.

Drukarczyk, Jochen (1996): Unternehmensbewertung, München.

Dunning, John (1980): Towards an Eclectic Theory of International Production: Some Empirical Tests, in: Journal of International Business Studies, No. 11/1980, S. 9–31.

Dunning, John (1993): Multinational Enterprises and the Global Economy, Wokingham (England).

Dunning, John (1998): The Eclectic Paradigm of International Production: A Restatement and Some Possible Extensions, in: Journal of International Business Studies, No. 19/1998, S. 1–31.

Eckert, Stefan (2003): Auf dem Weg zur Aktionärorientierung. Shareholder Value bei Hoechst. In: *Streeck*, Wolfgang, Martin *Höpner* Alle Macht dem Markt? Fallstudien zur Abwicklung der Deutschland AG, Frankfurt/M.

Enquete-Kommission Globalisierung der Weltwirtschaft des Deutschen Bundestages (2002): Schlussbericht. Drucksache 14/9200, Berlin.

Ernst & Young (2003): Transfer Pricing. 2003 Global Survey. Practices, Perceptions and Trends in 22 Countries, plus Tax Authority Approaches in 44 Countries.

Ernst & Young (1999): Transfer Pricing. 1999 Global Survey. Practices, Perceptions and Trends in 19 Countries for 2000 and Beyond.

Ethier, Wilfred (1983): Modern International Economics, New York.

Ewert, Ralf, Alfred *Wagenhofer* (2003): Interne Unternehmensrechnung, Berlin.

Fama, Eugene (1970): Efficient Capital Markets: A Review of Theory and Empirical Work. In: The Journal of Finance, 1970.

Fama, Eugene (1980): Agency Problems and the Theory of the Firm. In: Journal of Political Economy, 88.

Fama, Eugene (1998): Market Efficiency, Long-Term returns, and Behavioral Finance, Journal of Financial Economics 49/1998.

Fama, Eugene and M. *Jensen* (1983): Agency problems and residual claims, Journal of Law and Economics, 26, p. 327–49.

F.A.Z.-Institut für Management-, Markt- und Medieninformation GmbH Bürgi, Nägeli Rechtsanwälte (2001): Investitionsführer Schweiz, Frankfurt/M.

Flick, Hans, Franz *Wassermeyer* (2005): Außensteuerrecht Kommentar, Loseblattsammlung, Stand: Dez. 2005.

Fischer, Lutz, Perygrin *Warneke* (1998): Internationale Betriebswirtschaftliche Steuerlehre, Bielefeld.

Fries, Wolfgang (2005): Internationales Schachtelprivileg für Vergütungen aus einer typischen stillen Beteiligung an einer luxemburgischen Tochtergesellschaft. In: Internationales Steuerrecht, Heft 23.

Fossen, Frank, Stefan *Bach* (2008). Reforming the German Local Business Tax – Lessons from an International Comparison and a Microsimulation Analysis. FinanzArchiv/Public Finance Analysis 64, 245–272.

Fuest, Clemens, Bernd *Huber* (2003): Zur Koordinierung der Unternehmensbesteuerung in Europa. Vierteljahrshefte zur Wirtschaftsforschung 72, 378–390. http://www.diw.de/deutsch/produkte/publikationen/vierteljahrshefte/docs/papers/v_03_3_4.pdf

Fuest, Clemens (2008): The European Commission's proposal for a common consolidated corporate tax base. Oxford Review of Economic Policy 24 (4), 720–739. http://www.sbs.ox.ac.uk/centres/tax/Documents/working_papers/WP0823.pdf.

Genschel, Philipp (2002): Steuerharmonisierung und Steuerwettbewerb in der Europäischen Union, Frankfurt/M., New York.

Gilpin, Robert (2001): Global Political Economy, Princeton.

Giannone, Domenico, Michele *Lenza* (2009): The Feldstein-Horioka fact. NBER Working Papers 15519. http://www.nber.org/papers/w15519.pdf.

Giovannini, Alberto (1989): National Tax Systems vs. the European Capital Market. Economic Policy 4, 345–386.

Götze, Uwe, Jürgen *Bloech* (1993): Investitionsrechnung, Berlin.

Gordon, Roger, John D. *Wilson* (1986): An Examination of Multijurisdictional Corporate Income Taxation under Formula Apportionment. Econometrica 54, 1357–1373.

Gordon, Roger H., A. Lans *Bovenberg*,(1996): Why Is Capital So Immobile Internationally? Possible Explanations and Implications for Capital Income Taxation. American Economic Review 86, 1057–1075.

Grass, Brigitte (2000): Einführung in die Betriebswirtschaftslehre, Das System Unternehmung, Herne/Berlin.

Grimwade, Nigel (2001): International Trade, London.

Grotherr, Siegfried (2002): Erneute Reform der Hinzurechnungsbesteuerung durch das Unternehmenssteuerfortentwicklungsgesetz, in: IWB, Fach 3, Gruppe 1, 1883 ff.

Haberstock, Lothar, Volker *Breithecker* (2002): Einführung in die Betriebswirtschaftliche Steuerlehre, Bielefeld.

Hahn, Tobias, Andrea *Liesen* (2007): Nachhaltig erfolgreich Wirtschaften, eine Untersuchung der Nachhaltigkeitsleistung deutscher Unternehmen mit dem Sustainable-Value-Ansatz, Institut für Zukunftsstudien und Technologiebewertung, Berlin.

Harberger, Arnold C. (1962): The Incidence of the Corporation Tax. Journal of Political Economy 70, 215–240.

Haufler, Andreas, Sven *Stöwhase* (2003): Taxes as a Determinant For Foreign Direct Investment in Europe, DICE Report, Journal for Institutional Comparisons, Vol. 1, No. 2, 2003, S. 45–51.

Haufler, Andreas (1999): Prospects for co-ordination of corporate taxation and the taxation of interest income in the EU. Fiscal Studies 20, 133–153.

Heinhold, Michael (1996): Unternehmensbesteuerung, Band 3: Investition und Finanzierung, Stuttgart.

Helbling, Carl (1991): Unternehmensbewertung und Steuern, Düsseldorf.

Herrman, Carl, Gerhard *Heuer*, Arndt *Raupach* (2004): Einkommensteuer- und Körperschaftsteuergesetz. Kommentar, Loseblattsammlung Stand: Juni 2004.

Herzig, Norbert (2010): Die Zukunft der Gruppenbesteuerung, Steuer und Wirtschaft, 3/2010.

Hesse, Axel (2010): SD-KPI Standard 2010-2014, Sustainable Development Key Performance Indicators (DS-KPIs): Mindestberichtsanforderung für bedeutende Nachhaltigkeitsinformationen in Lageberichten von 68 Branchen, Münster.

Hesse, Thomas (1996): Periodischer Unternehmenserfolg zwischen Realisations- und Antizipationsprinzip, Vergleich von Aktienrendite, Cash Flow und Economic Value Added, St.Gallen.

Hines, James R. Jr. (1999): Lessons from Behavioral Responses to International Taxation. National Tax Journal 52, 305–322.

Höpner, Martin (2003): Wer beherrscht die Unternehmen? Shareholder Value, Managerherrschaft und Mitbestimmung in Deutschland, Frankfurt/New York.

Homburg, Stefan (1997): Allgemeine Steuerlehre, München.

Horngren, Charles T., George *Foster*, Srikant M. *Datar* (2001): Kostenrechnung: Entscheidungsorientierte Perspektive, München/Wien.

Hostettler, Stephan (1996): Periodischer Unternehmenserfolg zwischen Realisations- und Antizipationsprinzip: Vergleich von Aktienrendite, Cash Flow und Economic Value Added, St. Gallen.

Hostettler, Stephan (2000): Economic Value Added (EVA): Darstellung und Anwendung auf Schweizer Aktiengesellschaften, Bern.

Huffschmid, Jörg (1999): Politische Ökonomie der Finanzmärkte, Hamburg.

Hymer, Stephen (1960): The International Operations of National Firms: A Study of Direct Investment, PhD Thesis, MIT, veröffentlicht 1976, Cambridge, Mass.

Hymer, Stephen (1968): La grande firme multinationale, in: Revue Economique, 14(b), S. 949–73.

IDW-Institut der Wirtschaftsprüfer (2008): Grundsätze zur Durchführung von Unternehmensbewertungen (IDW S 1).

IDW-Institut der Wirtschaftsprüfer (2005): Neufassung des IDW Standards: Grundsätze zur Durchführung von Unternehmensbewertungen, in: IDW Fachnachrichten, Heft 11, S. 691.

IDW-Institut der Wirtschaftsprüfer (2005): IDW Standard: Grundsätze zur Durchführung von Unternehmensbewertungen (IDW S 1). In: Die Wirtschaftsprüfung, Heft 23/2005.

IDW-Institut der Wirtschaftsprüfer (1998): Stellungnahme 2/1983. In: Investitionsrechnung mit Unternehmensbewertung, München/Wien, 1998.

Iversen, Carl (1935): Aspects of International Capital Movements, London.

Jacobs, Otto H. (2002): Internationale Unternehmensbesteuerung. Deutsche Investitionen im Ausland. Ausländische Investitionen im Inland, München.

Jacobs, Otto H., Christoph *Spengel* (2000): Measurement and Development of the Effective Tax Burden of Companies – An Overview and International Comparison. Intertax 28 (10), 334–351.

Jarchow, Hans-J., P. *Rühmann* (1991): Monetäre Außenwirtschaft, Göttingen.

Kellermann, Kersten, Carsten-Henning *Schlag* (1999): Eine Untersuchung der Ersparnis-Investitions-Korrelation in Deutschland. Zeitschrift für Wirtschafts- und Sozialwissenschaften 119, 99–119.

Keynes, John Maynard (1963): Essays on Persuasion, New York.

Kessler, Wolfgang, Stefan *Köhler*, Michael *Kröner* (2004): Konzernsteuerrecht. Organisation – Recht – Steuern, München.

King, Mervin A., Don *Fullerton* (Hrsg. 1984): The Taxation of Income from Capital. A Comparative Study of the United States, the United Kingdom, Sweden and West Germany. Chicago.

Kirchhoff, Klaus Rainer (2000): Die Grundlagen der Investor Relations. In: *Kirchhoff*, R.M., Manfred *Piwinger* (Hrsg.): Die Praxis der Investor Relations. Effiziente Kommunikation zwischen Unternehmen und Kapitalmarkt, Neuwied, 2000.

Kleeberg, J.M. (1992): Der Einsatz von fundamentalen Betas im modernen Portfoliomanagement. In: Die Bank 8/1992.

Kleineidam, Hans-Jochen (1970): Zur Weiterentwicklung der betriebswirtschaftlichen Steuerlehre. In: ZfB, 40 Jg., 1970, 105–118.

Kluge, Volker (1992): Das deutsche internationale Steuerrecht, München.

Köhler, Stefan (2004): Konzernstruktur und Umstrukturierung, § 8 Konzernstruktur. In: *Kessler*, Wolfgang, Stefan *Köhler*, Michael *Kröner* (Hrsg.): Konzernsteuerrecht. Organisation – Recht - Steuern, München.

Körner, Andreas (2009): Auf- und Umbau von Holdingstrukturen. In: Internationales Steuerrecht, 2009, S. 1 ff.

KPMG Consulting (2000): Value Based Management. Shareholder Value Konzepte. Eine Untersuchung der DAX 100 Unternehmen, Frankfurt/M.

KPMG (2010): KPMG's Corporate and Indirect Tax Survey 2010. http://www.kpmg.com/Global/en/IssuesAndInsights/ArticlesPublications/Documents/ Corp-and-Indirect-Tax-Oct12-2010.pdf.

Kraft, Kornelius, Antonia *Niederprüm* (1999): Determinants of Management Compensation with Risk-Averse Agents and Dispersed Ownership of the Firm. In: Journal of Economic Behaviour and Organization 40/1999.

Kruschwitz, Lutz (2005): Investitionsrechnung, München/Wien.

Kruschwitz, Lutz (1978): Investitionsrechnung, Berlin/New York.

Kruse, Heinrich-Wilhelm, Klaus-Dieter *Drüen* (2002), Kommentierung der §§ 2 und 42 AO. In: *Tipke*, Klaus, Heinrich-Wilhelm *Kruse* (2002), Abgabenordnung, Finanzgerichtsordnung, Kommentar (Loseblattsammlung Stand: 2002).

Kuckkoff, Harald, Rolf *Schreiber* (1997): Verrechnungspreise in der Betriebsprüfung, München.

Kutschker, Michael; Stefan *Schmid* (2004): Internationales Management, 3. Auflage, München.

Lang, Joachim (1993): Entwurf eines Einkommensteuergesetzes, Schriftenreihe des BMF, Heft 49, Bonn.

Larbig, Gregor (2001): Der EU-Verhaltenskodex zur Unternehmensbesteuerung: Kodex und OECD-Report im Vergleich. In: W. *Müller* u.a. (Hrsg.): Regeln für den europäischen Systemwettbewerb. Steuern und soziale Sicherungssystemen. Marburg, 217–233.

Laux, Helmut (2001): Das Unterinvestitionsproblem beim EVA-Bonussystem, Johann Wolfgang Goethe-Universität, Fachbereich Wirtschaftswissenschaften, Working Paper Series: Finance & Accounting, No. 81, August 2001.

Leuthier, Rainer (1988): Das Interdependenzproblem bei der Unternehmensbewertung, Frankfurt/M.

Lintner, John (1965): The Valuation of Risk Assets and the Selection of Risky Investments in Stock Portfolios and Capital Budgets. In: Review of Economics and Statistics, Vol. 47/1965, S. 13–37.

Löhr, Dirk (1993): Die Grenzen des Ertragswertverfahrens – Kritik und Perspektiven, Frankfurt/M.

Luckhaupt, Hagen (2010): OECD Business Restructuring im Vergleich zur Funktionsverlagerung, Der Betrieb, Nr. 37 vom 17.09.2010.

Lücke, Wolfgang (1955): Investitionsrechnung auf der Grundlage von Ausgaben oder Kosten? In: Zeitschrift für Betriebswirtschaftliche Forschung, 7. Jahrgang.

Luhmann, Niklas (1993): Soziale Systeme, Frankfurt/M.

Luther, Susanne, (2000), Unternehmensbesteuerung im Binnenmarkt – Behinderung von grenzüberschreitenden Aktivitäten europäischer Unternehmen, Beitrag für das CFE-Forum 2000, Brüssel.

Madura, Jeff (2000): International Financial Management, Cincinnati.

Mandl, Gerwald, Klaus *Rabel* (1997): Unternehmensbewertung: Eine praxisorientierte Einführung, Wien.

McDaniel, Paul R., Hugh J. *Ault* (1989): Introduction to United States International Taxation, Deventer.

McKinsey & Company (2000): Investor Opinion Survey, London, June 2000.

Mendoza, Enrique G., Assaf *Razin*, Linda L. *Tesar* (1994): Effective Tax Rates in Macroeconomics. Cross-country Estimates of Tax Rates on Factor Incomes and Consumption. Journal of Monetary Economics 34, 297–323.

Mössner, Jörg Manfred (1993): Rechtsschutz bei Treaty Overriding In: *Fischer*, Lutz (Hrsg.): Besteuerung internationaler Konzerne, Köln.

Monopolkommission (1998): Ordnungspolitische Leitlinien für ein funktionsfähiges Finanzsystem, Sondergutachten, Baden-Baden.

Mors, Matthias (2001): Der EU-Verhaltenskodex zur Unternehmensbesteuerung. Bisherige Erfahrungen und Ergebnisse der „hochrangigen Arbeitsgruppe". In: W. *Müller* u.a. (Hrsg.): Regeln für den europäischen Systemwettbewerb. Steuern und soziale Sicherungssystemen. Marburg, 197–215.

Mossin, Jan (1966): Capital Asset Market, in: Econometrica, Vol 34/1966, S. 768–783.

Moxter, Adolf (1983): Grundsätze ordnungsmäßiger Unternehmensbewertung, 2. Aufl., Wiesbaden.

Moxter, Adolf (1961): Die Bestimmung des Kalkulationszinsfußes bei Investitionsentscheidungen. In: Zeitschrift für handelswissenschaftliche Forschung, 13. Jahrgang.

Müller, Stefan, Martin *Kornmeier* (2000): Internationale Wettbewerbsfähigkeit. Irrungen und Wirrungen der Standort-Diskussion, München.

Mundell, Robert (1957): International Trade and Factor Mobility. In: American Economic Review, 47, S. 321–35.

Musgrave, R.A. (1960): Criteria for Foreign Tax Credit. In: Taxation and Operations Abroad, Tax Institute, Princeton.

OECD (2010): Transfer Pricing Guidelines for Multinational Enterprises and Tax Administrations, Paris,July 2010, (Loseblattsammlung).

OECD (2008): Financial Market Trends, OECD Journal, Volume 2008 Issue 2, p. 303

OECD (2004): Recent Tax Policy Trends and Reforms in OECD Countries. OECD Tax Policy Studies No. 9. Paris.

OECD (2001): Tax Ratios – A Critical Survey. Paris.

OECD (2000): Musterabkommen auf dem Gebiet der Steuern vom Einkommen und vom Vermögen, Paris, Ergänzungslieferungen Stand: 2000.

OECD (1998): Harmful Tax Competition, An Emerging Global Issue, Paris.

OECD (1997): Code of Liberalisation of Capital Movements, Paris.

OECD (1996): OECD Benchmark Definition of Foreign Direct Investment, Paris.

OECD (1991): Taxing Profits in a Global Economy: Domestic and International Issues. Paris.

Patterson, Ben, Alicia Martinez *Serrano* (2000): Tax co-ordination in the European Union. European Parliament, Directorate-General for Research. Working Paper, Economic Affairs Series ECON 125 EN. http://www.europarl.eu.int/workingpapers/econ/pdf/125_en.pdf.

Peemöller, Volker H. (2009), Hrsg., Praxishandbuch der Unternehmensbewertung, 4. Auflage, Herne/Berlin.

Popkes, Warner B.J. (1989): Internationale Prüfung der Angemessenheit steuerlicher Verrechnungspreise. Auswirkungen des OECD-Berichtes in den einzelnen Ländern, Bielefeldt.

Rättig, Horst, Peer D. *Protzen* (2004): Das BMF-Schreiben vom 14.5.2004 – IV B4 – S 1340 – 11/04 – (Grundsätze zur Anwendung des Außensteuergesetzes - Analyse und Kritik der wesentlichen Anordnungen im Bereich der Hinzurechnungsbesteuerung der §§ 7 bis 14 AStG. In: Internationales Steuerrecht, Heft 18/2004.

Rappaport, Alfred (1998): Creating Shareholder Value, A Guide for Managers and Investors, New York.

Reich, Robert B. (1993): Die neue Weltwirtschaft, Frankfurt/M.

Rogerson, William P. (1997): Intertemporal Cost Allocation and Managerial Investment Incentives: A Theory Explaining the Use of Economic Value Added as a Performance Measure. In: Journal of Political Economy, Vol. 105, No. 4, Aug. 1997, S. 770–795.

Roll, Richard, Stephan A. *Ross*: An Empirical Investigation of the Arbitrage Pricing Theory. In: The Journal of Finance, 1980.

Roubini, Nouriel and Stephen *Mihm* (2010): Das Ende der Weltwirtschaft und Ihre Zukunft, Frankfurt, New York.

Ross, Stephen A. (1976): The Arbitrage Theory of Capital Asset Pricing, Journal of Economic Theory, 13/1976.

Ruding Report (1992): Report of the Committee of Independent Experts on Company Taxation, Brussels.

Salomons, David (1965): Divisional Performance: Measurement and Control, New York.

Scherer, Thomas (1995): Doppelbesteuerung und Europäisches Gemeinschaftsrecht, München.

Schmalenbach-Gesellschaft, Arbeitskreis Finanzierung, Deutsche Gesellschaft für Betriebswirtschaft e.V. (1996): Wertorientierte Unternehmenssteuerung mit differenzierten Kapitalkosten. In: Zeitschrift für Betriebswirtschaftliche Forschung, Nr. 6/1996.

Schneider, Dieter (1990): Investition, Finanzierung und Besteuerung, Wiesbaden.

Schneider, Erich (1973): Wirtschaftlichkeitsrechnung, Tübingen/Zürich.

Scholz, Christian M. (2001), Die Ökonomie der Bestimmung steuerlicher Verrechnungspreise. In: Steuer & Studium 6/2001.

Schratzenstaller, Margit (2004): Zur Ermittlung der faktischen effektiven Unternehmenssteuerlast. In: Perspektiven der Unternehmensbesteuerung. Hrsg. von Margit Schratzenstaller und Achim Truger. Marburg, 43–75.

Schularick, Moritz, Alan M. *Taylor* (2010): Credit booms gone bust. Monetary Policy, Leverage Cycles and Financial Crisis, 1870–2008. NBER Working Paper No. 15512, JEL No. E44,E51,E58,G01,G20,N10,N20.

Schulmeister, Stephan, Margit *Schratzenstaller*, Oliver *Picek* (2008): A General Financial Transaction Tax: Financing Development and Enhancing Financial Stability, WiFo-Studie, März 2008.

Schwalbach, Joachim, Ulrike *Graßhoff* (1997), Managementvergütung und Unternehmenserfolg. In: Zeitschrift für Betriebswirtschaft 67/1997.

Senti, Richard (2000): WTO, Zürich.

Sharpe, William F. (1964): Capital Asset Proces. A Theory of Market Equilibrium under Conditions of Risk. In: Journal of Finance, Vol. 19/1964, S. 425-442.

Shiller, J. Robert (2000), Irrationaler Überschwang, Warum eine lange Baisse an der Börse unvermeidlich ist, Frankfurt/M.

Sieben, Günter, Thomas *Schildbach* (1979): Zum Stand der Entwicklung der Lehre von der Bewertung ganzer Unternehmungen. In: Deutsches Steuerrecht, Heft 16/17.

Siebert, Horst (2004): Germany`s Capital Market and Corporate Governance, Institut für Weltwirtschaft an der Universität Kiel, Working Paper No. 1206.

Siegel, Theodor (1994): Unternehmensbewertung, Unsicherheit und Komplexitätsreduktion. In: Betriebswirtschaftliche Forschung und Praxis, Heft 5/1994.

Siepe, Günter (1997): Die Berücksichtigung von Ertragsteuern bei der Unternehmensbewertung, Teil I. In: Die Wirtschaftsprüfung, Heft 1/1997.

Siepe, Günter, Andreas *Dörschell*, Jörn *Schulte* (2000): Der neue IDW Standard: Grundsätze zur Durchführung von Unternehmensbewertungen (IDW S1). In: Die Wirtschaftsprüfung, Heft 19/2000.

Sirower, Mark L. (1997), The Synergy Trap: How Companies Lose the Game, New York.

Spengel, Christoph (2003): Internationale Unternehmensbesteuerung in der Europäischen Union – Steuerwirkungsanalyse, Empirische Befunde, Reformüberlegungen, Düsseldorf.

Spengel, Christoph (2004): Ermittlung und Aussagefähigkeit von Indikatoren der effektiven Steuerbelastung. In: Perspektiven der Unternehmensbesteuerung. Hrsg. von Margit *Schratzenstaller* und Achim *Truger*, Marburg, 15–42.

Starp, Wolf-Dieter (2009): Bewertung ausländischer Unternehmen. In: *Peemöller*, Volker H. (Hrsg.): Praxishandbuch der Unternehmensbewertung, 4. Auflage).

Stewart, G. Bennett (1991), The Quest for Value, New York.

Stöttner, Rainer (1998): Investitions- und Finanzierungslehre. Eine praxisorientierte Einführung mit Fallbeispielen, Frankfurt/M.

Streeck, Wolfgang, Höpner, Martin (2003): Alle Macht dem Markt? Fallstudien zur Abwicklung der Deutschland AG, Frankfurt/New York.

Süchting, Joachim (1984): Finanzmanagement, Wiesbaden.

Tanzi, Vito (1998): Globalization, Tax Competition and the Future of the Tax Systems. In: *Krause-Junk*, G. (Hrsg.): Steuersysteme der Zukunft. Berlin, 11–28

Tanzi, Vito (1995): Taxation in an Integrating World, Washington, D.C.

Tipke, Klaus, Heinrich W. *Kruse* (2005): Abgabenordnung Finanzgerichtsordnung, Köln, Loseblattsammlung (Stand Nov. 2005).

Thömmes, Otmar (2001): EG-rechtliche Anmerkungen zu Ritter, S. 430. In: Internationales Steuerrecht, Heft 14/2001.

Ulrich, Peter (2001): Integrative Wirtschaftsethik, Grundlagen einer lebensdienlichen Ökonomie, Berlin, Stuttgart, Wien.

UNCTAD (verschiedene Jahre): World Investment Report, Genf.

Verbist, Hugo (2005): Steuersprapotential durch fiktiven Zinsabzug in Belgien. In: Internationale Wirtschaftsbriefe Nr. 18 v. 28.9.2005, Gruppe 2, Seite 259.

Vernon, Raymond (1966): International Investment and International Trade in the Product Cycle. In: Quarterly Journal of Economics, 80, S. 190–207.

Vogel, Klaus (1996): Wesen und Wirkungen der Freistellung. Besonders bei negativen Einkünften und Vermögenswerten. In: *Vogel*, Klaus (Hrsg.): Freistellung im Internationalen Steuerrecht, München.

Von Wuntsch, Michael and Xiaojun *Wei* (2010): Transnational Companies, Shareholder Value and the Chinese Innovation Policy, In: *Andreosso-O'Callaghan*, Bernadette and Bruna *Zolin*: Current Issues in Economic Integration, Can Asia Inspire the "West"?, Farnham, England.

Von Wuntsch, Michael, Georg *Knacke*, Gerhard *Neumann* (2005): Financing and Valuation Problems of the East German Real Estate Market. In: Real Estate Review,

New York University, Journal Vol. 34 No. 1, Spring 2005.

Von Wuntsch, Michael (1998): Internationale Steuerplanung im Zeitalter der Globalisierung, in: WSI-Mitteilungen, Heft 11/1998.

Von Wuntsch, Michael (1993): Theorie und Praxis der Unternehmensbewertung unter Berücksichtigung des Steuerrechts und der Anwendungsproblematik in den neuen Bundesländern, Berlin.

Wagner, Franz W., Hans *Dirrigl* (1980): Die Steuerplanung der Unternehmung, Stuttgart/New York.

Wagner, Wolfgang, Coopers & Lybrand International (1995): Shareholder-Value als Managementinstrument, Coopers & Lybrand International, Frankfurt/M.

Wagner, Wolfgang, Martin *Jonas*, Wolfgang *Ballwieser*, Andreas *Tschöpel* (2004): Weiterentwicklung der Grundsätze zur Durchführung von Unternehmensbewertungen (IDW S 1). In: Die Wirtschaftsprüfung, Heft 17/2004, S. 893.

Wassermeyer, Franz (2004): Kommentierung der §§ 2-18 AStG. In: *Flick*, Hans, Franz *Wassermeyer*, Hubertus *Baumhoff*, Loseblattsammlung, Stand 2004.

Wassermeyer, Franz, Hubertus *Baumhoff* (2001): Verrechnungspreise international verbundener Unternehmen, Köln.

Wehrheim, Michael, Anja *Marquardt* (2003): Die Vorschläge der Europäischen Kommission zur Unternehmensbesteuerung im Binnenmarkt – Ein Überblick. In: Internationales Steuerrecht, 1/2003.

Wei, Xiaojun, Bernadette *Andreosso-O'Callaghan*, Michael *von Wuntsch* (2007): German Investment in Ireland and in the Central and East European Countries, Intereconomics, Review of European Economic Policy, Volume 42, No. 3 May/June 2007.

Weiner, Joann Martens (2002): Would Introducing Formula Apportionment in the EU be a Dream Come True or the EU's Worst Nightmare? ifo Studien, 48 (4), 519–532.

Wiese, Jörg (2004): Unternehmensbewertung mit dem Nachsteuer-CAPM? Arbeitspapier, München 2004 (Version 9.7.2006).

Willms, Manfred (1992): Internationale Währungspolitik, München.

Wissenschaftlicher Beirat beim BMF (1999): Reform der internationalen Kapitaleinkommensbesteuerung, Gutachten, Schriftenreihe des Bundesministeriums der Finanzen Heft 65. http://www.bundesfinanzministerium.de/lang_de/DE/Service/Downloads/ Downloads__6/3469__0,templateId=raw,property=publicationFile.pdf.

Wöhe, Günter (1990): Einführung in die Allgemeine Betriebswirtschaftslehre, München.

Wong, Kar-Yiu (1995): International Trade in Goods and Factor Mobility, Cambridge, Mass.

World Bank (2005): World Development Report, Washington, D.C.

WTO-ITS (verschiedene Jahre): International Trade Statistics, Genf.

WTO-WTR (2004): World Trade Report, Genf.

Zeidler, Gernot W., Stefan *Schöniger*, Andreas *Tschöpel* (2008): Auswirkungen der Unternehmenssteuerreform 2008 auf Unternehmensbewertungskalküle, Finanz Betrieb, 4/2008, S. 276–288.

ZEW – Michael P. Devereux, Christina Elschner, Dieter Endres, Christoph Spengel (2009): Effective Tax Levels Using the Devereux/Griffith Methodology. Project for the EU Commission, TAXUD/2008/CC/099. Report 2009. http://ec.europa.eu/taxation_customs/resources/documents/common/publications/studies/ etr_company_tax.pdf.

Sonstige Quellen:

BMF (2011): Die wichtigsten Steuern im internationalen Vergleich 2010. Ausgabe 2011. http://www.bundesfinanzministerium.de/nn_3380/DE/BMF__Startseite/Service/ Broschueren__Bestellservice/Steuern/ 000__wichtigste__steuern__vergleich__10,templateId=raw,property=publicationFile.pdf.

BMF (2010): Grundsätze für die Prüfung der Einkunftsabgrenzung zwischen nahe stehenden Personen in Fällen von grenzüberschreitenden Funktionsverlagerungen vom 13.10.2010.

BMF (2008): Schreiben betr.Zinsschranke (§ 4h EStG;§ 8a KStG) vom 04.07.2008.

BMF (2005): Grundsätze für die Prüfung der Einkünfteabgrenzung, vom 12. April 2005.

BMF (2004): Schreiben betr. Konsequenzen der Verletzung von Mitwirkungspflichten nach § 90 Abs. 2 AO bei der Prüfung von Verrechnungspreisen einer inländischen Tochtervertriebsgesellschaft (Kapitalgesellschaft) bei Geschäften mit nahe stehenden Personen (§ 1 AStG) im Ausland; Anwendung des BFH-Urteils vom 17. Oktober 2001 – I R103/00 -, vom 26.02.2004.

BMF (2004): Schreiben betr. Gesellschafter-Fremdfinanzierung (§ 8a KStG), vom 15.07.2004.

BMF (2003): Gewerbesteuer und ähnliche kommunale Steuern im internationalen Vergleich. BMF/I A 2. 3. April 2003.

BMF (2003): Schreiben betr. Auskunft mit Bindungswirkung nach Treu und Glauben (verbindliche Auskunft).

BMF (2001): Grundsätze zu Arbeitnehmer-Entsendungen, vom 09.11.2001.

BMF (1999): Grundsätze der Verwaltung für die Prüfung der Aufteilung der Einkünfte bei Betriebsstätten international tätiger Unternehmen (Betriebsstätten-Verwaltungsgrundsätze) vom 24.12.1999.

BMF (1999): Grundsätze für die Prüfung der Einkunftsabgrenzung durch Umlageverträge zwischen international verbundenen Unternehmen (Kostenumlagen-Erlass), BMF-Schreiben vom 30.12.1999.

BMF (1994): Schreiben betr. Gesellschafter-Fremdfinanzierung (§ 8a KStG), vom 15. Dez. 1994.

BMF (1987): Schreiben vom 24.06.1987.

BMF (1984): Pauschalierungserlass, Schreiben v. 10. 04. 1984.

BMF (1983): Auslandstätigkeitserlass, Schreiben v. 31. 10 1983.

European Commission (2001): Company Taxation in the Internal Market. Luxembourg.

European Commission (2011): Taxation trends in the European Union. Data for the EU Member States, Iceland and Norway. 2011 edition. Luxembourg. http://ec.europa.eu/taxation_customs/resources/documents/taxation/gen_info/economic_analysis/tax_structures/2011/report_2011_en.pdf

Europäische Kommission (2011): Gemeinsame Steuerbemessungsgrundlage. http://ec.europa.eu/taxation_customs/taxation/company_tax/common_tax_base/index_de.htm

Europäische Kommission (2001): Unternehmensbesteuerung im Binnenmarkt, SEK(2001)1681, COM(2001) 582 endg., Brüssel.

Europäische Kommission (1991): Richtlinienvorschlag zur Berücksichtigung von Auslandsverlusten, KOM (90) 595, ABl. C 53 vom 28.02.1991, Brüssel.

Europäische (Wirtschafts-)gemeinschaft: Richtlinie 2005/56/EG vom 15. Dezember 2005, (Verschmelzungsrichtlinie).

Europäische (Wirtschafts-)gemeinschaft: Richtlinie 2005/19/EG des Rates zur Änderung der Richtlinie 90/434/EWG vom 17.02. 2005 (Änderung der Fusionsrichtlinie).

Europäische (Wirtschafts-)gemeinschaft: Richtlinie 2003/49/EG des Rates vom 3. Juni 2003, (Zins-/Lizenzgebührenrichtlinie).

Europäische (Wirtschafts-)gemeinschaft: Richtlinie 2003/48/EG des Rates vom 3. Juni 2003, (Zinsrichtlinie).

Europäische (Wirtschafts-)gemeinschaft: Übereinkommen über die Beseitigung der Doppelbesteuerung im Falle von Gewinnberichtigungen zwischen verbundenen Unternehmen, 90/436/EWG vom 20.08.1990.

Europäische (Wirtschafts-)gemeinschaft: Übereinkommen über die Beseitigung der Doppelbesteuerung im Falle von Gewinnberichtigungen zwischen verbundenen Unternehmen, 90/436/EWG vom 20.08.1990.

Europäische (Wirtschafts-)gemeinschaft: Richtlinie Nr. 90/435/EWG vom 23.7.1990 (Mutter-/Tochterrichtlinie).

Europäische (Wirtschafts-)gemeinschaft: Richtlinie Nr. 90/344/EWG vom 23.7.1990 (Fusionsrichtlinie).

Stichwortverzeichnis

www.ingramcontent.com/pod-product-compliance
Lightning Source LLC
LaVergne TN
LVHW080807011026
849160LV00015B/1554
9783486597431